फ़ेड इन... फ़ेड आउट

डॉ. किशोर सिन्हा

नोशन प्रेस, चेन्नई

फ़ेड इन... फ़ेड आउट
Fade in... Fade out

Autobiography By Dr. Kishore Sinha (Part-2)
ISBN : 9798890664372

प्रथम संस्करण : 2020
द्वितीय संस्करण : 2023
मूल्य : 590/- (पांच सौ नब्बे रुपये)

प्रकाशक : नोशन प्रेस, चेन्नई

पुत्रवधू **मुग्धा**
और
बेटे **अभिसार** के लिए

फ़ेड इन... फ़ेड आउट

फेड इन... फेड आउट

अनुक्रम

समीक्षा-खंड

योगेश त्रिपाठी   व्यष्टि से समष्टि की यात्रा

डॉ. प्रतिभा जैन   गुरु ज्ञान-ऋण से उऋण होने का प्रमाण

डॉ. सुनील देवधर   आत्म में व्याप्त होती किताब

डॉ. अशोक प्रियदर्शी   खुद को कसौटी पर कसने की कला

मुकेश प्रत्यूष   संताप से उपजी कृति

सुषमा शुक्ला   तितली के पंखों पर सपनों के उड़ान की गाथा

रेहाना अंजुम   लोग तो खुदा से भी शिकायतें रखते हैं

दूसरे संस्करण की बातें....

इस आत्मकथा के प्रथम खंड 'तीस साल लम्बी सड़क' की भांति ये दूसरा खंड भी समाप्ति पर आ गया। तमाम पाठकों और मित्रों का हृदय से आभार जो आपने मेरे लिखे को अपना प्यार देकर मेरे इस प्रयास को सार्थक बनाया।

इसलिए इसका दूसरा संस्करण आपके समक्ष रखने का हौसला कर पा रहा हूं। इस दूसरे संस्करण में आपको कुछ बदलाव- और संशोधन भी देखने को मिलेंगे। सबसे पहला बदलाव तो पुस्तक के आवरण में ही मिलेगा, जो पहले से अधिक आकर्षक सज्जा से युक्त है। आप इसकी ज़रूरत पर सवाल उठा सकते हैं, पर अब ये सुविधा पुस्तक-प्रकाशन में उपलब्ध है और आवरण भी चूंकि मैं स्वयं तैयार करता हूं, इसलिए इसे चाहे जितनी बार बदल लूं, आंखों को भला ही लगेगा।

रही बात संशोधनों की, तो जो आत्मानुभूत सत्य है, वह वैसा-का-वैसा ही है, सिर्फ़ थोड़े-से विवरण (आत्मानुभूत सत्य) जोड़े गये हैं, जो मेरी स्मृति से तब छूट गये थे और अभी-अभी दुबारा लौटे।

पुस्तक के दोनों खंडों को लेकर विद्वानों के बीच हुए विमर्श और उनपर सोशल मीडिया पर आई प्रतिक्रियाओं का समावेश 'तीस साल लम्बी सड़क' में मैं कर चुका हूं। हां, पुस्तक के इस खंड को लक्ष्य कर योगेश त्रिपाठी, डॉ. प्रतिभा जैन, डॉ. सुनील देवधर, डॉ. अशोक प्रियदर्शी, मुकेश प्रत्यूष, सुषमा शुक्ला और रेहाना अंजुम की विशेष रूप से लिखी गई टिप्पणियां आख़िर में 'समीक्षा-खंड' में रखी गई हैं, जो इस पुस्तक और मेरे खुद के लिए बहुत अहम हैं।

आशा करता हूं कि इस खंड को इसके बदले हुए रूप में भी आप स्वीकारेंगे और प्यार देंगे...।

डॉ. किशोर सिन्हा

22 जून, 2023

कुछ कही.... कुछ अनकही....

इस देश में जिन लोगों ने साठ के दशक में आंखें खोलीं, उनका साक्षात्कार न सिर्फ़ एक स्वतंत्र राष्ट्र से हुआ; बल्कि ग़रीबी और पिछड़ेपन के साथ-साथ, तरक्की और आधुनिकता की तरफ़ पदार्पण के नये-नये रास्तों से भी हुआ। तब विज्ञान, सूचना, शिक्षा, स्वास्थ्य, मनोरंजन और ऐसे सभी क्षेत्रों में विकास की

नई-नई गाथाएं लिखी जा रही थीं तो राजनीति तथा समाज भी अपने अन्तर्सबंधों (और अन्तर्विरोधों भी) के साथ मुल्क के नये गणतंत्र को मज़बूत करने में लगा था।

तरक़्क़ी के इसी दौर में सूचना, शिक्षा और मनोरंजन के ध्येय को आत्मसात् कर एक ऐसा माध्यम भी सक्रिय रहा, जो क्रमशः 1962 और 1965 के चीन और पाकिस्तान युद्ध के दौरान तत्परता से ताज़ा ख़बरों और युद्ध की स्थितियों के पल-पल की जानकारी जन-जन तक पहुंचा रहा था। वह माध्यम था 'रेडियो', जिसकी पैठ देश के लगभग हर घर में थी। तब शायद ही कोई ऐसा घर होगा, जहां सुबह-सुबह एक वाद्यवृन्द की चिरपरिचित ध्वनि रेडियो से न गूंजती हो। हम जिसे 'आकाशवाणी सिग्नेचर ट्यून' के नाम से जानते हैं, वह धुन ही घरों से लेकर मुहल्लों तक में सुबह की शुरुआत कराती थी। सुबह से लेकर रात 11 बजे के बाद तक, जबतक उद्घोषक की ओर से 'जय हिन्द' नहीं बोला जाता, तब तक घरों में रेडियो जागता रहता था।

तब देश का एकमात्र चैनल 'आकाशवाणी' ही था और 'मीडियम वेव' तथा 'शॉर्ट वेव' से इतर इसकी कोई पहचान नहीं थी। आज जिस प्रकार 'एफ़. एम.' प्रसारण सबकी जुबान पर है, उसे उस वक़्त कोई जानता तक नहीं था। तब 'रेडियो' का भी एक ही मतलब होता था- 'आकाशवाणी'।

मैंने सन् 1975 में आकाशवाणी, पटना के परिसर में पहला क़दम रखा तो इसी 'रेडियो' शब्द से मेरा परिचय हुआ। वहां से लेकर अपने 'कैजुअल एनाउन्सर' के ज़माने में भी, घर से निकलने पर कोई पूछता, ''कहां जा रहे हो...'' तो उत्तर होता- 'रेडियो'। आज हालांकि 'रेडियो' का पर्याय 'आकाशवाणी' मात्र नहीं रहा और अनेक निजी एफ़. एम. चैनल अस्तित्व में आ चुके हैं; फिर भी घर से ऑफ़िस जाते हुए कोई पूछता, ''अरे... कहां चले...'', तो जवाब में मुंह से 'रेडियो' ही निकलता। यहां तक कि मेरे पुराने साथी भी जब मुझसे मिलने आते तो फ़ोन कर पूछते, ''आज रहोगे न, रेडियो आ रहा हूं।''

इस पूरी भूमिका और प्रसंगों का आशय यह है कि वो रेडियो, जो एक समय सुबह से लेकर रात तक घर-घर का दुलारा था; वो रेडियो जो कला, साहित्य, संस्कृति और संगीत का संरक्षक था; वो रेडियो जो नयी-नयी प्रतिभाओं को तराशने का एक मुनासिब मंच था; वो रेडियो जो 'सर्वजन हिताय : सर्वजन सुखाय' के सूत्र-वाक्य को अपने में पिरोये था; वो रेडियो जो सूचना, शिक्षा और मनोरंजन का बहुत बड़ा केन्द्र था; वही रेडियो आज कहां है....? रेडियो के नाम पर आज की युवा पीढ़ी कानों में इयरफ़ोन लगाये जो कुछ सुनती है, क्या वह रेडियो है...? नहीं, वह 'रेडियो' नहीं है। आज जिस रेडियो की बात मैं कर रहा हूं उसे निहायत ग़ैर-पेशेवर और अपसांस्कृतिक लोगों द्वारा चलाया जा रहा है। ऐसे लोगों को न

रेडियो की समृद्ध विरासत का पता है, न इसकी संस्कृति की समझ और न ही इसके मूल्यों की परवाह- उसकी चिंता करना तो दूर की बात है।

एक अत्यंत सुदृढ़, साहित्यिक-सांस्कृतिक कलाकेन्द्र की मृत्यु यदि देखनी हो तो आज के रेडियो- यानी 'आकाशवाणी' को देखने की ज़रूरत है। कैसे एक विशाल, गौरवशाली संस्था धीरे-धीरे मृत्यु के आगोश में समा गई, ये किसी को देखना-जानना हो तो उसे आकाशवाणी का अतीत और वर्तमान देखना चाहिये; भविष्य अपने-आप दिख जायेगा।

इसीलिए मैंने इसके अंदर घुसकर इसकी चीड़-फाड़ करने की कोशिश की है। ऐसा करने में मुझे भी कम घाव नहीं लगे, ऐसा भी नहीं कि मेरी आत्मा लहूलुहान नहीं हुई; पर कैंसर को यदि ठीक करना हो, तो वहां चीड़-फाड़ के बिना काम भी नहीं चलता- **"अठारह दिनों के इस भीषण संग्राम में/कोई नहीं केवल मैं ही मरा हूं करोड़ों बार/जितनी बार जो भी सैनिक भूमिशायी हुआ/कोई नहीं था/वह मैं ही था/गिरता था घायल होकर जो रणभूमि में...।"** (अंधा युग)

ऐसा इसलिए कि मैंने इस माध्यम से बहुत-बहुत प्यार किया। इस रेडियो ने, आकाशवाणी ने सबको निर्व्याज भाव से, झोली भर-भर कर दिया- इज़्ज़त, मान, प्रतिष्ठा, सलीक़ा, बेहतर जीवन-शैली, सुख-सुविधा के उपाय- सबकुछ। ये सब उन्हें दिया है जिन्होंने अपनी लगन, निष्ठा और कर्मठता से इस संस्था के लिये नित नये सपने बुने, कई बार अपने सपनों की बलि चढ़ाकर भी; और उन्हें भी दिया, जिनके अन्दर न तो कोई नैसर्गिक प्रतिभा थी, न ही कोई क़ाबलियत, और जो ताज़िंदगी इसपर बोझ बने रहकर इसे दीमक की तरह खाते रहे; और उन्हें भी दिया जो कुछ मौलिक, कुछ बेहतर कर सकते थे, पर इसकी बजाय वे लगातार इसे चूसते-निचोड़ते रहे, भंभोड़ते रहे और खुद को ऊपर पहुंचाने के लिए इसका सीढ़ी की तरह इस्तेमाल करते रहे।

•••

ऐसी उदार और आकर्षक संस्था में काम करते हुए आखिर वो समय आ ही गया जब रेडियो की सेवा से मेरी विदाई हो गई। मैं आभारी हूं अपने उन सभी केन्द्रों के सारे सहकर्मियों का, जिन्होंने मेरे दैनंदिन के कार्यों में भरपूर सहयोग प्रदान किया, मुझे प्यार और सम्मान दिया- विशेषकर आकाशवाणी पटना और भागलपुर का, जिन्होंने मेरी विदाई को यादगार बनाया।

सेवानिवृत्ति के बाद का दूसरा दिन... 1 फरवरी, 2019 की सुबह वैसी ही थी, जैसी पिछली- नर्म, मुलायम, धुली-सी... ललछौंहें सूरज ने मेरे कमरे की

खिड़की पर वैसे ही दस्तक देकर जगाया; गौरैये की चोंच की 'कटर-पटर' उसी तरह सुनाई दे रही थी। सुबह दरवाज़े के नीचे से हॉकर द्वारा डाले गये अख़बार को उठाते हुए यही ख़याल आया कि बदला हुआ कुछ भी दिखाई नहीं दे रहा, सब वैसा-का-वैसा ही तो है। फिर भी बहुत कुछ ऐसा था, जो बदलाव का संकेत दे रहा था। मसलन, अब अख़बार की हेडलाइन पढ़ते हुए बार-बार घड़ी देखने की ज़रूरत नहीं थी; पत्नी को जल्दी उठ के चाय का पानी गैस पर नहीं चढ़ाना था; आठ बजते न बजते शेव करते हुए ये भी नहीं सोचना था कि ऑफ़िस की ज़रूरी फ़ाइलें बैग में रखीं या नहीं, जबकि पिछले तीस सालों से यही क्रम चलता रहा था।

आज जब ये सब लिखने बैठा हूं और मुझे पता है कि अब कहीं जाने की कोई जल्दी नहीं; ऐसा नहीं लगता कि मुझसे कुछ छूट चुका है। आकाशवाणी की सेवा से मुक्त होकर मेरी घर-वापसी ज़रूर हुई है, लेकिन आकाशवाणी और रेडियो मेरे मन-प्राणों में इस कदर समाया हुआ है कि लगता ही नहीं, मैं इससे अलग हुआ हूं।

ये जैसे कल की ही बात लगती है, जब मैंने जुलाई-1988 से अपना सफ़र शुरू किया था। वहां से लेकर जनवरी-2019 में सेवानिवृत्ति तक के सफ़र में कई सहयात्री हुए। कुछ आज तक साथ हैं तो कुछ अपने मतलब से साथ रहे और बाद में निकल लिये। इस पूरे सेवाकाल में विभाग ने मुझसे शत-प्रतिशत काम की उम्मीद की; मैंने अपना दो सौ प्रतिशत दिया। सेवा, निष्ठा, ईमानदारी में मैंने कोई कमी नहीं की, बावजूद इसके जो मिलना था वो नहीं मिला- तरक्की नहीं मिली, सेवा का आर्थिक लाभ नहीं मिला। ये दुख कम नहीं था। फिर भी, इस संस्था में रहते हुए लोगों से जो प्यार-दुलार-सम्मान-हौसला मिला, उसके सामने जो हासिल नहीं हुआ, वो दुख बहुत छोटा महसूस हुआ।

इस लंबे सफ़र में तक़लीफ़ें कुछ कम भी नहीं थीं। कई बार तो लोगों द्वारा तक़लीफ़ें गढ़ी गईं- जान-बूझकर, मेरे निर्दोषपन के बावजूद; पर मैंने उनके लिये यही कहा, "हे ईश्वर, इन्हें माफ़ करना, क्योंकि ये नहीं जानते कि ये क्या कर रहे हैं।"

उन तक़लीफ़ों से जूझना, पार पाना कतई आसान नहीं था, पर मेरी दुनिया ऐसे क्रूर, संवेदनहीन लोगों से कहीं बहुत अलग और ऊपर थी, जिसने मुझे अपरिमित प्यार दिया, सहारा दिया, सम्मान दिया, मेरे ज़ख़्मों को सहलाया, मुझे समस्याओं के कीचड़, धूल-भरे कंटकाकीर्ण रास्तों से निकाला- और दिया अटूट विश्वास...!

मेरी कोशिश रहेगी कि इस विश्वास को कभी खंडित न होने दूं। इस विश्वास का दायरा बहुत बड़ा है जिसमें मेरे साथ हर पड़ाव पर मेरा साथ देने वाले मेरे मित्र और सहकर्मी हैं; मुझपर अपना निर्व्याज स्नेह-आशीर्वाद लुटाने वाले अग्रज-गुणीजन हैं तो मुझे अटूट भाव से चाहने वाले उद्घोषक-कंपीयर, नाट्यकर्मी, संगीतकारों तथा साहित्यकारों की बहुत बड़ी दुनिया भी है। मैं सबका हृदय से कृतज्ञ हूं कि उन्होंने अपने आत्मीय, स्नेह-बंधनों में मुझे आबद्ध रखा, मेरे इस लंबे सफ़र में साथ निभाया।

"सितारों के आगे जहां और भी हैं".... हां, इसके बाद एक और बड़ी दुनिया प्रतीक्षारत है जहां काम है, चुनौतियां हैं, उम्मीदें हैं। तो बस यही कहूंगा :
"ऐ फ़रिश्ते तौफ़ीक दे मुझे कि जो भी करूं,
फ़ना भी होऊं तो लगे कुछ किया ही नहीं।"

...

आज जबकि मैं सेवानिवृत्त हो चुका, इस गौरवशाली संस्था की और दृष्टि उठाता हूं तो श्रद्धा से भर जाता हूं। जीवन में इक्तीस साल कुछ कम नहीं होते। इतने सालों के बहुत सारे मायने होते हैं। इक्तीस वर्षों में लगभग दो पीढ़ियां जवानी की दहलीज़ पर पहुंच जाती हैं; इक्तीस वर्ष एक मनुष्य, एक व्यक्ति के जीवन का निर्माण करने वाला होता है; इक्तीस वर्ष खुद को पूरी तरह ज़िंदगी में स्थापित करने और अपनी ज़िम्मेदारियों के निर्वहन के लिये भी एक बड़ा काल-खंड होता है।

ऐसे बड़े काल-खंड को, लंबी अनुभव-समृद्धि के साथ सफलतापूर्वक जीना- वो भी बिना किसी अपकीर्ति के- अपने व्यक्ति-सामर्थ्य से अधिक मैं इसे मां भगवती की कृपा ही कहूंगा। ऐसा इसलिये भी कि लोगों ने कोशिशें बहुत कीं, बहुत गहराई तक जाकर कीं, केस-मुक़दमों तक में फंसाने के प्रयास किये; यहां तक कि भागलपुर से स्थानांतरित होकर अप्रैल-2015 में जब मैंने कार्यक्रम-प्रमुख के रूप में पटना ज्वायन किया तो यहीं के एक पेक्स महाशय ने भागलपुर फ़ोन कर अपने बंदों से कहा कि "अरे, उन्हें ऐसे ही ख़ाली जाने दिया... उनके ख़िलाफ़ कुछ लिखा-पढ़ी नहीं की...?" और मेरे वहां से आ जाने के कोई पांच-छः महीने बाद उनके बंदों ने मेरे बारे में अपने दिल और दिमाग़ में पल रही ग़लाज़त यहां से लेकर महानिदेशालय तक उगल डाली। उनकी इस लिजलिजी बेहआई के जवाब में मेरे पास क्या था; बस एक विनत प्रतिकार के रूप में कलम की ताक़त और सत्य तथा ईमानदारी का आत्मबल- **"क्षमाशील हो रिपु-समक्ष तुम हुए विनत जितना ही, दुष्ट कौरवों ने तुमको कायर समझा उतना ही।" (दिनकर)**

ये सब बातें यथासमय आयेंगी, पर कहीं-न-कहीं मेरे भीतर यह दायित्व-बोध ठाटें मार रहा था कि मेरी अनुभव-समृद्धि की लहर लोगों के बीच पहुंचे, कि जो इक्त्तीस सालों से मेरे भीतर पक रहा था और अब वो परिपाक हो बंटने के लिये तैयार है। इसी की परिणति है ये पुस्तक- 'फ़ेड इन... फ़ेड आउट...'

किन्तु आज लगता है
कि मेरे इस कर्म-व्यस्त जीवन का प्रतिपल
मैंने नहीं
मानो किसी और ने ही जिया है
मैं तो मानो उससे नितान्त भिन्न और दूर
तुम्हारी किसी सीलन-भरी बदबूदार कोठरी में
पच्चीस वर्षों तक कैद था... (भारतभूषण अग्रवाल)

●●●

इस 'फ़ेड इन... फ़ेड आउट...' को रेडियो या ध्वनि-रिकॉर्डिंग की भाषा और संदर्भ में समझना हो तो 'फ़ेड इन' का मतलब होता है, ध्वनि को उसकी न्यूनता से उठाकर उसके अनुकूलतम स्तर (Optimum lable) तक पहुंचाना; और ठीक इसका विपर्यय 'फ़ेड आउट' है। दूसरे शब्दों में, रेडियो प्रसारण के दौरान हम जो कुछ भी अपने श्रोताओं को सुनवाना चाहते हैं, उसे एक 'फ़ेडर' की सहायता से इस प्रकार 'प्ले' करते हैं कि ध्वनि उसके कानों तक अपनी मधुरता और अनुकूलता के साथ पहुंचे, न कि अचानक खटका लगे। ये कुछ इसी प्रकार है कि कोई अचानक आकर कानों में चिल्ला दे और कोई मंद्र-संतुलित स्वर में धीरे-धीरे अपनी बात रखे। यानी 'फ़ेडर' वह उपकरण है जो स्वर और संगीत को नियंत्रित कर आपके कानों तक पहुंचाता है और नियंत्रित करने की इस प्रक्रिया को 'फ़ेड इन... फ़ेड आउट' कहते हैं।

हमारा जीवन भी कुछ ऐसा ही नहीं है क्या...? हमारी ज़िंदगी में भी तो कोई घटना धीरे से 'फ़ेड इन' हो जाती है और अपने उच्चतम (अनुकूलतम) स्तर पर हमें पहुंचाकर धीरे से 'फ़ेड आउट' हो जाती है- जिसे कहें कि 'चरम पर पहुंचकर रीत जाना...'; और उसकी अनुगूंज क्या देर तक तीर-छूटी प्रत्यंचा-सी कांपती नहीं रहती किसी दूसरी घटना की प्रतीक्षा में...! इसीलिए इस शीर्षक- 'फ़ेड इन... फ़ेड आउट...' से बढ़कर मुझे कोई और शीर्षक मौजूं नहीं लगा।

पिछली कई बार से ऐसा होता रहा है कि अपनी पुस्तकों का आवरण मैं खुद ही तैयार करता रहा हूं। ऐसा करने में मैं विशेष आह्लाद- उससे अधिक सर्जनात्मक संतुष्टि- का अनुभव करता हूं। इसके दो कारण हैं। एक तो मुझे लगता है कि मैं अपने लिखे को पुस्तक के आवरण पर शायद अधिक सार्थकता, संतुलन

और संयम से अभिव्यक्त कर पाऊंगा; दूसरे, इससे वर्षों पीछे छूटी रंग-कूंची से कैनवास में रंग भरने की मेरी इच्छा भी कहीं-न-कहीं परितुष्ट होती है।

•••

इक्त्तीस वर्षों की अपनी इस सेवा में यदि पदस्थापना देखी जाये तो मैं मात्र पांच स्थानों पर रहा- रीवा, सागर, जगदलपुर, पटना और भागलपुर; पर यदि कार्यकाल की दृष्टि से देखें तो उसमें भागलपुर दो बार और पटना तीन बार जुड़ेगा।

जैसा मैंने पहले कहा कि रेडियो की नौकरी आपसे जितना मांगती है, उससे कहीं ज़्यादा देती है; मुझे भी दिया और अपार दिया; उसने काम के अलावा सबसे अधिक लिखने-पढ़ने की सहूलियतें दीं, मिजाज़ और हैसियत दी, उड़ान भरने का हौसला दिया। यही कारण रहा कि मुझपर अनर्गल कीचड़ उछालने वाले, आड़ में छिपकर वार करने वाले, मेरा बुरा चाहने वाले दो-चार बंदे हर जगह मिले, पर मुझपर ममत्व लुटाने वाले, स्नेहानुराग बरसाने वाले, मेरे ज़ख्मों को सहलाने वाले हाथ कोटि-कोटि थे।

सेवानिवृत्ति के बाद ऐसे हितैषियों की अपेक्षायें मुझसे और अधिक होने लगीं। एक ने कहा, "अब आपको लिखने-पढ़ने का समय मिलेगा...", दूसरे ने, "अब आप नाटक में जम कर अभिनय कीजिये..."; किसी ने कहा, "कुछ नया नाटक लिखिये... हमें आपका निर्देशन देखना है..." तो किसी ने संगीत के क्षेत्र में कुछ नया करने की मांग कर डाली। पर, मेरे भीतर बहुत पहले से जो मेरे अनुभव-खंडों का परिपाक हो रहा था, उसी की स्वाद-विवेचना मेरा पहला लक्ष्य बना।

जब हम अपने लंबे अनुभवों को, घटित के आधार पर पन्नों तक ले जाने का प्रयास करते हैं तो सबसे पहले स्मृतिभ्रंश की विवशता सामने आती है, क्योंकि स्मृतियां विभ्रान्त होती हैं... कौन-सी बात पहले हुई थी, और कौन-सी बाद में, इसपर संशय बना रहता है। पर वो विशेष समस्या इसलिये नहीं लगती कि लेखक कोई इतिहास तो लिख नहीं रहा, वो तो आपको अपने जीवन के कुछ मधुर-तिक्त अनुभवों का स्वादानुभव कराना चाहता है, इसलिये वहां घटनाओं की तारतम्यता नहीं, वास्तविकता आवश्यक होती है। इस कठिनाई के बावजूद इस लेखन को मैंने एक क्रमबद्धता, एक तरतीब देने की कोशिश की है और इस प्रकार अनायास ही इसका स्वरूप औपन्यासिक हो गया है। हां, जहां शृंखला की कोई कड़ी टूटती लगी है, मैंने अपने संपर्क-संसर्ग में आये लोगों से फ़ोन से बातें कर मदद भी ली है। मैं उन सभी के प्रति अतिशय आभारी हूं।

इस तरह की वास्तविकता के चित्रण से एक दूसरी समस्या उत्पन्न होती है कि क्या हम अपने संपर्क में आये यथार्थ चरित्रों को उनकी सारी ख़ूबियों या कमियों के साथ वैसा-का-वैसा रख दें, या जो कुछ गोपन है, उसपर पर्दा डालें रहें। वैसे देखा जाए तो गोपन कुछ होता नहीं; हमारे व्यवहार, व्यक्तित्व और आचरण से पूरी दुनिया को हमारे बारे में कई बार वो सब भी पता होता है, जो हम खुद अपने बारे में नहीं जानते, या जानकर अनजान बने रहते हैं। फिर हम लाख खुद को अच्छा बनाकर प्रस्तुत करें, अगर बुराई है तो वो भी सच्चाई बन कर सामने आये बिना नहीं रहती। फिर भी मैंने प्रयास किया कि मैं लोकशील को लेकर अपने बारे में सचेत-सतर्क और विनत रहूं, उससे ज़्यादा दूसरों के।

इस लिहाज़ से मेरे संसर्ग में आये जिन लोगों के बारे में मैंने जो कुछ भी लिखा है, उसके पीछे उन्हें कहीं से भी पीड़ा पहुंचाना मेरा लक्ष्य नहीं है, न हो सकता है; फिर भी यदि कहीं से रंचमात्र भी उन्हें क्लेश हो, तो वे उसे मेरे लेखन और भाषा की असमर्थता मान कर मुझे क्षमा करेंगे; क्योंकि भावनाओं में वे सदा मेरे संपूज्य हैं और बने रहेंगे।

हां, कुछ लोगों ने वास्तविक तौर पर अवश्य मुझे क्लेश पहुंचाया है। देखा जाये तो वे मेरे लेखन में कहीं से भी स्थान पाने के क़ाबिल नहीं, पर दुनिया को इनकी करतूतों के बारे में ज़रूर मालूम होना चाहिये, इस उद्देश्य से किंचित नाम-परिवर्तन अथवा बिना नामोल्लेख के, वे मेरे लेखन में मेरे अनचाहे आ गये हैं।

इस पुस्तक में अनेक स्थानों पर मैंने मूर्धन्य रचनाकारों की पंक्तियों और उनकी पुस्तकों के अंशों को शामिल किया है; उनकी रचनाओं के प्रति पूरा सम्मान व्यक्त करते हुए उन्हें सादर आभार निवेदित करता हूं, क्योंकि जहां अपनी भाव-संवेदनाओं को मैं अपनी भाषा में पकड़ पाने में असमर्थ सिद्ध हुआ, उनकी रचना-भाषा ने उस अनुभूति का वहन बड़ी ख़ूबसूरती से किया।

किसी संस्था के भीतर की विसंगतियों और उसके कार्य-कलापों पर चर्चा और प्रश्न उसकी उपलब्धियो को कहीं से भी न्यून साबित करने के लिए नहीं उठाये जाते; बल्कि इसलिए कि इसके वर्तमान कर्णधारों की दृष्टि उन स्थलों तक पहुंचे, जहां रोग का कारण मौजूद है, ताकि उसका समुचित और दीर्घ निदान किया जा सके। मेरा उद्देश्य भी कहीं से किसी व्यक्ति या संस्था की गरिमा को ठेस पहुंचाना नहीं है।

इस पुस्तक को लिखने का काम मैंने वर्ष 2019 की मई में, अपने बेटे अभिसार के शुभ लग्न के पश्चात् प्रारंभ किया था; हालांकि कच्ची सामग्री के रूप में इसकी अनुभूतियां, मेरी स्मृतियों तथा उससे बढ़कर नियमित रूप से लिखे गए मेरे नोट्स और डायरी के पन्नों में सुरक्षित थे। नववधू मुग्धा के आने से मेरा घर खुशियों से भर गया। मुग्धा आई बहू बनके, पर बेटी बनके रही। मुग्धा के तीज-त्यौहारों में आने से घर दीप्त होता रहा और उसकी मृदुल-मिलनसारिता से हम विभोर होते रहे। निश्चित ही, इस परिणयोत्सव के साथ एक प्रकार से मेरे एक बड़े कर्तव्य की भी इतिश्री हो गई। यही कारण है कि मैं मुक्त भाव से आठ माह में ये पुस्तक पूरी कर पाया।

•••

जीवन का लक्ष्य शायद पूरा हो गया था- लिखने का भी; बातें सब कही जा चुकी थीं कि 2020 के मार्च महीने में 'कोरोना' वायरस के कहर ने धीरे-धीरे पूरे विश्व को अपनी चपेट में ले लिया और इस महामारी के चलते लोग न सिर्फ़ अपने घरों में सिमटने के लिए मजबूर हो गए, बल्कि इस ख़तरनाक वायरस ने लोगों की पूरी जीवन-शैली ही बदल कर रख दी।

वायरस तो शायद मानवजनित था, पर उसके बहाने से प्रकृति ने अपने ऊपर इन्सानों द्वारा किए गए अत्याचार-व्यभिचार का प्रतिशोध लेने का काम किया। प्रकृति जो हमें हमेशा देती रही है, हर तरीक़े से हमारी मदद करती रही है; हम उसके आर्तनाद को अनसुना कर, उसे हमेशा क्षति पहुंचाते रहे, अपने तुच्छ स्वार्थों और लिप्साओं के लिए उसे निर्वसन करते रहे। जंगल कटते रहे, नदियां प्रदूषित होती रहीं, शहरों के वातावरण में लगातार ज़हर घुलता रहा। पर हम मौन ये सब इसलिए देखते रहे कि इस षड्यंत्र में हम सभी शामिल थे। वहीं 'कोरोना' के बहाने ही सही, जब देश में 'लॉकडाउन' किया गया, सबकुछ बदलता दिखाई देने लगा। सड़कें सूनी हो गईं, रेलगाड़ी के पहिये और हवाई जहाज़ों के इन्जन थम गए, फ़ैक्ट्रियों में ताले लग गए, सबकुछ एकदम से थम गया- बस थीं तो आसपास चिड़ियों की चहचहाहटें, पहले जिनकी आवाज़ ट्रैफ़िक के शोर में दब कर हम तक कभी-कभार ही पहुंच पाती थीं। नदियों का पानी स्वच्छ और निर्मल हो गया था, पंजाब के मीलों दूर शहरों से बर्फ़-ढंकी पहाड़ की चोटियां नज़र आने लगी थीं और शहरों की हवा में प्रदूषण का ग्राफ़ निरंतर नीचे आ रहा था।

फ़ेड इन... फ़ेड आउट/15

इस विभीषिका, महामारी पर आगे चलकर शायद ढेरों किताबें लिखी जायें, पर हम जो बचपन में मां-पिताजी से प्लेग-जैसी महामारी के बारे में सुनते आये थे कि कैसे उसने लाखों लोगों की जान ले ली थी और उससे बचने के क्या-क्या उपाय करते थे उस समय; वो सुना हुआ आज प्रत्यक्ष मेरी आंखों के सामने घटित हो रहा था- आंखों के सामने घटित ही नहीं हो रहा था, हममें से प्रत्येक किसी-न-किसी रूप में उससे प्रभावित भी हो रहा था- मैं भी था।

मुग्धा- मेरी बहू के लंदन-स्थित ऑफ़िस में पदोन्नति पर जाने की बात जनवरी से ही चल रही थी। हमसब प्रसन्न थे कि इसी बहाने हम लंदन घूम लेंगे। बाद में विकी भी वहां की किसी कंपनी में एडजस्ट कर जाने वाला था। पर मुग्धा के 'वीसा' आदि क्लियर होने में ही काफ़ी वक़्त लग गया और 11 मार्च को उसका जाना तय हो गया।

उस समय 'कोरोना' के बारे में छिटपुट ख़बरें मिल रही थीं, पर जैसा कि पहले एच.1-एन.1, चिकनगुनिया, निपा और ज़ीका-जैसे दूसरे वायरस आये और चले गए, पूरी दुनिया इसी भ्रम में रही कि 'कोरोना' भी आयेगा और चला जायेगा। पर ऐसा हुआ नहीं।

उधर मुग्धा 11 मार्च को लंदन गई और इसके कुछ दिनों बाद, 24 मार्च को पूरे देश में लॉकडाउन घोषित हो गया। स्थिति ये थी कि मुग्धा वहां लंदन में अकेले, और विकी यहां बैंगलोर में। पर हमारे दोनों बच्चों ने बड़ी हिम्मत दिखाई और अलग-अलग रहते हुए इस समय और परिस्थिति का मज़बूती से सामना किया, कभी घबराये नहीं, हारे नहीं, टूटे नहीं।

मुग्धा की कंपनी ने भी उसका बहुत साथ दिया और उसे कहा गया कि जैसे ही परिस्थिति सामान्य होगी और हवाई सेवा शुरू होगी, वह वापस बैंगलोर जा सकती है, उसके वर्तमान 'स्टेटस' और पद में कोई परिवर्तन नहीं होगा। वही हुआ भी, जैसे ही स्थितियां सामान्य हुईं, मुग्धा 20 जून को वापस बैंगलोर लौट आई।

...

जैसाकि इस 'कोरोना' वायरस ने पूरी दुनिया को आतंकित कर दिया और मौत के साये में जीते लोगों की जीवन-शैली को बदल कर रख दिया; मेरे जैसे सभा-समारोहों में सक्रिय रहने वाले लोगों को भी घरों में सिमट कर रहने के लिए मजबूर कर दिया। सेवानिवृत्ति के पश्चात् मैं पूरी तरह मुक्त था और मेरा अधिकांश समय हालांकि घर पर ही व्यतीत होता था, पर कभी-कभार की तफ़रीह और मित्रों की चौकड़ी की चकल्लसें भी इस 'कोरोना' ने बंद करा दीं। पहले घर में रहते हुए या तो लिखना-पढ़ना होता था या टीवी देखना। मन ऊबा तो दोस्तों की संगत कर

ली। पर जब चौबीसों घंटे घर में रहना हो और चारों तरफ़- क्या अख़बार, क्या रेडियो, क्या टीवी- सब जगह 'कोरोना-कोरोना' चल रहा हो, भला पढ़ने-लिखने और कोई और काम करने में मन कैसे लगे। दिनभर में हर एक घंटे पर साबुन से हाथ धोना, नाक-मुंह नहीं छूना, बाहर से कोई सामान आये तो पहले उसे चौबीस घंटे बाहर ही छोड़ देना, फिर अच्छी तरह 'सेनेटाइज़' करने के बाद ही इस्तेमाल करना- इतने सारे बंधनों और सावधानियों के साथ कोई कबतक जिए!

घर में रहकर कई लोग अपने शौकों को निखार रहे थे जिनका टीवी पर कुछ-कुछ दीदार हो रहा था। मैं भी ऐसा कुछ करना चाह रहा था, पर क्या... ये ठीक-ठीक पकड़ में नहीं आ रहा था। उस वक़्त कोरोना को लेकर लोगों में तरह-तरह से जागृति फैलाई जा रही थी।

इस पुस्तक के बाद मैं अगली पुस्तक, अपनी कविताओं की निकालना चाह रहा था, जिसके लिये मैं कवितायें छांटने में लगा हुआ था। तभी मुझे ख़याल आया कि क्यों न इन कविताओं पर छोटी-छोटी फ़िल्में बनाई जायें। अभी बाहर कहीं जाना भी नहीं हो रहा है तो इस माध्यम को अपनाकर मैं अपनी फ़ोटोग्राफ़ी और वीडियोग्राफ़ी के पुराने शौक़ को पुनरुज्जीवित कर सकता हूं।

इस सोच के बाद तो मैं इसमें- जिसे कहते हैं 'पिल पड़ना'- पिल पड़ा और न सिर्फ़ अपनी कविताओं पर, बल्कि मित्रों की कविताओं पर भी फ़िल्में बना डालीं; जिनमें संशोधित नाटक 'चारूलता' की भी चार कड़ियां बन गईं।

इसके बाद 'शार्ट फ़िल्मों' के निर्माण के अतिरिक्त, अब फ़ेसबुक पर कला, साहित्य, संस्कृति, खेल आदि विभिन्न क्षेत्रों में अहम् भूमिका निभाने वाले व्यक्तित्वों से साक्षात्कार का क्रम भी चल रहा है। मुझे लगता है कि 'कोरोना' के बहाने ही सही, प्रकृति ने संकेत दे दिया है कि आने वाला समय ऐसा ही होगा और हमें अपनी जीवन-शैली को इसी रंग-रूप में स्वीकार करना होगा।

यही कारण है कि जो पुस्तक जुलाई या अगस्त-2020 तक छप जानी चाहिये थी, वो अब प्रेस में जा रही है; क्योंकि बदलते समय के हिसाब से मुझे इसमें बहुत-कुछ जोड़ना पड़ा।

...

पुस्तक की रचना-प्रक्रिया के बीच मुझे अपने समधी जी, वरिष्ठ अधिवक्ता श्री दिनेश कुमार से बहुमूल्य सुझाव और सम्मतियां मिलती रहीं, जिन्होंने निस्संदेह मेरे लेखन का मार्ग प्रशस्त किया। मुझे लगता है, ये 'समधी' शब्द 'संबंधी' से बना होगा- यानी पुत्र-पुत्री के विवाह-पश्चात् जो पहले संबंधी हुए- लड़के-लड़की के माता-पिता- वे ही वास्तविक अर्थों में पहले 'संबंधी' हुए। यही 'संबंधी' आगे चलकर

स्वरूप-भ्रंश या 'मुख-सुख' से 'समधी' (स्त्रीलिंग- समधिन) हो गया होगा। इस रूप में दिनेश कुमार जी सच्चे अर्थों में मेरे ऐसे संबंधी बने जिनसे आज हम अभिन्न, स्निग्ध सखा-रूप में बंध चुके हैं; इसलिए मुझे लगता है कि उनके लिए 'आभार'-जैसी औपचारिकता की कोई गुंजाइश नहीं है।

मैंने इस पुस्तक को अलग-अलग स्थानों के अपने खट्टे-मीठे अनुभवों के ध्यान से पांच खंडों में- व्योम, प्राण, सलिल, अनल और वसुधा नामों से बांटा है। इन खंडों के नामों और उसके अन्तर्गत घटनाओं में एक अन्तर्संगति है। इसपर आप विद्वतजन अवश्य विचार करेंगे।

पुस्तक में अनेक स्थानों पर इसके पहले खंड **'तीस साल लम्बी सड़क'** का उल्लेख आया है। इस संदर्भ में रोचक बात ये है कि मेरे आत्मानुभवों का दूसरा खंड इस पुस्तक के रूप में पहले प्रकाशित हो रहा है और इसका पहला खंड इसके बाद होगा। इस विपर्यय और प्रयोग को यदि नज़रअंदाज ना भी करें, तो भी ये खंड अपने आप में संपूर्ण है और इसकी रोचकता में कहीं कोई कमी नहीं महसूस होगी, ऐसा मेरा विश्वास है।

पुस्तक आपके हाथों में है। आपकी बहुमूल्य सम्मतियों- और आलोचनाओं की भी- मुझे प्रतीक्षा रहेगी।

1 दिसम्बर, 2020

डॉ. किशोर सिन्हा
मो. 7903703040, 9973129720
ई-मेल- kishorebharti21@gmail.com

व्योम खंड

एक

मैं बहुत दूर से उड़कर आया पत्ता हूं
यहां की हवाओं में भटकता
यहां के समुद्र, पहाड़ और वृक्षों के लिए
अपरिचित, अजान, अजनबी
नई भूमि, नई वनस्पति को करना चाहता हूं प्रणाम्....
(एकांत श्रीवास्तव)

यह मेरी सेवानिवृत्ति का दूसरा दिन है और अब सुबह ऑफ़िस जाने की जल्दी नहीं थी, इसलिए आठ बजे तक सोता रहा। आराम से उठा, नित्य-क्रिया के उपरांत, स्नान, हल्की-सी पूजा (हाथ जोडकर दो अगरबत्तियां जलाना) के पश्चात्, नाश्ता किया और लैपटॉप निकाल कर बैठ गया।

पहले भी, शनिवार-रविवार तथा छुट्टी के दिनों में मेरा यही नियम था। दोस्तों के बीच मैं इसे 'दुकान सजाना' कहता हूं। बाक़ी दिनों में सुबह सात बजे, बिस्तरा छोड़ने के बाद से, आफ़िस के लिये भागदौड़ मची रहती थी। इसी बीच कई लोगों के फ़ोन आ जाते थे, ''सर, दिल्ली रिले नहीं आ रहा है... सर, आज मैं छुट्टी पर रहूंगी... सर, आज मैं थोड़ा लेट आऊंगा...सर, एक इम्पॉर्टेन्ट आर. एन. मैसेज है'' और इन फ़ोन-कॉल्स को लेते हुए कपड़े पहनना, नाश्ता करना, गाड़ी साफ़ करना- सब होता था। उसके बाद दिनभर रिकॉर्डिंग, इन्टरव्यूज़, आने-जाने वालों की भीड़, नयी-नयी समस्यायें; और ऊपर से मोबाइल पर दिल्ली का लगातार आता एस. एम. एस.- रेवेन्यू कम क्यों हो रहा है, स्टेटमेंट भेजें; ये सब थका कर मन-मस्तिष्क को इतना बेबस कर देते थे कि घर वापस आने के बाद कुछ और करने की न तो इच्छा होती थी, न ऊर्जा ही शेष बचती थी; यहां तक कि कभी-कभी गाड़ी ड्राइव करना भी समुद्र लांघने-जैसा लगता था, किस रास्ते से होकर आया, ये तक याद नहीं रहता था और मैं किसी विस्मृत चेतना के अधीन हो घर पहुंचता।

पर अब न वैसी भागदौड़ है, न कहीं जाने की जल्दी। मैं अपनी मर्ज़ी का मालिक, जैसे चाहूं, रहूं।

पिछले एक सप्ताह से प्रतिदिन विदाई-पार्टी हो रही है- उद्घोषकों ने दी, कंपीयरों ने दी, प्राइमरी चैनल तथा विविधभारती के स्टाफ़ ने दी, अधिकारियों ने दी; और सभी जगह मुझसे अपनी अपेक्षायें प्रकट कीं, ''आप कुछ ज़रूर लिखिये... हमें पता है, आप ख़ाली नहीं बैठेंगे... कुछ-न-कुछ करते रहेंगे...।''

कुछ तो उन निर्व्याज इच्छाओं के चलते और कुछ अपने भीतर की कोंच की वजह से मैंने अपनी पुरानी डायरियां निकालीं। डायरी मैं तब से लिखता आ रहा हूं, जब मैं स्कूल में था। हालांकि ये नियमित क़िस्सा नहीं रहा, पर कुछ थोड़े-बहुत भूले-बिसरे चित्र उसमें मौजूद ज़रूर रहे। आगे कॉलेज-यूनिवर्सिटी में आकर ये शौक़ बड़े ज़ोरों से परवान चढ़ा, जो जगदलपुर-प्रवास तक क़ायम रहा; लेकिन १९६६ में पटना लौटने के बाद उस लेखन पर एक तरह से विराम लग गया, क्योंकि अब बिखेरने के नहीं, समेटने के दिन आ गये थे।

इस लिहाज़ से मैंने अपनी स्मृतियों को घनीभूत करना प्रारम्भ किया तो भावों-संवेगों के न जाने कितने स्फुलिंग छिटक-छिटक के मेरे आसपास, मेरे मनोजगत् में बड़ी तेज़ी से बिखरने लगे, मेरे चेतन का शिरा-शिरा आवेग से भर उठा और मैं उनके साथ बहता, बहता चला जा रहा था......

•••

सन् 1988 में पहली बार आकाशवाणी की नियमित सरकारी सेवा में मेरा पदार्पण हुआ। मेरी पहली पोस्टिंग रीवा थी। जब इसकी सूचना मुझे डाक से मिली तो मुझे ठीक से पता भी नहीं था कि ये 'रीवा' है कहां...! तब इन्टरनेट तो था नहीं कि 'गूगल बाबा' की मदद ले लेते। बहरहाल, रेडियो (आकाशवाणी, पटना) में ही जानकारों ने बताया कि यह मध्यप्रदेश में है और अंग्रेज़ों के ज़माने में 'इस्टेट' रह चुका है। इस क्षेत्र में पड़ने वाले बांधवगढ़ के बारे में भी बताया गया कि भारत-भर में सफ़ेद शेर सिर्फ़ यहीं पाये जाते हैं। लेकिन रीवा के बारे में सबसे प्रामाणिक जानकारी और वहां कैसे पहुंचा जाये, इसका ज्ञान मिला मुझे एक प्रसारण अधिशासी से, जिनकी बहन वहां के मेडिकल कॉलेज में पढ़ती थी; हालांकि बाद में ना जाने किन कारणों से वे मेरे दुश्मन बन बैठे।

बहरहाल, ये सब ज्ञान लेकर मैं निकल पड़ा आकाशवाणी, रीवा ज्वायन करने। मेरे वहां पहुंचने का अद्भुत वर्णन राजीव शुक्ल जी ने मेरी ही पुस्तक 'रेडियो प्रसारण की नयी तकनीक' की भूमिका में कुछ इस प्रकार किया- ''.... यह जैसे कल हुआ-सा लगता है, जब आकाशवाणी, रीवा में मेरे कमरे में एक आकर्षक

युवक ने आकर कहा था- ''मेरा नाम किशोर सिन्हा है और मैं आपके साथ काम करने यहां आया हूं।''

ये न सिर्फ़ उस समय का सत्य था बल्कि आज जब मैं सेवानिवृत्त हो चुका, मैंने इस सत्य को हर जगह स्वीकारा है कि राजीव जी के साथ ने मुझे सिखाया, तराशा; क़दम-क़दम पर चेताया भी; और आज तक स्निग्ध, आत्मीय-पारिवारिक संबंधों से बांधे भी रखा। ये मैं अपना बहुत बड़ा सौभाग्य मानता हूं कि रेडियो के कंटकाकीर्ण सफ़र के आरम्भ से ही मुझे राजीव जी का साथ मिला, जिसके चलते मार्ग में आये कंटकों को मैं किनारे लगा सकने में क़ामयाब हुआ। इस रूप में वे हमेशा मेरे मेंटॉर, मेरे आदर्श, मेरे मित्र और मेरे भाई बने रहे।

तो वो दिन था छः जुलाई उन्नीस सौ अट्ठासी का जब मैंने आकाशवाणी, रीवा के अहाते में पहली बार पांव रखा। उस समय सुबह के दस बजे थे। मेन गेट के अन्दर प्रवेश करते ही मुझे लगा जैसे यहां का सबकुछ अपना है और मैं भी यहीं का हूं। ये मेरी मंज़िल की ओर बढ़ता हुआ पहला क़दम है। मैं अपनी कल्पनाओं और आकांक्षाओं के मनचाहे रंग इसमें भर सकता हूं।

अन्दर घुसते ही गेट पर खड़े संतरी ने परिचय पूछा। मैंने बताया, ''पटना से आया हूं.... पेक्स (प्रोग्राम एक्ज़ीक्यूटिव) के लिये ज्वायन करना है।''

इतना सुनते ही उसने एक ज़ोरदार सैल्यूट ठोंका जो मुझे भीतर तक पुलकित कर गया। मैंने उससे ड्यूटी-रूम का रास्ता पूछा और उधर बढ़ चला।

जो लोग रेडियो से ताल्लुक नहीं रखते उन्हें यह बताना आवश्यक है कि रेडियो में ड्यूटी-रूम उसका हृदय होता है; क्योंकि यह सुबह पांच बजे से लेकर रात ग्यारह बजे तक लगातार धड़कता रहता है- और विशेष परिस्थितियों में चौबीस घंटे या उससे ज़्यादा भी। किसी भी तरह की जानकारी ड्यूटी-रूम से कभी भी प्राप्त की जा सकती है और इस जगह पर हर वक़्त कोई-न-कोई व्यक्ति 'ड्यूटी ऑफीसर' के रूप में मौजूद अवश्य होता है।

इतना ही नहीं, ड्यूटी-रूम से होकर ही प्रसारण-सामग्री स्टूडियो तक पहुंचती है, जहां कार्यस्थ उद्घोषक कार्यक्रम के निर्धारित समय के अनुसार प्रसारण करता है। ड्यूटी आफ़ीसर का मूल पदनाम 'प्रसारण अधिशासी' या कहीं-कहीं 'प्रसारण निष्पादक' होता है, जो 'कर्मचारी चयन आयोग' से चयनित होकर जब ड्यूटी-रूम में काम करते हैं तो 'ड्यूटी ऑफीसर' कहे जाते हैं। इनका मुख्य कार्य प्रसारित कार्यक्रमों का रिकॉर्ड रखना तथा समय-समय पर केन्द्रों के लिये महानिदेशालय द्वारा जारी निर्देशों और सूचनाओं को अपने वरिष्ठ अधिकारियों तक पहुंचाना होता है।

सो मैंने केन्द्र के कार्यक्रमों और अन्य जानकारी के लिये ड्यूटी-रूम का रुख़ किया। वहां जिस पहले शख़्स से मेरी भेंट हुई वो गोरे-चिट्टे, थोड़े थुलथुल शरीर वाले ड्यूटी आफ़ीसर श्री महेश बाबू सक्सेना थे। मेरे परिचय देने पर उन्होंने बड़े आदर-भाव से मुझे बिठाया, कैन्टिन को फ़ोन कर चाय मंगवायी और मेरे बारे में पूछने लगे कि मैं पहले क्या करता था.... घर में कौन-कौन हैं... आदि-आदि।

मैं आदतन ठीक दस बजे ऑफ़िस पहुंच गया था, क्योंकि उस समय ऑफ़िस-टाइम वही हुआ करता था। पटना रेडियो में कैज़ुअल एनाउन्सर के तौर पर काम करते हुए ही समय की पाबंदी, और उससे बढ़कर उसपर अमल करने की ज़िम्मेदारी का अहसास भलीभांति हो चुका था; वह मेरे जीवन में- सेवानिवृत्ति के बाद भी- आज तक क़ायम है।

ख़ैर, महेश बाबू ने बताया कि यहां मीटिंग साढ़े दस बजे से होती है, सो सारे लोग उसी टाइम के आसपास पहुंचते हैं। (उस वक़्त आज की तरह बायोमेट्रिक्स-जैसी चीज़ नहीं थी।) केन्द्र निदेशक के बारे में पूछने पर बताया कि एस. डी., आसकरण शर्मा जी अवकाश पर बम्बई (आज की मुम्बई) अपने घर गये हुए हैं। केन्द्र अभियंता हैं श्री गणेश प्रसाद श्रीवास्तव और एक पेक्स, राजीव कुमार शुक्ल पिछले महीने ही छतरपुर केन्द्र से स्थानान्तरित होकर यहां आये हैं।

तबतक चाय आ गयी थी। मैंने अपनी चाय जल्दी से ख़त्म की और महेश बाबू से केन्द्राध्यक्ष श्रीवास्तव जी का कमरा पूछ उधर बढ़ चला, क्योंकि 'ज्वायनिंग रिपोर्ट' मुझे उन्हीं को देनी थी।

श्रीवास्तव जी का कमरा सीढ़ियां चढ़कर पहली मंज़िल पर था। मैंने ग़ौर से देखा तो पाया कि दफ़्तर का वो पूरा हिस्सा पुराने ढंग का बना था। एक छोटे-से कमरे से ज़ीने की शुरुआत होती थी। सीढ़ियां पूरी लकड़ी की बनी थीं, जिसपर चलने से 'ढम-ढम' की आवाज़ आती थी। तकरीबन दस-बारह सीढ़ियां चढ़कर एक और छोटा-सा कमरा आता था, जो उनके पी. ए. का कमरा था। इस कमरे से होकर मैं श्रीवास्तव जी के कमरे में पहुंच गया।

वहां फ़र्श पर पुराने ढंग की लाल कालीन बिछी थी, जिसका रंग लगभग उड़ चुका था। किनारे की तरफ़ से तो वो पूरी तरह मटमैली हो गई थी और कई जगह से रेशे निकले पड़े थे जिनकी पांवों में फंसने की पूरी-पूरी संभावना बनती थी।

दरवाज़े के ठीक सामने मेज़ के पीछे श्रीवास्तव जी बैठे थे। एक नज़र में ही उनका व्यक्तित्व मुझे भव्य लगा। ठिंगना कद और सांवला रंग होते हुए भी उनके व्यक्तित्व में एक आकर्षण और सहजता का अनुभव मुझे हुआ, जो थोड़ी देर बाद प्रमाणित भी हो गया।

मैंने 'मे आय कम इन सर...' कहकर प्रवेश लिया और उनके सामने पड़ी कुर्सियों के पास जाकर खड़ा हो गया।

"यू आर डॉ. सिन्हा..... आइये.... आइये..." कहकर वो अपनी कुर्सी से उठकर खड़े हो गये और मेरी ओर हाथ बढ़ाया। मैं उनके इस गर्मजोशी-भरे स्वागत् से अभिभूत था।

हाथ मिले तो बोले, "आपका पत्र मिल गया था कि आप आज के दिन ज्वायन करने वाले हैं। आपका यहां इंतज़ार ही हो रहा था, बैठिये...।"

इस गर्मजोशी-भरे स्वागत् और "आपका यहां इंतज़ार हो रहा था"- जैसे आत्मीय वाक्यों से कभी मेरा वास्ता नहीं पड़ा था। केन्द्र का सर्वोच्च अधिकारी मेरे स्वागत् में खड़ा होकर अभिवादन कर रहा है, ये दृश्य ही मुझे चकित और मुग्ध करने के लिये काफ़ी था। उसपर से आत्मीयता-भरे शब्द- "आपका इंतज़ार हो रहा था..."- मैं भीग उठा था।

दरअसल रीवा ज्वायन करने के पहले लगातार कई-कई व्यवधान आते रहे; पहले यू. पी. एस. सी. के इन्टरव्यू में ही समस्या हुई **(इस प्रकरण को आप इस पुस्तक के पहले खंड 'तीस साल लम्बी सड़क' में पढ़ सकते हैं।)**, इसके बाद जब मुझे ज्वायनिंग लेटर मिला तो उसमें मेरे नाम में 'सरनेम', सिन्हा की जगह 'वर्मा' लिखा आया। मैंने इसमें सुधार के बाबत महानिदेशालय को पत्र लिख दिया था, लेकिन अभी तक मुझे उसका कोई उत्तर प्राप्त नहीं हुआ था। मेरे पास ज्वायन करने के लिये रीवा पहुंचने तक के रुपये नहीं थे, वो तो जैसे-तैसे कर के बाबूजी ने मुहल्ले के एक व्यवसायी से उधार लेकर मुझे दो हज़ार रुपये दिये थे।

श्रीवास्तव जी के पास बैठा मैं सबसे अधिक इस बात को लेकर आशंकित और चिंतित हो रहा था कि मेरे नाम में सुधार का कोई पत्र मुझे प्राप्त हुआ नहीं है; कागज़ी मामला है, पता नहीं इसी बिना पर कहीं मुझे ज्वायन ही न करायें। कह दें कि जब तक महानिदेशालय से क्लीयरेंस सर्टिफ़िकेट नहीं आ जाता, मैं ज्वायन नहीं कर सकता।

मैंने ये मामला केन्द्राध्यक्ष, श्रीवास्तव जी के समक्ष रखा तो वे बड़े इत्मिनान से बोले, "अरे, इससे कुछ नहीं होता। आप तो अपने ओरिज़िनल नाम से ज्वायन करो और इस बारे में एक आवेदन दे दो। मैं यहां से भेज दूंगा।"

सुनकर एक विश्वास-सा जगा, अच्छा तो लगा ही। नौकरी की शुरुआत में ही इतना सहयोग, मान-सम्मान..... लेकिन ये तो शुरुआत थी। आगे और भी ऐसे उदाहरण पग-पग पर मिले।

कई बार मैं अपने इन अनुभवों की तुलना अपने प्रदेश, अपने घर- पटना से करता हूं तो मुझे बड़ा क्षोभ होता है। मुझे याद आता है कि मैं जगदलपुर से

स्थानान्तरित होकर ग्यारह साल बाद मई, 1999 में अपने गृह-नगर- पटना पहुंचा था। उस समय वहां की केन्द्र निदेशक श्रीमती ग्रेस कुजूर थीं। तब पटना में जितने पेक्स थे, मैं उन सबसे सीनियर था। यहां तक कि वरीयता सूची में कई सहायक केन्द्र निदेशकों से भी ऊपर था; पर विभागीय जोड़-तोड़ की राजनीति और महानिदेशालय की ग़लत नीतियों के चलते वे सब 'प्रोड्यूसर-कैडर' से कार्यक्रम अधिशासी वाले हमारे कैडर में मर्ज होकर हमारे वरीय बन बैठे और उनमें से बहुत से ऐसे थे जो कोई क़ाबिलियत न होने के बावजूद सत्ता का सुख भोग रहे थे। ख़ैर, इन सब का ज़िक्र भी होगा और यथास्थान होगा।

जो मैं बताना चाह रहा था वो ये कि इन सबसे वरीय होने के बावजूद मुझे एक कमरे में मुझसे कनीय पेक्स के साथ रूम साझा करने के लिये कहा गया। मुझे जो सेक्शन दिये गये- शैक्षिक कार्यक्रम और विश्वविद्यालय प्रसारण; वो उस समय वहां के सबसे उपेक्षित और एक प्रकार से त्याज्य सेक्शन थे। न तो उसका कोई ले-आउट रजिस्टर उपलब्ध था, न प्रसारकों की सूची, न ही कोई अन्य विवरण। मेरे साथ जो सज्जन पेक्स बैठते थे; बल्कि यों कहूं कि मैं उनके साथ बैठता था, वे मगही अनुभाग देखते थे और वे किसी-न-किसी बात को लेकर मुझे ज़लील करते थे; ख़ासकर तब, जब वहां बाहर का कोई व्यक्ति होता था। वो ये दर्शाने का प्रयास करते थे जैसे मैं उनके अधीनस्थ हूं।

पर, पटना का अनुभव 'पटना खंड' के लिये छोड़ता हूं। अभी तो मैं रीवा में अपने स्वागत् से अभिभूत था, बिना ये जाने कि रेडियो का 'कल्चर' कमोबेश सब जगह एक-सा ही है और अभी मैं अपने जिस स्वागत् से इतना अभिभूत और आह्लादित हो रहा हूं, एक दिन ऐसा आयेगा कि मैं ईश्वर से प्रार्थना करूंगा कि वह मुझे इस केन्द्र से मुक्ति दिलाये।

बहरहाल, केन्द्राध्यक्ष श्रीवास्तव जी को मैंने अपनी 'ज्वायनिंग रिपोर्ट' सौंपी जो पहले से लिख के मैं ले गया था। नाम-परिवर्तन के लिये वहीं बैठ कर आवेदन लिखा। तबतक उन्होंने चाय मंगवा ली थी। चाय पीते हुए उन्होंने मेरे घर-परिवार के बारे में पूछा। जब उन्हें पता चला कि मेरी नयी-नयी शादी हुई है तो वे बोले "अरे कॉन्ग्रेट्स... तब तो आप जाकर फैमिली ले ही आइये...।"

"जी...." मैं और क्या कहता। इस पहली सहज और आत्मीय मुलाक़ात ने मुझे श्रीवास्तव जी का मुरीद बना दिया। उसके बाद तो उनके परिवार से जो रिश्ता क़ायम हुआ वो उनके देहान्त और उसके बाद भी उनकी बेटियों से लंबे अरसे तक बना रहा।

मेरे पेपर्स देखने के बाद उन्होंने पी. ए. को बुलाकर एक शपथ-पत्र मंगवाया, उसकी एक कॉपी मुझे दी और अपने पीछे दुहराने को कहा। उस समय की अनुभूति मैं बयान नहीं कर सकता; तब एक स्वाभिमानयुक्त आत्मविश्वास और गहरे दायित्व-बोध- दोनों का एकसाथ अनुभव कर पा रहा था मैं।

शपथ-पश्चात् अनुमति लेकर वहां से नीचे उतरा और ड्यूटी रूम की ओर बढ़ा तो देखा कॉरीडोर में महेश सक्सेना खड़े थे। उन्होंने बड़ी तत्परता से पूछा, "ज्वायन कर लिया सर....!"

स्वीकृति में सिर हिलाते ही बोले, "शुक्ला साहब आ गये हैं, चलिये मिल लीजिये।" शुक्ला साहब, मतलब राजीव शुक्ल जी।

उनका कमरा कॉरीडोर से बायें हाथ की ओर था। मुझे वहां तक छोड़कर महेश बाबू 'अभी आता हूं' कहकर वापिस हो चुके थे।

मैंने पर्दा हटाकर अन्दर झांका। सामने कुर्सी पर शुक्ल जी विराजमान थे। मुझे देखते ही उठ खड़े हुए।

"आइये... आइये डॉ. साहब....." और अपना हाथ आगे बढ़ा दिया। "आपका इंतज़ार ही हो रहा था।"

'क्या बात है.... ऐसा क्या है कि सब मेरा ही इंतज़ार कर रहे हैं...' मैंने सोचा। ये तो बाद में पता चला कि ये वहां का एक आत्मीय मुहावरा है, अक्सर जिसका प्रयोग होता रहता है। पर उस समय तो मुझे यह सब मंत्रमुग्ध किये दे रहा था।

राजीव शुक्ल का व्यक्तित्व आकर्षक था। सिर पर बाल कुछ कम थे, पर दाढ़ी-मूंछें घनीं थीं। उनके चेहरे पर आत्मविश्वास की अनोखी, स्निग्ध-सी ताब थी और आंखों में उत्साह से भरपूर चमक। उनकी बातों में हास्य-विनोद का अद्भुत समन्वय था, आवाज़ गहरी, गंभीर और तलफ़्फ़ुज़ बिल्कुल साफ़ और शुद्ध। शब्द और वाक्य उनके मुंह से जैसे सांचे में गढ़े हुए निकलते थे। बाद में पता चला कि वे 'बी-हाई' ड्रामा कलाकार भी हैं और आगे चलकर ये भी कि वे अपने काम में लाजवाब हैं, उनकी निष्ठा सर्वोपरि है; कि वे साहित्यिक रुचि, कवि-हृदय और वामपंथ की तरफ़ झुकाव रखने वाले एक सहजदिल इन्सान हैं।

राजीव जी से मेरी वह पहली भेंट थी; पर लगता था कि उससे पहले मेरी प्रसिद्धि उनतक पहुंच चुकी थी। वैसे तो रेडियो में आदमी से पहले उसकी बदनामी के पहुंचने का चलन है, जिसका अनुभव मुझे भी आगे चलकर हुआ; पर चूंकि मैं नया-नया था, इसलिये 'प्रसिद्धि' ही कहूंगा- पहुंची। प्रसिद्धि ये कि रेडियो मेरे लिये नया नहीं है; मैं पटना में आकस्मिक उद्घोषक के तौर पर काम करता रहा हूं; ये भी कि रेडियो की कार्य-प्रणाली से मैं अनभिज्ञ नहीं हूं; कि आकस्मिक उद्घोषक के

रूप में भी पटना में रूपकों-नाटकों का प्रोडक्शन करता रहा हूं; कि मैं नाटक, कहानियां और कवितायें लिखा करता हूं; और ये भी कि अभी-अभी मेरा विवाह सम्पन्न हुआ है।

"ज्वायन कर लिया न आपने....!" उन्होंने पूछा।

"जी... श्रीवास्तव जी के यहां..."

"चलिये.... अच्छा किया... लेकिन अभी आपको और फ़ॉर्मेलिटी करनी होगी। आपकी सैलरी वगैरा जल्दी आये इसके लिये ए. ओ. साहब से मिलना होगा। चलिये.. मैं मिलवा देता हूं..."- कह वे उठ खड़े हुए।

मैं उनके साथ-साथ चलने लगा। सामने से फूलों की क्यारियां पार कर हम फिर उसी बिल्डिंग के नीचे आ गये जहां से होकर मैं श्रीवास्तव साहब के कमरे तक गया था। ए. ओ., यानी ऐडमिनिस्ट्रेटिव आफ़ीसर का कमरा नीचे ही था। सामने दरवाज़े के ठीक बगल में उनकी 'नेम प्लेट' लगी थी- शशिकांत पांडेय।

राजीव जी ने उनसे मेरा परिचय कराया और मुझे ये कहकर लौट गये कि "अब आपके उद्धारक ए. ओ. साहब हैं। काम ख़त्म होने के बाद आप वहीं आ जाइयेगा, मेरे कमरे में।"

पांडेय जी ने बड़ी गर्मजोशी से हाथ मिलाया और बैठने को कहा। वैसे अब मुझे इस स्वागत् से कोई बहुत आश्चर्य नहीं हो रहा था, क्योंकि अपने 'कैजुअल' के दिनों में पटना में अधिकारियों-कर्मचारियों द्वारा दूसरों से सम्मानपूर्वक व्यवहार करना देख चुका था- बड़ों के साथ भी और छोटों के साथ भी। खुद मुझे 'कैजुअल' होते हुए भी वहां हमेशा प्यार-सम्मान मिलता रहा, कभी मुझे 'कैजुअल' नहीं समझा गया। **(इस कालक्रम की घटनाओं को जानने के लिये पढ़ें 'तीस साल लम्बी सड़क')** हालांकि बाद के दिनों में धीरे-धीरे इसमें क्षरण प्रारम्भ हो गया और आज स्थितियां एकदम बदल गयी हैं। आज इस मरी हुई संस्था के सारे संस्कार भी मर-से गये हैं। आज न तो वैसे अधिकारी रहे जो सभी को समान भाव से देखें; उन्हें आदर, प्यार और सम्मान दें; न ही अब वे 'कैजुअल' रहे जो इस संस्था के लिये अपना सर्वस्व देने के लिये तत्पर रहते थे। अब तो जो हैं, उनमें से ज़्यादातर को पैसा चाहिये, ड्यूटी चाहिये और उसे प्राप्त करने के लिये आर. टी. आई. और कोर्ट केस करने से भी नहीं चूकते और इस हथियार के ज़रिये अधिकारियों को परेशान करते रहते हैं।

ये प्रसंग भी आगे यथास्थान आयेंगे। अभी तो मैं रीवा में प्रशासनिक अधिकारी, श्री शशिकांत पांडेय के सामने बैठा था और वो मेरे पेपर्स देख रहे थे।

पांडेय जी सुदर्शन व्यक्तित्व के स्वामी थे, गोरा शफ़्फ़ाफ़ रंग और होंठों पर सहज मुसकान। उन्होंने मुझे बधाई दी और कहा, "आप सबसे पहले अपना

अकाउंट किसी बैंक में खोल लें; क्योंकि आपका वेतन सीधे आपके अकाउंट में आयेगा। मैं 'इरला' को पत्र भेज देता हूं।

'इरला'– ये शब्द मेरे लिये नया था। मेरी प्रश्नमुद्रा को देख वे समझ गये, बोले, ''देखिये, आप 'गैज़ेटेड पोस्ट' पर हैं और गैज़ेटेड आफ़ीसर की सैलरी दिल्ली स्थित वेतन एवं लेखा कार्यालय, जिसे 'इरला' कहते हैं, वहां से आती है। आपके अकाउंट, सैलरी, अवकाश, जी. पी. एफ़. आदि का सारा लेखा-जोखा एक ही स्थान पर रहेगा, यानी 'इरला' में।''

उनकी बातें मैं अभी तक ठीक प्रकार से समझ नहीं पाया था। मेरी सैलरी 'इरला' से क्यों आयेगी.... यहां से क्यों नहीं मिलेगी... पता नहीं, इसमें कितना वक़्त लगे.... और मेरे पास पैसे भी तो सीमित हैं.... भला दो हज़ार रुपये कब तक चलेंगे... मेरे दिमाग़ में यही सब चल रहा था।

''अरे, डॉ. सिन्हा, चिन्ता की कोई बात नहीं...''– उन्होंने पास आकर मेरे कंधे पर हाथ रखा। ''... मैं अभी आपका पत्र बना कर भेज देता हूं.... अगले महीने सैलरी आ जायेगी... तबतक आप अपने घर, पटना चले जाइये... फ़ैमिली वगैरा लाना हो तो व्यवस्था करके आराम से अगले महीने आइये।''

मैं उनकी बातों से आश्वस्त हो रहा था। ये कहते हुए उन्होंने साइड में रखी लोहे की बड़ी-सी अलमारी खोली और उसमें से खिलौने-जैसा, छोटा-सा टाइपराइटर निकाल कर टेबुल पर रख दिया। उसके बाद बड़े निश्चिंत भाव से अगले पांच मिनट तक वे उसपर कुछ टाइप करते रहे। बीच में सिर उठाकर मेरी तरफ़ देखते, हल्के से मुस्कुराते, फिर अपने काम में लग जाते। मैं चुपचाप बैठा हैरत से टाइपराइटर पर 'खट-खट' करती उनकी लम्बी उंगलियों को देख रहा था।

लगभग पांच मिनट उपरांत उन्होंने रौलर को घुमा कर कागज़ का टाइप किया हुआ पन्ना निकाला और मेरे सामने रख दिया, ''लीजिये, हस्ताक्षर कर दीजिये सर...।''

'सर...'– मैं झेंप गया था।

''अरे सर, मैं तो ये सब हाथ से ही लिख लेता...'' थोड़ा संकोच से मैंने कहा। दरअसल यह मेरी ओर से आवेदन था जो 'इरला' को भेजा जाना था और जिसे पांडेय जी ने बड़े मनोयोग से टाइप किया था।

''अरे नहीं... मैं अपने सारे काम, कोशिश करता हूं कि स्वयं करूं। किसी पर आश्रित न रहना पड़े। अब देखिये, इस पत्र को टाइप करने के लिये मैं किसी क्लर्क को बुलाता; अव्वल तो वह कई काम पहले से लिये बैठा होता.... काम न भी होता तो टालने के लिये बहाने बनाता, या देर करता। फिर वो जो टाइप कर के लाता उसमें ग़लतियां भी होतीं। मुझे उन्हें फिर से सुधार कर टाइप कराना पड़ता। अब इतना समय और श्रम किसी दूसरे पर आश्रित होकर उसे देने से अच्छा है कि

मैं खुद कर लूं। कम-से-कम मेरे काम में शुद्धता और सफ़ाई की सौ परसेन्ट गारंटी तो है।'' फिर वो 'हो... हो' कर के हंस दिये।

ये पहला सबक़ था जो मुझे रीवा में प्रशासनिक अधिकारी श्री शशिकांत पांडेय से मिला। इस सबक़ को मैंने उसी क्षण अपनी गांठ में बांध लिया कि अपने काम के लिये दूसरों पर आश्रित नहीं होना है और ये भी कि कोई काम छोटा नहीं होता। तब से लेकर आजतक इसी सबक़ के तहत मैं ऑफ़िस के ज़रूरी पत्रों से लेकर, कम्प्यूटर पर हिन्दी-अंग्रेज़ी में कॉन्ट्रैक्ट तक निकाले; यहां तक कि अपनी सारी किताबों की पांडुलिपियां मैंने खुद टाइप कीं।

पांडेय जी से आज्ञा ले उनके कमरे से निकला तो बाहर से एक बार फिर बिल्डिंग के उस हिस्से को ध्यान से देखा। श्रीवास्तव जी के यहां मैं लकड़ी की सीढ़ियां चढ़कर ऊपर गया था। उनका कक्ष सामने से दाहिनी तरफ़ था। उस हिस्से को ध्यान से देखा तो पाया कि ठीक उसी प्रकार बायीं तरफ़ को भी एक रास्ता ऊपर की ओर जाता है। पांडेय जी ने मुझे कौतूहल से देखते हुए पाया तो वे बाहर निकल आये और बोले, ''इधर केन्द्र निदेशक साहब बैठते हैं। आपलोगों की प्रोग्राम मीटिंग यहीं होती है।''

''जी अच्छा...'' कहकर मैं राजीव जी के कमरे की ओर चल दिया।

हालांकि पांडेय जी का साथ बड़े कम समय का रहा। मैं जब दिल्ली से 'बेसिक ट्रेनिंग' कर नवम्बर, 1988 में रीवा लौटा तो पता चला कि उनका स्थानान्तरण हो चुका और उन्होंने जयपुर, दूरदर्शन ज्वायन कर लिया है।

मैं जब राजीव जी के कमरे में पहुंचा तो वे कुर्सी पर बैठे कोई फ़ाइल देख रहे थे।

''आइये, बैठिये...'' उन्होंने फ़ाइल एक ओर सरका दी। ''पांडेय जी अच्छे आदमी हैं... बहुत कोऑपरेटिव एन्ड हेल्पफुल...।''

''जी हां...'' मैंने कहा। इसका प्रमाण तो मुझे कुछ देर पहले ही मिल चुका था।

''ऐसा है कि कल आसकरण शर्मा जी आ जायेंगे।''

मेरी प्रश्नमुद्रा को देख उन्होंने कहा, ''एस. डी. साहब...''।

''ओ... हां...।'' अभी नामों से वाक़िफ़ होने में थोड़ा वक़्त लगेगा।

''दरअसल शर्मा जी एस. डी. तो हैं, पर उससे ज़्यादा कलाकार हैं। इनकी फ़ैमिली भी मशहूर संगीत परिवार से है। ये एक तरह से पंडित जसराज जी के दामाद लगते हैं।''

संगीत के इस विश्वप्रसिद्ध नाम- पंडित जसराज को कौन नहीं जानता।

''आप इसे इस तरह समझिये...''– राजीव जी जैसे आज ही सारा कुछ मुझे समझा देना चाहते थे। बीच में उन्होंने पान की पीक पास रखे चाय के ग्लास में उगली। ''हां... आप इसे इस तरह समझिये कि सुलक्षणा पंडित और विजयता पंडित इनकी साली हुईं, और हां, दुर्गा जसराज भी...। मतलब ये कि जसराज जी के भाई पंडित मनीराम जी की बेटी आसकरण जी की पत्नी हैं...।''

राजीव जी के इस अद्भुत ज्ञान का कायल होने के साथ-साथ मुझे थोड़े गर्व की अनुभूति भी हुई कि मैं इतने बड़े संगीत-परिवार के सदस्य के साथ काम करने जा रहा हूं। अब आसकरण जी से मिलने की बेकरारी बढ़ती जा रही थी।

''चलिये.... मैं यहां के लोगों से आपको मिलवा दूं....'' वे उठ खड़े हुए। ''एस. डी. साहब कह के गये थे कि आप आयें तो मेरे बगल वाला ये जो कमरा है, (उन्होंने हाथ के इशारे से कमरा दिखाया), उसमें आपके बैठने की व्यवस्था करा दूं।''

''चलिये...''

मैंने बाहर निकलकर, जिस कमरे की ओर राजीव जी ने इशारा किया था, उसके पर्दें को जरा-सा हटाकर अन्दर झांका तो सामने करीने से लगी कुर्सियां दिखीं।

उनके कमरे के बाहर कॉरीडोर से दायें हाथ की ओर रास्ता गया था, जहां ड्यूटी रूम था; थोड़ी देर पहले महेश सक्सेना से इस जगह मैं मिल चुका था। उसके आगे से स्टूडियो शुरू होता था।

''आइये, लाइब्रेरी चलते हैं...।''

ड्यूटी रूम के बगल में ही लाइब्रेरी थी। महेश सक्सेना वहां बैठे कुछ काम कर रहे थे जो हमें देखकर खड़े हो गये। वहां से निकलकर हम स्टूडियो गये जहां उद्घोषक की कुर्सी पर एक महिला विराजमान थीं। राजीव ने परिचय कराया, ''ये तनुजा मित्रा हैं, यहां की नियमित उद्घोषिका.... साथ ही, महेश जी के साथ बच्चों के कार्यक्रम में कम्पीयरिंग भी करती हैं।''

मैं सोचने लगा कि यहां हर आदमी दो-दो काम करता है। तब मुझे कहां पता था कि जल्दी ही मैं भी उसी नाव में सवार होने वाला हूं, जहां दो नहीं, कई-कई काम एक साथ करने पड़ेंगे।

उसके बाद हम कन्ट्रोल रूम गये जहां कार्यरत स्टाफ़ से मेरा परिचय कराया गया। इस भ्रमण के बाद जब हम राजीव जी के कमरे में लौटे तो बहुत से लोग वहां मुझसे ये जानकर मिलने के लिये इंतज़ार करते मिले कि यू. पी. एस. सी. से डायरेक्ट सेलेक्ट होकर बिहार से कोई सिन्हा साहब, कार्यक्रम अधिशासी आये हैं। मिलने वालों में श्री इन्द्र कुमार गुप्ता, संगीत रचनाकार; प्रद्युम्न जड़िया, बघेली कम्पीयर; शशिपाल गुप्ता, सहायक अभियंता; डॉ. रामपाल पांडेय, फ़ार्म रेडियो

रिपोर्टर, श्री जगदीश, प्रसारण निष्पादक; गिरीश भट्ट, तबला वादक सहित कई लोग आये। मुझे थोड़ा समय लगा इन सबों के नाम याद करने में।

"अब चलिये, अपना कमरा देख लीजिये, जहां आपको बैठना है। तबतक मैं भी कुछ काम निपटा लूं.... फिर कुछ और लोगों से आपको मिलवाऊंगा।..."

मुझे मेरे कमरे के सामने छोड़ वे आगे बढ़ गये थे।

•••

दफ़्तर का पहला दिन.....। खुशियां जैसे अमलतास के फूलों की तरह झर रही थीं, बिखर रही थीं और मेरे मानस-पटल पर एक खुमारी-सी छाती जा रही थी। मेरी पहली नौकरी.... पहला दफ़्तर.... और उसका पहला कमरा... कहना चाहिये कि मेरा कमरा......। बड़ी-सी टेबुल, जिसके ऊपर मोटा शीशा बिछा हुआ... मेज़ के सामने पड़ी चार कुर्सियों का सेट...।

अभी मैं अपनी कुर्सी पर बैठा ही था कि एक लम्बे, पतले से व्यक्ति आकर सामने खड़े हो गये। उन्होंने घुसते ही स्वयं अपना परिचय प्रस्तुत कर दिया, "सर... हम तिवारी.... स्टेशनरी इन्चार्ज...।" फिर बड़ी ही विनम्रता से उन्होंने बघेली-मिश्रित हिन्दी में पूछा, "सर, अपना के का चाहीं...?"

अब तक मैं कार्यालय के लोगों की इस अतिशय विनम्रता का आदी हो चला था। किन्तु मैं कुछ कहूं उससे पूर्व तिवारी जी ने मेरे सामने पहले से भरा हुआ मांग-पत्र रख दिया।

"ये क्या है तिवारी जी...?" मैंने थोड़ा चकित होकर पूछा।

"सर, हम सब भर देईं हं... अपने के आउर कुछ चाहीं त भर लेईं।"

मैंने गौर से देखा तो उस मांग-पत्र में पेपर, ट्रे, पेन स्टैंड, पिन-कुशन और ना जाने क्या-क्या भर रखा था।

"नहीं, मुझे और कुछ नहीं चाहिये...।"

"अच्छा... त साइन कर देईं सरा।" उन्होंने मांग-पत्र को अपने हाथों से जरा-सा दबाकर उसी विनम्रता से कहा।

"ठीक है.... ये लीजिये....।" मैंने हस्ताक्षर कर के पर्चा उनकी ओर बढ़ा दिया और वे चले गये। ये मेरा आज नौकरी के पहले दिन का तीसरा हस्ताक्षर था।

लगभग पांच मिनट बाद ही वे सारी मांगी गयी सामग्री के साथ हाज़िर हो गये, शायद उन्होंने पहले से सब निकाल कर रखा था, बस मेरे हस्ताक्षर की प्रतीक्षा थी।

मध्यप्रदेश और अब के छत्तीसगढ़ के सारे केन्द्रों में नये लोगों के आदर-सत्कार की ये परंपरा; नये ही नहीं बल्कि ट्रांसफ़र पर आने वाले पुराने लोगों

के लिये भी- मैंने अपने उधर रहने तक- यानी 1999 तक देखी। ये सब मैंने अपने वतन, यानी जन्मस्थान के केन्द्र, पटना आने पर पूरी तरह ध्वस्त पाई- न विनम्रता का वह आत्मीय आग्रह, न आदर-सत्कार की स्वाभाविक-संवेदनशील परम्परा। लेकिन वह सब बाद में..... अभी तो मैं अपने स्वागत् से अभिभूत आनंद के सागर में गोते लगा रहा था।

पहली बार पेक्स की कुर्सी पर बैठ कर लगा कि दुनिया मेरी मुट्ठी में आ गयी है। बरसों पहले आकाशवाणी, पटना में 'कैज़ुअल' के रूप में काम करते हुए मैंने कभी सोचा नहीं था कि मैं एक दिन इसी संस्था में, इस रूप में कार्यभार संभालूंगा। वह तो कुसुम जुश्री, तत्कालीन पेक्स का स्नेह और अभिभावकत्व था, उनकी कोंच थी, जो मुझे यहां खींच लाई और मेरे सपने पंख फड़फड़ाने लगे, ''उड़ो, जहां तक उड़ना हो...!''

पटना में कभी कुर्सी के उस पार मैं बैठा होता था उस अनुबन्ध की प्रतीक्षा में, जो महीने के अंत में मुझे हज़ार रुपये के सपने दिखाता था। उन हज़ार रुपयों से मेरे कॉलेज की फ़ीस और पत्रिकाओं के बिल भरे जाते थे। कुर्सी के उसी पार बैठ मैंने कुछेक बार अपमान और विवशता के कड़वे घूंट भी पिये। आज मैं... हां मैं... कुर्सी के इस पार हूं। कुर्सी, जो मेरी है। लेकिन मैं वो सब नहीं करूंगा, जो इस कुर्सी पर बैठकर बहुत से लोगों ने किया। ईमानदारी, सत्यनिष्ठा और प्रेम से मैं इस कुर्सी की रक्षा करूंगा। और इस बात का गर्व और संतोष दोनों है कि मैंने सेवामुक्त होने तक इस प्रतिज्ञा का पालन किया। यही कारण है कि जहां भी रहा, मैं आकस्मिक उद्घोषकों-कम्पीयरों का ही नहीं, केन्द्र पर आने वाले कलाकारों-वार्ताकारों का भी चहेता बना रहा; हां, परेशानी मुझे इस सिस्टम के लोगों से ही रही, जिनके स्वार्थ मुझसे नहीं सधे, वे मेरे दुश्मन बन बैठे; पर जिन्होंने प्यार दिया, भरपूर दिया।

तिवारी जी द्वारा दी गयी सामग्री मेज पर ही पड़ी थी। मैं सब को यथास्थान स्थापित कर राजीव जी के कमरे में जा पहुंचा। मुझे याद आया, पैसे समाप्त होने से पहले कोई घर ढूंढ़ लेना होगा। साथ ही, प्रशासनिक अधिकारी ने कहा था अकाउंट खोलने को। इन दोनों कामों के लिये मैंने राजीव जी से कहा।

बोले, ''देखिये, घर ढूंढ़ने शाम को चलेंगे। कुछ लोगों को बोल भी दिया है देखने के लिये। जहां तक अकाउंट खोलने की बात है, यहां नज़दीक में इलाहाबाद बैंक है। वहां मेरे एक परिचित हैं, राव... लंच के बाद चलेंगे, आपका अकाउंट आज ही खुल जायेगा। पर अभी तो चलिये, कुछ और महत्वपूर्ण लोगों से आपका परिचय करायें...।''

मैंने सोचा, 'अच्छा, तो कुछ लोग और बचे हुए हैं...।'

फ़ेड इन... फ़ेड आउट/33

मैं उनके साथ चल दिया। उसी कॉरीडोर के लगभग अंतिम सिरे पर सहायक केन्द्र अभियंता श्री एस. के. गौड़ का कमरा था। हम वहां पहुंचे तो उन्होंने मज़ाकिया लहज़े में राजीव जी से कहा, "तो आपने इनको इतनी दूर से बुला ही लिया।"

पहली मुलाक़ात में ही मुझे अनुभव हुआ कि लम्बे, पतले और छरहरे से गौड़ साहब विनोदी स्वभाव के हैं। उन्होंने आदरपूर्वक सामने बिठाया और चाय के लिये फ़ोन उठाया तो मैं बोला, "अभी तो तीन बार चाय पी चुका... अब और नहीं..."

"तो क्या हुआ, चौथी बार भी पी लीजिये...।" और वे चाय मंगवा के ही माने।

"अरे राजीव जी, इनके इलाक़े के तो हैं बाबू साहब... उनसे परिचय कराया या नहीं ?" उन्होंने चाय की चुस्की लेते हुए पूछा।

"नहीं, बस, अभी जा ही रहा हूं...।"

"कौन बाबू साहब...?" मैंने सहज जिज्ञासा से पूछा।

"उनका नाम है, रामनारायण सिंह। फार्म रेडियो ऑफ़ीसर हैं। आपके पटना के ही तो रहने वाले हैं। हमलोग उन्हें 'बाबू साहब' कहते हैं। बड़े सीधे और सज्जन व्यक्ति हैं। चलिये... उनसे मिल लीजिये...।" और हम उठ खड़े हुए।

बाबू साहब का कमरा उसी कॉरीडोर के अंत में राजीव जी के कमरे के सामने था। उनसे मिलकर सच में, पहली बार ही यह अहसास पक्का हो गया कि वास्तव में वे सीधे और सज्जन व्यक्ति हैं। गोरा रंग, तीखी नाक, सिर के बाल बीच से कुछ उड़े हुए, क़द-काठी से मध्यम और होंठों पर निर्मल मुसकान.... यही थी बाबू साहब की पहचान। पर जैसे-जैसे उनसे संपर्क-सान्निध्य बढ़ता गया, मैं उनके व्यक्तित्व के दूसरे पहलुओं से भी परिचित होता गया। मसलन, वे मगही में कवितायें लिखते थे; यहां आने से पूर्व वे आकाशवाणी, पटना में कार्यरत थे और अपने कार्य के अलावा वहां के चौपाल कार्यक्रम में पारस भाई के 'स्टॉक कैरेक्टर' के नाम से कम्पीयरिंग भी करते थे। हालांकि मेरे आने के बाद वे रीवा में अधिक दिनों तक रहे नहीं; उनका स्थानान्तरण आकाशवाणी, पटना हो गया। (कहा ये भी जाता था कि राजनीतिक पहुंच के बल पर उनका वहां से ट्रांसफर डॉ. रामपाल पांडेय ने कराया था, क्योंकि बाबू साहब के अधीन काम करने में वह अपनी हेठी समझते थे।)

लेकिन पटना लौटने के बाद बाबू साहब और अधिक सक्रिय हो गये; उन्होंने हिन्दी और मगही में कहानियां लिखीं, नाटक लिखे, गीत और कवितायें लिखीं; उनकी कई पुस्तकें भी प्रकाशित हुईं; उन्होंने मेरे पटना वापस पहुंचने पर रेडियो के लिये तेरह कड़ियों का धारावाहिक 'उर्मिला' लिखा, जिसका प्रोडक्शन मैंने किया और आज सेवानिवृत्ति के बाद भी, थोड़ी अस्वस्थता के बावजूद उनकी

रचनात्मक, सामाजिक और पारिवारिक सक्रियता कम नहीं हुई है। कहना न होगा कि बाबू साहब से उस समय का परिचय, एक प्रगाढ़ मित्रता के रिश्ते में बदलकर आज तक मज़बूत बना हुआ है।

राजीव जी ने घड़ी देखी और कहा, ''अरे लंच-टाइम हो गया। चलिये, आज आप मेरे घर लंच करिये। मैंने फ़ोन करके रीना को कह दिया है कि आप आ रहे हैं...।''

इस अधिकार-भाव के बाद ना-नुकर की कोई गुंज़ाइश नहीं थी, सो उनके साथ हो लिया। बाहर, सीढ़ियों के नीचे ही उनका स्कूटर- 'बजाज चेतक' लगा था। उन्होंने स्टार्ट किया और पीछे बैठने का इशारा किया। ऑफ़िस से सटे ही कॉलोनी थी, सो हम दो मिनट में पहुंच गये।

राजीव जी के परिवार में उनकी पत्नी, रीना; उनके पांच साल की बेटी मेधा और तीन साल की विधा, जिसे घर में 'छुटकी' कह के पुकारते थे- यही तीन जन थे। रीना भाभी ने बड़े प्रेम से खाना परोसा और बड़े आग्रहपूर्वक खिलाया भी। राजीव जी खाते हुए भी बातें करते जा रहे थे।

''आपको पता है, मेरी पत्नी बंगाली हैं।...''

मैंने 'नहीं' में सिर हिलाया।

''अरे हां, आपको कैसे पता होगा....'' उन्होंने भाजी का एक टुकड़ा मुंह के हवाले करते हुए कहा। ''दरअसल हमारा प्रेम विवाह है। ये रायपुर से हैं। वहां ये युववाणी में हमारी कम्पीयर हुआ करती थीं।'' ये अंतिम वाक्य उन्होंने थोड़े गर्व से कहा।

मैं इसपर क्या कहता, मैं सुनता जा रहा था।

''और मालूम... रीना स्टेज की कलाकार होने के साथ-साथ डांसर भी रही हैं। यहां भी स्कूल में डांस सिखाती हैं।''

तबतक खाना समाप्त हो चुका था। राजीव जी अपनी थाली को पोंछ-पांछ कर इस प्रकार खा चुके थे कि लगता था उसे अभी-अभी धोकर सामने रखा गया हो। ये राजीव जी की आदत थी और मुझे उनकी ये आदत बेहद पसंद थी। वे कहते, ''मैं थाली में अन्न बिल्कुल नहीं छोड़ता...।'' पर ये भी सच है कि उनकी इस आदत को पसंद करने के बावजूद इस पर शत-प्रतिशत अमल करने में मेरी कोई दिलचस्पी नहीं थी।

इस खाने के दौरान मुझे न सिर्फ़ राजीव जी और उनके परिवार की जानकारी मिली, बल्कि ऑफ़िस के लोगों, यहां के क्रिया-कलापों और राजनीति तथा अन्तर्कलह का भी भरपूर ज्ञान हुआ। पर उन सबका विवरण यथास्थान.....

राजीव जी से अन्य लोगों के बारे में मिली जानकारी मेरे वहां रहते धीरे-धीरे पुख़्ता होती गयी। पर अभी मेरी अपनी समस्यायें मुंह उठाये खड़ी थीं। एक तो रहने की व्यवस्था और दूसरी बैंक अकाउंट। मैंने राजीव जी को ध्यान दिलाया तो वहां से सीधे इलाहाबाद बैंक ले जाकर राव को कह के मेरा अकाउंट खुलवा दिया। और दूसरे ही दिन राव मेरा पासबुक ऑफ़िस पहुंचा गये।

पर, घर की समस्या ज्यों की त्यों बनी हुई थी और पास के पैसे होटल का किराया देने में ख़र्च हो रहे थे। दूसरे दिन मेरे ज़ोर देने पर राजीव जी मेरे साथ निकले और तीन घंटों की मशक्कत के बाद, सिरमौर चौराहा के आगे, रीवा-इलाहाबाद रोड पर दो कमरों का घर मुझे मिल गया। वह घर एक पटेल जी का था। वहां सब उन्हें 'पटेल जी' ही कहते थे। आगे के हिस्से में उनकी राशन की दुकान थी। उससे सटा एक कमरा और था जिसमें वे अपनी पत्नी और दो साल की बच्ची के साथ रहते थे। उसके पीछे की ओर का हिस्सा उन्होंने बतौर किरायेदार मुझे रहने को दे दिया। किराया- 350 रुपये महीना। उस हिस्से में प्रवेश करते ही एक कमरा आता था; उसके बाद एक छोटा-सा आंगन और उसे पार कर फिर एक कमरा। हम दो लोगों के परिवार के लिये पर्याप्त था। उस समय के हिसाब से किराया भी ठीक-ठाक था। वैसे भी, उस समय एक घर की ज़रूरत थी मुझे, ताकि मैं आगे गृहस्थी और नौकरी में सामंजस्य बिठा सकूं।

मैंने पटेल जी को पचास रुपये एडवांस दिये और शाम को आने को कह वापिस ऑफ़िस आ गया। घर तो हो गया; पर उस समय मेरे पास न बिस्तर था, न सोने के लिये चौकी। बाबू साहब को पता चला तो उन्होंने एक खाट भिजवा दिया, जो उनके पास यूं ही पड़ी थी। शाम को जाकर तकिया, गद्दा-चादर आदि बाज़ार से ले आया। इस प्रकार सोने का जुगाड़ हो गया था।

अब, रुपये समाप्त हों उससे पहले मुझे घर लौट जाना चाहिये- मैंने सोचा। आसकरण शर्मा तबतक मुम्बई से लौटे नहीं थे; सो मैंने अपना आवेदन केन्द्र अभियंता, श्रीवास्तव जी के हवाले किया और पटना लौट आया।

•••

दो

मैं नहीं आया तुम्हारे द्वार
पथ ही मुड़ गया था...

(शिवमंगल सिंह सुमन)

पटना लौटा तो कुछ बदला-बदला-सा दिखा शहर। दरअसल बदला शहर नहीं था, मुझे ही भीतर से कहीं एक प्रकार के विशिष्टता-बोध का अनुभव हो रहा था। घर में सब प्रसन्न थे, पर वातावरण में बहुत-कुछ अनकहा भी तैर रहा था। मैंने जब पटना से रीवा के लिये प्रस्थान किया था तो अम्मा बिस्तर पर थी। कमर की हड्डी टूट गयी थी और डॉक्टर ने ट्रैक्शन लगा के छोड़ दिया था। भाभी-लोग देखभाल कर तो रही थीं, पर उस समय अम्मा को जिस सेवा की और सही समय पर खान-पान की जो ज़रूरत थी, शायद वो पूरी नहीं हो रही थी। ऐसा मुझे बाबूजी की बातों से अनुभव हुआ। मेरी पत्नी- विजया, पुकार का नाम-मुन्नी, नववधू थी, सो उसे किसी काम के लिये नहीं कहा जाता था। उस समय शादी को समय ही कितना हुआ था। 24 जून को शादी हुई और 6 जुलाई को मैं रीवा ज्चायन करने चला गया था।

अम्मा जल्दी से ठीक हो जाये और सबकुछ सामान्य हो जाये, इसका कोई लक्षण नहीं दिख रहा था। मुझे जल्दी-से-जल्दी रीवा वापस भी लौटना था, क्योंकि नयी-नयी नौकरी थी और ये नौकरी भी तब हासिल हुई थी जब मेरी उम्रसीमा किसी भी नौकरी के लिये समाप्त हो रही थी। सो, जल्दी वापस पहुंचकर मैं अपने दायित्वों का निर्वहन करने को बेचैन हो रहा था।

मैं पत्नी, मुन्नी को साथ ले जाना चाहता था, पर अम्मा की हालत देख कहने की हिम्मत नहीं जुटा पा रहा था। ऐसा नहीं कि मैं अकेले नहीं रह सकता था, या खाने-वाने में कोई परेशानी थी। मैं तो कोई सात महीने तक अकेले पतरातु में रहा था और खुद ही अपना खाना बनाता था। **(इस प्रकरण को आप इस पुस्तक के पहले खंड 'तीस साल लम्बी सड़क' में पढ़ सकते हैं।)** पर नयी-नयी शादी हुई थी सो मैं अपनी गृहस्थी की शुरूआत व्यवस्थित ढंग से करना चाहता था। आप इसे चाहें तो मेरा स्वार्थ कह सकते हैं कि मां को इस हाल में छोड़कर मैं पत्नी को अपने साथ ले जाने की बात सोच रहा था। शायद मैं स्वार्थी बन बैठा था तब। पर, एक बात मन में थी कि पटना में तो दो-दो भाभियां हैं देखभाल के लिये। अगर एक बहू न भी हो तो क्या फर्क पड़ेगा। आखिर

बड़ी भाभी भी तो भइया के साथ सासाराम में रह ही रही हैं। वो भी छठे-छमासे ही आती हैं।

सो बाबूजी-अम्मा को अपनी नयी-नयी नौकरी की सारी स्थिति बताते हुए पत्नी को साथ ले जाने की बात कही। सुनकर थोड़ी देर तक वे चुप रहे। बाबूजी शायद मना करना चाहते थे, पर इसके पहले अम्मा ने कह दिया, "हां... हां... जा. .. उहां अकेले तोहरा दिक्कत होखी... हमर चिंता मत करअ... जा... ले जा...। दुलहिन के ठीक से रखिह....।"

तब समझ में आया कि मां, आख़िर मां ही होती है। वह चाहे स्वयं कितना भी कष्ट में रहे, अपनी संतान को तकलीफ़ में नहीं देख सकती।

और मैं मुन्नी, यानी दुल्हन को लेकर रीवा आ गया।......

•••

ज्वायन करने के साथ ही ढेर सारे सेक्शन पकड़ा दिये गये थे; युववाणी, संगीत, और ना जाने क्या-क्या...। पटना रेडियो में काम करने का फ़ायदा यहां मुझे ये मिला कि मैंने बख़ूबी इन ज़िम्मेदारियों को संभाल लिया, वरना मैंने यहां देखा है कि बावजूद सालों की नौकरी के अनेक लोग आज भी ठीक तरह से रिकॉर्डिंग-डबिंग तक नहीं कर सकते, रेडियो के लिये लिखना तो बहुत दूर की बात है।

दिन गुज़रते जा रहे थे और मैं धीरे-धीरे काम सीखता जा रहा था। आसकरण शर्मा, केन्द्र निदेशक वास्तव में, प्रशासक कम, कलाकार ज़्यादा थे। उनकी ख्याति शास्त्रीय संगीत के 'ए' ग्रेड के कलाकारों में थी। बड़ा ही शालीन और सुदर्शन व्यक्तित्व था उनका, एकदम किसी संत की तरह। गौर वर्ण, गोल चेहरा, हल्के घुंघराले बाल और चौड़ा ललाट, जिसपर एक गोल चंदन का तिलक शोभता था। वे हमेशा सिल्क की धोती और सिल्क का ही कुर्ता पहनते थे। उनकी शादी पंडित जसराज जी के भाई, पंडित मनीराम जी की बेटी से हुई थी। आसकरण जी के एक बेटा आनन्द शर्मा और एक बेटी महिमा शर्मा हैं, जो आज विभिन्न इलेक्ट्रोनिक चैनलों पर चलने वाले संगीत के रियलिटी शोज़ को नियंत्रित करते हुए अपने यशस्वी पिता की संगीत-विरासत को बख़ूबी संभाल रहे हैं और अपने से आगे की पीढ़ी में रूपांतरित कर रहे हैं।

आज आसकरण जी हमारे बीच नहीं हैं, पर उन्होंने उस समय जो प्यार-विश्वास दिया; और उससे भी बढ़कर संगीत की बारीकियों को समझने के लिये मेरे लिये जिस क्षितिज का निर्माण किया, उस आशीर्वाद की बदौलत ही मैं संगीत के क्षेत्र में थोड़ा-बहुत काम करने लायक़ बन सका और इस बिरादरी के लिए स्वीकार्य सिद्ध हो सका।

फ़ेड इन... फ़ेड आउट/38

ख़ैर, बात जसराज जी के घराने की हो रही थी और निस्संदेह इस घराने की गायकी का पूरा प्रभाव आसकरण शर्मा जी के गायन पर था, जिसका अनुभव मुझे पहली बार श्री व्यंकटेश संगीत समाज के उस मंदिर में हुआ, जो आसकरण जी के अद्भुत और रससिक्त गायन में उस दिन डूब गया था। हालांकि ये बात आगे की है, इसलिये वहीं पर करूंगा।

पहली नौकरी, वह भी आकाशवाणी-जैसी कला, साहित्य, संस्कृति और लोकसेवा के लिए समर्पित संस्थान में.... नया केन्द्र, नयी जगह, नये लोग और शुरू-शुरू की नौकरी की ढेरों समस्यायें- लेकिन आसकरण शर्मा जी के साथ काम करने में कहीं कोई दिक्कत नहीं आयी। अगर आयी भी तो उन्होंने उसे प्रशासक बनकर नहीं, परिवार का बुजुर्ग सदस्य बनकर, दोस्त बनकर सुलझाया और हमेशा मेरी सहायता की।

एक बार का वाकया है। आकाशवाणी द्वारा प्रत्येक वर्ष ‘आकाशवाणी संगीत प्रतियोगिता’ का आयोजन किया जाता है, जो प्रमुख रूप से संगीत की युवा प्रतिभाओं की खोज के लिये होता है। इसीलिये इसकी उम्र-सीमा भी 16 से 24 के बीच होती है। महानिदेशालय द्वारा पूरी प्रतियोगिता के लिये तिथि तय कर के भेजी जाती है, जो कई चरणों में संपन्न होती है- यानी कब से कब तक इसे प्रचारित किया जायेगा, कब प्रविष्टियां ली जायेंगी, प्रारंभिक और अंतिम परीक्षा कब होगी आदि-आदि। महानिदेशालय से इस प्रतियोगिता का पत्र आ चुका था।

अचानक एक दिन आसकरण जी मेरे कमरे में आये और सामने की कुर्सी पर बैठ गये। मैं हड़बड़ाकर खड़ा हो गया।

“बैठो... बैठो...” उन्होंने बैठने का इशारा किया।

आसकरण जी के काम करने की यही शैली थी। वे कार्यालय सप्ताह में एक या दो बार ही आते थे, वो भी महानिदेशालय के डाक आने वाले दिन। अपने कक्ष में, या कई बार राजीव जी के कमरे में बैठकर वे सारे पत्र और ‘मेमो’ संबंधित विभाग और अधिकारी को ‘मार्क’ कर भिजवाते और अपने क्वार्टर चल देते। उनका शेष समय संगीत-साधना में व्यतीत होता। लेकिन ऑफ़िस वो कभी भी आ धमकते, कभी राजीव जी के कमरे में तो कभी मेरे। चूंकि मैं संगीत अनुभाग का कार्य देखता था, इसलिये उनसे मेरा सामना होता ही रहता था।

शुरू-शुरू में मुझे कुछ समझ में नहीं आता था कि वे क्या कह रहे हैं और मुझसे क्या चाहते हैं। जैसे, वे आते और मुझसे कहते, “जरा आर्टिस्ट की फ़्रिक्वेंसी रजिस्टर तो निकालना......” और मैं बिना समझे घबराहट में उन्हें स्टॉक रजिस्टर पकड़ा देता। कई बार तो वे खीझ उठते और ऐसे में कभी-कभी वह कंपोजर, इन्द्र कुमार गुप्ता को बुलवा भेजते और उन्हीं की क्लास लगा देते। वैसे अधिकतर ऐसे

मौक़े पर वे चुपचाप उठ कर चल देते और मुझे पता भी नहीं चलता था कि वे गुस्से से गये हैं या यूं ही।

पर थे वे जीनियस। अपने कार्यकाल में उन्होंने संगीत की नामी-गिरामी हस्तियों को केन्द्र पर बुला-बुला कर रिकॉर्डिंग कराई। विश्वप्रसिद्ध बाबा अलाउद्दीन ख़ां साहब की नगरी मैहर, रीवा के प्रसारण-क्षेत्र में आती थी और बाबा के शिष्य-लोगों का यहां बराबर आना-जाना लगा रहता था। इस कारण मैहर आने वाले कलाकार आसकरण जी के आग्रह से रीवा भी आते। उस्ताद अली अकबर ख़ां, उनके सुपुत्र आशीष और ध्यानेश ख़ां, पं. रविशंकर, उस्ताद अमजद अली ख़ां, उस्ताद हलीम ज़ाफ़र ख़ां; और जसराज जी तो परिवार के ही थे; ऐसे बड़े-बड़े ख्यातनाम् कलाकारों की रिकॉर्डिंग से ये केन्द्र समृद्ध होता रहा।

यों शास्त्रीय संगीत के कलाकारों की रिकॉर्डिंग करने और उसे संभालकर रखने की ज़िम्मेदारी तानपूरावादक दिनेश कुमार तिवारी की थी, पर सेक्शन-इन्चार्ज होने के नाते मुझे इसकी पूरी जानकारी रहनी चाहिये, ऐसा आसकरण जी का मानना था। सिद्धांततः ये बात सही थी, लेकिन मैं इस चीज़ को लेकर बहुत सचेत नहीं था। मैं तो निश्चिंत था कि तिवारी जी सारी रिकॉर्डिंग का हिसाब-किताब रखते हैं तो वही जवाबदेह होंगे। पर आसकरण जी अचानक प्रकट होकर कहते, ''अरे भाई, वो हमने वी. जी. जोग की रिकॉर्डिंग की थी न, उसको जरा निकलवाओ। अच्छा.... छोड़ो, उसका टेप नम्बर दे दो, मैं लाइब्रेरी से निकलवा लूंगा।'' मुझे कुछ नहीं सूझता कि कब, कौन-सी रिकॉर्डिंग.... कभी रजिस्टर में टेप नम्बर ढूंढ़ता, कभी कहता कि तिवारी जी के पास टेप होगा तो कभी ये कहता कि टेप लाइब्रेरी में होगा।

जब ऐसा एक दो बार हो गया तो आसकरण जी ने मुझे बड़े स्नेह से समझाया- ''देखो, मैं किसी तिवारी या मिश्रा को नहीं जानता। तुम म्यूजिक पेक्स हो... ज़िम्मेदारी तुम्हारी है। तिवारी तुम्हारे अंडर में काम करता है... वह तुम्हारा मातहत है, तुम उसके नहीं...। इसलिये तुम उससे जानकारी लेकर अपने पास रखो। तुम सेक्शन को अपने कन्ट्रोल में रखो, इससे तुम्हें ही लाभ होगा।''

उनकी इस सीख का असर हो या मेरे अन्दर की इच्छा-शक्ति, मैंने उसी क्षण से हर चीज़ को जानने-समझने का प्रयास आरम्भ कर दिया; पर ये भी सच है कि इन सब बारीकियों और ज़िम्मेदारियों को समझने के बाद भी आसकरण जी के अचानक आने पर हाथ-पांव फूल जाया करते थे, पता नहीं, क्या मांग बैठें।

पर मैं बात कर रहा था 'आकाशवाणी संगीत प्रतियोगिता' से संबंधित पत्र की। आसकरण जी ने मुझे बैठने का इशारा किया और बिना किसी लाग-लपेट के पूछा- ''वो, आकाशवाणी संगीत प्रतियोगिता के ऑडिशन का क्या हुआ...?''

''क्या...'' मैं चौंका। सच्चाई ये थी कि मुझे इस बारे में कुछ भी याद नहीं था। अब तो आसकरण जी बड़े नाराज़।

''ढूंढ़ो.... ढूंढ़ो... वो पत्र ढूंढ़ो... मैं राजीव के कमरे में हूं...।'' और वो सपाक से उठकर चल दिये।

मेरा तो जैसे ख़ून ही सूख गया था। मैं पत्र ढूंढ़ने में जी-जान से लग गया। काफी परिश्रम के बाद कागज़ों की भीड़ में वह पत्र मुंह चिढ़ाता हुआ मुझे मिल गया। जब उसे पढ़ा तो पांवों के नीचे से जैसे ज़मीन सरक गई। प्रचार कराने और आवेदन करने की तिथि निकल चुकी थी, और जब आवेदन ही नहीं तो ऑडिशन क्या ख़ाक होगा; अब तक इतनी समझ तो मुझमें आ ही चुकी थी।

कांपते हाथों पत्र लेकर मैं राजीव जी के कमरे में घुसा। आसकरण जी को पत्र पकड़ाया। उन्होंने पत्र पर सरसरी नज़र डाली और अपना माथा पकड़ लिया। फिर उठे और मेरी ओर इशारा कर राजीव जी से बोले, ''कितना महत्वपूर्ण ये आयोजन होता है, इसे पता भी है.... राजीव, इसे समझाओ.... सिखाओ.... इसकी नयी-नयी नौकरी है। अभी प्रोबेशन भी कम्पलीट नहीं हुआ है। मैं नहीं चाहता इसका कोई नुकसान हो.... समझाओ इसे....'' और वे धड़ से निकल गये।

मैं अवाक्, कुछ-कुछ अपराध-बोध-सा लिये खड़ा रह गया। तन्द्रा टूटी राजीव जी की बात से, ''डॉक्टर साहब, कोई बात नहीं... होता है... पर मुझे विश्वास है, आप जल्दी सब सीख लेंगे।''

तभी किसी ने आकर कहा कि एस. डी. साहब बुला रहे हैं। राजीव जी ने मुझे जाने का इशारा किया। रास्ते में दिल धड़क रहा था, 'पता नहीं अब कौन-सी कसर पूरी करेंगे।'

मैं लकड़ी का ज़ीना चढ़कर उनके कमरे में पहुंचा तो वे अपने पी. ए. रमेश सक्सेना को कोई पत्र डिक्टेट करवा रहे थे। मुझे देखकर बैठने का इशारा किया। उन्होंने पी. ए. को पत्र टाइप करके लाने को कहा।

''कॉफ़ी पियोगे....?'' बड़ी ही आत्मीयता से उन्होंने पूछा।

''नहीं सर...'' वास्तव में मुझे उस समय कॉफ़ी पीने की कोई इच्छा नहीं हो रही थी।

''अरे नहीं... मैंने कॉफ़ी मंगवा रखी है... आती ही होगी...।'' उन्होंने ज़ोर देकर कहा।

मैं क्या कहता, चुप ही रहा।

''देखो... अभी मैं तुम्हें एक 'मेमो' दूंगा। उसमें स्पष्टीकरण मांगा गया है तुमसे। तुम उसका जवाब दे देना। इस 'मेमो' की बात सिर्फ़ मेरे और तुम्हारे बीच ही रहेगी। ऑफ़िस में किसी को पता नहीं चलेगा। यहां की किसी भी फ़ाइल में उसकी कोई कॉपी नहीं होगी। ये तुम्हारी ही रक्षा के लिये है। समझ गये....?''

अब शायद मैं कुछ-कुछ समझने लगा था। तबतक कॉफ़ी आ गयी थी और पी. ए. महोदय 'मेमो' की एक कॉपी मुझे पकड़ाकर और ऑफ़िस-प्रति में मेरे हस्ताक्षर लेकर जा चुके थे।

हालांकि आसकरण जी ने मेमो के बारे में किसी को भी बताने से मना किया था, पर उसका जवाब क्या दूं, ये समझ नहीं आ रहा था; इसलिये मैंने राजीव जी की ओर रुख़ किया और उन्हें 'मेमो' दिखा दिया।

पढ़ने के बाद वे बड़े सहज भाव से बोले, ''अरे, ये सब होता रहता है.... और ऐसे मामलों में सबसे अच्छा होता है कि अपनी ग़लती स्वीकार कर ली जाये। इससे बात आगे नहीं बढ़ती; नहीं तो जितनी सफ़ाई देंगे और अपने को निर्दोष सिद्ध करने का प्रयास करेंगे, बॉस का क्रोध उतना ही बढ़ता जायेगा। इससे और किसी का नहीं, सिर्फ़ आपका नुकसान होगा। इसलिये लिख दीजिये कि आपसे चूक हो गई और भविष्य में ऐसी चूक फिर नहीं होगी।''

ये पहली सीख मुझे मिली और इसका परिणाम ये हुआ कि मुझे जिस भी केन्द्र पर संगीत देखने का मौक़ा मिला, इस 'प्रतियोगिता' को कन्डक्ट कराया। हालांकि ऐसे अवसर कम ही आये, क्योंकि अधिकांश जगहों पर संगीत अनुभाग किसी और के हवाले रहा और मैंने पाया कि न तो कार्यक्रम अधिशासी, संगीत में इस प्रतियोगिता को कराने का कोई उत्साह है, न ही केन्द्र निदेशक/कार्यक्रम प्रमुख को इसका महत्व समझ में आया। इसलिये बिहार के केन्द्रों में इसे लेकर प्रायः एक उदासीनता ही दिखी। हां, आसकरण जी द्वारा दिये उस प्रथम मेमो का मेरे ऊपर ज़बरदस्त प्रभाव रहा। यही कारण है कि 2015 में सहायक निदेशक (कार्यक्रम) के रूप में भागलपुर से पटना लौटने से लेकर अपनी सेवामुक्ति तक, इस प्रतियोगिता को लगातार कन्डक्ट कराया। उसका परिणाम ये हुआ कि कई प्रतिभाओं को इसमें अव्वल स्थान हासिल हुआ; यहां तक कि 3 मार्च, 2017 को इस प्रतियोगिता के पुरस्कार-वितरण समारोह आयोजित करने का गौरव पटना केन्द्र को प्राप्त हुआ, जिसमें मुख्य अतिथि बिहार के तत्कालीन महामहिम राज्यपाल श्री रामनाथ कोविन्द (वर्तमान में महामहिम राष्ट्रपति) थे। महामहिम के कर-कमलों से ही विजयी कलाकारों ने पुरस्कार ग्रहण किया।

इस प्रतियोगिता को गंभीरता से लेने के पीछे कारण सिर्फ़ 'मेमो' नहीं था; आसकरण जी ने एक बात और कही थी जब मैं अपना स्पष्टीकरण उन्हें देने गया था। उन्होंने कहा था, ''देखो, इस प्रतियोगिता के ज़रिये वैसे कलाकारों को मंच मिलता है, जो बेचारे कहीं और नहीं जा पाते। और आकाशवाणी का तो काम ही है नयी प्रतिभाओं को सामने लाना। इसलिये हमारी ज़िम्मेदारी बनती है कि हम ऐसे लोगों के लिये अवसर जुटायें।...''

सच बात थी ये। कभी मैं भी तो नया था। मुझे भी अवसर मिला तो मैं आगे बढ़ा। ये बात भी मैंने गांठ बांध ली और हमेशा जहां भी मौक़ा मिला, इस पर अमल किया।

दरअसल रीवा ने बहुत सिखाया मुझको; हर क़दम पर परीक्षा ली मेरे धैर्य की, मेरी क्षमता की; यही कारण रहा कि लोग जिसे सीखने में सालों-साल लगा देते हैं और बहुत से लोग फिर भी सीख नहीं पाते, मुझे रीवा के पांच साल ने सिखा दिया।

आसकरण शर्मा कार्यक्रमों को लेकर काफ़ी संवेदनशील थे। ऐसा नहीं था कि वो संगीत-कलाकार थे तो सिर्फ़ संगीत के कार्यक्रमों में उनकी रुचि थी। वो दूसरी विधाओं जैसे, उच्चरित शब्द, नाटक-रूपक, बच्चों-महिलाओं के कार्यक्रमों को लेकर भी उतने ही संवेदनशील और गंभीर हुआ करते थे। यही कारण था कई कार्यक्रमों में उन्होंने अपनी अद्भुत मौलिक दृष्टि का परिचय दिया था।

उदाहरणस्वरूप प्रतिदिन सुबह प्रसारित होने वाले भक्ति-संगीत के कार्यक्रम 'वंदना' को लें। ये कार्यक्रम पूरे देश में प्रत्येक केन्द्र अलग-अलग नामों से करता है, पर प्रसारण भक्ति-संगीत का ही होता है। इसके लिये शर्मा जी का स्पष्ट निर्देश था कि इसमें 'निर्गुन' का प्रसारण न किया जाये। इसके लिये उनका मज़बूत तर्क भी था। उनका कहना था कि सुबह-सुबह नींद खुलने के बाद कानों में उत्साह की मधुर ध्वनि पड़नी चाहिये; अपने आराध्य से साक्षात्कार का क्षण उमंगों से भरपूर होना चाहिये। ये क्या कि सुबह-सुबह 'रहना नहीं देस विराना है'- जैसा निराशा से भरा 'निर्गुन' कानों में पड़े।

'वंदना' की शिड्यूलिंग संगीत रचनाकार, इन्द्र कुमार गुप्ता करते थे और कभी-कभी उनके द्वारा 'निर्गुन' भी शिड्यूल हो जाता था। पहले तो लगता था कि ग़लती से हो गया होगा; पर जैसे-जैसे वहां के लोगों के चरित्र से मेरा परिचय होता गया, वैसे-वैसे सबकुछ समझ में आने लगा- ये भी कि गुप्ता जी बीच-बीच में जानबूझ कर ये करते थे, सिर्फ़ परेशान करने की नीयत से।

इसके अलावा शर्मा जी ने एक और नियम 'वंदना' कार्यक्रम के लिये ही बना रखा था कि इसमें रिकॉर्डेड आइटम नहीं बजेंगे; यानी वैसे गीत जो प्रोफ़ेशनल कलाकारों के एल. पी. रिकॉर्ड में हों, उन्हें नहीं बजाया जायेगा। इसलिये इस कार्यक्रम में अपने केन्द्र के कलाकारों अथवा दूसरे केन्द्रों से प्राप्त रिकॉर्डिंग का ही प्रसारण होता था।

'सुबह संगीत' भी उनका एक ऐसा ही प्रयोग था, जिसमें पांच से आठ मिनट की अवधि की शास्त्रीय संगीत की रिकार्डिंग की जाती थी और ये आसकरण जी का ही प्रभाव था कि इसमें बड़े-से-बड़े दिग्गज कलाकार खुशी से अपना योगदान देते थे।

इसी प्रकार 'युववाणी' में एक के स्थान पर दो कम्पीयर को बिठाने की परम्परा उन्होंने वहां शुरू की तो सुबह के 'मणिमुक्ता' कार्यक्रम की प्रस्तुति में भी उन्होंने कई परिवर्तन कराये। (ये कार्यक्रम भी अधिकांश केन्द्रों से अलग-अलग नामों से होता है, कहीं 'चिंतन', कहीं 'आज का चिंतन' तो कहीं 'सुप्रभात')।

आसकरण जी प्रयोगधर्मी तो थे ही; हमेशा ज़ोख़िम उठाने को भी तैयार रहते थे। अब इसे ज़ोख़िम नहीं तो और क्या कहेंगे कि मुझे ज्चायन किये हुए मुश्किल से एक महीना हुआ था और स्वतंत्रता दिवस के उपलक्ष्य में आमंत्रित श्रोताओं के समक्ष आयोजित कन्सर्ट में उन्होंने मुझे रीवा की एक स्थायी उद्घोषिका कल्पना निगम (जो आगे चलकर शादी के बाद कल्पना प्रदीप हो गईं) के साथ स्टेज-उद्घोषणा के लिये खड़ा कर दिया। न सिर्फ़ उद्घोषणा, बल्कि उसकी पूरी स्क्रिप्ट भी मुझे ही तैयार करनी थी। उन्होंने मेरी एक न सुनी कि अभी मैं बिल्कुल नया हूं और कन्सर्ट का मुझे कोई अनुभव नहीं है।

बस उन्होंने एक ही बात कही, "ये तुम्हें करना है, दिस इज़ योर बेबी..!"

ये अलग बात है कि मैंने उस चुनौती को स्वीकार किया। तो रीवा ने मुझे यहां भी सिखाया; हालांकि इस सीखने और अमल करने के बीच कई कटु-तिक्त अनुभव भी हुए।

•••

अब आसकरण शर्मा के कहे अनुसार, "मैं किसी तिवारी को नहीं जानता"- मैंने सभी चीज़ों को अपने हाथ में लेना शुरू कर दिया। जब मैंने निकट से संगीत अनुभाग को परखने का प्रयास किया तो उसमें अनेक अनियमिततायें दिखीं। 'वंदना' के भजन प्रायः दो-तीन दिन में रिपीट हो जाते थे; कलाकारों की आवृत्ति का ध्यान नहीं रखा जा रहा था- यानी किसी-किसी कलाकार की रिकॉर्डिंग दो ही महीने में हो जा रही थी; कलाकारों के टेप ढूंढ़ने पर लाइब्रेरी में नहीं मिलते थे। ज़ाहिर था कि मैं संबंधित स्टाफ़ को पूछता। जैसे ही मैं थोड़ा कड़ाई से पूछताछ करता, घंटे-भर के भीतर गुप्ता जी की तबीयत ख़राब होने की एप्लीकेशन आ जाती और इसमें वे कभी लिखते, "कार्यक्रम अधिशासी, संगीत के व्यवहार से मुझे दुख पहुंचा और मेरी तबीयत ख़राब लग रही है....''; कभी लिखते, "फलां के व्यवहार से मुझे मानसिक तनाव हो गया है, इसलिये अवकाश चाहिये...''; और सबसे हद तो तब होती थी, जब वो लिखते थे, "कार्यक्रम अधिशासी, संगीत के व्यवहार से मुझे इतना मानसिक तनाव हो गया कि मेरी इच्छा आत्महत्या करने की होने लगी है...।'' ऐसे आवेदनों से उनकी इच्छा हो, न हो, मेरा मन ज़रूर आत्महत्या करने का करने लग जाता था, "क्या पता, कुछ कर ही न लें...।'' बाद में पता चला कि वे ऐसा अपने हर अधिकारी के साथ करते हैं महज उसे तनाव में डालने और दबाव बनाने के लिये, ताकि कोई उनसे कोई सवाल नहीं करे।

अपने पूरे सेवा-काल में मैंने एक चीज़ का अनुभव बहुत गहराई से किया; वो ये कि यदि आप अपने काम में- तथा जीवन में भी- ईमानदार और सत्यनिष्ठ हैं

तो आपको बहुत दुख उठाना पड़ेगा, लेकिन यही गुण आपकी बहुत बड़ी ताक़त भी होते हैं, जो कठिन परिस्थितियों से आपको लड़ना सिखाते हैं, उसमें आपका संबल बनते हैं और प्रशासनिक स्तर पर भी आप कठोर, कड़े निर्णय लेने में समर्थ-सक्षम होते हैं।

'मणिमुक्ता' कार्यक्रम को लेकर ही आसकरण जी ने एक बड़ा कठोर निर्णय ले लिया था, जिसके बारे में राजीव जी ने मुझे विस्तार से बताया। यहां सबसे पहले मैं ये बता दूं कि ये कार्यक्रम सुबह में प्रसारित होता है, जिसमें क्षेत्र के साहित्यकारों-लेखकों-चिंतकों से नैतिक पाठ, सामाजिक जागरूकता आदि से संबंधित उद्बोधनपरक आलेख आमंत्रित किये जाते हैं और उनसे आलेख प्राप्त कर उसका वाचन कोई नियमित उद्घोषक अथवा स्टाफ़ में से कोई भी 'एप्रूव्ड व्आयस' करता है। इस कार्यक्रम की ज़िम्मेदारी वहां पदस्थापित एक अधिकारी को दी गई थी। आसकरण जी ने उन्हें निलंबित कर दिया था, क्योंकि उनके ऊपर आरोप था कि उन्होंने उस प्रसारण में घपला कर उसके पैसे को अलग-अलग अपने सगे-संबंधियों के नाम के अकाउंट में, तथा कई फ़र्ज़ी अकाउंट में भी जमा कराया है। प्रारंभिक जांच के बाद आसकरण जी ने उन्हें सस्पेंड कर दिया था। ये कहानी मेरे आने से पहले की है, पर इसे घटे अधिक दिन नहीं हुए थे। राजीव जी ने ही बताया कि कैसे आसकरण जी ने बैंक-बैंक स्वयं जाकर साक्ष्य जुटाये और फिर इतना बड़ा ऐक्शन लिया।

"लेकिन ये पता कैसे चला कि ऐसा कोई घपला हो रहा है...?"

मेरी सहज जिज्ञासा को शांत करते हुए राजीव जी ने बताया–"हुआ यूं कि एक दिन एक सज्जन आये और एस. डी. साहब से शिकायत की कि मेरा फ़लां आलेख इस दिन प्रसारित हुआ, लेकिन मेरे नाम की जगह किसी और का नाम बोला गया। सहज प्रक्रिया के तहत उनसे इस आशय का एक आवेदन लेकर जब जांच प्रारम्भ की गई तो उनकी बात सही निकली। जांच थोड़ी और पीछे की तरफ़ गई तो और खुलासे हुए। हो ये रहा था कि पुराने आलेखों को निकालकर, उसकी कॉपी कर नये नाम से उसे प्रथम प्रसारण के तौर पर प्रसारित कर दिया जाता और फ़ीस की राशि का चेक नये नामों से कट कर बैंक में जमा हो जाता था।"

"इसके बाद..." मैंने पूछा।

"इसके बाद ये कि वो निलंबित हैं, जांच चल रही है और मैं इस केस का 'प्रेज़ेन्टिंग अफ़सर' हूं...।"

"वो क्या होता है...?"

"आप ऐसे समझिये कि 'प्रेज़ेन्टिंग अफ़सर' सरकारी वकील की तरह होता है जो सरकार की ओर से लगाये गये आरोपों की जांच कर सरकार के पक्ष को सही ठहराता है।"

"अगर मुलाज़िम की कोई ग़लती ना हो तब भी....?" मैंने पूछा।

‘‘इसकी गुंज़ाइश बहुत ही कम होती है, क्योंकि ‘प्राइमा फ़ेसी’ जांच में ही बहुत-सारे सबूत सामने होते हैं, जिनके आधार पर उसे निलंबित किया जाता है।’’

‘प्राइमा फ़ेसी’- नये-नये शब्दों से मेरा पाला पड़ रहा था।

‘‘घबड़ाइये मत, कभी-न-कभी आपको भी ये काम करना पड़ सकता है।’’

मन ही मन मैंने ईश्वर से दुआ की कि मुझे जीवन में ऐसा नीरस और आभारविहीन काम कभी न करना पड़े; पर उस समय क्या पता था कि नौकरी के अंतिम पड़ाव पर आकर मुझे भी इस अशुभ-अप्रिय काम में हाथ डालना पड़ेगा।

‘‘वैसे है ये काम बड़ा ही मनोरंजक...’’ उन्होंने पूरे उत्साह के साथ बताना शुरू किया।

‘‘देखिये, एक तो इन्क्वायरी रूल्स बने हुए हैं, उन्हें थोड़ा ध्यान से समझने की ज़रूरत होती है। दूसरे, आपको लगता है कि सरकार ने आपको महत्वपूर्ण ज़िम्मेदारी दी है, जिसे आप पूरी कर रहे हैं; और तीसरे कि आप इससे डिपार्टमेंट के काम को ज़्यादा अच्छी तरह समझने लगते हैं।’’

‘‘और जिसके विरुद्ध आप ये सब कर रहे हैं, मेरा मतलब है, सरकार कर रही है; वो क्या खुश होगा...?’’

‘‘ऑबवियसली नॉट.... यहां मेरे साथ यही तो हुआ है। जो सज्जन सस्पेंड हुए हैं, उनसे मेरा परिचय कोई आज का नहीं, रीवा ज्वायन करने से पहले का है। ये बात है 1978 की। तब मैं ‘जबलपुर कृषि विश्वविद्यालय’ में ‘रेडियो ऑफ़ीसर’ के पद पर कार्यरत था और वहीं इनसे परिचय हुआ जो आगे चलकर दोस्ती में बदल गया। जब मैंने रीवा ज्वायन किया तो इनके अलावा किसी को नहीं जानता था। पर जब से इस केस में मैं ‘प्रेज़ेंटिंग अफ़सर’ बना हूं, उनका व्यवहार बदल गया है। वे पहले मिलते थे, बातें करते थे; पर अब वे वेतन वाले दिन या यूं ही कभी आ गये तो मुंह फेर के निकल जाते हैं... उन्होंने मुझे अपना दुश्मन मान लिया है, जबकि मैं सरकार का काम कर रहा हूं और ये काम बिना किसी पूर्वाग्रह के, पूरी निष्ठा और ईमानदारी से सिर्फ़ तथ्यों के आधार पर कर रहा हूं। उनसे मेरा कुछ व्यक्तिगत द्वेष तो है नहीं।’’

‘‘तो आपने ये अप्रिय काम लिया ही क्यों....?’’

‘‘सबकुछ अपने हाथ में नहीं होता सिन्हा साहब...। मैं इस केस को लेना थोड़े ही चाह रहा था। आसकरण जी ने मेरे बार-बार मना करने के बावजूद, ज़बर्दस्ती मुझे इस केस में ‘प्रेज़ेन्टिंग अफ़सर’ बनाया... एक तरह से थोप दिया मुझपर....।’’

‘‘तो आप मना कर देते, कह देते कि आपसे नहीं हो पायेगा....।’’

‘‘सरकारी सेवा में ऐसा करना ‘कन्डक्ट रूल्स’ के ख़िलाफ़ है। आप किसी काम को ‘ना’ नहीं कर सकते। और शर्मा जी कुछ सुनने को तैयार भी नहीं थे।

उन्होंने सीधे 'आदेश' निकाला और सारी फ़ाइलें मुझे पकड़ा दीं।'' बड़ी ही व्यथा के स्वर में उन्होंने कहा।

इसके बाद की घटनायें तो मेरी आंखों के सामने की हैं। उन सज्जन ने अपनी ओर से इस जांच को व्यक्तिगत लेते हुए दुश्मनी इतनी बढ़ा ली कि राजीव जी के व्यक्तिगत जीवन और परिवार के बारे में अभद्र लेख पत्रिकाओं, समाचार-पत्रों में धारावाहिक छपवाने लग गये; क्योंकि निलंबन के पहले, और बाद में भी, ऑफ़िस के बाद वे एक स्थानीय समाचार-पत्र में पार्ट-टाइम काम करते थे और पत्रकारों से उनके अच्छे ताल्लुक़ात थे। इसके अलावा राजीव जी के घर सुबह-शाम धमकी-भरे कॉल आने लगे। स्कूल से अपनी बेटियों को लेकर जब रीना भाभी लौटती होतीं तो रास्ते में उनका रास्ता रोक कहा जाता, ''भाभी जी, बेटी को स्कूल से लेने आयी हैं...! इन्हें खाना-वाना खिलाइये.... क्या पता, कल ये मौक़ा मिले, ना मिले....।''

उधर आसकरण जी को भी धमकी-भरे फ़ोन आने लगे थे और उन्हें भी तरह-तरह से परेशान करने की कोशिशें की जाने लगीं। उनके विरूद्ध अख़बारों में छपता कि वे ऑफ़िस में नहीं रहते; बल्कि घर पर रहकर 'ऑफ़िस-टाइम' में संगीत का क्लास चलाते हैं; कि वे लड़कियों को घर पर बुलाते हैं.... कि वे स्टूडियो-रिकॉर्डिंग कर अपने ख़ास लोगों को उपकृत करते हैं... आदि-आदि।

इन सब का नतीजा ये निकला कि वे निरंतर खिन्न और कार्यक्रमों से विमुख रहने लगे। वे अब अक्सर अवकाश पर मुम्बई, अपने घर रहते। जल्दी ही उन्होंने स्वैच्छिक सेवानिवृत्ति के लिये अपना अनुरोध-पत्र महानिदेशालय भेज दिया और कुछ ही महीनों में उन्हें अनुमति भी मिल गयी। एक अत्यंत प्रखर और सक्षम प्रशासक, कोमल-हृदय उच्च कोटि के कलाकार तथा उससे बढ़कर निर्मल हृदय संत-पुरुष की इस प्रकार की वेदना-विदाई की किसी ने कल्पना तक नहीं की थी।

उस दिन 'श्री व्यंकटेश संगीत समाज' द्वारा उसके भव्य मंदिर-प्रांगण में आसकरण जी के गायन का कार्यक्रम रखा गया था। हम सब वहां आमंत्रित थे। यह रीवा से लगभग पचास किलोमीटर दूर सतना में अपने ढंग का अकेला-अनूठा मंदिर है। प्रस्तर-खंडों को तराश कर बनाया गया इसका भवन प्राचीन स्थापत्य-शैली की कुशलता और बारीकी का प्रमाण है। बाहर के दरवाज़े के अगल-बगल मेहराबदार खंभे हैं, जिनपर कुशल हाथों की चित्रकारी बरबस ही मन को मोह लेती है। स्पष्ट रूप से इस पूरी सज्जा और मंदिर के अनूठे स्थापत्य में दक्षिण भारतीय स्थापत्य-कला का पूरा प्रभाव दिखता है।

इस मंदिर का निर्माण सन् 1876 में ठाकुर लाल रणदमन सिंह ने कराया था जो देवराज नगर के इलाकेदार थे और इसका शिलान्यास रीवा राज्य के महाराज रघुराज सिंह ने किया था। हालांकि इस मंदिर का निर्माण-कार्य रणदमन सिंह की चौथी पीढ़ी के वंशजों के समय जाकर पूर्ण हुआ। इस चौथी पीढ़ी के वंशज श्रीनिवास सिंह की पत्नी ने तत्कालीन राजा गुलाब सिंह जी को पत्र लिखकर मूर्ति की स्थापना के लिये सहायता मांगी थी। तत्पश्चात् जून, 1925 में भगवान् व्यंकटेश की अष्टधातु से बनी मूर्ति जयपुर से तैयार होकर आई और फिर उसकी प्राण-प्रतिष्ठा की गई।

इसी मंदिर के आकर्षक, भव्य और तीस-चालीस संगीत-रसिकों से भरे प्रांगण में, श्री व्यंकटेश की अभिव्यक्ति-संपन्न मूर्ति के समक्ष, संगीत-रस की गगरी उड़ेल दी गई। फिर तो उस चांदनी रात में गीत-संगीत का ऐसा समां बंधा कि लगा जैसे वे प्रस्तर-मूर्तियां जीवन्त हो, दीवारों से निकलकर संगीत की लय पर थिरकने लगी हों।

और क्या गाया आसकरण जी ने उस दिन! इससे पूर्व मैंने उन्हें सिर्फ़ स्टूडियो में गाते सुना था; पर उस दिन जैसे मां सरस्वती उनके गले में आ बिराजी थीं। उनके गायन में मधुरता थी, उन्मुक्तता थी, सम्मोहन था, पर कहीं-कहीं दर्द के अनायास आ जाने वाले छींटे भी थे; और हमसब उसमें भींग रहे थे.... भींगते ही जा रहे थे।

देखा जाये तो आसकरण जी की एक प्रकार से ये अंतिम, औपचारिक संगीत-संध्या सिद्ध हुई, क्योंकि वे स्वैच्छिक सेवानिवृत्ति का अनुरोध-पत्र महानिदेशालय भेज चुके थे और चंद महीनों में ही इससे संबंधित पत्र प्राप्त हो गया। इस प्रकार रीवा से विदा होकर वे मुम्बई में नयी ऊर्जा के साथ संगीत-साधना में तल्लीन रहने लगे।

आज वे इस असार संसार को अलविदा कह चुके हैं, पर मुझे अपने ऊपर इस बात का ज़रूर रंज है कि उनकी सेवानिवृत्ति के बाद, उनसे मेरी सिर्फ़ एक बार की औपचारिक बात के अलावा कभी कोई बात नहीं हुई, कोई संपर्क नहीं रहा।

पर आज, ये सब लिखते समय उनके साथ के सारे दृश्य चलचित्र की भांति आंखों के सामने से गुज़र गये हैं..... "आसकरण सर, आपकी बहुत याद आती है।"

•••

तीन

धीरे-धीरे कर के मैं रीवा को और रीवा मुझे समझने लगा था। मेरे परिचय का दायरा विस्तृत होने लगा था। लोग मुझे स्वीकारने लग गये थे और मेरा भी मन उनमें रमने लग गया था।

उस केन्द्र पर बघेली-कम्पीयर प्रद्युम्न जड़िया के अतिरिक्त चार महिला उद्घोषिका थीं- तनुजा मित्रा, रेखा सक्सेना, आशा पंड्या और कल्पना प्रदीप।

तनुजा मित्रा, पहले तनुजा श्रीवास्तव थीं जो प्रभात मित्रा से शादी के बाद तनुजा मित्रा बनी थीं। उनके पति प्रभात मित्रा इसी केन्द्र पर उद्घोषक थे, जिन्हें दुर्भाग्यवश, असमय ही काल ने अपना ग्रास बना लिया था। तनुजा जी के जीवन का ये एक ऐसा अप्रिय प्रसंग था, जिसपर कोई बातचीत करना नहीं चाहता था। बस, उनका एक बेटा, उनकी ज़िंदगी का एक बड़ा सपना था, जिसे वो ऊंचाइयों पर ले जाने को कटिबद्ध थीं।

तनुजा जी एक अच्छी प्रस्तोता थीं। वे ग्रामीण महिलाओं का कार्यक्रम और महेश सक्सेना के साथ मिलकर बच्चों का कार्यक्रम तो प्रस्तुत करती ही थीं; फिल्म संगीत की 'शेड्यूलिंग' भी करती थीं; और कहना होगा कि बहुत परिश्रम से, लाजवाब करती थीं। एक पूरे रजिस्टर में तिथिवार तीनों सभाओं के 'चंक' के हिसाब से वे गानों को निर्धारित करती थीं; उसमें भी ख़ास दिनों, त्योहारों और विशिष्ट अवसरों को ध्यान में रखती थीं।

इस संबंध में एक रोचक घटना का ज़िक्र मैं करना चाहूंगा। एक बार तनुजा जी लंबे अवकाश पर गयीं तो उनकी अनुपस्थिति में उनका काम देखने के लिये कल्पना प्रदीप को कहा गया, जिसमें फ़िल्म संगीत की 'शेड्यूलिंग' भी शामिल थी। प्रतिदिन कार्यक्रम बैठक में पिछले दिनों की प्रसारण-रिपोर्ट और कार्यक्रमों की ग्रेडिंग के साथ-साथ कार्यक्रमों पर चर्चा-विमर्श होता है; विशेष बातों के लिये कार्यक्रम-प्रमुख द्वारा सलाह दी जाती है तथा अन्यान्य कार्य संपन्न होते हैं। ये बैठक बिना नागा, प्रतिदिन होती है और आकाशवाणी की परम्परा में इसका चलन शुरू से ही रहा है।

इसके अलावा आगे के दिनों की क्यूशीट भी पढ़ी जाती है ताकि कोई गड़बड़ी हो तो समय रहते ठीक हो जाये।

उस दिन सारे विमर्श समाप्त हो चुके थे और शुक्ला जी (राजीव जी को सब वहां इसी संबोधन से पुकारते थे; कुछ दिनों बाद मैं भी वहां 'सिन्हा जी' हो गया था।) क्यूशीट पढ़ने लगे। वे काफ़ी तेज़ी से, एक सांस में कई लाइनें पढ़ जाते थे। मुझे उनकी ये ऊर्जा इतनी पसंद आयी कि मैंने उसे आत्मसात् कर लिया, जो आगे मेरे बड़े काम आयी।

ख़ैर, शुक्ला जी ने 'वंदे मातरम्' से पढ़ना शुरू किया, फिर 'मंगलध्वनि', 'कृषि संकेत' से आगे बढ़ते हुए 'वंदना' और अन्य कार्यक्रमों के विवरण पढ़ते-पढ़ते फ़िल्म संगीत तक पहुंचे। एक-दो गीतों की पंक्ति, उनके गायक और फ़िल्म का नाम पढ़ते-पढ़ते उन्होंने पढ़ा- ''तन नहीं पाये जिया.... लता मंगेशकर...'' और फिर रुक गये। मीटिंग में सन्नाटा छा गया। महिलायें मुंह दबा के हंसने लगीं, पुरुष गंभीर दिखने की कोशिश में लग गये और शुक्ला जी ने बड़ी अदा से मुस्कुराते हुए कहा, ''ये हमारे प्रोग्राम सेक्रेटरी भी न, कुछ-का-कुछ टाइप कर देते हैं।'' उसपर उन्होंने कलम से 'तन' को 'कल' बनाया; गाने की मूल लाइन थी- ''कल नहीं पाये जिया।''
उस बैठक में इस गीत को 'शेड्यूल' करने वाली उद्घोषिका कल्पना प्रदीप भी मौजूद थीं; जल्दी ही जिनकी शादी होने वाली थी।

ये बैठक कितनी महत्वपूर्ण होती है इसका अंदाज़ा वे लोग कभी नहीं लगा पायेंगे, जो आजकल अभियांत्रिकी तथा दूसरे विभागों से प्रतिनियुक्ति पर आकर, कार्यक्रम के शीर्ष पर बैठ गये हैं और रोज़ाना उल्टे-सीधे फ़ैसले लेकर संस्था और कार्यक्रमों को नुकसान पहुंचा रहे हैं। इस क्रम में आकाशवाणी, पटना के एक निदेशक, अभियांत्रिकी के कथन को यहां उद्धृत करना चाहूंगा जो जहां भी रहे, वहां काम को अटकाने के लिये मशहूर रहे। ख़ैर...! एक दिन वे मिले तो बोले, ''आपलोग रोज़-रोज़ मीटिंग क्यों करते हैं...? इसकी क्या ज़रूरत है...? आप तो जिसको जो करना है उसे आदेश दीजिये... बस।''
ऐसे ही एक और दिन वे बोले, ''ये जो लाइब्रेरी में पुरानी किताबें हैं, वे जगह घेरे हुए हैं... उन्हें नीलाम कर देना चाहिये....।''
एक बार मेरे अवकाश में रहने के दौरान यही सज्जन पद्मश्री ऊषा किरण ख़ान द्वारा मेरे लिए भेजे गए आमंत्रण-पत्र पर एक साहित्यिक कार्यक्रम में जा पहुंचे। वहां इन्होंने क्या वक्तव्य दिया होगा, इसका अंदाज़ा सहज ही लगाया जा सकता है। अब सुनने में यही आ रहा है कि अभियांत्रिकी के तथा दूसरे ग़ैर-साहित्यिक अधिकारी धड़ल्ले से कला और संस्कृति से संबंधित आयोजनों में जा रहे हैं और कार्यक्रम-अनुभाग के अधिकारी उपेक्षा और अपमान का दंश झेलने के लिए मजबूर

हो रहे हैं। आप स्वयं अंदाज़ा लगाइये कि जब ऐसे लोग केन्द्र का संचालन करेंगे तो क्या होगा....!

रेखा सक्सेना, सबसे सीनियर थीं, लिहाजा उद्घोषकों की ड्यूटी-चार्ट वे ही बनाती थीं और उसमें या तो उनसे अनजाने में ऐसा कुछ हो जाता था या वे जान-बूझकर करती थीं कि दूसरों को समस्या हो जाती थी। फिर राजीव जी के कमरे में बारी-बारी से सब इकट्ठे होते और राजीव जी पेक्स, कोऑर्डिनेशन होने के नाते उनकी समस्यायें सुलझाते फिरते।

रेखा सक्सेना के पति कॉन्ट्रैक्टर थे, पर इस व्यवसाय से विपरीत उनमें कई कलाकारोचित गुण भरे हुए थे; मसलन, वे आकाशवाणी, रीवा में ड्रामा के 'बी हाई' ग्रेड कलाकार थे, और वाकई अच्छे कलाकार थे; क्योंकि वहां के कई नाटकों में मुझे उनका अभिनय-साथ मिला था। इसके अलावा वे माउथआर्गन भी बढ़िया बजाते थे।

रेखा सक्सेना मृदुभाषी थीं और उन्हें पहनने-ओढ़ने का बहुत शौक़ था। वे रेडियो कॉलोनी में रहती थीं, सो वरिष्ठ होने के नाते किसी उद्घोषक के ड्यूटी में नहीं पहुंचने के कारण उसकी जगह उन्हें ही ड्यूटी करने पहुंचना पड़ता था।

आशा पंड्या गुजरात की रहने वाली थीं और वे अपने काम से काम रखने वाली महिला थीं। वे महिलाओं का कार्यक्रम 'गृहलक्ष्मी', शुक्ला जी के निर्देशन में देखा करती थीं- अत्यंत परिश्रमी और कार्यक्रम-निर्माण में दक्ष। रीवा को पहली बार 'आकाशवाणी वार्षिक पुरस्कार प्रतियोगिता' में कोई भी पुरस्कार- 'सर्टिफ़िकेट ऑफ़ मेरिट'- आशा पंड्या की प्रस्तुति 'औरत होने का अर्थ' के लिये मिला था। इस रूपक की लेखिका थीं वरिष्ठ साहित्यकार, शिक्षाविद् और मध्यप्रदेश की प्रथम महिला डी. लिट्., डॉ. विनोद कुमारी तिवारी। इन्हीं के लिखे एक गीत ने मुझे इतना प्रभावित किया कि उसमें प्रयुक्त शब्द 'अभिसार' को मैंने अपने बेटे के नाम के लिये रख लिया।

कल्पना प्रदीप, विवाह से पूर्व कल्पना निगम थीं। इनका विवाह रेखा सक्सेना के भाई के साथ ग्वालियर में संपन्न हुआ था। कल्पना के साथ मैंने कन्सर्ट में उद्घोषणा (इसका उल्लेख मैं पहले कर चुका हूं।) के अलावा बहुत-सारे कार्यक्रम किये; पर शादी के बाद उन्होंने ग्वालियर स्थानान्तरण के लिये प्रयास शुरू कर दिये और अंततः वो इसमें सफल भी हुईं।

कभी-कभी मैं सोचता हूं कि अगर इन शुरूआती दिनों में राजीव जी न मिले होते तो क्या होता....! यों उम्र में वे मुझसे कुछ ही महीने बड़े थे, लेकिन

वरीयता-क्रम में वे काफ़ी सीनियर थे- 1981 बैच के डायरेक्ट यू. पी. एस. सी. पेक्स। लेकिन मुझसे मिलने के पहले ही दिन से, बिना इस बड़े अंतर को जताये उन्होंने मुझसे जो सखा-भाव रखा, वो आज तक बावजूद कई अन्तर्विरोधों, आलोचनाओं और असहमतियों के बना हुआ है, वजूद में है, अनुरागमय है।

सबसे बड़ी असहमति तो मुझे उनके 'मि. परफ़ेक्शनिस्ट' वाली छवि से थी, हालांकि इससे ज़रा भी इन्कार नहीं है कि आदमी को 'परफ़ेक्शनिस्ट' होना चाहिये। मैं भी कोई काम पूरी दक्षता और कौशल के साथ, 'परफ़ेक्शन' से करता हूं, पर वे इसे जिस 'इन्टेन्सिटी' और धैर्य के साथ करते हैं, मेरे में शायद उनके वाला धैर्य नहीं है। पर ये भी सच्चाई है कि उनके इस गुण ने मेरे अन्दर पहले से मौजूद इस प्रभाव को निस्संदेह बढ़ाने तथा मज़बूत करने का काम किया।

मैं इससे सहमत था कि अपने काम को पूरी निपुणता और दक्षता से करना चाहिये, पर आप दूसरों से वैसी ही निपुणता की आशा नहीं कर सकते। पर राजीव जी दूसरों से उम्मीद ही नहीं करते थे, उनकी ग़लतियों को अपने हाथों से सुधारते भी रहते थे, भले ही उसमें कितना समय क्यों न लग जाये।

एक उदाहरण से बात अधिक अच्छे से समझ में आयेगी। वार्ताकारों या उद्घोषकों की ड्यूटी का प्रस्ताव 'प्रपोजल रजिस्टर' पर किया जाता है। उसपर कार्यक्रम-प्रमुख की स्वीकृति मिलने के पश्चात् अनुबन्ध-पत्र टाइप होता है जिसके आधार पर उनका भुगतान होता है। आमतौर से ये कार्य कार्यक्रम-सचिव के द्वारा- जो टाइपिस्ट भी होते हैं- किया जाता है। प्रायः होता ये है कि जिस तरह से ये रजिस्टर और अनुबन्ध-पत्र सामने आते हैं, संबंधित पेक्स मोटी-मोटी चीजें देखकर-सुधारकर, कार्यक्रम-प्रमुख के पास अंतिम स्वीकृति और हस्ताक्षर के लिये भेज देते हैं।

जब ये रजिस्टर और अनुबंध-पत्र शुक्ला जी के पास पहुंचते तो वे पहले तो संबंधित कार्यक्रम-सचिव या पेक्स को बुलाकर, उन्हें चाय-पानी के साथ मीठी फटकार लगाकर सुधारने को कहते; पर धीरे-धीरे जब औरों को लगने लगा कि उनके पास इस काम के लिये घंटों बैठना पड़ेगा तो सब धीरे-धीरे बहाना बनाकर कन्नी कटाने लगे और उस स्थिति में शुक्ला जी रात को नौ-नौ बजे तक पूरी तन्मयता से अनुबंध-पत्रों में कॉमा, पूर्णविराम, यहां तक कि हलंत् भी ठीक करते मिलते। ....हां, ये बात सही है- कॉमा, हलंत् तक....।

इस बात पर उनसे मेरी हमेशा असहमति बनी रही। मैं कहता, "ठीक है, अगर नाम में गड़बड़ी है तो उसे ठीक होना ही चाहिये; चलिये ये भी मान लिया कि स्वर और मात्राओं को भी सही लिखना चाहिये; लेकिन ये क्या कि यहां 'कॉमा' नहीं लगा और इसमें 'हलंत्' नहीं है, तो उसे भी ठीक करने बैठे हैं। और फिर

हमारी-आपकी तरह ये क्लर्क-लोग भाषा और साहित्य के जानकार तो हैं नहीं, फिर उनसे ऐसी अपेक्षा क्यों....? इसमें कितना समय बर्बाद होता है।''

''नहीं, भाषा तो सही होनी ही चाहिये, थोड़ा अतिरिक्त परिश्रम कर लिया तो क्या?'' वे अपने पक्ष में तर्क देते।

उन्हें उनके संबोधन पर भी आपत्ति थी कि लोग उन्हें 'शुक्ला जी.... शुक्ला जी' कहते हैं। वे कहते, ''अरे भाई, 'शुक्ल' होता है 'शुक्ल'... पर लोग मुझे 'शुक्ला जी' ही कह के बुलाते हैं। ये सब अंग्रेज़ी का दुष्प्रभाव है; जैसे बुद्ध, 'बुद्धा' हो गये, राम, 'रामा' और कृष्ण, 'कृष्णा'; वैसे ही मुझे लोग 'शुक्ला जी' कहने लगे; और फिर वे अंग्रेज़ी भाषा के दुर्गुण गिनाने लगते। हालांकि अंग्रेज़ी भाषा को वे चाहे कितना ही कोस लें, इस भाषा पर उनका अद्भुत अधिकार था, उतना ही, जितना कि हिन्दी पर- लिखने में भी, और बोलने में भी। फिर भी, जहां उन्हें स्वयं अपना परिचय देना होता, यही कहते, ''मैं राजीव कुमार शुक्ल....''- और इस मामले में उनकी आपत्ति बिल्कुल जायज़ थी।

और फिर इस विषय पर बिना किसी सहमति-असहमति के हम अपने-अपने रस्ते चल पड़ते।

लेकिन इसके बावजूद राजीव जी के ही शब्दों में, ''.... हमारे मन मिल रहे थे....'', इसलिये हमारे बीच के अकपट स्नेह के चलते ये सब कभी कोई 'इश्यू' नहीं रहा। उनसे न सिर्फ़ ऑफ़िस के कार्य-कलापों, नियमों, प्रारूपों और प्रथाओं को जानने-समझने का मौक़ा मिला, बल्कि उनके चलते ही प्रोडक्शन के कई नये आयाम भी खुले। रेडियो लेखन की एक शैली तो मेरे पास पहले से थी, लेकिन उसमें वस्तुनिष्ठता का समावेश उन्हीं की देन है। काम की बारीकियां और पेचीदगियां तथा उनसे मुक्त होने या उनपर अधिकार पाने के उपाय भी उनके सान्निध्य से ही प्राप्त हुए।

एक लंबे समय तक हम दो ही पेक्स थे वहां। हमारे काम करने की लगन एक थी; जुझारूपन में हम एक थे; हमारा मानसिक धरातल एक था; सो हम रात नौ-नौ बजे तक काम किया करते और फिर धीरे-धीरे व्यक्तिगत जीवन में ही नहीं, पारिवारिक जीवन में भी हम कब एक-दूसरे के इतने क़रीब हो गये, पता ही नहीं चला। हम एक थे, हमारे परिवार एक थे और हमारा ज़्यादातर समय एकसाथ बीतने लगा था।

•••

चार

दोस्त नहीं समझ पायेंगे
कि मैं उनके हिस्से की लड़ाई
इसी हथियार से लड़ रहा हूं
जब मैं लड़ाई के मैदान में हूं
वे सच की झूठी लड़ाइयों में मुब्तला हैं...
(लीलाधर मंडलोई)

कभी-कभी मैं देखता हूं अपनी ज़िंदगी को, और दूसरों की ज़िंदगियों को भी, तो लगता है कि मेरी ज़िंदगी अभी जैसी है, वैसी न होकर दूसरों-जैसी होती तो क्या होता...? क्या मैंने ऐसी ही ज़िंदगी की चाहत की थी...? क्या मेरी चाहत आम इन्सानों से कुछ अलग थी...? या ज़िंदगी से मेरी मांग कुछ अलहदा थी...? सवाल ढेर-सारे थे, पर वे सारे सवाल मुझ से ही टकरा-टकरा कर वापस लौट आते थे; एक असीम वेदना की दहकती ज्वालामुखी रह-रह के धधक उठती थी मेरे भीतर...।

पटना में बहुत-कुछ छूट गया था मेरा। मन अकस्मात् कुछ महीनों पीछे चला गया था। एक लंबे, बीते समय के बाद जब हम मिलते हैं अपने किसी अंतरंग से; चाहे वो रिश्ता कभी, कितना भी प्रगाढ़ क्यों न रहा हो, मिलने में सहजता जल्दी नहीं आती...। कभी हम अपनी ही ग़लतियों से, एक छोटे-से सुख को ही सबकुछ मान बैठते हैं और एक बड़ा सुख खो देते हैं। कभी हम अपने रिश्ते का नया संसार बनाना चाहते हैं, वह तो बन पाता नहीं, जो पुराना और कहीं ज़्यादा बड़ा संसार है, वो हमसे छूट जाता है। कभी हम ज़िंदगी के हिसाब में कोई ऐसी ग़लती कर बैठते हैं कि उसमें चाहे भावनाओं को जोड़ें, कल्पनाओं को घटायें, वर्तमान से गुणा करे या अतीत से भाग दें- परिणाम हमेशा 'शून्य' ही आता है।

अपनी ज़िंदगी से यों मुझे कभी कोई शिकायत नहीं रही, पर एक अनचीन्ही, अनजानी-सी कसक अवश्य थी, जिसके चलते मैं अपनी ज़िंदगी से बार-बार सवाल पूछ रहा था। इसलिये भी ऑफ़िस में मेरा ज़्यादा वक़्त बीतता था। घर आने में अक्सर देर हो जाती थी। पत्नी मुन्नी, प्रतीक्षा में रहती थी।

पटना से हम अपने साथ पहनने के कपड़ों और पलंग-टीवी को छोड़ और कोई सामान नहीं लाये थे। बाबू साहब द्वारा मुहैया कराई एक अतिरिक्त खाट भी

थी, हालांकि वो अधिक दिन चली नहीं, टूट गयी, जिसकी मीठी शिकायत बाबू साहब की पत्नी आज भी करती हैं कि मैंने उन्हें टूटी खाट लौटाई।

पर गृहस्थी तो जमानी ही थी, सो बाज़ार जाकर हम ज़रूरत की दूसरी चीज़ें ले आये। कुछ सामानों के विवरण प्रस्तुत करना चाहता हूं, इसलिये कि आज की पीढ़ी इसे जानकर विस्मित होगी कि आज से तीस-चालीस साल पहले का ज़माना भी कुछ ख़ास महंगा नहीं था; पर ये भी सच्चाई है कि वेतन भी उस समय के हिसाब से था, बल्कि कम ही था। उस समय महीना समाप्त होते-होते वेतन भी दम तोड़ने लगता था; आज महंगाई निश्चित कई गुणा बढ़ी है, पर उसके हिसाब से अब जो वेतन है, उसमें से काफ़ी-कुछ बचता भी है :

स्टोव- रु. 100/; तवा- रु. 11/; ब्रेड- रु. 3/; मक्खन- रु. 6-50/; अरवा चावल- रु. 5/; अरहर दाल- रु. 6/; सरसों तेल- 23/; काबुली चना- रु. 4-50/; पेट्रोल- 20/रु. प्रति लीटर।

इस तरह की और भी ज़रूरी चीज़ें थीं, जो सब मिलाकर रु. 468/ में आयी थीं। मकान का किराया था रु. 350/। इस प्रकार कुल मिलाकर देखें तो हमारा काम लगभग रु. 900/ में चल जा रहा था। पर सामान की कमी तो महसूस होती ही थी। अब कोई आये तो कहां बिठायें, तो टेबुल और चार कुर्सियां ख़रीदी गईं। ऑफिस से घर शुक्ला जी पहुंचा भी दें तो घर से आफिस जाने के लिये रिक्शा ही सहारा था, जिसका भाड़ा कभी 3/रु. तो कभी 6/ रु. हुआ करता था। सब्ज़ी का ख़र्च अलग से था। बिजली का औसत बिल 50 से 60 रुपये तक आता था, जो अलग से देना पड़ता था। कुछ पैसे बाबूजी को भी भेजने पड़ते थे, कभी 200/ तो कभी 300/करके। तो इस प्रकार महीने के अंत तक पहुंचते-पहुंचते वेतन के 2000/स्वाहा हो जाते थे।

मेरी नियुक्ति 2000-3500 वेतनमान पर हुई थी। राजीव जी से यदा-कदा प्रोन्नति के बारे में बातें होतीं तो वे कहते, उनके दस साल पूरा होने को हैं, जल्दी ही प्रमोशन मिल जायेगा; हालांकि उसमें थोड़ी देर हो गयी है। मेरे पूछने पर कि मुझे भी क्या दस साल लगेंगे... वे कहते, "अरे नहीं, आपलोगों का तो आठ साल में निश्चित हो जायेगा.. कम-से-कम आप डी. डी. जी. तक अवश्य पहुंचेंगे।"

पर हुआ क्या, ये सबको मालूम है। प्रोन्नति की प्रतीक्षा में पूरी ज़िंदगी बीत गई और जैसे-तैसे कर के एक प्रोन्नति मिली भी तो अस्थायी, 'ऐडहॉक'; जैसे किसी बच्चे को बहलाने के लिये लॉलीपॉप थमा दिया जाता है। आज भी हमारे साथी प्रोन्नति की आस लिये बैठे हैं, पर कड़वी सच्चाई ये है कि वे भी अपने हाथ के झुनझुने में मस्त हैं।

पर मूल बात जो मैं कहना चाह रहा था वो ये कि उस समय के हिसाब से भी सैलरी कम थी और महीना ख़त्म होते-न-होते वेतन भी दम तोड़ने लगता था।

इस बीच मेरे मौसेरे साले, मुरारी जी पटना से मेरा स्कूटर ले आये थे; क्योंकि उसके बिना काम नहीं चल रहा था। अक्सर शुक्ला जी अपने स्कूटर से छोड़ देते थे और कभी-कभी मैं रिक्शे से जाता था, जो महंगा पड़ता था। मुरारी जी इलाहाबाद से मेरा स्कूटर चला के रीवा तक लाये थे।

मुरारी जी के आने से मुन्नी का भी मन लगने लगा और मैं थोड़ा और निश्चिंत, निर्द्वन्द्व हो सका। पर तबतक 'स्टाफ़ ट्रेनिंग इन्स्टीच्यूट', नयी दिल्ली से एक महीने की बेसिक ट्रेनिंग' का बुलावा आ चुका था। 4 अक्तूबर से ट्रेनिंग शुरू होनी थी। पहले सोचा कि मुन्नी को पटना या उसके घर- आरा- भेज दूं; पर दिल्ली में रहने वाली उसकी माया दी का आग्रह कि मैं उसे वहां उनके घर- मालवीय नगर छोड़ दूं, मुझे ठीक जंचा; सो मैं उसे लेकर मालवीय नगर पहुंच गया। दीदी के पति, यानी मेरे साढू, 'हिन्दुस्तान टाइम्स' में विशेष संवाददाता के पद पर थे, जो अक्सर दौरे पर रहते थे। उनके एक बेटा और एक बेटी- विशाल और शिबू- दोनों तब काफी छोटे थे।

दो कमरों और एक ड्राइंग रूम में तीन आदमियों का गुज़ारा आराम से हो गया। वैसे भी मुझे तो हॉस्टल में रहना था, सिर्फ़ रविवार को आ सकता था। इसलिये कोई समस्या नहीं थी। मैं पत्नी को वहां छोड़ हॉस्टल, किंग्सवे कैम्प लौट आया था।

डायरी से

हॉस्टल का कमरा सं. सी- 26

4 अक्तूबर, 1988

प्रशिक्षण का दूसरा दिन

लगभग पांच महीनों में बहुत-कुछ पाकर भी, मैंने बहुत-कुछ खो दिया है। वह 'बहुत-कुछ' है मेरा सृजन, मेरे शब्द, मेरी रचनाधर्मिता; और उन सबसे बढ़कर अपनी संवेदना को मूर्त करने की सृजनात्मक संतुष्टि का माध्यम- मेरी डायरी।

फिलहाल बीच के पांच महीनों को मैं और पकने, और संतृप्त होने के लिये छोड़ रहा हूं। मेरी संवेदना और प्रखर होकर इन लमहों की व्याख्या कर सके, इसलिये उन लमहों को विस्मरण की भट्ठी में तपने के लिये छोड़ रहा हूं।

अभी मैं- मुन्नी भी- रीवा से दिल्ली आकर अपनी-अपनी जगह जा डटे। वो माया दी के यहां, और मैं 'स्टाफ़ ट्रेनिंग इन्स्टीच्यूट' के हॉस्टल में।

जब मैं ३ अक्तूबर को हॉस्टल पहुंचा था तो उससे पहले कई बातें थीं मेरे सामने। पता नहीं कैसी जगह होगी.... क्या-क्या सहूलियतें मिलेंगी.... प्रशिक्षणार्थी

फ़ेड इन... फ़ेड आउट/56

मित्र कैसे होंगे... उनका साथ कैसा लगेगा....उनकी बातें कैसी होंगी... उनका रवैया कैसा होगा आदि-आदि।

कुल मिलाकर ये सारी आशंकायें थीं जो बर्फ़ की तरह धीरे-धीरे गलती चली गईं। सबसे बढ़कर खुशी तब हुई जब प्रशिक्षणार्थियों की सूची में मैंने अजित शर्मा का नाम देखा। अजित शर्मा ने पटना के विविधभारती केन्द्र पर बतौर उद्घोषक कार्यरत रहते हुए पेक्स का इन्टरव्यू दिया था और मेरे साथ ही सेलेक्ट हुए थे। इस प्रकार उनसे मेरी जान-पहचान पुरानी थी। इस प्रशिक्षण में किसी अपने का साथ होना, सच में, बड़ा सुकून दे गया। ये सुकून तब और आत्मीय हो उठा, जब हम एक-दूसरे से मिले।

करीब तीस प्रशिक्षणार्थी हैं हम सब। मैसूर, कर्नाटक, हैदराबाद, रायपुर, ग्वालियर, रोहतक, अलमोड़ा, जम्मू-कश्मीर आदि अलग-अलग जगहों का प्रतिनिधित्व करने वाले; भिन्न भाषा, भिन्न धर्म और वैचारिक भिन्नताओं के होते हुए भी हममें जो एकता और एकसूत्रता दिखाई दे रही है, वो सचमुच भूली नहीं जा सकती। ख़ासकर हिन्दी के प्रति जो लगाव, जो आत्मीयता हिन्दीतर भाषा-भाषियों में दिखाई दिया, उससे लगता है कि दक्षिण और उत्तर, और अंग्रेज़ी बनाम हिन्दी का जो झगड़ा खड़ा किया जाता रहा है, वो बिल्कुल बेबुनियाद है। ये ज़रूर है कि अधिकांश लोग अंग्रेज़ी में बातें करना पसंद करते हैं; पर वे हिन्दी नहीं समझते या बोलने में अपनी हेठी समझते हैं, ये सच नहीं है।

मैसूर की एक पेक्स है जी. एस. सरस्वती। उसके कमरे में कल उससे ढेर-सारी बातें हुई थीं। दिन के लेक्चर्स पर विमर्श और रेडियो-टेलीविजन के अन्तर्संबंधों पर देर तक हम बहस करते रहे थे।

अजित शर्मा ने ख़ूब गुल खिलाया यहां। उन्हें जो कमरा दिया गया, वो महिला विंग में था, ये बड़ी दिलचस्प बात थी जिसे लेकर लोगों ने थोड़ा हास-परिहास भी किया। लेकिन डेढ़ दिन के ही भीतर उन्हें वो इलाक़ा ख़ाली करना पड़ा, जिसे उन्होंने अपनी पसंद से चुना था।

अजित और मैंने मिलकर, कहना चाहिये कि एक क्रांतिकारी कदम उठाया। कैंटिनवालों ने 20/रुपये रोज़ के हिसाब से तीस दिन के 600/रुपये सब से जमा कराये हैं। हमदोनों ने खाने की घटिया क्वालिटी देखी तो कैंटिन मैनेजर को ख़ूब हड़काया। उसे कहा कि जबतक खाने की क्वालिटी ठीक नहीं होगी, हमलोग इस मेस में खाना नहीं खायेंगे। ये आंदोलन लगभग चार दिनों तक चला। लेकिन अंततः हमें समझौता करना पड़ा, क्योंकि पैसे जमा हो चुके थे और उनका लौटना नामुमकिन था। वैसे भी हम वहां खायें ना खायें, तीस दिनों के बिल का साठ प्रतिशत हर हाल में देना ही था। इसलिये मजबूरी में उसी घटिया खाने के सहारे दिन निकालने थे।

इस बीच मुझे और अजित शर्मा को बैच के सारे अधिकारी जान गये हैं; क्योंकि शाम में हमने कुछ-न-कुछ हर दिन नया करने की योजना बनाई है- कभी मुशायरा-कवि गोष्ठी, कभी गीत-संगीत तो कभी भाषण।

आज रविवार है, इसलिये मालवीय नगर, मुन्नी के पास लौट आया हूं। कल सुबह जल्दी निकलना होगा, क्योंकि हॉस्टल यहां से बहुत दूर है। दो बार बस बदलता हूं, तो पहुंच पाता हूं।

5 अक्तूबर, 1988
प्रशिक्षण का तीसरा दिन

आज की शाम/रात्रि अच्छी गुज़री है। खाना खाने के बाद हम हॉस्टल के लॉन में नर्म घास और ठंडी पछिया हवा के झोंकों पर सवार देर तक बातें करते रहे, कार्यक्रम-निर्माण पर बहस करते रहे। शुरू में तीन जुटे, फिर तीन से चार, चार से नौ और नौ से तेईस हो गये। पूरी मंडली वृत्ताकार होकर बैठी और एक छोटा-सा मिला-जुला आयोजन अपने-आप हो गया। जम्मू-कश्मीर से आये जे. एन. शेख़ ने फ़ैज़ की ग़ज़ल सुनाकर आयोजन का आग़ाज़ किया। उसकी सुमधुर स्वर-लहरी और स्वरों की उठान ने एक अद्भुत समा बांध दिया। उसके बाद बैंगलोर में पदस्थापित नागराजा राव ने कर्नाटक शैली में 'अक्का महादेवी' की गाथा गाकर दक्षिण को उत्तर से संयुक्त कर दिया।

'अक्का महादेवी' की गाथा, बिल्कुल मीरा की गाथा लगती है। महादेवी शिव से प्रेम करती थी, किन्तु उसका विवाह एक राजा से हो गया था। फिर भी, वो जीवन-पर्यन्त शिव की सहचरी-प्रेयसी बनी रही। इसी अक्का महादेवी की गाथा का पद्यबद्ध रूप कर्नाटक शैली में जब राव ने सुनाया तो लगा ही नहीं कि ये भाषा कहीं से अपरिचित, असंवेद्य और असंप्रेषणीय है। इसका मतलब ये हुआ कि संगीत के सुर काल, देश या व्यक्ति की सीमाओं में नहीं बंधते; वो उनकी परिधि से ऊपर उठकर अपनी एक सार्वभौम सत्ता बनाते हैं, जिनका रस लेने के लिये किसी शास्त्रीय ज्ञान की आवश्यकता नहीं होती, बल्कि उसे हृदय की उदारता और संवेदना की दूरदृष्टि से परखा जा सकता है।

इसके बाद राव के साथ मिलकर दो और लोगों ने 'त्यागराजा' का गायन प्रस्तुत किया। फिर चंडीगढ़ के रंगीले ने सुरों का दामन पकड़ा और राग मिश्र पीलू में ठुमरी पेश की, जो इस बात का संकेत थी कि उसमें रागों की पकड़ है, और उम्दा गायक बनने की संभावना भी। लोगों ने वहां मौजूद कर्सियांग से आयी लिंडा. एस. मुखर्जी से भी कुछ सुनाने का आग्रह किया, पर कुछ सुनाने की जगह वो पूरे समय मुस्कुराती रही।

फ़ेड इन... फ़ेड आउट/58

कुल मिलाकर दो-तीन दिनों में यहां जो माहौल बना है, वो आश्वस्त करता है कि आने वाले दिनों में हमलोगों के माध्यम से शायद कुछ बदलाव आये। अगर हमसब अपने-अपने हिस्से का एक-एक चिराग़ भी जला लें तो उन सबकी रौशनी मिलकर हज़ारों सूरज की रौशनी को भी शर्मिन्दा कर सकती है।

11 अक्तूबर, 1988
प्रशिक्षण का आठवां दिन

यहां दिनभर जो लेक्चर्स होते हैं, वो काम के तो होते हैं, पर कई बार बोर भी करते हैं। हमलोगों के इस पूरे कोर्स के 'कोऑर्डिनेटर' हैं श्री एस. के. शर्मा। शर्मा जी बड़े सख़्त हैं। किसी को हिलने तक नहीं देते। कई लोगों को महानिदेशालय में काम था तो कुछ को 'इरला' में; पर उन्होंने किसी को नहीं जाने दिया, इसलिये लोगों ने उनका नाम ही 'खडूस' रख दिया।

पर कई ऐसी हस्तियां भी आयीं जिनके बताने में, समझाने में एक मौलिक सोच थी; और उनका ढंग- दोस्ताना। सत्येन्द्र शरत् जी आये, के. के. नैयर साहब आये, महावीर सिंह जी आये। नैयर साहब तो मेरे इन्टरव्यू-बोर्ड में भी थे। वे न सिर्फ़ एक मंजे हुए प्रसारक थे, बल्कि कुशल प्रशासक भी थे। सत्येन्द्र शरत् जी का नाम, जब से मैंने होश संभाला और रेडियो का साथ मिला- तब से नाटकों के निर्देशक के रूप में सुनता आ रहा था। हां, महावीर सिंह जी ज़रूर मेरे लिये नये थे, लेकिन पहले परिचय में ही हमसब उनके ज्ञान और सज्जनता के क़ायल हो गये।

पर हमारी शामें अब पहले-जैसी नहीं रह गई थीं। सबलोग अपने-अपने दायरों में जीने लगे थे। कुछ लोगों ने अपने ग्रुप बना लिये थे और वे उसी में मस्त रहते थे। अजित शर्मा प्रायः शाम को किसी-न-किसी से मिलने चले जाते थे। हॉस्टल में बस रह जाता थी गुनगुनी-सी ठंड, उसके बीच पसरा एक सन्नाटा- और चंद उदास लोग।

ऐसे उदास लोगों में एक थीं कामिनी माथुर, और संभवतः मैं भी। तभी तो जब मैंने उनको 'टैरेस' पर अकेले बैठे देखा तो उनके पास चला गया। वे अपने छोटे-से ट्रांजिस्टर से जूझ रही थीं।

"क्या हुआ... नहीं लग रहा क्या...?" मैंने पूछा।

"नहीं, देखो न, मैं कब से कोशिश कर रही हूं कि अम्बिकापुर ट्यून हो जाये, पर लग ही नहीं रहा।"

मुझे थोड़ी हंसी भी आयी- "यहां दिल्ली में अम्बिकापुर कहां से पकड़ेगा कामिनी जी... आप बेकार कोशिश कर रही हैं...।"

उन्होंने मेरी ओर कुछ इस भाव से देखा, जैसे मैंने कोई बेवकूफ़ी-भरी बात कही हो। फिर बड़े विश्वास से बोलीं, "नहीं..... ऐसा नहीं है। रात में पकड़ता है। मैंने कई बार अम्बिकापुर का प्रोग्राम सुना है...."

ये कहते-कहते उन्होंने कई बार ट्रांजिस्टर को अपनी हथेलियों पर आगे, और फिर पीछे से ठोका, क्योंकि अब उसमें से आवाज़ भी आनी बंद हो गई थी...। जब कोई नतीजा नहीं निकला तो बेचारी रूआंसी-सी हो आयीं।

"लाइये... मैं देखूं..." उनके हाथ से मैंने ट्रांजिस्टर ले लिया। उसे ऑन-ऑफ़ करके, ठोक-पीट के, सब करके देख लिया; पर वो नहीं बोला, तो नहीं ही बोला।

"लगता है, इसकी बैटरी डिस्चार्ज हो गई है... कल मंगवा लीजियेगा..." मैंने उन्हें आश्वस्त करने के ख़याल से कहा।

"अरे.... आज अरविन्द ड्यूटी में था। उसका विशेष कार्यक्रम आने वाला था... अब मैं कैसे सुनूंगी..." उन्होंने ये बात कुछ इस तरह से कही, मानो आज के बाद दुनिया ख़त्म होने वाली हो।

"चलिये छोड़िये.... आप अम्बिकापुर के बारे में बताइये..." मैंने विषय बदलने की कोशिश की।

कामिनी माथुर से औपचारिक परिचय तो क्लास में हो गया था, पर वहां, उस शाम उनके साथ बैठने, उनसे बातें करने से एक अलग-सा सुकून हासिल हुआ।

कामिनी ने अम्बिकापुर में प्रसारण अधिशासी के पद पर रहते हुए पेक्स का इन्टरव्यू दिया था, जिसमें सेलेक्ट होकर वो यहां आयी थीं। उनके पति, अरविन्द माथुर उसी केन्द्र पर उद्घोषक थे। रात अधिक हो रही थी और ठंड भी बढ़ने लगी थी। कामिनी शॉल को अपने चारों ओर लपेटते उठ खड़ी हुई थीं।

"अब चलना चाहिये..." बड़े ही दुखी भाव से वे बोलीं, जिसमें अरविन्द, उनके पति का प्रोग्राम मिस करने की पीड़ा साफ़ छलक रही थी।

25 अक्तूबर, 1988
बाईसवां दिन

कभी-कभी हम जिन बातों के प्रति आत्मीय हो जाते हैं, उनपर सकारात्मक ढंग से विचार करने लग जाते हैं या जो माहौल हमें आश्वस्त करता जान पड़ता है; ऊपर से वो दिखता भी वैसा ही है, पर जैसे-जैसे उसके भीतर गहराई में उतरते हैं वही माहौल आतंकित करने लगता है। तब होता ये है कि अपने मन की पराजय को स्वीकार कर हम अनासक्त और विरत हो जाते हैं- कभी-कभी निर्वाक् और हतचेत्. .. विवश-से देखते हुए... ये क्या हो गया.... क्यों हो गया... कैसे हो गया....!

जैसा अब हुआ है कि यहां का शांत माहौल शोरगुल और गुनाह-भरी आवाज़ों में तबदील हो गया है। लगता है शहर के एक कोने में किसी पिशाच की नींद टूट गई है... तेज़ चीख़-पुकार और हड़कम्प...! कमरे की खिड़की पर खड़ा मैं दूर से आती आवाज़ों का आशय समझने की चेष्टा करता हूं, पर कुछ समझ में नहीं आता... सिर्फ़ हल्की-हल्की गुस्सैल ध्वनि हवा के साथ बह कर आती हुई सुनाई देती है। क्या है ये.... क्या हम बर्बरता के पाषाण युग में लौट रहे हैं... क्या हम इतने अमानुषिक हो गये हैं कि बर्दाश्त हमारी हदों के बाहर जा बैठा है.... क्या आत्मीयता और स्नेह का राजमार्ग इतना जर्जर हो गया है कि हम दो कदम भी साथ नहीं चल सकते.... कहां से आया ये ज़हर...! आगे चलकर इसी पृष्ठभूमि पर मैंने एक छोटी कहानी 'भेड़िये' लिखी, जो मेरे **कहानी-संग्रह 'नयी कहानी, पुराना पाठ : वाया व्हाट्स-ऐप'** में संकलित है।

पिछले कुछ दिनों से मैं इसका अनुभव कर रहा था। हॉस्टल के माहौल में घुलते इस ज़हर की पहचान हो गयी थी मुझे। यहां सबों की अपनी-अपनी जिज्ञासायें और उनके उन्हीं के तैयार किये गये समाधान। उन्हीं के स्वार्थ... उन्हीं की संकीर्णतायें और उनकी ही बीमार मानसिकता.... इन सबने मिलकर यहां अब जो माहौल रचा है, वो कहीं से सुखद नहीं, आश्वस्त करने वाला नहीं- आत्मीय तो कतई नहीं...।

प्रत्येक व्यक्ति एक संस्था, एक ग्रुप, एक कौम बन गया है और वह अपने को श्रेष्ठ, ताक़तवर और समर्थ सिद्ध करने में जुटा है। हम यहां, अपने शहर से इतनी दूर आकर, एक छत के नीचे भी एक नहीं हो सकते, बंधन में नहीं बंध सकते, फिर हम किस आधार पर पूरे राष्ट्र के एकजुट होने की बातें करते हैं।

तेईस दिन बीत जाने के बाद अब यहां की चुप्पी परेशान करने लगी है, मन ऐंठने लगा है। लगता है जल्दी प्रशिक्षण ख़त्म हो और घर लौटूं, अपने लोगों, अपने संबधों के बीच।

हां, बीच-बीच में संतुष्टि का आभास तब होता है जब किसी अपने का ख़त आता है- राजश्री का आया, कन्हैया का आया और आज अनु के पत्र की आने की सूचना मुन्नी ने फ़ोन पर दी; क्योंकि पत्रों के लिये मालवीय नगर का पता ही मैंने सबको दे रखा था। ये पत्र बेरस दिनों को काटने के हथियार बन जाते हैं मेरे लिये.... लेकिन ये भी कब तक... किस सीमा तक....!

•••

पांच

बैठ लें कुछ देर
आओ, एक पथ के पथिक-से
प्रिय, अन्त और अनन्त के
तम-गहन-जीवन घेर...
                    (निराला)

तीस दिनों की ट्रेनिंग समाप्त कर मैं रीवा लौट आया था।

रीवा- मेरी नौकरी का पहला स्थल, रीवा- मेरा पहला केन्द्र, पहले प्यार-सा स्निग्ध और अनुरागमय.... हमेशा प्यार की मीठी धुन-सा, स्मृतियों में बजता हुआ।

लेकिन विडंबना ये कि रीवा की याद उभरती है एक टीस की तरह... पीड़ा के सैलाब की मानिन्द... ख़ूबसूरत यादों की झील में जैसे किसी ने कांटो के झंझर डाल दिये हों... और ...मन कभी दुबारा वहां ना जाना चाहे...।

शुरू-शुरू के दिनों में सब बहुत अच्छा लगता रहा.... वहां मिले मान-सम्मान, आदर-सत्कार से मैं अभिभूत था। उसपर से राजीव जी जैसे मित्र और मार्गदर्शक का साथ, रीना भाभी और उनके घर में बेटियों- मेधा-विधा की शरारतों की अनुगूंज, हमेशा मेरे साथ रहती थी।

रेडियो की कॉलोनी भरी-भरी थी। उसमें प्रशासनिक अधिकारी, एस. के. पांडेय के अलावा सहायक केन्द्र अभियंता, गौड़ साहब भी रहते थे। कॉलोनी में ही रहने वाले दिनेश कुमार तिवारी से भी परिचय हुआ, जो वहां तानपुरा वादक के पद पर थे। वे पटना के ही रहने वाले थे और प्रसिद्ध ध्रुपद गायक पं. सियाराम तिवारी के दूर के भाई लगते थे। उन्होंने सियाराम तिवारी जी के साथ कई बार गायन में संगति भी की थी।

कॉलोनी में ही रामजी सिंह, हिन्दी अनुवादक भी रहते थे, जो मूलतः बलिया से थे। उनके तीन लड़कियां और दो लड़के थे। उनसे मेरी नज़दीकी का एक बड़ा कारण हमदोनों का भोजपुरी-भाषी होना था। बाद में, उन्होंने अपना स्थानान्तरण, पटना करा लिया था; पर उनका परिवार लंबे अरसे तक रीवा में रहा,

क्योंकि बच्चों की पढ़ाई चल रही थी। इस बीच जब कभी मैं पटना जाता वो मेरे हाथ से अपने परिवार के लिये पैसे ज़रूर भिजवाते थे।

मैं अक्सर काम समाप्त कर रात आठ-नौ बजे तक राजीव जी के साथ कॉलोनी आता था, क्योंकि उनके साथ एक प्याली चाय की चाहत बनी रहती थी। उस समय ज़्यादातर लोग रात का खाना खा के या तो आराम कर रहे होते या टहल रहे होते। टहलने वालों में कई बार आसकरण शर्मा भी होते। उस दौरान उनकी बातें सिर्फ़ राजीव जी से होतीं; मैं एक मूक श्रोता की भांति बस उनके साथ चलता जाता। मुझे समझ में ही नहीं आता था कि उनसे बातें करूं तो क्या करूं।

उस वक़्त जब लगभग आधी कॉलोनी ऊंघ रही होती, गौड़ साहब के यहां से सब्ज़ी में छौंक लगने की आवाज़ आती और जब चक्कर लगाते उधर से गुज़रते तो हींग और मेथी की मिलीजुली खुशबू मेरी आंतों में पक रही भूख को और तेज़ कर देती। मैं सोचता कि 'गौड़' लिखते हैं, तो ब्राह्मण होंगे; पर उनके यहां से हींग, मेथी और गरम मसाले की जो खुशबू निकलती है, उससे तो यही लगता है कि इनके यहां का भोजन तामसिक होता होगा। ये तो बहुत बाद में जाकर पता लगा कि ये लोग लहसुन-प्याज तक नहीं खाते।

गौड़ साहब विनोदी स्वभाव के हैं, ये तो उनसे पहले परिचय में ही अनुभव हो गया था; पर इसके अतिरिक्त भाषा की एक स्वाभाविक समझ भी थी उनके पास और लखनऊ से होने के नाते हाज़िरजवाबी के लिये मुहावरों की कोई कमी नहीं थी। उनसे बातें कर एक पुलक-सा अहसास होता था। उनके घर को देखकर ही लगता था कि उनकी पत्नी बड़ी स्नेहिल और सुरुचिपूर्ण महिला हैं- हर चीज़ करीने से रखी हुई.... धूल-गर्द का कहीं नोमो-निशान नहीं...। उनके एक बेटी ही है- सोमा, जो उस समय केन्द्रीय विद्यालय की छात्रा थी। यही कुल तीन लोगों का परिवार था। पर धीरे-धीरे उनके साथ जो पारिवारिक संबंध प्रगाढ़ हुआ वो आज तक उसी मज़बूती से क़ायम है।

बहरहाल, टहलना हमारा रोज़ का एक तरह से रूटीन बन गया था। इस रूटीन में कई बार सिर्फ़ मैं और राजीव जी होते। तब उनसे ढेर सारी बातें होतीं- घर के बारे में, आफ़िस के बारे में, साहित्य के बारे में। मुझे हर चीज़ को जानने का जुनून था, सो हमारी बातें घूम-फिर कर ऑफ़िस पर ही आकर टिक जातीं।

राजीव जी कहते, ''आप तो सबसे पहले अपने सेक्शन की फ़ाइलें कम-से-कम एक साल पीछे तक पढ़ जाइये। इससे बहुत लाभ होगा।''

''जी....'' मुझे उनकी बात उचित लगी।

"... और एक काम करिये, आप ड्यूटी रूम में सप्ताह में कम-से-कम दो ट्रांसमिशन ड्यूटी अवश्य कीजिये... इससे आपको आकाशवाणी के सेटअप को नज़दीक से समझने का मौक़ा मिलेगा।..."

"जी... इस संबंध में तो एक सर्कुलर भी आया हुआ है...." मुझे पता था कि महानिदेशालय का एक पत्र आया है जिसके अनुसार नये कार्यक्रम अधिशासियों को ड्यूटी रूम में कार्यस्थ करने का निर्देश था।

"गुड..." उन्होंने मेरी ओर प्रशंसा-भाव से देखा। ...."फिर देर क्या है, कल से ही शुरू हो जाइये...। मैं आपकी ड्यूटी लगा दूंगा।"

उसके बाद मैंने ड्यूटी रूम में ड्यूटी की और नियमित ड्यूटी करने वालों से कहीं अधिक ज़िम्मेदारी से की; सारे आर. एन. संदेश अच्छे से रिकॉर्ड करके लिखा, सामग्री मिलाई, लॉग बुक के सारे कॉलमों को पूरी तरह से भरा और एक अच्छी, रचनात्मक, पर तथ्यपरक रिपोर्ट, सटीक भाषा के साथ लिखी।

इसे करके मेरा उत्साह बढ़ा तो मैंने राजीव जी से आग्रह किया कि मैं अनाउन्सर रह चुका हूं, इसलिये एक-दो मुझे अनाउन्समेन्ट ड्यूटी भी दे दें।

उन्होंने पूछा, "आप कर लेंगे....? कहीं कुछ गड़बड़ हो गयी तो....?"

"कोई गड़बड़ नहीं होगी... मुझपर भरोसा रखिये...।" मैंने उन्हें आश्वस्त करना चाहा।

"वो तो ठीक है, पर मैं दूसरी बात सोच रहा हूं....।"

"क्या...?" मेरा प्रश्न था।

"असल में आप ये करेंगे तो सबसे पहले हमारे जो अनाउन्सर हैं वही अपनी प्रतिष्ठा का प्रश्न बनायेंगे; ये न भी हुआ तो आपकी परफ़ार्मेन्स को लेकर नुक्ताचीनी ज़रूर करेंगे और इसपर तरह-तरह से सवाल उठायेंगे।"

"आप वो सब मुझपर छोड़िये.... मुझे बस एक बार अपने को आंकने का मौक़ा दे दीजिये....।" मैंने उनसे इसरार किया।

उन्होंने भी मेरी इस इच्छा का मान रखा और पहली बार जब मेरी आवाज़ आकाशवाणी, रीवा के श्रोताओं ने सुनी, "ये आकाशवाणी का रीवा केन्द्र है। अभी दोपहर के बारह बजके तीस मिनट हुए हैं, हम उपस्थित हैं दूसरी सभा के कार्यक्रमों के साथ...." तो बाद में बहुत लोगों ने कहा कि आवाज़ की ताज़गी से लगा कि कोई नया अनाउन्सर आया है।

हालांकि राजीव जी ने वहां के नियमित उद्घोषकों को लेकर जो शंका व्यक्त की थी, वैसा कुछ ऊपर से तो दिखाई नहीं दिया, सबने तारीफ़ ही की; हां उनके अन्दर कोई कुंठा रही हो तो नहीं कह सकता।

इसके बाद मेरा आत्मविश्वास और बढ़ा और एकाध बार और ये ड्यूटी की, पर फिर मुझे लगा कि ये ड्यूटी मैं दिन में ही कर सकता हूं और इससे जिस

उद्घोषक के दिन का टर्न होता है, नाहक वो डिस्टर्ब होता है; इसलिये मैंने इससे तौबा कर ली। बस, मुझे अपने को आंकना था, वो आंक लिया।

इसी प्रकार वहां राजीव जी ने ड्रामा का स्वर-परीक्षण कराने की सोची। उन्होंने मुझसे पूछा, "आप ड्रामा व्वायस हैं न...?"
मैं नहीं था, सो मैंने कहा, "नहीं...।"
"अरे, तब तो ऑडिशन दे दीजिये। अभी यहां होने जा रहा है, फ़ॉर्म भर दीजियेगा।"
मुझे तब पटना में दिये हुए ऑडिशन का चित्र आंखों के सामने घूम गया। तब पटना में जनार्दन राय जी नाटक के प्रोड्यूसर थे। मैं नया-नया युववाणी में आया ही था। मेरे साथ के ज़्यादातर कंपीयर- कन्हैया, प्रह्लाद, राजश्री, माला, शैलेश- पहले से ड्रामा-ऑडिशन पास थे। सबने कहा कि मुझे भर देना चाहिये, मेरा हो जायेगा। मुझे भी भरोसा था कि मेरा हो जायेगा, क्योंकि मेरा उच्चारण अच्छा है और थोड़ा-बहुत नाटक तो मैं कर ही लूंगा।

ऑडिशन के समय मन:स्थिति क्या होती है, ये तो वही जानता है जो ऑडिशन देता है। स्टूडियो के अन्दर मैंने क्या पढ़ा, क्या किया, कुछ याद नहीं; पर एक बात मुझे याद रह गई और शायद इसी बात की वजह से मैं सफल नहीं हो सका।

स्क्रिप्ट जब मैंने कर लिया तो मुझसे सवाल किया गया, 'ज़रा हंस के बताइये...।'

मुझे अच्छी तरह याद है कि मैं ठीक प्रकार से हंस नहीं पाया था; पर जब दूसरी तरफ़ से 'धन्यवाद, आप जा सकते हैं...' सुना, तो अन्दर जो सज्जन स्क्रिप्ट में साथ देने के लिये रखे गये थे, उन्होंने मेरी हंसी की ऐक्टिंग की नकल करते हुए व्यंग्य से कहा कि "धन्यवाद... जाइये।"

मुझे, सच में, तब बहुत बुरा लगा था। सोचा कि चलो मैं तो था अनाड़ी, मुझे हंसना नहीं आया; पर वे तो काफ़ी सीनियर कलाकार हैं, कितने सालों से नाटक कर रहे होंगे, उन्हें तो प्रेरित करना चाहिये था.... पर....!

मुझपर हंसने वाले वो सीनियर कलाकार थे वहां के पुराने उद्घोषक सुमन कुमार और विधि की विडंबना देखिये कि इस घटना के तक़रीबन पन्द्रह-सोलह साल बाद जब मैंने पटना ज्वायन किया तो उन्हीं सुमन कुमार ने न सिर्फ़ मेरे नाटक 'चारुलता' का मंचन किया, बल्कि उन्होंने मुझसे अपने कई नाटकों में अभिनय भी कराया। इतना ही नहीं, कई रेडियो नाटकों में मुझे उन्हें निर्देशित करने का भी अवसर मिला। इस घटना से सीख ये मिलती है कि कभी किसी की कमी का मज़ाक़ नहीं उड़ाना चाहिये। यही काम मेरे साथ कभी मेरे एक अभिन्न मित्र ने भी किया था, जब मैं कैज़ुअल अनाउन्सर था और वो ड्यूटी ऑफ़ीसर थे। उन्हें इसका जवाब

पेक्स के रिज़ल्ट से मिला, जब वो मेधा-सूची में मुझसे कहीं नीचे थे। **(इस प्रकरण को आप इस पुस्तक के पहले खंड 'तीस साल लम्बी सड़क' में पढ़ सकते हैं।)**

इन प्रसंगों पर चर्चा समय आने पर विस्तार से होगी। अभी तो ये था कि मैं नाटक का फ़ॉर्म भरूं या नहीं।

मैंने जब राजीव जी को ये पूरी घटना बताई तो उन्होंने कहा, ''देखिये... तब से अब तक काफ़ी समय बीत चुका है। इतने दिनों में आपने भी काफ़ी-कुछ सीखा, देखा और अनुभव किया है। बल्कि मैं तो चाहता हूं कि आप यहां कुछ नाटक और रूपक प्रोड्यूस कीजिये। यहां काफ़ी अच्छे कलाकार हैं और आपको भी रूटीन से हटकर ये करना अच्छा लगेगा। निश्चित ही इससे आपका आत्मविश्वास बढ़ेगा।.... आप फ़ॉर्म ज़रूर भरिये...।''

''ठीक है... पर मेरी एक शर्त है...'' शुक्ला जी थोड़ा चौंके।

''मेरी शर्त ये है कि मैं सामान्य अभ्यर्थी की तरह इसमें भाग लूंगा और मेरे साथ अधिकारी होने के कारण कोई रियायत न की जाये; बल्कि औरों से ज़्यादा सख़्ती से मेरा इम्तिहान लिया जाये। अगर मैं अच्छा परफ़ॉर्मेन्स न दूं तो बेशक मुझे फ़ेल कर दें, मुझे बिल्कुल बुरा नहीं लगेगा। मैं अपनी योग्यता से इसे पाना चाहता हूं न कि सिफ़ारिश से...।''

''ठीक है...।'' शुक्ला जी मान गये और उन्होंने २० नवम्बर, १९९१ का मेरा ऑडिशन उसी निकष पर किया। बाद में मैंने उनसे पूछा कि ''आप बताइये, मेरे परफ़ॉर्मेन्स के बारे में, मैंने कैसा किया...।'' तो उनका जवाब था, ''जिन लोगों को मैंने उत्तीर्ण किया, आपने उनमें से कइयों से बेहतर किया।''

ये अहसास मुझे भी था। वैसे नाटक अनुभाग राजीव जी के पास था, तब भी वे मुझे महीने में एक-दो नाटक और फ़ीचर बनाने के लिये ज़रूर देते थे और कभी-कभी उसकी डबिंग-एडीटिंग में भी देर तक खड़े रहते थे। ये उदारता मैंने कहीं नहीं देखी। मैंने तो हर जगह यही देखा कि जिसे एक बार ये सेक्शन मिल गया, वो खुद को भरतमुनि से कम नहीं समझता था और अपने से पूर्व के समर्थ-समृद्ध नाटककारों की हस्ती को मिटाकर, अपने पिछलग्गुओं के कूड़ा-कचरा नाटकों से आकाशवाणी की लाइब्रेरी को पाटता रहता था।

पर, राजीव जी ने मुझे नाटक प्रस्तुत करने के पर्याप्त अवसर दिये; और मैं इस नये अनुभव से अपने को परिपक्व तथा समृद्ध बनाने की कोशिश करने लगा।

•••

इस बीच वहां एक और पेक्स कमल सागरे ने ज्वायन किया। सागरे जी महाराष्ट्र के किसी स्थान से आते थे। वे अच्छे शायर भी थे और अक्सर मुशायरों में जाते रहते थे। ये सब तो बाद में पता लगा, अभी तो ज्वायन करने के बाद जो वे अवकाश पर गये, तो महीनों लौट के नहीं आये; यहां तक कि छुट्टी बढ़ाने का भी कोई आवेदन या टेलीग्राम नहीं भेजा। उनके इस लापरवाही-भरे रवैये से आसकरण जी बहुत नाराज़ थे। वे उन्हें 'एक्स्कॉन्डिंग' बताने के लिये महानिदेशालय को पत्र लिखने जा ही रहे थे कि अचानक लगभग पांच महीने बाद सागरे जी बिना किसी सूचना के अवतरित हो गये; उसी प्रकार जिस प्रकार जाने के बाद उन्होंने कार्यालय को कोई सूचना देने की आवश्यकता नहीं समझी थी। जब उनसे पूछा गया कि आपने अपने बारे में कोई सूचना क्यों नहीं दी तो उन्होंने बड़े नाटकीय अंदाज़ में बयान किया- "अरे शुक्ला जी, आपको पता है, मेरा बेटा ट्रेन से गिर गया था।"

उनकी इस बात पर सब चौंक गये। शुक्ला जी बोले, "अरे, ये तो बहुत बुरा हुआ..."

वे कुछ और कहते उससे पहले ही सागरे जी आंखों में आंसू भर के सुबक-सुबक के बोलने लगे, "वही तो.... मेरा बेटा बड़ी मुश्किल से बचा है... बहुत इलाज कराना पड़ा... आप बताओ शुक्ला जी, फिर मैं कैसे आता, ज़रा सोचो, मेरी जगह आपका बेटा होता तो...."

इसके बाद कोई क्या कहता। लेकिन बाद में भी उनका ये अचानक चले जाना और महीनों रह जाने वाला रवैया बदस्तूर जारी रहा, और ये तबतक जारी रहा, जबतक इस केन्द्र पर दिल्ली से आये डी. पी. जाटव, ए. एस. डी. साहब ने ज्वायन नहीं कर लिया।

ऐसे ही बहुत दिनों बाद जब एक दिन सागरे जी के बच्चे के बारे में जाटव साहब को बताया जा रहा था कि वो ट्रेन से गिर गया था, तो सागरे जी तपाक से बोले, "अरे नहीं, वो ट्रेन में, उसके अन्दर ही गिर गया था...।"

"लेकिन आपने तो उस दिन बताया था कि वो ट्रेन से गिर गया था...!" राजीव जी ने आश्चर्य व्यक्त किया।

"शुक्ला जी, असल में ऐसा नहीं बताता तो वो तुम्हारा शर्मा (आसकरण शर्मा) मेरी खाल खींच लेता।" उन्होंने हंसते हुए मज़ाकिया लहज़े में कहा।

हमदोनों के मुंह खुले-के-खुले रह गये थे और जाटव साहब के चेहरे पर हल्की-सी मुसकान छा गई थी।

डी. पी. जाटव, सहायक केन्द्र निदेशक- दिल्ली के रहने वाले थे। वे आये तो कुछ दिन होटल उनका रैन-बसेरा रहा। आसकरण जी ने कहा कि जबतक उन्हें क्वार्टर मिल नहीं जाता, वे उनके क्वार्टर के एक कमरे में रह सकते हैं; क्योंकि वे

खुद यहां कम ही रहते हैं और वैसे भी स्वैच्छिक सेवानिवृत्ति का उनका आदेश कभी भी आ सकता है।

जाटव साहब खुशी-खुशी तैयार हो गये और आसकरण जी के यहां रहने आ गये। अब आसकरण जी और निश्चिंत होकर मुम्बई जाने लग गये थे। स्पष्ट था कि यहां से उनका मन पूरी तरह विरत हो चुका था।

दूसरी ओर जाटव साहब को मनमांगी मुराद मिल गई। आसकरण जी के चार कमरों का बड़ा-सा क्वार्टर, उनका किचेन, उनकी अनुपस्थिति में पूरी तरह से जाटव साहब के अधिकार में रहता। वे जो चाहें, कर सकते थे; और उन्होंने किया भी।

दो बड़ी ही मनोरंजक घटनायें हैं जाटव साहब की। एक बार मीटिंग चल रही थी। आसकरण जी रीवा में नहीं थे और उस समय तक जाटव साहब भी मीटिंग में नहीं पहुंचे थे। मीटिंग लगभग समाप्त होने को थी कि जाटव साहब हांफ़ते हुए प्रकट हुए, जैसे दौड़ लगा के आ रहे हों।

शुक्ला जी बोले भी, ''क्या हुआ सर, सब ठीक तो है…!''

जवाब में उन्होंने सिर्फ़ सिर हिलाया और मीटिंग जल्दी समाप्त करने का इशारा किया। मीटिंग समाप्ति पर ही थी। सबलोग उठकर जाने लगे तो उन्होंने मुझे और शुक्ला जी को रोक लिया। हम बैठ गये। उन्होंने दरवाज़े के बाहर झांक कर देखा, फिर बोले, ''आपलोग अंडा खाओगे…?''

हमने अचरज से उनकी तरफ़ देखा।

''सर…. अंडा… अभी… क्या बात है…?'' शुक्ला जी ने पूछा, पर जाटव साहब ने उनकी बात पर ध्यान दिये बगैर अपनी कोट की जेब से एक उबला हुआ अंडा निकाला और शुक्ला जी को पकड़ा दिया। फिर उन्होंने मुस्कुराते हुए कोट की दूसरी जेब में हाथ डाला और एक जादूगर की भांति दूसरा अंडा निकालकर मेरी ओर बढ़ाया।

''जल्दी से खा लो… नहीं तो कोई आ जायेगा।'' उन्होंने चेताया।

हमने अंडे को जल्दी-जल्दी छीला और मुंह के हवाले किया। फिर शुक्ला जी ने ही पूछा, ''सर, ये अंडा, अचानक….. कैसे…?''

''बताता हूं…। वो शर्मा जी बॉम्बे गया था न…।'' वे दिल्ली वाले थे इसलिये ऐसे ही बोलते थे।….. हमलोग भी उत्सुकता से पूरा ध्यान उनकी बातों पर लगाये हुए थे।

''वो शर्मा जी आज लौट आया…।''

''तो… तो क्या हुआ सर, उन्हें तो पता ही है कि आप वहीं रहते हैं…'' शुक्ला जी ने थोड़ा छेड़ने के ख़याल से कहा।

"चू... असल में उस समय किचेन में उबले अंडे रखे थे। सुबह ही उबाला था। खाने की सोच ही रहा था कि तुम्हारा शर्मा जी आ गया...।"

अच्छा, तो ये बात है। अब हमलोगों को सब समझ में आ गया था। दरअसल आसकरण जी तो लहसुन-प्याज तक नहीं खाते थे; इसलिये उनके किचेन में इन सबका प्रवेश पूरी तरह निषिद्ध था, पर जाटव साहब ठहरे सर्वभक्षी... सो उन्होंने आसकरण जी के किचेन का सत्यानाश कर दिया। बाद में आसकरण जी को भी उनके इस कारनामे का पता चल गया था, पर वे क्या करते; हां, मज़ा लेने के लिये गाहे-बगाहे इसका ज़िक्र वे ज़रूर करते थे।

जाटव साहब का दूसरा कारनामा तो खुद आसकरण जी ने हमलोगों को सुनाया था कि एक बार उनके जाने के बाद जाटव साहब ने उनके नॉन-स्टिक फ्राइंग पैन में कुछ तामसिक भोजन पकाया। उसके बाद उन्हें लगा कि ये तो काला पड़ गया, इसे आसकरण जी के आने के पहले साफ़ कर देना है। सो उन्होंने पता नहीं किन-किन चीज़ों से खुरच-पुरच कर उस नॉन-स्टिक को चमकाने की कोशिश की। आसकरण जी ने बड़े मज़ाकिया लहज़े में ये कहानी सुनाई थी।

तो ऐसे थे जाटव साहब। हालांकि वे बहुत थोड़े समय ही रहे, पर जितना रहे, सबका भरपूर मनोरंजन होता रहा। उनसे जुड़ी एक और घटना याद आती है; हालांकि इसमें उनकी कोई प्रत्यक्ष भूमिका नहीं थी, पर उसके एक पात्र वे अवश्य थे। पं. जवाहरलाल नेहरू की जयंती पर जाटव साहब ने कहा कि "इस अवसर पर मैं एक फ़ीचर लिखूंगा और राजीव तुम इसे प्रस्तुत करोगे...।"

असहमति का तो प्रश्न ही नहीं था। दूसरे ही दिन जाटव साहब फ़ीचर लिख लाये, जिसका शीर्षक था 'लाल फूल गुलाब का'। उस फ़ीचर की शुरुआत होती थी 'वंदे मातरम्' गीत से, जिसके बारे में उनका आग्रह था कि परंपरागत पूर्व-ध्वन्यंकित गीत की जगह इसे हमसब मिल के गायेंगे। फिर इसके लिये म्यूजिक कंपोज़र को बुलाया गया; हमसब थे ही- राजीव जी, मैं, सागरे, महेश बाबू सक्सेना, कल्पना प्रदीप; और जाटव साहब का कहना था कि वे भी गायेंगे, सो वे भी इस कोरस में शामिल हुए।

सब ठीक-ठाक रहा। सबने झूम-झूम के गाया। रिकॉर्डिंग संपन्न हुई और सबलोग निकलकर अनाउन्सर बूथ में जाने लगे। सबसे अंत में मैं, राजीव जी और कमल सागरे। अचानक दरवाज़े से बाहर निकलते हुए सागरे ने 'वंदे मातरम्' गीत का एक शब्द बड़े ही मज़ाकिया लहज़े में बोला। राजीव जी ने फ़ौरन सागरे का हाथ पकड़ के बोलने से रोका और बूथ की तरफ़ इशारा किया। अंदर लाल बत्ती जल रही थी, यानी उधर का फ़ेडर खुला था और इधर की आवाज़ उधर सुनाई दे रही थी....। उस तरफ़ कंपोज़र जी ने भी ये शब्द सुना ही होगा। दरअसल लोग बताते

थे कि वहां आने वाली एक कलाकार से उनके अनुरागपूर्ण संबंध थे और सागरे ने जो शब्द उस समय बोला, वह मूल गीत के शब्द की जगह, उन महिला का नाम ही बोला था।

हमलोग तो बड़ी देर तक मुंह दबा के हंसते रहे, पर संभव है कंपोज़र जी ने वह सुना ही न हो।

जाटव साहब सुराप्रेमी भी थे और उनके रीवा ज्चायन करने के बाद उनकी शान में हमलोगों ने इंतज़ाम भी कर दिया था; पर उन्हें चस्का रोज़ का था; इसलिये शाम होते ही वो हमारी तलाश करते और हम भागते फिरते।

जल्दी ही वो समझ गये कि हम उनके चंगुल में नहीं फंसने वाले, इसलिये उन्होंने भी पीछा छोड़ दिया।

•••

छ:

जटिल कर्मपथ पर थर-थर कांप लगे रुकने पग
कूक सुना सोए-सोए हिय में हूक जगाई
किसने बांसुरी बजाई...

(जानकी वल्लभ शास्त्री)

इस बीच 1989 से 1990 के बीच आकाशवाणी, रीवा में ही नहीं, मेरी अपनी ज़िंदगी में भी कई घटनायें द्रुत रूप से घटित हुईं। पहले तो रीवा की घटनायें-..... आसकरण जी की स्वैच्छिक सेवानिवृत्ति का अनुरोध महानिदेशालय द्वारा स्वीकार कर लिया गया था और 1989 की अक्तूबर में हमलोग एक संत-पुरुष की छत्रछाया से वंचित हो गये। उसके लगभग छ: महीने बाद, अप्रैल, 1990 में लखनऊ के श्री सुकृति भट्टाचार्य, केन्द्र निदेशक रीवा को प्राप्त हो गये, जो 31 मार्च, 1991 को इसी केन्द्र से सेवा-निवृत्त हुए। इस बीच दिल्ली के एक पेक्स अशोक करम अल्पकालिक स्थानान्तरण पर रीवा आये जो तकरीबन छ:-सात महीने बाद ही वापस दिल्ली लौट गये। फिर अप्रैल, 1990 में जाटव साहब और गौड़ साहब- एकसाथ दोनों का स्थानान्तरण क्रमशः दिल्ली और शहडोल के लिये हो गया।

एक तरफ़ ये उथल-पुथल हुई, दूसरी तरफ़ बोरियत होने के बावजूद, एक महीने की बेसिक ट्रेनिंग कर के मैं तरोताज़ा तो हो ही गया था। उसका एक कारण ये भी था कि मुन्नी वहां अपनी दीदी के पास रहती थी और मैं स्टाफ़ ट्रेनिंग

इन्स्टीच्यूट, किंग्सवे कैम्प के हॉस्टल में। वहां से उसे फ़ोन करता और हर शनिवार को उससे मिलने जाता था और रविवार उसके साथ बिताकर लौटता। बड़ा रोमांटिक-सा लगता था तब ये सबकुछ.......।

उसके बाद के पूरे छः महीने बहुत मस्ती में गुज़रे थे। उस समय विकी आने वाला था, सो मैं पत्नी को एहतियातन उसके घर- आरा छोड़ आया। वो तीन-चार महीने बड़ी मुश्किलों वाले थे। उसने आदत ही कुछ ऐसी डाल दी थी कि मैं कुछ ज़्यादा ही उसपर निर्भर रहने लगा था। कोई काम अकेले करने की इच्छा ही नहीं होती थी। घर के कोने-कोने में उसका स्पर्श बसा था और उसके अपरिमित प्यार ने एक प्रकार से मुझे उद्वेलित कर रखा था। उस समय बस पत्र ही वे ज़रिया थे, जिनके माध्यम से हम एक-दूसरे को बांटते थे। ख़ामोश-से दिन इसी तरह गुज़रते जा रहे थे।......

13 अप्रैल, 1989 की रात में एक बजे ऑपरेशन के बाद बड़ी मुश्किलों से विकी आया। अस्पताल के वे सात-आठ दिन बड़ी दहशत वाले थे। पत्नी का कष्ट देखा नहीं जा रहा था; हॉस्पिटल की सुविधा पर्याप्त नहीं थी.... क्या करूं, कहां ले जाऊं.... निर्णय मुझे ही करना था- दूसरे की ज़िन्दगी और मौत का निर्णय..... इसलिये कि अब वह मेरी ज़िम्मेदारी थी!

ऑपरेशन के पहले 'डिक्लियरेशन फ़ॉर्म' भरना होता है..... कि ये ऑपरेशन मेरी मर्ज़ी से हो रहा है... अगर इस बीच मरीज़ की मौत हो जाती है, तो इसकी ज़िम्मेदारी अस्पताल की नहीं होगी.....; मैंने अपने आंसू पोंछते हुए उस फ़ॉर्म पर हस्ताक्षर कर दिया, काउन्टर पर जाकर रुपये जमा किये और सांस रोककर प्रतीक्षा करने लगा।

आख़िर दो-ढाई घंटे की कश्मकश के बाद बच्चे के रोने की आवाज़ सुनाई दी। दिल तब धड़क रहा था और मन सजदा कर रहा था। थोड़ी ही देर में बच्चे को लेकर सिस्टर बाहर आयी और मशीनी ढंग से बोली, "एक बजकर पांच मिनट... बधाई हो, लड़का है....।"

"पहले ये बताइये, इसकी मां कैसी है...?" मैं लपका उसकी तरफ़।

"अच्छी है... अभी आ जायेगी.... ऑपरेशन ठीक हुआ है....।"

"ओह...!" मैं वहीं बेंच पर बैठ गया। मन के भीतर आशंकाओं के जितने अंधड़ चल रहे थे, सिस्टर के सांत्वना-भरे शब्दों ने उन्हें एक पल में शांत कर दिया। जैसे मुझे नयी ज़िन्दगी मिल गयी थी। उस समय लगा था मुझे कि उसकी कितनी अहमियत है मेरी ज़िन्दगी में, वह कितनी ज़रूरी है मेरे लिये; और इसीलिये बावजूद कई बार की कड़वाहटों के, मतभेदों के, विषमताओं के, मैं कभी उससे विलग होने के बारे में सोच नहीं पाता था।

विकी आया था.... छोटे-छोटे मुलायम, धवल पांव.... मासूम चेहरे पर नवजात लालिमा और उसकी बनावट में स्वाभाविक शिल्प; जैसे ईश्वर ने कोई खिलौना गढ़ के रख दिया हो। मेरे मन की मुराद पूरी हो गयी थी। विकी के रूप में मुन्नी ने मुझे दुनिया की सारी नेमतें दे दी थीं। उसी समय मैंने अपने और उसके आद्याक्षरों को मिलाकर उसका नामकरण किया था- 'विकी'....।

मुझे वापिस लौट के ड्यूटी ज्वायन करनी थी, पर इनलोगों को छोड़कर आने की इच्छा नहीं हो रही थी। पर कब तक रहता, सो रीवा वापस लौटना पड़ा।

...

पटना से लौट कर आने के बाद भी मन विकी में अटका था। मेरा किसी काम में मन नहीं लगता था। सब अधूरा-अधूरा-सा प्रतीत होता था। मन बार-बार भाग कर विकी के पास पहुंच जाता था। उसकी सूचना मुझे मुन्नी के पत्रों से मिलती थी, क्योंकि उस समय कुछ गिने-चुने घरों में ही टेलीफ़ोन हुआ करते थे और तब सूचनाओं के आदान-प्रदान के लिये सरल और सुविधाजनक माध्यम पत्र ही थे।

इसी बीच एक पत्र ऐसा प्राप्त हुआ, जिसने मुझे विचलित कर दिया और मैं पटना एक निश्चय के साथ निकल पड़ा। पत्र में मात्र चार लाइनें थीं- ''विकी को बुखार हो गया है। डॉक्टर को दिखाया है, बोले, मौसमी बुखार है। ठीक हो जायेगा। आप चिन्ता नहीं करेंगे।...''

पर चिन्ता तो हो गई थी इसलिये मैं फ़ौरन पटना के लिये निकल पड़ा।

एक सप्ताह बाद घर में मैंने कहा कि इनलोगों को लेकर जाऊंगा। लोगों ने बहुत समझाया, ''अभी विकी छोटा है, उसकी मां भी कमज़ोर है, वहां देखभाल नहीं हो पायेगी''- पर मैं नहीं माना, ज़िद पर अड़ा रहा और आख़िरकार इन्हें लेकर रीवा आ गया। मेरी इस ज़िद और डिलिवरी के कुछ ही दिनों के बाद रीवा ले आने के मेरे निर्णय को आगे चलकर मुन्नी ने अपनी बीमारी से जोड़ लिया, कि पटेल जी के घर में धूप नहीं आती थी... कमरे में सीलन रहती थी इसलिये उसे 'ऑर्थराइटिस' ने जकड़ लिया- और ये ताने अब भी कभी-कभी सुनने को मिल ही जाते हैं।

वह शुरू से पटेल जी के घर की शिकायत करती थी कि वहां धूप नहीं आती... और नमी रहती है। हालांकि उनके पिछवाड़े की ओर धूप आती थी और कभी-कभी हम वहां कुर्सियां डाल कर बैठते भी थे, पर पता नहीं क्यों मुन्नी को वो घर शुरू से पसंद नहीं था। मैं कहता कि जल्दी में जो घर मिला वो ले लिया। अब कोई दूसरा ढूंढ़ते हैं।

विकी के आने के बाद मुझे भी लगने लगा कि ये घर अनुकूल नहीं है, सो ज़ोर-शोर से घर की तलाश शुरू हो गई। इस काम में मेरे कम्पीयर और वार्ताकारों ने भी मदद की। अंततः सबके सद्प्रयासों से अरोड़ा जी का घर हासिल हुआ, जो आज़ाद नगर में था; और हम वहां रहने आ गये। किराया 500 रु.....! ये घर अपेक्षाकृत बड़ा और साफ़-सुथरा तो था ही, सबसे बड़ी बात थी कि उसके बड़े-से लॉन में धूप पूरे दिन भरी रहती थी।

वो 1990 की जनवरी के सर्द दिन थे। रीवा में सर्दी ख़ूब पड़ती थी। रात का तापमान कई बार दो डिग्री तक चला जाता था, पर लॉन में दिनभर खिली हुई धूप का हम पूरा आनन्द उठाते थे।

मिसेज़ अरोड़ा का पूरा नाम क्या था, ये किसी को पता न था और कभी पता चला भी नहीं, पर सब जगह वे मिसेज़ अरोड़ा के नाम से ही प्रसिद्ध थीं। वे अधेड़ उम्र की थीं और वहां के 'जनता कॉलेज' में पढ़ाती थीं। उनका बेटा राजेश- जो तकरीबन चौबीस-पच्चीस साल का होगा, साथ में रहता था और उनकी बेटी उनके पति मि. अरोड़ा के साथ मुम्बई में। लोग तो ये भी कहते थे कि मि. अरोड़ा और मिसेज़ अरोड़ा में कभी पटी नहीं, इसलिये वे अलग-अलग रहते थे। वैसे ये 'जनता कॉलेज', जिसमें मिसेज़ अरोड़ा पढ़ाती थीं, मि. अरोड़ा द्वारा ही शुरू किया गया बताया जाता है।

इन्हीं मिसेज अरोड़ा के घर के पिछले हिस्से में हम किराये से रहने आ गये। इस भाग में एक बड़ा-सा हॉल था जिसका एक दरवाज़ा मिसेज़ अरोड़ा वाले हिस्से से जुड़ा था और दूसरे भाग को थोड़ा-सा घेर कर किचेन का रूप देने का प्रयास किया गया था। उधर ही एक दरवाज़ा था जो एक बरामदे में खुलता था, जिससे लगा एक कमरा और था। इस हिस्से की तरफ़ ही वह बड़ा-सा लॉन था, जिसमें बाद में काफ़ी दिनों तक मैं और राजीव जी बैडमिंटन खेलते रहे। इस तरह से वह लॉन काफ़ी गुलज़ार रहा करता और गर्मियों में हमारे यहां कोई आता तो हम सभी उसी बरामदे में सीढ़ियों पर टेक लगा कर बैठा करते और वहीं खाना-पीना चलता।

हमारा आने-जाने का रास्ता पीछे की तरफ़ से ही था जहां मेन गेट से भीतर आकर मिसेज़ अरोड़ा वाले हिस्से के बगल से पार कर पहुंचना होता था। वह रास्ता लॉन की तरफ़ जाता था जहां मेन गेट खोलकर मैं स्कूटर चलाते हुए पहुंचता और वैसे ही ऑफ़िस जाने के क्रम में निकलता था।

1991 में हुए कंसर्ट के नाटक की पूरी रिहर्सल हमने इसी हिस्से में की थी। उस समय मुन्नी और विकी पटना गये हुए थे, इसलिये कोई अतिरिक्त दवाब

भी नहीं था। वहीं सब के लिये खाना बनता और सुबह से लेकर शाम तक सब रिहर्सल में जमे रहते।

जब हम वहां रहने आये तो मिसेज़ अरोड़ा वाले साइड के हॉल-दरवाज़े को अन्दर से बंद कर लिया गया था। एक दिन अचानक सुबह-सबेरे उस दरवाज़े पर ठक्-ठक् की आवाज़ हुई, फिर मिसेज अरोड़ा के पुकारने की आवाज़ आयी। उस दिन रविवार था और मैं घर पर था। पहले तो हमारी समझ में ये नहीं आया कि आवाज़ आ कहां से रही है, पर ग़ौर से सुना तो लगा कि दरवाज़े की दूसरी तरफ़ से मिसेज़ अरोड़ा मंद्र स्वर में 'विजया.... विजया...' पुकार रही थीं।

हमने दरवाज़ा खोल दिया। दूसरी तरफ़ मिसेज़ अरोड़ा थीं। वे आराम से आकर पलंग पर बैठ गईं और बोलीं, ''असल में मैं भी अकेले हूं और विजया तुम भी अकेले....। सिन्हा जी तो ऑफ़िस चले जाते हैं। मैं भी कॉलेज से लौटने के बाद अकेली होती हूं... सो बीच-बीच में आ जाया करूं तो आपलोगों को कोई परेशानी तो नहीं होगी...?''

हमें क्या परेशानी होती, और यदि होती भी तो आप मकान मालकिन... आपको कैसे मना करते..., मैं मन-ही-मन सोच रहा था। पर प्रत्यक्षतः कहा, ''अरे नहीं-नहीं.... आपका घर है, जब जी चाहे आ जाइये...। मुन्नी का भी मन लगा रहेगा।''

''वही तो....'' उनका चेहरा एकदम से खिल उठा।

मुझे क्या पता था कि औपचारिकता में कही इस बात को वे इतनी आत्मीयता से ग्रहण करेंगी और मेरी ये उदारता मेरे लिये ही जी का जंजाल बन जायेगी।

उसके बाद तो वे नियमित रूप से, प्रतिदिन हमारे यहां आ के घंटों बैठने लगीं; विशेषकर शाम को जब मैं ऑफ़िस से लौटता तो वे प्रायः बैठी मिलतीं।

विकी के चलते अब मैं शाम होते ही ऑफ़िस से जल्दी लौटता और उसके साथ समय बिताता। पर जब घर पहुंचता तो मिसेज़ अरोड़ा पूरा मेकअप-शेकअप कर के बैठी होतीं और प्रायः विकी के साथ खेलती मिलतीं। मुझे लगता, शायद उन्होंने दुबारा शाम को मेकअप किया होगा, क्योंकि तब परफ़्यूम की ताज़ा खुशबू वातावरण में घुली-मिली होती।

शुरू में मुझे अच्छा ही लगा कि चलो, मुन्नी को एक कम्पेनियन तो मिला, वो भी किसी से बात करने को तरसती होगी.... उनके घर में कोई बच्चा नहीं है तो वो भी विकी के साथ खेलकर अपने मातृत्व को तृप्त करती हैं। इसमें मेरा क्या जाता है। पर, मिसेज़ अरोड़ा बैठ जातीं तो बैठ ही जातीं, रात के दस, और कभी-कभी ग्यारह बज जाते, लेकिन उनकी बातें ख़त्म होने का नाम ही नहीं लेतीं।

मुन्नी तो ऐसे ही कम बोलती थी और मेरी रुचि घरेलू बातों में थी नहीं, इसलिये वे और प्रखर वक्ता बन जातीं। मैं और मुन्नी तब एक-दूसरे का मुंह देखते कि ये जायें तो हमलोग खाना-वाना खायें, पर मिसेज़ अरोड़ा इस सबसे बेपरवाह गप्पें हांकने में मशगूल रहतीं और उनके चलते न सिर्फ़ हमारा रूटीन बिगड़ रहा था, बल्कि हमारी प्राइवेसी भी ख़तरे में थी; पर लिहाज़ के चलते उनसे कुछ कह नहीं पाते थे।

समय ऐसे ही गुज़रता जा रहा था और विकी अपनी मासूम मुस्कुराहट तथा भोली अठखेलियों के बीच कब एक साल का हो गया, पता ही नहीं चला। इसके साथ-साथ पता नहीं कैसे हमारे रिश्तों में भी धीरे-धीरे एक प्रकार की उदासीनता पसरती जा रही थी, पर विकी का होना सबकुछ मज़बूती से थामे हुए था।

विकी का पहला जन्मदिन.... 13 अप्रैल, 1990... संकल्प- भव्य तरीक़े से मनाने का। वैसा किया भी। लगभग सारे परिचितों और ऑफिस के लोग आमंत्रित थे। पटना से बड़े भाई और भतीजी रूबी आये। मेरे मौसेरे साले मुरारी जी भी आये।

उस दिन केक काटने के समय विकी ख़ूब रो रहा था, शायद भीड़-भाड़ देखकर। संभवतः उसे एकांत में रहने की आदत पड़ गयी थी।

जन्मदिन की गहमागहमी समाप्त होने के बाद कुछ दिन रहकर रूबी और भइया लौट गये थे, पर मुरारी जी को हमने रोक लिया था।

राजीव जी ने कई बार कहा कि इनलोगों को मैहर घुमा लाऊं। हालांकि 'मैहर समारोह' को कवर करने के सिलसिले में मैं वहां पहले जा चुका था; पर जहां तक घूमने और मां शारदा के दर्शन का सवाल है, तो वो मैं भी नहीं कर पाया था।

मुझे लगा, यही सही मौक़ा है। वैसे भी मैं उस्ताद अलाउद्दीन ख़ां के ऊपर फ़ीचर करने की सोच रहा था, तो सोचा, दोनों काम हो जायेंगे; वहां घूम भी लेंगे और फ़ीचर के लिये कुछ इन्टरव्यू भी कर लेंगे।

मैहर सतना ज़िले में पड़ता है जो रीवा से नब्बे किलोमीटर की दूरी पर है। यहां कैमूर तथा विंध्य पर्वत-श्रेणियों के बीच, तमसा नदी के तट पर, त्रिकूट पर्वतमालाओं के मध्य लगभग छः सौ फ़ीट की ऊंचाई पर मां शारदा का प्रसिद्ध मंदिर है। ये मंदिर 108 शक्तिपीठों में से एक है। कहा जाता है कि जब शिव मां सती के शव को लेकर जा रहे थे तो उनका हार इस स्थान पर गिर गया जिसके कारण इसका नाम 'मैहर' पड़ा। प्रसिद्ध है कि 'आल्हखण्ड' के नायक आल्हा और

ऊदल मां शारदा के अनन्य उपासक थे। इस पर्वत की तलहटी में आल्हा का तालाब और अखाड़ा आज भी मौजूद है।

इसके अलावा मैहर की प्रसिद्धि बाबा अलाउद्दीन ख़ां साहब के चलते भी है। उनका 'मैहर-सेतिया घराना' बहुत ही मशहूर है और इस घराने से इस सदी के बड़े-बड़े दिग्गज कलाकार जुड़े रहे हैं, जिन्हें बाबा का आशीर्वाद मिला है। उस्ताद अली अकबर ख़ां तो उनके बेटे ही थे, उनके पोते आशीष ख़ां और ध्यानेश ख़ां, उनके भतीजे उस्ताद बहादुर ख़ां, सरन रानी (सभी सरोदवादक), सितारवादक पंडित रविशंकर और निखिल बनर्जी, बांसुरीवादक पंडित पन्नालाल घोष-जैसे महान् कलाकार बाबा से आशीर्वाद प्राप्त कर विश्वप्रसिद्ध हुए।

बाबा एक जीवित किंवदन्ती थे। वे न सिर्फ़ सरोदवादन में निष्णात् थे, बल्कि कई अन्य वाद्य भी उसी अधिकार से बजाते थे। बाबा का सरोद पकड़ने का तरीक़ा भी अलग था। वे बांये हाथ से सरोद बजाते थे, यानी सरोद को उल्टी तरफ़ से पकड़ते थे। इस तरह से सरोद पकड़ने का अंदाज़ और किसी का होगा, ये मैं नहीं जानता।

इसके अलावा बाबा ने एक वाद्यवृन्द ग्रुप- 'मैहर बैंड' की स्थापना की थी। एक समय में इस बैंड में चालीस से पचास सदस्य होते थे जो भिन्न-भिन्न प्रकार के वाद्य बजाते थे, पर कालांतर में इनकी संख्या घटती चली गई और आज बमुश्किल पांच-छ: लोग रह गये हैं इस बैंड में। इस बैंड की एक और विशेषता थी कि इसमें कुछ ऐसे वाद्ययंत्र शामिल थे, जिन्हें बाबा ने अपने हाथ से तैयार किया था। इन वाद्यों में चन्द्रसारंग, नलतरंग, काष्ठतरंग आदि प्रमुख हैं। चन्द्रसारंग सरोद की तरह का वाद्य है जिसे वायलिन की तरह गज़ से बजाया जाता है। नलतरंग में बंदूक की नलियों का इस्तेमाल किया जाता था। उन्हें एक साथ रखकर जलतरंग की तरह बजाते थे। काष्ठतरंग एक प्रकार से तालवाद्य है जिसमें विभिन्न आकार की लकड़ियों का इस्तेमाल होता है।

मेरे सामने पिछले साल की स्मृतियां ताज़ा हो आयीं जब मुझे पहली बार मैहर समारोह कवर करने के लिये कहा गया। बाबा अलाउद्दीन ख़ां साहब की याद में दो दिवसीय 'मैहर समारोह' हर वर्ष आयोजित होता है, जिसमें उनके शिष्य-लोग शिरकत कर इज़हारे अक़ीदत पेश करते हैं।

तब मैं संगीत के बारे में शायद बहुत कम जानता था। अधिक तो आज भी नहीं जानता, ख़ैर...! मुझे बताया गया कि दो दिनों के कार्यक्रम की पूरी-पूरी रिकॉर्डिंग करनी है और इसके संपादित अंशों का प्रसारण लगातार दो दिन, एक-एक घंटे की अवधि का होना है। मेरे सहयोग के लिये रिकॉर्डिंग टीम के इंजीनियर्स के अलावा तानपूरावादक दिनेश कुमार तिवारी जी थे। वो अनुभव मेरे लिये अद्भुत था जिसने मेरे संगीत-प्रेम को और पुष्ट करने का काम किया। पर समस्या बाद में

इसके संपादन के समय आयी। हमारे पास दोनों दिन की स्टॉक रिकॉर्डिंग लगभग सात घंटों की थी, जिसमें किसी भी कलाकार का गायन-वादन पैंतालिस मिनट से कम का नहीं था, जबकि प्रसारित होने वाले कार्यक्रम की कुल अवधि दो ही घंटे थी। इस हिसाब से एक कलाकार को लगभग बीस मिनट में समेटना था। अब अंदाज़ा लगाइये, शास्त्रीय गायन में विलंबित, फिर मध्य लय और अंत में द्रुत लय की बंदिश की कई-कई आवृत्तियों को इस तरह से काट के जोड़ना कि जोड़ का पता न लगे, जबकि उसके साथ तबले की मात्रा का भी ध्यान रखना हो कि कहीं मात्रा कम या ज़्यादा न हो जाये- ये सब कोई हंसी-खेल नहीं था।

इसके संपादन के समय मैंने दिनेश तिवारी जी को अपने साथ रखा और थोड़ा उनके अहं को संतुष्ट करने के ख़्याल से उनसे कहा कि आप बताते चलिये कहां क्या करना है, मैं करता चलूंगा। उस समय 'मेलट्रॉन' की मशीनें हुआ करती थीं और संपादन के लिये तीन एकसाथ इस्तेमाल होती थीं। बीच की मशीन पर ख़ाली टेप, यानी फ़ाइनल प्रोग्राम जिसमें रिकॉर्ड होना था, वो लगाया जाता। बायीं ओर की मशीन पर मूल रिकॉर्डिंग होती और दायीं ओर यदि कोई संगीत-ध्वनि प्रभाव की आवश्यकता हो तो वो टेप। इस संपादन में किसी अन्य प्रभाव की आवश्यकता तो थी नहीं, इसलिये सबसे पहले मैंने मूल टेप की एक और प्रति तैयार की, उसे दायीं ओर की मशीन में लगाया । अब तिवारी जी कहते, ''यहां से काटिये...'' तो काट देता; वो कहते ''इसे जोड़ लीजिये....'' तो दोनों मशीनों के टेपों को एकसाथ चलाकर सही जगह पर उसे जोड़ देता। उस समय मुझे पटना की याद आयी, जहां ऐसा काम मैंने नाटकों और रूपकों की प्रस्तुति में ख़ूब किया था और इसकी अच्छी-ख़ासी प्रैक्टिस थी मुझे।

बहरहाल, हमलोग सब जगह घूमे भी, इन्टरव्यू भी रिकॉर्ड किया और बाबा पर फ़ीचर भी बनाया।

इधर मैंने अनुभव किया कि मिसेज़ अरोड़ा और मेरे आफ़िस जाने का टाइम एक हो गया है। मैं तो अपने टाइम से ठीक दस बजे निकल जाता था। मिसेज़ अरोड़ा साढ़े दस के आसपास जाती थीं, क्योंकि कभी ऑफ़िस देर से जाना हुआ तो मैं उन्हें रिक्शा से साढ़े दस बजे के आसपास जाते देखता था। पर, इधर क्या देखता था कि मैं स्कूटर लेकर गेट के बाहर निकलता तो वो वहां खड़ी मिलतीं। मैं उन्हें वहीं छोड़ निकल जाता। मुझे थोड़ा ख़राब भी लगता कि मैं यूं उनके सामने से अजनबी की भांति निकल जाता हूं, जबकि उनका कॉलेज मेरे रास्ते में पड़ता था।

ऐसे ही एक दिन औपचारिकतावश पूछ लिया कि 'चलेंगी क्या..' वे तो जैसे तैयार ही थीं। तुरन्त-फुरन्त मेरे स्कूटर पर पीछे बैठ गईं। मुझे क्या पता था कि सौजन्यतावश दी गई इस सुविधा को वो अपना अधिकार समझ लेंगी और मैं उनका ड्राइवर बन के रह जाऊंगा।

अब तो जैसे उनका रोज़ का नियम हो गया। जैसे ही अपने साइड से मैं स्कूटर स्टार्ट कर निकलता, वे गेट पर खड़ी मिलतीं और पूरे अधिकार से स्कूटर की पिछली सीट पर विराजमान हो जातीं। उनका कॉलेज मेन रोड पर ही था, सो उसके सामने वे उतर जातीं और मैं खीझता हुआ ऑफ़िस चल देता। अब ये उनका रोज़ का क्रम बन गया।

मैंने सोचा कि ऑफ़िस पांच मिनट देर से निकलूं तो ये अपने-आप चली जायेंगी; पर ये भी न हो सका, वे इंतज़ार करतीं। असल में वो मेरे स्कूटर की आवाज़ सुनकर जल्दी से बाहर आकर खड़ी हो जाती थीं।

जब ये प्लान फ़ेल हो गया तो मैंने दूसरा उपाय निकाला। मैं पीछे से स्कूटर बिना स्टार्ट किये निकलता, धीरे से गेट खोलता और जल्दी से स्टार्ट कर चल देता। मुझे लगता था कि वे बुरा तो ज़रूर मानेंगी; तो भी अच्छा है, कम-से-कम समझ तो जायेंगी कि मैं उन्हें ले नहीं जाना चाहता।

जब शाम को घर लौटा तो हमेशा की तरह वे वहां बैठी मिलीं। मुझे देखकर थोड़ी गंभीर हो गयीं। थोड़ी देर रुककर बोलीं- ''आपसे मुझे एक शिकायत है...।''

मैं समझ तो रहा था पर जानबूझकर अनजान बन गया, ''अच्छा, बताइये.. .. क्या शिकायत है मुझसे...?''

''सुबह आप मुझे छोड़कर क्यों चले गये, आपके स्कूटर की आवाज़ भी नहीं आयी..'' उन्होंने शिकायती लहज़े में कहा।

''हां, असल में स्कूटर ख़राब हो गया था। स्टार्ट ही नहीं हुआ, इसलिये उसे बनवा के आफ़िस पहुंचा...।'' मैंने बहाना बनाया, पर उनके हावभाव से लग रहा था कि उनको मेरी बात का विश्वास नहीं हुआ; लेकिन इसके आगे वे कुछ बोलीं नहीं। दूसरे दिन से उनका फिर वही सिलसिला शुरू हो गया और मैं उनसे पीछा छुड़ाने के नये उपाय की तलाश में लग गया।

एक ही तरीक़ा था कि मैं उनके समय से काफ़ी पहले निकलूं, पर आख़िर कितना पहले निकलूं। अब कोई आठ बजे सुबह तो नहीं जा के बैठ जाता ऑफ़िस में। फिर भी, कुछ तो करना ही था।

पर अंततः यही आइडिया ठीक लगा कि थोड़ा पहले निकलूं। अब मैं पहले से गेट खोल कर छोड़ देता और स्कूटर की आवाज़ सुन जबतक वो निकलतीं, ताला बंद करतीं; मैं गेट के बाहर सर्र-से निकल जाता- कई बार अपने पीछे उनके पुकारने की आवाज़ को अनसुना करके भी मैं निकल जाता।

इसके बाद उनका मेरी ओर आना कम हो गया। अब कभी-कभी सात-आठ दिनों में एक बार आर्तीं। मुझसे बात भी कम करती थीं, मुझे पता था वो नाराज़ हैं, पर मेरे लिये उनका नाराज़ होना ज़्यादा प्रीतिकर था।

असल में मुझे उन्हें ले जाने में कोई आपत्ति नहीं थी; लेकिन एक तो वे इतना मेकअप पोत लेती थीं कि बरबस ही लोगों का ध्यान उनके ऊपर चला जाता था; दूसरे, पीछे से वो मुझे बहुत बुरी तरह से पकड़ के बैठती थीं; उसपर से परफ़्यूम इतना तेज़ कि सिर चकराने लगता था। इन सब कारणों से मुझे उन्हें साथ ले जाना कतई पसंद नहीं था।

इस बीच मां इतने दिनों का कष्ट झेलते-झेलते आख़िरकार चल बसी। ऑफ़िस में फ़ोन आया तो मन विचलित हो गया और मैं तुरन्त विकी-लोगों को छोड़कर पटना निकल गया। जब श्राद्धकर्म आदि संपन्न हो गया तो मुझे लगा कि बाबूजी अकेले हो गये हैं, सो अपने साथ लेता चलूं। मैंने पूछा तो वे तैयार हो गये और मैं उन्हें लेकर रीवा आ गया।

इधर मुझे शाम को लौटने में अक्सर देर हो जाती थी। बाबूजी बेचारे दिनभर तो विकी के साथ खेलते, थोड़ा-बहुत बहू से बातचीत करते, पर आख़िर कितना करते। मैं भी देर से आता तो उतनी बातें हो नहीं पाती थीं; क्योंकि खाना खाते-खाते देर हो जाती और सोने का समय हो जाता। वैसे भी आरम्भ से बाबूजी से मेरी बातचीत 'हां' में या 'ना' में ही होती रही थी।

परिणाम ये हुआ कि थोड़े ही दिनों में वे ऊब गये और पटना लौटने की ज़िद करने लगे। मैं जानता था कि उनका मन पटना छोड़ के कहीं नहीं लगने वाला। वहां तो घर से बाहर निकलकर दरवाज़े पर खड़े हुए नहीं कि सामने से गुज़रने वाले, "चचा, क्या हाल है... सब ठीक तो है..." कुशल-क्षेम पूछने वालों की कमी नहीं होती; और घर से निकलकर मेन रोड तक पहुंचने वाला दस मिनट का रास्ता उनके परिचितों के कारण एक घंटे लम्बा हो जाता। तो बाबूजी का मन वहां कहां से लगता, जहां कोई परिचित, कोई अपना नहीं।

आख़िरकार कुछ दिन रुककर मैं उन्हें पटना पहुंचा आया। उन्हीं के साथ मुन्नी और विकी भी गये कि कुछ दिन साथ रहकर लौटेंगे।

...

सात

इसी साल अप्रैल, 1990 में जाटव साहब और गौड़ साहब- दोनों का एकसाथ स्थानान्तरण क्रमशः दिल्ली और शहडोल के लिये हो गया और लखनऊ से पधारे श्री सुकृति भट्टाचार्य ने 9 अप्रैल, 1990 को बतौर केन्द्र निदेशक कार्यभार संभाला। वे बड़े विनम्र और मृदुभाषी थे; कभी किसी को कोई काम करने से रोकते नहीं थे; पर नियमों के पक्के भी उतने ही थे। उन्होंने आते ही एक प्रकार से ऐलान कर दिया कि वे इसी केन्द्र से इसी साल दिसंबर में सेवानिवृत्त होने वाले हैं; पर अंत में उन्हें तीन महीने की सेवा-वृद्धि मिली जिसे पाकर वे 31 मार्च, 1991 को निवृत्त हुए।

...

इसके बाद का काल, एक ऐसे व्यक्ति के लिये याद किया जायेगा, जो कार्यक्रमों को लेकर अत्यंत सजग और प्रशासनिक स्तर पर कठोर निर्णय लेने वाला व्यक्ति था; वो समय एक ऐसे व्यक्ति के लिये याद किया जायेगा, जो सुदूर पटना से पूरी गृहस्थी लेकर जम कर रहने और काम करने के ख़याल से रीवा आया था; और ऐसा व्यक्ति जो अपना समय हंसते-खेलते बिताने आया था, वही एक दिन अचानक, चुपके-से, सबको हमेशा के लिये छोड़कर चला गया। उस व्यक्ति का नाम था- सुरेन्द्र कुमार उपाध्याय। उन्होंने संभवतः अप्रैल, 1991 में (सुकृति भट्टाचार्य की अवकाशप्राप्ति के बाद) बतौर सहायक केन्द्र निदेशक रीवा ज्वायन किया था। औरों की तरह उनकी प्रसिद्धि भी उनके आने से पूर्व यहां पहुंच चुकी थी। तब लगने लगा कि अब यहां के काम-काज में स्थायित्व आयेगा और कार्यक्रम-निर्माण में सक्रियता बढ़ेगी; क्योंकि उपाध्याय साहब की गिनती अच्छे प्रसारक-प्रशासक में होने के साथ-साथ, रेडियो नाटक के कुशल प्रस्तोता में भी होती थी। स्वयं उनकी अपनी आवाज़ इतनी बुलंद थी कि वे अपने कमरे से सीधे राजीव जी को आवाज़ देके बुलाया करते थे।

उपाध्याय जी कड़क प्रशासक, साफ़-साफ़ बोलने वाले और 'वर्क टु रूल' वाले व्यक्ति थे। वे कभी भी, किसी को भी खरी-खोटी सुना डालते थे। पर ऑफ़िस से बाहर, हम जब भी उनके क्वार्टर जाते, तो वही बिल्कुल अलग इन्सान नज़र आते। बड़े ही प्रेम से आव-भगत करते और उनकी पत्नी का स्नेह भी छलक-छलक उठता था।

उपाध्याय जी अप्रैल-1991 में आये और 26 नवंबर, 1991 को आठ महीने की छोटी अवधि में ही काल-कवलित हो गये; पर इन आठ महीनों के बीच की तीन ऐसी बड़ी घटनायें हैं, जिनका सीधा सरोकार, मेरा मानना है कि उनसे रहा।

सबसे पहले तो उन्होंने पहले के निदेशक जहां पहली मंज़िल-स्थित कक्ष में बैठते थे, वहां जाने से साफ़-साफ़ इन्कार कर दिया। उनका कहना था कि ''मैं तो आपलोगों के बीच बैठूंगा, उधर कहां अकेले में पड़ा रहूंगा;''... और उन्होंने हमारे कमरों के सामने का कमरा खुलवाकर, उसे साफ़-सूफ़ कराकर, उसमें अपने बैठने का इंतज़ाम किया। इससे सुविधा ये हुई कि उन्हें हममें से किसी को बुलाना होता तो घंटी बजाके चपरासी को नहीं बुलाते थे; बल्कि वहीं से सीधे पुकारते, ''शुक्ला जी... सिन्हा जी....'', और उनकी रोबीली, बुलंद आवाज़ कॉरीडोर के एक छोर से दूसरे छोर तक गूंज जाती।

इधर 1991 की 30 जुलाई की तिथि निकट आती जा रही थी। ये तिथि युववाणी की वर्षगांठ की तिथि थी, सो मैंने युववाणी का कंसर्ट करने की ठानी। इसके लिये सबसे पहले मैंने अपने युववाणी के कम्पीयर्स से बात की।

वे सब योग्य और प्रतिभावान् थे। सब एक-से-एक ख़ूबसूरत नगीना। कृष्णपाल सिंह, रवि शुक्ला, देवेश मिश्र, नीना छाबड़ा, परेश पारीक, अजिता त्रिपाठी, अजय गायकवाड़, ग्रेस जार्ज, दिव्या कम्ठान, संगीता, रेखा, रचना, हनुमंत शर्मा, सुमन सिंह और कई अन्य, जिनके नाम आज स्मृति से लोप हो गये हैं; युववाणी की शान थे।

आज मैं बड़े गर्व और शान से ये कह सकता हूं कि मेरे संस्कारों की यत्किंचित विरासत इन लोगों ने अवश्य ग्रहण की होगी कि आज ये अच्छे-अच्छे पदों को सुशोभित कर रहे हैं; यथा- डॉ. कृष्णपाल सिंह और अजिता त्रिपाठी (अब चौबे), आकाशवाणी में कार्यक्रम अधिशासी; रवि शुक्ला, लोकनिर्माण विभाग में अनुविभागीय अधिकारी; देवेश मिश्र, ज़िला पंचायत में अतिरिक्त मुख्य कार्यपालन अधिकारी; हनुमंत शर्मा, लोक अभियोजक अधिकारी; परेश पारीक, उच्च न्यायालय, जबलपुर में वरिष्ठ अधिवक्ता; सतानन्द दुबे, एक आवासीय विद्यालय में मुख्य कार्यपालन अधिकारी; रेखा दुबे, रचना दीक्षित और मधु शर्मा शिक्षिका और अजय

गायकवाड़, सिंचाई विभाग में अधिकारी- इनसब ने उन संघर्षमय दिनों से निकलकर अपनी एक पहचान बनाई है। ख़ैर.....

मैंने एक बैठक में इन सबों को बुलाया और उसमें मैंने कंसर्ट की एक रूपरेखा सामने रखी। मैंने उसे एक नाम दिया- 'युवरंग'। मैंने सभी कंपीयर से इसपर राय रखने को कहा तो लगभग सबने कहा, "सर, इसमें एक नाटक ज़रूर होना चाहिये...।" इच्छा तो मेरी भी थी नाटक करने की, पर उसमें मुझे कई बाधाओं का अंदेशा था। सबसे पहली बाधा तो यही थी कि युववाणी के लिये अनुमोदित नाटक कलाकार नहीं थे। फिर रेडियो में नाटक करने और स्टेज पर करने में ज़मीन-आसमान का फ़र्क़ होता है। यदि कंपीयर्स से नाटक कराने की अनुमति मिल भी जाती है तो स्टेज का मेरा कोई वैसा ख़ास अनुभव नहीं था कि मैं उन्हें कुछ सिखा सकूं। वैसे भी इन सब कामों के लिये समय बहुत ही कम था।

सबसे बड़ी समस्या नाटक के आलेख की थी। किसी बड़े नाटककार की कृति को लिया तो जा सकता था, किन्तु उसमें ज़ोख़िम बहुत था। बिल्कुल ग़ैर-पेशेवर लोगों को लेकर कोई क्लासिक करने से हंसी ही उड़ती, इसलिये इसे छोड़ने में ही भलाई नज़र आ रही थी। पर मेरे कम्पीयर बहुत उत्साहित थे, "हम कर लेंगे सर.. और रही स्क्रिप्ट की बात तो आप ख़ुद ही क्यों नहीं लिखते...। आप तो पहले भी लिखते रहे हैं।"

मैं सोच में पड़ गया। "ठीक है, बाक़ी चीज़ों की तुमलोग तैयारी करो, मैं इसपर कुछ करता हूं...।"

इसके बाद मेरी सारी सोच स्क्रिप्ट पर आकर केन्द्रित हो गयी।..... क्या मैं लिख सकता हूं।.... पर विषय भी तो युवाओं के अनुरूप होना चाहिये... स्वतंत्रता संग्राम को लेकर लिखूं.... या कुछ नशे की समस्या या बेरोज़गारी पर लिखूं; पर संकट ये था कि नये नाटक के लिये समय बहुत कम था; पूरी कहानी सोच कर, उसपर नाटक लिखना इतने कम समय में संभव नहीं था। यही सब सोचते हुए ऑफ़िस से घर पहुंचा तो भी मेरी सोच में नाटक ही अटका था। मुझे लगा कि नये विषय पर, नये ढंग से नाटक लिखने का समय नहीं है; हां, अगर अच्छी कहानी मिल जाये तो उसका नाट्य-रूपांतर आसानी से हो सकता है।

संकट बड़ा था। इससे पहले नाटक के नाम पर मैंने रेडियो नाटक लिखे थे, एक 'लौटती पगडंडियों पर' और दूसरा 'स्वतंत्रता बुला रही'। स्टेज का मुझे तब कोई अनुभव नहीं था और बगैर रंगमंच की देह-भाषा और व्याकरण समझे मंच के लिये नाटक लिखना, या रूपांतरित करना भी, नामुमकिन-सा लग रहा था। लेकिन मेरे युववाणी के कंपीयरों ने मेरा उत्साह बढ़ाया- "सर, आप कर लेंगे।"

फिर क्या था, मैं जुट गया मेरे पास उपलब्ध 'धर्मयुग', 'सारिका', 'हंस', 'आजतक' आदि के पुराने अंक खंगालने में। ये सब मेरी मुफ़लिसी के ज़माने के अंक थे, जो रेडियो और पत्रिकाओं की छोटी-सी कमाई के पैसे बचाकर ख़रीदे गये थे और जब भी पटना जाता, बीस-पच्चीस अंक उठा लाता था।

उसी दौरान मुझे 'हंस' के एक पुराने अंक में प्रेमचंद की कहानी मिली, 'क़ातिल की मां'। कहानी जब पढ़ने लगा तो उसकी विषयवस्तु में एक अकल्पनीय जीवंतता का अनुभव हुआ। मैं आश्चर्यचकित था, इतना जीवंत चित्रण और संप्रेषण मैंने बहुत कम कहानियों में पाया है। यह कहानी प्रेमचंद के उर्दू कहानी-संग्रह 'वारदात' में छपी थी, जिसका प्रकाशन प्रेमचंद की मृत्यु के बाद सन् 1938 में हुआ था। 'क़ातिल की मां' कहानी ये स्पष्ट करती है कि आतंकवाद और हिंसा-हत्याओं से प्राप्त राज्य या शासन, आतंकवाद और हिंसा को कभी समाप्त नहीं कर सकता। साथ ही, इस कहानी में नैतिक-सामाजिक मूल्यों की छटपटाहट है, बेचैनी है, जो एक मां की भावनाओं में व्यक्त होती है। आज से इतने वर्षों पूर्व रची ये कहानी निःसंदेह आज भी प्रासंगिक है। इस कहानी को मैं कई-कई बार पढ़ गया। फिर अचानक विचार-बिंदुओं में कुछ कौंधा..... अरे, इस कहानी को तो किसी भाषा की दरकार ही नहीं है...? दृश्य-पर-दृश्य बनते गये और इस कहानी पर आधारित 'माइम नाटक' तैयार हो चुका था।

अब असली समस्या थी कि अप्रशिक्षित और रेडियो नाटकों के लिये ग़ैर-स्वरपरीक्षित कंपीयर्स को लेकर नाटक करने की अनुमति मिलेगी या नहीं।

मैं पूरे कार्यक्रम का प्रस्ताव बना कर उपाध्याय जी के सामने ले गया और धड़कते दिल से प्रतीक्षा करने लगा। उन्होंने प्रस्ताव को ग़ौर से देखा। बोले, ''आप जानते हैं कि क्या कर रहे हैं...?''

''जी...'' मेरा संक्षिप्त जवाब था।

''कर लेंगे...'' उनका प्रश्न भी संक्षिप्त आया।

''जी... कर लूंगा...।''

''पर, आपकी टीम में तो एक भी एप्रूव्ड ड्रामा आर्टिस्ट नहीं है....।''

''सर, आप अनऑडिशंड ड्रामा व्वायस की परमिशन दे देंगे तो हो जायेगा।''

''वो परमिशन तो एक-दो के लिये मिलती है... आप तो दस के लिये मांग रहे हैं...। कैसे होगा..?''

''सर, वो सारे कलाकार कम्पीयर भी हैं, इसलिये अप्रूव्ड तो हैं ही; परमिशन आप दे सकते हैं... आपके हाथ में है...।'' मुझे भरोसा था कि वे मेरी सहायता करेंगे।

उन्होंने क्षणभर के लिये मुझे देखा, पल-भर सोचा, फिर मुस्कुराये और स्वीकृति देकर फ़ाइल मेरी ओर बढ़ाते बोले, "ठीक है .... पर कोई शिकायत नहीं मिलनी चाहिये...।"

मैंने पहली बार इस प्रकार आमने-सामने बैठकर, किसी अधिकारी से आत्मविश्वास के साथ किसी बात के लिये ज़िद की थी। पर अब वास्तव में मैं आत्मविश्वास से भर उठा था। मुझे लगा अब सारी बाधायें दूर हो गयी हैं और बस इस योजना पर अमल करना रह गया है। पर मुझे क्या पता था कि बाधायें वेश बदल कर भी आती हैं।

नाटक के लिये सबसे पहले टीम बनाई और उन्हें रिहर्सल के लिये स्टूडियो में ही बुलाया; क्योंकि वही जगह सबसे सुरक्षित थी, जहां बिना किसी व्यवधान के रिहर्सल की जा सकती थी। मैंने अनुभव किया कि जैसे ही मैं रिहर्सल में पहुंचता, ठीक उसी समय प्रायः राजीव जी का बुलावा आ जाता। मैं जब उनके पास पहुंचता तो वे किसी-न-किसी स्टेटमेंट का ज़िक्र करते, कि अभी भेजना है, जल्दी चाहिये।

जब ऐसा कई बार हुआ तो मैं खीझ गया और उसका सीधा-सा कारण ये था कि वैसे स्टेटमेंट वो स्वयं भी बनवा के भिजवा सकते थे; कुछ नहीं तो किसी ट्रेक्स को कह देते तो वही तैयार कर देता, इतने सारे हैं तो भरे हुए, और सब उन्हीं के अंडर में हैं। पर नहीं, ये तो मेरी ज़िम्मेदारी है, सो मुझे ही करनी थी। गुस्सा भी आता कि देख तो रहे हैं कि मैं भी काम ही कर रहा हूं; कोई बैठा नहीं हूं... फिर भी! पर... बड़बड़ाने और अपना ख़ून जलाने के सिवा क्या कर सकता था।

लेकिन राजीव जी की ट्रेक्स से काम ना करा पाने की मजबूरी में मुझे बार-बार बुलाने की विवशता मुझे तब समझ में आयी, जब स्थानान्तरण के बाद वे जबलपुर चले गये और समन्वय अनुभाग की ज़िम्मेदारी मेरे हिस्से में आयी। तभी मुझे अहसास हुआ कि कितनी कठिन परिस्थितियां रही होंगी उस समय उनके सामने...!

एक दूसरे फ्रंट से भी मेरे लिये परेशानी पैदा की जाने लगी। सामान्यतया दोपहर की ट्रांसमिशन समाप्त होने के बाद हम साढ़े तीन बजे से रिहर्सल शुरु करते थे। ठीक उसी समय कन्ट्रोल रूम स्टूडियो का पावर काट देता और सब जगह अंधेरा पसर जाता। जब इसपर बात करो तो वे कुछ-न-कुछ तकनीकी कारण बता देते।

मैं धीरे-धीरे सब समझने लग गया था- कि प्रोग्राम और इंजीनियरिंग का झगड़ा पुराना है, वे लोग किसी-न-किसी बहाने से प्रोग्राम के लोगों को परेशान करते हैं; क्योंकि उनका मानना था कि शहर में, सरकारी महकमों में, लोगों के बीच

कार्यक्रम के लोग ही लोकप्रिय होते हैं, लोग उन्हें ही जानते-पहचानते हैं। इसके अलावा वहीं का एक इंजीनियरिंग असिस्टेंट भी मेरे ख़िलाफ़ इसलिये काम कर रहा था कि मैंने युववाणी कंपीयर के स्वर-परीक्षण में उसके नाक़ाबिल और अक्षम लोगों को पास नहीं किया था।

मुझे लगा कि ऑफ़िस में रिहर्सल संभव नहीं, तो मैंने फ़ैसला किया कि अब रिहर्सल मेरे घर पर होगी। मैंने ये सारी समस्यायें उपाध्याय जी के सामने रखीं और उनसे रिहर्सल घर पर कराने की अनुमति मांगी। अनुमति उन्होंने दे दी, पर हमारे साथियों को ये भी गवारा नहीं हुआ; सो आये दिन तरह-तरह की शिकायतें वे ए. एस. डी. के यहां पहुंचाने लगे और जब इससे भी मन नहीं भरा तो अख़बारों में नये-नये क़िस्से बना-बना कर छपवाने लगे।

मैंने भी सोच लिया था कि चाहे जो हो जाये, ये नाटक तो हो कर रहेगा।

रीवा के मेडिकल कॉलेज के ऑडिटोरियम में कंसर्ट हुआ, नाटक भी हुआ और खचाखच-भरे हॉल में भी मेरा बुरा चाहने वालों ने पीछा नहीं छोड़ा। कंसर्ट के बीच में किसी ने कुछ पटाखे फोड़कर भगदड़ मचानी चाही, पर मेरे कम्पीयरों ने सब संभाल लिया। उधर मंच के पीछे पटाखे फूट रहे थे, इधर दर्शकों के सामने कम्पीयरिंग कर रहे रवि शुक्ला माइक पर हंसते हुए कह रहे थे, ''आपलोग घबड़ाइये नहीं... बैठ जाइये...कोई ख़ास बात नहीं है... कुछ बच्चों ने मंच के पीछे पटाखा फोड़ा है।''

'वाह...'- यही शब्द तब निकला था मुंह से। बहुत ही परिपक्वता से मंच को रवि शुक्ला ने संभाला था।

'युवरंग' कंसर्ट सफल हुआ और इस अद्भुत सफलता से ऐसे तत्व और खीझ उठे और वे सीधे-सीधे बदमाशियों पर उतर आये। इसमें पर्दे के पीछे रहकर भी कई लोग षड्यंत्र करते रहे, जिनमें वह इंजीनियरिंग असिस्टेंट भी था, जिसने बाद में एक कम्पीयर से शादी कर ली थी, जबकि पहले से उसकी एक बीवी गांव में थी। इस षड्यंत्र में उसके साथ वो ट्रेक्स भी प्रमुख रूप से शामिल था, जिसकी बहन मेडिकल कॉलेज में पढ़ती थी।

•••

इस एक महीने में जैसे मैं घर-परिवार, नाते-रिश्ते- सब भूल गया था; बस याद था तो सिर्फ़ एक सपना.... मेरा सपना। पर जैसे ही ये आयोजन संपन्न हुआ, मैं एकदम से ख़ाली हो गया। सूना घर काटने लगा मुझे। तब पोस्टऑफ़िस जाकर घर तार भेजा, ''जल्दी आओ...।''

उसके अगले हफ़्ते ही मुन्नी और विकी आ गये थे, विकी की किलकारियां पहले की तरह गूंजने लगी थीं और मेरा घर, फिर से घर लगने लगा था।

वो तारीख़ थी 8 अक्तूबर, 1991 की, जब विकी दो नन्हें-नन्हें पांवों से, बगल में किताब दबाये, पापा-मम्मी को 'टा...टा...' कहते, पहली बार स्कूल गया। उसके चेहरे पर उमंगों की लाली थी; कुछ नया करने का रोमांच, या शायद अपने बड़े होने का अहसास।

क्षणभर को स्कूल जाते अपने बेटे को को देखता मैं... जैसे अपने बालपन में लौट गया था, अपने नन्हें क़दमों की तरफ़.... और फिर ढेर-सारे सपनों की रील आंखों में घूम गई।

कितनी जल्दी बड़े हो गये हम.... और हमारा बेटा भी...! तभी मैंने विकी के लिये एक कविता लिखी थी-

"तुम आये....
दिशा उमंगों की नयी दे गये,
राहों को, बांहों को, कांधों को;
सोती-जागती आंखों को
मुसकानों से भिंगो गये.....।
ये पहला साल था तुम्हारा....!!
धूमधाम, चहल-पहल के बीच,
तुम्हारे माथे को चूमना
अच्छा लगा था...।

ये दूसरा वर्ष.....
अपने पांव की अकेली आहट लगती है
तुम्हारे छोटे-छोटे, कोमल पैरों की थाप-सी;
अपनी बोली भी बन जाती है तुतली बोली;
सुगबुगाती इच्छायें उड़ती हैं
तुम्हें गोद में भरने के लिये.....
चूमने के लिये माथे को तुम्हारे....!

इस वर्ष के बाद का आने वाला
हर साल तुम्हारा हो..... सिर्फ़ तुम्हारा....
तुम्हारे लिये
हर तरह की खुशबू से महमहाता......
और मेरा कमरा तुम्हारी रौशनी से जगमगाता......!

पर मेरी ज़िंदगानी तो कई ज़िम्मेदारियों से जूझ रही थी, निस्संदेह.... कई फ्रंट पर...।

...

उपाध्याय जी की विशेषता थी कि वे अत्यंत नियमप्रिय थे और कार्यक्रम में किसी प्रकार की कोताही उन्हें पसंद नहीं थी। क्या पेक्स, क्या ट्रेक्स और क्या अनाउन्सर- सबको वो एक ही लाठी से हांकते थे। प्रोग्राम मीटिंग में भी ट्रेक्स और अनाउन्सर के सामने हममें से किसी भी पेक्स को छोटी-छोटी चीज़ों को लेकर डांट दिया करते थे। उनकी इस आदत का ट्रेक्स और अनाउन्सर न सिर्फ़ मज़ा लेते थे; बल्कि ट्रेक्स-लोग ख़ास तौर से, जानबूझकर हमारे कार्यक्रम की उल्टी-सीधी रिपोर्टिंग कर दिया करते थे। इस संबंध में राजीव जी से मैंने और सागरे ने बात की कि ये तो सबके सामने अपमानित करने जैसा है; आप उपाध्याय जी से बात करिये। राजीव जी ने बात की भी, पर उपाध्याय जी कुछ सुनने को तैयार नहीं थे, ''तो क्या हुआ. .. मैं तो ऐसा ही हूं... जो कहता हूं, सबके सामने कहता हूं... आपलोग अपना काम ठीक से करिये...।''

और उनका रवैया बदस्तूर जारी रहा।

इस बीच कुछ और ट्रेक्स अलग-अलग जगहों से स्थानान्तरित होकर रीवा आ गये थे और एक-दो को छोड़कर बाकी सब एक ही ध्येय में लगे थे कि पेक्स लोगों के प्रोग्राम की रिपोर्ट लिखकर कैसे उन्हें सबके सामने अपमानित कराया जाये।

उपाध्याय जी ने एक सिस्टम बनाया था। उन्होंने एक रजिस्टर खुलवाया जिसे वे अपने पास ही रखते थे। कार्यक्रम बैठक में जब कभी किसी के विरुद्ध कोई रिपोर्ट पढ़ी जाती तो वे रिपोर्ट लिखने वाले ट्रेक्स से वही रिपोर्ट उस रजिस्टर पर उतरवाते और फिर संबंधित पेक्स से उसपर टिप्पणी देने को कहते। शुरू-शुरू में हमारी कोशिश ''देख नहीं पाये...'', ''ग़लती हो गई...''- जैसी सफ़ाई देकर इससे पीछा छुड़ाने की रही; पर जब इसके बाद ये प्रवृत्ति और बढ़ गयी और ऊल-जलूल रिपोर्टिंग होने लगी तो मुझे लगा कि इसका माकूल जवाब देना ज़रूरी है। कैसी-कैसी रिपोर्टिंग होती थी और उसपर कैसी-कैसी टिप्पणियां दी जाती थीं, ये भी कम रोचक नहीं है। कुछ उसकी झलक अवश्य मैं रखना चाहूंगा। ये कुछ ट्रांसमिशन रिपोर्ट और उससे संबंधित मेरा जवाब है, जो मैंने उपाध्याय जी के सामने रखा था-

रिपोर्ट एक
तीसरी सभा, दिनांक- 10-05-1991
5-05 संध्या

'युववाणी' में कम्पीयर....(नाम)......... ने लिखी हुई स्क्रिप्ट से हटकर कुछ वाक्यांशों का प्रयोग किया। जैसे, उन्होंने कहा- "श्रोताओं आपके पत्रों का उत्तर देने के लिये हाज़िर हैं...(नाम)......., (नाम)........ और आपके पत्र।"

हस्ता०

(नाम)

इस रिपोर्ट से स्पष्ट था कि ये पूर्वाग्रह-प्रेरित है और परेशान करने के इरादे से लिखी गयी है। मैंने इसका जवाब कुछ इस तरह दिया-

१. कंपीयरिंग के लिये जो आलेख होता है, उसमें तथ्यात्मक भूलें नहीं होनी चाहिये, ऐसा अधोहस्ताक्षरकर्ता का मानना है।

२. यदि कंपीयर ने 'किन्तु' की जगह 'परन्तु', 'तथा' की जगह 'और'; तथा (प्रसारण अधिशासी की रिपोर्ट के अनुसार) "आइये पत्रोत्तर की ओर चलें, जहां हैं, (नाम......)..... और आपके पत्र..." के स्थान पर ".... श्रोताओ, आपके पत्रों का उत्तर देने के लिये हाज़िर हैं.....(नाम).... और आपके पत्र...." कहा है तो इसमें आपत्ति का कोई कारण नहीं है; क्योंकि वाक्यांशों के सहज प्रवाह में कई बार शब्द-विशेष और क्रियापदों तथा भाववाचक विशेषणों में परिवर्तन हो जाना स्वाभाविक है।

३. ध्यातव्य है कि कंपीयर के आलेख की एक ही प्रति होती है जो उसी के पास होती है। ड्यूटी आफ़ीसर के पास मिलान करने के लिये दूसरी कॉपी नहीं होती; फिर इतने सूक्ष्म परिवर्तन की ओर ड्यूटी आफ़ीसर का ध्यान चला गया, यह आश्चर्यजनक है।"

रिपोर्ट दो

तीसरी सभा, दिनांक- 11-05-1991

5-05 संध्या

"आज युववाणी कार्यक्रम में ....(नाम).... की गीतों भरी कहानी प्रसारित हुई। इस कहानी की एप्रूव्ड स्क्रिप्ट की निम्न पंक्तियां बहुत ही आपत्तिजनक एवं प्रसारणयोग्य प्रतीत नहीं होतीं।..... "करवट बदलकर आंखें खोलीं तो देखा कि धूप अनचाही, आवारा लड़की की तरह खिड़की के रास्ते आकर मेरे बिस्तर पर लेट गई थी। उस आंच से मेरा बदन दहक रहा था। सारी दुनिया की सुबह तो हो चुकी पर ना जाने मेरी सुबह कब आयेगी।"

हस्ता०

(नाम)

फेड इन... फेड आउट/88

विचित्र बात थी कि जिसने ये रिपोर्ट लिखी थी न तो उसे भाषा और साहित्य का कोई ज्ञान था; ना ही उसे डबिंग-एडीटिंग ही आती थी और ये वही सज्जन थे जिनकी बहन वहां के मेडिकल कॉलेज में पढ़ती थी।

ख़ैर, मैंने इसका जवाब थोड़ा और विस्तार से दिया–

1- प्रकृति का मानवीकरण हिन्दी साहित्य-परम्परा का एक अंग है। इस मानवीकरण में लौकिक प्रतिमानों को आधार बनाया जाना भी स्वयंसिद्ध है। इसी मानवीकरण के अन्तर्गत 'धूप' के तीखेपन का अहसास उपर्युक्त वाक्यांशों में कराया गया है। मध्य युग के पूरे काव्य-साहित्य में, जिसमें बिहारी, मतिराम, केशवदास, पद्माकर आदि कवि आते हैं तथा आधुनिक युग में भी दिनकर, बच्चन, धर्मवीर भारती आदि के काव्य में लौकिक प्रतिमानों की अभिव्यक्ति पर्याप्त हुई है। कुछ उदाहरण द्रष्टव्य हैं–

क. "कटिक गौरव पाओल नितम्ब,
   एकक खीन अओक अवलम्ब।" (विद्यापति)

ख. "सोई हुति पिय की छतियां लगी बाल प्रवीण महामुद मानैं,
   केस खुले छहरैं, बहरैं, फहरैं छबि देखत नैन अमाने।" (रसखान)

ग. "अंग अंग जग नगमगत दीपसिखा सी देह,
   दिया बढ़ाये हूं रहे, बड़ों उजारौ गेह।" (बिहारी)

घ. "अधखुली कंचुकी उरोज अध आधे खुले,
   आधे खुले वेश नख देखन के झलकै।" (पद्माकर)

ड. "प्रिय कर कठिन उरोज परस कस, कसक-मसक गई चोली;
   एक वसन रह गई मंद हंस, अधर दशन अनबोली" (निराला)

च. "पनघट पर मोहित नारी-नर, जब जल से भर भारी गागर;
   खींचती उबहनी वह बरबस चोली से उभर-उभर कसमस,
   खिंचते संग युग रस भरे कलश।" (पंत)

छ. "मृदु भावों के अंगूरों की
   आज बना लाया हाला
   प्रियतम, अपने ही हाथों से

आज पिलाऊंगा प्याला
पहले भोग लगा लूं तेरा
फिर प्रसाद जग पायेगा
सबसे पहले तेरा स्वागत्
करती मेरी मधुशाला।"   *(बच्चन)*

इन सभी उदाहरणों से स्पष्ट होता है कि कायिक सौन्दर्य को आधार बनाना हिन्दी साहित्य-परम्परा का एक बड़ा पक्ष रहा है। इस रिपोर्ट के आधार पर तो इन महान् कवियों और उनके काव्य को ख़ारिज़ कर दिया जाना चाहिये।

कालिदास की कृति 'कुमारसंभवम्' पर यदि कोई वार्ता होगी तो उसमें नारी के मांसल सौन्दर्य का वर्णन अवश्य आयेगा, या रीतिकालीन साहित्य पर भी चर्चा होगी तो ऐसी ही बातें सामने आयेंगी। जैनेन्द्र या राजकमल चौधरी के उपन्यासों पर जब चर्चा होगी तो 'होमोसेक्सुअलिटी' का मसला भी सामने आयेगा ही।

कुल मिलाकर ये कि जिस गीतों भरी कहानी के वाक्यांश को लेकर रिपोर्ट लिखी गई है, वह कर्तव्यारूढ़ प्रसारण निष्पादक के हिन्दी साहित्य परम्परा-संबंधी अज्ञानता तथा कार्यक्रम-प्रस्तुति के बारे में उनकी अल्प-बुद्धि को दर्शाने वाली है। उक्त वाक्यांश में 'धूप' का मानवीकरण वर्तमान नैतिक मूल्यों के संदर्भ में लौकिक प्रतिमानों के सहारे किया गया है; इसमें मेरे विचार में प्रसारण-विरूद्ध या अश्लील कुछ भी नहीं है।"

मैंने भी गुस्से में आकर अपना सारा साहित्य-ज्ञान उंड़ेल दिया। ढूंढ़-ढूंढ़ कर ऐसे-ऐसे दृष्टांत जुटाये जो मेरी बात को प्रमाणित कर सकें। इसपर अन्दर-ही- अन्दर प्रतिक्रिया खूब हुई होगी, कुछ लोग तिलमिलाये भी होंगे, क्योंकि मैंने सीधे-सीधे उन्हें अज्ञानी कह दिया था; पर इसका एक सुखद परिणाम ये हुआ कि उसके बाद मेरे विरूद्ध रिपोर्टिंग, बंद तो नहीं हुई, कम ज़रूर हो गई और मेरे बाद कमल सागरे को टार्गेट किया जाने लगा।

इस बीच उपाध्याय जी ने पता नहीं क्यों मुझसे युववाणी लेकर कमल सागरे को दे दिया। इसे मेरे विरूद्ध षड्यंत्र में शामिल ड्यूटी आफ़ीसरों के साथ-साथ, सागरे जी ने भी अपनी जीत के रूप में देखा, क्योंकि ये सीधे-सीधे मेरी भावनाओं पर प्रहार था। वैसे भी ट्रांसमिशन रिपोर्ट को लेकर मेरे जवाब से वे चिढ़े तो रहे ही होंगे।

हालांकि ये बात सही थी कि मैं भावनात्मक रूप से इस कार्यक्रम से गहरे जुड़ा था। मैंने कई नये कार्यक्रम शुरू कराये थे और कंपीयरों के साथ मेरे व्यक्तिगत ही नहीं, पारिवारिक संबंध भी बन गये थे; विशेषकर कंसर्ट के बाद से, क्योंकि नाटक की रिहर्सल के दौरान हमारा काफ़ी समय साथ बीतता था, सब मिलकर खाना बनाते थे और रिहर्सल के साथ-साथ एक स्वतःस्फूर्त पिकनिक भी हो जाती थी। ऐसे आयोजन और नये कार्यक्रमों के ज़रिये बहुत कम समय में मैं शहर में भी काफ़ी लोकप्रिय हो गया था।

जैसा कि आम तौर से होता है, ये सब ईर्ष्यालु लोगों को कैसे पसंद आता; सो उन्होंने झूठी शिकायतें करके उपाध्याय जी से मेरा सेक्शन बदलवा दिया। स्वाभाविक है, मुझे बुरा तो बहुत लगा, पर क्या कर सकता था। जो कुछ भी मुझे प्रकट करना था, उसे मैंने अपनी डायरी में किया।

डायरी से

18 नवंबर, 1991

एक-एक तिनका चुनकर जो घोंसला बनाता है; घोंसले के भीतर भी सर्दी में गर्माहट, गर्मी में तरावट और बारिश के दिनों में बचाव के लिये छाजन न जाने कहां से और कितने जतन से जुटाता है; इसलिये कि जो उसके अपने हैं, आत्मीय हैं, उन्हें कहीं से तक़लीफ़ की एक रेख भी छू न पाये, वो सब सुरक्षित रहें, महसूस करें खुद को; और घोंसले से बाहर की खुली हवा में जब वो अपने पर तौलने निकलें तो उनके पंख इतने मज़बूत हों कि हवा के थपेड़ों से वो टूटे नहीं।

कितनों के पंख कितने मज़बूत हुए हैं, ये तो कहना कठिन है; लेकिन एक-एक चीज़ सहेज कर देते हुए लग रहा था जैसे अपना कलेजा निकाल कर दे रहा हूं- ".... ये 'ले-आउट' है.... दिसम्बर तक का किया हुआ है... ये कंपीयर्स का ड्यूटी-चार्ट रजिस्टर है..... ये... ये है.... ये वो है...."- उस क्षण, अपने बच्चों को बिल्कुल अजनबी और पराये, बल्कि निर्मम और निष्ठुर हाथों में सौंप रहा था जैसे... मन में एक असंतोष, एक ख़लबली, पता नहीं इनके साथ कैसा सलूक हो।

संगीता आई। मैंने कहा, "अब बगल वाले कमरे में ही कुछ दिनों तक कार्य होगा। उन्हें स्क्रिप्ट दिखा लेना...।" कहते हुए जैसे मैं भर आया। इसके बाद भी, काम में उलझा होने के बावजूद, एक-दो बार स्टूडियो में गया। साढ़े पांच बजे तक हमेशा की तरह युववाणी समाप्त होने तक बैठा रहा, जबकि 'वे' जा चुके थे जिन्होंने आज ही मुझसे प्रभार ग्रहण किया था।

फ़ेड इन... फ़ेड आउट/91

युववाणी समाप्त होने के बाद संगीता आयी तो मैंने पूछा, ''क्यों... ठीक-ठाक हो गया न सबकुछ...? आज इतना घबड़ा के क्यों बोल रही थीं..? दो-तीन जगह ग़लती हुई है तुमसे.....।''

जवाब में वो कुछ नहीं बोली तो मैंने पूछा, ''कुछ कहा तो नहीं उन्होंने तुम्हें... डांटा-वाटा तो नहीं...?''

''नहीं सर, अभी तक तो नहीं डांटा है...।'' उसने ये बात इतनी मासूमियत से कही कि बेसाख़्ता मुझे हंसी आ गई।

''ठीक है, तुम जाओ...।'' उसके जाने पर मैं लिस्ट बनाने में लग गया जो 'उन्हें' सौंपनी थीं। पर मन मेरे भीतर से पुकारता रहा, ''क्या मेरा ये घोंसला सुरक्षित रह पायेगा...?''

30 नवंबर, 1991

आजकल मुन्नी की तबीयत ठीक नहीं रहती। न जाने कैसी तकलीफ़ है जो उसके पांवों में समा गई है। वो तकलीफ़ उसे चैन नहीं लेने दे रही। डॉक्टर भी सही-सही बता नहीं पा रहा; संभवतः आर्थराइटिस की समस्या है। दवा चलने लगी है, पर तकलीफ़ कम नहीं हो रही।

•••

इस बीच एक बहुत बड़ा परिवर्तन हुआ और ये परिवर्तन ऐसा था जिसने अचानक ऑफ़िस में एक शून्य पैदा कर दिया; वो था राजीव जी का जबलपुर स्थानान्तरण। पर उस समय किसी को ये आभास तक नहीं था कि इससे कहीं ज़्यादा बड़ी घटना अपने घटने का इंतज़ार कर रही है और जिसके होने से राजीव जी के जाने से भी बड़ी रिक्तता पैदा होने वाली है।

वो दिन था 25 नवंबर, 1991 का। राजीव जी जबलपुर के लिये कार्यमुक्त हो चुके थे और उनके लिये कार्यालय के अन्दर ही विदाई-पार्टी रखी गई थी। इस अवसर पर सबने उनके लिये उद्गार व्यक्त किये। अंत में, जब उपाध्याय जी बोलने को प्रस्तुत हुए तो उनका पहला वाक्य था.... ''आज हम अपना हीरा चोपड़ा जी को सौंप रहे हैं...'' (चोपड़ा जी, मतलब श्री लक्ष्मेन्द्र चोपड़ा, जो उस समय जबलपुर के केन्द्र निदेशक थे।)

उसके बाद उनका कंठ अवरुद्ध हो गया और उनका आगे का सारा वक्तव्य बड़ा ही भावुक और करुणा उत्पन्न करने वाला था। उन्होंने कहा, ''हमें पता है कि एक दिन हर किसी को जाना होता है, पर वो समय इतनी

जल्दी आ जायेगा, ये नहीं पता था....।'' उस समय उन्हें भी क्या पता था कि दूसरे संदर्भ में कही ये बात अनजाने में वे अपनी ज़िंदगी के लिये कह रहे हैं।

वो दिन, सुबह से ही उजड़ा-उजड़ा-सा लग रहा था और जब शाम आयी तो वो भी मनहूस शक्ल के साथ आयी। राजीव जी जबलपुर जाने की तैयारी में लगे थे और उन्हें छोड़कर घर जाने का मेरा दिल नहीं कर रहा था। फिलहाल जबलपुर उन्हें अकेले ही जाना था; क्योंकि रीना भाभी स्कूल में पढ़ाती थीं और मेधा-विधा के स्कूल का सेशन भी अभी काफ़ी बचा था।

वैसे उनका ट्रांसफ़र-ऑर्डर आने के बाद से ही हम इसपर बातचीत करते रहे थे। राजीव जी ने कहा था कि उन्हें जबलपुर में क्वार्टर लेना पड़ेगा और यहां भी क्वार्टर रखेंगे तो पैनल रेंट देना पड़ेगा। इस तरह दोहरा आर्थिक भार पड़ेगा। उन्होंने कहा, ''आप मेरा क्वार्टर एलॉट करा लो। रीना और बच्चों के लिये एक कमरा काफ़ी होगा। आप भी तीन लोग ही हैं, इसलिये आपका भी एक कमरे में हो जायेगा। फिर भी दो कमरे और बड़ा हॉल बचेगा; इसलिये कोई गेस्ट भी आ गया तो कोई समस्या नहीं होगी। किचन कॉमन हो जायेगा, आप जैसे चाहें, अलग-अलग उपयोग करना चाहें या एक जगह खाना बने, वैसा कर लेंगे....।''

मुझे भी लगा कि ऑफ़िस के निकट रहना ज़्यादा अच्छा होगा, कभी देर हो जाती है तो उतनी दूर स्कूटर चला के जाने से तनाव तो होता ही है; और वैसे भी तबतक राजीव जी, रीना भाभी और बच्चों के साथ जो गहरा अपनापा और स्नेह-संबंध जुड़ चुका था, उसमें कुछ और सोचने की गुंज़ाइश भी कहां थी...!

मैंने कहा, ''कोई समस्या नहीं है। आप निश्चिंत होकर जाइये... हमारा खाना एक जगह बनेगा और महीने का हिसाब हमलोग आपस में बांट लेंगे।''

तो उस शाम फ़ेयरवेल के बाद हम कॉलोनी आ गये। राजीव जी ने कहा कि ''उपाध्याय जी बहुत भावुक हो गये थे... चलिये उन्हें देख आया जाये।''

मैंने हामी भरी और हम उपाध्याय जी के यहां जा पहुंचे। हमेशा की तरह उन्होंने बड़े प्रेम से बिठाया, हाल-चाल पूछा। राजीव जी ने कहा भी, ''सर, आप बहुत भावुक हो गये थे...।''

''तो ग़लत क्या कहा था... लक्ष्मेन्द्र चोपड़ा ने सच में हीरा ही तो छीना है...'' उन्होंने अपने उसी पुराने बिंदास अंदाज़ में कहा। फिर लगता है, इस विषय पर आगे बात नहीं करना चाहते थे, इसलिये अन्दर की ओर मुंह

करके बोले, ''सुनती हैं.... देखिये, कौन आया है... ज़रा नाश्ते-पानी की व्यवस्था कीजिये...।''

उसके बाद वे राजीव जी से जबलपुर के बारे में बातें करते रहे, वहां कैसे रहेंगे, फ़ैमिली का क्या करेंगे आदि-आदि...। जब राजीव जी ने ये बताया कि सिन्हा जी, यानी मैं उस क्वार्टर में आना चाहता हूं तो वे बहुत ख़ुश हुए। बोले, ''चलो, अच्छा है...'' फिर मेरी तरफ़ मुख़ातिब होकर बोले, ''कल ही क्वार्टर के लिये अप्लाई कर दीजिये....।''

''जी...'' मैंने कहा।

उस रात घर लौटकर सबसे पहले क्वार्टर में जाने वाली बात मुन्नी को बताई तो वो बहुत ख़ुश हुई। पर उस पूरी रात मुझे नींद नहीं आयी, पता नहीं सपने में क्या-क्या देखता रहा।

सुबह नींद देर से खुली। जल्दी-जल्दी तैयार होकर आफ़िस के लिये निकला। वहां पहुंचा तो गेट से ही एक अजीब से सन्नाटे ने जैसे मेरे अन्दर एक झुरझुरी पैदा कर दी थी। स्कूटर अभी स्टैंड किया ही था कि ग्रुप 'डी' स्टाफ़ हरीश दौड़ा आया, ''सर, अपने के जानत हईं, उपाध्याय सर हॉस्पिटल में हईं...!''

''क्या....'' मैं भागा ड्यूटी रूम की ओर। वहां पता चला कि उपाध्याय जी को सुबह-सुबह दिल का दौरा पड़ा था और उन्हें अस्पताल ले जाया गया है। जबतक मैं वहां से निकलता तभी किसी ने कहा कि उनकी डेड बॉडी हॉस्पिटल से कॉलोनी आ गई है।

मैं जल्दी से स्कूटर स्टार्ट कर कॉलोनी पहुंचा। बाहर बरामदे में उनकी भारी-भरकम देह पड़ी थी, देह जो कल तक दहाड़ती थी, वह बेजान और ख़ामोश थी; मिट्टी की देह, मिट्टी में मिल जाने वाली थी। देह ख़ामोश थी, लोग ख़ामोश थे, पूरा वातावरण चुप्पी की चादर ओढ़े था और समय था कि पूछ रहा था, ''अब आगे क्या..?''

पटना से परिवार के अन्य सदस्यों के आने का इंतज़ार था। यहां सतना में उनके एक भतीजा इंस्पेक्टर थे। वे आ गए। उनके अंतिम समय में ऑफ़िस के लोगों के अलावा उनकी पत्नी और भतीजा ही साथ में थे। सबके आने के बाद उन्हें उनके घर- पटना ले जाया गया। वहीं उनका अंतिम संस्कार सम्पन्न हुआ, देह ने अपनी गति पाई; पर आत्मा परमात्मा की अनुगामिनी होकर भी एक सवाल छोड़ गई- कि क्या राजीव जी के स्थानान्तरण के शोक से उपजी पीड़ा इतनी घनीभूत हो गई जो उनकी मृत्यु की निमित्त बन कर आयी...?

•••

आठ

बज़ाहिर प्यार की दुनिया में जो नाकाम होता है
कोई रूसो कोई हिटलर कोई ख़य्याम होता है...

(अदम गोंडवी)

उपाध्याय जी के स्वर्गारोहण के साथ ही आकाशवाणी, रीवा के इतिहास के एक अध्याय का भी जैसे अवसान हो गया। कमियां-कमज़ोरियां तो सबमें होती हैं, उनमें भी थीं; पर कार्यक्रम के हित में सोचने वाले व्यक्ति कम ही होते हैं, जो वे थे; और मेरा मानना है कि यदि वे रहते तो कई मौलिक उद्भावनायें लाते और रीवा की स्थिति उनके जाने के बाद बद से बदतर नहीं होती।

पर जैसा होता है, आने का, जाने का ये क्रम चलता रहता है। कुछ दिनों बाद सबकुछ सामान्य ढर्रे पर चलने लगा।

अब नियमानुसार वरीय होने के नाते मुझे कार्यक्रम-प्रमुख बनाया गया और मेरे कार्यक्रम-प्रमुख बनते ही हमारे साथियों को मुझसे शिकायतें होने लगीं। सागरे जी भी अनमने रहने लगे; कुछ समय पहले एक मैडम ने पेक्स (संगीत) के रूप में ज्वायन किया था, जो न तो आफ़िस का कामकाज समझती थीं, ना ही भाषा और साहित्य; और सबसे अधिक उसी चीज़ की समझ नहीं थी, जिसमें वो अपने को डॉक्टरेट बताती थीं- यानी संगीत की। उन्होंने बताया था कि वो सितार की परफ़ॉर्मिंग आर्टिस्ट हैं, पर कभी उन्हें स्टूडियो में सितार के साथ नहीं देखा, यहां तक कि उनके घर में भी कभी सितार नहीं दिखा। वो सबसे अधिक उग्र भी थीं।

चूंकि वो महिला थीं, इसलिये मैं लिहाज़ करता था; कहीं-न-कहीं डर भी लगता था, पर आफ़िस में अनुशासन तो रखना ही पड़ेगा और जो काम सौंपा गया है, उसे तो करना ही होगा; इसलिये उन्हें बुलाकर समझाता भी था। जब मैंने अपनी किसी बात का उनपर कोई असर होते नहीं देखा तो मैंने अपनी रिपोर्ट उपमहानिदेशक कार्यालय, पश्चिम क्षेत्र, मुम्बई को भेजना प्रारम्भ कर दिया। उन मैडम के रवैये के चलते उपमहानिदेशक के निर्देश पर उन्हें कई मेमो भी मैंने दिये, पर वे नहीं सुधरीं।

मैं तो बाद में उन्हें रीवा छोड़ चला गया, पर उनके क़िस्से और कारगुज़ारियों के चर्चे सब जगह थे और इसका परिणाम ये हुआ कि उनके कई जगह ट्रांसफ़र हुए, वे एक-दो बार सस्पेंड भी हुईं और संभवतः आज तक हैं।

इन सब उठापटक के बीच एक संजीवनी थी जो मुझे जिलाये रखती थी, और वो थी नाटकों और रूपकों की प्रस्तुति। राजीव जी के समय में ढेर-सारे उत्कृष्ट नाटक बने थे। राजीव जी स्वयं नाटकों का प्रोडक्शन तो करते ही थे, अपने हर शेड्यूल में मुझे कम-से-कम दो नाटक और एक रूपक ज़रूर देते थे। उस वक़्त रीवा में नाटक के कुछ बहुत ही अच्छे कलाकार और नाट्य-लेखक थे। इनमें योगेश त्रिपाठी, हीरेन्द्र सिंह, डॉ. प्रतिभा जैन, सुषमा मुनीन्द्र, डॉ. हरीश निगम, प्रद्युम्न जड़िया, रानी माथुर लगातार अच्छा नाटक लिखते रहे।

इनमें योगेश त्रिपाठी न केवल अच्छे कलाकार थे, बल्कि उत्कृष्ट नाट्य-लेखक भी थे। योगेश जी के लिखे कई नाटक राजीव जी ने प्रस्तुत किये थे; परन्तु मुझे उनके तीन नाटकों को प्रस्तुत करने और उसमें अभिनय-क्षमता दिखाने का मौक़ा मिला था। वे नाटक थे– 'कागज़ पर लिखी मौत', 'पीला ज़हर' तथा 'सेल्समैन'; और विचित्र बात है कि इन तीनों नाटकों के साथ, कोई-न-कोई कहानी जुड़ी हुई है।

'कागज़ पर लिखी मौत' में मौत की भयावहता के बीच, फांसी की सज़ा के औचित्य-अनौचित्य का प्रश्न उठाया गया है; इसके बावजूद उसके भीतर मानवीय करुणा का स्वर अत्यंत प्रखरता से मुखर है। इस नाटक में कठोर-दिल जेलर की भूमिका राजीव जी ने की थी; और कहना न होगा कि लाजवाब की थी। असल में ये भूमिका इतनी सशक्त और बहुआयामी थी कि मेरी इच्छा इसे करने की थी, पर इस लालसा को दबाकर मैंने अपना सारा कौशल इसके प्रोडक्शन में दिखाया। लेकिन ये लालसा समय गुज़रने के साथ प्रबल होती चली गयी, तब भी इसे पूरी होने में तक़रीबन सत्रह-अठारह साल लग गये, जब मेरी भागलपुर पोस्टिंग हुई और वहां इस नाटक में मैंने जेलर की भूमिका निभाई।

'पीला ज़हर' नाटक पीत पत्रकारिता पर केन्द्रित था। इस नाटक में मेरे साथ राजेन्द्र सक्सेना (रेखा सक्सेना, उद्घोषिका के पति) थे। नाटक में टेलीफ़ोन-वार्ता का एक दृश्य था, जिसमें दोनों तरफ़ की बातचीत सुनाई देती है– यानी टेलीफ़ोन के माउथपीस और रिसीवर, दोनों तरफ़ की आवाज़। उस ज़माने में न तो कम्प्यूटर था, न उस तरह की तक़नीक थी; जिससे कि इस तरह का

ध्वनि-प्रभाव लाया जा सके। फ़िल्म वाले तो बहुत पहले इस तकनीक को अपना चुके थे, लेकिन आकाशवाणी में, जहां आज भी जो तकनीक और हार्डवेयर-सॉफ़्टवेयर दूसरे देश और माध्यम अपना कर, कब का छोड़ चुके होते हैं, वो लाया जाता है और कहा जाता है कि इनपर क्वालिटी प्रोडक्शन करो!

इसपर मेरे और योगेश जी के गहन मंथन के पश्चात् रास्ता निकला। इसमें हमने अभियांत्रिकी के अपने साथियों की भी मदद ली, क्योंकि उनके बिना ये कार्य असंभव था। इसके बाद ड्यूटी रूम से कंट्रोल रूम फ़ोन कर कलाकार राजेन्द्र सक्सेना ने अपना संवाद बोला। दूसरे छोर पर कंट्रोल रूम में 'मेलट्रॉन' कंपनी के 'यू. पी. टी. आर.' (अल्ट्रा पोर्टेबल टेप रिकॉर्डर) में माइक लगा कर रिकॉर्डिंग के लिये रखा गया था। उस माइक के मुंह से बिल्कुल सटाकर रिसीवर रखा गया और सक्सेना जी को कहा गया कि थोड़ा ज़ोर से अपने डायलॉग बोलें। आख़िर इतनी जद्दोजहद के बाद जो परिणाम मिले, उससे हमसब के चेहरे खिल उठे।

योगेश जी अपने नाटकों में इस प्रकार के प्रयोग करते रहते थे। 'कागज़ पर लिखी मौत' में भी कैदी को फांसी होने का दृश्य जीवंत करने के लिये उन्होंने फांसी के तख़्ते के खुलने और उसमें कैदी के गिरने का ध्वनि-प्रभाव रखा था, जिसे कई ध्वनियों के मेल से मैंने तैयार किया था।

इसी प्रकार योगेश जी जब **'सेल्समैन'** नाटक ले कर आये, तो सबसे पहले बोले, "इसमें सूरज की भूमिका आप करेंगे, क्योंकि इस चरित्र को मैंने आपही को ध्यान में रखकर गढ़ा है।" इस प्रस्ताव में अस्वीकृति की गुंज़ाइश ही कहां थी। घोड़े से पूछिये कि चने खायेगा तो क्या वो इन्कार करेगा...? लेकिन इसके फ़ौरन बाद उन्होंने कहा कि इसमें थोड़ा स्पेशल इफ़ेक्ट की आवश्यकता होगी। मैंने थोड़ा घबड़ाकर पूछा, "कैसा इफ़ेक्ट...?"

"कुछ ख़ास नहीं, बस नाटक की शुरुआत में बिल्कुल मद्धिम-सा ऐसा संगीत चाहिये, जो लगे कि हवा के झोंको से कोई साज़ अपने-आप धीरे-धीरे बज रहा हो... यानी उसकी ध्वनि सुनाई भी दे, और ना भी दे। जैसे फ़िल्मों में शीशे में बंद खिलौना दिखाते हैं न, जिसमें एक जोड़ा घूमता है और एक संगीत की मद्धिम स्वर-लहरी भी उसके साथ चलती है...।" उन्होंने बड़ी मासूमियत से कहा।

मैं थोड़ी देर तक उनकी इस मासूमियत के अंदर फूट रहे उस उल्लास और उत्साह को पकड़ने की कोशिश करता रहा, जहां एक अन्तर्ध्वनि गूंज रही थी, "ऐसा हो जाये तो मज़ा आ जाये.... डॉक्टर साहब, आप कर सकते हैं... आप कुछ कीजिये...।"

उनकी उस अन्तर्ध्वनि ने मुझे चुनौती के मुहाने पर लाकर खड़ा कर दिया, "अब क्या करोगे डॉक्टर साहब....?" और चुनौतियां तथा प्रतिस्पर्धाएं मुझे हमेशा से पसंद रही हैं।

उस समय मैंने उन्हें आश्वस्त किया, "कुछ-न-कुछ होगा... थोड़ा समय दीजिये योगेश जी...।"

उस समय ठीक-ठीक मुझे भी नहीं पता था कि वास्तव में वे क्या चाहते थे; लेकिन आज जब सोचता हूं तो ध्यान में सीधे-सीधे 'विंड चाइम' का संगीत-प्रभाव ही आता है। काश, उस समय 'विंड चाइम' होते....!

उसके बाद से तो जैसे सोते-जागते बस दिमाग़ में एक ही बात घूमती थी, ऐसा संगीत-प्रभाव... कुछ दिव्य, अलौकिक-सा... कहां से आयेगा....?

रीवा में मेरा एक रूटीन बन गया था खाना-वाना खा के रात ग्यारह बजे से 'वीसीआर' को टीवी में लगा के फिल्में देखना। मैं लगभग रोज़ वीडियो लाइब्रेरी से हिन्दी-अंग्रेज़ी- किसी भी भाषा की एक-दो फ़िल्मों के कैसेट ले आता था और देर रात तक- जबतक फिल्म ख़त्म न हो जाये, या आंखें न दर्द करने लगें- मैं फ़िल्में देखता था। फ़िल्मों के प्रति इस अतिशय लगाव के कारण ही मैं संजीव कुमार की 'अनुभव' फ़िल्म देखने के चक्कर में, शेखर सुमन की फ़िल्म 'अनुभव' तीन बार देख गया था।

हुआ यूं था कि मैं लगभग रोज़ एक अंग्रेज़ी और एक हिन्दी क्लासिक का कैसेट वीडियो लाइब्रेरी से लेकर आता था। बहुत दिनों से मेरी इच्छा थी संजीव कुमार वाली 'अनुभव' फ़िल्म देखने की। जब मैंने वीडियो लाइब्रेरी में जाकर मांगा तो उसने दे दिया। मैं रात का खाना-वाना खा के आराम से फ़िल्म देखने बैठा। थोड़ी देर में ही पता चल गया कि फ़िल्म का नाम तो 'अनुभव' है, पर ये वो फ़िल्म नहीं है। फिर भी, चूंकि ये मेरी देखी हुई नहीं थी, इसलिये इसे देख गया। फ़िल्म ने भी बहुत निराश नहीं किया, क्योंकि ये एक अच्छी, हल्की-फुल्की कॉमेडी फ़िल्म थी।

दूसरे दिन वीडियो वाले से शिकायत की कि उसने मुझे दूसरी फ़िल्म दे दी। उसके बाद मैं दूसरी लाइब्रेरी की खोज में लग गया, जहां वो फ़िल्म मिल सकती थी। वो मिली भी। मैंने वहां साफ़-साफ़ कहा कि "मुझे संजीव कुमार वाली फ़िल्म चाहिये।" उसने कहा, "हां... हां... साहब... वही फ़िल्म है...।"

मैं बड़ा खुश होकर घर आया और कैसेट 'वीसीआर' में लगाया। पर जैसे ही उसकी रील घूमनी शुरू हुई, मैं समझ गया कि ये वही फ़िल्म है, जिसे अभी दो दिन पहले देखा है। पर फ़िल्म चूंकि उतनी बुरी नहीं थी, इसलिये फिर से देख गया। उसके बहुत दिनों बाद जब मैं सागर में था तो वहां भी तीसरी बार वही फ़िल्म मुझे

मिली। उसके बाद मैंने प्रयास ही छोड़ दिया। आख़िरकार सालों बाद ये फ़िल्म मैंने इन्टरनेट पर देखी। ख़ैर...

योगेश जी से नाटक के इफ़ेक्ट्स के बारे में बात होने के बाद मैं फ़िल्मों में अन्य चीज़ों पर कम, ध्वनि और संगीत-प्रभावों पर ज़्यादा ध्यान देने लगा। इस बीच मुझे उनकी कही बात भी याद आती रही, ''जैसे फ़िल्मों में शीशे में बंद खिलौना दिखाते हैं न, जिसमें एक जोड़ा घूमता है और एक संगीत की मद्धिम स्वर-लहरी भी उसके साथ चलती है...।'' पर बहुत याद करने पर भी उस तरह की कोई फ़िल्म याद नहीं आती थी, जिसमें इस तरह का प्रयोग हुआ हो। फिर भी, फ़िल्मों में काफ़ी इफ़ेक्ट्स होते थे, जो हम नाटक में इस्तेमाल कर सकते थे।

तबतक ड्रामा-प्रोडक्शन मेरा शौक नहीं, 'पैशन' बन चुका था, इसलिये सोचा कि यदि कुछ इफ़ेक्ट्स फ़िल्मों से रिकॉर्ड कर लिये जायें तो उसमें हर्ज़ ही क्या है...। अब कुत्ते-बिल्ली की आवाज़, या हवा-नदी-झरने का प्रवाह, पक्षियों का कलरव, दरवाज़े के खुलने-बंद होने की आवाज़ पर तो किसी का कॉपीराइट नहीं होगा न....! हालांकि फ़िल्मी गानों को छोड़कर तब कॉपीराइट के बारे में मैं ज़्यादा कुछ जानता भी नहीं था। आज के समय में तो ये क़ानून बड़ा सख़्त है।

उस समय तक मेरे पास नाटक के इफ़ेक्ट्स के नाम पर 'आगफ़ा' का एक तीस मिनट वाला टेप था; वो भी पटना में मेरी युववाणी की पेक्स कुसुम जी ने नाटक के प्रति मेरे शौक़ को देखते हुए ये कहते हुए तैयार करवाया था कि ''ड्रामा प्रोड्यूसर के पास अपना इफ़ेक्ट होना ही चाहिये। तुम किस-किस से मांगते फिरोगे और ज़रूरत पड़ने पर कोई देगा भी नहीं...।'' और उन्होंने अपने टेप के सारे इफ़ेक्ट्स कॉपी कर मुझे दे दिये थे।

उनकी ये बात सच भी थी कि वक़्त पड़ने पर इफ़ेक्ट कोई नहीं देता। इसका अनुभव मुझे रीवा में ही हुआ जब मैंने कुछ पुराने लोगों से इफ़ेक्ट्स मांगे तो ''हां... ढूंढ़ता हूं..... देखता हूं....... मैंने किसी को दे दिये...'' या सीधे-सीधे झूठ ही बोल दिया कि ''मेरे पास हैं ही नहीं...।''

बस, इसके बाद मैंने आफ़िस से एक यू. पी. टी. आर. और माइक इश्यू कराया और रोज़ रात को उसमें टेप फंसाकर फ़िल्म के बीच में आये संगीत-ध्वनि प्रभावों को रिकॉर्ड करने लगा। दूसरे दिन स्टूडियो में बैठकर उस रिकॉर्डिंग की एडीटिंग करता और उसमें डायलॉग्स के बीच से इफ़ेक्ट्स को काट के निकालता। कई बार इफ़ेक्ट्स बड़े छोटे होते थे, महज तीन-चार सेकेंड के; उन्हें जोड़-जोड़ के लम्बा करता।

एक प्रकार से ये नया शगल था जिसमें मैं पूरी तरह रम चुका था। पर इससे मुझे बहुत फ़ायदा हुआ। वो ये कि मेरे पास इफ़ेक्ट्स के टेपों की संख्या एक से बढ़कर आठ हो गई और अपने पूरे सेवाकाल में मैं कभी इफ़ेक्ट्स को लेकर मोहताज नहीं रहा; बल्कि ज़रूरत पड़ने पर मुझसे ही लोग मांगने आने लगे, और मैंने भी उन्हें निराश नहीं किया।

वो सारे टेप मैं जहां-जहां गया, मेरे साथ घूमते रहे; क्योंकि वो टेप किसी केन्द्र-विशेष के नहीं, बल्कि सी. टी. बी. (सेन्ट्रल टेप बैंक) के थे। सी. टी. बी. टेप वो टेप होते थे, जो महानिदेशालय और केन्द्रों के बीच कार्यक्रमों के विनिमय के लिये इस्तेमाल किये जाते थे। शुरु-शुरु में इसमें 'आग़फ़ा' के टेप आते थे जो गुणवत्ता की दृष्टि से उत्कृष्ट होते थे और इसमें मैग्नेटिंग कोटिंग की ऊपरी परत गुलाबी होने के कारण दिखने में भी काफ़ी सुंदर थे। आगे चलकर इसमें 'एम्पेक्स' और 'इन्दु' के टेप आने लगे जो अत्यंत निम्न क्वालिटी के थे। 'एम्पेक्स' के टेपों में समस्या थी कि इसके स्पूल जल्दी टेढ़े हो जाते थे और 'इन्दु' की मैग्नेटिक कोटिंग जल्दी निकलने लगती थी। इसका भी निदान निकला। अब ख़ाली स्पूल पर स्टेशन के ही किसी अच्छे टेप से मैग्नेटिक रील ट्रांसफ़र कर उसपर इफ़ेक्ट्स रिकॉर्ड किये जाने लगे।

तो फ़िल्मों से इफ़ेक्ट्स निकालने का मेरा ये तरीक़ा चल निकला और इसी प्रयास में मुझे 'सेल्समैन' के लिये, एकदम उपयुक्त तो नहीं कह सकता, पर हां, ठीक-ठाक इफ़ेक्ट मिल गया।

'सेल्समैन' की कहानी दरअसल एक सनकी, बूढ़े मूर्तिकार मि. नॉरबर्ग और एक युवा कलाकार सूरज के बीच विचारों के संघर्ष की कहानी थी, जिसमें युवा कलाकार मूर्ति-शिल्प सीखने की इच्छा लेकर आता है। मि. नॉरबर्ग उसे इस शर्त पर अपना शिष्य बनाने के लिये राज़ी होते हैं कि सूरज बिना कोई सवाल किये उनके हर आदेश का पालन करेगा। आगे चलकर जब वो उससे एक ही चेहरे पर आधारित मूर्ति बार-बार बनवाते हैं तो युवा शिल्पी का धैर्य जवाब दे जाता है और वो सवाल कर बैठता है, "आप मुझसे एक ही मूर्ति बार-बार क्यों बनवाते हैं...? आप ऊबते नहीं...?"

बूढ़ा शिल्पी अपने जवाब में एक पूरा जीवन-दर्शन आर्षसत्य के रूप में सामने रख देता है- "तुम रोज़ ये सन देखते हो, मून देखते हो, पहाड़-नदियां देखते हो; क्या इन्हें देखकर ऊब जाते हो...? तुम अपने फादर-मदर को रोज़ देखते हो; क्या उनसे तुम ऊब जाते हो....?"

इस नाटक में मि. नॉरबर्ग की भूमिका वरिष्ठ कलाकार श्री हरिकृष्ण खत्री ने, उनकी बेटी एमिली की भूमिका अनिता महेन्द्र ने और मैंने ख़ुद, सूरज की भूमिका की थी। ये नाटक और मेरा सूरज का चरित्र इस कदर मेरे भीतर समाया

कि रीवा छोड़ने के वर्षों बाद, पटना आने के बाद भी उसके संवाद मैं अपने स्वप्न में दुहराता रहा था।

पर इन सबसे अलग, और थोड़ी अनोखी कहानी थी नाटक 'थैंक्यू फ़ेस्ट्री' की। हालांकि इस नाटक का प्रोडक्शन मेरे रीवा छोड़ने के बहुत बाद, वहीं के एक पेक्स आर. के. त्रिपाठी जी द्वारा किया गया; पर इस नाटक की पूर्वपीठिका मेरे वहां रहते, मेरे सामने लिखी गई थी।

असल में योगेश जी मेरे मनमाफ़िक व्यक्ति मिल गये थे। मैं अपने जीवन और साहित्य में जिस प्रकार प्रयोगधर्मी रहा हूं, उसी प्रकार योगेश जी भी। इस प्रकार रोमांच प्राप्त करने का कोई भी अवसर हो, उसे हम जाने देना नहीं चाहते थे।

इसी क्रम में एक दिन मैं, योगेश जी और नाट्य-लेखक हीरेन्द्र सिंह बैठे थे। हीरेन्द्र सिंह ने चर्चा के क्रम में बताया कि वहां से लगभग साठ किलोमीटर की दूरी पर देवलोंद बाणसागर डैम है, जहां से शहडोल की ओर दस किलोमीटर दक्षिण जाने पर जंगल से लगा हुआ ग्राम 'सेजहरी' है। वहां उनके एक मित्र सुधीर सिंह रहते हैं, जो शिल्पी भी हैं। यहां तक कि अपना घर भी उन्होंने खुद ही तैयार किया हुआ है। वहां कभी चलने का कार्यक्रम बनाया जाये। इसपर सबकी सहमति बनी और एक दिन तय कर हम निकल पड़े।

वो गांव सेजहरी वाकई अत्यंत मनोरम और मनमोहक था। एक ओर पहाड़, उसके नीचे काले पत्थरों की चट्टानों के बीच से बहती हुई कल-कल करती नदी, उसके परली ओर घना जंगल.... और इनके बीच बांस, लकड़ी और पत्थरों से अनगढ़ हाथों का बना सुधीर सिंह का घर... पर उस अनगढ़ता में भी एक सौन्दर्य और एक कुशल कलाकार के हाथों की छाप स्पष्ट दिखाई दे रही थी।

चाय और पोहे का नाश्ता कर हम निकल पड़े जंगल घूमने। जंगल में हम बहुत दूर निकल गये थे। आगे जाने पर एक झोपड़ी भी दिखी, जिसमें से हमें देखकर एक दाढ़ी वाले बाबा अपनी चिलम के साथ प्रकट हो गये। हमने उनके बारे में बहुत जानने का प्रयास किया, पर उन्होंने हमारे किसी सवाल का जवाब नहीं दिया और दुबारा झोपड़ी में घुस गये। हमने भी उन्हें छेड़ना उचित नहीं समझा और वहां से वापस लौटकर बहुत देर तक बहती नदी में, पत्थरों के बीच पानी में पांव डालकर बैठे रहे।

वहां हमसब चुप थे और एकांत-भाव से प्रकृति के इस अनुपम रंग-रूप को अपने भीतर उतार रहे थे। उस एकांत में सिर्फ़ नदी की कल-कल ध्वनि थी, हवा की सायं-सायं और बीच-बीच में पक्षियों का मर्मर, जो कानों में रस घोल रहा था।

मेरे मन में कुछ अभिनव इच्छायें जगने लगी थीं। जो कुछ भी उस समय मेरे अन्दर चल रहा था, उसे सबके सामने मैंने परोसा।

मैंने कहा, ''क्यों न यहां के प्राकृतिक परिवेश को आधार बनाकर हम तीनों एक-एक नाटक लिखें। उसमें यहां के सारे प्राकृतिक उपादान- मसलन, जंगल, पहाड़, नदी- सब शामिल हों। हम कलाकारों के साथ यहां रिकॉर्डर लेकर आयेंगे और पूरे नाटक की रिकॉर्डिंग इसी परिवेश में, स्वाभाविक रूप से प्राप्त ध्वनि-प्रभावों के साथ करेंगे; उसमें कोई स्टॉक 'मैटेरियल' इस्तेमाल नहीं होगा।''

ये आइडिया सबको पसंद आया और तय हुआ कि आज से ठीक एक महीने बाद हम अपने-अपने नाटक के साथ आकाशवाणी में इकट्ठे होंगे और तभी रिकॉर्डिंग के बारे में तय किया जायेगा।

इसके बाद तमाम व्यस्तताओं के बीच मैंने जैसे-तैसे कर के नाटक तो लिख लिया, पर ऐसा लगा कि जैसे कोई ड्यूटी पूरी की है; वो नाटक किसी लिहाज़ से स्तरीय नहीं था। बस नाटक का एक थीम था जिसपर कुछ लकीरें खींचने की कोशिश की थी मैंने।

इस प्रकार एक महीना पूरा हो गया। योगेश जी से इस बारे में बीच-बीच में बात होती रहती थी और मुझे पता था कि वो गंभीरता से इस काम में लगे होंगे।

आख़िर एक दिन हम इकट्ठे हुए, पर मेरे और हीरेन्द्र सिंह के हाथ पूरी तरह ख़ाली थे; मेरे पास जो था वो दिखाने लायक ही नहीं था।

योगेश जी ने ये कहते हुए नाटक 'थैंक्यू फ़ेस्ट्री' का पाठ किया कि अभी ये फ़ाइनल नहीं है; अभी इसपर और काम करना है। नाटक सुनकर लगा ही नहीं कि इसमें कुछ और करने की गुंज़ाइश है; बल्कि हमने कहा भी कि नाटक संपूर्ण है, अब इसमें कुछ मत करिये। इसे प्रोडक्शन के लिये दे दीजिये, पर वे नहीं माने।

अब इसे विधि की विडंबना कहिये, या कुछ और कि कुछ ही समय बाद मेरा स्थानान्तरण सागर केन्द्र पर हो गया और उस नाटक का प्रोडक्शन न कर पाने की अधूरी हसरत लिये मैं वहां से विदा हो गया। बाद में ये नाटक वहीं के एक पेक्स आर. के. त्रिपाठी ने किया। वो नाटक कैसा हुआ, इसके बारे में योगेश जी ने अपने 31 अगस्त, 1994 के पत्र में लिखा- ''नहाने का पूरा दृश्य बाद में काट देना पड़ा, जिससे नाटक का बंटाढार हो गया।... डबिंग में प्रयुक्त इफ़ेक्ट्स एवं 'एयर' पर क्वालिटी इतनी रद्दी थी कि श्रवणीय ही नहीं था।...''

पर 'थैंक्यू फ़ेस्ट्री' को न कर पाने की अधूरी ख़्वाहिश मैंने पटना आकर पूरी की जब मैंने योगेश जी को कह के स्क्रिप्ट मंगवाई। स्क्रिप्ट तो आई ही, साथ में उनका एक पत्र भी आया, जिसमें उन्होंने नाटक में कुछ संशोधन सुझाए। उनका 19 जून, 1998 का लिख पत्र दर्शाता है कि उनमें अपने नाटकों को लेकर जुनून किस

हद तक था– "बहुत प्रसन्नता है कि आप मेरे आलेखों की पुनर्प्रस्तुति कर रहे हैं। 'सेल्समैन' तो ठीक ही है। 'थैंक्यू फ्रेस्त्री' में एक जगह जब फ्रेस्त्री कागज़ पर कुछ लिख कर चली जाती है और सोमेश उस कागज़ को कोरा पाता है, मुझे कुछ जम नहीं पाया। वास्तव में, फ्रेस्त्री को वहां कुछ लिखना ही चाहिए। एक प्रस्ताव यह है कि वह लिखे– 'अपनी गंदगी साथ ही लिए जाना...' या ऐसा ही सांकेतिक ढंग से कुछ। पर मैं निर्णय नहीं ले पा रहा हूं। आप अन्तर्मन से अधिकृत हैं इसपर अच्छी तरह विचार करके कुछ लिख लें।"....

हालांकि जब मैंने पटना के वरिष्ठ कलाकारों, विजय कुमार सिन्हा 'मंटू' और कैप्टन मोहन सिंह रावत को लेकर इस नाटक का प्रोडक्शन किया तो मैंने योगेश जी के सुझाये परिवर्तन के स्थान पर, मूल आलेख को ही प्राथमिकता दी; क्योंकि मुझे वही तर्कसंगत लगा। कहना न होगा कि विजय कुमार सिन्हा 'मंटू' और कैप्टन मोहन सिंह रावत जैसे उत्कृष्ट कलाकारों के अभिनय ने निस्संदेह इस नाटक को एक नई ऊंचाई दी।

बावजूद इसके, अपना नाटक 'महुए का फूल' पूरा न कर पाने का मेरे भीतर एक मलाल तो था ही; जो दूर हुआ वर्षों बाद पटना में ही, जब मैंने इसे पूरा किया और रिकॉर्डिंग के बाद मैं, लक्ष्मी मिश्रा और शाइस्ता रशीद नाटक करते-करते एक दूसरे से लिपटकर, देर तक, रोते रहे थे। पर उसकी कहानी समय आने पर..।

हीरेन्द्र सिंह दूसरे प्रकार के लेखक थे। उनके नाटकों में प्रायः परिवार और समाज के आपसी रिश्तों का अन्तर्द्वन्द्व दिखाई देता था। पर उसके साथ एक अनकहा-सा दर्द भी साथ-साथ बहता चलता था। 'किन्तु कहां है शेष' और 'अनन्त में छूटा तीर' उनके ऐसे ही नाटक थे; हालांकि उनका प्रोडक्शन राजीव जी ने किया था।

मैंने उनका एक ही नाटक किया था, 'एक दिन जीने के लिये'। ये नाटक मध्य वर्ग के पाखंड पर केन्द्रित था। इस नाटक की विशेषता ये थी कि पूरा नाटक ट्रेन से शुरू होकर ट्रेन में ही समाप्त हो जाता है; इसलिये मुझे लगभग आधे घंटे तक नाटक में रेलगाड़ी चलानी थी। बीच-बीच में ट्रेन कई स्टेशनों पर रुकती है, फिर चलती है। समस्या ये थी कि मेरे पास ट्रेन के प्लेटफ़ॉर्म से खुलने और स्पीड पकड़ने का इफ़ेक्ट तो था, पर दूर से आकर प्लेटफ़ॉर्म पर रुकने का नहीं था। सो दिमाग़ लगाया तो आइडिया भी आया। मैंने टेप के स्पूल को पलट के लगाया, यानी दाहिनी ओर का स्पूल बायीं ओर, और बायीं ओर का दाहिनी तरफ़। इसके बाद प्ले किया तो परिणाम शत-प्रतिशत मिला।

डॉ. प्रतिभा जैन वैसे तो आयुर्वेदिक कॉलेज में संस्कृत की प्रोफ़ेसर थीं, पर रेडियो नाट्य-शिल्प की अद्भुत समझ थी उनमें। उनका संस्कृत का ज्ञाता और विदुषी होना उनके नाट्य-लेखन में रस और बिम्ब की अनोखी सृष्टि करता था। यही कारण है कि उनके नाटकों की भाषा अत्यंत सशक्त और प्रांजल होती है।

मैंने उनका लिखा एक ही नाटक किया था जो जयशंकर प्रसाद की कहानी 'पुरस्कार' का रूपांतर **'चिर-प्रेयसी'** था। यदि हम पाठ करें तो पूरी कहानी शायद पन्द्रह मिनट में समाप्त हो जाये; लेकिन पन्द्रह मिनट की कहानी को, नाट्य-रूपांतरण में साठ मिनट का बना देना, वो भी ऐसा कि बिम्ब और रस की धार कहीं कम न हो, ये प्रतिभा जी की 'प्रतिभा' ही कर सकती थी। नाटक के एक-एक दृश्य में इतनी जीवंतता थी, मानो हम नाटक सुन नहीं, देख रहे हों। उसपर से इस नाटक में कई गीत उन्होंने स्वयं लिखे थे और ऐसा कर उन्होंने एक प्रकार से प्रसाद की मूल भावना- उनके नाटकों में गीतों का होना- का सम्मान भी सुरक्षित किया।

पर इन नाटकों के सफल और लोकप्रिय होने के पीछे निस्संदेह यहां के कलाकारों की बहुत बड़ी भूमिका थी। इन कलाकारों में सबसे बुजुर्ग थे हरिकृष्ण खत्री जो एक बुलंद आवाज़ के मालिक थे। उनके अलावा अनुराधा चतुर्वेदी, राजीव त्रिवेदी, राजाजी राव, दीप्ति चतुर्वेदी, सुमन सिंह, वंदना निगम, आनन्द महेन्द्रा, संगीता महेन्द्रा, सत्येन्द्र शरण, क़मरुन्निसा ख़ान, हनुमंत शर्मा, रवि शुक्ला, देवेश मिश्र, सुनीता श्रीवास्तव आदि कलाकार भी काफ़ी मेहनती और हुनरमंद थे। विशेष तौर पर मेरा मानना है कि 'औरत होने का अर्थ' रूपक को 'सर्टिफ़िकेट ऑफ़ मेरिट' पुरस्कार मिलने के कारणों में एक प्रमुख कारण, अनुराधा चतुर्वेदी और राजीव त्रिवेदी की निर्दोष, लाजवाब और सशक्त वाचन-शैली भी थी।

सांस्कृतिक विरासत की दृष्टि से ये बघेलखंड क्षेत्र काफ़ी उर्वर रहा है। माना जाता है कि महाराजा विश्वनाथ सिंह रचित, हिन्दी का पहला नाटक 'आनन्द रघुनन्दन' इसी माटी की उपज है। साहित्य, संस्कृति, संगीत, कला के एक से बढ़कर एक प्रतिमान इस क्षेत्र की मिट्टी में घुले-मिले हैं। इसलिये यहां प्रतिभा की कभी कोई कमी नहीं रही। शास्त्रीय संगीत में एक बनर्जी बंधु अक्सर रिकॉर्डिंग के लिये आते थे जिन्होंने बाबा अलाउद्दीन ख़ां साहब से संगीत-शिक्षा प्राप्त की थी। उनमें से एक वायलिन बजाते थे और दूसरे, चन्द्रसारंग, जिसे कहते हैं बाबा ने ईजाद किया था।

सुगम संगीत में सुहासिली खले बड़ी सुरीली गायिका थीं। साहित्य में आलोचना के प्रखर सूर्य डॉ. भगवती प्रसाद शुक्ल, कमला प्रसाद और सेवाराम त्रिपाठी जी को अक्सर रिकॉर्डिंग के लिये आमंत्रित किया जाता था। डॉ. विनोद

कुमारी तिवारी, राजीव लोचन शर्मा, सत्येन्द्र सिंह सेंगर, गोमती प्रसाद विकल, रामनरेश तिवारी और शिवकुमार अर्चन जी जैसे बड़े ही मधुर गीतकार और कवि थे; तो नूर रीवानी, रफ़ीक़ रीवानी, नदीम रीवानी–जैसे शायर अपने उम्दा शेरों से सबका दिल जीतने में क़ामयाब होते थे।

सतना में कुछ बहुत अच्छे कथाकार थे जो रीवा पधारते थे; उनमें सुषमा मुनीन्द्र, वन्दना अवस्थी और संतोष खरे प्रमुख रूप से उल्लेखनीय हैं। इनमें वंदना अवस्थी मूलतः पत्रकार थीं, पर वे कहानियां बड़ी अच्छी लिखती थीं। मुझे उनकी कहानी 'हवा उद्दंड है' अब तक याद है, जो शायद कहीं पुरस्कृत भी हुई थी। वो कहानी उनकी अभी हाल में ही प्रकाशित कहानी-संग्रह 'बातों वाली गली' में संकलित है।

तो ऐसे रचनाकारों-कलाकारों से मेरा सहज ही जुड़ाव बनता चला गया और इनमें से कई आज भी पारिवारिक-मानसिक धरातल पर मुझसे जुड़े हुए हैं।

पर यहां ऐसा बहुत कुछ चल रहा था, जो मुझे नाटक और साहित्य से परे धकेल रहा था। मैं बार-बार उधर लौटने की कोशिश करता, पर प्रशासनिक उत्तरदायित्व मेरी बांहें मरोड़ कर नयी समस्याओं के सामने ला खड़ा करता।

...

नौ

ऐनक के दोनों शीशे ही अटे हुए थे धूल में
हाथ पड़ गया कांटों पर फूलों के बदले भूल में...
(अमीक हनफ़ी)

राजीव जी के जबलपुर जाने के बाद मुझे उनका क्वार्टर मिल गया था और हम मिसेज अरोड़ा का घर छोड़ रेडियो कॉलोनी आ गये।

रीना भाभी और बेटियों- मेधा-विधा को विकी के रूप में एक नया खिलौना मिल गया था। विधा वैसे उस समय काफ़ी छोटी थी, हां मेधा थोड़ी बड़ी थी, और दोनों विकी से बहुत प्यार करती थीं।

किसी कॉलोनी में रहना मज़ा भी है, और सज़ा भी; इसका अनुभव मुझे वहां रहकर पहली बार हो रहा था। हालांकि दिन का सारा वक़्त ऑफिस में बीतता था, पर शाम को घर लौटने पर कोई-न-कोई आ ही जाता था। दिन-भर ऑफ़िस में वही चेहरा देखो; और घर आने के बाद फिर वही...। इससे बचने के लिये स्कूटर उठा के मैं कहीं-कहीं निकल जाता था और देर रात वापस लौटता था।

कॉलोनी में यूं तो ढेर-सारे पेड़ थे, जिनकी डालियों पर पंछियों का आना-जाना बना रहता था; पर मिसेज अरोड़ा के यहां जैसे विविधवर्णी पक्षी आते थे, उनका यहां सर्वथा अभाव था। उस घर में ढेर सारे तोते आते थे, नीलकंठ आते थे, गौरैया तो दिन-भर फुदकती रहती थीं; और सबसे अधिक आते थे कबूतर।

मुन्नी-लोग हॉल-कमरे में ही रहते थे और बाहर वाला कमरा अलग-थलग था, सो ऑफ़िस जाते समय मैं उसकी खिड़कियां बंद कर दरवाज़े में ताला लगा दिया करता था। एक दिन जब मैं खिड़कियां बंद करने गया तो देखा कि दो कबूतर पंखे पर बैठे हैं। मैंने उन्हें भगाने की चेष्टा की, पर वे इधर से उड़कर उधर और उधर से इधर आ जाते। तब मैंने सोचा कि बहुत दिनों से कबूतर नहीं खाया है, ये मौक़ा मुझे ईश्वर ने दिया है तो क्यों न इसका लाभ उठाऊं। दूसरे कमरे से मैं मोटा तौलिया उठा लाया और उससे झटका मार-मार के दोनों कबूतर पकड़ लिये; उन्हें एक झोले में रखकर उसका मुंह बांधा और खूंटी में टांग दिया कि ऑफ़िस से लौटने पर इनका हिसाब होगा।

उस समय मैंने मुन्नी को कुछ नहीं बताया, नहीं तो वो उन्हें उड़ा देती। वो शुध्द शाकाहारी जो थी। शाम को लौटकर मैंने जब सारा क़िस्सा बताया तो वो बड़ी नाराज़ हुई, ''अभी उनको उड़ाइये... आप कबूतर काटेंगे.... छी...छी... उसको अभी छोड़िये...।''

मैंने उसे समझाया कि ''देखो, मैंने बहुत दिनों से कबूतर नहीं खाया है... अब ये आ गया है तो मुझे बनाने दो.... रात में तो ये उड़ भी नहीं पायेगा...।''

वो मना करती रही, पर मैं नहीं माना। रात में कबूतर का मांस पकाया; मैंने भी खाया, विकी को भी खिलाया और तीन डिग्री सेल्सियस की ठंड में दोनों बाप-बेटे रजाई फेंक कर सोये। उस दिन संयोग से मेरी दावत हो गई, क्योंकि वो तारीख़ थी एक दिसंबर- और उस दिन मेरा जन्मदिन था।

जो लोग मांसाहारी होते हैं, वे अंडा, मछली, चिकेन, मटन- ये सब खा लेंगे; उनमें भी बहुत से लोग ऐसे होते हैं जो मटन या चिकेन में से कोई एक ही खाना पसंद करते हैं। घर में मेरी मां मटन या मछली खाती थी, पर चिकेन नहीं। उसके बारे में उसका अजीब-सा तर्क था कि मुर्गा चूंकि पक्षी होता है, इसलिये वह उसका मांस नहीं खाती। पर बहुत से लोग ऐसे भी होते हैं जो अंडा, मछली, चिकेन,

मटन-सब खा लेंगे; पर कबूतर नहीं खायेंगे। ऐसे लोग 'बगेरी', 'चाहा', 'तीतर', 'बटेर' (एक प्रकार का पक्षी) तक खा लेंगे, पर कबूतर नहीं खायेंगे।

पर हम सब भाईलोग सर्वभक्षी थे। असल में ये जो उक्ति कायस्थों के लिये कही जाती है कि ''कायस्थ आधा मुसलमान होते हैं...'' हमारे ऊपर पूरी तरह से चरितार्थ होती थी। दरअसल हमारे देश में धर्म और जाति की इतनी दीवारें हैं कि उससे संबंधित सामान्य-सी बात को, सहज और उदार-भाव से लेने के स्थान पर हम उसे कट्टरपन की आंखों से देखने लगते हैं; और यहीं पर हम धर्म को पहचानना जैसे बंद कर देते हैं।

हो सकता है, मेरे कबूतर खाने से बहुत-से लोग मुझे निर्मम, हृदयहीन और इन्हीं तरह के विशेषणों से नवाज़ें; पर ढूंढ़ने पर कई ऐसे लोग मिल जायेंगे, जिनका खान-पान तो शुद्ध शाकाहारी है, पर वे जीवन-भर दूसरों का शोषण, उनपर अत्याचार करते रहे हैं; कभी किसी का भला नहीं किया है। तो ऐसा शाकाहार किस काम का....?

पर कुल मिलाकर ये कि कॉलोनी में रहते हुए हम मिसेज अरोड़ा और उनके घर को मिस कर रहे थे। वैसे भी, कॉलोनी में ताक-झांक की परम्परा बहुत पुरानी है। आपके यहां कौन आया, कौन गया; यहां तक कि आपके यहां क्या पका, कुछ लोग इसका हिसाब रखने में ही अपने को पूरे टाइम व्यस्त रखते हैं।

कॉलोनी की संस्कृति में एक बात और होती है, और ये प्रायः महिलाओं में होती है और वो है प्रतिस्पर्धा। इसमें जो बड़े अफ़सर होते हैं, उनकी बीवियां बाज़ी मार ले जाती हैं। मसलन कॉलोनी में कोई फेरीवाला कुछ बेचने आया तो वो सबसे पहले बड़े अफ़सर के यहां जायेगा। उसे अच्छे से पता होता है कि यदि उसने ऐसा नहीं किया तो दूसरे दिन से उसका कॉलोनी में घुसना मुश्किल हो जायेगा। जब बड़े साहब की पत्नी अपनी इच्छा के अनुरूप जी-भर ख़रीदारी कर लेंगी तो वो उनसे छोटे वाले साहब के यहां रुख़ करेगा। इस प्रकार बीच वाले या या उनसे नीचे वाले तक बचा-खुचा, बेकार और लगभग त्याज्य सामान ही पहुंचता है।

पर ज़्यादातर होता ये है कि बड़े साहब की बीवियां उदारता दिखाते हुए अपने ही यहां दूसरी स्त्रियों को बुलवा लेती हैं; पर वहां भी फ़ाइनल निर्णय उन्हीं का होता है और कई बार अल्पवेतनभोगी कर्मचारी की पत्नी उनके दबाव में आकर अपने बजट से अधिक ख़र्च कर डालती है।

लेकिन कॉलोनी लाइफ़ सख़्त नापसंद होते हुए भी मैं वहां रहने के लिये बाध्य था... उससे ज़्यादा वचनबद्ध....।

राजीव जी के स्थानान्तरण और उपाध्याय जी के असमय अवसान के बाद मेरे ऊपर ज़िम्मेदारियां बढ़ गई थीं। अब जबतक कोई निदेशक नहीं आते, सब मुझे ही संभालना था। फ़िलहाल तो राजीव जी के सारे सेक्शन मेरे ही पास थे और मेरे साथी तथा अधीनस्थों में से अधिकांश अपनी-अपनी स्वार्थ-सिद्धि के चक्कर में मुझे नीचा दिखाने के लिये कटिबद्ध थे।

ऐसे समय में केन्द्र अभियंता, श्रीवास्तव जी न सिर्फ़ मेरे साथ खड़े रहे, बल्कि लगातार मेरा मनोबल भी बढ़ाते रहे। ये मेरी ज़िंदगी में अजीब बात हुई है कि रीवा से लेकर, पटना तक, इंजिनियरिंग विभाग के कई ऐसे अधिकारी रहे, जिनके साथ मेरे आत्मीय और पारिवारिक संबंध रहे और आज तक उन संबंधों का निर्वाह होता रहा है। चाहे इंजीनियरिंग अनुभाग में भी मेरे कई विरोधी रहे, पर उनके मुक़ाबले ज़्यादातर ऐसे साथी रहे, जिन्होंने कार्यक्रमों का प्रोडक्शन करने के क्रम में मेरी हर संभव सहायता की; जब भी मुझे आवश्यकता पड़ी वे मेरे लिये दौड़े आये। रीवा में ऐसे दो ऑफ़ीसर थे, जी. पी. श्रीवास्तव और एस. के. गौड़। बाद में वहां के धर्मेंन्द्र श्रीवास्तव भी अच्छे मित्र साबित हुए।

पर मेरे सहयोगियों का विरोध मुझे तात्कालिक समस्या ही प्रतीत हुई और इससे जल्दी ही मुझे निज़ात मिल गई, जब सूरत से आकर केन्द्र निदेशक, श्री वी. एम. त्रिवेदी ने रीवा ज्वायन किया। पर ये महीना इस लिहाज़ से थोड़ा उदासी-भरा रहा कि 21 जनवरी, 1992 को त्रिवेदी जी ने ज्वायन किया; और इसी महीने की अंतिम तारीख़, यानी 31 जनवरी के दिन केन्द्र अभियंता, जी. पी. श्रीवास्तव सेवानिवृत्त हो गये।

इसी बीच रीना भाभी भी घर-गृहस्थी समेट, बच्चों को लेकर राजीव जी के पास जबलपुर चली गईं। उनकी और मेधा-विधा के बिना पूरा क्वार्टर भांय-भांय करने लगा। बहुत दिनों तक तो उनके होने का अहसास होता रहा, पर धीरे-धीरे वक़्त के साथ हमें भी उनके बगैर रहने की आदत पड़ गई।

•••

त्रिवेदी जी रीवा से सेवानिवृत्त होने के इरादे से स्वयं आये थे या भेजे गए थे, ये तो नहीं पता; पर उनकी सेवा 31 जुलाई को समाप्त होने वाली थी और उनका ये छोटा-सा कार्यकाल इस लिहाज़ से महत्वपूर्ण रहा कि इसमें उन्होंने अनेक उल्लेखनीय कार्य किये। इसमें सबसे महत्वपूर्ण कार्य था नियमित उद्घोषक के पद के लिये परीक्षा का आयोजन। रीवा केन्द्र का ये हाल था कि वहां कुछ भी गोपनीय रखना मुश्किल था। ऐसा इसलिये लिखना पड़ रहा है क्योंकि वहां कई 'स्कैम' चल रहे थे। एक तो 'मणिमुक्ता' वाला केस था; दूसरे एक फ़र्राश भी किसी घोटाले को लेकर निलंबित था। उन सबसे ऊपर एक और विचित्र और रहस्यमय केस था कि

किसी ने प्रशासनिक अधिकारी के हस्ताक्षर की नकल करके चेक से पच्चासी हज़ार रुपये निकाल लिये थे। ये केस सी. आई. डी. तक पहुंचा था, और जब वो चेक पुलिस कस्टडी में हस्ताक्षर की फ़ॉरेंसिक जांच के लिये भेजा जा रहा था, अत्यंत रहस्यमय ढंग से, बीच में ही कहीं ग़ायब हो गया।

अत्यंत विचित्र-विचित्र घटनाओं का गवाह रहा है ये केन्द्र। एक बार, रात में किसी ने प्रशासनिक अधिकारी के कमरे का ताला तोड़कर, उसकी एक दीवार में लगी कैस-चेस्ट (तिजोरी) को पूरा-का-पूरा दीवार से खोद कर निकाल लिया। चोरों ने पहले उसे तोड़ने की कोशिश की, पर उसमें सफल नहीं होने पर उसे ले जाना चाहा होगा, लेकिन किसी-न-किसी कारण से वे उसमें भी सफल नहीं हो सके तो छोड़ के भाग निकले।

इसी प्रकार एक बार परिसर में लगा बिजली का ट्रांसफ़र्मर चोरों ने पोल से उतार लिया, पर उसे ले नहीं जा सके। मुझे नहीं पता, उसे ले जाकर वे करते भी क्या...!

और डिस्पैच सेक्शन से गोपनीय पत्रों का लीक हो जाना तो बड़ी आम बात थी। यहां तक कि ड्यूटी-रूम के लॉग-बुक से पन्ने तक फाड़ के ले जाते थे। ऐसे में हमारे सामने इस पूरी परीक्षा-प्रक्रिया को गोपनीय बनाये रखना सबसे बड़ी चुनौती थी। त्रिवेदी जी को मैंने ये सब बातें उनके आते ही बता दी थीं। सो, हम लग गये काम में।

ऐसी किसी परीक्षा के तीन चरण होते हैं- पहला, लिखित परीक्षा, दूसरा, स्वर-परीक्षण और तीसरा साक्षात्कार। जहां तक गोपनीयता का सवाल है, दो स्थानों पर इसका सबसे अधिक ख़याल रखा जाता है; एक लिखित परीक्षा के प्रश्नपत्र में, क्योंकि इसमें उत्तीर्ण होने के बाद ही कोई परीक्षा के अगले चरण- यानी, स्वर-परीक्षण में शामिल हो सकता है; और दूसरा स्थान वह है, जहां अंक-पत्र तैयार किये जाते हैं।

हमने ये निश्चय किया कि ऑफ़िस में कोई काम नहीं करायेंगे, सारा काम बाहर करायेंगे। फिर परीक्षा के लिये प्रश्न-पत्र तैयार कर उसे हम शहर के एक अनजान से टाइपिंग इंस्टीच्यूट में 'स्टेंसिल काटने' के लिये ले गये। उस ज़माने में किसी पत्र या दस्तावेज़ की अधिक प्रतियां निकालने के लिये 'स्टेंसिल काटना' होता था। स्टेंसिल एक प्रकार का कागज़ का बना हुआ फ़्रेम होता था, जो उस मशीन में फ़िट हो जाता था, जिससे पत्र की प्रतियां निकाली जानी होती थीं। पहले उस स्टेंसिल को टाइपराइटर के रौलर पर ठीक उसी प्रकार चढ़ाया जाता था, जिस प्रकार टाइप करने के लिये सामान्य कागज़ को चढ़ाते हैं। उसके बाद उसकी एक प्रति में प्रूफ़ देखा जाता था। यदि उसमें कहीं कोई ग़लती हो गई, तो उस स्थान पर लाल फ़्ल्यूड

लगा कर, उसके ऊपर टाइप किया जाता था। ये कौशल-भरा काम था, जो निस्संदेह हर किसी के वश का नहीं था।

बहरहाल, इस योजना में सिर्फ़ मैं और त्रिवेदी जी शामिल थे, इसलिये गोपनीयता भंग होने की संभावना बिल्कुल भी नहीं थी; और जहां से ये संभव था, उसके लिये इंतज़ाम ये किया कि हम अपने साथ स्टेंसिल शीट, कागज़ आदि तो ले ही गये, टाइपराइटर में प्रयोग आने वाला रिबन भी हम अपने साथ ले गये थे। वहां पहुंचकर हमने अपने सामने टाइपराइटर का रिबन बदलवाया जिसे कार्य-समाप्ति के बाद वापस ले लिया। इसी प्रकार काम के बाद ख़राब हो गये स्टेंसिल और कागज़ के छोटे-छोटे टुकड़े तक समेट के ले आये, जिसे बाद में जला दिया।

ऑफ़िस में कुछ लोगों में बेचैनी ज़बर्दस्त थी, क्योंकि उनकी एक न चली और सारी परीक्षायें अत्यंत निष्पक्षता और गोपनीयता से संपन्न हुईं।

•••

त्रिवेदी जी के कार्यकाल में मुझे उनके साथ समन्वय समिति की कई बैठकों में भाग लेने का अवसर मिला। रीवा ज्वायन करने के बाद उनकी पहली बैठक एक सप्ताह बाद ही 28-29 जनवरी, 1992 को ग्वालियर में थी। इस बैठक के लिये मुझे ढेर-सारी तैयारियां करनी पड़ीं; इसलिये कि त्रिवेदी जी अभी-अभी यहां आये थे और वे मध्यप्रदेश के केन्द्रों के लिहाज़ से, निश्चित बिंदु तालिका, समन्वित कार्यक्रम, चेन कंसर्ट आदि के बारे में ज़्यादा कुछ नहीं जानते थे; सो मैं ये मानकर चल रहा था कि बैठक में सारे सवालों के जवाब मुझे ही देने होंगे।

वो तैयारी एक तरफ़, दूसरी ओर विकी को छोड़कर दूर जा रहा था। मन में बहुत कुछ घुमड़ रहा था। ट्रेन में नींद नहीं आ रही थी, तो डायरी लिखने बैठ गया।

<u>डायरी से</u>

27 जनवरी, 1992

ट्रेन में... माणिकपुर से आगे कहीं...

सारे रास्ते तुम्हारे रोने की आवाज़ मेरे भीतर पहुंचती रही है। यों मैं तुमसे कई बार दूर रहा हूं; पर तुम्हारे होशमंद होने के बाद पहली बार तुमसे कुछ दिनों के लिये अलग हो रहा हूं। अब तुम्हारी तुतली समझ शब्दों में बयान होने लगी है और शायद तुम अपनी उम्र के कच्चेपन में ही विलग होने का मतलब समझने लगे हो।

फ़ेड इन... फ़ेड आउट/110

मुझे 'पापा... पापा...' पुकारती तुम्हारी आवाज़ सिसकियों में डूब चुकी होगी। तुम नींद में भी पुकारोगे, ''पापा... कहां चले गये हो..'' ये मैं जानता हूं। और तुम्हारी मम्मी तुम्हें परियों का क़िस्सा, नीलू-पीलू और भालू की कहानी सुनाकर तुम्हें बहलाने की कोशिश करेगी... पर तुम इतनी आसानी से बहलते भी कहां हो..।

तुम बहलना भी मत, वरना ये अहसास... ''पापा... पापा...'' पुकारना तुम्हारा... और तुम्हारी तुतली समझ का शब्दों में बयान होना जो मुझे बेचैन कर तुम तक खींच ले जायेगा, मर न जाये...।

29 जनवरी, 1992
ग्वालियर

आज मीटिंग के बाद हमलोग 'विलास पैलेस'- सिंधिया महल- देखने गये। वहां महल की पूरी भव्यता में हमारा अपना अस्तित्व बौना-सा दीख रहा था।

बड़ा अद्भुत महल है ये। फ़र्श से लेकर अर्श तक की गई कलात्मक पच्चीकारी बरबस मन को बांध लेती है। मन ये भी सोचता है कि आज वैसे दिमाग़ और हाथ कहां हैं, जिन्होंने ऐसी अद्भुत कला को तराशा था।

रोमन और मुग़ल वास्तुकला का सम्मिश्रण है ये महल। मुख्य हॉल के भव्य प्रवेश-द्वार पर खालों में मढ़े हुए दो शेरों से भेंट होती है; जो यों तो शीशे की एक दीवार के पीछे हैं, पर लगता यही है कि अभी वे उस दीवार को तोड़कर झपट पड़ेंगे।

अन्दर आने पर 'दरबार हॉल' मिलता है जिसकी आन-बान-शान का अंदाज़ा वहां रखी सजावटी वस्तुओं और छत से लटकते दो विशालकाय फ़ानुशों से हो जाता है। कहते हैं कि एक फ़ानुश का वज़न साढ़े तीन टन है। छत से फ़र्श के बीच कोई आधार नहीं, स्तम्भ नहीं; फिर भी सात टन का वज़न लिये ये फ़ानुश बिल्कुल सीधे, वर्षों से यों ही झूल रहे हैं।

वहीं पर दस्तावेज़ी तस्वीरों के बीच दिखी वह विश्वप्रसिद्ध पटरियों पर खड़ी रेलगाड़ी, जो मेहमानों को लंच और डिनर सर्व करने के काम आती थी- चमचमाती हुई, ख़ूबसूरत और अनोखी।

ये पूरा महल और इसमें सजे हुए दर्शनीय पेंटिंग्स- जिसमें आदमक़द पोर्ट्रेट से लेकर लैंडस्केप, और ऐब्स्ट्रैक्ट भी- जो शायद बाद के रहे होंगे और तरह-तरह के अस्त्र-शस्त्र अपने युग की अनोखी और लोमहर्षक कहानियां अपने सीने में छुपाये मौजूद थे।

कल रात बहुत बेचैनी रही, मालूम नहीं क्यों...। शायद सुबह से लेकर रात तक आराम नहीं कर पाने के कारण....। नींद भी बहुत देर तक नहीं आयी... मन पता नहीं क्यों बड़ा बेचैन हो रहा था.... फिर विकी का ख़याल आया.... कहीं तुमलोग किसी तक़लीफ़ में तो नहीं...!

आज दिन में ग्वालियर क़िला और गुजरी महल देखने गये। विशाल प्राचीर और परकोटों से घिरा ये क़िला प्राचीन भारतीय वास्तु-कला का अद्भुत शाहकार है। चारों ओर प्राचीरों से घिरा ये महल और उसके भीतर घुमावदार वीथिकायें.... सीढ़ियां, जो ले जाती हैं महल के तल में.... वहां भी हवा आने के लिये वैज्ञानिक ढंग से की गई रौशनदानों की व्यवस्था और कमरे को तलघर में भी उसे ठंडा रखने के लिये प्राकृतिक कूलिंग सिस्टम.... ये सब देख कर आदमी सोच में पड़ जाता है कि उस युग में सीमित साधनों से लोगों ने कितना कुछ किया, पर अब...?

महल के अंदर जगह-जगह पर उत्कीर्ण मूर्तियों का शिल्प और सौन्दर्य तो और भी अद्वितीय था; लगता था जैसे दीवारों से निकलकर ये मूर्तियां सामने आ खड़ी होंगी और हमसे बातें करने लगेंगी।....

•••

त्रिवेदी साहब के साथ समन्वय समिति की बैठकों में जाना मेरे लिये बड़ा प्रीतिकर रहा करता था; वो इसलिये कि वे बहुत कम बोलते थे और हर जगह मुझे आगे कर देते थे। इससे उत्साहित हो मैं भी जाने से पहले ख़ूब तैयारी करता और कार्यक्रम-संबंधी विमर्श में ज़ोर-शोर से हिस्सा लेता था। हां मेरे जाने के बाद मुन्नी-विकी बिल्कुल अकेले हो जाते थे। पर ज़िम्मेदारी तो ज़िम्मेदारी है, उसका निर्वाह तो करना ही पड़ेगा।

अगली बैठक रायपुर में निश्चित हुई थी। मुन्नी भी कुछ दिनों से दिल्ली, अपनी माया दी के यहां जाना चाह रही थी। उसका 'आर्थराइटिस' का दर्द बहुत बढ़ गया था, इसलिये कुछ दिनों वहीं रहकर इलाज कराना चाह रही थी। इसलिये मुझे लगा कि ये सही समय है.... मुझे भी रायपुर जाना है, उसे दिल्ली भेज दूंगा तो मैं भी निश्चिंत हो जाऊंगा। ये सोच टिकट कटा के मैं उसे दिल्ली जाने वाली ट्रेन में बिठा आया।

इघर मैं और त्रिवेदी जी सतना से 'सारनाथ एक्सप्रेस' पकड़ निकल पड़े रायपुर के लिये। डायरी के कुछ पन्ने उसी ट्रेन के अन्दर लिखे गये–

6 अप्रैल, 1992
सारनाथ एक्सप्रेस में

दो घंटे पहले तुम्हें दिल्ली वाली ट्रेन में बिठाया है। तुम भरे-मन से विदा हो गई हो। तुम्हारी आंखें कह रही थीं, ''खुश रहना...''; पर मन कह रहा था, ''तुम फिर मेरे साथ नहीं चल रहे...।'' फिर मन को दिलासा दिया होगा, ''ये तो हमेशा होता आया है... लेकिन मैं तुम्हें प्यार करती हूं, इसलिये ये भी सिर-आंखों पर....।''

तुम कितना सहती हो... मेरी तिक्तताओं को, उपेक्षाओं को, और मेरी मजबूरियों को भी; और मैं जानकर भी इन सबसे निरपेक्ष बना रहता हूं बिना किसी आवेग के। फिर भी, मैं प्यार किया जाता हूं....!

साढ़े बारह बज चुके हैं पर नींद पता नहीं कहां बिला गई है। विकी का हाथ हिलाना... 'टा...टा...' करना और सरकती ट्रेन के साथ छूटता जाता तुम्हारा साथ- इन सबने मेरी नींद को मुझसे दूर कर दिया है। अब नींद न ही आये तो अच्छा ताकि तुमलोगों के विदा के क्षणों को लमहे-भर और अपने भीतर जी लूं। एक अनकहा-सा दर्द है, जो तुम्हारे साथ रहते हुए भी मुझे घेरे रहता है और जब विलग होता हूं तो और बेधने लगता है।

और विकी, वही है, जिसकी तोतली बोली जब कानों में रस घोलती है तो सारा दर्द पिघलकर ना जाने कहां बह जाता है। तब न दर्द रहता है, ना दर्द का अहसास। सच तो यही है कि विकी का होना हमारे लिये बहुत बड़ा वरदान है.... और वही, बिल्कुल विपरीत दिशा में जाने वाली गाड़ी में बैठा फ़ासला तय करता जा रहा है।

तुम उसे अपनी जान से बढ़कर हिफ़ाज़त से रखोगी, ये मैं जानता हूं; पर मेरा मन बिल्कुल अशांत है.....।

8 अप्रैल, 1992
रायपुर

आज की आधी मीटिंग उपमहानिदेशक, एम. पी. लेले साहब के नाम रही। उन्होंने प्रसारण से जुड़े सवालों पर बड़ा बारीक विश्लेषण पेश किया। सुनने में, सिद्धांततः ये विमर्ष, और निष्कर्ष बड़े प्रभावकारी और क्रियान्वयन की दृष्टि से

सरल-सुगम लगते हैं; लेकिन केन्द्र पर जाकर इन्हें अपनाना बहुत कठिन होता है, ये मैंने कुछ प्रशिक्षण और कार्यशालाओं में जाकर बहुत अच्छे से अनुभव कर लिया। वहां ऐसी-ऐसी आदर्शवादी मिसालें पेश की जाती हैं कि लगता है, बस, स्टेशन पहुंचे नहीं कि सबकुछ उन मान्य सिद्धांतों के अनुरूप होने लगेगा। लेकिन सबसे पहले सिद्धांतों और नियमों की ऐसी-तैसी करना वही लोग शुरू कर देते हैं, जो ऐसी कार्यशालाओं में भाग लेकर आये होते हैं।

पर लेले साहब की छवि एक ईमानदार और कर्तव्यनिष्ठ अफ़सर की थी।

9 अप्रैल, 1992
रायपुर

आज की मीटिंग 'भिलाई स्टील प्लांट' के सौजन्य से वहीं के एक स्थानीय होटल में रखी गई थी। रायपुर से लगभग तीस किलोमीटर दूर स्थित 'भिलाई स्टील प्लांट' देश के औद्योगिक विकास की रीढ़ है, जो प्रतीक है पं. नेहरू-जैसे दूरदर्शी नेता की कल्पना का, उनकी विरासत का।

पं. नेहरू की इस विरासत के दर्शन करने का अवसर हमें लंच के बाद मिला। इस्पाती धमनियों में सांस लेती देश की औद्योगिक प्रगति तब और साफ़ नज़र आयी, जब हम उसके निकट गये। ऊंची-ऊंची चिमनियां, आदमी की जगह काम करते हुए बड़े-बड़े इस्पाती हाथ, मशीनी दिमाग़ों का फैला हुआ अन्तर्जाल; और इन सबके सम्मिलित सहभाग से धमन-भट्टियों में पिघलता हुआ लौह-अयस्क तथा उनको दी जाने वाली मनचाही शक्लें...। पचास से साठ डिग्री सेल्सियस तापमान के बीच खड़े रहकर ये सब देखना बहुत ही रोमांचकारी था, वर्णनातीत...!

13 अप्रैल, 1992
रीवा

आज तुम्हारा जन्मदिन है। आज तुम पूरे तीन बरस के हो गये। जन्मदिन तुम्हें बहुत-बहुत मुबारक़ बेटा...। तुम्हारा पापा भले ही तुम्हारे पास नहीं है, लेकिन उसकी जान तुम्हारे ही भीतर है। मैं सोच रहा हूं, तुम क्या कर रहे होगे... संभव है, होंठों पर कोमल मुस्कान लिये सो रहे होगे.... हो सकता है, रोते-रोते और

फ़ेड इन... फ़ेड आउट/114

तुतली ज़ुबान में पूछते-पूछते सो गये होंगे, "मम्मी... पापा लो तो नहीं लहे होंगे... पापा खाना खाने तब आयेंदे...।"

तुम्हारी याद तो क्या आयेगी बेटा... तुम तो सोते-जागते, उठते-बैठते, हर समय, हर जगह साथ होते हो... तुम तो मेरे भीतर हो, समाये हुए... फिर भी मेरा दिल रोता है... मैं रोता हूं.... तरस जाता हूं तुम्हारी निर्दोष मुसकान देखने को, तुम्हारी तोतली बोली सुनने को; पर देखो, पत्थर बना बैठा हूं, तुमसे इतनी दूर...!

मेरी सारी उम्र तुम्हें मिल जाये। ढेरों प्यार और पप्पी...।

•••

रायपुर मीटिंग से लौटे एक सप्ताह हो चुका था। केन्द्र पर षड्यंत्रकारी लोग सदा की भांति नित नये-नये परेशान करने के उपायों में लगे हुए थे। उनमें से एक इंजीनियरिंग असिस्टेंट लगातार मुझे तंग करने के नये-नये हथकंडे अपनाता रहता था। मैं देखता था कि जब कभी मैं स्टूडियो में डबिंग करने जाता, उसकी ड्यूटी नहीं रहने पर भी वह कंट्रोल रूम में मौजूद मिलता और वहां की पावर सप्लाई बार-बार काट देता।

एक बार तो हद ही हो गयी। एक दिन मैं शाम को साढ़े छ: बजे, उसी दिन रात दस बजे प्रसारित होने वाले कार्यक्रम की डबिंग कर रहा था। मुझे पता नहीं कि कौन-सी शक्ति है जो किसी आशंका या अनहोनी के प्रति मुझे पहले से सचेत कर देती है और मैं उससे बच निकलता हूं...। उस दिन भी शायद ऐसे ही किसी आभास से मैंने डबिंग में सहायता के लिये अपने साथ युववाणी कंपीयर रवि शुक्ला को रख लिया था। अभी डबिंग शुरू ही की थी कि वहां की सप्लाई कट गई, जबकि स्टूडियो में, कन्ट्रोल रूम में, सब जगह पावर था। जब मैं इसके लिये कहने कन्ट्रोल रूम गया तो वहां वह कथित इंजीनियर मौजूद था, जबकि उसकी ड्यूटी भी नहीं थी। मैं समझ गया कि वह परेशान करने के इरादे से ही वहां आया है। मेरे कहने पर एक दूसरे इंजीनियर ने पावर सप्लाई दे दी।

दोबारा डबिंग शुरू की ही थी कि फिर पावर ऑफ़...। इस बार मैं कहने नहीं गया, इंतज़ार में खड़ा रहा। पर आधे घंटे में चार से पांच बार वहां की सप्लाई काटी गई।

जब इससे भी उस इंजीनियर को संतोष नहीं हुआ तो वो डबिंग स्टूडियो में आकर रवि से स्टूडियो-पास मांगने लगा। मैंने कहा कि रवि की ड्यूटी आज युववाणी में थी, इसलिये उसका पास शाम को ही निर्गत किया जा चुका है; गार्ड के पास जाकर देख लें। इसपर उसने बड़े अपमानजनक लहज़े में कहा, "मैं आपसे बात नहीं कर रहा हूं.... आप अपना काम कीजिये...।"

मैंने फिर कहा, ''रवि को मैंने रोक के रखा है, आपको आपत्ति है तो केन्द्र अभियंता से बात कीजिये... ये यहां से नहीं जायेंगे...।''

इतना कहना था कि वो इंजीनियर गाली-ग़लौज पर उतर आया और बाक़ायदा उसने मेरे ऊपर प्रहार करने के लिये हाथ उठाया तो रवि ने उसका हाथ बीच में ही पकड़ लिया। इसपर और उत्तेजित होकर वो कहने लगा, ''मैं दफ़ा 302 में जेल जा चुका हूं... मैं आपको बर्स्ट कर दूंगा... गोली मार दूंगा...।'' मैंने तुरंत ड्यूटी-रूम से केन्द्र अभियंता और कार्यक्रम-प्रमुख को इसकी सूचना दी तो वे आये और उन्होंने उस इंजीनियर को समझाया।

इसके बाद उसने दूसरा रास्ता अख़्तियार किया। एक दिन शाम को काम समाप्त कर घर निकलने को हुआ तो पाया कि मेरे स्कूटर का टायर पंक्चर है। मैंने स्टेपनी बदला और घर आ गया। उसके दूसरे दिन दूसरा टायर पंक्चर मिला। उस दिन भी स्टेपनी बदल के घर आ गया, पर मुझे थोड़ी-थोड़ी शंका होने लगी थी। उसके दो दिन बाद दोनों टायर पंक्चर मिले। अब सब साफ़ हो गया कि ये कौन कर रहा है और क्यों कर रहा है।

दरअसल कुछ समय पहले युववाणी के लिये स्वर-परीक्षण हुआ था जिसमें उस इंजीनियरिंग असिस्टेंट ने अपने कुछ लोगों के चयन के लिये पैरवी की थी; पर उनका चयन नहीं हो पाया जिससे रुष्ट होकर वो इस नीचता पर उतर आया था।

हालांकि मैंने उसकी लिखित शिकायत कार्यालय-प्रमुख के साथ-साथ महानिदेशालय को भी की, पर उसका कोई नतीज़ा नहीं निकला। इससे खिन्न होकर मैंने महानिदेशालय भेजे अपने दूसरे पत्र में अपने पटना स्थानान्तरण के लिये निवेदन कर दिया; यहां तक कि ये भी लिखा कि ''यदि किसी कारण से पटना संभव नहीं तो भारत के किसी भी केन्द्र पर कर दिया जाये, मैं अब यहां नहीं रहना चाहता।''

पर ऐसे कठिन दौर में, रीवा के कतिपय क्षुद्र और पतित लोगों के बावजूद, कुछ ऐसे मेरे अपने भी थे जो मेरे साथ खड़े रहे, अडिग-अविचल, वे थे मेरे कंपीयर रवि शुक्ला और कृष्णपाल सिंह। ये दोनों मुझे अत्यधिक प्रिय थे, अपने व्यवहार के कारण, अपनी सदाशयता के कारण, अपनी ईमानदारी के कारण...। रवि तो पहले से नौकरी में था, पर कृष्णपाल सिंह का चयन पहले प्रसारण निष्पादक में हुआ; तत्पश्चात् प्रोन्नति पाकर वे कार्यक्रम अधिशासी हुए और निस्संदेह ये आज भी मुझे इतने ही प्रिय हैं, मेरे परिवार की तरह हैं।

इन्हें किसी भी प्रकार मैं दुखी नहीं देख सकता था, पर कई बार परिस्थितियां ऐसी हो जाती हैं कि किसी बात को लेकर मन में क्लेश हो जाता है।

दरअसल रवि की एक संस्था थी, 'आराधना सांस्कृतिक केन्द्र'। उसने मुझे उसका अध्यक्ष बनाया था। ज़ाहिर था कि ये 'अवैतनिक' था। पर अभी की परिस्थितियों में मुझे लग रहा था कि मेरे शत्रु इसे भी मेरे विरुद्ध इस्तेमाल करेंगे। इसलिये बेहतर है कि ऐसा कुछ होने से पहले मैं इस्तीफ़ा दे दूं। मैंने उसे कहा कि "अब इतने मोर्चों पर अनेक प्रकार के संघर्षों को झेलते-सहते मैं बुरी तरह थक चुका हूं, इसलिये मुझे संस्था से खुद को अलग करना पड़ेगा।"

मेरे ऐसा कहने पर वह बिल्कुल चुप हो गया। मैं समझ गया कि उसे चोट पहुंची है। मैंने उसे बहुत समझाने की कोशिश की। मैंने यहां तक कहा कि "यदि तुम मेरा अहित नहीं चाहते तो मुझे इस्तीफ़ा देने दो।"

जवाब में उसने जो कहा वो मुझे भीतर तक हिला गया। उसने कहा, "आप बड़े हैं, जो आदेश देंगे, मानूंगा; पर अगर आप रिज़ाइन करना ही चाहते हैं तो पहले मुझसे और मेरे संबंधों से 'रिज़ाइन' कीजिये...।"

मेरा दिल भर आया था, "रवि, तुम बिल्कुल बच्चे हो.... फ़ालतू बकवास मत करो।"

मैं सोचता रहा। आखिर कौन से ऐसे नाते हैं जो इस कदर अपने बन जाते हैं कि उन्हें ज़रा-सी भी तकलीफ़ होती है तो दिल तिलमिला उठता है। इसीलिये वो सारा दिन मैंने रवि के साथ गुज़ारा, उसे अकेले नहीं होने दिया।

इसी प्रकार सी. एल० पासी, मेरा कार्यक्रम-सचिव एक ऐसा इन्सान जो जाति-धर्म और छोटे-बड़े के भेदभाव से बिल्कुल परे, मुझसे गहरे जुड़ा रहा; निष्कपट, सच्चा और आदमी की परख करने वाला.... दूसरों को प्यार करने वाला और उसपर जान लुटाने वाला....।

जब कभी मैं छुट्टी में या शासकीय यात्रा पर जाने को होता तो उससे कहता, "पासी, ज़रा मेरे कंपीयर-लोगों का ख़्याल रखना, उन्हें कोई प्रॉब्लम न हो," तो वो बड़े विश्वास से कहता, "साहब, आप निश्चिंत होकर जाइये, हम हैं न इहां।"

ऐसा वो कहता ही नहीं, निभाता भी था।

अभी ऑफ़िस में ऐसे लोगों ने प्रतिकूल माहौल बना रखा है जिन्हें कुछ सुविधायें प्राप्त हैं। इन्होंने पासी को भी अपने गुट में शामिल करने का भरपूर प्रयास किया, पर पासी अपनी निष्ठा से कभी डिगा नहीं। यही कारण है कि जब रीवा से मेरा स्थानान्तरण सागर हुआ तो ट्रक से मेरा सारा सामान सागर पहुंचाने के लिये पासी से विश्वस्त कोई और नहीं दिखा; और निस्संदेह उसने अपनी वफ़ादारी निभाई।

•••

इधर मेरे विरुद्ध नित नये षड्यंत्रों की स्क्रिप्ट लिखी जा रही थी, उधर इन सबसे निरपेक्ष मैं योगेश त्रिपाठी और हीरेन्द्र सिंह के नाटकों की स्क्रिप्ट पर काम कर रहा था। इसके साथ-साथ तीन महीने में एक बार समन्वय समिति की बैठकों में भी जाता रहा।

एक बार की बैठक तो अत्यंत अद्भुत थी। हालांकि उसका सीधा संबंध रीवा केन्द्र से नहीं था; लेकिन उस बैठक में कुछ ऐसी स्थितियां बनीं, जिन्होंने दूसरे केन्द्रों पर असर तो डाला ही, व्यक्तिगत तौर पर मेरे आगे आने वाले जगदलपुर केन्द्र में मेरे पहुंचने की पूर्वपीठिका भी रखी।

इधर त्रिवेदी जी ने रीवा ज्वायन किया, दूसरी ओर गुजरात के ही किसी केन्द्र से स्थानान्तरित होकर, छतरपुर केन्द्र में, त्रिवेदी जी के मित्र श्री बी. मुकुन्द शर्मा ने केन्द्र निदेशक का कार्यभार संभाला। कुछ ही दिनों बाद 'क्षेत्रीय कार्यक्रम समन्वय समिति' की बैठक छतरपुर में होने वाली थी; हालांकि बैठक की तिथि मुकुन्द जी के आने से पहले पिछली बैठक में ही तय हो चुकी थी। इस तरह की बैठकों की परम्परा रेडियो में बहुत पुरानी है और आज भी इसका पालन किया जाता है। प्रत्येक तीन महीने में होने वाली ये बैठक राज्यस्तरीय होती है, जिसमें प्रदेश-स्थित आकाशवाणी के सभी केन्द्रों के कार्यक्रम अधिकारी हिस्सा लेते हैं। बड़े केन्द्रों से केन्द्र निदेशक अथवा सहायक केन्द्र निदेशक और उनके साथ कार्यक्रम अधिशासी (समन्वय), तथा स्थानीय एफ़. एम. केन्द्रों से एक अधिकारी इसमें शामिल होते हैं।

2 और 3 जुलाई, 1992 में आयोजित छतरपुर की ये बैठक ख़ास इसलिये थी कि इसमें मुकुन्द शर्मा ने जो ब्रोशियर तैयार किया था, उसमें मिनट और सेकेंड तक का उल्लेख था। उदाहरणार्थ, लंच ब्रेक- 01-35-45; यानी, एक बज के पैंतीस मिनट, पैंतालिस सेकेंड- और इस प्रकार के उदाहरण भरे पड़े थे।

आम तौर पर ये बैठकें केन्द्र पर ही हुआ करती हैं; ज़्यादा-से-ज़्यादा तो किसी स्थानीय होटल में। हां, ये बात और है कि दो दिन चलने वाली बैठक डेढ़ दिन में समाप्त कर शेष समय में अधिकारियों को उस क्षेत्र के किसी प्रसिद्ध स्थान की सैर करा दी जाए। पर इस बैठक की दूसरी ख़ास बात ये थी कि छतरपुर केन्द्र की बैठक, छतरपुर केन्द्र पर ही नहीं हुई। दरअसल कार्यक्रम ही कुछ इस प्रकार से बना हुआ था- पहले दिन के पहले सत्र की बैठक झांसी में; तो दूसरे सत्र की खजुराहो में; दूसरे दिन के पहले सत्र की बैठक मझगंवा में और अंतिम सत्र चित्रकूट में।

प्रोग्राम के अनुसार सभी केन्द्रों को पहले छतरपुर आना था; फिर वहां से सब साथ प्रस्थान करते। रीवा, छतरपुर के निकट का केन्द्र है, और वहां तक पहुंचने

का तब एकमात्र रास्ता सड़क होकर था। सो हम कार्यालय-वाहन से सफ़र करने वाले थे; पर हमें रीवा से निकलने में ही देर हो गई।

जब हम छतरपुर पहुंचे तो पता चला कि सारे लोग झांसी के लिये निकल चुके हैं। अभी हम सोच-विचार कर ही रहे थे कि क्या किया जाये, वहां परिसर में एक सज्जन मय एक अदद अटैची के दिखाई दिये। जब उन्होंने गाड़ी के आगे आकाशवाणी, रीवा का बोर्ड लगा देखा तो लपक के पास आये और अपना परिचय दिया, ''मैं हसन ख़ान, ए. एस. डी., रायपुर।''

गाड़ी से झट बाहर निकलकर उनसे हाथ मिलाते हुए हमने अपना-अपना परिचय दिया। उन्होंने बताया कि रायपुर से यहां पहुंचने का कोई सीधा रास्ता नहीं है, इसलिये ट्रेन और बस का सफ़र करने में देर हो गई।

त्रिवेदी जी ने उन्हें प्रस्ताव दिया साथ चलने का। वैसे भी गाड़ी में हम दो ही लोग थे, इसलिये कोई समस्या नहीं थी उनके आने से। अपना सामान रख वे पीछे त्रिवेदी जी के साथ बैठे और मैं आगे ड्राइवर की सीट के बगल में।

हमलोग अपराह्न तीन बजे के आसपास झांसी के 'ग्रासलैंड राष्ट्रीय शोध संस्थान', पहुंचे, जहां सबके रहने की व्यवस्था की गई थी। हालांकि बहुत अच्छी व्यवस्था नहीं कही जा सकती थी। ऐसे माहौल और ठहराव में, ज़ाहिर है रात सुखमय नहीं होनी थी, सुबह सब थके-थके-से दिखे।

रात में हम अपनी-अपनी अटैची साथ में होटल ले गये थे। सुबह अपनी अटैची लेकर मैं नीचे आया और ड्राइवर बाबूलाल को गाड़ी की डिकी में रखने के लिये कहा तो बाबूलाल थोड़ा हिचकिचाते हुए बोले कि ''सर गाड़ी में तो जगह नहीं है।''

''क्यों.... कल तक तो जगह थी... मेरी अटैची भी डिकी में ही थी.... आज ऐसा क्या हो गया....?''

बाबूलाल जवाब देने में थोड़ा और हिचकिचाये, ''सर, इसमें साहब ने अपनी अटैची रखी है...।''

मैंने डिकी खुलवाया तो वो भरी मिली। उसमें दो नई अटैची नज़र आ रही थी।

''बाबू लाल जी, इसमें किस साहब ने अटैची रखी है....? इसमें से बाहर निकालो... और मेरी अटैची रखो...'' मेरी आवाज़ ज़रूर थोड़ी ऊंची हो गई होगी, क्योंकि तबतक पास में ही नाश्ता कर रहे कुछ लोग आकर पूछने लगे कि क्या हुआ।

मैंने उन्हें बताया कि ये रीवा की गाड़ी है और मुझे लौट कर रीवा ही जाना है। इसमें पहले से मेरी अटैची रखी थी। अब किसी ने अपनी अटैची रख दी है। अब मैं अपनी अटैची कहां ले जाऊं।

कुछ लोगों ने सहमति में सिर हिलाया, कुछ ने पूछा भी कि किसका सामान है; तबतक गहमागहमी देख हसन ख़ान, ''क्या हुआ.... क्या हुआ...'' कहते पहुंचे।

मैंने उन्हें भी बड़ी रुखाई से कह दिया, ''देखिये न, मेरे सामान की जगह पता नहीं किसने अपना सामान रख दिया है। अब मैं अपना सामान कहां रखूं...।''

वो बड़े ठंडे लहज़े में बोले, ''मैंने रखा है...। क्या प्रॉब्लम है...।''

''क्या प्रॉब्लम है...? प्रॉब्लम है, तभी तो कह रहा हूं। इसी गाड़ी से मुझे रीवा लौटना है। फिर मैं अपना सामान कहां रखूं। आप अपना सामान निकालिये इसमें से। पहले तो इसमें आपकी एक ही अटैची थी, दूसरी कहां से आ गई....?'' मेरा क्रोध बढ़ता जा रहा था। धीरे-धीरे वो लोग खिसक लिये जो थोड़ी देर पहले सिर हिलाकर मेरा समर्थन कर रहे थे।

तबतक राजीव जी, जयंत जोशी, गिरीश वर्मा आदि ''क्या हुआ ख़ान साहब''... कहते हुए निकट आ गये। ख़ान साहब ने कहा, ''देखिये न, ये कल का लड़का मुझे कह रहा है कि अपनी अटैची बाहर निकालिये...।''

तबतक त्रिवेदी जी भी आ चुके थे। ख़ान साहब के मुंह से ''ये कल का लड़का'' सुन मेरा भी जवान ख़ून उबाल खा गया। मैंने त्रिवेदी जी को पूरी कथा सुना डाली।

''अरे... ख़ान साहब, आप मेरे साथ बैठो....'' जयंत जोशी ने कहा।

''अरे कोई नहीं, ख़ान साहब, आप मेरे साथ चलिये...।'' गिरीश वर्मा अपनी जीप में बैठने का आग्रह कर रहे थे।

''साहब, बैठने की समस्या नहीं है। ख़ान साहब मुझसे बड़े हैं। मैं उनका अनादर नहीं कर रहा। सिर्फ़ मैं ये चाहता हूं कि मेरा सामान मेरे केन्द्र की गाड़ी में रहे, ताकि सुरक्षित रहे। सर, आप इसी गाड़ी में बैठिये, सिर्फ़ मेरा सामान इसमें रहने दीजिये।'' मैंने बात हालांकि पूरी विनम्रता से कहने की कोशिश की थी, पर शायद ख़ान साहब को इसमें अपनी हेठी होती दिखाई दी, इसलिये वे अड़ गये कि वे इस गाड़ी में नहीं जायेंगे।

हालांकि मैं भी उस गाड़ी में नहीं जाने वाला था, क्योंकि उसमें त्रिवेदी जी के अलावा, झांसी से इन्दौर के केन्द्र निदेशक अग्रवाल साहब साथ हो जाने वाले थे; उन्हें एक जांच के सिलसिले में रीवा ही जाना था। ख़ान साहब उसमें बाद में जुड़े। मैं तो सिर्फ़ ये चाहता था कि मेरा सामान एक जगह, और सुरक्षित रहे। छतरपुर ने कई गाड़ियों की व्यवस्था कर रखी थी; एक छोटी बस भी थी। इसके अलावा रीवा की तरह कई केन्द्र अपनी गाड़ियों के साथ आये थे। ख़ान साहब उनमें से किसी के साथ जा सकते थे; पर उन्हें तो लग रहा था कि ''ये कल का छोकड़ा''... उनका सामान बाहर निकालने को कह रहा है!... आख़िरकार त्रिवेदी जी के बहुत कहने पर

वो साथ में जाने को राज़ी हुए और उनका सामान गिरीश वर्मा की जीप में रखा गया।

पर मुझे तो उस छोटी बस में जाने का लोभ था जिसमें जयंत जोशी थे। जयंत जोशी भोपाल के 'पेक्स कोऑर्डिनेशन' थे और जिस तरह से मेरे रोल मॉडल राजीव जी थे, जयंत जोशी कुछ दूसरे प्रकार से मेरे रोल मॉडल थे।

उनकी सबसे बड़ी ख़ूबी ये थी कि उनके पास क़िस्सों का बहुत बड़ा भंडार था और उससे भी बड़ी उन क़िस्सों को सुनाने की उनकी कला थी। उनके साथ रहकर कोई व्यक्ति उदास और दुखी नहीं हो सकता था। क़िस्से ऐसे-ऐसे कि हंसते-हंसते पेट में बल पड़ जाते। उस समय कई ऐसे छोटे-छोटे क़िस्से प्रचलन में थे; बल्कि उन्हें क़िस्से से ज़्यादा चुटकुला कहना चाहिये, कि उन्हें कितनी बार सुनो, मन ही नहीं भरता था।

उसमें से एक बड़ा मशहूर था कि जबतक आदमी पेक्स रहता है, ख़ूब काम करता है; जब ए. एस. डी. बनता है तो दूसरों से काम कराता है, और जब स्टेशन डायरेक्टर बनता है तो न ख़ुद काम करता है, न दूसरों को करने देता है। ये चुटकुला आसकरण शर्मा भी सुनाया करते थे।

इसी प्रकार एक और था कि आदमी जबतक पेक्स रहता है, ठीक-ठाक रहता है; जब ए. एस. डी. बनता है तो उसकी दुम निकल आती है; और जब स्टेशन डायरेक्टर बनता है तो उसकी सींग भी निकल आती है, जिससे वो हर किसी को मारता फिरता है।

लेकिन जयंत जोशी के पास इनके अलावा क़िस्सों और चुटकुलों का अच्छा-ख़ासा स्टॉक था, जो कभी ख़त्म नहीं होता था और सभी इन्हें उनके मुंह से सुनने के लोभ में उनके इर्द-गिर्द मधुमक्खियों की भांति जुटे रहते थे।

इस आनन्द को प्राप्त करने वालों में मैं नया-नया शामिल हुआ था; क्योंकि जबतक रीवा में राजीव जी रहे, स्वाभाविक तौर पर हर मीटिंग में केन्द्र निदेशक के साथ वे ही जाते रहे। मुझे इसका कोई अनुभव नहीं था। सच तो ये है कि अपने केन्द्र के लोगों को छोड़कर मैं दूसरे केन्द्र के लोगों से परिचित भी बहुत कम था। राजीव जी के रहते शायद ऐसी एक मीटिंग रीवा में हुई थी, पर उस समय तो मैं और भी नया था। शायद यही कारण था कि हसन ख़ान और मेरे बीच बात इतनी बढ़ गई। उस समय तो मैं यही सोच रहा था कि "ए. एस. डी. होंगे तो अपने स्टेशन में होंगे..... मुझपर उनका रोब नहीं चलने वाला.....।" अगर हम पूर्व से थोड़ा परिचित होते तो शायद ये मामला इतना तनावपूर्ण और खट्टा नहीं होने पाता। ... कि उसमें फिर से मिठास भरने के लिये मुझे पांच साल इंतज़ार करना पड़ता। पांच साल बाद जब मैं सागर से स्थानान्तरित होकर जगदलपुर पहुंचा तो उस समय

वहां के केन्द्र निदेशक हसन ख़ान साहब थे, जिन्होंने सबकुछ भुलाकर मुझे गले लगा लिया था।.....

पर ये बातें बाद में..... अभी तो हम डॉ. मुकुन्द शर्मा के बनाये इस अद्भुत भागदौड़ वाले कार्यक्रम और इसके बीच जयंत जोशी के रसीले चुटकुलों और क़िस्सों में मगन थे।

जोशी जी एक दूसरे कारण से भी मेरे फ़ेवरिट थे। वो कारण था कार्यक्रमों के बारे में उनकी गहरी जानकारी और अद्भुत याद्दाश्त। उस समय मध्यप्रदेश के कैपिटल स्टेशन भोपाल में सुप्रसिद्ध कवि श्री लीलाधर मंडलोई- जो आगे चलकर आकाशवाणी के महानिदेशक भी हुए- केन्द्र निदेशक थे और ऐसी बैठक, चाहे किसी केन्द्र पर हो, परिपाटी के तहत मंडलोई जी ही अध्यक्षता करते थे। उनके कार्यकाल की बैठकें भी बड़ी गंभीर हुआ करती थीं, मंडलोई जी के सामने मजाल कि कोई हल्के ढंग से बात करे।

उन बैठकों में मैं देखता कि किसी कार्यक्रम में दो साल पहले पहले क्या हुआ था, ये जानने के लिये मंडलोई जी का सिर्फ़ जोशी जी की तरफ देखना-भर था कि वे रिकॉर्ड की तरह चालू हो जाते। ये उनकी बहुत बड़ी ताक़त थी, जिसके चलते लोग उन्हें पसंद करते थे।

मैं भी उन-जैसा बनना चाहता था। हालांकि इसकी नींव राजीव जी मेरे भीतर पहले ही रख चुके थे; क्योंकि याद्दाश्त के मामले में वे भी काफ़ी अमीर थे। पूरी क्यूशीट उनकी ज़बान पर रहती थी। इसके अलावा पुराने नियम और महानिदेशालय के आदेश आदि भी उन्हें कंठस्थ थे। उनके संसर्ग में आने वाले लोग, उनसे जुड़ी यादें-घटनायें- सब, उनकी स्मृति में बसती थीं।

इसलिए मैं इनलोगों की तरह बनने की कोशिश कर रहा था और शायद इसमें सफल भी हुआ; क्योंकि राजीव जी के जबलपुर जाने के बाद प्रायः समन्वय समिति की बैठकों में मैं ही जाता रहा और कार्यक्रमों से सबंधित विमर्श में उसी प्रकार भाग लिया करता, जिस प्रकार राजीव जी या जोशी जी। तभी तो जब मध्यप्रदेश में ग्यारह साल बिताकर मैं वापस पटना लौटा तो उपनिदेशक के पद से सेवानिवृत्त होने वाले, मेरे बड़े भाई जैसे, सुरेश पांडेय जी हर जगह मेरा उदाहरण देते कहते कि "मध्यप्रदेश में आज भी लोग इसे याद करते हैं, क्योंकि समन्वय समिति की बैठकों में कोई कुछ जानना चाहता तो ये खटाखट बता देता। ये अपने समय का अच्छा पेक्स कोऑर्डिनेशन रहा है।"

उनके मुंह से ये सुनकर अच्छा लगता था, हालांकि उनके साथ काम करते हुए उनके-मेरे संबंध नरम-गरम ही बने रहे। पर ये बातें प्रसंग आने पर.....।

तो मैं अपनी क़िस्मत का आभार मानता हूं कि शुरुआती दौर में ही मुझे ऐसे मार्गदर्शक मिले। इस प्रकार जयंत जोशी के उन्मुक्त ठहाकों और मुकुन्द शर्मा जी के अनोखे कार्यक्रमों के साथ हमारी ये अद्भुत यात्रा जारी थी।

उन्होंने रास्ते भर के लिये और भी नई-नई व्यवस्थायें कर रखी थीं। मसलन, बीच-बीच में कई पड़ाव रखे गये थे, जिसे उन्होंने नाम दिया था, 'सर्प्राइज़'; और वो 'सर्प्राइज़' हमें कई तरह के गिफ़्ट के तौर पर मिली भी। जैसे, मऊरानीपुर में मलमल का कपड़ा मिला और ओरछा में मंदिर के दर्शन कराये गये। सबसे अद्भुत और क़ीमती उपहार हमें मिला पन्ना में, जहां हीरों की खदानें तो देखीं ही, वापसी में सबको हीरे का महीन-सा कण- इतना कि उससे नाक की कील बन सके- भी उपहारस्वरूप दिया गया।

इन विस्मयकारी उपहारों और जोशी जी के विनोदी क़िस्सों के बावजूद ये यात्रा अत्यंत थकाऊ और उबाने वाली हो गई थी। ऊपर से हसन ख़ान साहब के साथ हुई कलह ने वैसे भी मेरे उत्साह का एक बड़ा हिस्सा लील लिया था; इसलिये पन्ना से चित्रकूट जाने के क्रम में त्रिवेदी जी से "तबीयत ख़राब लग रही है..." कहकर मैं अपनी अटैची के साथ सतना उतर गया और वहां से बस से वापस रीवा....। हालांकि उसके बाद की कई बैठकों में ख़ान साहब से मुलाक़ात हुई, पर हमेशा उन्होंने देख के अनदेखा किया; सो मैंने भी उन्हें ज़्यादा तवज्जो नहीं दी।

जैसे-जैसे त्रिवेदी जी की सेवा-निवृत्ति की तिथि निकट आ रही थी, मैं देख रहा था कि उनकी बेचैनी, पता नहीं किन कारणों से, बढ़ती जा रही थी। इसीलिये उन्होंने पत्नी और पुत्र को वहां बुला लिया था और आसपास की जगहों में घूमने की योजना बनाने लग गये थे। शायद ये उनके अकेले हो जाने वाला अहसास था जिसके चलते वे पर्यटन पर अपने को केन्द्रित करने लगे थे।

एक दिन उन्होंने मुझसे कहा, "मैं अमरकंटक जाना चाहता हूं। आप उसपर एक फ़ीचर बनाइये तो हम सब लोग घूम भी लेंगे।"
मैं क्या कहता। सच्चाई तो ये थी कि अमरकंटक के बारे में सुना बहुत था, पर जाने का अवसर कभी प्राप्त नहीं हुआ था। मुझे लगा कि ये अच्छा मौक़ा है। मैंने साथ में अपनी पत्नी और विकी को भी ले जाने की इच्छा ज़ाहिर की, तो वे बड़े खुश हुए, "अरे, ये तो अच्छी बात है; मेरी पत्नी को भी कंपनी मिल जायेगी।"
फिर क्या था, तैयारी कर के हम चल पड़े अमरकंटक की ओर...।

अमरकंटक शहडोल के पास अनूपपुर ज़िले में पड़ता है जो नर्मदा, सोन और जोहिला नदियों का उद्गम-स्थल भी माना जाता है। इसका एक नाम 'आम्रकूट' भी है। इसका प्राचीन नाम 'अमरकंठ' था, जो भगवान् शिव का एक नाम भी है। नर्मदा यहां से पश्चिम की ओर, जबकि सोन पूर्व दिशा की ओर बहती है। 'नर्मदा पुराण' के अनुसार, सोनभद्र से विवाह टूट जाने के बाद गुस्से और ज़िद में मां नर्मदा ने अनंतकाल तक अकेले ही बहने का निर्णय लिया और वे पश्चिम दिशा की ओर मुड़ गईं।

मां नर्मदा को शिवपुत्री और अमरकंटक को भगवान् शिव का दूसरा घर भी कहा जाता है। माना जाता है कि शिव, देवी उमा के साथ यहां सदा निवास करते हैं।

मैकाल की पहाड़ियों में स्थित अमरकंटक समुद्र-तल से लगभग १०६५ मीटर ऊंचा है, जहां पर विंध्य और सतपुड़ा की पहाड़ियों का मेल होता है। ये घने वन से आच्छादित क्षेत्र है, जहां महुआ और सागवान के पेड़ बहुतायत में मिलते हैं। अमरकंटक अपने सुंदर झरनों और धार्मिक, पवित्र स्थलों को लेकर अत्यधिक प्रसिद्ध है। इस क्षेत्र में वर्षा भी खूब होती है।

हम रास्ते में ही थे कि तेज़ बारिश ने हमारा स्वागत् किया। वहां गेस्ट हाउस में कमरे का इंतज़ाम पहले से किया हुआ था, सो हम वहां ठहरकर बारिश का आनन्द भी उठाने लगे और उसके रुकने का इंतज़ार भी.... ताकि वहां की घूमनेवाली जगहों पर हम जा सकें। पर हमारी ये मंशा पूरी नहीं हुई। हालांकि शाम हुई नहीं थी, पर धुआंधार बारिश में घुलमिलकर वह अंधेरे की ओर जल्दी बढ़ चली थी। इसलिये तय हुआ कि दूसरे दिन सुबह निकलना ही ठीक होगा। हालांकि वो गर्मी के दिन थे पर बारिश होने से मौसम इतना ठंडा हो गया था कि कंबल का सहारा लेना पड़ा। खाना खाने के बाद, सफ़र की थकान से कब आंख लगी, पता ही नहीं चला।

दूसरे दिन, सड़क से लेकर पेड़ के पत्तों तक में हरियाली बिछी थी। बारिश से पेड़ों के पत्ते धुल के निखर चुके थे। धूप चमक रही थी पर उसमें एक किस्म की नर्मी भी शामिल थी। हम सबसे पहले पहुंचे उस जगह, जिसे मां नर्मदा का उद्गम-स्थल माना जाता है। वो स्थान 'नर्मदा कुंड' के नाम से ख्यात् है। इसके चारों ओर अनेक मंदिर बने हुए हैं, जिनमें शिव मंदिर, अन्नपूर्णा मंदिर, दुर्गा मंदिर, श्री राधाकृष्ण मंदिर, ग्यारह रुद्र मंदिर आदि प्रमुख हैं। ये भी माना जाता है कि नर्मदा का उद्गम शिव की जटाओं से हुआ है, इसलिये शिव को 'जटाशंकर' भी कहा जाता है।

निकट में ही, लगभग एक किलोमीटर की दूरी पर मां नर्मदा को समर्पित 'मां की बगिया' थी। कहा जाता है कि इस सुन्दर बगिया से शिव की पुत्री नर्मदा पुष्पों को चुनती थी।

इसके बाद हम गये 'धुनी पानी' जो गर्म पानी का झरना था। औषधीय गुणों से संपन्न इस झरने के बारे में विश्वास है कि इसमें स्नान करने से असाध्य रोग ठीक हो जाते हैं। हालांकि हममें से किसी ने भी इसे आज़माने की कोशिश नहीं की।

दो दिन के प्रवास में काफ़ी घूम लिया था हमने। तीसरे दिन जब रीवा लौट रहे थे तब भी बारिश हो रही थी और अमरकंटक के जंगल, पहाड़—सब हमारे पीछे छूटते जा रहे थे।

•••

दस

आदमी घर से निकलता है परेशान
और आश्वस्त
अपनी शाम की तरफ़
उसकी पीठ पर
घर खड़ा है...

(इन्दु जैन)

त्रिवेदी जी 31 जुलाई, 1992 को सेवानिवृत्त होने वाले थे और केन्द्र की स्थिति ये थी कि उनके जाने के बाद कोई 'क्लास-वन' अधिकारी यहां नहीं बचता, क्योंकि केन्द्र अभियंता जी. पी. श्रीवास्तव भी 30 जून को सेवानिवृत्त हो जाने वाले थे। फिर तो गज़टेड में पहले नम्बर पर सहायक अभियंता, शशिपाल गुप्ता जी थे; उनके बाद मेरा स्थान आता था, जिसकी कुल जमा सर्विस चार सालों की थी। अमरकंटक यात्रा के दौरान केन्द्र की बहुत सारी समस्याओं को त्रिवेदी जी के साथ शेयर करने का अवसर मुझे मिला था। उसमें से एक युववाणी सेक्शन भी था। स्वयं त्रिवेदी जी भी उसमें प्रतिदिन हो रही समस्याओं से पूरी तरह अवगत थे। सो, वहां से लौटकर उन्होंने दुबारा युववाणी मुझे एलॉट कर दिया।

उधर त्रिवेदी जी 31 जुलाई को जाने की तैयारी कर रहे थे, इधर जगदलपुर से श्री एच. के. पाणि, सहायक केन्द्र निदेशक ने 30 जून को रीवा ज्वायन किया, ठीक श्रीवास्तव जी की सेवानिवृत्ति वाले दिन। पाणि साहब को तीन महीने के 'टूअर' पर रीवा भेजा गया था; हालांकि बाद में उनसे ही पता चला कि पहले उन्हें अल्पकालिक स्थानान्तरण पर यहां भेजा जा रहा था, जिसे उन्होंने मना कर दिया था।

पाणि साहब उड़ीसा के कटक के रहने वाले थे और उनकी प्रथम नियुक्ति संघ लोक सेवा आयोग से 'साइंस ऑफ़ीसर' के पद पर हुई थी। आकाशवाणी में ये पद क्लास–वन का हुआ करता था, बाद में जिसका विलय सहायक केन्द्र निदेशक के पद में हो गया था।

पाणि साहब बड़े ही मृदुभाषी और सुलझे विचारों वाले लगे। वो वहां जितने दिन रहे, मेरे साथ उनका रिश्ता अत्यंत आत्मीय और दोस्ताना रहा। तबतक पत्नी ऑर्थाराइटिस से पीड़ित हो गई थी और उसका स्वास्थ्य निरंतर गिरता जा रहा था। पाणि साहब मेरी इस स्थिति को लेकर हमेशा चिंतित और उद्विग्न दिखे। ऐसा बहुत कम होता है कि किसी व्यक्ति के साथ तीन महीनों से भी कम समय में, आपसी संबंधों में ऐसी आत्मीयता, ऐसा अनुराग घुलमिल जाये कि वो संबंध पूरी ज़िंदगी की थाती बन जाये। पर ऐसा हुआ।

रीवा के बाद पाणि साहब वापस जगदलपुर गये और वहां से उड़ीसा के कई केन्द्रों से घूमते हुए, प्रोन्नति पाकर जब अतिरिक्त महानिदेशक के रूप में दिल्ली में पदस्थापित हुए; तब भी मेरे प्रति उनका अनुराग वैसा का वैसा ही था। जब भी उनसे फ़ोन पर बात होती, वो पत्नी की तबीयत के बारे में ज़रूर पूछते। जब मैं भागलपुर और उसके बाद पटना केन्द्र पर सहायक निदेशक के रूप में कार्यरत था, तब अत्यंत प्रतिकूल परिस्थितियों में भी उन्होंने हमेशा मेरी सहायता की, मेरा मार्गदर्शन किया। लोग ऐसे भी मिले, जिन्होंने उनके बारे में शिकायतें कीं, कि वे किसी का काम नहीं करते; कड़े और दो-टूक बोलने वाले हैं आदि-आदि; पर मुझे कभी ऐसा अनुभव नहीं हुआ। मुझसे क्या, वो जिससे भी मिले, मैंने उनका हमेशा सबके साथ दोस्ताना व्यवहार ही देखा। और वे साफ़-साफ़ बोलते हैं तो ये तो उनकी विशेषता है, गुण है, इसकी तो सराहना की जानी चाहिये, न कि आलोचना। आज हमदोनों सेवानिवृत्त हो चुके हैं, पर पाणि साहब से रीवा में बना वो तीन महीने का संबंध आज सत्ताइस सालों बाद भी जीवित है, आत्मीयता से भरपूर है, अनुरागमय है।....

पाणि साहब के जाने के बाद का समय मेरे लिये बड़ी कठिन परीक्षा की घड़ी लेकर आया। क़ायदे से केन्द्राध्यक्ष सहायक अभियंता, शशिपाल गुप्ता को होना चाहिये था, पर उन्होंने स्वास्थ्य-कारणों का हवाला देकर इस ज़िम्मेदारी को लेने से मना कर दिया। तब महानिदेशालय द्वारा मुझे, कार्यक्रम-प्रमुख के साथ-साथ, केन्द्राध्यक्ष का कार्यभार संभालने को कहा गया।

ज़ाहिर था कि इसके बाद मेरी ज़िम्मेदारियों में और इज़ाफ़ा होने वाला था, और दुश्मनों में भी। ये बहुत जल्दी प्रमाणित भी हो गया जब मुझे तरह-तरह से परेशान करने की कोशिशें की जाने लगीं, घर के फ़ोन पर ब्लैंक-कॉल आते, स्टूडियो प्रोग्राम रिकॉर्ड करने जाता तो पावर सप्लाई काट दी जाती.... इसके अलावा अख़बारों में ऊलजलूल ख़बरें छपवाई जाने लगीं।

एक बार तो इंतेहां हो गई। आज भी उस घटना को याद करता हूं तो झुरझुरी-सी आ जाती है।

हुआ कुछ ऐसा कि रात के लगभग साढ़े ग्यारह बजे फ़ोन की घंटी बजी। फ़ोन ड्राइंग-रूम में था और मैं बेडरूम में लगभग सो चुका था। मैंने आंख मलते हुए घड़ी देखी, थोड़ा चकित और चिंतित भी हुआ कि इतनी रात को कौन फ़ोन कर सकता है। ख़ैर, जाकर फ़ोन उठाया तो दूसरी तरफ़ एक महिला-स्वर सुनाई दिया। उसने अपना नाम बताया और कहा कि वो बहुत मुसीबत में है और कुछ लोग जबरन उसे अपने साथ बस में बिठाकर ले जा रहे हैं, कि मैं उसकी मदद करूं और किसी तरह बस-अड्डे आ जाऊं, उसे बचा लूं...। मैं उस नाम को जानता था जो मेरी एक कैजुअल उद्घोषक का था।

मैं बड़ा पशोपेश में कि क्या करूं। एक तरफ़ उसका कातर स्वर, दूसरी तरफ़ इतनी रात गये उसका फ़ोन.... जाऊं, ना जाऊं.... अगर नहीं जाता और उसे कुछ हो जाये तो शायद जीवन-भर मुझे इसका पश्चाताप रह जायेगा... क्या करूं....!

मैंने फिर घड़ी पर निगाह डाली... समय सरकता जा रहा था। तभी मैंने निर्णय लिया कि मुझे जाना चाहिए। पहले सोचा कि बस-स्टैंड बगल में ही है, तो स्कूटर से चला जाऊं; फिर पता नहीं क्या सोच कर मैंने ऑफ़िस में 'मेन गेट' पर फ़ोन किया, जहां गार्ड और सुबह की ड्यूटी वाले ड्राइवर होते थे। तब मैंने यही सोचा कि रात का समय है, ऑफ़िस की गाड़ी से ही जाना ठीक होगा।

गाड़ी आ गई और मैं उससे बस-स्टैंड की तरफ़ निकला। रास्ते में एक पुलिया पड़ती थी, जहां मैंने तीन-चार लोगों को खड़े देखा। जाते हुए मैंने इसपर बहुत ध्यान नहीं दिया। मैं सीधा बस अड्डे पहुंचा और वहां खड़ी एक-एक बस में झांक लिया, पर जिसने मुझे टेलिफ़ोन किया था, वो कहीं भी नज़र नहीं आई।

इस पूरी प्रक्रिया में लगभग दस मिनट लगे होंगे। ड्राइवर जी कुछ समझ नहीं पा रहे थे कि मैं कर क्या रहा हूं, क्योंकि मैंने उन्हें कुछ नहीं बताया था। पर, मेरी बेचैनी देख वे पूछ बैठे, ''किसी को ढूंढ़ रहे हैं का साहेब...।''

''हां..'' कुछ अनमने ढंग से मैंने कहा और आकर गाड़ी में बैठ गया... बोला, ''चलिये...''

जब वापस लौट रहा था तो उसी पुलिया पर वो चार लोग उसी प्रकार खड़े मिले और बार-बार उसी दिशा की ओर देख रहे थे, जैसे वो किसी का इंतज़ार कर रहे हों, जिधर से मैं बस-स्टैंड आया था और अब वापस जा रहा था।

पुलिया पार करते ही मेरे भीतर अचानक कुछ कौंधा और मैं एकबारगी सहम और डर गया। तो क्या ये लोग मेरा इंतज़ार कर रहे थे... क्या करते मेरे साथ.... और क्या वो फ़ोन भी झूठा था... पर उस एनाउन्सर की आवाज़... उस वक़्त मैं सोने की प्रक्रिया में था, इसलिये जल्दबाज़ी में संभव है आवाज़ नहीं पहचान पाया होऊं.... ओह... यदि ये षड्यंत्र था, तो बहुत भयंकर था और यदि मैं स्कूटर से गया होता तो.... एक झुरझुरी-सी आई.... उस समय एक ही बात सोच रहा था कि पहले तो मैं स्कूटर से ही जाने वाला था, ऑफिस की गाड़ी से जाने की सलाह किसने दी... मेरे अन्तर्मन ने.... या किसी अदृश्य शक्ति ने मुझे चेताया... सावधान किया।....

उस रात फिर सो नहीं सका। उतनी रात को मैं उस उद्घोषिका को फ़ोन कर सच की तसदीक भी नहीं कर सकता था, क्योंकि उसका नम्बर 'पी.पी.' नम्बर था; यानी फ़ोन उसके घर के पास किसी और के यहां था, जो कभी कोई सूचना देनी हो तो बुलवा देते थे।

रात-भर मैं जागता रहा कि कैसे सुबह हो और मैं वास्तविकता जान सकूं कि वाकई उसने फ़ोन किया था या नहीं। लगभग आठ बजे मैंने 'पी.पी.' नम्बर पर फ़ोन कर उस उद्घोषिका को बुलाने के लिए कहा। तीन-चार मिनट बाद उधर से थोड़ी घबड़ाई-सी आवाज़ सुनाई दी, ''कौन... सर... क्या बात है... इतनी सुबह-सुबह....''

मैंने उसके स्वर से ही पकड़ लिया कि नहीं, रात वाली आवाज़ इसकी नहीं थी..... किसी और की थी। बस, मैंने इतना ही पूछा, ''कल रात तुम क्या कहीं बाहर गई थीं क्या...''

उसने कहा, ''नहीं सर... मैं तो सो रही थी.... बात क्या है सर...''

''कुछ नहीं...'' कहके मैंने फ़ोन काट दिया।

तो मेरे ख़िलाफ़ लोग इस नीचता तक उतर आये थे। मेरे प्रमुख बनते ही मेरे विरुद्ध कुछ लोगों का बाकायदा षड्यंत्र शुरू हो गया, पर ये सब पर्दे के पीछे छुपकर ही हो रहा था। मैं भी जान रहा था कि अभी-अभी मेरे कमरे में आकर जो

अपने सहयोगी की शिकायत मुझसे कर के गया है, वही दूसरी जगह मेरी शिकायत कर रहा होगा; फिर भी मैं ख़ामोश रहता, किसी से कुछ न कहता और वो सब मज़े में षड्यंत्र में जुटे रहते। दफ़्तर की ग़लीज़ राजनीति का चेहरा मैं देख रहा था, पर उसे बेनक़ाब करने का हुनर मुझे नहीं आता था। ऐसे समय में मुझे राजीव जी की वो बात याद आती थी जो वे छतरपुर के अपने केन्द्र निदेशक, राजेन्द्र प्रसाद के कथन के तौर पर अक्सर पेश करते थे कि "मैं राजनीति नहीं करता, ये ठीक है, पर ऐसा नहीं कि मैं राजनीति समझता भी नहीं...।" पर मैं हमेशा चुप रहा और इस सिद्धांत को ग़लत साबित करने में मुझे बरसों लग गये; तबतक मेरा काफ़ी नुकसान हो चुका था।

इस बीच सत्ता के सारे सूत्र मेरे पास थे- यानी मैं केन्द्राध्यक्ष था, कार्यक्रम-प्रमुख था और साथ में आहरण एवं संवितरण अधिकारी, अर्थात् डी. डी. ओ. भी था। तब भी मैं परेशान था, दुखी था। बीच-बीच में वहां की समस्याओं को लेकर मैं पाणि साहब से बात करता रहता था। उनकी सलाह काम भी आती थी। पर इस बार उन्होंने कहा, "आप डी. डी. ओ. का काम फ़ौरन किसी और को दे दीजिये...।"

मैंने उन्हें बताया कि "मेरे अलावा जो पेक्स हैं, आप उनके बारे में अच्छी तरह जानते हैं। वे इतनी ज़िम्मेदारी का काम नहीं कर पाये तो....?"

"तो वे भुगतेंगे और सारी ज़िम्मेदारी उनकी होगी। आख़िर उन्हें भी तो ये काम करना चाहिये। उन्हें भी आपके बराबर सैलरी मिलती है। फिर प्रशासन चलाने के लिये सबसे सही होता है शक्ति का विकेन्द्रीकरण, यानी 'ट्रांसफ़र ऑफ़ पावर'। आप जैसे ही ये करेंगे आपकी आधी मुसीबत ख़त्म हो जायेगी।"

पाणि साहब की प्रशासन चलाने की इस शिक्षा को भी मैंने गांठ में बांधा और पूरे सेवाकाल में इसपर अमल किया।

मेरे इस क़दम ने सबको चौंकाया और वास्तव में धीरे-धीरे मेरी तकलीफ़ें कम होने लगीं; पर अब इस केन्द्र पर रहने की मेरी रत्ती-भर इच्छा नहीं रह गई थी। मैं दिनरात ईश्वर से मनाने लगा कि मेरा इस केन्द्र से स्थानान्तरण हो जाये और यहां की गंदी राजनीति से मुझे मुक्ति मिले। ईश्वर ने मेरी बात सुनी तो, पर लगता है जल्दीबाज़ी में सुनी, या आधी-अधूरी सुनी, इसलिये 17 मार्च, 1993 को उसने एक केन्द्र निदेशक, श्री एम. आर. वंद्योपाध्याय को मेरा कष्ट कम करने यहां भेज दिया।

पर मेरी अरदास जारी थी। असल में कहूं तो मेरा पूरा मोहभंग हो चुका था इस केन्द्र से। अब किसी काम में कोई रुचि नहीं रह गई थी। बस मन में एक

ही बात थी कि मुझे यहां से निकलना है। ईश्वर से मनाता था कि मुझे किसी भी जगह भेज दे, जंगल, पहाड़- कहीं भी; पर यहां से मुक्ति दे दे।

ऐसे ही शायद किसी समय ईश्वर को मेरे ऊपर दया आ गई तो उसने पूछ लिया, ''तू ही बता, तू कहां जाना चाहता है...?''

मैं बड़ा असमंजस में। अभी तो कह रहा था कि ''कहीं भी भेज दे...'' और अब जब ईश्वर 'च्वायस' मांग रहा है तो दुविधा क्यों...?

पर ईश्वर यदि मुझे मनचाही जगह मांगने का अवसर दे रहा है तो क्यों न मांग ही लूं। पर कहां.... एक क्षण में कई स्थान आंखों के आगे से सिनेमा की रील की तरह गुज़र गये। फिर जैसे फ़िल्म रिवाइंड होती है, ठीक उसी तरह सारे स्थान वापस हुए और एक स्थान पर फ़िल्म ठहर गई..... पहाड़ियों और ऊंची-नीची, सर्पीली सड़कों के बीच शांत, थिर, ठहरा हुआ शहर- जिस जगह जाकर मेरी उंगली रुकी, वहां लिखा था, 'सागर'।

मेरी तंद्रा टूटी तो मैंने देखा कि मेरा कार्यक्रम-सचिव, सी. एल. पासी मुझे हिला रहा है, ''साहब... साहब... तबीयत तो ठीक है न आपका...। हम चाय भिजवाते हैं आपके लिये...'' कहकर वो चला गया।

क्या था ये...? कोई सपना या मेरे ही मन की कोई कुंठा...। पर, मैंने 'सागर' क्यों मांगा, वहां तो रेडियो स्टेशन है भी नहीं...। हां, ये सही है कि उसका लैंडस्केप मेरे दिलो-दिमाग़ में गहराई से अंकित इसलिये था कि मैं भोपाल में होने वाली बैठक में भाग लेने सागर होकर ही जाता था, क्योंकि वही सड़क-मार्ग सबसे सुगम था। मुझे पहाड़, हरियाली आदि वैसे भी अपनी तरफ़ खींचते थे, इसलिये जब भी भोपाल जाना होता, सागर से गुज़रते हुए मन में एक बार ये ख़याल ज़रूर आता था कि ''कितनी सुंदर जगह है.... काश यहां रहने को मिल जाता...!''

पर ये असंभव था, क्योंकि वहां आकाशवाणी का केन्द्र ही नहीं था।

इस बीच, मई में वंद्योपाध्याय साहब कुछ दिनों के लिये अवकाश पर गये तो महानिदेशालय की डाक खोलने की ज़िम्मेदारी मुझपर आ गई। एक दिन मेरे कमरे में सागरे जी आये। वे प्रायः कम ही आते थे लेकिन डाक वाले दिन कभी-कभी आ जाते थे।

वे बोले, ''देखो तो सिन्हा जी, कुछ नया ऑर्डर वगैरा तो नहीं है।''

मैंने लिफ़ाफ़ा उठाया और उसे कैंची से काटते हुए मज़ाक में ही कहा, ''देखिये... इसमें से मेरा ट्रांसफर ऑर्डर निकलेगा...।''

''क्या मज़ाक कर रहे हो आप ?'' सागरे जी ने ठहाका लगाते हुए कहा।

तबतक मैं पत्र देखने लग गया था और उन पत्रों के बीच एक आदेश मुझे दिखा, जिसे सरसरी दृष्टि से पढ़कर मैंने चुपचाप सागरे की तरफ़ बढ़ा दिया।

पत्र पढ़ने के बाद सागरे जी थोड़ी देर किंकर्तव्यविमूढ़ की स्थिति में रहे; फिर मुझे पत्र लौटाते हुए बोले, ''आपका तो ठीक है- सागर; पर मेरा ट्रांसफ़र बैतूल कर दिया है।''

इस ऑर्डर के आने से कुछ ही दिनों पूर्व, 2 मई, 1993 को सागर का 'लोकल रेडियो स्टेशन' अस्तित्व में आया था और मेरे अन्दर से कोई नाद अन्तर्ध्वनित हो रहा था- सागर... सागर... सागर...।

जब मैंने लिफ़ाफ़ा खोलने के बाद ऑर्डर में अपने नाम के आगे सागर लिखा देखा; वो एक क्षण, जैसे मेरे लिये संपूर्ण आह्लाद का क्षण बन गया; लगा जैसे मेरे सारे कष्टों, सारी पीड़ाओं पर किसी ने मरहम-भरा हाथ फेर दिया हो और मैं बेसब्री से वंद्योपाध्याय दादा के लौटने की प्रतीक्षा करने लगा कि कब वो आयें और मुझे कार्यमुक्त करें।

मेरी ये इच्छा भी जल्दी ही पूरी हो गयी और 26 मई, 1993 को रीवा को अलविदा कहते हुए, सागर केन्द्र पर अपना योगदान देने मैं निकल पड़ा। परिवहन निगम की बस मुझे, अपने पीछे छूटती मधुर-तिक्त स्मृतियों के साथ उस शहर की ओर ले जा रही थी, जो शायद मेरे सपनों का शहर था।

•••

प्राण खंड

एक

रीवा की यात्रा एक प्रकार से मेरी खुद की खुद से पहचान की यात्रा थी। इस यात्रा के अनुभवों से गुज़र कर, उसे पार कर लगा जैसे मैं किसी दुर्गम, बीहड़ की यात्रा कर के आया होऊं- थका-हारा, पस्त और बेदम, जैसे सारी शक्ति निचोड़ ली हो किसी ने।

इसके तुरंत बाद सागर की गहराइयों में ऑक्टोपस की पकड़ से बचते हुए मोती तलाश करना बड़ा दुष्कर प्रतीत होने लगा। मैंने अपने शायक उतार दिये और सप्ताहांत तक अपना पसंदीदा कैसेट लगाकर प्रभा अत्रे का गाया राग मालकौंस और जौनपुरी सुनता रहा। प्रभा अत्रे की खनकती आवाज़ में विलंबित से द्रुत तक की स्वर-गति में डूबना मुझे बेहद पसंद था; क्योंकि ये दोनों राग तनाव और दवाब के क्षणों से आपको मुक्त करते हैं। शेष समय में 'आवारा मसीहा' को फिर से पढ़ना शुरू किया।

इस विश्राम के बाद जब सागर-संधान के लिये सज्ज हुआ तब मेरे भीतर एक नया राग बज रहा था, एक नयी ऊर्जा-वलय से मैं घिरा हुआ था और मेरी सोचों में सागर एक आत्मीय सखा-सहचर का रूप लेता जा रहा था।

•••

सागर के बारे में कहा जाता है कि सन् 1660 के आसपास निहालशाह के वंशज ऊदनशाह ने तालाब के किनारे स्थित वर्तमान किले के स्थान पर एक छोटा किला बनवाया और उसके आसपास गांव बसाकर उसका नाम दिया- परकोटा।

अभी सागर का जो क़िला है उसके अन्दर बस्ती का निर्माण पेशवा के एक अधिकारी गोविन्दराव पंडित ने कराया था। सन् 1735 के बाद पूरे सागर पर पेशवा ने अपना आधिपत्य जमा लिया। वैसे इसका नाम 'सागर' उस विशाल झील के कारण पड़ा, जिसके किनारे ये नगर बसा है जबकि ज़िले के रूप में सागर की स्थापना सन् 1860 में हुई।

अपने विशाल क़िले, सुन्दर झील, ऊंची-नीची घुमावदार सड़कों और अपने ख़ूबसूरत प्राकृतिक सौन्दर्य के अलावा सागर दो और चीज़ों के लिये प्रसिद्ध हुआ— एक तो डॉ. हरिसिंह गौर विश्वविद्यालय, जिसे सागर विश्वविद्यालय भी कहा जाता है; और दूसरा, इस विश्वविद्यालय में शिक्षा ग्रहण करने वाले प्रख्यात् दार्शनिक आचार्य रजनीश, यानी 'ओशो' के कारण।

इस विश्वविद्यालय की स्थापना 18 जुलाई, 1946 को डॉ. हरिसिंह गौर ने अपनी व्यक्तिगत पूंजी लगाकर की थी, जो किसी एक व्यक्ति के दान से स्थापित होने वाला देश का एकमात्र विश्वविद्यालय है। 27 मार्च, 2008 को इसे 'केन्द्रीय विश्वविद्यालय' के रूप में मान्यता प्रदान की गई।

'ओशो' के अलावा इस विश्वविद्यालय के छात्रों में 'राष्ट्रीय स्वयंसेवक संघ' के पूर्व सरसंघचालक के. एस. सुदर्शन, सुविख्यात् फ़िल्म निर्देशक सुधीर मिश्रा और मंजे हुए अभिनेता आशुतोष राणा का नाम उल्लेखनीय है।

पर आगे चलकर एक ऐसी बड़ी घटना हुई, जिसके चलते सागर विश्वविद्यालय का नाम पटना, आकाशवाणी के साथ अकस्मात् जुड़ गया।

हुआ यूं कि आकाशवाणी, पटना से बच्चों के कार्यक्रम 'बालमंडली' का जीवंत, यानी 'लाइव' प्रसारण हो रहा था। (उस समय ज़्यादातर कार्यक्रम 'लाइव' ही हुआ करते थे।) उस प्रसारण में एक बच्चे से चुटकुला सुनाने के लिये कहा गया तो उसने बड़ी मासूमियत से सुना दिया, "गली गली में शोर है........... चोर है...।"

उस कार्यक्रम के प्रस्तोता को काटो तो ख़ून नहीं, देश के एक बड़े लीडर के लिये ऐसा अपशब्द....? पर किसी ने सुना, किसी ने नहीं.... की तर्ज़ पर ये दुर्घटना आई-गई हो गई। इसके अरसे बाद सागर विश्वविद्यालय के प्रश्नपत्र में ये प्रश्न पूछा गया, "बतायें, "गली गली में शोर है...." ये घटना किस रेडियो स्टेशन की है...?"

जब ये घटना घटी उस समय उतना शोर नहीं हुआ, जितना राष्ट्रव्यापी शोर-शराबा सागर विश्वविद्यालय में प्रश्न पूछने के बाद हुआ; और इसकी क़ीमत उन प्रस्तोता को निलंबन का दंश झेलकर चुकानी पड़ी; गो कि इसमें उनका कोई दोष नहीं था।

तो किसी-न-किसी प्रकार सागर से मेरा रिश्ता इस प्रकार जुड़ता था, तभी तो शायद भवितव्य की आहट पहचान कर मैंने सागर में बसने की कल्पना कर ली थी और ईश्वर ने भी इसे देने में कोई संकोच नहीं किया।

पता नहीं, उस समय ज़बान पर साक्षात् मां सरस्वती विराजमान हो गई थीं, या कुछ और जब मैंने रीवा में सागरे जी से डाक का लिफ़ाफ़ा खोलते हुए कहा कि ''इसमें मेरा ट्रांसफ़र ऑर्डर होगा...।''

पर अभी केन्द्र निदेशक, वंद्योपाध्याय साहब अवकाश पर थे, इसलिये मेरा निकलना नामुमकिन था। लेकिन तबतक एक काम करना ज़रूरी था; और वो था मुन्नी और विकी को पटना या आरा पहुंचाना। तबतक सागर के बारे में मुझे कुछ ख़ास पता नहीं था कि वहां क्वार्टर की क्या स्थिति है, कहीं बाहर रहना होगा तो मकान ढूंढ़ना होगा; फिर गृहस्थी का सारा सामान, जो रीवा से आयेगा, उसे भी व्यवस्थित करना होगा। पर पटना जाने का कोई सीधा और सुगम मार्ग नहीं था। रीवा से पहले बस से चार घंटे की यात्रा कर इलाहाबाद जाओ; वहां से पटना या आरा जाने के लिये दिल्ली से लौटने वाली ट्रेन का ही आसरा रहता है और ऐसी सभी ट्रेन देर रात इलाहाबाद पहुंचती हैं। ऐसे में मुन्नी का अकेले, पांच साल के विकी को लेकर इस तरह सफ़र करना भी संभव नहीं था। इसलिये इन्हें माया दी के यहां, दिल्ली भेजने का फ़ैसला किया; क्योंकि सतना से दिल्ली के लिये सीधी ट्रेन थी; इसलिये इनलोगों को दिल्ली की ट्रेन में जाकर बिठा दिया और वहां फ़ोन से इसकी जानकारी दे दी कि स्टेशन वो लेने चले आयें।

इसके बाद का ज़रूरी काम था घर-गृहस्थी का सारा सामान सागर ले जाना, जो 'नहीं-नहीं' करते हुए भी अच्छा-ख़ासा हो गया था। वो भी पहले वहां जाकर रहने-सहने की व्यवस्था करने के बाद ही संभव था, जिसमें दो-चार दिन लगने ही थे।

मुख्य समस्या थी कि मैं तो चला जाऊंगा सागरा। मेरी अनुपस्थिति में सारे सामान की पैकिंग कर, ट्रक पर लोड कराने से लेकर सागर तक पहुंचाने की ज़िम्मेदारी कौन उठायेगा....!

ऐसे समय में मुझे याद आयी सी. एल. पासी, अपने कार्यक्रम सचिव की। मैंने उससे पूछा तो वो सहर्ष तैयार हो गया, ''अपन के चिंता करे के जरूरत नहीं है साहब...। इहंन हम सब कर देईं.... आपन निश्चिंत हो के जाईं....।''

एक बड़े और भारी काम से मुझे पासी ने एक क्षण में चिंतामुक्त कर दिया था। तबतक वंद्योपाध्याय साहब आ चुके थे और मेरे अनुरोध पर दूसरे ही दिन उन्होंने मुझे 'रिलीव' कर दिया।

'ऑर्डर' लेकर मैंने एक गहरी सांस ली, जैसे मैं किसी बन्दी-गृह से छूटा होऊं। पर ये मन को संतोष देने वाली बात थी। जबतक नौकरी है तब तक गुलामी रहेगी, ये बात मैं भलीभांति जान गया था; हां, इसके रूप और अंदाज़ अलग-अलग हो सकते हैं।

मैंने क्वार्टर की चाबी पासी को ये कहते हुए सौंपी कि वो तीसरे दिन मेरा सामान लेकर निकलेगा, तबतक मैं सागर पहुंच कर रहने की व्यवस्था कर लूंगा। फिर उसी दिन बस से मैं सागर निकल पड़ा।

•••

सागर.... मेरे सपनों का शहर... सचमुच लगा कि सुहाने सपने अपने रूप-रस-गंध के साथ यहां की ख़ूबसूरत वादियों में परवाज़ करते होंगे।

सागर बस-स्टैंड से ऑटो लेकर मैं ऑफ़िस पहुंचा था। अगर आप सिविल लाइन्स की तरफ़ से जायें तो आकाशवाणी, सागर पहुंचने के लिये तिराहे से चढ़ाई चढ़नी पड़ती है। घुमावदार सड़क सीधे आपको सागर कचहरी तक ले जाती है और उसके ठीक सामने है, सागर का रेडियो स्टेशन।

अन्दर पहुंचा तो सन्नाटा-सा दिखा। कोई आदमी नज़र नहीं आ रहा था। गेट पर भी कोई गार्ड नहीं दिखा। इतना संवेदनशील स्थान इस प्रकार असुरक्षित-सा क्यों है...?

ऑफ़िस के अन्दर गया तो एक आदमी दिखा। मैंने उससे ड्यूटी-रूम पूछा तो उसने बगल के कमरे की ओर इशारा कर दिया।

वहां कोई नहीं था। मैंने वहीं इंतज़ार करना बेहतर समझा। थोड़ी देर में एक गोल-मटोल-से व्यक्ति ने वहां प्रवेश किया। मुझे देखकर थोड़ा ठिठका, फिर घूम कर अपनी कुर्सी पर आकर बैठ गया।

"जी, बोलिये...।" वो मेरी ओर मुख़ातिब हुआ।

"मैं रीवा से आया हूं.... यहां ज्वायन करने...."

"अरे... आप सिन्हा साहब हो....? यहां चिट्ठी मिल गई थी, पर आपके आने का पता नहीं था।" मेरी बात पूरी होने का इंतज़ार किये बिना उसने जल्दी से कहा।

"सर, मैं के. रमणनस्वामी, ड्यूटी आफ़ीसर..." खड़े होकर उसने हाथ बढ़ाया।

"यहां अभी दस बजे तक कोई दिख नहीं रहा। गेट पर भी कोई नहीं था, गार्ड वगैरा।"

"अरे, सर, यहां गिनती के तो स्टाफ़ हैं...। ज़्यादातर लोकल हैं... यहां कोई क्या लेने आयेगा। वैसे गार्ड है, वो नीचे नहाने गया होगा।" स्वामी ने बड़े इत्मिनान के साथ कहा।

"वैसे स्वामी जी, कुल कितने स्टाफ़ होंगे यहां...?" मैंने सामने कैलेंडर की तरफ़ देखते हुए पूछा, जिसमें समुद्र के अथाह जल में रक्तिम डूबता हुआ सूरज था।

"सर, अभी यहां कंट्रोल रूम में पांच लोग हैं... एक अनाउन्सर, रविकांत वर्मा, जो बालाघाट से आये हैं; एक डीओ- जो मैं हूं, एक पेक्स प्रकाश शुजालपुरकर

जी... और विमलकांत येंडे जी, सहायक केन्द्र निदेशक हैं; और हां, छतरपुर से टूर पर आये पेक्स, साकेत अग्निहोत्री जी भी हैं। प्रशासनिक अनुभाग में अकाउन्टेंट बी. एल. गोरखपुरिया, क्लर्क ओ. पी. रजक और दो कैजुअल टाइपिस्ट.... और खरे साहब, असिस्टेंट इंजीनियर... बस... इतने ही हैं।''

''हां... शुजालपुरकर जी को मैं जानता हूं... और येंडे साहब को भी,; साकेत जी से भी भेंट हो चुकी है। समन्वय समिति की मीटिंग में इनसे मुलाकात भी है। पर... ये लोग ऑफ़िस कब आते हैं... और मीटिंग कितने बजे होती है...?'' सहज जिज्ञासा से मैंने पूछा।

''मीटिंग ग्यारह बजे होती है। अब चार लोगों में मीटिंग क्या होगी... बस, फ़ॉर्मेलिटी होती है। सबलोग यहीं कॉलोनी में ही रहते हैं, इसलिये कोई प्रॉब्लम नहीं है...।''

''ट्रांसमिशन तो एक ही होगा...''

''जी, इसीलिये मीटिंग के बाद लोग एक-दो घंटे बैठकर चले जाते हैं, फिर अपने हिसाब से आते हैं...।''

''अच्छा...। यहां तो बहुत आराम है।'' मैं जो रीवा में इतना काम करके आया था, लगा कि कहां फंस गया हूं.... यहां तो कोई काम ही नहीं है।

''जी, सर...।''

''और... लाइब्रेरियन नहीं है.... प्रोग्राम मटैरियल कैसे जाता है...?''

''वो हमलोग ही करते हैं... लाइब्रेरी खुली ही रहती है... अनाउन्सर-डीओ मिल के कर लेते हैं...।''

मैंने अनुभव किया कि स्वामी का लहज़ा और उच्चारण दक्षिण के लोगों जैसा न होकर, बड़ा साफ़ और शुद्ध है। मैंने पूछ ही लिया, ''स्वामी जी, आपका उच्चारण तो इधर-जैसा है, आप तो साउथ से हो न...?''

''जी सर, मैं चेन्नई से हूं, पर मैं केन्द्रीय विद्यालय में पढ़ा हूं.... इसलिये ऐसा है...।''

''ओ...''

तबतक लोग आने लगे थे। बी. एल. गोरखपुरिया आये तो बड़ी गर्मजोशी से उन्होंने हाथ मिलाया।

''सर, अपनी ज्वायनिंग दे दो...। शुजालपुरकर जी छुट्टी पर हैं और येंडे साहब देर से आयेंगे।''

वो तो आदतन मैंने पहले से तैयार कर रखा था। गोरखपुरिया जी को पकड़ाते हुए मैंने पूछा, ''अच्छा, ये बताइये, रहने की व्यवस्था है... क्वार्टर-वगैरा...।''

''अरे, सर... आप चिंता मत करो... यहां सब नेया है... क्वार्टर सब ख़ाली है...।'' गोरखपुरिया जी इन्दौर के थे। मालवा के लोग 'ऐ' स्वर के उच्चारण की

जगह 'ए' का करते हैं। इसलिये 'नया' नहीं, 'नेया' बोलते हैं। वहां के लिये परिहास में ये भी कहा जाता है, "एसे... केसे.... पेसे...।"

"सर, आप अभी चलो... मैं दिखाता हूं आपको...।"

"ठीक है, चलिये...।" मुझे भी लग रहा था कि जल्दी से क्वार्टर की व्यवस्था हो जाये, कल तक पासी भी सामान के साथ पहुंच जायेगा।

आफ़िस से निकलकर फिर उसी सड़क पर हमलोग आ गये, जिससे मैं आया था। नीचे उतरते ही एक बाउन्ड्री के अन्दर कुछ क्वार्टर दिखे जिसके बारे में उन्होंने बताया कि ये भी हमींलोगों का है, पर इसमें टाइप दो और एक के क्वार्टर हैं। इसके आगे दूसरा फ़ेज टाइप तीन और चार है, जिसमें वो स्वयं और शुजालपुरकर जी रहते हैं। कुछ और लोग भी इन्टाइटेल्मेंट के हिसाब से उसमें रहते हैं।

कुछ ही कदम दूर ये क्वार्टर थे। इस तीनमंज़िले भवन में हर मंज़िल पर तीन क्वार्टर थे। उसमें नीचे कोई असाटी जी, इंजीनियर थे। बीच वाले पर गोरखपुरिया जी और सबसे ऊपर शुजालपुरकर जी और एक सीनियर इंजीनियरिंग असिस्टेंट, कोई महिला थीं। उसमें एक क्वार्टर ग्राउंड फ़्लोर पर ख़ाली था, जिसमें रहने के लिये गोरखपुरिया जी ने मना किया। वैसे मुझे भी ग्राउंड फ़्लोर पर रहना पसंद नहीं था। एक तो वहां सुरक्षा की समस्या रहती है, कोई भी चाहे-अनचाहे घुस सकता है। दूसरे, नीचे में धूल बहुत आती है; बस दिनभर सफ़ाई करते रहो।

शुजालपुरकर जी वाले फ़्लोर में एक ख़ाली था जो सबसे ऊपर का था ज़रूर, पर वो मुझे ठीक-ठाक लगा; फिर ये भी सोचा कि बगल में एक पूर्वपरिचित का होना अच्छा ही रहेगा। सो उसे ही लेने का निश्चय हुआ। गोरखपुरिया जी ने कहा कि मैं क्वार्टर के लिये आवेदन दे दूं तो एलॉटमेंट आज ही हो जायेगा।

इस बीच येंडे साहब आफ़िस आये। वे भी टूर पर आये हुए थे। उन्हें वापस अपने केन्द्र पर लौटना था, इसलिये मेरे लिये केन्द्राध्यक्ष के रूप में कार्य करने का आदेश निकाल वे अपने केन्द्र प्रस्थान कर गये।

दरअसल सागर केन्द्र प्रारंभ तो हो गया, पर जैसा कि अपने यहां हमेशा होता रहा है, 'इन्फ़ास्ट्क्चर' की भारी कमी थी; विशेष तौर पर मानव-संसाधन की। चूंकि सागर का सबसे नज़दीकी केन्द्र छतरपुर था, इसलिये नियमित अधिकारियों की पदस्थापना तक, वहां से टूर पर अधिकारियों को भेजकर काम चलाया जा रहा था। बाद में श्री ललित मोहन, कार्यक्रम अधिशासी का स्थानान्तरण सागर हुआ जो सागर के स्थानीय निवासी थे। वे सागर विश्वविद्यालय के 'ऑडियो-विज़ुअल डिपार्टमेंट' में विभागाध्यक्ष के रूप में कार्यरत थे और वहां से वर्ष 1992 में 'लियोन' लेकर छतरपुर केन्द्र पर कार्यरत थे।

अक्तूबर-1993 के आसपास उनका स्थानान्तरण सागर हो गया। वे अपना 'लियोन' ख़त्म होने, फ़रवरी-1994 तक आकाशवाणी, सागर में कार्यरत रहे और उसके बाद अपने पुराने नियोक्ता-'ऑडियो-विज़ुअल डिपार्टमेंट' में लौट गये; पर इस अवधि में उनके साथ और आत्मीय साहचर्य ने मुझे बहुत बल दिया और आज भी हमारे बीच के स्नेह-प्रेम की डोर उतनी ही मज़बूत बनी हुई है।

ललित जी हमेशा सिद्धांत-प्रिय व्यक्ति रहे हैं। अपने आदर्शों के साथ मैंने कभी उन्हें समझौता करते नहीं देखा। अपने काम के प्रति समर्पित और ईमानदार रहे, ललित जी समय-समय पर सामाजिक कार्यों में भी संलग्न रहे। रोमांचकारी पर्यटन में तो उनकी इतनी रुचि थी कि एक बार मोटरसाइकिल से पूरा भारत-भ्रमण कर आये।

धीरे-धीरे वहां अन्य लोगों से परिचय हुआ। प्रकाश शुजालपुरकर से मेरी भेंट समन्वय समिति की एक-दो बैठकों में हुई थी। वे वैसे तो इन्दौर के रहने वाले थे, पर उनका परिवार भोपाल में रहता था। उनके दो बच्चे- बेटा और बेटी थे। उनकी पत्नी बच्चों के साथ गर्मी की छुट्टियों में दस-पन्द्रह दिनों के लिये सागर आती थीं।

शुजालपुरकर जी मुझसे सीनियर बैच के थे और पेक्स के अलावा वे आकाशवाणी के ग्रेडेड संगीत रचनाकार भी थे।

गोपाल प्रसाद खरे, असिस्टेंट इंजीनियर थे। उनकी दो बेटियां, पत्नी, हाउसवाइफ़। चूंकि ये कम स्टाफ़ का छोटा-सा केन्द्र था, इसलिये सबका रोज़ का मिलना-जुलना था। खरे साहब भी हमलोगों के कमरे में आकर घंटों बैठते, और जबतक बैठते थे, वही बोलते थे।

वहीं एक 'सिविल कन्स्ट्रक्शन विंग' के असिस्टेंट इंजीनियर, श्री अनुपम कुमार श्रीवास्तव का भी कमरा था। उनका सीधा संबंध हमारे काम से यद्यपि नहीं था; फिर भी उनके कमरे में हमारी मंडली अक्सर जमती थी। इसका एक बड़ा कारण उनका खुशमिजाज़ और मिलनसार होना था।

बी. एल. गोरखपुरिया मेहनती और कामकाज के जानकार थे; पर भयानक रूप से सुराप्रेमी थे। उनकी कोई शाम ख़ाली नहीं जाती थी।

ओ. पी. रजक, छतरपुर के रहनेवाले थे। वे इस केन्द्र पर छतरपुर से स्थानान्तरित होकर नवंबर के आसपास आये। अकाउन्ट्स में वे कुशल थे।

दूसरे ही दिन पासी ट्रक में सामान के साथ आ गया और उसने एक दिन रुककर मेरा सारा सामान व्यवस्थित करा दिया। जाने के वक़्त मैं उसे पैसे देने लगा तो वो रुआंसा हो आया, ''नहीं सर, आपन बहुत कुछ दिहिन हैं...। हम ई ना लेइब। जब ज़रूरत होईहैं, मांग लेब...।''

मैं निरुत्तर होकर उसका मुंह देखता रह गया.... क्या ऐसे लोग भी होते हैं आजकल...!

उस दिन दोपहर और रात का खाना मैंने कॉलोनी से नीचे उतरने के बाद कोने पर ही के एक होटल में खाया।

शुजालपुरकर जी से भेंट हो चुकी थी। उन्होंने कहा कि यहां कार्यक्रम में कुछ ख़ास नहीं है करने को, इसलिये जो अधिकारी उपलब्ध रहते हैं, वही सामने आये काम को देख लेते हैं। वैसे स्वामी ऐसे सारे काम कर लेता है, इसलिये कभी कोई प्रॉब्लम नहीं आयी।

कुछ दिन तक इस छोटे-से सेट-अप में इतने कम स्टाफ़ के साथ, जबकि देखा जाये तो कोई काम था ही नहीं, मुझे आरंभ में बड़ी बोरियत हुई। कोई क्षण अपना, निजी नहीं प्रतीत होता था, हर वक़्त कोई-न-कोई, काम हो, न हो, कमरे में बैठा रहता था। बाहर से कुछ वार्ताकार-कवि-कथाकार यदा-कदा आते थे, जिनसे धीरे-धीरे पहचान होने लगी थी। 'लोकल रेडियो स्टेशन' के सेट-अप में न तो विशेष बजट का प्रावधान था, न ही नाटक या संगीत में स्वर-परीक्षण की गुंज़ाइश रखी गयी थी, इसलिये वहां इन विधाओं में स्वर-परीक्षण के लिये छतरपुर केन्द्र जाना पड़ता था। हालांकि वहां से उत्तीर्ण होने के बावजूद बजट कम होने के कारण उनकी बुकिंग यदा-कदा ही हो पाती थी। अलबत्ता, आकस्मिक उद्घोषकों की स्क्रीनिंग का अधिकार 'लोकल रेडियो स्टेशन' को दिया गया था, ताकि ट्रांसमिशन में परेशानी न हो। पर मुख्य ज़ोर ओ. बी. (आउटसाइड ब्रॉडकास्ट) पर था, जिसमें ऐसे कार्यक्रमों का प्रतिशत सत्तर होना ज़रूरी था। केन्द्र पर ट्रांसपोर्ट के नाम पर एक वाहन दिया गया था, जिसके लिये बाद में एक ड्राइवर की बहाली भी हुई।

दरअसल 'लोकल रेडियो स्टेशन' को 'टू वे कम्यूनिकेशन सिस्टम' कहा गया— यानी अबतक लोग रेडियो के पास आते थे, अब रेडियो भी लोगों के पास जाने लगा। इसका मतलब यह हुआ कि रेडियो दूरदराज़ के गांवों में जाकर लोगों के बीच 'हेल्पलाइन सर्विस' के तौर पर काम करने के लिए तैयार हो गया। इसमें स्थल अथवा बाह्य-रिकॉर्डिंग पर आधारित कार्यक्रमों का प्रतिशत 70 और स्टूडियो-आधारित कार्यक्रमों का प्रतिशत 30 निर्धारित किया गया। रेडियो को यह सारा काम उन

सरकारी एवं ग़ैर-सरकारी एजेंसियों की मदद से करना निश्चित हुआ, जिनकी दूरदराज़ के क्षेत्रों में गहरी पैठ थी।

मुझे अच्छी तरह याद है, आकाशवाणी, सागर में ये काम जितने सुलझे ढंग से अशोक नगाइच जी के निर्देशन में हुआ, वो कहीं और नहीं हुआ। वहां रेडियो को कृषि और गामीण विकास में योगदान देने वाले उपकरण- 'टूल' के रूप में मान्य कर उस पर 'सब्सिडी' देने की बात ज़ोरदार ढंग से उठायी गयी। दूरदराज़ के गांवों में 'रेडियो प्रतिनिधि' बनाकर उन्हें परिचय-पत्र प्रदान किया गया, जो लोकहित-सूचनाओं को टेलीफ़ोन या 'डिस्पैच' के ज़रिये केन्द्र को उपलब्ध कराते थे; और मुझे इस बात का गर्व है कि मैं इस योजना का प्रमुख रूप से हिस्सा रहा।

मैंने देखा कि वहां प्रायः सबलोग अपनी फ़ैमिली छोड़ के अकेले रह रहे थे। जब कारण पूछा तो बताया कि अभी तो स्टेशन शुरू ही हुआ है। कुछ दिनों बाद फ़ैमिली भी ले आयेंगे। मैं भी ऐसा ही कुछ सोच रहा था कि यहां कुछ मामला जम जाये तो मुन्नी को बुला लूं। विकी के बिना और भी सूना-सूना लग रहा था।

एक दिन दोपहर में जब मैंने स्वामी को कहा कि ''खाना खा के आता हूं...'' तो उसने पूछा कि मैं खाना कहां खाता हूं...। मैंने बता दिया- होटल में।

''अरे, सर... उतनी दूर क्यों जाते हैं.... यहीं है न व्यवस्था... इसी ऑफ़िस में... ये जो नीचे रास्ता जाता है न, उसमें 'डॉरमेट्री' है। गार्ड लोग वहीं रहते हैं। वहीं हमलोगों का खाना बनता है...।''

''अच्छा....'' मुझे थोड़ा अचंभा हुआ, ''और खाना बनाता कौन है...?''

''एक बाई आती है.... उसकी एक बच्ची भी है.... दोनों टाइम का खाना वही बनाती है...। हम जितने लोग खाते हैं, बाई जितना लेती है, वो आपस में कंट्रीब्यूट कर लेते हैं। बीच-बीच में साग-सब्ज़ी भी हमलोग ला के रख देते हैं; शेष सामान कभी बाई और कभी गार्ड लोग ला देते हैं।''

''ये तो अच्छी बात है...।''

''जी, सर... चलिये न, आज से आप वहीं खाइये... जो सब देते हैं, उसी हिसाब से दे दीजियेगा।'' उसने इसरार किया।

मुझे भी ये व्यवस्था ठीक लग रही थी, ठीक क्या बिल्कुल मनमाफ़िक थी। बैठे-बैठे घर-जैसा खाना मिल जाये, तो और क्या चाहिये। वैसे भी एक बार देखना तो बनता था।

''ठीक है, स्वामी, चलो, आज ट्राई करते हैं यहां का खाना...।''

''सर, ट्राई ज़रूर करो... पर आपको खाना अच्छा लगेगा...।'' और हम नीचे डॉरमेट्री की ओर चल पड़े।

खाने का समय हो ही चुका था इसलिये वहां जो भी खाते थे, वे सभी उपस्थित थे- गोरखपुरिया जी को मैं पहचानता था, पर कुछ कंट्रोल रूम के इंजीनियर थे, जिनसे मैं वाकिफ़ नहीं था। सबको बताया गया कि आज से मैं भी वहीं खाऊंगा।

नीचे पंगत बिछी और बाई और उसकी बेटी ने, जो लगभग सात-आठ साल की रही होगी; स्टील की प्लेटें सबके सामने रख दीं। ताज़ा बने खाने की खुशबू जब घ्राणशक्ति के ज़रिये आत्मा तक पहुंचने का उपक्रम करने लगी, तो भूख ने भी अंतड़ियों में तांडव मचाना शुरू कर दिया। बाई अल्यूमीनियम की डेगची में भात लेकर सबकी थाली में परोसने लगी जिसके पीछे-पीछे उसकी बेटी भात के ऊपर दाल डालती चल रही थी। ताज़ा पके हुए चावल की सुगंध चारों ओर फैल रही थी।

भात देखकर मुझे थोड़ी निराशा हुई; क्योंकि मैं तो दोनों वक़्त रोटी खाने वाला आदमी था। चावल मुझे किसी प्रकार रुचता न था। पर, अब तो बैठ गया था। तबतक सब्ज़ी भी परोसी जा चुकी थी और ऊपर से इच्छानुसार हरी मिर्च, नमक और प्याज़।

मैंने पहला निवाला मुंह में डाला तो ऐसा लगा कि अभी-अभी जो सुगंध वातावरण में फैली थी, वो गले से होकर शरीर के रोम-रोम में व्याप गई हो। भात पहले भी मैंने खाया है; बासमती, सोनाचूड़- और भी न जाने क्या-क्या, पर उस चावल में जो सुगंध, जो स्वाद था, वो इससे पहले मैंने नहीं जाना था।

उससे बढ़कर दोनों मां-बेटी का इसरार करके खिलाने का अंदाज़, "अरे, चावल लो न.... सब्जी नहीं खा रहे... और लो.... दाल चाहिये, अभी बहुत बची है..." इससे न खाने वाला भी कुछ ज़्यादा ही खा जाये।

और मेरे साथ बिल्कुल ऐसा ही हुआ। मैं चावल ऐसे ही कम खाता था, कहना चाहिये कि मेरी खुराक़ शुरू से ही कम रही है। रोटी भी एक-साथ दो या तीन से ज़्यादा कभी नहीं खाई। शुरू-शुरू में मैं औरों के मुक़ाबले कम ही चावल खाता था, पर शायद वहां का पानी ही कुछ ऐसा था, जिसके प्रभाव से; या कहिये कि मां-बेटी के अगाध वात्सल्य-निवेदन के चलते- या फिर दोनों ही कारण रहे होंगे- मेरी खुराक़ बढ़ने लगी। वहां दिन और रात- दोनों समय चावल बनता था और अब चावल खाने को लेकर मुझे कोई ऐतराज़ नहीं था। बल्कि अब मुझे इंतज़ार रहने लगा था कि कब खाने का समय हो और सुस्वादु भोजन के साथ बाई की बेटी का वो अशेष अपनत्व और ममतापूर्ण उलाहना सुनने को मिले, जो वो सिर्फ़ मेरे लिये बचाकर रखती थी, "क्या अंकल जी, तुम तो कुछ खाते ही नहीं... और दुबले हो जाओगे.. ठीक से खाओ...।" और जबतक मैं कुछ कहता, वो मेरी थाली में दो मुट्ठी चावल और डाल देती।

ये क्रम तबतक चला जबतक हमारे परिवार वहां रहने के लिये नहीं आ गये। फिर धीरे-धीरे ये व्यवस्था भंग हो गई और दोनों मां-बेटी वापस चली गईं। लेकिन सच बताता हूं, घर में पत्नी के हाथ के पकाये उसी चावल में वो सुगंध और स्वाद

कभी नहीं आया; क्योंकि उसमें उस मान-मनुहार, अधिकार और उलाहने की कमी थी जो दोनों मां-बेटी सहज भाव से सबको बांटती थीं।

क्या ये कोई पूर्व-जन्म का संस्कार या संबंध था.....? वैसे भी पूर्व-जन्म को लेकर हमारे यहां काफ़ी मान्यतायें और लोक-विश्वास हैं; और शायद उतनी ही भ्रांतियां भी....। जब किसी चीज़ पर हमारा कोई अख़्तियार नहीं रहता तो उसे पूर्व-जन्म का फल मानकर संतोष कर लेते हैं और प्रायः उसके आगे हाथ-पांव डाल देते हैं। पर मुझे लगता है कि कुछ संबंध व्यक्ति के जन्म के साथ ही उससे बंधे चले आते हैं; क्योंकि आदमी जब शिशु-रूप में होता है, वो बिल्कुल निर्मल, निर्दोष होता है। प्रचलित मान्यताओं के अनुसार वो चाहे पूर्व-जन्म के कितने संस्कार लेकर क्यों न आये, इस जन्म में उसका विकास और चरित्र उस माहौल पर निर्भर करता है, जिसमें वो पलता है, बड़ा होता है। उस वातावरण और परिस्थितियों में रहकर ही वो स्वयं को सांस्कारित करता है और अपने अन्दर के सकारात्मक गुणों के अनुसार आचरण करता है।

आख़िर उन मां-बेटी के हम कौन थे जो वे इतने प्यार और मनुहार से हमें खाना खिलाती थीं और ठीक से नहीं खाने पर मां-जैसे वात्सल्य से झिड़कती भी थीं...!

और मेरे जीवन में ऐसे लोग बार-बार आये; जो निःशंक, निर्व्याज-भाव से, बिना किसी प्रत्याशा के मेरे जीवन से अभिन्न रहे, हैं और हमेशा रहेंगे।

दो

छोड़ दीं स्वयं हमने सूरज की उगलियां
आयातित अंधकार के पीछे दौड़कर।
देकर अंतिम प्रणाम धरती की गोद को
हम जिया किए केवल ख़ाली आकाश पर।
पांव कहीं टिके नहीं
इतने हल्के हुए।"

(सोम ठाकुर)

कई बार ज़िंदगी के बारे में सोचने पर अजीब-अजीब से विचार और दर्शन मन में आते हैं। जब हम ख़ूब काम करते हैं और ज़िंदगी के प्रति हमारा नज़रिया सकारात्मक बन जाता है तो अचानक सबकुछ रुक जाता है; और जब हम इस

स्थिरता के आदी हो जाते हैं तो ज़िंदगी उठाकर ऐसी जगह पटक देती है कि हम उसके आवर्त के भीतर लट्टू-सा नाचने लगते हैं।

सागर पहुंचकर कुछ दिन तक के मेरे अनुभव ऐसे ही थे, कोई काम नहीं, दिनभर आफ़िस में बैठे इधर-उधर की गप्पें हांकने के सिवा।

पर धीरे-धीरे काम में गति-प्रगति आयी श्री अशोक नगाइच के आने से, जो फ़ार्म रेडियो ऑफ़ीसर के पद से सहायक केन्द्र निदेशक के रूप में प्रोन्नत हो कर बालाघाट से आये थे। जहां तक मुझे याद है, उन्होंने जून–१९६३ के आसपास सागर ज्वायन किया।

उनके आने की चर्चा पहले से ही हो रही थी और जैसा कि मैं पूर्व में उल्लेख कर चुका हूं कि आकाशवाणी में लोगों के आने से पहले उनकी प्रसिद्धि (?) वहां पहुंच चुकी होती है; उनके संदर्भ में प्रसिद्धि कुछ और तेज़ी से पहुंची।

फ़ार्म रेडियो ऑफ़ीसर का पद हालांकि अब समाप्त होकर हमारे 'फ़ीडर कैडर'– यानी 'पेक्स' में मर्ज़ हो चुका है (इसका ख़ामियाज़ा भी हमलोगों को भुगतना पड़ा कि आजतक लोग प्रमोशन को तरस रहे हैं); पर एक ज़माने में ये पद बड़ा महत्वपूर्ण माना जाता था। वैसे फ़ार्म रेडियो ऑफ़ीसर का कार्य मूल रूप से खेती-गृहस्थी से संबंधित कार्यक्रमों की योजना और पर्यवेक्षण का था, परन्तु इन्हें केन्द्र के जनसंपर्क अधिकारी के तौर पर देखा जाता था; क्योंकि इनके संपर्क-सूत्र से आफ़िस और स्टाफ़– दोनों के काम आसानी से संपन्न हो जाते थे।

लेकिन इसके बरक्स ये भी सच्चाई है कि ज़्यादातर फ़ार्म रेडियो ऑफ़ीसर ऐसे रहे, जो कभी भी 'घास-फूस' से बाहर निकले ही नहीं। न तो उन्हें कार्यक्रम-प्रस्तुतीकरण का कोई आइडिया था, न ही वे प्रशासनिक कार्यों में निपुण हो पाये। हां, कैडर मर्ज़ होने के कारण वे हमारे सिर पर आकर ज़रूर बैठ गये।

पर उनमें से मुट्ठी-भर ऐसे भी रहे, जिन्होंने खेत-खलिहान से बाहर निकल, अपनी प्रतिभा और परिश्रम के बल पर एक अलग पहचान बनाई। ऐसे कुछ लोगों में, जिन्हें मैं निकट से जानता हूं, रामनारायण सिंह और अशोक नगाइच जी हैं।

नगाइच जी ने आने के बाद सबसे पहला काम ये किया कि उन्होंने आकस्मिक उद्घोषकों का पैनल तैयार कराया। इसमें चयनित होकर कुछ बड़े ही प्रतिभावान् लोग सामने आये जिन्होंने आगे चलकर अलग-अलग क्षेत्रों में ख़ूब नाम कमाया; जैसे मनोविज्ञान में पी-एच. डी., संजय सिंह वर्मा, आकाशवाणी में ही कार्यक्रम अधिशासी के पद को सुशोभित कर रहे हैं तो पुष्पेन्द्र पाल सिंह (अब स्वर्गीय) का पत्रकारिता के क्षेत्र में आज बहुत बड़ा नाम है। वे माखनलाल चतुर्वेदी पत्रकारिता विश्वविद्यालय, भोपाल के निदेशक भी रह चुके हैं। राकेश तिवारी उस समय सब इंस्पेक्टर थे, आज वे डी. एस. पी. से कम क्या होंगे...। (अवकाशप्राप्त कर चुके हैं)। सूर्यकांत पाठक

पत्रकारिता के क्षेत्र में महत्वपूर्ण स्थान रखते हैं जो एक प्रतिष्ठित न्यूज़ चैनल में उपसंपादक के पद पर कार्यरत हैं।

उसी प्रकार अनूप तिवारी ज़िला प्रबंधक, आजीविका के रूप में कार्यरत हैं, शैलेन्द्र सिंह ठाकुर और तपन तोमर राजनीति में सक्रिय हैं और शैलेन्द्र सिंह, साहिबा नासिर, नासिर सिद्दिकी- ये सब स्कूल और कोचिंग के कार्य में संलग्न हैं।

पर पैनल में जितने लोग आये, उनमें एकाध को छोड़, सभी बड़े ही योग्य, अनुशासित और संस्कारी लोग आये।

रूपाली तिवारी, शेफाली तिवारी, मंजू जैन, विवेक भार्गव, सुमित दुबे, रशिम श्रीवास्तव, दीपक तिवारी, सुनीता अग्रवाल- इन सब लोगों ने, जबतक वे रहे, पूरी निष्ठा और समर्पण के साथ काम किया।

•••

दरअसल, रीवा यदि मेरी खुद की खुद से पहचान की यात्रा थी, तो सागर नयी चुनौतियों के साथ, अपने भीतर के स्वत्व की तलाश की कोशिश थी और ये तलाश इतनी आसान नहीं थी; क्योंकि सागर को देखने के लिये इसे रीवा से कुछ अलग नज़रिये से देखने की ज़रूरत थी।

आज जब मैं सागर को निःसंग भाव से देखने का प्रयास करता हूं तो स्मृतियों के कई गवाक्ष एक-एक कर खुलने लगते हैं। ऐसा लगता है जैसे कल की ही बात हो....

मुन्नी और विकी आ गये थे... विकी का नामांकन वहां के एक स्थानीय पब्लिक स्कूल में करा दिया था। उसके स्कूल आने-जाने के लिये रिक्शा कर दिया था और वो किताबों का बस्ता पीठ पर लिये स्कूल जाने लगा था।

धीरे-धीरे उद्घोषकों और शहर में मेरी पहचान और वहां के साहित्य-जगत् में भी मेरी आमद-रफ़्त बढ़ने लगी थी।....

साहित्य, शिक्षा और कला के मामले में सागर बड़ा धनी रहा है। एक-से बढ़कर एक स्कॉलर-विद्वान इस नगरी ने देश को दिये। आचार्य रजनीश, के. एस. सुदर्शन, सुधीर मिश्रा और आशुतोष राणा तो थे ही; त्रिलोचन शास्त्री-जैसे बड़े और परिवर्तनकारी कवि ने भी इसे अपनी कर्मभूमि बनाया। बड़े-बड़े पुरस्कारों से सम्मानित त्रिलोचन जी ने काव्य के अलावा, कहानियों और आलोचना के क्षेत्र में भी बहुत काम किया। वे मुक्तिबोध सृजन पीठ, सागर विश्वविद्यालय के अध्यक्ष भी रहे।

इनके अलावा डॉ. कांति कुमार जैन, डॉ. प्रेम शंकर, डॉ. रमेश दत्त मिश्र, डॉ. राधावल्लभ त्रिपाठी, श्री शिवकुमार श्रीवास्तव, पद्मश्री लक्ष्मी नारायण दुबे, श्री विट्ठल भाई पटेल, डॉ. बलभद्र तिवारी, डॉ. विद्यावती मालविका, महेन्द्र फुसकेले,

संतोष उमाहिया रश्मि, गोविन्द द्विवेदी, वर्षा सिंह, डॉ. शरद सिंह, डॉ. मीना पिम्पलापुरे, अशोक मिज़ाज बद्र, इकराम सागरी, चंचला दवे- और इस तरह के साहित्यकारों, कवियों, आलोचकों की एक लंबी फ़ेहरिस्त थी, जिन्होंने सागर में रहकर राष्ट्रीय स्तर पर नाम कमाया।

उस समय इनमें से मैं सिर्फ़ शिवकुमार श्रीवास्तव जी को जानता था, वो भी नाम से, क्योंकि उनके बारे में मेरे गुरुदेव डॉ. अमरनाथ सिन्हा ने मुझे बताया था और मिलने के लिये कहा था। मैं उनसे मिला भी। उन दिनों वे सागर विश्वविद्यालय के कुलपति-पद को सुशोभित कर रहे थे। उन्होंने बहुत प्रेमपूर्वक बिठाया, पूछा, "कोई कष्ट तो नहीं...?" और जबतक मैं सागर में रहा उनके स्नेह-आशीर्वाद से सदा अभिसिंचित होता रहा।

पैंसठ-वर्षीय शिवकुमार जी को शहर में बड़े आदर-भाव से देखा जाता था, क्योंकि वे उस समय के कई साहित्यकारों के गुरु भी रहे। उनकी केन्द्रीय विधा कविता थी, पर उपन्यास, निबंध, आलोचना- सभी क्षेत्रों में उन्होंने साधिकार लिखा। वे १९७८ से १९८४ तक विधान सभा के सदस्य भी रहे। मध्यप्रदेश साहित्य परिषद् तथा हिन्दी ग्रंथ अकादमी की कार्यकारिणी के सदस्य रहने के अलावा वे मध्यप्रदेश हिन्दी साहित्य सम्मेलन के उपाध्यक्ष भी रहे।

डॉ. कांति कुमार जैन से मेरा संपर्क संजय सिंह (वर्तमान में आकाशवाणी, दिल्ली में कार्यक्रम अधिशासी) की मम्मी, श्रीमती शीला वर्मा के ज़रिये हुआ। शीला जी स्वयं भी बड़ी आला दर्ज़े की कवयित्री हैं (अब स्वर्गीय) और कांति कुमार जी की पत्नी के साथ उनके बड़े घनिष्ट पारिवारिक संबंध रहे।

सागर विश्वविद्यालय के हिन्दी विभागाध्यक्ष रहे कांति कुमार जैन ने भाषा और शैली के संदर्भ में अनेक लेख लिखने के साथ-साथ, ललित निबंध, जीवनी और संस्मरण विधाओं में भी काफ़ी कुछ लिखा। 'छत्तीसगढ़ी बोली, व्याकरण और कोश' तथा 'ब्रजभाषा में संक्रमणशील बुंदेली की संरचना' उनकी प्रमुख कृतियां हैं। उन्होंने 'ईसुरी' नामक पत्रिका का संपादन किया जिसे अन्तर्राष्ट्रीय प्रशंसा प्राप्त हुई।

उनके साथ मेरा औपचारिक परिचय धीरे-धीरे पारिवारिक संबंधों का आधार बना और गाहे-बगाहे हम उनके यहां जा धमकते थे। उनकी पत्नी अत्यंत ममतामयी और आतिथ्यसेवी थीं और बिना खिलाये वो जाने नहीं देती थीं; सो घंटे-दो घंटे बिताकर ही हम उनके यहां से लौटते थे।

डॉ. बलभद्र तिवारी ने आलोचना के कई ग्रंथों की रचना की थी। इसके अलावा उनके कई उपन्यास प्रकाशित हो चुके थे, जिनमें 'रुको द्रौपदी रुको', 'ओ मृगशिर', 'एक और इन्द्रप्रस्थ' आदि विशेष रूप से उल्लेखनीय हैं। उन्होंने भारतीय

संस्कृति, साहित्य और दर्शन से संबंधित विषयों पर व्याख्यान के सिलसिले में अनेक योरोपीय देशों की यात्रायें की थीं।

बलभद्र तिवारी जी को पाश्चात्य परिधान पसंद थे और वही धारण भी करते थे। कोट-पैंट के साथ टाई तो होता ही था, सिर पर गोल हैट उनके परिधान का अनिवार्य हिस्सा रहता, जिसे वे कभी अपने से अलग नहीं करते थे।

हंसमुख और खुशमिजाज़ बलभद्र जी के साथ मेरी ख़ूब पटने लगी थी और वो अक्सर मेरे पास आकर घंटों बैठते थे। ज़ाहिर है, हमारी बातचीत का विषय साहित्य होता था; पर उसमें उससे इतर ना जाने कहां-कहां की बातें चली आती थीं। पर कुल मिलाकर वे बड़े ही सहृदय और सज्जन पुरुष थे। उन्होंने मेरे कहने पर 'आकाशवाणी वार्षिक पुरस्कार' के लिये धामोनी के क़िले पर मानवीकरण शैली में रूपक लिखा था, जिसमें धामोनी का क़िला स्वयं अपनी कथा कह रहा होता है।

इसी प्रकार डॉ. रमेश दत्त मिश्र जी से भी मेरा व्यक्तिगत जुड़ाव होता गया। शिक्षा के क्षेत्र से जुड़े रमेश दत्त जी ने मुझे कई समितियों में सदस्य के तौर पर रखा। उनका महत्वपूर्ण समीक्षा-ग्रंथ है, 'निराला की मानवीय चेतना'।

श्री विट्ठल भाई पटेल का नाम राष्ट्रीय कौन कहे, अन्तर्राष्ट्रीय क्षितिज पर बतौर गीतकार तब चमक उठा, जब 1975 में 'बॉबी' फ़िल्म रिलीज हुई और उसके साथ ही उसका 'ब्लॉकबस्टर' गीत, "झूठ बोले कउवा काटे, काले कउए से डरिओ; मैं मायके चली जाऊंगी, तुम देखते रहिओ..." बच्चों-बूढ़ों, जवान मर्द-औरत-सबकी जुबान पर छा गया।

मध्यप्रदेश सरकार में कभी मंत्री रह चुके श्री विट्ठल भाई पटेल ने लगभग चालीस फ़िल्मों के गीत लिखने के साथ-साथ समाजसेवा का काम भी ख़ूब किया।

डॉ. प्रेम शंकर की हिन्दी काव्य-समीक्षा पर दर्जन-भर से अधिक पुस्तकें हैं। उन्हें आचार्य नन्ददुलारे वाजपेयी और तुलसी पुरस्कार से सम्मानित किया जा चुका है। डॉ. प्रेम शंकर वेनिस, रोम, लंदन स्थित कई विश्वविद्यालयों में विजिटिंग प्रोफ़ेसर के तौर पर आमंत्रित किये जाते रहे।

संस्कृत के आचार्य, डॉ. राधावल्लभ त्रिपाठी अपने समकालीनों में संभवतः सर्वाधिक प्रतिभाशाली हैं। उनकी सृजनशीलता के अनेक धरातल हैं; जिसमें वे एक साथ यदि कहानियां लिख रहे हैं (पूर्वरंग) तो उपन्यास भी (पागल हाथी, जो मिटती नहीं); आलोचना लिख रहे हैं (काव्यशास्त्र और काव्य) तो अनुवाद भी (वेदांतसार, कुदमाला); और संस्कृत के आचार्य हैं तो संस्कृत में 'नाट्यमंडपम्' नाटक भी लिख रहे हैं। असल में, डॉ. राधावल्लभ त्रिपाठी का मुख्य अवदान हिन्दी और संस्कृत के

नाटकों को लेकर उनका काम है, जो मात्र लेखन तक सीमित नहीं है; बल्कि देश-विदेश में घूम-घूम कर, कभी जर्मनी के हुम्बोल्त विश्वविद्यालय में नाट्यशास्त्र पर व्याख्यान देकर और कभी संस्कृत रंग-नाटकों का निर्देशन कर इस प्रदर्श कला की सार्थकता सिद्ध करते हुए दिखाई देता है। उनके इन कार्यों के लिये उन्हें अनेक सम्मानों से नवाज़ा भी गया, जिसमें कालिदास पुरस्कार, भोज पुरस्कार, कम्बन् पुरस्कार तथा साहित्य अकादमी जैसे प्रतिष्ठित सम्मान शामिल हैं।

पद्मश्री लक्ष्मी नारायण दुबे ने पर्याप्त परिमाण में शोध और समीक्षायें लिखीं। उनके उल्लेखनीय कार्यों में बालकृष्ण शर्मा नवीन रचनावली (पांच खंडों में) का संपादन है। साहित्य में उनके अमूल्य योगदान के लिये उन्हें 'पद्मश्री' सम्मान से विभूषित किया गया।

डॉ. विद्यावती सिंह ने मुख्य रूप से कविता को अपनी लेखनी का आधार बनाया। बहुत कठिन परिस्थितियों से जूझकर, अपनी दो पुत्रियों का लालन-पालन करते हुए उन्होंने अपना सारा दर्द अपनी रचनाशीलता के हवाले कर दिया और वे विद्यावती सिंह से विद्यावती मालविका बन गईं। इनके 'हिन्दी संत साहित्य पर बौद्ध धर्म का प्रभाव' विषय पर लिखे गये शोध-ग्रंथ पर इन्हें आगरा विश्वविद्यालय से पी-एच. डी. की उपाधि प्राप्त हुई। आज उनकी बेटियां- वर्षा सिंह (अब स्वर्गीय) और शरद सिंह उनकी इस साहित्य-विरासत को बखूबी संभाल रही हैं।

साहित्यकारों की इस बड़ी-सी सूची से मैं दो और नामों का विशेष तौर पर उल्लेख करना चाहूंगा- एक, डॉ. शरद सिंह और दूसरे, अशोक मिजाज़ 'बद्र'।

ये दो नाम ऐसे हैं जो अनुवर्ती पीढ़ी के हैं; मेरी पीढ़ी के हैं और दोनों ही मेरे अभिन्न मित्रों में शुमार हैं। ऐसा मैं इसलिये कह रहा हूं कि ये लोग लिख तो पहले से रहे थे, लेकिन उस दौरान इनलोगों का लिखना प्रकाश में आ रहा था, यानी साहित्य-जगत् में इनके कदमों की आहट पहचानी जाने लगी थी।

शरद सिंह ने लेखन की शुरुआत कविताओं से की थी। इनकी बहन वर्षा सिंह तब बहुत अच्छी कवितायें लिख रही थीं और वे एक प्रकार से स्थापित कवयित्री थीं; शरद सिंह नवोदित थीं। रेडियो स्टेशन से उनका जब भी बुलावा होता, वे वक़्त से हाज़िर हो जातीं। मुझे उनकी ये आदत बहुत पसंद थी, वरना बहुत-से कवि-साहित्यकार लोग सुबह का बोल के शाम को आते थे।

रिकॉर्डिंग दस मिनट में समाप्त हो जाती और फिर हमारी घंटों बैठक चलती। मैं उस समय कहानियां लिख रहा था, सो हमारी बातचीत के केन्द्र में मुख्य तौर पर हमारा लेखन ही होता था।

वे कहतीं, ''कवितायें तो काफ़ी लिख लीं, मैं अब कहानियां लिखना चाहती हूं...।''

मैं भी उन्हें उत्प्रेरित करता, ''क्यों नहीं, आप बहुत अच्छी कहानियां लिख सकती हैं, क्योंकि आपके पास वो भाषा है, कहानी में जिसकी दरकार होती है...। तो अब अगली बार प्रसारण के लिये आप कहानी लिख के लाइये...।''

और हमारी हर मुलाक़ात इस वादे के साथ ख़त्म होती, पर मेरे सागर में रहते-रहते उनकी तरफ़ से न कोई कहानी आयी, न उसे रिकॉर्ड करने का सौभाग्य मुझे प्राप्त हुआ।

परन्तु आज जब उनकी उन्नति-प्रगति देखता-सुनता हूं, तो गर्व से भर उठता हूं। बाद में शरद सिंह ने भारतीय इतिहास और मूर्तिकला में विशेषज्ञता हासिल की; 'खजुराहो की मूर्तिकला' पर पी-एच. डी. की उपाधि प्राप्त की; राष्ट्रीय शैक्षिक प्रसारण के लिये सागर विश्वविद्यालय के अन्तर्गत विभिन्न विषयों पर पटकथा-लेखन और फ़िल्म-संपादन का कार्य किया और आज आधुनिक हिन्दी कथा-साहित्य में वो एक विशिष्ट पहचान और हस्ताक्षर बनी हुई हैं।

शरद सिंह के लेखन के केन्द्र में विशेषकर 'नारी विमर्श' है; जिसमें स्त्री को उसकी परवश स्थिति और उससे निकलने की जद्दोज़हद दिखाई देती है। अबतक उनके आधे दर्जन से भी अधिक कहानी संग्रह, दो शोधग्रंथ और तीन उपन्यास प्रकाशित हैं; जिनमें उनका पहला ही उपन्यास 'पिछले पन्ने की औरतें', जो बेड़िया समाज की औरतों की निर्वसन-त्रासदी को यथार्थ-रूप में सामने रखता है; राष्ट्रीय स्तर पर पुरस्कृत हो चुका है। इसके अलावा उनके उपन्यास 'पचकौड़ी' में बुन्देलखंड के सामंती परिवेश में स्त्री-जीवन की पीड़ा को रेखांकित किया गया है, तो 'क़स्बाई सिमोन' का विषय बिल्कुल आधुनिक- 'लिव-इन रिलेशन' है।

डॉ. शरद सिंह का लेखन बहुआयामी और बहुस्पर्शी है। उन्होंने कहानियां लिखीं, उपन्यास लिखे, कविता, गीत और ग़ज़लें लिखीं; लेकिन इसके अतिरिक्त स्त्री-विमर्श पर स्वतंत्र रूप से निबंध भी लिखे। राष्ट्रवादी व्यक्तिव शृंखला के अन्तर्गत इन्होंने पं. दीनदयाल उपाध्याय, श्यामा प्रसाद मुखर्जी, वल्लभ भाई पटेल, महात्मा गांधी-जैसी विभूतियों के जीवन पर भी लिखा। इतिहास तो इनका क्षेत्र ही रहा है, उसपर लेखनी आज़माने के साथ-साथ, लोककथाओं और विज्ञान, धर्म, दर्शन, साक्षरता-जैसे शुष्क समझे जाने वाले विषयों को भी इन्होंने नहीं छोड़ा।

मेरे जगदलपुर जाने के बाद कुछ महीनों तक उनके पत्र आते रहे, मैं भी जवाब देता रहा; पर बाद में पत्रों का ये सिलसिला अचानक थम गया। बावजूद इसके स्मृतियों में, रचनाधर्मिता में वे हमेशा मेरे क़रीब रहीं और हैं। २० जून, १६६६ के अपने पत्र में उन्होंने एक बहुत अच्छी कविता लिख भेजी थी जिसे यहां रखने का लोभ मैं नहीं छोड़ पा रहा हूं, जो हो सकता है उनके स्वयं के पास न हो...। उसका शीर्षक है- 'रखना चोर जेब में'-

"उत्कट आशाओं, संभावनाओं को सहेजना

उन्हें तहाकर रखना

मगर किसी पुस्तक के पन्नों में दबाकर नहीं,

पुस्तकें छूट जाती हैं

दब जाती हैं ट्रंक में

उठा ले जाता है कोई भी उन्हें

लौटाने के झूठ के बदले

रखना मेरी शुभकामनाओं, अपेक्षाओं को

तुम अपनी बनियान की उस चोर-जेब में

जहां रखते हो रुपये

यात्रा के समय...।"

•••

जब मैं सागर में था, उस समय अशोक मिज़ाज 'बद्र' भारतीय स्टेट बैंक में 'हेड कैशियर' थे। मेरा अकाउंट उन्हीं की शाखा में था, इसलिये महीने में कम-से-कम एक बार मुलाक़ात तो ज़रूर ही होती थी। मैं जब भी जाता, वे हाथ पकड़ के बिठा लेते और अपनी ताज़ा ग़ज़ल सुनाते। अक्सर उन्हें आकाशवाणी के स्टूडियो में रिकॉर्डिंग के लिये बुलाया जाता। वे बैंक की अपनी तमाम व्यस्तताओं में से समय निकालकर आते। कभी-कभार छुट्टियों के दिन भी हमारा मिलना हो जाता। तब इत्मिनान से हम उनके अशआरों का मज़ा लेते।

उन्होंने अपना गुरु और उस्ताद, सुप्रसिद्ध शायर जनाब बशीर बद्र को बनाया था और इसमें कोई संदेह नहीं कि उस्ताद ने भी अपने इल्म का पूरा ख़ज़ाना लुटाते हुए इन्हें बाखुशी अपना लिया था। यही कारण है कि उन्होंने बशीर बद्र साहब का तखल्लुस- 'बद्र' अपना लिया था।

भोपाल में रहते हुए भी बशीर बद्र साहब का सागर आना-जाना लगा रहता था। पहली बार उनसे मेरी मुलाक़ात अशोक मिज़ाज के ज़रिये ही मुमकिन हो पाई थी। वे बड़ी देर तक मेरे पास बैठे रहे। मैंने उन्हें कहा, "चलिये, आपका इन्टरव्यू रिकॉर्ड करते हैं..." पर उन्होंने बड़े खुलूस और आजिज़ी से मेरा हाथ पकड़ा, और बोले, "इस दफ़ा रहने दीजिये... मेरी तबीयत इन दिनों ठीक नहीं रहती... फिर आऊंगा, तो रिकॉर्ड कर लीजियेगा...।"

मैंने भी बहुत ज़ोर नहीं दिया; क्योंकि उनकी जुबान लड़खड़ा रही थी और वे नासाज़ लग रहे थे। मैंने चाय मंगवाई और चाय की चुस्कियों के बीच मैंने अपनी डायरी उनकी ओर बढ़ाई कि वे इसमें अपने दस्तख़त के साथ कुछ लिख दें, तो उन्होंने ये शेर लिखा, ये कहते हुए कि "पूरी ग़ज़ल तैयार नहीं हुई है, उसी का एक अशआर है....-

"कोई फूल धूप की पत्तियों में, हरे रिबन से बंधा हुआ;
वो ग़ज़ल का लहज़ा नया-नया, न कहा हुआ न सुना हुआ।"

लेकिन वो वक़्त कभी नहीं आया कि मैं उन्हें रिकॉर्ड कर पाता; और ये एक टीस मेरे अन्दर हमेशा के लिये रह गई।

तो शागिर्द की बात होते-होते, बात उस्ताद तक जा पहुंची, पर शायद ये भी लाज़िमी था। ख़ैर....।

तो अशोक मिज़ाज 'बद्र' जी भी मिलने पर अपने अशआरों से नवाज़े बिना जाने न देते थे। पर, उस समय उनका शुरुआती दौर था। आज उनका नाम देश के नामचीन शायरों में शुमार है, और ये वाज़िब भी है; क्योंकि अशोक मिज़ाज की शायरी में जहां उर्दू की नफ़ासत और नाजुकी है, वहीं हिन्दी की संवेदना और संस्कार भी है-

"मेरी ग़ज़ल सुनोगे तो महसूस करोगे,
तुम जिसको ढूंढ़ते थे वो आवाज़ यही है।
उर्दू कहें कि हिन्दी कहें आपकी मर्ज़ी,
अपना तो ग़ज़ल कहने का अंदाज़ यही है।"

उनकी पूरी शायरी एक तरह से आदमीयत का बखान है-
"गिरा सको तो गिरा दो, ये नफ़रतों के महल,
तुम अपने दिल में, ज़रा भी दरार मत करना।"

इल्म का ऐसा ज़ख़ीरा, ज्ञान का ऐसा विपुल भंडार, साहित्य का ऐसा समाज सागर की कोख में पल-बढ़ रहा था जिसने न सिर्फ़ तत्कालीन, बल्कि आज के लेखकों की एक पूरी पीढ़ी को प्रभावित किया।

साहित्य के अलावा संगीत में एक दो नाम ऐसे ज़रूर थे, जिन्होंने अपनी साधना के बल पर इस क्षेत्र में अपने को प्रतिष्ठित किया; वे थीं नीना श्रीवास्तव और सोनल वर्मा।

ये दोनों कलाकार सुगम संगीत में आकाशवाणी के छतरपुर केन्द्र से 'ग्रेडेड' थीं, इसलिये यदा-कदा सागर में इनकी रिकॉर्डिंग हो जाती थी। सोनल वर्मा, अभी के कार्यक्रम अधिशासी, संजय सिंह वर्मा की बहन हैं। लेकिन इससे इतर संगीत की महफ़िलें इनके घरों में जमतीं और हम उस रसधार से अभिसिंचित होते रहते।

संगीत से जुड़े दो अवसरों की याद मुझे अच्छे से है, जिनका ज़िक्र यहां करना चाहूंगा। एक अवसर था, आकाशवाणी, सागर की पहली वर्षगांठ- 2 मई, 1994 पर आयोजित 'कन्सर्ट' का। नगाइच जी ने सबकुछ मेरे ऊपर छोड़ रखा था, मैं जैसे चाहूं, करूं। मैंने उस 'कन्सर्ट' का नाम दिया, "आओ धरें एक पग और"।

ये शीर्षक काफ़ी पसंद किया गया। इस 'कन्सर्ट' में सभी तरह के मनोरंजन की सामग्री डालने का प्रयास किया गया था- गीत-संगीत, नाटक, नृत्य, हास्य- सबकुछ।

जब सब योजना तैयार हो गई तो उद्घोषिका तपन तोमर (तब वे तपन भदौरिया हुआ करती थीं) आईं और उन्होंने कहा कि इसमें एक 'गिद्दा नृत्य' भी रखा जाये। मैंने पूछा, "ये नृत्य करेगा कौन..."

उन्होंने तपाक से जवाब दिया, "मैं करूंगी...।"

मैं थोड़ी देर तक उनकी डीलडौल को देखता रहा तो वे बोलीं, "सर, इसपर मत जाइये.... मुझे एक मौक़ा तो दीजिये...।"

मैं थोड़ा झेंप गया था।

"फिर भी 'गिद्दा' अकेले करने की चीज़ तो है नहीं, आपके साथ और कौन करेगा...?" मैंने अपनी झेंप मिटाने की कोशिश की।

"नहीं सर, मैं अकेले ही करूंगी..."

"अकेले.... पर... ?" थोड़े आश्चर्य से मैंने पूछा।

"मैं अकेले ही दस के बराबर हूं सर..."।

"हां, ये बात तो सही है..." वो वाकई दस के बराबर थी, मैं सोच रहा था, पर उसे कहा नहीं। पर मान गया, क्या इस लड़की का 'कॉन्फ़िडेन्स' है!

"ठीक है, रिहर्सल करो... पर कुछ गड़बड़ नहीं होना चाहिये।"

"नहीं होगा सर...।" कहकर वो चली गई।

फिर तो 'गिद्दा' हुआ और क्या ख़ूब हुआ। इस पूरे कार्यक्रम की कंपीयरिंग रश्मि श्रीवास्तव और मंजू जैन ने की थी।

इस कार्यक्रम की एक और ख़ास बात थी सुगम संगीत में सोनल वर्मा और नीना श्रीवास्तव का गायन। इससे पहले इन दोनों ने सागर के किसी बड़े मंच पर प्रस्तुति नहीं दी थी और मेरे लिये भी इन्हें निकट से सुनने का ये पहला अवसर था। यहां सुनने के बाद से ही इनसे निकटता हुई और इनके यहां की संगीत-महफ़िलों में मैं बुलाया जाने लगा।

संगीत से ही जुड़ी दूसरी घटना थोड़ी तकनीकी है, पर इसने मेरे भीतर संगीत के क्षेत्र में कुछ प्रयोगात्मक कर पाने के एक तरह से द्वार खोल दिये और ऐसे प्रयोगों के लिए मुझे साहसिक बनाया।

हमारे जिन मित्रों ने 'लोकल रेडियो स्टेशन' में काम किया है, उन्हें पता है कि यहां स्टूडियो के नाम पर एक 'ट्रांसमिशन स्टूडियो' और दूसरा, 'मल्टीपरपस स्टूडियो' होता है। इसमें 'ट्रांसमिशन स्टूडियो' सिर्फ़ प्रसारण के लिये होता है; जबकि शेष कामों के लिये 'मल्टीपरपस स्टूडियो' व्यवहार में लाया जाता है; यानी उसी में रिकॉर्डिंग के साथ-साथ डबिंग-एडीटिंग भी होगी और आवश्यकता पड़ने पर उससे भी 'ट्रांसमिशन' का काम लिया जा सकता है।

चूंकि मैं बचपन से संगीत सुनने का काफ़ी शौकीन रहा हूं और पटना में रेडियो से जुड़ने के बाद ये शौक और भी परवान चढ़ा; मेरा ध्यान गीत-संगीत की बारीकियों की ओर भी पर्याप्त रहता था। हिन्दी फिल्मों के कई ऐसे गाने हैं, जिनमें एक ही आवाज़ को मुखड़े या अंतरे में 'ओवरलैप' कराके रिकॉर्ड किया गया है। इस तरह का प्रयोग सुप्रसिद्ध संगीतकार आर. डी. बर्मन साहब ने ख़ूब किया है। १९८७ में आयी 'इजाज़त' फिल्म के तो दो-दो गानों में ये प्रयोग है- ''कतरा कतरा मिलती है'' और ''छोटी- सी कहानी से...''।

मैं अक्सर ये सोचता था कि क्या आकाशवाणी के स्टूडियो में ऐसा प्रयोग हो सकता है, पर हमेशा इसे दुरूह और असंभव मान कर छोड़ देता था। रीवा में तो ऐसे भी जहां सामान्य रिकॉर्डिंग के लिये भी बड़े झंझट थे और एक असिस्टेंट इंजीनियर मेरे लिये हमेशा तलवार खींचे खड़ा रहता था; इस तरह के काम में भला क्या सहयोग मिलता, पर सागर में ऐसा नहीं था। यहां छोटे-से सेटअप में जहां रोज़ का साथ उठना-बैठना, खाना-पीना था, किसी अवरोध या असहयोग की गुंज़ाइश न के बराबर थी। असाटी जी, पवन जैन और गफ़्फ़ार- बड़े अच्छे इंजीनियर थे जो हमेशा सहयोग करने को तत्पर रहते थे।

इसका एक दूसरा कारण नगाइच जी का कार्यालय-प्रमुख होना भी था। वैसे भी ये देखा गया है कि जहां कार्यालय-प्रमुख कार्यक्रम का कोई व्यक्ति रहा है, वहां प्रोग्राम वर्सेज़ इंजीनियरिंग के झगड़े अपेक्षाकृत कम हुए हैं। ये भेद और झगड़े तब से ज़्यादा बढ़ गये, जब से 'रोटेशनल हेडशिप' की नीति लागू की गई। मुझे नहीं पता कि 'रोटेशनल हेडशिप' की सही हिन्दी क्या होगी; सरकार की प्रशासनिक शब्दावली में 'रोटेशनल' की हिन्दी 'क्रमावर्ती' दी हुई है, पर 'हेडशिप' के बारे में वो भी ख़ामोश है; पर चलिये इस आधार पर इसे मिला-जुला कर 'क्रमावर्ती नेतृत्व' या 'क्रमावर्ती संचालन' कहा जा सकता है।

इस कथित 'क्रमावर्ती नेतृत्व' के कारण आगे चलकर ऐसी स्थिति हो गई कि कार्यक्रम के लोग कागज़-कलम को तरस गये, उनकी बुनियादी सुविधायें भी छिन गईं और पटना में तो मेरे सहायक निदेशक वाले कार्यकाल में ही एक बार ऐसी स्थिति आ गई कि 'कार्यक्रम समन्वय समिति' की बैठक के लिये खाने के पैकेट का जब मांग-पत्र भेजा गया तो फ़ाइल पर लिख के कार्यक्रम अनुभाग के अधिकारियों और कर्मचारियों की पात्रता पूछी गई कि वे खाना प्राप्त करने के लिये 'इलिजीबल' हैं या नहीं; ज़ाहिर है, उस समय 'क्रमावर्ती नेतृत्व' इंजीनियर महोदय के पास था। पर, इसपर आगे यथासमय चर्चा होगी।.....

फिलहाल तो मुझे ये गाने वाला प्रयोग करना था और इसके लिये सबसे पहले कलाकार को तैयार करना था। इस कार्य के लिये तब के कंपीयर संजय सिंह वर्मा की बहन, सोनल वर्मा से बढ़के उपयुक्त कौन हो सकता था।

मैंने उन्हें बुलाया और अपना मंतव्य बताया। उन्हें भी आश्चर्य हो रहा था कि ये कैसे संभव होगा, वो भी स्टूडियो के 'सिंगल ट्रैक रिकॉर्डिंग सिस्टम' पर...। उस समय मैंने उनसे इतना ही कहा, ''आप अपना एक गीत तैयार करिये और उसकी रिकॉर्डिंग जैसे हम सामान्य तौर पर करते हैं, उसी तरह करेंगे।... ओवरलैपिंग की प्रक्रिया बाद में होगी, जो उसी समय आपको बताऊंगा।''

सबसे पहले गीत की रिकॉर्डिंग की। उसके बाद 'फ़ेडर कंसोल' से एक माइक्रोफ़ोन को जोड़ा। मैंने सोनल को वहां 'हेडफ़ोन' लगाकर बिठाया और कहा कि वो ओरिज़नल गीत सुनें और उसके ख़ाली स्थानों पर आलाप करती चलें। इधर तीन डबिंग 'सीटीआर' (कंसोल टेप रिकॉर्डर) में से बायीं तरफ़ ओरिज़नल रिकॉर्डिंग का टेप लगाया और बीच वाले पर ख़ाली टेप लोड किया, जिसमें गीत और आलाप मिक्स होकर रिकॉर्ड होते।

पहले इस पूरी प्रक्रिया की एक-दो रिहर्सल कराई और जब संतुष्ट हो गया तब जाकर पूरा गीत 'ओवरलैपिंग' के साथ रिकॉर्ड हुआ। परिणाम आशा से कहीं अधिक अच्छा आया। आज कंप्यूटर के आ जाने से ये सब काम बहुत आसान हो गये हैं, पर उस ज़माने में, इस काम के बारे में सोचकर आज भी तन-मन रोमांच से भर उठता है।

उस दौरान इस तरह के और भी काम हुए, पर जैसा कि होता है, आप जब कोई अच्छा काम करते हैं और इसकी चर्चा, तथा चर्चा से बढ़कर प्रशंसा होने लगती है तो ईर्ष्यालु हवायें आपको चारों ओर से घेरने लगती हैं और आंधी बन आपको उड़ाने के प्रयास में लग जाती हैं। मुझे यहां भी कुछ ऐसा ही अनुभव हुआ, इसलिये ऐसे प्रयोगों से जल्दी ही तौबा कर ली।

लेकिन स्वतंत्र तौर पर अनेक ऐसे कार्यक्रमों की योजना की गई, जिसमें वहां के कंपीयर और उद्घोषकों की बहुत बड़ी भूमिका रही। निस्संदेह ऐसे मौलिक कार्यक्रमों के पीछे नगाइच जी की विलक्षण दृष्टि थी और वो स्वतंत्रता थी जो इन कार्यक्रमों को करने के लिये उन्होंने मुक्तहस्त मुझे दी थी। ऐसे कार्यक्रमों में 'आओ कुछ बात करें', 'संभलते क़दम', 'हम तुम्हारे लिये', 'आयेगी ज़रूर चिट्ठी', 'समस्या-पूर्ति', 'आभार' और 'आपका स्वागत् है', स्टूडियो-आधारित थे। इनके विपरीत स्थल-ध्वन्यंकन पर आधारित कार्यक्रम कंपीयर करते थे और कुछ तो बहुत अच्छे बने थे, ये उनके मौलिक शीर्षक देख कर ही समझ में आता है। उदाहरणार्थ, 'तपते पांव रेत पर' (ईंट-भट्ठों के कामगारों पर), 'पान- लबों की शान', 'फ़ैशन की दीवानी', 'चाक पर घूमती ज़िंदगी' (कुम्हारों के जीवन पर), 'झुलसी हथेलियों में धूप का सफ़र' (बाल-श्रमिकों पर) ऐसे ही कार्यक्रम थे।

एक और बहुत अच्छा कार्यक्रम जो नगाइच जी की सोच से निकला था वो महापंडित राहुल सांकृत्यायन के जन्म-शताब्दी वर्ष पर आमंत्रित श्रोताओं के समक्ष

आयोजित कार्यक्रम था। ये आयोजन आकाशवाणी-परिसर में ही था और विषय के अनुसार, ज़ाहिर है, आलेखों और उनपर विमर्श पर केन्द्रित था। इस आयोजन में एक ख़ास बात और थी कि मुझे और कंपीयर डॉ. रूपाली तिवारी को इसके संचालन की ज़िम्मेदारी दी गई थी। रूपाली में एक स्वाभाविक ऊर्जा थी, जो पिघल-पिघलकर मुझतक पहुंचती रहती थी। उसमें एक समझ थी, कहीं से स्पर्धा करने योग्य- एक धीरज, एक सहनशक्ति...।

•••

इसी प्रकार एक बार मुझे बेड़नियों के गांव 'पथरिया' जाने का अवसर मिला। उस समय बेड़नियों के बारे में सागर और आसपास के लोगों को छोड़कर, दूरस्थ संसार में कोई विशेष जानकारी नहीं थी। सागर में पथरिया के बारे में लोगों ने बताया कि ये बेड़नियों का गांव है- यानी बेड़िया समुदाय का गांव। ये बेड़नियां रूपाजीवा होती हैं जो नाच-गा के अपना जीवन-यापन करती हैं और इनमें से कई देह-व्यापार में भी लिप्त हो जाती हैं।

ये सब सुनने के बाद मेरा मन ऐसे विषय पर कार्यक्रम करने के लिये तड़प उठा। मुझे ये भी पता चला कि बेड़नियों के जीवन-स्तर को सुधारने के लिये वहां चंपा बहन बहुत काम कर रही हैं। इसलिये मैंने सबसे पहले चंपा बहन को स्टूडियो बुलाकर उनका एक लंबा इन्टरव्यू किया।

'पथरिया' गांव, आज की तिथि में, दमोह ज़िले का एक क़स्बा और नगर पंचायत है। ये सागर से लगभग 65 किलोमीटर, यानी सड़क मार्ग से जाने पर लगभग डेढ़ घंटे की दूरी पर स्थित है। एक अनुमान के अनुसार सम्पूर्ण भारतवर्ष में इस जाति के पांच लाख से भी अधिक लोग रहते हैं, जिनका मुख्य निवास प्रमुख रूप से मध्यप्रदेश और राजस्थान है।

मध्यप्रदेश का बुंदेलखंड इनकी मुख्य रहाईश है और वहां का प्रसिद्ध 'राई नृत्य' बेड़िया समाज की ही देन है। एक समय था कि समुदाय के ही लोग बहुत कम उम्र में लड़कियों को बेड़नी बनाकर देह-व्यापार में धकेल देते थे। इस व्यापार में एक बार लिप्त होने पर लड़की के लौटने का कोई रास्ता नहीं बचता था, बस उसका प्रचलित रस्म के हिसाब से 'सिर ढंकना' कर दिया जाता था- 'सिर ढंकना', यानी रखैल बनना।

डॉ. शरद सिंह ने बेड़नियों पर केन्द्रित अपने उपन्यास 'पिछले पन्ने की औरतें' में इस रस्म का बहुत विस्तार से वर्णन किया है- ''बेड़िया समुदाय में प्रचलित मान्यता के अनुसार, बेड़िया जाति के लोग जिन जातियों के लोगों के हाथों पानी पीते हैं, उन्हीं जातियों के व्यक्ति को 'सिर ढंकना' करने का अधिकार होता है। 'सिर ढंकना' की रस्म में धनिक व्यक्ति अपनी पसंद की बेड़नी पर अपना अधिकार स्थापित करने अर्थात् उसे अपनी रखैल बनाने के लिए पहले एकमुश्त रकम देता है।

फ़ेड इन... फ़ेड आउट/157

यह रक़म पांच हज़ार रुपये तक हो सकती है। यह रस्म एक सामाजिक समारोह के रूप में पूरी की जाती है। इस रस्म के अवसर पर मिली प्रथम धनराशि से सामूहिक भोज (भंडारा) किया जाता है। यह वस्तुतः जाति-भोज होता है। भोज से बची हुई धनराशि उस लड़की को दे दी जाती है, जिसका 'सिर ढंकना' हो रहा होता है। यह धनराशि उस लड़की की व्यक्तिगत संपत्ति होती है। 'सिर ढंकने' वाला व्यक्ति भरण-पोषण के लिए वार्षिक राशि की घोषणा भी करता है जिसका वह भविष्य में भुगतान करता रहता है। यह धनराशि कभी-कभी नाममात्र की होती है। प्रायः 'सिर ढंकना' का रस्म अदा करने वाला व्यक्ति ही उस बेड़िया युवती का योनिच्छेदन करता है। इसी रस्म के बाद युवती प्रथम बार सहवास का अनुभव प्राप्त करती है। इस रस्म को 'सिर ढंकना' इसलिये कहा जाता है क्योंकि इसके द्वारा बेड़िया लड़की को संबंधित व्यक्ति का संरक्षण प्राप्त होता है, किन्तु इस संरक्षण का अर्थ यह नहीं है कि वह संरक्षण मिल जाने के बाद देह-व्यापार में संलग्न नहीं होती। 'सिर ढंकना' की रस्म के बाद वह उन्मुक्त भाव से देह-व्यापार प्रारम्भ कर देती है।''

पर चंपा बहन के सद्प्रयासों और लंबे संघर्ष के बाद इन कुप्रथाओं से बेड़िया समाज को मुक्ति मिली। 9 जनवरी, 1935 को जन्मी चंपा बहन मूलतः हिमाचल प्रदेश की रहने वाली थीं। उनका बचपन भारतीय स्वतंत्रता संग्राम के तराने सुनकर विकसित हुआ। आगे चलकर आज़ादी के बाद वे विनोबा भावे के भूदान आंदोलन से जुड़ गईं। सितंबर- 1983 के एक सम्मेलन में जब वे भोपाल आईं तो किसी ने इन्हें बेड़नी समाज की एक महिला से मिलवाया जो बेड़िया समुदाय के उत्थान के लिये काम कर रही थी। उसी के मुंह से जब चंपा बहन ने इस समुदाय की व्यथा-कथा सुनी तो उनका मन आंदोलित हो उठा और उन्होंने वहीं संकल्प लिया इस समाज की स्त्रियों के लिये काम करने का। वे पथरिया गईं और वहां के लोगों के सहयोग से 10 अप्रैल, 1984 को वहां 'सत्यशोधन आश्रम' की स्थापना की और फिर धीरे-धीरे उस समुदाय की स्त्रियों को देह-व्यापार के दलदल से निकालकर उन्हें काम पर लगाया; बच्चों को शिक्षा के लिये प्रेरित किया और पुरुषों को सरकारी नौकरियां दिलवाईं। आज भले ही चंपा बहन नहीं हैं, पर यह उनके प्रयासों का ही प्रतिफल है कि आज 'पथरिया' गांव से पूरी तरह देह-व्यापार का उन्मूलन हो चुका है और बेड़िया समाज के लोग अच्छी नौकरियों में जाकर अपनी स्त्री और बच्चों को अच्छी परवरिश दे पाने में सक्षम हो पा रहे हैं।

•••

आकाशवाणी, सागर की एक बात मुझे सबसे अच्छी लगी कि वहां सारे कंपीयर-एनाउन्सर एकदम परिवार की तरह थे। मुझसे ख़ास तौर पर सबका एक अपनापा हो गया था। वे सब जब मर्ज़ी हो, मेरे यहां आ जाते और क्या किचन,

क्या खाना, सब मिलजुल कर पकाते-खाते, खिलाते और आपस में ख़ूब चुहलबाज़ी करते।

एक बार विकी के जन्मदिन के समय तपन ने मुझसे कहा कि "जीजू.... इस बार मेनू में 'बन्नू कचौड़ी' होगी।" तपन ने पत्नी के साथ बहन का रिश्ता रखा हुआ था, इस नाते वो मुझे 'जीजू' बुलाती थी और वही मान देती थी। निस्संदेह इतने साल बीतने के बाद भी इस संबंध का निर्वाह वो अब तक करती रही है।

बहरहाल, 'बन्नू कचौड़ी' का नाम मैंने पहली बार सुना था, शायद वहां मौजूद हर किसी ने पहली बार सुना था।

"पर जन्मदिन में तो खाना होता है, 'बन्नू कचौड़ी' से क्या पेट भरेगा..।" मेरी शंका जायज़ थी।

"अरे नहीं जीजू... दो 'बन्नू कचौड़ी' खा लेंगे न, तो और कुछ नहीं खा पायेंगे... आप देखिये तो सही, मैं क्या करती हूं।"

मैं उसके इस आत्मविश्वास के सामने पस्त हो गया।

दरअसल, 'बन्नू कचौड़ी' कुछ-कुछ कचौड़ी की तरह ही होती है, पर उसमें जो सामग्री भरी जाती है, वो विशिष्ट होती है। चार या पांच तरह की तो चटनी होती है, जो कचौड़ी के मसाले में ऊपर से डाली जाती है, जिसमें धनिया, पुदीना, टमाटर, इमली, दही का इस्तेमाल होता है। विकी के जन्मदिन पर ये मेनू हिट हो गया और तपन का कहा बिल्कुल सच हुआ; लोग दो से ज़्यादा 'बन्नू कचौड़ी' नहीं खा पाये।

मेरे सागर में रहते-रहते, जहां तक मुझे याद है, दो-तीन सालों के अन्दर तपन का विवाह हो गया था और वो भोपाल में रहने लगी थी। एक बार मैं भोपाल गया तो उसके किराये के मकान में रहा भी। वहां तपन के पति श्री श्याम सिंह तोमर से मैं पहली बार मिला, और उनसे मिलकर यही लगा जैसे हमारी बरसों की जान-पहचान हो। हमने ख़ूब बातें की, बाज़ार भी गए और उस एक कमरे के छोटे-से घर में जब रात में सोने का समय आया तो दोनों पति-पत्नी मुझे अपनी इकलौती खाट पर सुलाने को आमादा हो गए। मैं ज़िद पर अड़ा था कि मैं नीचे गद्दे पर सोऊंगा। अंततः सहमति इस पर बनी कि तपन ऊपर खाट पर सोयेगी और मैं तथा श्याम जी नीचे गद्दे पर....। मैंने तपन से परिहास भी किया कि "देखना, ऊपर से गिर नहीं पड़ना वरना मेरी 'बन्नू कचौड़ी' यहीं बन जायेगी...।"

देखकर अच्छा लगा कि करोड़पति परिवार की, नाज़ों-पली अकेली बेटी तपन, उन अभावों में भी ख़ुश है। तपन ने बहुत कम से शुरु कर, राजनीति में, समाज में अपना आज जो स्थान बनाया है, वो उसकी लगन, मेहनत और उससे ज़्यादा हर स्थिति में अपने को ढाल लेने की उसकी अद्भुत क्षमता की देन है। मुझे

अन्दर से खुशी महसूस होने के साथ, संतोष का भी अनुभव हुआ कि उसे जीवन-साथी के रूप में श्याम जी-जैसे नेक इन्सान मिले।

तपन की तरह रूपाली और शेफ़ाली से भी पारिवारिक संबंध बन गये थे। इनके पिताजी का स्वर्गवास हो चुका था और ये लोग मामाजी लोगों के संयुक्त परिवार में मां के साथ रहती थीं। बड़ा परिवार था, जिसमें मामा-मौसी सभी थे। इनकी एक दवा की दुकान थी। शेफ़ाली की नौकरी कृषि विभाग में पिताजी की मृत्यु के बाद अनुकंपा के आधार पर मिली थी। ये लोग अक्सर हमें इतने स्नेह और अनुराग से बुलाते कि मना करते नहीं बनता था।

शेफ़ाली जब पहली बार रेडियो में आयी तो उसे यहां के बारे में कुछ नहीं मालूम था। उसे एक-एक, बारीक बातें सिखाईं और बहुत कम समय में उसने अपने काम पर पूरा अधिकार प्राप्त कर लिया। इसीलिये मैं उसे अपनी 'कृति' कहता था और वो सबकी लाडली बन गयी थी- मेरी भी। इसलिये वो कभी-कभी किसी बात पर लड़िया जाती थी। जैसे, उसके यहां गये कुछ अधिक दिन हो जाने पर कहती, ''क्या सर, आपको कितना टाइम हो गया हमारे यहां आये... अगर कल नहीं आये तो समझो... मैं भी नहीं आऊंगी यहां...।'' उसकी इस बात पर बेसाख़्ता हंसी आ जाती थी।

आगे चलकर जब स्थितियां मेरे प्रतिकूल होने लगीं और मैं अपने ढंग से कुछ कर नहीं पा रहा था तो शेफ़ाली ने एक ऐसी बात कही जिसने मेरे सोचने-समझने का तरीक़ा ही बदल दिया। उसने कहा, ''देखो सर, अभी आप पेक्स हो, किसी के मातहत हो...। आप चाह के भी अपना मनचाहा नहीं कर सकते...। तो फिर जो आप कर नहीं पा रहे हो, उसे सोचकर अपने को दुखी क्यों करते हो.....। जब आप स्टेशन डायरेक्टर बन जाना, तो जो मर्ज़ी हो, करना...।''

मैं हैरत में था, इतनी कम उम्र में इतनी परिपक्वता-भरी बात...! हमेशा अपने सीखने की प्रवृत्ति के कारण मैंने उसकी इस सीख को भी अपने अन्दर बिठा लिया, उसकी बात को गांठ लगा ली। उसकी इस अमूल्य सीख का इतना असर हुआ कि फिर उसके बाद किसी ऐसी चीज़ को लेकर मुझे कभी, कोई तकलीफ़ नहीं हुई।

सोनल वर्मा और संजय वर्मा का परिवार भी ऐसा ही था। उनके पापा डी.एस. पी पद से अवकाशप्राप्त कर चुके थे, लेकिन दुर्भाग्यवश चलने-फिरने से लाचार थे। उनकी मम्मी, शीला वर्मा 'आर्मी स्कूल' में पढ़ाती थीं और बड़ी अच्छी कवितायें लिखती थीं। सोनल अपना कॅरियर संगीत में देख रही थीं और उसके लिये कड़ा रियाज़ कर रही थीं। संजय तो कंपीयर थे ही, उनसे छोटे भाई अतुल उस समय नौकरी के लिये प्रयासरत थे और अपने पापा की तरह डी.एस.पी-एस.पी या

कलक्टर बनने की ख़्वाहिश रखते थे जो उन्हें मिली भी; फिर धूमधाम से शादी हुई और गृहस्थी अच्छी-ख़ासी चल ही रही थी कि ईश्वर ने ऐसा कहर बरपाया कि सबकुछ नष्ट हो गया।

इस पूरे परिवार ने मुझे अपने घर के सदस्य की तरह मान-सम्मान और प्यार दिया, जो आज भी वैसे ही है। जब उन्हें ये पता चला कि मैं 'नॉन-वेज़' अच्छा बनाता हूं तो वे अक्सर चिकेन खाने की फ़रमाइश करते और मैं भी बड़े मनोयोग से उनकी इच्छा पूरी करता और उनके चेहरे पर छाई खुशी देख कर संतोष का अनुभव करता।

शाम को दोनों भाई अक्सर कार लेकर आते और फिर हमलोग गप्पें करते काफ़ी दूर निकल जाते। यदा-कदा हम घर पर या किसी होटल में भी देर तक बैठते। उस समय हमारी बातचीत का मुख्य विषय दोनों भाइयों का भविष्य होता था। संजय सिंह को पी-एच.डी. किये हुए काफ़ी समय हो चुका था और प्रयासों के बावजूद कहीं कोई नौकरी नहीं मिल पायी थी। मैं दोनों भाइयों को आकाशवाणी में भविष्य बनाने की सलाह देता कि यदि ट्रेक्स या पेक्स की वेकैंसी आती है तो वे ज़रूर भरें। संजय तो मेरी बात से सहमत थे, पर अतुल के सपने इस नौकरी में नहीं समाते थे। उन्हें कलेक्टर से कम मंज़ूर नहीं था। उनकी ऐसी दृढ़ता और आत्मविश्वास देख कर अच्छा लगता था।

दोनों भाइयों को उनका मनचाहा मिला भी; संजय ट्रेक्स, फिर पेक्स बने; अतुल ने भी 'डिपुटी कलक्टर' का ओहदा पाया; शादी-ब्याह हुआ, बच्चे हुए.... सबकुछ बहुत अच्छे से चल रहा था कि पता नहीं किसकी नज़र लग गई... एक सैलाब आया और अपने साथ अतुल को बहा ले गया... और पीछे छोड़ गया बेइन्तिहा दर्द की प्रतिध्वनि... वो प्रतिध्वनि, वो अनुगूंज, आज भी पुराने दिनों को याद कर टीस देती है।

•••

तीन

इतने मसरूफ़ थे हम जाने की तैयारी में
खड़े थे तुम और तुम्हें देखने का वक़्त न था...
(गोपालदास 'नीरज')

दरअसल रेडियो में पेक्स की पोस्ट, केन्द्रीय और सर्वाधिक महत्व की पोस्ट होती है; क्योंकि कार्यक्रम की योजना, प्रस्तुति, प्रशासन और जनसंपर्क उसके मूल

कार्यों में गिना जाता है। वो अपने से नीचे के स्टाफ़ और अपने से ऊपर के अधिकारियों- दोनों के बीच की कड़ी होता है। वो भले ही अपने विषय का विशेषज्ञ हो, पर उसे सभी विषयों का कार्यसाधक ज्ञान होना बहुत आवश्यक है। अब ये उसपर निर्भर करता है कि वह अपने ज्ञान और कौशल में कैसे इज़ाफ़ा करता है और ख़ुद को उसके अनुसार ढालता है।

ज़ाहिर है, इतने महत्वपूर्ण पद पर आसीन व्यक्ति से लोगों की अपेक्षायें भी होंगी और चूंकि कार्यक्रम में बाहर से आये आकस्मिक उद्घोषकों, कंपीयरों, वार्ताकारों, कलाकारों को कुछ-न-कुछ धनलाभ भी होता है तो ये आश्चर्यजनक नहीं कि वे पेक्स के आसपास मंडरायें और उसके 'गुड बुक' में अपना नाम दर्ज़ कराने का प्रयास करें। वैसे ये शाश्वत है और मानवीय कमज़ोरी भी कि व्यक्ति को जहां से भी लाभ मिले स्वाभाविक तौर पर उसका झुकाव उधर हो जाता है; और ये भी देखा गया है कि व्यक्ति के उस पद से हटते ही लोग मुंह मोड़ लेते हैं; मुंह ही नहीं मोड़ते उसकी बुराई भी शुरू कर देते हैं। जगदलपुर के हमारे केन्द्र निदेशक हसन ख़ान कहते थे, ''आप किसी का सब काम करते जाइये.... वो आपके आगे-पीछे घूमता रहेगा... उसकी मर्ज़ी का करते रहिये, आप उसके लिये महान् बने रहेंगे; पर जैसे ही एक काम उसकी मर्ज़ी के ख़िलाफ़ करेंगे, वो उसी समय आपके द्वारा उसके लिये किये गये सारे अच्छे कामों को भुलाकर आपका दुश्मन हो जायेगा और सब जगह आपकी बुराई करना शुरू कर देगा।''

उनकी बातों में सच्चाई थी और इस बात का अनुभव मैंने पग-पग पर किया। यहां इस बात का ज़िक्र इसलिये करना चाहता हूं कि इस सच्चाई को जानकर भी हम, पेक्स-जैसे लोग, दूसरों की भलाई के लिये, हित के लिये, उन्हें आगे बढ़ाने के लिये काम करते रहते हैं।

लेकिन सब ऐसे नहीं होते। इनमें बहुत सारे ऐसे भी होते हैं, जो अवसरवादी सोच नहीं रखते; उनके लिये आकाशवाणी से मिला पैसा नहीं, उनके प्रति दर्शाया हमारा स्नेह-प्रेम महत्वपूर्ण होता है; उनके लिये उनका व्यक्तिगत स्वार्थ नहीं, हमारी प्रतिष्ठा, मान-सम्मान अधिक मायने रखती है; इसलिये कठिन से कठिन परिस्थितियों में भी वे हमारा साथ नहीं छोड़ते, हमारे साथ खड़े मिलते हैं; हमारी हंसी में, खुशी में; हर्ष में, विषाद में; हमारे वहां रहने में और हमारे चले जाने के बाद भी।.... वे ताज़िंदगी बने रहते हैं जबकि शेष लोग ख़ुद-ब-ख़ुद हमारी ज़िंदगी से निकल जाते हैं।

मेरे जीवन में भी निस्संदेह ऐसे लोगों की संख्या कम नहीं है, जिन्हें याद करना एक 'नॉस्टैल्जिक' अनुभव की मानिन्द है; जैसे उन्हें याद करना जीवन को नये सिरे से जानना है।

तपन और संजय आज भी वैसे ही हैं.... मित्र की तरह... मेरे बेहद करीब... पारिवारिक.... और अनूप तिवारी भी इसी तरह मेरे मनोजगत् का हिस्सा बने हुए हैं।

सागर के आकस्मिक उद्घोषकों में एक अनूप तिवारी उस समय 'मेडिकल रेप्रेजेंटेटिव' का काम करते थे। बड़ी अच्छी आवाज़ और अत्यंत मृदुल स्वभाव। वे हमेशा मेरे लिये, मेरे छोटे भाई की तरह सेवा में तत्पर रहे। वक़्त-ज़रूरत पर, बिना रात-बिरात देखे वे सामने हाज़िर हो जाने वाले शख़्स थे। उनके साथ की कई विलक्षण घटनायें हैं जिन्हें याद कर होंठों पर सहज मुसकान आ जाती है।

एक बार रात को दस बजे दरवाज़े की घंटी बजी। दरवाज़ा खोला तो सामने अनूप खड़े थे।

"सॉरी सर, देर से आने के लिये, पर मुझे पता है कि आप देर से सोते हैं, इसलिये...।" उनके हाथ में एक प्लास्टिक का थैला था जिसे उन्होंने मेज पर रखते हुए कहा।

"नहीं, कोई बात नहीं... मैं तो अभी जगा ही हुआ था। इसमें क्या है अनूप जी..." मैंने थैले की ओर इशारा करते हुए पूछा।

"सर... इसमें कड़कनाथ जी हैं... आपने कभी खाया है...?"

तरह-तरह के सामिष खानों के बारे में मैंने किताबों में काफ़ी-कुछ पढ़ रखा था, पर विविधता में मैं आगे नहीं बढ़ पाया था। वैसे भी सामिष खाने वालों के लिये क्या मछली, क्या बटेर....।

मैंने 'नहीं' में सिर हिलाया तो बोले, "तो इसे रखिये... कल पकाइयेगा।"

"पर, रात-भर में ये ख़राब नहीं हो जायेगा, मेरे यहां तो फ्रिज भी नहीं है।" उसके ख़राब होने की चिन्ता को मैं स्पष्टतः, दूसरे दिन उसके स्वाद से वंचित रह जाने के अवसाद से जोड़ कर देख रहा था।

"सर, आसपास... किसी के यहां फ्रिज हो...." अब अनूप भी फ़िक्रमंद होने लगे।

मैंने आसपास कल्पना की आंखों से देखना शुरू किया... "अरे, हां... अपने सामने प्रकाश शुजालपुरकर जी के यहां फ्रिज है... पर क्या वे इस तरह का आइटम उसमें रखने देंगे...? मेरी आशंका भी जायज़ थी।

"सर, पूछने में क्या हर्ज़ है... वे नहीं रखेंगे तो फिर सोचेंगे कि क्या करना है...।"

"हां...ठीक है... चलिये... पूछते हैं...।"

हमने दरवाज़े की घंटी बजाई तो इतनी रात को हमें अपने सामने देख वे भी हैरान रह गये। हमने उन्हें पूरी बात बताई तो उन्होंने सहर्ष इसे रखने की अनुमति दे दी। फिर एक थाली लेकर उसमें अनूप जी की लाई चीज़ को रखा और शुजालपुरकर जी को दूसरे दिन के खाने का निमंत्रण देते हुए, उसे फ्रिज के हवाले कर मैं निश्चिंत हुआ।

पर ये निश्चिंतता रातभर की ही थी, क्योंकि सुबह-सुबह दरवाज़े की घंटी बजने से नींद टूटी। दरवाज़ा खोला तो सामने शुजालपुरकर जी। मैं चौंका, कहीं कुछ.....

"क्या हुआ... इतनी सुबह-सुबह..." मैंने किसी अनहोनी की आशंका को झटकते हुए पूछा।

"अरे, तुम इधर आओ... कल जो फ्रिज में रखा था न...." 'हाय..' मेरे भीतर एक हूक-सी उठी, क्या उसे बिल्ली खा गई...। मैं और कुछ सोचता उससे पहले वे लगभग मुझे खींचते हुए ले गये, "देखो, फ्रिज के बाहर....।"

मैंने देखा, फ्रिज के बाहर फ़र्श पर.....!

मैंने फ्रिज खोलकर थाली बाहर निकाली, और कहा कि साफ़ कर देता हूं तो बोले, "नहीं.... बाई अभी आयेगी तो साफ़ कर देगी।"

कल रात से लेकर सुबह अब तक के कांड की जानकारी पत्नी को नहीं थी। इसकी जानकारी अब जाकर हुई जब उसने थाली की सामग्री का रंग-रूप देखा। वो वैसे भी पूर्णतया शाकाहारी है इसलिये उसकी "ये क्या है... कौन लाया.... इसे फेंकिये..." जैसी हिक़ारतपूर्ण उक्तियों से सम्मानित होते हुए मैंने पूरी कहानी बताई तो उसने निर्णय सुनाया, "आप ही बनाइयेगा... तब...।"

हालांकि सामान्य रूप से नॉनवेज वो पका लेती थी, पर अभी के गर्मागर्म वातावरण में मैंने जल्दी से निर्णय को स्वीकारने में ही अपनी भलाई समझी।

सबसे पहली समस्या थी उसके छोटे-छोटे टुकड़े करने की। मुझे लगा कि चाकू से ये काम आसानी से हो जायेगा; पहले उसे खींच कर काटने की कोशिश की, फिर रेत-रेत कर; पर उससे भी सफलता नहीं मिली तो मैंने चाकू रखकर उसपर हथौड़े से चोट कर काटना चाहा। इस प्रयास में चाकू बेचारे की बलि हो गई, पर वो नामुराद टस-से-मस नहीं हुआ।

फिर मैंने सोचा कि शायद इसे उबालने से नरम हो जाये तो इसके बाद काटना आसान हो जायेगा। मैंने कुकर में डाल कर आधा-पौन घंटा उबाला, उसके बाद फिर से काटने की कोशिश की, पर वो कमबख़्त रत्ती-भर न हिला। मैं पसीना पोंछ रहा था और श्रीमती जी मज़े ले रही थीं।

"जो दिये हैं, उन्हीं से पूछिये न कि कैसे बनेगा... और पहले कटेगा तब न बनेगा....।"

‘हां...’ ये बात सही लगी। पर वो ज़माना मोबाइल का तो था नहीं कि चट से फ़ोन कर देते और झट से बात हो जाती। लैंडलाइन थी, और संयोग की बात कि अनूप के यहां थी।

मेरे फ़ोन करने के लगभग आधे घंटे बाद उनका फ़ोन आया। मैंने ये सारा किस्सा बताया तो बोले, “सर, ये तो मेरा भी पहला मौक़ा है। मुझे नहीं पता कि कैसे बनता है...।” उन्होंने असमर्थता प्रकट की।

“सर...” वे तुरंत बोले, “आप डॉक्टर साहब से बात कीजिये..” डॉक्टर, यानी डॉ. अभिषेक वर्मा, सागर के सरकारी डेन्टल हॉस्पिटल में दांतों के डॉक्टर, सर्जन।

“बल्कि इसी बहाने आप उन्हें खाने पर बुला लीजिये और उन्हें कहिये कि वही पकायेंगे...।”

मुझे लगा ये सही रहेगा। डॉ. अभिषेक वर्मा से परिचय अनूप तिवारी के माध्यम से ही हुआ था और बहुत कम समय में ये परिचय प्रगाढ़ होकर हमारे ड्राइंग-रूम से होते हुए किचेन तक जा पहुंचा था। फिर क्या था, हम, हमप्याला-हमनिवाला- सबकुछ हो गये थे।

डॉ. वर्मा बड़े ही ज़िंदादिल इन्सान थे और उन्हें तरह-तरह की डिश बनाने का बड़ा शौक़ था; ख़ासकर नॉनवेज पकाने में उन्हें महारत हासिल थी। उसमें वो हमेशा कुछ-न-कुछ प्रयोग करते रहते। उन्हें ये सब पकाने में जितना आनन्द आता, उससे कहीं ज़्यादा खिलाने में। हमारे मन मिलने की ये मरकज़ी वजह थी। सो, सप्ताह में दो दिन ज़रूर ऐसा होता कि या तो वे सपरिवार हमारे यहां आ जाते, या हम उनके सरकारी क्वार्टर चले जाते और देर रात तक हमारा खाना-पीना, गप्प-शप्प चलता रहता।

उनके दो बेटियां- उस समय नौ और सात साल की रही होंगी; और उनसे छोटा बेटा तक़रीबन तीन साल का होगा। इनसे विकी को भी अच्छी-ख़ासी कंपनी मिल जाती थी, इसलिये बच्चे अलग धमाचौकड़ी मचाते फिरते और हम किचेन में अड्डा जमाते।

अनूप इसमें कभी-कभी ही शामिल हो पाते, क्योंकि वे अक्सर डॉक्टरों के यहां विजिट पर रहते थे।

मैंने डॉक्टर वर्मा को फ़ोन लगाया और उन्हें शुरू से लेकर अंत तक अपनी असफलता की कहानी सुना डाली। पहले तो वे बड़े ज़ोर से हंसे, फिर बोले, “बनाया तो मैंने भी पहले कभी नहीं है, लेकिन ‘ट्राई’ कर सकता हूं।..... ठीक है, आता हूं...।”

तबतक ग्यारह बज चुके थे। मैं डॉक्टर वर्मा की प्रतीक्षा में बैठा था। थोड़ी देर में वे स्कूटर घर्घराते हुए पहुंच गये।

''कहां है...'' उन्होंने कुछ इस भाव से कहा मानो शिकार के लिये किसी शेर को ढूंढ़ रहे हों...।

उनके इस अंदाज़ से मुझे भी हंसी आ गई, ''डॉक्टर साहब, पहले चाय पीजिये, फिर आगे काम होगा...।''

''नहीं, थोड़ी जल्दी है.... मैं हॉस्पिटल छोड़ के आया हूं... पहले लाइये तो क्या है...।'' वे वाकई हड़बड़ी में थे।

मैंने उनके सामने थाली रख दी। वे एक क्षण देखते रहे, फिर छुरी उठाकर काटने की कोशिश की, पर छुरी थी कि बार-बार फिसल जा रही थी। मुझे लगा कि कहीं डॉक्टर साहब उंगली न काट बैठें; वैसे भी वे जल्दी में थे; मैंने कहा, ''रहने दीजिये डॉक्टर साहब, आप जाइये.... मैं कोशिश करता हूं, कामयाबी मिलेगी तो फ़ोन करूंगा... फिर भोजन करने आ जाइयेगा।''

फिर क्या हुआ, ये वर्णन थोड़ा बीभत्स हो जायेगा, लोग अपने हिसाब से अंदाज़ा लगा लें...। आख़िरकार वो विशिष्ट भोजन तैयार हुआ जिसने तैयार होने में पूरे पांच घंटे और एक चाकू की बलि ली। डॉक्टर साहब सपरिवार आये और सबने छक के उस दिव्य भोजन का आनन्द उठाया।

इसके बहुत दिनों बाद, जब मुझे पटना आये कई साल हो चुके थे; शायद 2015 का वर्ष था; एक दिन अचानक अनूप तिवारी का फ़ोन आया, ''सर... आपको पता है, डॉक्टर साहब नहीं रहे...।''

अचानक जैसे 'झन्न' से कुछ टूट गया मेरे भीतर। इतना खुशमिज़ाज और ज़िंदादिल इन्सान कैसे एक पल में सबकुछ छोड़कर चला गया। एक पल को उनके साथ की सारी स्मृतियां सजग हो गईं, जिनमें उनके साथ बिताई गयी ढेरों गुलज़ार शामें, पलकों पर बूंद बन कर लरजने लगीं।

ठीक ऐसी ही दर्द की अनुभूति तब हुई थी, जब संजय वर्मा जी का सागर से फ़ोन आया था, ''सर... अपना अतुल हम सब को छोड़ कर चला गया...।''

हम सभी जानते हैं कि जीवन-मरण अपने हाथ में नहीं है, ये जीवन का धुर सत्य है जिसे न चाहते हुए भी स्वीकार करना पड़ता है; पर वह जीवन कैसा..? वो मृत्यु कैसी... बल्कि कैसी से ज़्यादा.... किसकी....?

जब मेरी मां की मृत्यु हुई थी तो मैं रीवा में था। मुझे घर पहुंचने में दो दिन लग गये थे। पहुंचने के बाद भी किसी ऐसी दुर्दमनीय पीड़ा-जैसा कुछ अहसास नहीं हुआ था; क्योंकि एक तो मां सारी ज़िम्मेदारियों से मुक्त होकर अपनी उम्र पूरी कर चुकी थी; दूसरे वो जो शारीरिक कष्ट पिछले तीन सालों से भोग रही थी, उस पीड़ा से मुक्त हो जाने में ही उसके जीवन की- मृत्यु की भी- सार्थकता थी।

पर यहां, अतुल ने तो एक तरह से अपना जीवन शुरू ही किया था; उसके सपनों ने तो अभी पंख पसारे ही थे कि काल भूखे गिद्ध-सा ना जाने कहां से आकर सबकुछ लील गया था; अतुल का जीवन ही नहीं, उसके पीछे छूट गयीं ढेरों मासूम मुस्कुराहटें भी।....

डॉ. अभिषेक वर्मा भी ज़िम्मेदारियों से पूरी तरह मुक्त कहां हो पाये थे...! अपनी दो बेटियों में से संभवतः एक का ही विवाह कर पाये थे। बेटा तो अभी छोटा ही था। उनकी नौकरी भी काफ़ी बची हुई थी। ऐसे में असमय उनका चले जाना मुझे अन्दर से कचोट गया था।

तो शाश्वत प्रश्न अपनी जगह फिर से वही... मृत्यु... किसकी... क्या ऐसी मृत्यु जायज़ थी.....?

पर ऐसे लोग मेरी ज़िंदगी में हमेशा रहे हैं, जिनके साथ की स्मृतियां परछाईं की तरह हमेशा मेरे साथ चलती रही हैं और उनमें से अनूप तिवारी एक हैं। आज भी उनका आमंत्रण रहता है, ''सर, सागर आइये... होटल में नहीं रहना है.. अपना घर है...।'' उनका ये आमंत्रण तब भी था, जब मैं सागर से जगदलपुर जा चुका था। मुझे याद है, जगदलपुर के अपने तीन साल के प्रवास में 'समन्वय समिति' की कम-से-कम पांच ऐसी बैठकों में मैं शामिल था, जो भोपाल या इन्दौर केन्द्र द्वारा आयोजित थीं। मैं इन बैठकों में आगे या पीछे एक-दो दिन ऐसा ज़रूर रखता, जिससे सागर का चक्कर लगाया जा सके। मेरे सागर पहुंचने पर सिविल लाइन्स-स्थित एक होटल अनूप जी रिजर्व करा के रखते थे (उस समय उनका घर बना नहीं था); इतना ही नहीं, मेरे पहुंचते ही या तो अनूप जी स्वयं, या उनके नहीं रहने पर उनका कोई आदमी फुल-टंकी पेट्रोल-भरी मोटरसाइकिल होटल छोड़ जाता, ताकि मुझे जहां जाना हो, जा सकूं। एकाध बार तो ऐसा भी हुआ कि उनके बाहर रहने के चलते भेंट नहीं हुई, तब भी मोटरसाइकिल हाज़िर रही, जिसे जाते समय उनके कहे अनुसार मैं होटल में ही छोड़ दिया करता, जिसे वे बाद में मंगवा लेते रहे होंगे।

...

सागर की ऐसी ढेरों यादें हैं, किस-किस का वर्णन करूं। हां, मैं जिस क्वार्टर में रहता था- सी-6, वो एकाधिक प्रेम कहानियों का भी साक्षी रहा है।

पहली प्रेम कहानी पल्लवित हुई संतोष चौकसे और केरल की एक लड़की के बीच। संतोष चौकसे युववाणी में आता था और धीरे-धीरे वो मेरे निकट आ गया। मेरे घर भी उसका बराबर का आना-जाना था। ऐसे ही एक दिन उसने बताया कि उसका अफ़ेयर केरल की एक लड़की के साथ है। उसका असली नाम लिखना उचित नहीं, इसलिये सुविधा के लिये हम उसका नाम 'मिनी' रख लेते हैं।

मिनी के पिता सेना के 'मिनिस्ट्रीयल स्टाफ' में थे और वे लोग 'कैन्ट' एरिया में रहते थे। उनलोगों से मेरा थोड़ा-बहुत परिचय और कभी-कभार का मिलना-जुलना था।

मिनी बड़ी ही प्यारी लड़की थी- पूरी तरह केरेलियन नाक-नक्श वाली- गोल चेहरा, हलका सांवला रंग और काले, घुंघराले बाल, जिसे वो कसके बांधे रखती थी; कुल मिलाकर एक सम्मोहक आकर्षण था उसमें।

चौकसे से उसकी भेंट कहां और किन परिस्थितियों में हुई, ये तो याद नहीं; पर ये ज़रूर था कि चौकसे उसके पीछे एकदम पागल था। लेकिन, उसकी समस्या ये थी कि वो मिनी के घर जा नहीं सकता था और मिनी का अपने घर से निकलना लगभग नामुमकिन इसलिये था कि आर्मी के लोग सिविल के साथ बहुत कम मिक्स होते हैं और वहां से निकलने का मिनी के पास कोई माकूल बहाना न होता।

"वो तुमसे प्यार करती है या नहीं..." मैंने चौकसे से एक दिन सीधे-सीधे पूछ ही लिया।

"हां सर... करती है...।"

"तो प्रॉब्लम क्या है, उसके घर जाकर उसके पैरेन्ट्स से बात करो।"

"नहीं सर... मिनी का कहना है कि वे इसके लिये तैयार नहीं हैं..।"

"तो, तुम क्या चाहते हो...?"

"सर, मैं एक बार मिनी से मिलना चाहता हूं.... मुझे एक बार मिलवा दीजिये सर...।" उसने लगभग मेरे पांव पकड़ लिये।

"पर, मैं कैसे मिलवा सकता हूं...?" मैं थोड़ा असहज हो गया।

"आप कर सकते हैं सर...। आप तो उनके यहां आते-जाते हैं... आप मिनी को अपने यहां ले आइये... मैं यहीं मिल लूंगा...।"

"पर मिनी मेरे साथ क्यों आयेगी, और मैं उसके घर में क्या कह के लाऊंगा उसे... वो लोग उसे मेरे साथ क्यों आने देंगे...।" मेरी शंका जायज़ थी।

"कुछ भी कह दें सर, कह दीजिये कि 'युववाणी' की पार्टी है, वो आपको मना नहीं करेंगे...।" पता नहीं, वो मेरे ऊपर इतना भरोसा कैसे कर रहा था।

"नहीं... इतना बड़ा झूठ बोलकर मैं उसे नहीं ला सकता, सॉरी...." मैंने अपना निर्णय सुना दिया।

"तो सर, ऐसा करते हैं, अपन पार्टी कर ही लेते हैं... आप 'युववाणी' के कंपीयर्स को बुला लीजिये... इसका जो भी ख़र्चा आयेगा, मैं दूंगा...। तब तो आपको झूठ नहीं बोलना पड़ेगा न...?" प्यार में बड़ी-से-बड़ी समस्या का समाधान कितनी आसानी से उपलब्ध हो जाता है।

"ठीक है, पर तुम क्यों ख़र्च करोगे... पार्टी मेरी ओर से होगी।" इसके आगे आख़िरकार मुझे हथियार डालने पड़े।

फिर दो दिन आगे की तिथि तय कर सबको पार्टी की ख़बर दे दी गई।

मैं मिनी के यहां गया और वे इतने सीधे-सज्जन लोग थे कि मेरे एक बार कहने पर ही उसे मेरे साथ जाने देने के लिए राज़ी हो गये।...... ऐसा विश्वास मैं अपनी ज़िंदगी में अक्सर कमाता रहा हूं।

उस दिन जम के पार्टी हुई और चौकसे की मिनी से मिलने की इच्छा भी पूरी हुई; पर ये पहली और आख़िरी बार हुआ; क्योंकि मैंने साफ़-साफ़ उसे कह दिया कि एक बार मैंने मिलवा दिया, अब आगे वो अपना रास्ता खुद ढूंढ़े। उसके बाद पता नहीं क्या हुआ। शायद चौकसे जबलपुर चला गया और बाद में मिनी-लोग भी केरल लौट गये थे, क्योंकि इसके बाद मेरी भेंट न मिनी से हुई, न चौकसे से। मुझे ये भी नहीं पता कि उनकी मोहब्बत क़ामयाब हुई या नहीं।

दूसरी प्रेम कहानी ज़रूर अंजाम तक पहुंची, पर बड़े ही नाटकीय और फ़िल्मी अंदाज़ में। ये प्रेम कहानी थी गुनीत कौर और देव कुमार तिवारी की। लड़का ब्राह्मण परिवार का जनेऊधारी, जबकि लड़की कट्टर सिख परिवार से। इनका लंबे समय से प्रेम-प्रसंग चल रहा था और पहले से मिलना-मिलाना था। इनलोगों ने तमाम विरोधों के तय कर रखा था कि वे इस प्रेम-प्रसंग को शादी के अंजाम तक ज़रूर ले के जायेंगे। और वो घड़ी आ गई थी जब अनूप उनकी बात लेकर मेरे पास आये।

इनलोगों को कोर्ट में रजिस्ट्री के लिये आवेदन देना था, पर समस्या ये थी कि स्थानीय होने के चलते लोग दोनों को पहचानते थे। अगर पहले ही भेद खुल गया तो सब किये-कराये पर पानी फिर जायेगा, वो भी तब, जब दोनों के घर वालों को इनके अफ़ेयर की बात मालूम थी। अनूप का कहना था कि एक बार रजिस्ट्री के लिये आवेदन हो गया तो आगे वे लोग सब संभाल लेंगे, पर अभी ये बात किसी को मालूम नहीं होनी चाहिये।

पहले से तय कार्यक्रम के अनुसार, रजिस्ट्री ऑफ़िस में आवेदन वाले दिन वे लोग ऑटो से सुबह आठ बजे ही गुनीत को मेरे क्वार्टर पहुंचा गये। एहतियात के तौर पर गुनीत बुर्का पहन कर आयी थी और उसे बुर्के में ही रजिस्ट्री ऑफ़िस जाना था। उसके साथ ऑटो में जाने के लिये किसी कंपीयर-शायद अमिता या मंजू को- राज़ी किया गया था।

तय समय पर बुर्के में गुनीत और उसके साथ कंपीयर, नीचे पहले से रिज़र्व ऑटो में बैठे और उनके थोड़ा पीछे बाइक से देव के मित्रों का क़ाफ़िला। बाद में पता चला कि सब काम बड़े आराम से हो गया। आज देव और गुनीत दोनों खुश हैं, संतुष्ट हैं; और मैं भी... कि इस शुभ कार्य का थोड़ा-बहुत हिस्सा बन सका।

•••

एक तरफ़ ऑफिस के अन्दर कार्यक्रमों के स्तर पर, और जीवन में निजी तौर पर, सार्थक, सकारात्मक और सर्जनात्मक गतिविधियां चल रही थीं, वहीं १६६५ आते-आते, कुछ-कुछ चालाकियां, नये-नये षड्यंत्र और उनके भीतर से नयी-नयी समस्यायें जन्म लेने लगी थीं।

इसका सबसे पहला शिकार बने बालाघाट से आये उद्घोषक रवि वर्मा।

बात कोई इतनी बड़ी नहीं थी कि वो जांच और स्थानान्तरण तक पहुंचती; पर वहां तक पहुंची। जिस कार्यक्रम बैठक में ये घटना घटी, उसमें रवि वर्मा को एक कार्यक्रम प्रस्तुत करने के लिये दिया गया था और वे इसे बना नहीं पाये थे। यही सवाल उनसे पूछा गया जिसके बाद बात इतनी बढ़ गई कि गाली-गलौज तक की नौबत आ गई।

हमलोगों ने समझा-बुझाकर दोनों पक्षों को शांत तो करा दिया, पर अहं के टकराव ने दबी राख में चिनगारी ज़रूर छोड़ दी थी। ये आगे चलकर घात-प्रतिघातों और दांव-पेंच में तबदील हो गई। रवि वर्मा के विरूद्ध न केवल जांच की सिफ़ारिश की गई, बल्कि उन्हें क्वार्टर से बेदख़ल करने का आदेश भी दे दिया गया।

उस समय सारे अधिकारियों-कर्मचारियों को रवि के विरुद्ध खड़ा कर दिया गया था, जिसमें चाहे-अनचाहे मुझे भी शामिल होना पड़ा। इसका मुझे आज भी बहुत अफ़सोस है क्योंकि मैं जानता हूं कि रवि के साथ न्याय नहीं हुआ। उनकी ग़लती इतनी बड़ी नहीं थी, जितनी दिखाई गई और बताई गई। उन्होंने बैठक में बड़ी विनम्रता से कहा था कि वो इस काम को नहीं कर पाये हैं, पर जल्दी ही कर लेंगे। इतना सुनने के बाद कार्यक्रम-प्रमुख की ओर से थोड़ा कड़े स्वर का प्रयोग हुआ तो रवि ने भी जवाब दिया; जवान, गर्म ख़ून भला कहां मानने वाला था। इस प्रकार बात बढ़ती चली गई।

पर कहते हैं न, ''समरथ को नहीं दोष गुसाईं...'' तो एक अदने एनाउन्सर की आवाज़ वहां कौन सुनता...! उसकी हैसियत और क़ीमत ही क्या होती है। रवि को भी अपनी आवाज़ उठाने की क़ीमत अपने स्थानान्तरण से चुकानी पड़ी।

ये क़िस्सा तो एक तरह से यहां ख़त्म हो गया, पर कहते हैं न कि ''शेर के मुंह जब ख़ून लग जाता है तो वो रोज़ नये-नये शिकार खोजता है''- यहां भी ऐसा ही हुआ और अगला टार्गेट मैं बना।

असल में, कुछ लोग कान के कच्चे होते हैं; वे अपने कान नहीं देखेंगे, बस कौवे के पीछे भागते रहेंगे। इस संस्थान में भी ऐसे लोग भरे पड़े हैं। लेकिन ऐसे लोग क्यों हैं... ये किसी ने सोचा है...? ऐसे लोग इसलिये हैं कि अफ़वाह फैलाने वाले, दूसरों की शिकायत करने वाले, अपने फ़ायदे के लिये झूठी जी-हुज़ूरी करने

वाले और ईर्ष्या से जलने वाले लोग मौजूद हैं; और जबतक ये मौजूद हैं, तबतक 'कान के कच्चे' लोग भी रहेंगे।

मैं ज़्यादातर समय अपने काम में लगा होता था और इस बात के लिये मैं आभारी था कि मुझसे सीनियर शुजालपुरकर जी के होते मुझे सारे महत्वपूर्ण अनुभाग मिले हुए थे। उद्घोषक-कंपीयर से लेकर साहित्यकार तक मेरा काफ़ी मान-सम्मान करते थे। शहर में मेरी एक पहचान बन चुकी थी और उसमें निरंतर इज़ाफ़ा हो रहा था। पर, कोई था, जिसे ये सब पसंद नहीं आ रहा था; नहीं तो क्या कारण था कि अचानक मुझसे सारे सेक्शन ले लिये गये; क्या कारण था कि केन्द्र अभियंता के कक्ष में घुसकर उनसे मेरे लिये कहा कि ''आप क्यों आलतू-फ़ालतू लोगों को अपने यहां बिठाये रखते हैं...''; क्या कारण था कि एक इंजीनियर को मेरा क्वार्टर लेने के लिये उससे पीछे की तिथि में आवेदन लिया गया और मुझे क्वार्टर ख़ाली करने के लिये कहा गया, जबकि सबको पता था कि मेरी पत्नी उस समय चलने-फिरने से भी लाचार थी....; क्या कारण था कि सरकारी कामों के लिये की गई टेलीफ़ोन-वार्ता के लिये मेरे वेतन से 'रिकवरी' का आदेश दिया गया....?

और आज, जब सद्भावना के तौर पर उन्हें फ़ोन पर इस किताब के लिखने की जानकारी दी तो वे कहते हैं, ''तब तो तुम मेरे बारे में बुरा ही लिखोगे!'' अरे, जब आपने किसी के लिये अच्छा नहीं किया तो उससे आप अपेक्षा भी कैसे कर सकते हैं कि वो आपके बारे में अच्छा लिखेगा...! मैं अन्य बातें तो भूल भी जाता, पर पत्नी की उस गंभीर बीमारी की हालत में, मुझे क्वार्टर ख़ाली करने का आदेश पकड़ाकर आपने जिस संवेदनशीलता (?) का परिचय दिया, उसे क्या भूला जा सकता है...?

बातें तो आपकी भी ढेर-सारी ज़ेहन में थीं, पर मैंने उनको भुला दिया था। मैं भूल गया था कि आपने मेरी लोकप्रियता से चिढ़कर मुझे कार्यक्रम प्रस्तुत करने से, माइक पर जाने से प्रतिबन्धित कर दिया था; मैं भूल गया था कि जब कभी मैं कार्यक्रम-निर्माण के लिये स्टूडियो जाता था, केन्द्र अभियंता से कहकर, वहां की पावर-सप्लाई आप कटवा देते थे; मैं भूल गया था कि रवि वर्मा के केस में मुझपर सारा दोष मढ़कर आप खुद मसीहा बन बैठे; मैं भूल गया था कि सुरक्षा-गार्ड द्वारा 'कैज़ुअल्स' का अपमान कराने के बाद, बीमारी का बहाना कर आप घर बैठ गये और इल्ज़ाम मुझे दे दिया; और मैं ये भी भूल गया था कि एक उद्घोषक ड्यूटी पर अपनी सुविधा से आता-जाता रहा, बल्कि कई बार रात की पाली में उसके नहीं पहुंचने पर सभा समाप्ति की उद्घोषणा कार्यस्थ ड्यूटी अफ़सर ने की, पर उसपर कोई कार्यवाही इसलिए नहीं की, क्योंकि वो आपका रिश्तेदार था...।

आपको याद तो होगा कि आपकी बार-बार की इन कुटिलताओं का जब भी मैंने विरोध किया, आप फ़ौरन माफ़ी मांगने लगते थे, ''ठीक है भाई, अगर मेरे

शब्दों से आपको ठेस पहुंची है, तो मैं क्षमा चाहता हूं...।" पर, दूसरे दिन फिर एक पत्थर चला देते थे।

पर मुझे आपकी अच्छाइयां भी याद रहीं, जिनका बखान मैंने दिल खोलकर किया और इसीलिये मैंने आपको फोन किया; आपका, आपके परिवार का हालचाल लिया और आज भी उन बातों की याद दिलाने पर आप फिर-फिर माफ़ी मांगने लग जा रहे हैं।

•••

चार

किसी को बुद्ध होने के लिए इक उम्र लगती है
नहीं है छूटता यूं ही कभी घर-बार चुटकी में...
(प्रेम भारद्वाज)

कभी-कभी मुझे लगता है कि मैंने जितना समर्पण-भाव अपनी नौकरी, अपने काम के प्रति दिखाया, उतना अपने घर-परिवार के लिये नहीं। इसकी शिकायत हमेशा मेरे घरवालों की रही। इसके ढेर सारे कारण हैं। शायद नौकरी की शुरुआत में ही ऐसे संस्कार पड़ गये थे- कुछ तो मेरे अन्दर पहले से थे और कुछ राजीव जी के सान्निध्य से प्राप्त हुए- कि कोई काम अधूरा नहीं छोड़ना है; काम को पूरी पूर्णता, निष्ठा और ईमानदारी से करना है और संस्था से अपने या परिवार के लिये कोई अतिरिक्त लाभ नहीं लेना है। यही कारण है कि पत्नी के गंभीर रूप से बीमार पड़ने पर एक-दो बार से अधिक कभी मेडिकल का लाभ नहीं लिया; अपने लिये तो आज तक नहीं लिया; जहां दूसरे लोग नियम से यात्रा-रियायत की सुविधा का भरपूर उपभोग करते थे, अपने पूरे सेवा-काल में मैंने कभी इसका उपभोग नहीं किया, जबकि ये मेरा अधिकार था। यहां तक कि स्थानीय यात्रा में दो-चार सौ रुपये का भी यात्रा-भुगतान निकलता तो उसका बिल भी लोग भरते थे, मैंने कभी ये बिल नहीं भरा। इसी प्रकार मैंने अपने परिवार के किसी भी सदस्य को कार्यक्रम करने के उद्देश्य से रेडियो में कभी आने नहीं दिया। ये काम राजीव जी ने भी किया। वो कहते थे, "हम नियमानुसार स्टाफ़ के परिवारों के कार्यक्रम में भाग लेने से हतोत्साहित करते हैं तो खुद के परिवार को कैसे कार्यक्रम दे सकते हैं।"

इसीलिये शायद ऐसी आदत बन गई कि ऑफ़िस की बातें, ऑफ़िस की समस्यायें मैं कभी घर ले कर नहीं गया। यहां तक कि उससे संबंधित दुख, तक़लीफ़,

अन्तर्द्वन्द्व, बेबसी, अपमान- इन सबको अपने तक ही सीमित रखा; उसकी हल्की-सी भी छाया अपने बीवी-बच्चे पर नहीं पड़ने दी। शायद ये भी पहली बार होगा कि मेरे इस लिखे को पढ़कर बहुत-सी बातें वे पहली बार जानेंगे।

बस, मुझे दो चीज़ों पर सर्वाधिक भरोसा रहा, एक अपने काम पर, और दूसरा अपने लेखन पर; और हां, मां भगवती की शक्ति पर, जिन्होंने मुझे कई-कई बार अंधेरे के गर्त से बाहर निकाला और.... पापियों को सज़ा भी दी। इन्हीं की देन है कि आज मैं सुरक्षित हूं, तत्पर हूं।

यही कारण है कि निजी जीवन के घटित को मैंने अपने लेखन में कोई ज़्यादा तरजीह नहीं दी। हां, कुछ ऐसी घटनायें हैं जिनका घटित होना नियति के चक्र के कारण अवश्यंभावी था; इसलिये उनका ज़िक्र ज़रूर करना चाहूंगा। इनमें से एक घटना थी, बाबूजी का स्वर्गवास...। 27 सितम्बर, 1993 को टेलीग्राम मिला, ''बाबूजी एक्सपायर्ड ऑन 26 सितम्बर....।''

इस बार भी अकेले ही गया। बाबूजी का श्राद्ध-कर्म हो गया, उसी प्रकार जिस प्रकार तीन साल पहले मां का हुआ था। पटना का घर पहले की तरह बंदरबांट की स्थिति में था; फ़र्क़ सिर्फ़ इतना था कि उसमें दूसरों की चालों में सम्मिलित सामने में बाबूजी का चेहरा था, पर उनके परलोक सिधारने के बाद सबकुछ साफ़ नज़र आने लगा।

वैसे देखा जाये तो पहले के सारे वादे, सारे मोह, बाबूजी के रहते ही चिंदी-चिंदी होकर बिखर चुके थे; गलाजत-भरी चिट्ठियां आर्तीं, ''पत्र नहीं भेजोगे तो तुम्हारे ऑफिस को ख़बर कर देंगे...।''.... ''पैसा क्यों नहीं भेज रहे... तुम्हें ज़मीन से बेदख़ल कर दिया जायेगा,'' आदि-आदि। और इस तरह के जितने पत्र आते, घर और ज़मीन-जायदाद के प्रति मेरी विरक्ति उतनी ही बढ़ती जाती। सिर्फ़ एक पत्र कर जवाब दिया मैंने, ''मुझे आपकी जमीन-जायदाद से कुछ नहीं लेना.... आप समझ लीजिये कि आपके तीन ही बेटे हैं, उन्हीं में बांट दीजिये। हां, कोई पत्र मेरे आफ़िस में भेजने की ग़लती मत कीजियेगा...।''

और तभी मानो सारे संबंध टूट गये थे। इससे पहले मई १६६३ में, सागर ज्वायन करने के कुछ ही दिनों बाद जब ख़बर मिली कि बाबूजी का फ्रैक्चर हो गया है, तो देखने गया था। उसी अवस्था में उन्होंने एक 'प्रोनोट' दिखाया, बोले, ''पढ़ लो और साइन कर दो।''

मैंने यूं ही सरसरी निगाह से देखा तो मालूम हुआ कि आगे के तीन हिस्से, जो पहले से बने हुए हैं; जिनमें दोमंज़िले तक की दीवार खड़ी हो चुकी है, तीनों बड़े भाइयों के नाम कर दिये गये हैं। अपने सबसे छोटे पुत्र को, यानी मुझे, पीछे की तरफ़ की परती ज़मीन का एक कट्ठा टुकड़ा दिया गया है, उनके अनुसार जिसमें दो

शौचालय और मकान बनाने के लिये ईंट, बालू और लोहा भी मिलेगा, जो उसी में रखा है।

पढ़कर हंसी आयी। वैसे मालूम था कि कितना लोहा, कितना बालू और कितनी ईंटें..... खुद से ही परिहास करने का मन कर आया, सो चला गया देखने। जैसी उम्मीद थी, लोहा-बालू की कौन कहे, ईंट का एक टुकड़ा तक नहीं था वहां... मन वितृष्णा से भर उठा।

मैंने फिर कुछ नहीं कहा सिवाय इसके कि मुझे कुछ नहीं चाहिये... ज़मीन का वो टुकड़ा भी नहीं...।

इतना ही नहीं, मेरे इस्तेमाल की अलमारी और शो-केस भी बंट चुका था; किसी के मुंह से ये नहीं निकला कि ये तुम्हारी है, इसे ले जाओ। शो-केस में मेरे बनाये कुछ स्केचेज़ रखे थे, मैंने वो मांगा तो सहज भाव से निकाल कर मुझे दे दिये गये।

मन, हृदय, मोह-माया- सब तार-तार हो चुके थे। चलते समय सबने पूछा, "फिर कब आयेंगे...?" मैंने कहा, "कभी नहीं... अब पटना कभी नहीं लौटूंगा..।"

•••

एक दूसरी घटना मेरे मंझले भाई से जुड़ी है। इस घटना का ज़िक्र इसलिये आवश्यक है, क्योंकि इससे ये बात सिद्ध होती है कि खून के रिश्ते शायद दग़ा दे भी दें, आपके बनाये हुए रिश्ते हमेशा आपके साथ रहते हैं- आपके सुख में, आपके दुख में, आपके संघर्ष में।

ये बात शायद सितम्बर-1995 की है।

अचानक एक दिन मुन्ना भइया का फ़ोन आया और जो बात बताई गई उसे सुनकर बड़े ज़ोर का धक्का लगा। पता चला कि मंझले भइया को आंत का कैंसर हो गया है, इलाज चल रहा है, पर कोई फ़ायदा नहीं हो रहा है।

मैं पटना जाने को उतावला हो रहा था कि भाई बोले, "आने की ज़रूरत नहीं है। करना ये है कि इन्दौर में 'राजगढ़ ब्यौवरा' नाम की कोई जगह है। वहां एक मंदिर में एक पुजारी है जो कैंसर का इलाज किसी जड़ी-बूटी से करता है। तुम वहां जाकर उससे वो दवा लेकर आओ।"

हालांकि मुझे इन सब बाबाओं और जड़ी-बूटी पर ज़रा भी विश्वास नहीं है, पर सवाल अपना नहीं, किसी दूसरे की आस्था का था, सो उसकी रक्षा तो हर हाल में करनी थी।

फिर मैंने उस पुजारी के बारे में पता करना शुरू किया तो कई अन्य बातों का पता चला। मालूम हुआ कि वो पुलिस की कड़ी सुरक्षा में रहता है; क्योंकि कैंसर

की दवा का राज़ या फ़ार्मूला जानने के लिये ही एक बार उसका अपहरण तक हो चुका है। इसलिये वो सुबह-सबेरे मंदिर में छुपकर दवा तैयार करता है और ज़रूरतमंद को देता है, वो भी मात्र एक घंटे के लिये। अगर उस एक घंटे में दवा हासिल नहीं हुई तो अगले दिन का इंतज़ार करना पड़ता है।

और भी न जाने किस-किस प्रकार के अफ़वाह उसे लेकर थे। पर सवाल भाई की ज़िंदगी का था और मैं जानता था कि ये अकेले मेरे बस का नहीं है। दवा की आवश्यकता भी तत्काल थी। यदि ट्रेन से जाते तो बारह-चौदह घंटे पहुंचने में ही लग जाते, फिर 'राजगढ़ ब्यौवरा' में उस पुजारी के गांव तक जाना और टेढ़ी खीर थी। ये भी पता चला कि वो गांव लगभग राजस्थान की सीमा पर है।

एक ही उपाय था, जिससे जल्दी पहुंचकर काम निपटाया जा सकता था और वो था सड़क मार्ग। पर इतना लंबा सफ़र अकेले तय करना बहुत ज़ोखिम का काम होगा, ये सोचकर मैंने सबसे पहले राकेश तिवारी से संपर्क किया। राकेश पुलिस में थे और शुरू से ही मेरा बहुत सम्मान करते रहे, शेफाली-रूपाली उनको भाई मानती थीं और उनके साथ बड़े पुराने पारिवारिक संबंध थे, इस नाते भी उनके साथ गहरा अपनापा जुड़ता चला गया था। बाद में उनका स्थानान्तरण जबलपुर हो गया और एक बार मैं जबलपुर गया तो वे न सिर्फ़ मुझे स्टेशन लेने आये, बल्कि अपने घर ठहराया भी।

बहरहाल मैंने राकेश को पूरी बात बताई तो वे तुरन्त तैयार हो गये। एक गाड़ी भाड़े पर ली गई और समय का अंदाज़ा लेकर कि हम सुबह राजगढ़-स्थित पुजारी के गांव पहुंच सकें, आवश्यक तैयारी कर हम निकल पड़े।

हमलोग रात भर चलते रहे और लगभग 360 किलोमीटर की दूरी तय कर तड़के चार बजे के आसपास 'राजगढ़ ब्यौवरा' पहुंचे। वहां पता चला कि पुजारी का गांव थोड़ी दूरी पर है। हम फिर चल पड़े। वहां पता करने पर ज्ञात हुआ कि पुजारी छ: बजे के आसपास मंदिर के पास आयेगा। जब हम मंदिर के पास पहुंचे तो उसके आसपास प्रसाद की ढेर-सारी दुकानें सजी थीं। मंदिर के आसपास दवा लेने वालों की भारी भीड़ थी। लोगों ने अपने हाथों में प्लास्टिक की एक, दो, और किसी-किसी ने तो चार थैलियां तक पकड़ रखी थीं। पता चला कि दुकान से पहले प्रसाद की थैली लेनी होगी, यदि दूर से आये हैं तो ज़्यादा थैली ले लें। बात सही थी, पता नहीं किस-किस कोने से, कितनी तक़लीफ़ उठा के लोग आये हैं; इतनी दूर कौन बार-बार आना चाहेगा। मैं भी सागर में था तो अपेक्षाकृत निकट था, पटना से किसी को आना हो तो कितना कष्ट होगा।

इन थैलियों में ही पुजारी कैंसर की दवा मिलाता था। विचित्र बात थी, कैंसर के तो न जाने कितने प्रकार हैं, किसी को पेट का, किसी को गले का, किसी को रक्त का- सबके लिये एक दवा... आश्चर्य.... तो दुनिया-भर की मेडिकल

साईंस कर क्या रही है....! इस पुजारी को तो उसकी खोज के लिये नोबेल पुरस्कार मिलना चाहिये; पर यहां तर्क नहीं, भावना प्रबल थी कि किसी प्रकार जल्दी से दवा लेकर मरीज़ तक पहुंचाई जाये।

दुकान में एक थैली की क़ीमत बीस रुपये थी। हम प्रसाद की दो थैलियां लेकर मंदिर के पास आ गये। वहां भीड़ बढ़ने लगी थी। थोड़ी ही देर में वहां दो पुलिसवाले प्रकट हुए। वे लोगों से प्रसाद की थैलियां लेकर एक टोकरी में रखते जा रहे थे और सबको लाइन में लगने को कह रहे थे। चूंकि राकेश वर्दी में थे, इसलिये मुझे लाइन में नहीं लगना पड़ा, पर प्रसाद की थैली मैंने पुलिसवाले को दे दी।

इसके तकरीबन आधे घंटे बाद दो सिपाहियों के साथ पुजारी जी प्रकट हुए। उम्र यही कोई तीस-बत्तीस बरस के आसपास.... रंग सांवला..... गेरुआ वस्त्र और सीने तक झूलती दाढ़ी... सिर के बाल अस्त-व्यस्त, जिनमें लटें पड़ी हुई थीं। लोगों की भीड़ के बीच से निकलते हुए पुजारी जी सीधे मंदिर के भीतर चले गये और मंदिर का कपाट अन्दर से बंद कर लिया।

लगभग आधे घंटे बाद कपाट खुला और पुजारी जी बिना इधर-उधर देखे सिपाहियों के साथ निकल लिये। इधर दो सिपाही मंदिर के अन्दर से वही टोकरी उठा लाये और लाइन में लगे लोगों को उनकी थैलियां देने लगे। राकेश जाकर हमारी थैलियां ले आये।

अब.... अबतक हम बिना रुके, बिना आराम किये, लगातार एक ही लक्ष्य को साध आगे बढ़ रहे थे; पर अब थकान हावी होने लगी थी। हमारे ड्राइवर को भी आराम की ज़रूरत थी, सो हमलोगों ने राजगढ़ आकर पहले नाश्ता किया, फिर होटल में चार घंटों की गहरी नींद ली और तकरीबन दो बजे के आसपास खाना-वाना खा के वापस सागर निकल लिए।

लेकिन दुर्भाग्य कि दवा लेने के बाद भी भइया ठीक नहीं हुए और नवंबर-1995 में उनका स्वर्गवास होने के साथ, हमारे परिवार की एक मज़बूत कड़ी टूट गई। हमलोगों के लिये, ख़ासकर मेरे लिये भइया क्या थे, ये मैं ही जानता हूं। वे जब भी ड्यूटी से लौटते राबड़ी या दही ज़रूर लाते और उसमें से मेरा हिस्सा भाभी के हाथ से मेरे कमरे में भिजवाने के बाद ही खाना खाते। **(इस प्रकरण को आप इस पुस्तक के पहले खंड 'तीस साल लम्बी सड़क' में पढ़ सकते हैं।)**

•••

इधर मैं अपने परिवारिक दायित्वों को संभालने में लगा था कि भाई के नहीं रहने की मनहूस ख़बर मिली। इसके बाद रुकने का सवाल ही नहीं था, फ़ौरन सब छोड़-छाड़ पटना के लिये निकल पड़ा। उधर आफ़िस का वातावरण और बिगड़ने लगा था और मेरी अनुपस्थिति में भी षड्यंत्र के ताने-बाने बुने जाते रहे, जिसका अनुभव मुझे पटना से लौटने के बाद हुआ। मैं अपनी पीड़ा कहता भी तो किसे...! कौन था, जो मेरे ज़ख्म पर मरहम रखता...? ऐसे ही आत्म-वेदना के क्षणों में मैंने न जाने किस आस और उम्मीद में अमर सर को एक पत्र लिखा। मुझे जवाब की कोई बहुत उम्मीद इसलिये नहीं थी, क्योंकि बीते वर्षों में मैंने भूले से भी उनको कभी याद नहीं किया था।

पर गुरु के पास क्षमा करने का आत्मबल होता है, ये मैंने तब जाना जब मेरे पत्र का उत्तर आया। बीच के लंबे अंतराल के बाद भी, मेरे लिखे शब्दों से मेरे मन के भीतर झांककर, मेरे अन्दर से उत्सर्जित पीड़ा और गहरी उदासी का स्वर पता नहीं उन्होंने कैसे सुन लिया....! उन्होंने लिखा, ''जब अपनी पीड़ा बहुत बड़ी लगने लगे तो उसे बर्दाश्त करने के लिये किसी बड़ी पीड़ा अथवा पीड़ित की तलाश की जानी चाहिये।''

ये जैसे ही पढ़ा, ऐसा लगा जैसे मेरी सारी तक़लीफ़, समस्त पीड़ा, एकबारगी समाप्त हो गई। मुझे उस पल ऐसा ही लगा, जैसे मैं काफ़ी दिनों से कोई बहुत बड़ा भार उठा कर चल रहा था और अचानक से भारमुक्त हो गया हूं। मुक्ति का ये अहसास अद्भुत और अनिर्वचनीय था और अपने भीतर सकारात्मक ऊर्जा की एक वेगवान् लहर बहता हुआ महसूस कर रहा था मैं।

हालांकि इसमें कोई संदेह नहीं कि उस प्रकार की सकारात्मक ऊर्जा मुझे सागर ज्वायन करने के समय से बराबर मिलती रही है; वरना जिस तरह का माहौल वहां बन गया था, उससे निकलना और पार पाना आसान नहीं था। ऐसे में सुनील, यानी, सुनील केशव देवधर सकारात्मक ऊर्जा के रूप में मेरे साथ था।

सुनील देवधर उस समय आकाशवाणी, छतरपुर में कार्यक्रम अधिशासी था। 'था' या 'है' संबोधन मैं उसके लिये इसलिये कर रहा हूं कि उसके और मेरे बीच शब्दों का कोई औपचारिक बंधन नहीं है और इस संबोधन के साथ उसके बारे में कुछ कहना-लिखना मेरे लिये अधिक सहज है; क्योंकि सहज आत्मीयता का यही आदर-भाव हमदोनों के बीच आज तक बना हुआ है।

सुनील से मेरी पहली मुलाक़ात रीवा में आयोजित 'समन्वय समिति' की बैठक में हुई थी। उसके बाद अलग-अलग केन्द्रों पर आयोजित बैठकों में उससे होने वाली मुख़्तसर-सी मुलाक़ातों के दरम्यान हमें एक-दूसरे को जानने का अवसर मिला।

सुनील ने रेडियो में अपनी पारी की शुरुआत 1 जनवरी, 1978 को बतौर उद्घोषक अपने गृह-नगर, छतरपुर से की थी। इस भूमिका में तकरीबन बारह साल

रहने के बाद, मुझसे दो साल उपरांत, 1990 के बैच में सुनील का चयन 'संघ लोक सेवा आयोग' से सीधे कार्यक्रम अधिशासी के पद पर हुआ और इसमें कोई संदेह नहीं कि इस नयी पारी तथा बदली हुई भूमिका में उसके उद्घोषक-काल के अनुभवों ने उसमें बहुत कुछ जोड़ा। इस बात को मैं ज़्यादा अच्छी तरह समझ पाता हूं; क्योंकि मैं भी लगभग उसी तरह अनुभव-समृद्ध हो इस पद पर पहुंचा था।

लेकिन सुनील से मुख़्तसर मुलाक़ातों में ही उसकी एक-एक विशेषता का पता चल गया था। 'समन्वय समिति' की बैठकों में अलग-अलग केन्द्रों से एक साथ प्रसारित होने वाले समन्वित कार्यक्रमों पर होने वाली चर्चाओं में, प्रस्तुतकर्ता के रूप में अनिवार्य रूप से सुनील का नाम होता ही था। क्या नाटक, क्या रूपक, क्या संगीत रूपक, क्या डॉक्यूमेन्ट्री- रेडियो की सभी विधाओं के प्रोडक्शन में निष्णात्...।

इसके अलावा कुछ विवादों में भी उसका नाम लाया गया; 'लाया गया' मैं इसलिये कह रहा हूं कि उसे वैसा करने के लिये मजबूर किया गया- विशेषकर इंजीनियरिंग सेक्शन के साथ के विवादों में...। कुछ मामले तो इतने बढ़ गये कि कोर्ट-कचहरी तक चले गये... मुझे इसका पूरा अहसास था कि सुनील को ज़रूर उकसाया और विवादों में जान-बूझकर घसीटा गया होगा... क्योंकि मेरे ख़ुद के अनुभव इसी प्रकार की कहानी का बयान करते हैं। ऐसे समय मशहूर शायर निदा फ़ाज़ली की ग़ज़ल का एक शेर याद आता है, **"उसके दुश्मन हैं बहुत, आदमी अच्छा होगा...; वो भी मेरी ही तरह शहर में तनहा होगा।"**

तो इस तरह सुनील की अच्छाइयां और उसकी राह में आयी तकलीफ़ें अपने-आप मेरे साथ चल पड़ीं।

वैसे भी, ज़्यादातर मामलों में देखा गया है कि एक शराबी, अपने साथ के लिये दूसरे शराबी को, धूम्रपान करने वाला अपने जैसे ही किसी को, अपराधी अपनी ही तरह के अपराधी को, बड़े ही सहज ढंग से ढूंढ़ लेता है। आप उसे कहीं, किसी अनजान जगह भी छोड़ दीजिये; वो अपनी तरह का व्यक्ति ढूंढ़ ही लेगा; उसी प्रकार जो भले होते हैं, सज्जन होते हैं, सकारात्मक और रचनात्मक होते हैं, वे भी अपनी तरह का साथी प्राप्त कर लेते हैं। जो लोग सकारात्मक ऊर्जा से जुड़ी चिकित्सा-पद्धति के क्षेत्र में काम करते हैं, उन्हें पता है कि हर व्यक्ति का एक 'औरा', यानी 'ऊर्जा-वलय' होता है; उसी 'औरा' के चलते व्यक्ति अपने जैसों की तलाश कर लेता है। ये 'औरा' सकारात्मक ऊर्जा से जितना अधिक परिपूर्ण और शक्तिशाली होगा, व्यक्ति अपने मनोभाव अपने इष्ट-मित्र को उतनी ही दूर तक पहुंचा सकता है। इसका अनुभव मैंने तब ज़्यादा अच्छे से किया जब मैं पटना पहुंचा और 'रेकी' की शक्ति को अपनाया। पर उसकी बात समय आने पर होगी...।

अभी तो मेरे और सुनील के बीच सकारात्मक ऊर्जा की एक अजस्र नदी बह रही थी और हम उसमें एक दूसरे का हाथ थामे बहे जा रहे थे।

सुनील की पत्नी, मेधा भाभी, सितम्बर-1993 में केन्द्रीय विद्यालय की शिक्षिका के पद पर चयनित हुई थीं। उनकी पहली पोस्टिंग 'ढाना' के केन्द्रीय विद्यालय में हुई थी जो सागर से लगभग बीस-बाईस किलोमीटर की दूरी पर स्थित है। इनकी दो बेटियां, तब बड़ी पांच साल की और छोटी तीन साल के आसपास थीं। अब सुनील छतरपुर में, और उसकी पत्नी अपनी दोनों अबोध बेटियों- अपूर्वा और अन्विता के साथ ढाना में... उस ढाना में, जो तब बुनियादी सुविधाओं के अभाव के साथ जीने के लिये बाध्य था।

सागर से ढाना जाने के लिये या तो बस थी, जो शायद एक या दो बार ही ढाना जाती थी; या फिर अपने वाहन का सहारा था। ऐसे में सुनील प्रत्येक शनिवार को आफ़िस का काम समाप्त कर, छतरपुर से बस पकड़ के रात के नौ-दस बजे तक सागर पहुंचता और वहां से मेरा स्कूटर लेकर उतनी रात में ढाना के लिये निकलता। उसका ये क्रम जाड़े की कड़कड़ाती ठंड में भी कभी नहीं टूटा। मैं उसे रोकने की कोशिश करता कि अभी बहुत ठंड है, कल सुबह चला जाये, लेकिन वो मुझसे अख़बार मांग कर शर्ट के नीचे लगा लेता, "देखो, ठंड से बचने का उपाय कर लिया..." मुस्कुरा कर बोलता ओर स्कूटर स्टार्ट कर चल देता। फिर उसका लौटना सोमवार की सुबह ही होता और मैं उसे उसी स्कूटर से छतरपुर जाने के लिये बस-स्टैंड छोड़ आता।

वैसे भी, स्कूटर की मुझे कोई बहुत ज़रूरत होती नहीं थी; शनिवार-रविवार को तो बिल्कुल भी नहीं, इसलिये मुझे कोई समस्या नहीं थी। मैं उसके आने से पहले स्कूटर में पेट्रोल भरवा के रखता ताकि कोई समस्या न हो, पर कभी-कभी सुनील पेट्रोल रहते हुए उसमें और डलवा देता। उसे लगता था कि इस ख़र्च में उसका भी कुछ योगदान होना चाहिये।

आगे चलकर जब उसने अपनी कार ख़रीदी तो उससे ढाना जाने लगा। इससे कई बार उससे मुलाक़ात नहीं भी हो पाती थी, क्योंकि वो बाहर-ही-बाहर ढाना के लिये निकल जाता था। सुनील का ढाना जाने का ये सिलसिला जुलाई-1995 तक- मेधा भाभी के छतरपुर स्थानान्तरण तक- जारी रहा।

मेधा भाभी बड़ी खुशमिज़ाज महिला थीं। मैं उसके बाद कई बार छतरपुर गया और उनके अपूर्व आतिथ्य का सुख उठाया। सुबह-सुबह मेरी नींद खुलती दोनों बेटियों के गाने की आवाज़ सुनकर। वे दोनों झूले पर बैठ एकसाथ जो स्वर-लहरी छेड़तीं, तो लगता जैसे ढेर-सारी चिड़िया कलरव-गान कर रही हैं।

इसके बाद अप्रैल-2003 में मेधा भाभी का ट्रांसफर छतरपुर से पुणे हो गया। ढाना तो फिर भी निकट था कि सुनील सप्ताह में एक बार आ जाता था, पर पुणे....!

लेकिन तब कौन जानता था कि पुणे बुलाकर नियति इनके भाग्य-लेख में ऐसी दर्दनाक और कभी ना मिटने वाली वेदना की लकीर खींचने वाली है, जिसके बाद पूरी ज़िंदगी इस मर्मांतक पीड़ा से सब को जूझना होगा।

लगता है, इसी वक़्त से मेधा भाभी को कैंसर के विकराल पंजों ने जकड़ना शुरू कर दिया था; जिसका पता चला, दिसंबर-2003 में।

इस ख़बर ने सबको स्तब्ध कर दिया। सुनील की व्यथा का अंदाज़ा-भर लगाया जा सकता है- भाभी की सेवा-सुश्रूषा के साथ, तरुणाई की ओर बढ़ती दो-दो बेटियों की ज़िम्मेदारी- आसान काम नहीं था; और इसके लिये उसका पुणे रहना आवश्यक था। उसने अपने पुणे ट्रांसफ़र के प्रयास शुरू कर दिये, जिसमें उसे सफलता मिली फ़रवरी-2004 में।

पर ईश्वर को इतने से मंज़ूर नहीं था। सुनील के पुणे पहुंचने के लगभग डेढ़ साल बाद, 9 अगस्त, 2005 को अचानक उसने मेधा भाभी को अपने पास बुला लिया। सुनील के जीवन को, दोनों बेटियों के जीवन को रिक्त कर, वे चली गईं और अपने पीछे छोड़ गईं, दायित्वों से भरा एक संसार, जिसमें सुनील बिल्कुल अकेला था; अकेला था, पर अवश नहीं था। उसके बाद जिस तरह से उसने अपनी नौकरी के दायित्वों का निर्वहन और अपनी रचनात्मक ऊर्जा को घनीभूत करते हुए, बिना माथे पर ज़रा भी शिकन लाये अपनी दोनों बेटियों को उच्च से उच्चतर शिक्षा दिलवाई और फिर दोनों की धूमधाम से भव्य शादी की, वो मिसाल है उसकी अदम्य जिजीविषा, उसकी दृढ़ आत्म-शक्ति की।

विगत तीस वर्षों में मेरा और सुनील का साथ, हमारी दोस्ती, हमारे पारिवारिक संबंध प्रगाढ़ से प्रगाढ़तम हुए हैं। हमारी दोस्ती की एक विचित्र और विलक्षण बात ये है कि हमलोगों ने कभी एक केन्द्र पर साथ काम नहीं किया; बावजूद इसके हमारी दोस्ती, हमारे पारिवारिक संबंधों के बीच स्नेह, अंतरंगता और आत्मीयता की डोर मज़बूत बनी रही, कभी कमज़ोर नहीं हुई। शायद ये इसीलिए भी संभव हुआ कि हमने एकसाथ, एक जगह पर कभी काम नहीं किया।

आज हमदोनों सेवानिवृत्त हो चुके हैं और मैं इसे आकाशवाणी का सौभाग्य मानता हूं कि इसमें सुनील-जैसे सुयोग्य अधिकारी ने अपनी सेवा दी, और पूरी निष्ठा से दी।

रेडियो में बतौर उद्घोषक अपनी भूमिका की शुरुआत कर सहायक निदेशक के पद से मुक्त हुए; सुनील-जैसे लोग अब रेडियो में शायद ही मिलें, जिनके अन्दर लेखन-क्षमता के साथ-साथ, प्रस्तोता की आदर्श आवाज़ भी मौजूद हो और वे तकनीकी तौर पर भी उतने ही दक्ष हों। मैं सुनील को एक संपूर्ण प्रसारक के तौर

पर मानता हूं, जो रेडियो के अन्दर भाषा, साहित्य, नाटक, संगीत-जैसे प्रसारण के विविध आयामों को हमेशा अपनी समर्थ और सार्थक प्रस्तुतियों से सिद्ध करता रहा है; तो रेडियो के बाहर आधा दर्जन से भी अधिक विविध विषयों पर पुस्तकें, अनुवाद, पत्रिकाओं का संपादन, मंचों का संचालन, कॉलेजों में व्याख्यान- और इस तरह के अनेक रचनात्मक कार्यों में भी उतना ही सक्रिय है।

•••

इस बीच आकाशवाणी, कुरुक्षेत्र में 'लोकल रेडियो स्टेशन' पर एक कार्यशाला में जाने का अवसर प्राप्त हुआ। ये अवसर मेरे लिये ताज़ा हवा के झोंके के समान था। उस समय मैं भी उस माहौल से निकलकर तरोताज़ा होना चाह रहा था।

वैसे भी एक ही कूप में बैठे-बैठे जब अरसा बीत जाता है, बाहर की धुंध जब भीतर तक पहुंचने लगती है, तब उससे बाहर निकलकर ताज़ा हवा में सांसें लेना अत्यंत सुखद अनुभूति देता है- जैसे एक नया जीवन।

कुरुक्षेत्र मेरे लिये ऐसी ही अनुभूति लेकर आया। ऑफिस के जंजालों और दैनंदिन की समस्याओं से निकलकर ट्रेनिंग या वर्कशॉप में जाना अधिक सुखद और रोमांचक इसलिये भी होता है कि एक परिवर्तन, कुछ नये-पुराने मित्रों से मुलाक़ात और अपने-अपने मन की गुत्थियों को खोलने का एक अवसर प्राप्त होता है। फिर कुरुक्षेत्र जाना मेरे लिये इस मायने में सर्वाधिक सुखद था कि सूची में मैंने टी. के. शर्मा सर का नाम देखा... कि उनसे एक अरसे बाद मिलना होगा।

सबकुछ वक़्त से हो गया। सागर में ट्रेन समय पर मिल गई, जिसकी संभावना प्रायः कम ही होती है। वहां से जो सोया तो हज़रत निज़ामुद्दीन स्टेशन पहुंचकर ही नींद खुली। पर, वहां अगली गाड़ी के लिये तीन घंटे प्रतीक्षा करनी पड़ी।

तकरीबन दस बजे जब 'डीलक्स' में सवार हुआ तो दिल्ली से आगे जाने का रोमांच भी साथ चल पड़ा। करनाल के सफ़र की शुरूआत से ही मालूम पड़ गया कि हम हरियाणा में हैं। ट्रेन में सवार लोगों की बोली, उनका लहज़ा- सब बयान किये दे रहा था। ट्रेन की खिड़की के संग-संग एक हरीतिमा भी चल रही थी, दूर-दूर तक सरसों के पीले-पके खेत, मानो ज़मीन पर किसी ने हरा दुपट्टा बिछा कर उसपर हल्दी के छींटे मार दिये हों। उस पीले दुपट्टे की किनारी पर लाल, सिन्दूरी आभा-सी दिखी और फिर कतार-के-कतार लाल गेंदे के फूलों से भरी क्यारियां ऐसी दिखीं जैसे दुपट्टे की किनारी में लाल गोटा टांक दिया गया हो। लगभग दो किलोमीटर तक दुपट्टे में टंके लाल सितारे खिड़की से चिपकी मेरी

फेड इन... फेड आउट/181

आंखों के साथ चलते रहे... उसके बाद धीरे-धीरे खेतों की सघनता ने उन्हें ढंक लिया।

कुरूक्षेत्र उतरकर रिक्शा लिया और पहुंच गया 'जयराम विद्यापीठ'- 'ब्रह्म सरोवर' के ठीक सामने, जहां हमारे ठहरने की व्यवस्था की गई थी। वहां पता चला, कोई सज्जन ११ नम्बर के कमरे में ठहरे हैं। दस्तक दी... दरवाज़ा खुला... मैंने उन सज्जन की ओर देखते हुए कहा, ''आयम् डॉ. सिन्हा, फ़्रॉम सागर.. आप...?''

''अरे, पहचाना नहीं... मैं राजेन्द्र....!''

''राजेन्द्र भाई आप... और आपकी मूंछें क्या हुईं... एकदम सफ़ाचट... आप तो पहचान में ही नहीं आ रहे...!'' राजेन्द्र सक्सेना से मैं पटना में मिला था, उसके एक लंबे अरसे बाद उनसे भेंट हो रही थी। फिर तो बातों का जो सिलसिला निकला तो देर तक चला। राजेन्द्र पहली मुलाक़ात में ही अच्छे लगे थे, यहां मिल कर और अच्छे लगे।

खूब गप्पें लगाने के बाद हमने खाना खाया और फिर गये आकाशवाणी। वहां सहायक केन्द्र निदेशक श्रीवर्द्धन कपिल साहब से भेंट हुई। कपिल जी का व्यक्तित्व थोड़ा संज़ीदा लगा... पर सहज भी दिखे वे। जैसी प्रौढ़ता की छाप उनके चेहरे पर थी, वैसी ही उनके विचारों में; पर उसके साथ कोमलता का एक तंतु भी था, जो उस प्रौढ़ता के बीच कभी-कभी चमक उठता था।

आकाशवाणी जाने और आने के क्रम में हमने थोड़ा-बहुत शहर-भ्रमण भी कर लिया। कुरुक्षेत्र, यानी मंदिरों का शहर... न भीड़भाड़, न गहमागहमी... ना ही शोर-शराबा.... किसी को कहीं पहुंचने की जल्दी नहीं... सामान्य गति से चलता जीवन....।

कुरुक्षेत्र के मंदिरों का वैराग्य जैसे वहां के प्रत्येक निवासी के मन के भीतर बस गया है, जो उनके दैनंदिन के कार्यों में फलित होता दिखाई देता है... और हो भी क्यों न...! यही तो वो भूमि है जहां कृष्ण ने अर्जुन को, आज से करीब तीन-चार हज़ार वर्ष पूर्व कहा था, ''कर्म ही सबकुछ है। कोई किसी का नहीं होता.. मानव को केवल कर्म करने का अधिकार है, उसके फल पर उसका कोई अधिकार नहीं। मानव के कर्म का उद्देश्य फल-प्राप्ति कभी नहीं होना चाहिये और ना ही कर्म के त्याग के प्रति मानव-अनुराग...''

''पार्थ नैवेह नामुत्र विनाशस्तस्य विद्यते,
न हि कल्याणकृत्कश्चिद्दुर्गतिं तात गच्छति...''

कल्याणकारी कार्यों में लगे व्यक्ति का लोक-परलोक, कहीं भी विनाश नहीं होता, उसकी कभी दुर्दशा नहीं होती।

कुल मिलाकर कुरुक्षेत्र- शांति और वैराग्य का अद्भुत संगम प्रतीत हुआ... हर जगह आरती-कीर्तन की गूंज, घंटियों-घड़ियालों की ध्वनि और आसपास फैले तीर्थ-सरोवरों में स्नान करते निष्कपट लोग। सड़कें साफ़-सुथरी, स्वच्छ... धूलरहित..

पर व्यस्त...। दुर्दान्त शहरों का कचरा अभी तक नहीं पहुंचा है यहां; पर कबतक बचा रह पायेगा ये शहर भी इन सबसे...! आने वाले वर्षों में पता नहीं, गंदगी यहां भी अपने पांव पसार ले.... पर अभी तक सबकुछ अत्यंत मनोरम और मन पर असर डालने वाला....!

कार्यशाला... पहला दिन.... परिचय का दौर... माहौल औपचारिक, दबा-दबा-सा... कहीं से बोझिल भी.... श्री ए. आर. शिंदे, सेवानिवृत्त महानिदेशक का संबोधन.... 'लोकल रेडियो स्टेशन' के 'कॉन्सेप्ट' की जानकारी... स्वतंत्र रूप से काम करने की दुहाई... और इन सबके बीच हमारे मन में असंतोष की दबी हुई चिनगारियां...। पर, पहल कौन करे...। चुप्पी जब बेसब्र हो उठी तो मेरी जुबान बन गई। प्रश्न किया मैंने, ''हम सब आपके विचारों के अनुरूप काम करना चाहते हैं, करते भी हैं, पर व्यवहार में ये हो कहां पाता है... आपसी रस्सकशी, खींचतान और ऊपर से महानिदेशालय का डंडा... हम क्या करें...?''

फिर तो प्रश्नों-प्रतिप्रश्नों का जो दौर शुरू हुआ तो शिंदे साहब को जवाब देते नहीं बना। जवाब देते भी क्या...। ये तो हमें मालूम है कि किन हालातों में हम प्रसारण को ज़िंदा रखे हुए हैं। हम निष्ठावान हैं संस्था के प्रति, प्रसारण के प्रति; पर हमें महानिदेशालय अपने से अलग क्यों समझती है...? उस समय रीवा के ए. एस. डी. स्व. एस. के. उपाध्याय का कथन याद आया जो उन्होंने रीवा के संदर्भ में कहा था, पर वो आज भी उतना ही प्रासंगिक है। उन्होंने कहा था कि ''महानिदेशालय हमें अपनी नाजायज़ औलाद मानती है, जिसकी वहां कोई पूछ नहीं है।''

दिनभर चली मीटिंग में अपने दिल का सारा गर्दो-गुबार निकालने के बाद हम 'ब्रह्म-सरोवर' घूमने निकल पड़े। कुरुक्षेत्र की पूरी भूमि लगभग 80 मील की परिधि में फैली है, जहां का सबसे विशिष्ट तीर्थ है- 'ब्रह्म-सरोवर'। ब्रह्मा से संबंधित होने के कारण इस तीर्थ को सृष्टि का आदि-तीर्थ माना जाता है। कहा जाता है कि सर्वप्रथम ब्रह्मा ने इस स्थान पर शिवलिंग की स्थापना की थी। प्राचीन काल में इसका नाम 'ब्रह्मसर' था जिसे बाद में 'रामहृद' भी कहा गया। 'वामन पुराण' में उल्लेख है, ''आद्यं ब्रह्मसरः पुण्यं ततो रामहृदस्मृतः''।

इसी पुराण में ये भी उल्लेख है कि इस तीर्थ में जो व्यक्ति चतुर्दशी को स्नान करते हैं तथा चैत्र माह के कृष्णपक्ष की अष्टमी को यहां रहकर उपवास करते हैं, उन्हें परम सूक्ष्म का साक्षात्कार होता है और वे जन्म-मरण के बंधन से मुक्त हो जाते हैं।

ये भी कहा जाता है कि सर्वप्रथम महाराज कुरु ने इस सरोवर का उत्खनन कराया था। उस समय सरोवर की लम्बाई 1298 मीटर और चौड़ाई 630 मीटर थी। इसके चारों ओर लाल पत्थरों की 20 फ़ीट चौड़ी सीढ़ियां बनी हुई हैं। चारों ओर

चार बुर्ज.... और इनके बीच नीला साफ़, चमकदार पानी से भरा सरोवर। सरोवर के बाहर खुला हुआ बाग़, जिसमें गुलाब-बेले के पौधे और जूही की लतरें। उसे पार करें तो ज़ीने से छत तक पहुंचा जा सकता है। ये छत सरोवर की चारों दिशाओं में है, जैसे पुराने ज़माने में क़िलों की छत हुआ करती थी और इतनी बड़ी है कि तकरीबन दो लाख आदमी उसपर बैठ कर खाना खा लें। वर्ष में एक बार सरोवर की सफ़ाई होती है। पूरे सरोवर का पानी ख़ाली किया जाता है। उसके बाद रातभर सफ़ाई का काम चलता है।

इसके बाद 'सन्निहित सरोवर' का नाम आता है जिसे यहां पुराना सरोवर कहते हैं। इसका शाब्दिक अर्थ होता है 'संचयित जल'। कभी ये सरोवर बहुत विशाल था, पर अब इसका आकार सिमट गया है। पौराणिक आख्यानों के अनुसार ब्रह्मा की उत्पत्ति इसी सरोवर से हुई है। महाभारत के 'वनपर्व- 81' में ये उल्लेख है कि पृथ्वी पर जितने भी तीर्थ, नदी और तड़ाग हैं, वे प्रत्येक माह इसी 'सन्निहित सरोवर' में आकर मिलते हैं। 'स्कन्द पुराण' से ज्ञात होता है कि पांडवों ने अपने अज्ञातवास में इसी सरोवर के दक्षिणी तट पर शिवलिंग की स्थापना की थी।

ये सरोवर ब्रह्मा, विष्णु और शिव का निवास-स्थान भी माना जाता है और यहां निवास करने के कारण ही शिव का एक नाम 'स्थाणु' भी है। इसी जगह इन्द्र को महर्षि दधीचि ने अपनी अस्थियां दान में दी थीं। मान्यता है कि सूर्यग्रहण के अवसर पर श्रीकृष्ण, इसी सरोवर के तट पर ब्रज की गोपियों से मिले थे। वर्तमान समय में इस सरोवर की लंबाई 1500 फ़ीट और चौड़ाई 550 फ़ीट है। इसमें जगह-जगह संगमरमर की पट्टिकाओं पर खुदे हैं 'गीता' के श्लोक और पौराणिक उद्धरण। एक स्थान पर लिखा है, ''सूर्यग्रहण के समय इस सरोवर के स्पर्श-मात्र से सारे पाप धुल जाते हैं।''

कभी-कभी लगता है, कितना प्रपंचित है ये देश, और यहां के लोग, जो उकसाते हैं कि पाप करो और इस सरोवर में आकर धो डालो। ये सब देखकर आस्था की एक और लकीर मेरे भीतर धूमिल हो गई। फिर भी, कुछ तो है कि ऐसे स्थानों पर जा कर याचना करने की इच्छा हो आती है, उनके लिये जो बहुत अजीज़ हैं।

'बाणगंगा' शहर से लगभग सात किलोमीटर दूर है। यहां हनुमान जी की लगभग 50 फ़ीट ऊंची भव्य प्रतिमा स्थापित है। उसके पास में ही एक छोटा-सा सरोवर दिखा, जो किंचित मलिन था। कहते हैं, शर-शैय्या पर लेटे भीष्म को जल पिलाने के लिये अर्जुन ने इसी स्थान पर बाण मार के धरती से पानी निकाला था, इसीलिये इस स्थान का नाम 'बाणगंगा' पड़ा। इसके बगल में मंदिर है जहां पांचों पांडव और द्रौपदी की प्रतिमायें स्थित हैं।

हम इस तीर्थस्थल तक तांगे से गये, जो बिल्कुल अलग अनुभव था; उसपर से बेसिर-पैर की गप्पों ने इस यात्रा के रोमांच को और द्विगुणित कर दिया।

टी. के. शर्मा साहब आज सुबह ही पहुंचे थे। मैं कमरे के बाहर चाय की प्रतीक्षा कर रहा था कि आवाज़ आयी, ''अरे, तुम यहां हो; मैं कब से तुम्हें ढूंढ़ रहा हूं...।''

मैं हडबड़ाकर उठा, उनके चरण-स्पर्श किये तो उन्होंने गले लगा लिया। ये क्षण मेरे लिये कभी न भूलने वाला यादगार क्षण बन गया। जिस व्यक्ति के सामने, इस संस्था में मैंने कैजुअल एनाउन्सर के तौर पर काम किया, एक दिन मैं उसकी बराबरी में बैठूंगा, ये कभी नहीं सोचा था। पर, ये सौभाग्य भी कितनों को हासिल हो पाता है।

•••

पांच

कब हम क्या-क्या जान लेंगे
कोई नहीं जानता
कोई नहीं जानता कब हम
क्या-क्या भूल जायेंगे...
(लीलाधर जगूड़ी)

कुरूक्षेत्र से तरोताज़ा होकर लौटा तो एक ही बात मन-मस्तिष्क को मथ रही थी कि अब आगे क्या...। क्या इसी तरह सागर में रहना होगा, रोज़-रोज़ के तनावों के साथ जीना होगा...!

इस बीच रवि वर्मा अपना ट्रांसफर बालाघाट करा के जा चुके थे। मेरे भीतर का अन्तर्द्वन्द्व और मानसिक उहापोह भी मुझे यहां से कहीं और जाने के लिये उकसा रहा था। पटना मुझे जाना नहीं था, तो फिर कहां...?

ऐसे समय में राजीव जी याद आये। वे उस समय जगदलपुर में थे। मैं बीच-बीच में उन्हें फोन कर सागर की स्थिति की जानकारी देता रहता था। वे यही कहते, ''कोई मानसिक तौर पर बीमार हो तो उसकी बातों को नज़रअंदाज़ कर देना चाहिये...।'' मैं अबतक यही तो करता रहा था; पर जब बात अपने अस्तित्व और

परिवार की हो तो वहां कैसी मुरव्वत.. यहां तो मेरी विनयशीलता, मेरी कमज़ोरी मानी जा रही थी....

"सहज ही चाहता कोई नहीं लड़ना किसी से;
किसी को मारना अथवा स्वयं मरना किसी से;
नहीं दु:शांति को भी तोड़ना नर चाहता है;
जहां तक हो सके, निज शांति-प्रेम निबाहता है;
मगर, यह शांतिप्रियता रोकती केवल मनुज को,
नहीं वह रोक पाती दुराचारी दनुज को;
दनुज क्या शिष्ट मानव को कभी पहचानता है?
विनय को नीति कायर की सदा वह मानता है।" (दिनकर)

इसलिये मैं अब उन 'महाशय' का सारा कच्चा चिट्ठा लिख-लिखकर ऊपर अधिकारियों के पास भेजने लगा। जब सारी कारगुज़ारियां बड़े अधिकारियों की नज़र में आयीं तो उस समय भोपाल के केन्द्र निदेशक श्री ज्ञान सिंह आर्या को जांच के लिये सागर भेजा गया। श्री आर्या आये, उन्होंने जांच की और मेरी बातों में सत्यता पाई।

मैं भी इस तरह के रोज़-रोज़ के तनाव से तंग आ गया था। ऐसे माहौल में काम करना बहुत ही मुश्किल था। यही सब सोच के मैंने राजीव जी को फ़ोन किया। उन्होंने पूछा, "आप कहां जाना चाहते हो...?"

उस समय कुछ सूझ ही नहीं रहा था, बस लग रहा था, कहीं भी... पर ऐसे माहौल से दूर.... पर कहां; वैसे भी अबतक मैं ये समझ चुका था कि नौकरी की गुलामी जबतक है, तबतक संसार में ऐसी कोई जगह नहीं, जहां सुकून मिल सके। फिर भी, माहौल बदलने के ही ख़्याल से किसी नयी जगह... पर कहां... इन्दौर, जबलपुर या भोपाल...।

इस बीच मुझे उस मेमो की याद आई जो मैं पटना से लाया था। मंझले भाई की मृत्यु के समय मैं पटना गया था। मेरी आदत थी कि जब भी पटना जाता, एक चक्कर रेडियो का ज़रूर लगाता, ताकि इष्ट-मित्रों से मुलाक़ात हो जाये, महानिदेशालय का कोई नया आदेश हो तो वो पता चल जाये; यहां तक कि यात्रा के बीच में छूट गये आर. एन. संदेश का रजिस्टर मंगवा के भी देखता।

उस दिन भी मैं रविशंकर जी (सहायक केन्द्र निदेशक) के कमरे में बैठा था। मैंने उन्हें बताया कि मैं पटना आना चाहता हूं, पर कोई रास्ता नज़र नहीं आ रहा। तब उन्होंने उक्त मेमो की प्रति मुझे ये कहते हुए दी कि मैं अपना स्थानान्तरण

जगदलपुर करा लूं। वहां का दो वर्षों का कार्यकाल पूरा होते ही मैं अपनी पसंद के केन्द्र पर, यानी पटना ट्रांसफ़र मांग सकता हूं।

मैंने 30 अक्तूबर, 1995 को जारी वो मेमो निकालकर फिर से पढ़ा। उसमें स्पष्ट उल्लेख था कि आकाशवाणी के जगदलपुर, गुना, झालावाड़, पासीघाट.... आदि-आदि कठिन केन्द्रों में तैनाती के लिये उपयुक्त कार्यक्रम निष्पादक मिलने में कठिनाई महसूस हो रही है। ऐसे केन्द्रों में स्वेच्छया स्थानान्तरण पर जाने वाले अधिकारियों को सभी तरह के भत्ते दिये जायेंगे और ऐसे केन्द्रों में उनका कार्यकाल पूरा होते ही उन्हें अपनी पसंद के केन्द्र में तैनात करने के प्रयत्न किये जायेंगे। इस सूची में जगदलपुर के अलावा कोई ऐसा स्थान नहीं था, जहां जाने के बारे में सोचा जा सके।

जगदलपुर जाने के कई फ़ायदे थे; एक तो वहां कोई जल्दी जाने को राज़ी नहीं होता, इसलिये वहां मेरा स्थानान्तरण आसानी से हो जाता और जबतक मर्ज़ी होती, रहता। दूसरा फ़ायदा ये था कि दो वर्षों का कार्यकाल पूरा होते ही मैं पटना या अपनी मर्ज़ी के किसी स्टेशन पर जा सकता था; और तीसरा तथा शायद सबसे बड़ा फ़ायदा ये था कि राजीव शुक्ल वहां थे, जिनके साथ मैं रीवा में काम कर चुका था; हालांकि अब वो सहायक केन्द्र निदेशक की भूमिका में आ चुके थे।

जगदलपुर जाने का एक पक्ष और था, जो थोड़ा भावनात्मक था पर उस समय अचानक मुखर हो गया था। वो ये कि जब मैं अपनी पी-एच. डी. कर रहा था तो आंचलिक कहानियों के शोध के क्रम में बस्तर अंचल की काफ़ी कहानियों का अध्ययन किया था; वहां के जंगलों-पहाड़ों में रहनेवाले मुरिया और गोंड लोगों के रीति-रिवाज़, परंपरायें, उनके अद्भुत लोक-विश्वास और उनके घोटुल- ये सब मुझे अपनी ओर खींचते थे। पर वो सब कहानियों में थे, एक मौक़ा था कि मैं ये सब हक़ीक़त में देख सकता था।

नियति की इस आहट का मैं अनुभव भी कर रहा था और वहां जाने के सारे सकारात्मक संकेत भी इसी ओर थे। बस, मैंने राजीव जी को कहा, "मुझे जगदलपुर जाना है...।"

"जगदलपुर तो आपको मिल जायेगा, पर आपको पता है, यहां केन्द्र निदेशक, हसन ख़ान हैं।" राजीव जी ने चिंता प्रकट करते हुए कहा।

मेरी आंखों के सामने छतरपुर बैठक और खजुराहो में हसन ख़ान साहब के साथ हुए विवाद का पूरा दृश्य एकबारगी घूम गया।

मैंने कहा, "हां, मैं जानता हूं, वहां हसन ख़ान हैं...।"

"ये जानते हुए भी आप यहां आना चाहते हैं... सोच लीजिये।"

"मैंने सोच लिया... यहां के पागलपन से तो वहां लाख दर्ज़े अच्छा होगा.. और फिर उनके साथ की घटना बीते दिनों की बात हो चुकी है। मुझे नहीं लगता वे उस बात को याद कर मुझसे अपनी दुश्मनी निकालेंगे। और... वहां आप भी तो हैं।"

"मैं हूं, पर अधिक दिन नहीं रहूंगा... इसलिये आप देख लीजिये, अगर लगता है तो रिप्रेज़ेंट कर दीजिये। हो सके तो एक प्रति लेकर आप दिल्ली चले जाइये। वहां आप टी. एस. नेगी साहब से सीधे मिलकर अपनी बात कहिये।"

मैंने वही किया। दिल्ली गया, अपनी बात नेगी साहब को समझाई, उन्हें स्थानान्तरण का प्रार्थना-पत्र दिया और वापस सागर पहुंचकर धड़कते दिल से आदेश की प्रतीक्षा करने लगा।

1995 के दिसंबर का वो महीना था और ठंड अपने पूरे शबाब पर थी।

...

अब, कोई और काम नहीं रह गया था, सिवाय आदेश की प्रतीक्षा के। ऑफ़िस और ऑफ़िस के बाहर लोगों को पता चल गया कि मैंने अपना ट्रांसफ़र मांगा है।

इसी बीच एक दिन मेरे पास संजय वर्मा आये। उन्होंने कहा कि उनकी डॉगी ने बच्चे दिये हैं। क्या मुझे चाहिये....।

वे लोग मेरा कुत्ते के प्रति प्रेम जानते थे। उनके यहां 'डोबरमेन' प्रजाति की कुतिया थी। उनके यहां जाते-जाते वो मुझे अच्छे से पहचान गई थी। मैंने भी उन्हें बचपन की ढेरों बातें बताई थीं कि मेरे घर में हमेशा कुत्ता रहा है और मुझे इनसे काफ़ी प्रेम है।

इसलिए जब उन्होंने ये पूछा तो मैंने झट से 'हां' कह दिया और वे उसी दिन शाम को उस शिशु-श्वान को घर पहुंचा गये, जो बमुश्किल पांच-छह दिनों का रहा होगा।

मुन्नी ने देखा तो बोलने लगी, "इसकी कौन देखभाल करेगा, विकी को देखेंगे कि इसको। आप तो आफ़िस चले जायेंगे, इसे कौन देखेगा...?"

बात तो सही थी, पर अरसे बाद मेरा एक पुराना शौक़ पूरा हो रहा था, ऊपर से 'डोबरमेन'- मैं इसे छोड़ना नहीं चाहता था।

मैंने कहा, "सब मैं करूंगा... तुम्हें चिन्ता करने की ज़रूरत नहीं...।"

उसके बाद मेरा एक काम बढ़ गया, उसकी देखभाल। संजय जी ने कहा कि उन्होंने अपने एक और मित्र को इसका 'फ़ीमेल वर्सन' दिया है; उसका नाम रखा है 'पेन्नी', तो इसका नाम 'डॉलर' रख देते हैं। मुझे भी ये नाम अत्यंत पसंद आया और इस प्रकार 'डॉलर' मेरे परिवार का हिस्सा बन गया।

मेरा काम ज़रूर बढ़ गया पर डॉलर का निःस्वार्थ और अनकहा प्यार वैसे मनुष्यों की ज़िंदगी से कहीं बहुत ऊपर था, जो थोड़े-बहुत स्वार्थ के लिये दूसरों की ज़िंदगी में ज़हर घोलने का काम करते हैं।

अभी वो शिशु-मात्र था, इसलिये उसे बोतल से दूध पिलाना पड़ता था। विकी के लिये शुरू में वो कौतूहल-मात्र था; फिर धीरे-धीरे वो सखा-भाव की ओर बढ़ा; पर जैसे-जैसे डॉलर बड़ा होता गया, विकी उसे अपने प्रतिद्वन्द्धी के रूप में देखने लगा। उसे लगता था, पापा डॉलर को दूध पिलाते हैं; उसे सुबह-शाम नीचे घुमाने ले जाते हैं; ऑफ़िस से लौटते हैं, तब भी सबसे पहले डॉलर को पूछते हैं।

डॉलर अक्सर पलंग पर हमारे पैरों के बीच आकर सो जाता और विकी उसे परे धकेलता रहता, तोतली आवाज़ में बोलता भी, "हताओ… हताओ… दॉलर तो हताओ….।"

कभी-कभी उसे ज़्यादा गुस्सा आता तो क्रिकेट की बैट लेकर उसे मारने दौड़ता; और डॉलर उसकी मम्मी के पीछे भाग कर छुपने की कोशिश करता। अक्सर ये तभी होता, जब मैं घर से बाहर होता।

डॉलर के आने से मुझे भी ऑफ़िस के तनाव से बड़ी राहत मिली। वो बेज़ुबान जानवर मेरे मनोभावों को बखूबी समझता था। ऑफ़िस से लौटने पर वो मेरी देह पर कूदकर-लोटकर जो प्यार दर्शाता था, उससे मेरी सारी थकान और तनाव दूर हो जाते थे।

मैं नवम्बर-1995 में नेगी साहब को मिला था और अब मार्च-1996 की शुरुआत हो चुकी थी, पर स्थानान्तरण-आदेश का कहीं अता-पता नहीं था। अचानक एक दिन गोरखपुरिया जी कमरे में आये और बोले, "बधाई हो सर… आपका ट्रांसफर-ऑर्डर आ गया।"

"क्या…" मेरी खुशी का ठिकाना नहीं था। अचानक लगा जैसे मैं किसी भारी बोझ से मुक्त हो गया। हालांकि सागर में मुझे जितना आदर, सम्मान और प्यार मिला, उसे छोड़कर जाने की कल्पना से भी कष्ट होने लगा; पर फिर सोचा आज जो रिश्ते मैं बना कर जा रहा हूं, उनमें से कुछ तो ऐसे ज़रूर होंगे जो ताउम्र मेरे साथ चलेंगे…. और ऐसा हुआ भी, जिनका उल्लेख मैं पूर्व में कर चुका हूं।

स्थानान्तरण तो हो गया, पर जगदलपुर जाने से पहले कई काम निपटाने थे। वहां पहुंचने में ही दो दिन का वक़्त लगना था। सागर से ट्रेन के ज़रिये रातभर की यात्रा के बाद रायपुर, और फिर वहां से बस से तीन सौ किलोमीटर का अतिरिक्त सफ़र....। मुन्नी के 'आर्थराइटिस' का कष्ट बढ़ा हुआ था। विकी भी छोटा था अभी। सबसे ज्यादा समस्या डॉलर को लेकर थी। वो भी कुछ बड़ा हो गया था और अपने-पराये की पहचान करने लगा था। वो हमारे साथ तो जा नहीं सकता, तो क्या करूं, छोड़ दूं उसे...। पर, इतने दिन बच्चे की तरह पालने के बाद उसे छोड़ना आसान नहीं था मेरे लिए।

तब तय हुआ कि जिस ट्रक से सामान जायेगा, उसे उसी में भेजेंगे; पर ट्रक में जायेगा कौन....। रीवा में तो सी. एल. पासी था, पर यहां...?

मुन्नी ने कहा, ''हमारे यहां जो काम वाली बाई आती है उसके बेटे को पूछते हैं... शायद तैयार हो जाये...।''

फिर पूछने पर वह तैयार भी हो गया, पर प्रश्न था कि क्या डॉलर उसके साथ आयेगा...?

इसका समाधान भी निकाला गया कि वो कुछ दिन डॉलर को सुबह-शाम घुमायेगा... उससे जान-पहचान कर लेगा तो समस्या नहीं होगी...।

इसी फ़ॉर्मूले को अपनाया गया। आरम्भ में डॉलर परेशान हुआ, पर मैं भी साथ में रहता था। कुछ दिनों में वो सामान्य हो गया।

इस बीच जगदलपुर से हसन ख़ान साहब का फ़ोन आया। उनकी आवाज़ में ताज़गी और उत्साह था, ''अरे बख़ुरदार... कब आ रहा है... जल्दी आ जा बेटा...।''

उनकी इस अपनापे-भरी आवाज़ को सुनकर बरसों पुराना संताप और शिकायतें पता नहीं कहां बह गयीं। उसके बाद भी जो थोड़ा-बहुत डर बाक़ी था, वो उनका पत्र पाकर बिल्कुल ही ख़त्म हो गया। मेरा तो आज भी मानना है कि उन्होंने जो पत्र मुझे लिखा, वैसा पत्र कोई स्टेशन डायरेक्टर किसी को नहीं लिख सकता। उन्होंने लिखा, ''प्रियवर, खुश रहो। आकाशवाणी, जगदलपुर में तुम्हारा स्वागत् है.... तुम जल्दी आ जाओ। यहां तुम्हारे लिये क्वार्टर की व्यवस्था कर दी गई है। आकाशवाणी, जगदलपुर को तुम जैसे योग्य और कर्मठ अधिकारी की ज़रूरत है। सस्नेह....।''

ये प्रेम और उदारता की पराकाष्ठा थी और हसन ख़ान साहब जब तक जगदलपुर में रहे, इसका पूरा निर्वाह उन्होंने किया और दिल से किया।

इधर मैं बस्तर के जगदलपुर पहुंचने को लेकर रोमांचित था... बहुत पहले किताबों में, कहानियों में, बस्तर की आदिवासी संस्कृति और लोक-संस्कारों के बारे में पढ़ा-भर था; अब उसे निकट से, अपनी खुद की आंखों से देखने का अवसर जो प्राप्त हो रहा था।

सच तो ये था कि मैं अपनी कल्पना के जगदलपुर में वहां जाने के पहले ही पहुंच गया था और वहां के जंगलों में, उपत्यकाओं और गुफाओं में, वन्य-चंपाओं के घोटुलों में उन्मुक्त विचरण कर रहा था और मेरे कानों में कहीं दूर से आती मांदल की थाप सुनाई दे रही थी।

• • •

सलिल खंड

एक

जगदलपुर पहुंचना मेरी सोच से अधिक दुरूह प्रतीत हुआ, जब केसकाल की घूम-घुमावदार घाटियों से होकर हमारी बस चली जा रही थी और उस अंधेरी रात में, जहां नियमित यात्रा करने वाले ऊंघ या सो रहे थे, मैं आंखें फाड़े, बस की खिड़की के पार 'साल' और 'तेंदु' के गहन जंगलों में अपने अधूरे सपनों की दिशा तय करता चला जा रहा था।

जगदलपुर पहुंचने के लिये सबसे सुगम, रायपुर से सड़क-मार्ग है। रायपुर से जगदलपुर की दूरी लगभग 300 किलोमीटर है और सबसे अच्छी बात ये है कि वहां जाने के लिये हर दो घंटे पर बस-सेवा उपलब्ध है।

आज का जगदलपुर छत्तीसगढ़ राज्य के बस्तर ज़िले का ज़िला मुख्यालय है। तब ये मध्यप्रदेश राज्य के अन्तर्गत आता था। कहा जाता है कि जगदलपुर को पांडवों के वंशज, काकतिया राजा ने बसाया था और अपनी अंतिम राजधानी बनाया था। पूर्व में इसका नाम 'जगतुगुड़ा' था जो धीरे-धीरे परिवर्तित होकर 'जगदलपुर' हो गया।

पर उस समय मुझे इतनी जानकारी भी नहीं थी। बस की खिड़की से नज़रें टिकाये, उस अंधेरे में, मैं बस की हेडलाइट में तेज़ी से भागती, पीछे छूटती दरख़्तों की परछाइयों को निहारता रहा और बस के रुकने वाली जगहों को ज़ेहन में उतारने की कोशिश करता रहा- धमतरी, कांकेर, केसकाल, फरसगांव, कोंडागांव, बस्तर- और फिर जगदलपुर।

जगदलपुर तड़के चार बजे जब बस पहुंची तो मुन्नी और विकी सो रहे थे। उन्हें उठाया और बाहर निकला तो ऑफिस की गाड़ी हमारी प्रतीक्षा करती मिली। ख़ान साहब ने पुख़्ता इंतज़ाम कर रखा था। मन प्रसन्न हो गया। हम अपने साथ ज़रूरत-भर का ही सामान लाये थे। बाकी सामान और 'डॉलर' ट्रक से बाई के बेटे के साथ आनेवाला था, जो दो दिन बाद पहुचता।

फ़ेड इन... फ़ेड आउट/195

गाड़ी हमें बोध घाट-स्थित रेडियो कॉलोनी ले आयी, (अब शायद उस एरिया का नाम बदलकर 'अम्बेदकर कॉलोनी' हो गया है।) और एक क्वार्टर के सामने ड्राइवर ने हमें उतार दिया। उसी ने चाबी से दरवाज़ा भी खोल दिया, बोला, ''साहब ने कहा है आराम करने को...। दिन में आफ़िस में भेंट होगी।''

अन्दर जाने पर पता चला कि वो क्वार्टर, 'टाइप-दो' क्वार्टर है, क्योंकि उसमें दो कमरे और एक छोटा-सा हॉल था। एक कमरे में एक चौकी लगी मिली, जिसपर गद्दा बिछा हुआ था; हालांकि उसे मुन्नी ने ये कहते हुए हटा दिया कि ''पता नहीं, इसपर कौन-कौन सोया होगा....।''

पर ये सब इंतज़ामात देख मेरा मन ख़ान साहब के प्रति कृतज्ञता से भर गया। वैसे भी उन्होंने टेलीफ़ोन पर बताया था कि अभी ये कुछ दिनों के लिये अस्थाई आवास है। एक टाइप-३ क्वार्टर ख़ाली होने वाला है, जो मुझे 'एलॉट' कर दिया जायेगा। अभी उसमें एक पेक्स हरीश पाराशर जी रह रहे थे, जिनका तबादला शिवपुरी हो चुका था और वे कार्यमुक्त हो जल्दी ही जाने वाले थे।

रेडियो की ये कॉलोनी, अबतक की मेरी देखी, रीवा और सागर की कॉलोनियों से काफ़ी बड़ी थी। इसका कुछ-कुछ अंदाज़ा सुबह के झुटपुटे में ही हो गया था, पर दिन के उजाले में इसका पूरा भूगोल मेरे सामने आ गया।

कॉलोनी में कुल मिलाकर साठ-पैंसठ क्वार्टर होंगे। उनके दो हिस्से थे। एक हिस्से के क्वार्टर का प्रवेश-द्वार, 'इनर सर्किल' की तरफ़ था, जिसमें एक बड़ा-सा मैदान था। उस मैदान में बच्चे-बड़े क्रिकेट खेला करते। क्वार्टर का दूसरा हिस्सा 'बाहरी सर्किल' की तरफ़ खुलता था और दोनों ही तरफ़ आने-जाने के लिये अच्छी-सी सड़क थी। हालांकि बाहर से देखने पर क्वार्टर के वे दोनों हिस्से अलग-अलग नहीं दिखाई देते थे। उसके बाद भी, बहुत बड़ा क्षेत्र ऐसा था, जो झाड़-झंखाड़ों से भरा था और उस तरफ़ कोई नहीं जाता था। कॉलोनी में प्रवेश के लिये दो द्वार थे, पर लोग आना-जाना एक ही द्वार से करते थे। दूसरा द्वार पीछे की तरफ़ मेन रोड की ओर खुलता था, जिसे सुरक्षा की दृष्टि से बंद रखा जाता था; पर 'शॉर्टकट' अपनाने वाले लोगों ने उसके बगल से तारों की 'फ़ेंसिंग' को तोड़ कर अपने निकलने का रास्ता बना लिया था और प्रायः उस रास्ते का उपयोग वे किया करते।

वहां मैंने एक चीज़ और देखी, कि आधे से अधिक क्वार्टर में, नीचे रहने वाले लोगों ने अपने क्वार्टर के चारों ओर बांस की खपच्चियों का एक बड़ा घेरा खड़ा कर रखा है, जिसे वहां लोग 'बाड़ी' कहते थे। उस बाड़ी में पेड़-पौधे भी उगाये जाते और कहीं-कहीं बाक़ायदा खेती तक होती दिखाई दी।

नीचे रहने वालों को इसके अलावा उनके हिस्से में स्वाभाविक रूप से आने वाले फलदार वृक्षों के फलों को चखने और उनपर एकाधिकार जताने का भी अपूर्व सुख हासिल था। इन वृक्षों में बहुतायत से काजू के वृक्ष थे तो इनके अतिरिक्त आम, सीताफल, रामफल, पपीता, चीकू और केला भी थे।

मेरी क़िस्मत कि मेरे इस अस्थाई आवास के साथ न तो कोई बाड़ी थी, न ही कोई फलदार वृक्ष। पर मैं धीरे से उधर झांक ज़रूर आया था, जो आवास मुझे पाराशर जी के जाने के बाद हासिल होना था। उस आवास का दो-तिहाई हिस्सा एक बड़ी और सुन्दर-सी बाड़ी से घिरा हुआ था, जिसमें नाना प्रकार के फूलों की क्यारियां थीं। बीच-बीच में कुछ जगह छोड़ कर गोभी, पालक और हरी मिर्च के पौधे भी लगाये गये थे। बाहर से देखने पर वो हिस्सा बड़ा प्यारा लग रहा था।

उस दिन की कार्यक्रम-बैठक में हसन ख़ान साहब ने मेरा स्वागत् लगभग उसी प्रकार किया, जिस तरह का भाव वो अपने पत्र में पहले व्यक्त कर चुके थे। उस समय राजीव जी के अलावा, हम तीन पेक्स वहां मौजूद थे; मैं तो पहुंचा ही था, हरीश पाराशर का स्थानान्तरण हो चुका था पर वे कार्यमुक्त नहीं हुए थे और एक पेक्स श्री गरजन सिंह वरकड़े थे, जो मेरे ही बैच के थे।

बैठक समाप्त होने पर सबके जाने के बाद उन्होंने मुझे रोक लिया। पूछा, कोई तकलीफ़ तो नहीं हुई...। मैं क्या कहता। फिर खुद ही बोले, ''पाराशर जी ने कार्यमुक्त होने के लिये थोड़ा समय मांगा है। मेरा ख़्याल है, वो इस महीने के अंत तक 'रिलीव' हो जायेंगे।''

मैंने सोचा, ... अप्रैल-1996 में मैंने यहां ज्वायन किया है तो इस महीने के अंत तक.... ठीक है... रहना तो है ही न... क्या फ़र्क पड़ता है।... हालांकि पाराशर जी अप्रैल की जगह, 27 मई, 1996 को कहीं जाकर तब कार्यमुक्त हुए, जब शिवपुरी के केन्द्र निदेशक का उन्हें कार्यमुक्त करने के लिये बार-बार पत्र और फ़ोन आने लगे; और जब वे गये तो पूरी बाड़ी उजाड़ कर गये। उन्होंने मुख्य-द्वार से बाड़ी के एक कोने तक टाइल्स लगवाये थे, उसे उखाड़ कर ले गये। पालक और गोभी की कौन कहे, फूलों के लगे हुए पौधों को भी नहीं छोड़ा, उन्हें भी उखाड़ कर वे साथ लेते गये। उनके जाने के बाद जब मैं वहां शिफ़्ट हुआ तो बाड़ी के घेरे में लगी हुई बांस की फट्टियां टूटी हालत में मिलीं; वहां की रौंदी हुई फूलों की क्यारियां और जगह-जगह जड़ से उखाड़े गये पौधों के निशान अपनी कहानी खुद बयान कर रहे थे।

•••

टाइप-3 के क्वार्टर संख्या-17 में शिफ़्ट होने के बाद मैंने नये सिरे से पूरी बाड़ी का निर्माण कराया, नर्सरी और आसपास से लाकर धीरे-धीरे फूलों के ढेर-सारे

फ़ेड इन... फ़ेड आउट/197

पौधे लगाये; और इन्हीं में अशोक के वो पांच पौधे भी थे, जिन्हें मैंने शौक़ से बिल्कुल मुख्य दरवाज़े के सामने लगाया था। वे पौधे मेरे वहां रहते-रहते, तीन सालों में भरे-पूरे लहलहाते पेड़ बनने की प्रक्रिया में थे।

उस क्वार्टर में तीन कमरे थे, जिनमें से एक डॉलर के हवाले करना पड़ा; क्योंकि अबतक वो युवा हो चुका था और बाहर बांधने पर अक्सर वो चेन तोड़कर, या गले से पट्टटा निकालकर भाग निकलता और पूरी कॉलोनी के बच्चों को दौड़ाता रहता। लोग भी उसके आकार-प्रकार से सहम के दुबक जाते। हालांकि वो किसी को करता कुछ नहीं था, काटता भी नहीं था; पर डर तो डर होता है। उसके दौड़ाने से कई बार बच्चे गिर कर चोटिल हुए तो उनके मां-बाप लड़ने भी आ गये।

वैसे भी वो विकी या उसकी मम्मी के संभाल में आने वाला नहीं था। विकी तो वैसे भी उसे अपना घोर प्रतिद्वन्द्धी मानता आया था। कॉलोनी का गेट मेरे आवास से कोई 100 मीटर की दूरी पर था; पर वहां घुसते ही डॉलर मेरी आहट और स्कूटर की आवाज़ पहचान लेता और शोर मचाना शुरू कर देता।

मेरे आने पर वो जी भर के अपना प्यार-दुलार गले तक उछलकर मुझपर लुटाता; मेरे चेहरे और बदन को चाटता और जबतक मैं उसे सहलाते हुए चंद बातें नहीं कर लेता, तबतक मुझे नहीं छोड़ता। उसके बाद उसका प्रिय शगल होता मेरी जेब को टटोलना। एक बार क्या हुआ कि मैं 'कॅडबरीज़' की टॉफ़ी लेकर आया था। उसमें से विकी को दिया था और खेल-खेल में एक डॉलर के मुंह में डाल दिया था। तब से वो उस टॉफ़ी का दीवाना हो गया और मेरे आने पर मेरी जेब को टटोल कर वो टॉफ़ी मांगा करता था। कभी परिवर्तन के तौर पर कोई और टॉफ़ी लेकर आया तो उसने उसे छुआ तक नहीं; उसे तो सिर्फ़, और सिर्फ़ 'कॅडबरीज़' की टॉफ़ी चाहिये थी।

खाने में उसे कच्ची सब्ज़ियां बेहद पसंद थीं- आलू, तरोई, गाजर, कद्दू- ये सब वो वैसे ही खा जाता। वैसे मैं सप्ताहांत में 'नॉन-वेज़' लाता ही था और डॉलर के हिसाब से कुछ ज़्यादा ही लाता था; लेकिन बाक़ी दिनों में वो बहुत पसंद से हरी सब्ज़ियां खाता था।

शुरू-शुरू में मैं उसे बरामदे में बांध कर ऑफ़िस चला जाता था। शाम को लौटने पर पता चलता कि गले का पट्टटा निकालकर वो भाग निकला और बड़ी मुश्किल से पकड़ में आया। ये जब रोज़-रोज़ की कहानी होने लगी तो मैंने उसे बाहर वाले कमरे में रखना शुरू किया। वहां उसे बांधने की आवश्यकता नहीं होती थी, सिर्फ़ कमरे का दरवाज़ा बाहर से बंद कर दिया जाता था। वो दरवाज़ा उसे खाना देने के लिये या मेरे ऑफ़िस से लौटने पर ही खुलता।

यों उसे सुबह-शाम नित्य-क्रिया के लिये मैं बाहर ले जाता था, पर कभी-कभी वो कमरे में ही गंदगी कर देता था, जो या तो किसी प्रकार मुन्नी साफ़ करती, या पानी से धो देती थी; पर हमेशा ऐसा संभव नहीं होता था। पोंछा तो उसमें कभी लगता ही नहीं था। ऐसी स्थिति में कमरे में बदबू भर जाती थी और हमें भी अच्छा नहीं लगता था। अगर वहां रोज़ पोंछा लगता तो बदबू आने की संभावना कम हो जाती।

उस समय हमने एक बाई- प्रभा को काम करने के लिये रखा था। वो उड़ीसा की रहने वाली अधेड़ उम्र की महिला थी। डॉलर के कमरे में पोंछा रोज़ हो सके, उसके लिये प्रभा के हाथ से हम उसे रोज़ खाना दिलवाने लगे ताकि वो प्रभा को अच्छे से पहचान जाये। जानवर वैसे भी अपने खाना देने वालों को ख़ूब पहचानते हैं और उनके प्रति पूरी स्वामिभक्ति दिखाते हैं।

धीरे-धीरे ये युक्ति काम आने लगी और डॉलर जब प्रभा को अच्छी तरह पहचान गया तो वो धड़ल्ले से उसके कमरे में घुसती और अंदर से दरवाज़ा बंद कर निर्भिकता से पोंछा लगाती। इस बीच डॉलर ख़ूब शैतानियां करता, वो प्रभा के शरीर पर चढ़ता, उसे पकड़ने की कोशिश करता; पर प्रभा उसे डांटती-पुचकारती अपना काम समाप्त करके ही कमरे से बाहर निकलती। हालांकि एक-दो बार उसे डॉलर ने काटा भी और प्रभा को डॉक्टर के पास ले जाकर उसे इंजेक्शन भी दिलाना पड़ा; लेकिन हम जबतक जगदलपुर में रहे, प्रभा ने डॉलर की देखभाल में कोई कमी नहीं की।

ख़ान साहब ने मेरे आते ही मुझे ढेर-सारे सेक्शन पकड़ा दिये। समन्वय तो था ही, उसके अलावा कृषि और गृह एकांश, महिलाओं और बच्चों के कार्यक्रम, ओ. बी..... और पाराशर जी के दिनांक 27 मई, 1996 को कार्यमुक्त होने के बाद उनके विभाग भी- यथा, संगीत के कार्यक्रम, शैक्षिक प्रसारण... और बहुत कुछ। धीरे-धीरे मैं इन सौंपे गये कार्यक्रमों की योजना एवं कार्यान्वयन पर काम करने लगा। पर, यहां भी आराम था, ख़ान साहब की तरफ़ से कोई दबाव नहीं था और काम करने की पूरी स्वतंत्रता थी- और सबसे बढ़कर वहां राजीव जी थे।

इसी बीच पहली बार केन्द्र पर दो कंप्यूटर आये। हम सबके लिये रोमांच और उत्सुकता की जैसे एक नई खिड़की खुली। कंप्यूटर हम सबके लिये नया, कहना चाहिये, अजूबा था। ये सबको पता था कि आने वाला समय इसी का है और अगर इसमें अपना ज्ञान नहीं बढ़ाया तो पीछे रह जायेंगे। पर, अभी तो सीखना था, फिर साधना था।

उस समय जगदलपुर में कंप्यूटर सिखाने के कुछ इन्स्टीच्यूट्स खुल चुके थे, जहां कुछ रक़म ख़र्च कर कंप्यूटर सीखा जा सकता था। हमलोगों ने सोचा येही था,

पर वहां के सहायक केन्द्र अभियंता श्री ए. सी. रायपुरे ने अपनी जान-पहचान के एक इन्स्टीच्यूट- 'पुष्पा कंप्यूटर सर्विसेज़' से बात कर हमारे सीखने का इंतज़ाम कर दिया, जो उन्होंने बिना किसी ख़र्च के हमें सिखाया।

वो कुल चार हफ़्तों का कोर्स था, जिसमें कंप्यूटर के बेसिक और 'डॉस सिस्टम' सिखाया गया। तब कंप्यूटर का संचालन बड़ा कठिन था। एक तो वो बहुत धीमी चाल चलता था; एक कमांड देने पर उसका पालन कराने में धीरज से इंतज़ार करना पड़ता था; दूसरे, उस समय 'माउस' नहीं हुआ करता था, सारे कमांड 'की-बोर्ड' से देने पड़ते थे; और ढेर-सारे 'कमांड्स' को याद रखना बड़ा दुरूह कार्य था। उसमें कुछ थे- ^dir-Display list of contents of current directory*] ^mkdir- Creates a directory*, आदि-आदि। इसकी दुरूहता का अंदाज़ा इसी से लगाया जा सकता है कि एक काम करने के लिये कम-से-कम तीन कमांड्स देने पड़ते थे। जैसे किसी फ़ाइल की सामग्री को कॉपी कर दूसरी जगह पेस्ट करना हो तो पहले कमांड से सोर्स-डायरेक्टरी खोलनी पड़ती थी, दूसरे कमांड से फ़ाइल की कॉपी की जाती और तीसरे कमांड से उसे पेस्ट किया जाता। आज 'विन्डोज़' और दूसरे 'ऑपरेटिंग सिस्टम' के आ जाने से कंप्यूटर चलाना इतना आसान हो गया है कि बच्चे भी इसका संचालन बड़ी निपुणता से कर लेते हैं।

पर उस समय ऐसा नहीं था, फिर भी पहले बैच में मैं, राजीव जी और रायपुरे जी- तीनों ने कंप्यूटर सीखा; बाद में एक-एक कर ऑफ़िस के दूसरे लोगों ने। पर सीखना उतना मुश्किल नहीं था, जितना उसका अभ्यास करना। आफ़िस में कंप्यूटर थे मात्र दो, और सीखने वाले ढेरों। इसलिये वहां लाइन लगी रहती थी। जो कोई कंप्यूटर पर बैठता, उठने का नाम ही न लेता। बाद में, अलग-अलग लोगों के लिये घंटे भी निर्धारित किये गये; पर ऑफ़िस के दैनिक कार्यों के साथ घंटा एडजस्ट करना मुश्किल काम था। बाद में, और भी कंप्यूटर आये तो धीरे-धीरे लोगों की भीड़ भी कम होने लगी और उसके बाद तो उसने घरों में दस्तक देकर अपनी जो अनिवार्यता सिद्ध की, वो सबको पता है।

•••

अबतक विकी इधर-उधर के स्कूलों में पढ़ता रहा था, पर अब वो तीसरी कक्षा में पहुंच गया था और मैं इस जुगाड़ में था कि किसी प्रकार उसका नामांकन केन्द्रीय विद्यालय में हो जाये, तो हमेशा के लिये कम-से-कम स्कूल में एडमिशन की भागदौड़ से मैं मुक्त हो जाऊं; वरना तो मैं देखता था कि अंग्रेज़ी स्कूलों में बच्चों के नामांकन के लिये अभिभावक किस प्रकार दिन-रात तनाव में रहते हैं और न जाने

कहां-कहां से पैरवी कराने के लिये मजबूर होते हैं। कहीं-कहीं तो अच्छा-ख़ासा 'डोनेशन' लेने के बाद कहीं जाकर एडमिशन हो पाता है।

लेकिन विकी ने मुझे इस प्रकार का तनाव जीवन में कभी नहीं दिया; बल्कि कहूं कि किसी प्रकार का तनाव कभी नहीं दिया। यहां उसका नामांकन केन्द्रीय विद्यालय में आसानी से कक्षा-3 में हो गया और प्लस-2 तक वो इसी संस्थान में पढ़ा। इसके बाद एक साल कोटा में कोचिंग करने के बाद आई. आई. टी., काशी हिन्दू विश्वविद्यालय (BHU) से इंजीनियर बन कर निकलने तक उसने मुझे मानसिक अथवा आर्थिक कष्ट कभी नहीं होने दिया। पर ये बातें यथासमय होंगी....।

कॉलोनी से और भी बच्चे रिक्शे से स्कूल जाते थे। नामांकन के बाद विकी भी उसी रिक्शे से स्कूल जाने लगा। जहां तक मुझे स्मरण है, रिक्शाचालक काम वाली बाई- प्रभा का पति था, इसलिये विश्वसनीय था। मेरे क्वार्टर के ठीक बाद वाले ब्लॉक में रहने वाले असिस्टेंट इंजीनियर अनिल तिवारी जी का बेटा अंकुर भी उसी रिक्शे से स्कूल जाता था। शुरू-शुरू में विकी स्कूल जाने में बहुत आना-कानी करता था। एक तो तैयार होने में काफ़ी देर लगाता था, दूसरे, तैयार होने के बाद जैसे ही रिक्शा आकर खड़ा होता, वो 'टॉयलेट' में जाकर बैठ जाता। उसके कारण कई बार दूसरे बच्चों को स्कूल पहुंचने में देर हो जाती थी और डांट सबों को पड़ती थी। कई बार मिसेज़ तिवारी ने मीठे लहज़े में ये शिकायत भी की। विकी के स्कूल न जाने के इन बहानों की वजह से एकाध बार उसपर मेरा हाथ भी उठा, पर एक बार इसपर उसने एक ऐसी प्रतिक्रिया दी कि मैं अन्दर से हिल गया; कहूं कि डर गया... उसके बाद मैंने ज़िंदगी में उसपर कभी हाथ नहीं उठाया।

कभी-कभी देर हो जाने पर मैं उसे स्कूटर से छोड़ आता था, कभी अनिल तिवारी भी छोड़ आते। इस प्रकार वहां के कुछ शिक्षकों से मेरा परिचय हो गया; विशेषकर उनसे जो बिहार के रहने वाले थे। आश्चर्यजनक ढंग से जगदलपुर में वैसे लोगों की संख्या अच्छी-ख़ासी थी, जो बिहार के रहने वाले थे या जिनके पूर्वज बिहार से जाकर वहां बस गये थे। केन्द्रीय विद्यालय में तीन-चार ऐसे शिक्षक थे, जिनमें एक सी. प्रसाद से मेरा बड़ा घरेलू और पारिवारिक रिश्ता क़ायम हो गया, जो सेवानिवृत्ति के बाद जमशेदपुर में रहने लगे हैं। वह रिश्ता आजतक चला आ रहा है।

इसी प्रकार एक परिवार था साधना और सीमा का। ये दोनों बहनें युववाणी में कंपीयर थीं। इनके पिता नरेन्द्र सिन्हा जी बिहार के वैशाली ज़िले के रहने वाले थे, पर नौकरी के सिलसिले में जगदलपुर पहुंचे तो फिर वहीं के होकर रह गये। उनकी पत्नी बड़ी स्नेहिल महिला थीं। हम जब कभी उनके यहां जाते, वे बड़े प्यार से मिलतीं; ख़ासकर विकी के प्रति उनकी ममता छल-छल कर बहती होती।

पत्नी, मुन्नी को वे बिहारी परंपरानुसार 'कनिया' कह संबोधित करतीं। साधना और सीमा भी विकी पर जान छिड़कती थीं; बल्कि एक बार उसके जन्मदिन पर तीनमहला केक उन्होंने ख़ुद से घर पर ही तैयार किया था।

आफ़िस से बाहर एक दूसरा परिवार था, जो बिहार का नहीं था; वह पीढ़ियों से जगदलपुर में ही रहता आया था; पर इस परिवार के साथ एक ऐसा आत्मीय रिश्ता क़ायम हो गया जिसका निबाह आजतक होता रहा है। वो परिवार था एडवोकेट मकदूम शाह जी का, जिनसे ये रिश्ता उनकी बेटियों- रेशमा सुलताना और रेहाना अंजुम के चलते मज़बूत हुआ। ये दोनों बहनें आकस्मिक उद्घोषक के तौर पर आती थीं और सबके साथ बड़े सलीके और तहज़ीब से पेश आती थीं।

इन्होंने पहली बार जब ईद पर हमें दावत दी और हम इनके यहां पहुंचे तो इनके वालिदेन इस तरह पेश आये गोया बहुत पुरानी जान-पहचान हो। इनके दो भाई, एक रेशमा से छोटा- रौशन; और दूसरा रेहाना से छोटा- गुलशन।

उसके बाद तो हर ईद और बकरीद में हम उनके यहां जाते और वे लोग- ख़ासकर दोनों बहनें हमारे घर होली, दीवाली और लगभग सारे त्योहारों में ज़रूर आर्तीं- विकी के जन्मदिन पर तो उनकी मौजूदगी अहम् रहती ही।

बाद में रेशमा और रौशन ने अपने वालिद का ख़ानदानी पेशा- वकालत अपना लिया; जबकि रेहाना शिक्षिका बन तालीमी दुनिया को रौशन करने में लग गई।

दीपक गुप्ता वहां आकस्मिक उद्घोषक थे.... बड़ी अच्छी आवाज़ थी और वे स्टेज-कार्यक्रम करने के बेहद शौक़ीन रहे। वे आर्केस्ट्रा में मुकेश के गाने भी गाया करते थे, जो आज भी जारी है, जिसका ज्ञान मुझे उनकी 'फ़ेसबुक-पोस्ट' से होता रहता है।

दीपक की रेडिमेड कपड़ों की एक दुकान थी, जो आज भी है। जब कभी फ़ुर्सत होती, मैं उनकी दुकान पर चला जाता और घंटों हम साथ में समय गुज़ारते। वे लोग भी हमारे घर आते और हम उनके यहां जाते। उनसे ये संबंध आजतक क़ायम है और हमारा जुड़ाव एक-दूसरे से बना हुआ है।

आकाशवाणी में स्टाफ़ के रूप में शाहिद थे, जिनका संबंध बिहार से इस प्रकार जुड़ता था कि उनकी बेगम बिहारशरीफ़ की रहने वाली थीं। इस नाते उन्होंने मेरी पत्नी से दीदी और मुझसे जीजाजी का रिश्ता जोड़ लिया था। कहना न होगा कि इनके साथ बना पारिवारिक संबंध दिन-पर-दिन मज़बूत होता हुआ आजतक चला आ रहा है।

अनिल तिवारी जी के परिवार के साथ जुड़ाव बच्चों के चलते गहरा होता गया। उनके बेटी- सपना, विकी से बड़ी थी, और बेटा- अंकुर, विकी से छोटा। बाद में, वहां केन्द्र अभियंता, बी. जयप्रकाश बाबू के ज्वायन करने के बाद उनकी बेटी- अग्निता- ये सारे बच्चे स्कूल के बाद तीनों घरों में धमा-चौकड़ी मचाते फिरते। ज़्यादातर मेरा या तिवारी जी का घर ही उनका मुख्य अड्डा होता, इसलिये हमारे घरों के दरवाजे दिन में प्रायः खुले ही रहते। हां, उनका इस प्रकार दौड़ना-भागना डॉलर को बिल्कुल पसंद नहीं था, इसलिये वो चीख़-चीख़ कर आसमान उठा लेता। बच्चे भी ज़्यादा परेशान हो जाते तो तिवारी जी के यहां या जयप्रकाश बाबू के यहां चले जाते। पर इस सबका परिणाम ये हुआ कि तिवारी जी, और बाद में जयप्रकाश बाबू के साथ हमारे पारिवारिक रिश्ते मज़बूत होते चले गये।

बाद में रायपुर से अनेक अधिकारियों का पदार्पण हुआ, जो दो साल-तीन साल जगदलपुर में निकालकर वापस रायपुर हो लिये। असल में, रायपुर से जगदलपुर स्थानान्तरण पर आना रायपुर के लोगों के लिये अत्यंत सहज और सुविधाजनक था। उसके दो मुख्य कारण थे- एक, रायपुर से जगदलपुर की दूरी मात्र पांच-छः घंटों की थी, इसलिये यात्रा आसान थी; और दो, कठिन केन्द्र में शुमार होने के कारण वापस रायपुर स्थानान्तरण की सुविधा थी। इन दो कारणों से रायपुर वाले खुशी-खुशी जगदलपुर आ जाते थे, क्योंकि उनके सेवा-रिकॉर्ड में ट्रांसफ़र तो जुड़ता था, पर रायपुर से आने-जाने की सुविधा के चलते कोई पारिवारिक समस्या उन्हें नहीं होती थी।

इस रूप में मोक्षदा चन्द्राकर आयीं, एस. पद्मजा आयीं; इनके अलावा और भी लोग आये। ये अपना परिवार रायपुर छोड़ कर आये और अपना कार्यकाल पूरा कर, और कई बार बिना किये, (जो जितना सामर्थ्यवान् हुआ) रायपुर निकल लिये। इसमें एक अपवाद मुझे दिखे अजय डोनगांवकर, जो बाकायदा अपना पूरा परिवार लेकर आये और जम कर रहे।

हालांकि रायपुर से आकर, वापस रायपुर लौटने वाले लोगों की मजबूरी समझी जा सकती थी। इसमें कोई संदेह नहीं कि जगदलपुर की अपेक्षा रायपुर की जीवन-शैली अधिक उन्नत और सुविधापूर्ण थी; शिक्षा, स्वास्थ्य और रहाईश की दृष्टि से भी रायपुर में रहना अधिक सुविधाजनक था। इसलिये यदि वहां के लोग अपना कालखंड पूरा करने मात्र के लिये जगदलपुर आते रहे थे, तो इसमें कोई बुराई नहीं थी।

मोक्षदा चंद्राकर छत्तीसगढ़ी लोकसंगीत के क्षेत्र में एक बड़ा नाम रही हैं, जो ममता चंद्राकर के नाम से प्रख्यात हैं। उन्होंने अपनी पार्टी के साथ, तथा अकेले,

भारत ही नहीं, दुनिया-भर में अपना कार्यक्रम प्रस्तुत किया और देश का नाम अन्तर्राष्ट्रीय मंचों पर भी रौशन किया। उनके इस योगदान के लिये उन्हें 2016 में प्रतिष्ठित 'पद्मश्री' पुरस्कार से सम्मानित किया गया। आकाशवाणी के इतिहास में संभवतः ये पहली बार हुआ कि इसके किसी अधिकारी को अति सम्मानित 'पद्मश्री' पुरस्कार प्रदान किया गया हो।

मोक्षदा जी की सबसे बड़ी विशेषता ये थी कि उनके भीतर कोई दंभ नहीं था। वे बड़ी घरेलू और पारिवारिक महिला की तरह दिखाई देती हैं। उन्हें देखकर आज भी यही लगता है जैसे हमारे परिवार की कोई बड़ी बहन पास बैठी है। यही कारण है कि पहली भेंट में ही मैंने उन्हें बड़ी बहन का दर्ज़ा दे दिया था और उन्होंने भी हमेशा इस मान का मान रखा। जगदलपुर में उनके साथ काम करते हुए मुझे हमेशा यही अनुभव होता रहा जैसे मेरी बहन मेरे साथ है जो किसी भी संकट में, कभी भी मेरे साथ खड़ी रहेगी।

अजय डोनगांवकर पत्नी और अपने दो सुपुत्र- रोहित और राहुल के साथ जगदलपुर आये थे। उस समय रोहित की उम्र तकरीबन 17 साल थी और राहुल 8 साल का। राहुल की उम्र विकी से दो साल अधिक थी, पर लगभग समवयस्क होने के चलते दोनों खेलकूद में साथ रहते थे। डोनगांवकर जी ट्रेक्स से पेक्स में पदोन्नत हो जनवरी-1998 में जगदलपुर आये थे, इसलिये स्वाभाविक था कि इस नयी भूमिका में काम को समझने के लिये यहां पूरा अवसर था। उन्होंने इसमें अपनी पूरी क्षमता लगाई और जहां कहीं समस्या आई, मुझसे सहयोग लेने में कभी संकोच नहीं किया। उनकी इस सरलता और सज्जनता का मैं कायल था, यही कारण है कि आजतक वे मेरे परिवार के साथी-सहयोगी बने हुए हैं।

उनके बच्चों में रोहित आज भारतीय सेना में लेफ़्टिनेन्ट कर्नल है, राहुल भी आई. टी. सेक्टर में अच्छी नौकरी में है; दोनों की शादी हो चुकी है और डोनगांवकर जी सेवानिवृत्ति के बाद पुणे में रहकर स्वतंत्र जीवन का आनन्द उठा रहे हैं।

दो

ये सारे लोग मेरे आसपास थे, अपने थे, आत्मीय थे; पर बार-बार ये लग रहा था कि क्या बस इतना ही है। मैं कर क्या रहा हूं..... 'स्थिर बिंदु तालिका' बना रहा हूं; 'त्रैमासिक अनुसूची' तैयार कर रहा हूं; 'ले आउट' कर रहा हूं...! मैं तो कुछ और सोच कर यहां आया था; बस्तर की संस्कृति, यहां की लोककलाओं और आदिवासियों के लोक-विश्वासों को निकट से देखने और समझने की अभिलाषा लेकर आया था।

मैंने जब ख़ान साहब को अपनी इच्छा बताई तो उन्होंने कहा, "बरखुरदार. .. तुम्हें रोका किसने है। ओ. बी. तुम्हारे पास है, लोकसंगीत तुम्हारे पास है; जाओ, जहां जाना हो...।"

फिर हंसते हुए बोले, "और जब जाना तो मुझे भी साथ ले लेना।"

बाद में मुझे पता चला कि यहां का नियमित क्रम है कि हफ़्ते-पन्द्रह दिनों में पूरी टीम सुदूर गांवों में जाती है; वहां आदिवासी लोकगीत समूहों की रिकॉर्डिंग होती है और वहीं उन्हें भुगतान का चेक दे दिया जाता है। इसका कारण मुझे ये बताया गया कि उन गांवों में कलाकारों को डाक से भेजा हुआ न तो अनुबंध-पत्र प्राप्त होता है, न ही चेक; इसलिये बीच-बीच में हम खुद जाकर दोनों काम कर आते हैं।

इसके अलावा मुझे वहां के साहित्यकारों से मिलने की इच्छा थी। मैं वहां के किसी बड़े साहित्यकार को नाम से जानता था तो वे थीं- मेहरुन्निसा परवेज़। बस्तर के जन-जीवन पर लिखी उनकी कहानियां मेरे शोध की विषयवस्तु थीं; पर पता चला कि अब वे भोपाल में रहने लगी हैं। हालांकि उनके पति रऊफ़ परवेज़ वहीं रहते थे जिनकी गिनती वहां के अच्छे साहित्यकारों में होती थी।

पर इन सबके बीच जो नाम सबसे शीर्ष पर था, वो नाम था लालाराम श्रीवास्तव, यानी, लाला जगदलपुरी जी का। लाला जगदलपुरी बस्तर की लोक-संस्कृति की तरह सरल और सहज थे, तो यहां के जगारों की भांति जीवंत। उनके लेखन के मूल में कविता थी; परन्तु उन्होंने गीत, ग़ज़ल, लेख, कहानी, नाटक और लोक-साहित्य की विधाओं में भी अपनी लेखनी का चटख रंग बिखेरा। उन्होंने

बाल-साहित्य का प्रचुर सृजन करने के अतिरिक्त, लोक-कथा संग्रह और अनेक तरह के अनुवाद-कार्य भी किये। जगदलपुर में मेरी पदस्थापना के समय उनकी उम्र अठत्तर साल थी और उस उम्र में भी वे रोज़ाना आठ-दस किलोमीटर की पदयात्रा कर लेते थे। साहित्य-पथ के इस अद्भुत यात्री, सरल-सहज इन्सान श्री लाला जगदलपुरी का देहावसान 14 अगस्त, 2013 को 93 साल की आयु में हो गया, पर इनके अवदान को बस्तर का साहित्य-जगत् कभी विस्मृत नहीं कर पायेगा।

लाला जगदलपुरी के अलावा राजीव जी ने, मदन आचार्य, अभिलाष दवे और योगेन्द्र मोतीवाला जैसे कुछ साहित्यकारों से मेरा परिचय कराया, जिनके साथ उनके पुराने व्यक्तिगत संबंध थे। बल्कि अभिलाष दवे के यहां तो मेरे साथ एक ऐसी दुर्घटना हो गई, जो जीवन-भर भूली नहीं जा सकती।

ये बात है 25 दिसंबर, 1996, क्रिसमस के दिन की। उस समय राजीव जी की पत्नी, रीना भाभी बच्चों के साथ जगदलपुर में ही थीं। अभिलाष जी ने हम सबको परिवार-सहित दिन के खाने पर बुलाया हुआ था। उसमें मेरे और राजीव जी के साथ, मदन आचार्य का परिवार भी शामिल था। हम सब लगभग ग्यारह बजे तक उनके यहां पहुंच गये थे। एक तरफ़ टीवी चल रही थी और दूसरी ओर हम गप्पें लड़ाने में मशगूल थे। बच्चे अंदर-बाहर कर रहे थे; कभी आकर टीवी के सामने बैठ जाते, और कभी अहाते में जाकर पेड़ों पर चढ़कर उछल-कूद मचाते।

अभिलाष जी का घर नया बना-सा लग रहा था, क्योंकि उसमें प्लास्टर तो था, पर बाहर एकाध दीवार यूं ही आगे कमरा बनाने के ख़याल से एक चौथाई उठा के छोड़ दी गई थी। वह घर चारों ओर से एक बड़े-से अहाते से घिरा हुआ था, जिसमें तरह-तरह के फलों- आम, नींबू, काजू, सीताफल, अमरूद आदि के पेड़ थे। उसमें से एक दो पेड़ों के डाल फैलकर उनकी छत तक पहुंच गये थे।

इसी बीच अन्दर टीवी पर एक फ़िल्म शुरू हो गई और हम गप्पें छोड़ फ़िल्म देखने लग गये, वो फ़िल्म थी- 'दिल'; हालांकि हममें से हर किसी ने वो फ़िल्म पहले देख रखी थी, पर माधुरी दीक्षित की शोख़ अदाओं को कौन दुबारा नहीं देखना चाहेगा।

थोड़ी देर बाद पिक्चर हिलने लगी और टीवी से 'घर्र...घर्र' की आवाज़ आने लगी। राजीव जी ने कहा भी, "अरे, ये क्या हुआ... इसे ठीक करो भाई...।"

अभिलाष जी ने बड़े इत्मिनान से कहा, "ये होता रहता है... टीवी का एन्टिना हिल गया होगा, अपने-आप ठीक हो जायेगा...।"

पर अभिलाष जी का विश्वास काम नहीं आया और पिक्चर वैसी ही हिलती रही। उस समय टीवी पर 'दूरदर्शन' छोड़ कोई और चैनल नहीं आता था, वो भी छत पर लगे लंबे-चौड़े 'एन्टिने' की बदौलत। वो 'एन्टिना' प्रायः चिड़ियों का

विश्राम-स्थल हुआ करता था, जिससे उसके डैने इधर-उधर घूम जाया करते और पिक्चर साफ़ नहीं आती थी। ऐसा होने पर ऊपर छत पर जाकर उसे ठीक करना पड़ता था।

फिर जहां सवाल माधुरी दीक्षित का हो तो 'एन्टिना' ठीक करना तो बनता ही था। मैं बाहर निकला, तो मेरे पीछे सब बाहर आ गये। मैंने इधर-उधर छत पर जाने का रास्ता देखना शुरू किया तो समझ में नहीं आया। अभिलाष जी से पूछा, "ऊपर कैसे जाते हैं... कोई सीढ़ी..."

वे बड़ी मासूमियत से हंसे, "सीढ़ी तो नहीं है...।"

"फिर कैसे जाते हैं...?"

"अमरूद के पेड़ से...." उन्होंने छत पर झुकी डाल की तरफ़ इशारा किया।

"ठीक है...।" मैं पेड़ की ओर बढ़ा।

"पेड़ पर चढ़ने की प्रैक्टिस है न...?" राजीव जी ने मेरे पुरुषार्थ पर संदेह व्यक्त किया।

मुझे बचपन में खेला गया 'ढोला-पाती' का खेल याद आया, जिसमें इससे दुगुनी ऊंची स्कूल की दीवारों पर और उससे सटे पीपल के पेड़ पर आसानी से चढ़ जाता था और उस ऊंचाई से कूद भी जाता था।

"हां... हां... खूब प्रैक्टिस है, आप चिन्ता मत करिये..." मैंने उनकी शंका को ख़ारिज़ करते हुए कहा।

मैं उस अमरूद के पेड़ पर चढ़ा, चढ़ता गया और छत पर पहुंच गया। इसके बाद 'एन्टिना' को पकड़ के थोड़ा-सा घुमाया। नीचे से किसी ने कहा- "और ख़राब हो गया... धीरे घुमाइये...।"

मैंने थोड़ा दायें, फिर बायें हलके-से घुमाया, फिर ज़ोर से पूछा, "अब ठीक है...?"

नीचे से किसी ने फिर कहा, "थोड़ा और...।"

मैंने थोड़ा-सा फिर बायें घुमाया, तबतक नीचे से कई आवाज़ें एक साथ आने लगीं- "बस... बस... ठीक है... ठीक है....।"

मैंने 'एन्टिना' को छोड़ दिया। छत से नीचे झांक कर देखा तो सारे लोग खड़े थे। राजीव जी ने कहा, "बस, अब उतर जाइये भाई...।"

"हां... पर उतरूं कहां से..."

अभिलाष जी ने बगल की अधबनी दीवार दिखा के कहा, "यहां से आ जाइये...।"

उधर से मैं आसानी से उतर सकता था, पर मुझे कभी भी आसान रास्ता पसंद कहां आया है। मैंने छत से नीचे की गहराई का जायज़ा लिया; कोई ख़ास

ऊंचाई नहीं थी। वैसे भी, छत के नीचे खिड़की का छज्जा था, वहां से यदि कूदा जाये तो नीचे का फ़ासला बमुश्किल पांच-छह फ़ीट का होगा और छज्जा पकड़ के नीचे लटक के कूदने पर तो दो ही फ़ीट रह जायेगा।

ये सब गणित मेरे अन्दर चल रहा था कि राजीव जी ने पूछा, ''क्या आप कूदने की सोच रहे हैं...?''

''हां... सोच तो वैसा ही कुछ रहा हूं...।'' मैंने अपने पुराने कूदने के रिकॉर्ड को याद करते हुए कहा।

''देखिये... अगर कूदने की प्रैक्टिस हो तभी कूदिये भाई...।'' अब उनके स्वर में वास्तविक चिन्ता थी।

तभी किसी ने कहा, ''आपके कूदने का रिकॉर्ड क्या है...?''

मैं भी थोड़ा जोश में आ गया, बोला, ''वैसे तो दस-पन्द्रह फ़ीट मामूली बात है, और ये तो उस हिसाब से बहुत कम है। देखता हूं....।''

नीचे सबलोग मेरे पौरुष का दिग्दर्शन करने के लिये सांस रोक कर प्रतीक्षा करने लगे।

पहले मैं छत से खिड़की के छज्जे पर सफलतापूर्वक गमन कर गया। वहां से नीचे की दूरी आंकने की कोशिश की। यही सोचा कि छज्जे को दोनों हाथों से पकड़ कर यदि लटक जाऊं तो फिर नीचे की दूरी हाथ-भर की ही रह जायेगी। ये सोच उलटा होकर मैंने एक हाथ से छज्जे को ज़ोर से पकड़ा, दूसरे हाथ से छज्जे का दूसरा कोर पकड़ने जा ही रहा था कि पता नहीं क्या हुआ.... मैं सीधे नीचे, ज़मीन पर असहनीय दर्द से कराहता हुआ पड़ा था और लोगों की भिन्न-भिन्न प्रकार की नसीहतें सुन रहा था।

''ज़्यादा चोट आयी क्या...?'' राजीव जी ने पूछा।

मैंने 'नहीं' में सिर हिलाया, पर वास्तविकता थी कि एड़ी के पास असहनीय दर्द का अनुभव हो रहा था।

''चलिये.... अन्दर चलिये...'' सहारा देकर मुझे लोग कमरे में लाये। तबतक महिलायें तेल गर्म कर ले आयीं और उससे बहुत देर तक मालिश की; हालांकि मालिश नहीं करनी चाहिये थी, पर चूंकि मालिश से आराम मिल रहा था, इसलिये ये जानते हुए कि ऐसी स्थिति में मालिश नहीं करनी चाहिये, मैं किसी को मना नहीं कर सका।

मुझे लग रहा था कि किसी प्रकार घर पहुंचूं और बिस्तर पर लेट जाऊं। मैंने कहा भी कि मुझे घर छोड़ दें, पर लोगों ने खाना खा कर जाने की ज़िद की। उस भीषण दर्द में खाना क्या अच्छा लगता; किसी तरह थोड़ा-सा खाया और फिर राजीव जी अपने स्कूटर पर बिठाकर पहले मुझे घर छोड़ आये, उसके बाद विकी-लोगों को।

तबतक पांव काफ़ी फूल गया था और मुझे लग रहा था कि उसमें ज़रूर फ़्रैक्चर है। पता चलने पर ख़ान साहब, तिवारी जी देखने आये। ख़ान साहब ने कहा, ''ऑफ़िस की गाड़ी है, उससे जाकर फ़ौरन डॉक्टर को दिखाओ...।''

डॉक्टर के यहां पहुंचने पर मेरी आशंका सही साबित हुई। एक्सरे में एड़ी के पास दो जगह फ़्रैक्चर निकला। उसके बाद प्लास्टर.... फिर छः हफ़्तों की रेस्ट।

इस तरह की किसी घटना के बाद जैसा कि होता है, लोग हाल जानने पहुंचने लगते हैं; पहुंचने तक तो ठीक है, दिक्कत तब होती है जब वो ''कैसे हुआ. ... कहां और कब हुआ...'' पूछने लगते हैं। अब लो, उन्हें सुनाओ पूरी कहानी.... उसपर भी वो कहानी, जो आपकी मूर्खता को बयान करती हो; और इसकी इन्तेहां तब होती है जब आने वाला जाते वक़्त हिदायतों और समझाइशों की दो-चार पुड़िया थमाने के बाद ही जाता है।

पर इसी में एक प्यारी-सी, मीठी-सी पुड़िया मुझे कविता की शक़्ल में मिली, जो रेहाना ने लिखी थी। कविता का शीर्षक था, 'नए शहर का असर' और उसकी कुछ पंक्तियां यों थी-

''मुझे मिला है फिर से एक नया शहर, जिसका मुझपर हुआ है बड़ा ही ख़राब असर/ जहां हादसों से भरा पड़ा है सारा शहर/ और हादसे ऐसे जो हमारे ही साथ होते हैं अक्सर/और वो भी सीधे-सादे तरीक़े से नहीं/बल्कि हुआ करते हैं फ़िल्मी तौर पर/कभी टीवी के बहाने छत पर से, तो कभी स्कूटर से/

बात उन दिनों की है जब पड़ रही थी कड़ाके की ठंड/महीना था दिसम्बर का और तारीख़ पच्चीस/हमारे एक मित्र ने हमें बुलाया खाने पर/लेकिन इत्तेफ़ाक़ से हमारा ध्यान गया टीवी पर/टीवी पर भी था ख़राब असर/फिर क्या था हम चढ़ गये छत के ऊपर/ जब आई बारी उतरने की/रहा न ख़याल कि चढ़े थे किस तरह हम/

तभी किसी ने कहा 'कूद पड़ो'/ किसी ने कहा 'चले आओ पेड़ के सहारे/हमने भी सोचा न समझा/जोश में आकर कूद पड़े छत से नीचे/ज्यों ही देखा अपने पैरों की ओर/हमें लगा कि सेहत में कुछ तबदीली हो रही है/लेकिन ये क्या, ये तो हमारी ग़लतफ़हमी थी/क्योंकि तबदीली सेहत में नहीं, बल्कि सरक गई थी हड्डी पांव की/अगले ही दिन चढ़ गया प्लास्टर और हो गई सज़ा/पूरे दो महीने की/यही था मज़ा खाने की दावत का....''

•••

दो महीने लग गये मुझे पूरी तरह से ठीक होने में। घर में पड़े-पड़े मन ऊब गया था। तब मुख्य सहारा बनी थीं कुछ किताबें और शास्त्रीय संगीत के कैसेट।

तबतक राजीव जी का स्थानान्तरण अम्बिकापुर हो गया था और वे वहां ज्वायन कर चुके थे।

जगदलपुर को वहां आयोजित संगीत-सभाओं के लिये मैं विशेष रूप से याद रखना चाहूंगा; क्योंकि मेरे वहां के तीन साल के सेवाकाल में जितनी सभायें हुईं, वो संभवतः पहले कभी नहीं हुईं। इसके दो कारण जो मुझे समझ में आते हैं, वे थे- एक कि मुझे ऐसा आयोजन करना अच्छा लगता था; दूसरे हसन ख़ान साहब मुझे इस तरह के कार्यक्रम करने के लिये सदैव प्रेरित करते रहते थे। इनमें जितने मेरे रिकॉर्ड्स में हैं, वो हैं-

'सुरयामिनी'- 4 अक्तूबर, 1996 (शास्त्रीय संगीत सभा- कलाकार- आसकरण शर्मा (गायन), रोनू मजूमदार (बांसुरीवादन)। आसकरण जी से उनकी सेवा-निवृत्ति के बाद मैं इसी आयोजन में उनसे मिला। वे हमेशा की तरह दिव्य और तेजोमय दिखे।

'लोकोत्सव लोकरंग'- 28-29 नवंबर, 1996। इस दो-दिवसीय समारोह में पहले दिन लोक-नाट्य के अन्तर्गत बस्तर का भतरीनाट, छत्तीसगढ़ का नाचा, महाराष्ट्र का तमाशा, उत्तरप्रदेश की नौटंकी; और दूसरे दिन लोकनृत्य-गीत में बस्तर का गंवरसींग नृत्य, छत्तीसगढ़ का पंडवानी, बंगाल का बाऊल, महाराष्ट्र का लावणी और बिहार के लोकनृत्य की अद्भुत प्रस्तुतियां हुई थीं। इस आयोजन में 'पंडवानी' पद्मश्री तीजनबाई जी ने प्रस्तुत किया था। इस आयोजन की एक और ख़ास बात थी इसका आमंत्रण-पत्र। इसका डिजाइन केन्द्र के उद्घोषक जी. श्याम ने तैयार किया था, जो एक अच्छे उद्घोषक और रेडियो नाटक के कलाकार तो थे ही; उन्हें चित्रकारी का भी बहुत शौक था। बाद में उनके साथ मिलकर मैंने एक डिटेक्टिव सीरियल 'मिस्टर एक्स' किया, जिसके बारे में यथासमय लिखूंगा।

इसके पश्चात् 14 मार्च, 1997 को **'श्रृंखला सुगम संगीत सभा'** का आयोजन हुआ, जिसमें अंजना चटर्जी, भीमराव पांचाले, अनवर हुसैन, जसवंत सिंह और पामेला वसु-जैसे कलाकारों ने शिरकत की थी। तब आकाशवाणी की संगीत सभाओं में 'श्रृंखला संगीत सभा' का आयोजन एक आम बात थी; पर इसके पीछे की दृष्टि और इसका उद्देश्य बहुत ही ख़ास हुआ करता था। 'श्रृंखला'- यानी 'चेन'। इस आयोजन के लिये तीन-तीन केन्द्रों की 'चेन' बनाई जाती थी जिसके लिये कलाकारों का चयन 'समन्वय समिति' की बैठकों में उन केन्द्रों की सहमति से किया जाता था, जो उस 'चेन' या 'श्रृंखला' में होते थे। वही कलाकार 'श्रृंखला' के सभी तीन केन्द्रों पर जाकर अपनी प्रस्तुतियां देते थे। इसके अलावा 'श्रृंखला' बनाने में केन्द्रों की भौगोलिक स्थिति को भी ध्यान में रखना होता था, ताकि कलाकार वहां सुविधा और समय से पहुंच सकें। जैसे मध्यप्रदेश में चेन हुआ करते थे- जबलपुर-रायपुर-जगदलपुर; भोपाल-रीवा-छतरपुर; इन्दौर-भोपाल-ग्वालियर; इसी

प्रकार अन्य प्रदेशों में भी। इससे केन्द्र और वहां के निवासियों को ये लाभ होता था कि उन्हें अच्छे और उत्कृष्ट कलाकारों को, उनके सामने बैठ देखने-सुनने का अवसर मिल जाता था; वरना जगदलपुर-जैसी दूरस्थ जगह में अहमद-मोहम्मद हुसैन और उनके स्तर के कलाकार क्योंकर आने वाले थे। दूसरा फ़ायदा कलाकारों को होता था कि एक 'चेन कन्सर्ट' से उन्हें आने-जाने का किराया सहित पर्याप्त पैसा मिल जाता था। लेकिन ये भी एक सच्चाई है कि ऐसे बड़े और गुणी कलाकार मात्र पैसा कमाने के उद्देश्य से आकाशवाणी के आयोजनों में नहीं आते; बल्कि वे आकाशवाणी केन्द्र के गौरव और वहां के लोगों से मिलने वाले प्यार और प्रतिष्ठा से अभिभूत हो आते हैं। अपने समय के सारे दिग्गज कलाकार कभी-न-कभी आकाशवाणी में ज़रूर आये हैं; और आज, जबकि ये गौरवशाली संस्था मरणासन्न स्थिति में है, कलाकारों की ये इच्छा ज़रूर रहती है कि उनकी रिकॉर्डिंग आकाशवाणी में हो।

भारत की स्वतंत्रता की स्वर्ण-जयंती पर संगीत-सभा, **'वंदे मातरम्'** का आयोजन 28 अगस्त, 1997 को हुआ जिसमें राजीव शर्मा-संजीव शर्मा, तापसी नागराज, राजीव जनार्दन, स्वाति देशपांडे और अश्विनी वर्मा के साथ-साथ आकाशवाणी, जगदलपुर के स्थानीय कलाकारों ने हिस्सा लिया था। ये कंसर्ट मेरे लिये ख़ास इसलिये बन गया कि यहां से मैंने आगे के सभी कंसर्ट के आमंत्रण-पत्र स्वयं डिजाइन किये, क्योंकि कंप्यूटर के 'डॉस चाचा' से छुटकारा मिल गया था और उनकी जगह नई-नवेली, इठलाती-बलखाती, नज़ाकत-भरी 'विन्डो मौसी' आ गई थी जो अपने साथ 'कोरल' तथा 'फ़ोटोशॉप'-जैसे सॉफ़्टवेयर भी लेकर आई थी, जिनकी सहायता से तरह-तरह के ग्राफ़िक्स और डिजाइन बनाये जा सकते थे। मैं स्वयं इस काम में उतना पारंगत नहीं था, पर 'अग्रवाल कार्ड्स' की दुकान में उनके कंप्यूटर के सामने बैठ कर पूरा काम कराता था, क्योंकि ऑफ़िस की स्टेशनरी वहीं से आती थी और आमंत्रण-पत्र आदि भी वहीं छपते थे। अग्रवाल साहब का बेटा- पंकज इस काम में निपुण था और मेरे साथ घंटों बैठने के बाद भी उसे कभी ऊबते नहीं देखा; यहां तक कि कई बार उसने मुझे घर पर बुला लिया और वहां उसके साथ घंटों बैठकर मैंने कार्ड का डिजाइन अपने अनुसार तैयार कराया।

इसके अगले वर्ष भी हमने स्वतंत्रता की स्वर्ण-जयंती मनाई और 31 अगस्त, 1998 को संगीत-सभा की, जिसे नाम दिया- **'सारे जहां से अच्छा, हिन्दोस्तां हमारा'**। इस सभा में भी तापसी नागराज थीं और उनके साथ थे- सपना भाटे, अविनाश त्रिपाठी, सुरेश दुबे, प्रभंजय चतुर्वेदी, मुरलीधर नागराज और पिछली बार की तरह स्थानीय कलाकार।

इन संगीत-आयोजनों के अतिरिक्त दो ऐसे आयोजन हुए जो आकाशवाणी में अपेक्षाकृत कम होते हैं। उनमें से एक था, 21 जून, 1997 को आयोजित गीत एवं काव्य-गोष्ठी- **'आषाढ़स्य प्रथम दिवसे'**। जैसा कि नाम से परिलक्षित है इसका

आयोजन वर्षा ऋतु के स्वागत् को लक्ष्य कर किया गया था। इसमें मध्यप्रदेश के ढेर-सारे नामी-गिरामी शायरों और गीतकारों का संगम हुआ था। इस कार्यक्रम में मंच-संचालन राजीव जी को करना था; पर उनके कार्यभार की अधिकता के चलते मुझे इसका संचालन करना पड़ा। चूंकि ये फ़ैसला काफ़ी देर से हुआ, इसलिये मुझे भी जल्दी-जल्दी अपनी कविताओं और गीतों के स्टॉक को खंगालना पड़ा। इस आयोजन का आमंत्रण-पत्र भी बड़ा मौलिक, सारगर्भित और सुन्दर बना था- एक बड़े से कैनवास पर हाथों में तूलिका लिये 'मेघदूतम्' के कवि कालिदास लिख रहे हैं, ''आषाढ़स्य प्रथम दिवसे...''। बिल्कुल सफ़ेद पृष्ठभूमि पर नीली स्याही से चित्रित ये रेखांकन अद्भुत प्रभाव डालने वाला था; और इसका रेखांकन करने वाले कोई और नहीं; उद्घोषक जी. श्याम थे।

इसी प्रकार लीक से हटकर एक दूसरा आयोजन था- 23 मार्च, 1999 को तीन सत्रों में आयोजित **'किसान सम्मेलन और लोकनृत्य-गीत सभा'**। इसमें 'किसान सम्मेलन' का आयोजन वनमंडलाधिकारी, सामाजिक वानिकी के कुम्हारपारा-स्थित कार्यालय-प्रांगण में किया गया था, जबकि 'लोकनृत्य-गीत सभा' को आकाशवाणी, जगदलपुर के मुक्ताकाश-मंच पर। इसका आमंत्रण-पत्र छः पन्नों के फ़ोल्डर के रूप में छपवाया था, ताकि सम्पूर्ण कार्यक्रम की विस्तृत झांकी मिल सके।

यदि देखा जाये तो ये आयोजन मेरा जगदलपुर का आख़िरी आयोजन था; क्योंकि मई-1999 में मेरे अनुरोध को स्वीकार कर, महानिदेशालय ने मेरा स्थानान्तरण आकाशवाणी के पटना केन्द्र पर कर दिया था।

तीन

कांच के बिखरे हुए टुकड़े सहेजो
गीत की फ़सलें नई इनसे उगेंगी...

(बुद्धिनाथ मिश्र)

जगदलपुर के इन आयोजनों के बीच, जैसा कि ख़ान साहब ने कहा था, ''तुम्हें किसने रोका है, कहीं भी जाने से...''- मेरे अन्दर बस्तर-दर्शन और यहां के अबूझ रहस्यों को जानने की इच्छा प्रबल हो रही थी। इसकी शुरुआत हुई, बास्तानार के एक गांव से, जहां बलवीर सिंह कच्छ, ट्रेक्स हमें ले गये थे। साथ में एक पूरी टीम थी, ख़ान साहब, राजीव जी, अजय डोनगांवकर, प्रताप, बवेजा और देवांगन

(सभी लिपिक वर्ग- एक) और फ़ार्म रेडियो रिपोर्टर- टी. एस. स्कॉट। बाद में मुझे पता चल गया कि आप कहीं भी जायें, ये पूरी टीम साथ में जायेगी ही जायेगी।

टीम में सबकी भूमिका पहले से तय थी। बलवीर और स्कॉट स्थान तय करने के साथ-साथ गांव के लोगों को रिकॉर्डिंग के लिये इकट्ठा करने का काम करते थे, तो प्रताप, बवेजा और देवांगन का काम था, किसी घोटुल में रुककर सरपंच के सौजन्य से प्राप्त कड़कनाथ को पकाना। इसके लिये सभी आवश्यक सामग्री, जैसे- तेल, प्याज, टमाटर, सभी तरह के मसाले, तेजपत्ता, यहां तक कि नमक भी- हम अपने साथ ले कर जाते थे; क्योंकि उन सुदूर गांवों में चावल की कोई कमी नहीं थी, पर तेल-मसालों की काफ़ी किल्लत होती थी। जबतक रिकॉर्डिंग होती, तबतक चावल और कड़कनाथ पक कर तैयार हो जाते। उसके बाद नीचे चादर बिछती और उसपर सबलोग बैठ जाते। उस गांव के मुखिया या सरपंच भी बैठते; लोकगीतों की टीम के लीडर भी बैठते। उसके बाद तेंदु पत्ते के 'दोने' लगा दिये जाते। एक ओर से घड़ेनुमा बर्तन से 'दोनो' में 'सल्फी' डाली जाती; कुछ लोगों को 'महुआ' पसंद था, तो उन्हें महुआ परोसी जाती।

पहली बार जब मैं बास्तानार पहुंचा तो मेरे सामने एक 'दोने' में भुना हुआ चिकन आया। उसके साथ ही दूसरे 'दोने' में 'सल्फी' डाली गई। मैंने पूछा, "ये क्या है...?"

मुझे बताया गया कि ये 'सल्फी' है, जो एक प्रकार के पेड़ों का रस होता है। इसे यदि पेड़ से ताज़ा उतारा हुआ पिया जाये तो नशा नहीं होता; जबकि जैसे-जैसे समय बीतता है, इसमें फ्रैग्मेन्टेशन शुरू हो जाता है। तब इसका स्वाद थोड़ा खट्टा हो जाता है और अधिक मात्रा में लेने पर नशा भी करता है।

मैंने थोड़ा-सा चखने के हिसाब से लिया। दो घूंट लेते ही पता चल गया कि ये हमारे बिहार में जैसी 'ताड़ी' होती है, ये कुछ-कुछ वैसी ही है- रंग और गंध में भी काफ़ी-कुछ समानता थी; लेकिन मुझे उसका स्वाद पसंद नहीं आया। मैंने सामने से दोना हटा दिया।

तभी किसी ने लाकर एक स्टील का गिलास सामने रख दिया। मैंने सवालिया निगाह बलवीर पर डाली तो बोला, "दूसरी चीज़ टेस्ट कीजिये सर... ये आपको पसंद आयेगी।"

तबतक गहरे भूरे रंग का एक तरल पदार्थ गिलास में ऊपर तक भर दिया गया। मैंने गिलास उठा कर एक लंबा घूंट भर लिया, लगा जैसे गले से लेकर पेट का निचला हिस्सा धधक उठा। आंखों में पानी उतर आया।

"सर... धीरे.. धीरे.. ये 'महुआ' है...।" स्कॉट ने मुस्कुराते हुए कहा।

"हां...सर। धीरे-धीरे लेंगे तो आनन्द आयेगा...।" बलवीर ने कहा।

गांव का खुला अलमस्त वातावरण, सिर के ऊपर छिटकी हुई चंचल चांदनी; उसपर से हवा की मंद-मंद बहती बयार में महुआ की मादक सुगंध- ये सब मिलकर एक अद्भुत तिलस्म रच रहे थे। उस तिलस्म से मेरा ये प्रथम परिचय था, और मैं उसके समक्ष नतमस्तक था।

ये सच्चाई भी है कि महुआ के साथ वनवासियों का संपर्क, संबंध और मोह नैसर्गिक है। महुए के फूलों के आसव से तैयार मदिरा और उसके फूलों को सुखाकर, पीसकर बनाये जाने वाले तरह-तरह के व्यंजनों का मेल उनके जीवन-चर्या का अभिन्न अंग है। उनके त्यौहारों में चाहे जगार हो, माटी तिहार हो, बीज-फुटनी हो, पदर चेगनी या बांट-छेंकनी हो; अवसर चाहे खुशी का हो, शोक का हो, जन्म का हो, मृत्यु का हो- और चाहे चूहे और चींटी-चेवड़ा पकड़ने का ही क्यों न हो; महुआ इन वनवासियों के सिर चढ़कर बोलती है। इनके जीवन में प्रसव से प्रस्थान तक, और सेवा से सम्मान तक महुआ अनिवार्य है, अविभाज्य है, अपरिहार्य है।

उसके बाद अक्सर हमलोग किसी-न-किसी गांव में निकल जाते और रिकॉर्डिंग कर वहां से लौटते रात के दस बज जाते; पर कहीं कभी कोई समस्या नहीं आयी। ऐसा नहीं था कि उस समय आज की उग्रवाद वाली समस्या नहीं थी; समस्या थी, पर हमें कभी किसी परेशानी का सामना नहीं करना पड़ा।

कई बार हमलोगों ने आपस में ये बातें कीं कि हमारे जाने पर ये लोग इतनी आवभगत करते हैं; कड़कनाथ का इंतज़ाम करते हैं, पकाने के लिये चावल देते हैं, पर हम उन्हें कुछ देते नहीं; तो किसी ने कहा कि वे लोग देने पर भी लेंगे नहीं, उल्टे बुरा मान जायेंगे। आदिवासी समाज के ये लोग सरल हैं, सीधे हैं; मगर स्वाभिमानी भी हैं। अतिथियों का आदर-सत्कार करना इनके लोक-संस्कारों का हिस्सा है और ये बात सिद्ध होती गई, जैसे-जैसे मुझे इस समाज को निकट से देखने का अवसर मिलता गया।

हमें जब कभी गांव जाना होता, ऑफिस के काम निपटाने के बाद दोपहर बाद ही पहुंच पाते थे। आदिवासी समाज में मातृ-सत्तात्मक व्यवस्था है, यानि वहां औरतें सारे फैसले लेती हैं, घर-गृहस्थी के सारे काम भी औरतें करती हैं और इनके पुरुष प्रायः दिन में 'सल्फी' या 'महुआ' पी कर कहीं पड़े होते हैं। इसलिये दोपहर के वक़्त टूटी-फूटी झोपड़ियों वाले ये गांव प्रायः सुनसान पड़े होते हैं। कहीं-कहीं ढूहों पर या गड्ढों में अपने पिल्लों-संग लेटे हुए सूअर और कुत्ते दिखाई दे जाते, और कहीं वस्त्रहीन, धूल-सनी छोटी उम्र की लड़कियां।

हम जब वहां पहुंचते तो सबसे पहले घोटुल का रुख करते, क्योंकि ये गांव के बीच में होता था। पहली बार जब मैं नारायणपुर के एक घोटुल में पहुंचा तो मेरा रोमांच चरम पर था। इसके बारे में मैंने किस्सों-कहानियों में काफी-कुछ पढ़ा था, पर

उसे इतने निकट से देख पाऊंगा, ये कभी नहीं सोचा था। इसलिये मैं जी-भर के इस क्षण को अपनी सांसों में भर लेना चाहता था।

घोटुल विशेषकर 'माड़िया' जनजाति का आश्रय-स्थल होते हैं। घोटुल की दीवारें मिट्टी और गोबर से अच्छी तरह लीपी हुई रहती हैं जिनपर अनगढ़ हाथों से रंग-बिरंगे बेल-बूटे, हाथी-घोड़े और फूल-पत्ते उकेरे गये होते हैं। दीवारों के कई खंड होते हैं; बल्कि कहना चाहिये कि छोटे-छोटे कमरे होते हैं, जिनके ऊपर का फूस का छाजन दूर से देखने में काफ़ी कलात्मक प्रतीत होता है। इसके ठीक बीचोबीच एक मड़ई होती है, जिसके एक छोर पर लकड़ी के खंभे के सहारे 'मांदर' टंगा होता है। दिन में मरघट-सदृश दिखने वाला ये 'घोटुल' शाम का अंधेरा फैलते-फैलते गुलज़ार होने लगता। किशोर युवक-युवतियां न जाने किन कोनों से एक-एक कर प्रकट होने लगते। युवतियां मंद हंसी के साथ इधर से उधर भागतीं और उनके पांव की छागल रुनझुन करती हुई कानों में छनक-छनक जाती।

दरअसल ये घोटुल अविवाहित युवक-युवतियों के आनन्दोत्सवों के लिये उन्मुक्तता का स्थान है। इसमें वे रात्रि-शयन करते हैं। इस वातावरण में उन्हें मस्ती के साथ, पर्याप्त स्वतंत्रता मिलती है। घोटुल के लड़कों को 'चेलिक' और लड़कियों को 'मुटियारी' कहा जाता है। जबतक युवक-युवतियों का विवाह नहीं हो जाता, उन्हें रात्रि-विश्राम घोटुल में करना होता है; पर विवाह संपन्न हो जाने के बाद उनका घोटुल जाना प्रतिबंधित हो जाता है। घोटुल के नियम बड़े कठोर होते हैं और इनकी अवहेलना करने पर कठोर शारीरिक और आर्थिक दंड तो मिलता ही है; घोटुल से निष्कासित तक कर देने की सज़ा इसमें है।

जैसे घोटुल जाने वाली युवती के जूड़े में अनेक कंघियां लगी होती हैं। कंघी को 'रांग-पनिया' कहा जाता है। अगर उसके जूड़े से एक भी 'रांग-पनिया' कम हुई तो उसे सज़ा मिलती है।

गांव में किसी के यहां अतिथि आने पर उसका स्वागत् घोटुल में करने का रिवाज़ है। ये युवक-युवतियां ही मेहमान को लेकर आते हैं और वो जबतक नहीं आता तबतक कोई पानी नहीं पीता; और यदि वे मेहमान को ले आने में सफल नहीं होते तो उन्हें दंड मिलता है।

इसके अलावा घोटुल का एक और लोकाचार है कि वहां आने वाले प्रत्येक सदस्य को वहां जलती अंगीठी में डालने के लिये लकड़ी लेकर आना होगा और जो ऐसा नहीं करेगा, उसे दंड मिलेगा।

घोटुल में ही युवतियां अपना मंगेतर चुनती हैं। इसके लिये रस्म है कि युवती वहां उपस्थित युवकों को तम्बाकू बांटती है और वो जिसे तम्बाकू नहीं देती, वही उसका मंगेतर माना जाता है।

चूंकि आदिवासी समाज में मातृ-सत्तात्मक परिवार है, इसलिये विवाह के बाद लड़के को लड़की के यहां रहना पड़ता है। ऐसे युवक को 'लमसेना' कहा जाता है।

माड़िया लोगों का अपना धार्मिक संसार है, जो काफ़ी व्यापक है। इसमें अलग-अलग जीवन-प्रबंधन के सूत्र मिलते हैं। इसके साथ ही इनके उद्देश्यों की पूर्ति के लिये अनेक देवी-देवताओं का अस्तित्व है। इसलिये गांव में इनके एकाधिक पूजा-स्थल मिल जाते हैं।

इनकी मान्यताओं के अनुसार इनके समाज में प्रचलित नृत्य-गीत-संगीत और वाद्य-यंत्रों की उत्पत्ति भी धर्म से जुड़ी हुई है। उनका मानना है कि उनके 'घोटुल' को लिंगापोने देव ने ही सर्वप्रथम गढ़ा, नाना प्रकार के वाद्यों का निर्माण किया, उनपर संगीत की रचनायें कीं और उन्होंने ही घोटुल में युवक-युवतियों के साथ नाच-गाकर नृत्य-प्रारूपों को रचा था। माड़िया लोग मानते हैं कि लिंगापोने देव आज भी घोटुलों में वहां के वाद्यों और स्वर-लहरियों की तान पर आनंदित हो नाचते-गाते रहते हैं। लिंगापोने देव को एक निश्चित समयावधि में एक उत्सव द्वारा पुनर्जीवित किया जाता है।

दरअसल घोटुल के ये नियम एक विवशता की उपज कहे जा सकते हैं। मनीष राय की कहानी 'शिलान्यास' का नायक कहता भी है- ''घोटुल हमारी मजबूरी है। एक कमरे की झोपड़ी में मां-बाप के सामने जवान बच्चे रात कैसे गुज़ार सकते हैं। फिर मां-बाप को भी तो पर्दा चाहिये। हमारे बुजुर्गों ने उसका हल निकाला घोटुल के रूप में।''

गांव में प्रवेश करते ही हम सीधे घोटुल पहुंचते। वहीं मांदल टंगा होता जिसे हममें से कोई भी उतारकर ज़ोर-ज़ोर से थाप देता। ये काम ज़्यादातर प्रताप जी करते, क्योंकि सबसे लंबे-तगड़े वही थे। विचित्र बात थी कि मांदल की 'ढम... ढम' से गांव का सूनापन कुछ टूटता दिखाई देता, क्योंकि पता नहीं किन पेड़ों या झोपड़ी के पीछे से निकलकर एक-दो आदमी या स्त्री आते दिखाई देते। उनसे बोलकर मुखिया को बुलवाया जाता, फिर आगे का कार्यक्रम शुरू होता- कार्यक्रम, यानी हमारे बिना कुछ बोले एक आदमी दो कड़कनाथ ले आता, कोई चावल ले आता और स्त्रियां गायन और नृत्य के लिये कलाकारों को इकट्ठा करने निकल पड़तीं।

धीरे-धीरे साल के घने जंगलों के बीच से एक-दो युवतियां गांव की सर्पीली, धूल-खाई पगडंडी से घोटुल की ओर आती दिखाई देतीं। निकट आने पर उंगली में पहनी उनकी गिलट की मुंदरी चमक उठती; कानों में होते गिलट के खिलवां, गले में मूंगों और कौड़ियों की मालायें और बालों में 'रांग-पनियां'। किसी-किसी ने धोती घुटनों के ऊपर बांधी होती है, जहां से ऊपर तक 'गुदने' के निशान साफ़ नज़र आते हैं। इनकी मान्यता है कि बिना गुदने वाली स्त्री नर्क भोगती है।

तबतक युवक-युवतियों का आना शुरू हो जाता था। युवक प्रायः अपने सिरों पर साफ़ा की तरह पगड़ी धारण किये रहते; आंखों में काजल की लकीरों के साथ, ख़ुमारी के लक्षण भी दिखाई देते, जो संभवतः महुआ या सल्फी के सेवन की वजह से होता।

तबतक अंधेरा पसरना शुरू हो जाता और घोटुल के अहाते के पास, जिसे वो लोग 'बांदरा' कहते हैं- एक जलती मशाल लाकर खोंस दी जाती। इधर दो घड़ा भर के 'सल्फी' और 'महुआ' ला कर रख दी जाती और दो युवतियां मेहमानों के सामने गिलास में वो पेय परोसने लगतीं।

इसके बाद बलवीर और स्कॉट रिकॉर्डिंग में लग जाते और बाकी लोग जंगल के उस जादुई तिलिस्म में डूबने-उतराने लगते, जिसमें समूह बनाकर युवक-युवतियां एक-दूसरे की कमर में हाथ डालते और लहरों के समान हिलकोरे खाते हुए नाचते और गाते। जब रिकॉर्डिंग समाप्त हो जाती तो हर बार की तरह ज़मीन पर चादर बिछती, तेंदु पत्ते के 'दोनो' में 'महुआ' डाली जाती और खाना परोसा जाता। फिर जब हम मस्ती में खा-पीकर वहां से निकलते तो सालवनों की ताज़ा हवा के साथ घुली-मिली महुआ की मादक खुशबू से भरी बयार भी हमारे संग-साथ हो लेती।

पर आज नारायणपुर, सुकमा, दंतेवाड़ा और अबूझमाड़ का पूरा इलाक़ा उग्रवाद की चपेट में है; और इन्हीं इलाक़ों में ज़्यादातर घोटुल भी हैं। अब तो अधिकांश घोटुल उजड़ गये हैं, उसमें या तो आदिवासी स्कूल चल रहे हैं या उन्हें 'थाना-गुड़ी'- यानी अतिथि-गृह बना दिया गया है।

...

इस प्रकार हम प्रायः सुदूर गांवों में जाते और नये-नये अनुभवों से समृद्ध हो लौटते- समृद्ध से अधिक, मस्त होकर। इसका पूरा श्रेय ख़ान साहब को जाता है, क्योंकि इस सबके लिये उनका दिल बहुत खुला हुआ था, वे इन मामलों में पूरी आज़ादी देते थे। हां, वो ये ज़रूर कहते, "आप आनन्द करो, लेकिन खुद पर नियंत्रण रखो। कोई ऐसा काम नहीं करो, जिससे केन्द्र की इज़्ज़त पर आंच आये।"

हमलोग भी इस बात का पूरा ख़याल रखते थे, पर कभी-कभी हमारे कोई साथी सीमा का उल्लंघन कर बैठते थे। तब उन्हें ख़ान साहब अपनी टीम से अलग कर देते और उसे दुबारा अपने साथ नहीं ले जाते थे।

असल में वे अत्यंत सहज थे। केन्द्र निदेशक होने का कोई अहंकार उनमें था नहीं। वे अपने कमरे में भी कम बैठते थे। अक्सर हमलोगों के पास चले आते थे।

कभी मेरे पास आकर कहते, ''चलो, बाहर चाय पीते हैं।'' और बड़ी बेतकल्लुफ़ी से मेरे कंधे पर हाथ रख चल देते।

मुझे उनका ये अंदाज़ बहुत पसंद था। इसलिये बस्तर घूमने का सही आनन्द उन्हीं के साथ आया।

कई बार तो हम ऐसे समय गये जब गांव में मेला लगा हुआ था। मेला भारतीय संस्कृति से जुड़ा एक गत्यात्मक चित्र है, जो ग्रामांचल की मनोभूमि में अत्यंत तल्लीनता और रागात्मक पूर्णता के साथ बसा हुआ है। बस्तर के आदिवासी अंचल में लगने वाली 'मंड़ई', मेले का ही एक रूप है। ख़ाली मैदान में छोटी-छोटी दुकानें सज जाती हैं। आसपास के गांवों के लोग भी इस मड़ई में ख़रीदारी के लिये आते हैं।

दरअसल बस्तर के पर्वों और जगारों के संपन्न होने के साथ ही मेले-मंड़इयों की शृंखला शुरू हो जाती है, जो जनवरी में कांकेर मेला से प्रारंभ होकर, बीजापुर के कोदाई माता मेला, पंखाजूर के नरनारायण मेला, चारामा मेला, सुकमा के रामाराम मेला, नारायणपुर मेला, भानुप्रतापपुर मेला, बस्तर की मंड़ई, घोटपाल मंड़ई, दंतेवाड़ा के फागुन मेला और आगे चलकर बस्तर के विश्वविख्यात् दशहरा मेला तक जाती है।

इसी बीच में बस्तर के तमाम पर्व आते हैं। चैत्र मास में माटी तिहार के साथ बीज पूटनी, बाटछेंकनी, पदरचेगनी, सावन में अमौस, जिसे 'हरेली' भी कहा जाता है, भादो में नुआखानी, पूस में दियारी और उसके बाद जगारों का सिलसिला प्रारंभ हो जाता है।

इस समाज के प्रेमी-प्रेमिकाओं के मिलन-स्थलों में से एक, ये मड़ई भी है।

दरअसल जैसे-जैसे मैं जगदलपुर के जंगलों, वहां के रहवासियों, वहां की परम्पराओं, वहां की लोक-संस्कृति, वहां के गीत-संगीत, वहां के मेले-मड़ई, त्यौहारों-लोकाचारों की नयी-नयी भावभूमियों का अध्ययन, अन्वेषण और पर्यवेक्षण कर रहा था; मुझे लग रहा था, मैं जगदलपुर की धमनियों में प्रवेश कर रहा हूं।

जगदलपुर की भौगोलिक स्थिति की बात करें तो इसकी सीमायें तीन राज्यों- उड़ीसा, महाराष्ट्र तथा आन्ध्रप्रदेश से मिलती हैं। यहां की प्रमुख नदी इन्द्रावती है, जिसकी जलधारा दो बहुत सुन्दर जल-प्रपातों- चित्रकोट तथा तीरथगढ़ का निर्माण करती है। पहले ये मध्यप्रदेश राज्य का अंग था जो १ नवंबर, २००० को छत्तीसगढ़ राज्य के निर्माण के साथ इसका एक ज़िला बन गया।

यहां की अर्थव्यवस्था का प्रमुख आधार कृषि और वनोपज-संग्रहण है। यहां प्रमुख रूप से धान, मक्का के साथ, गेंहू, ज्वार, कोदो, कुटकी, तूअर, चना, तिल

तथा सरसों का उत्पादन होता है। इसके अलावा पशुपालन, मत्स्य पालन और कुक्कुट पालन भी यहां की अर्थव्यवस्था का मुख्य आधार है। इसी प्रकार वनोपज-संग्रहण में तेंदु पत्ता, लाख, साल बीज, तसर, इमली आदि का संग्रहण किया जाता है।

बस्तर में कभी 36 बोलियां थीं, जो लगभग 20 जनजातियों में बोली जाती थीं; पर अब गोंडी, हल्बी, भतरी, धुरवी, दोरली, परजी, माड़ी-जैसी गिनी-चुनी बोलियां ही शेष रह गई हैं। इनमें भी तीन बोलियों- गोंडी, हल्बी और भतरी का अस्तित्व ही प्रमुख रूप से बचा रह गया है। इनमें गोंडी सबसे बड़े भूभाग में बोली जाती है, जबकि हल्बी एक प्रकार से संपर्क भाषा है। भतरी, जगदलपुर और सीमावर्ती ओडिसा क्षेत्र में बोली जाती है। इनमें भतरी का साहित्य सबसे समृद्ध है, जिसमें 'भतरी नाट' और 'जालीआना' प्रमुख हैं; हालांकि हल्बी में भी महाकाव्यों की रचना हुई है, जो अब तक श्रुति-परम्परा में है; जैसे, 'तीजा जगार', 'बाली जगार', 'आठे जगार'। इसे लिपिबद्ध करने के प्रयास चल रहे हैं। इस काम में मित्र श्री हरिहर वैष्णव प्राणपण से जुटे हैं और उनके प्रयास सराहे भी जा रहे हैं।

जगदलपुर को प्रकृति का अनुपम वरदान मिला हुआ है। यहां चित्रकोट, तीरथगढ़, चित्रधारा, कांगेरधारा, महादेवघूमर, चर्रे-मर्रे, खुसेल, मलाजकुंडम जैसे ज्ञात एवं हांदाबाड़ा, पुलपाड़, बोगतुम आदि अल्पज्ञात जल-प्रपात प्रकृति ने दिल खोलकर बस्तर को दिया है।

इस शहर के आसपास लगभग 40 किलोमीटर की दूरी पर चित्रकोट और तीरथगढ़ जल-प्रपात हैं, जो अपने नयनाभिराम दृश्यों से मन को मोहित कर लेते हैं। चित्रकोट में इन्द्रावती नदी की धारा जब 90 फ़ीट की ऊंचाई से नीचे गिरती है तो एक ऐसे विकराल स्वरूप का अनुभव कराती है, जो जितना आनन्दित करता है, उतना ही आतंकित भी।

तीरथगढ़ 'कांगेर घाटी राष्ट्रीय उद्यान' में स्थित है, जो जगदलपुर से लगभग 35 किलोमीटर दूरी पर स्थित है। ये भारत के सबसे ऊंचे झरनों में से एक है, जिसकी ऊंचाई लगभग 300 फ़ीट है। ये प्रपात कांगेर नदी का है, जिसका जल विभिन्न भूभागों में घूमते हुए, अलग-अलग कई अन्य प्रपातों का निर्माण करता है।

ये दोनों प्रपात बस्तर की शान हैं। इन प्रपातों के रूप-सौन्दर्य की यदि बात करें तो ये मानना पड़ेगा कि दोनों एक-दूसरे से बिल्कुल अलहदा हैं। चित्रकोट जहां पानी के हाहाकारी स्वर के साथ अपना विकराल, रौद्र रूप प्रकट करता है, वहीं तीरथगढ़ हौले-हौले, मद्धिम स्वर में आपके साथ चलता हुआ, अपनी बात आपके कानों में कहता-सा लगता है। आप तीरथगढ़ से हाथ मिला सकते हैं, उससे गलबहियां कर सकते हैं, पर चित्रकोट को आप छूने की हिम्मत नहीं कर सकते, इसे दूर से निहार कर ही आनन्दित हो सकते हैं। तीरथगढ़ आपका सहचर, आपका मित्र प्रतीत होता है; पर चित्रकोट किसी क्रोधी ऋषि की भांति दिखाई देता है, यदि उसे

अप्रसन्न किया तो वो आपको श्राप दे सकता है। तीरथगढ़ में जल-प्रपात के बिल्कुल नीचे तक आप जा सकते हैं, पर चित्रकोट में ऐसा करना ख़तरे से ख़ाली नहीं।

इन प्रपातों के अतिरिक्त यहां कई अनोखी और अद्भुत गुफायें हैं, जिनका निर्माण लाखों-करोड़ों साल पहले हुआ होगा। उनमें 'कुटुमसर', 'कैलाश' तथा 'दंडक' तथा 'अरण्य' गुफा अपनी अद्भुत संरचनाओं के कारण सबका ध्यान आकर्षित करते हैं। इनके अलावा यहां देवगिरी और सकलनारायण नाम की गुफाओं का अस्तित्व भी सामने आ चुका है; पर कहते हैं अभी भी अनेक गुफायें हैं, जिनकी खोज होना बाक़ी है।

'कांगेर घाटी राष्ट्रीय उद्यान' में स्थित कुटुमसर गुफा भारत की सबसे गहरी गुफा मानी जाती है, जिसकी लम्बाई 4500 फ़ीट और गहराई 120 फ़ीट के आसपास है। इसकी खोज पचास के दशक में हुई थी, जिसे प्रारंभ में 'गोपनसर' कहते थे, बाद में कुटुमसर गांव के निकट होने के कारण इसका नाम 'कुटुमसर' पड़ गया। इस गुफा में अनेक रंगों की मछलियां पाई जाती हैं, जिनमें दृष्टि का अभाव होता है; यानी वो देख नहीं सकतीं।

कुछ अध्ययन बताते हैं कि करोड़ों वर्षों पूर्व प्रागैतिहासिक काल में यहां मनुष्य रहा करते थे। भगवान् राम के दंडकारण्य क्षेत्र में रहने के तो कई साक्ष्य मिलते भी हैं; कुछ शोध ये भी कहते हैं कि श्रीराम ने अपने वनवास के समय कई गुफाओं को अपना आश्रय-स्थल बनाया था।

इस गुफा की आंतरिक संरचना में चूना-पत्थर के रिसाव तथा पानी और कार्बन डाईआक्साइड की रासायनिक क्रिया से उसकी सतह से लेकर छत तक बनी, 'स्टेक्टेलाइट' और 'स्टेलेग्माईट' की अद्भुत संरचना पर जब रौशनी पड़ती है तो लगता है जैसे छत से लटकते हज़ारों फ़ानुश जल उठे हों। वैज्ञानिक कहते हैं कि 'स्टेक्टेलाइट' और 'स्टेलेग्माईट' के एक ईंच के निर्माण में लगभग 6000 साल लग जाते हैं, और इस गुफा में तो ये हज़ारों की तादाद में है। तब सोचा जा सकता है कि इनके निर्माण में करोड़ों साल तो लगे ही होंगे।

इसके अलावा इसके पत्थरों में संगीत है। इसपर आकाशवाणी, जगदलपुर द्वारा एक रूपक तैयार किया गया था, 'पाषाण संगीत', जिसमें संगीत के पारखी लोगों को गुफा के अन्दर ले जाया गया और उन्होंने बाक़ायदा इसके पत्थरों से सुर और ताल निकालकर प्रमाणित कर दिया कि इसके पत्थरों में भी संगीत है। ये रूपक 'आकाशवाणी संगीत प्रतियोगिता' में पुरस्कृत भी हुआ।

इस गुफा में नीचे उतरने के लिये बहुत संकरा मार्ग है, जिसमें नीचे जाने के लिये लोहे की सीढ़ियां बनी हुई हैं। इस मार्ग से एक बार में सिर्फ़ एक व्यक्ति ही नीचे उतर सकता है। जब मैं पहली बार उस गुफा के भीतर गया था तो वहां कोई

प्रकाश-व्यवस्था नहीं थी। हमलोग पेट्रोमैक्स लेकर अन्दर गये थे। आज शायद वहां प्रकाश-व्यवस्था हो गई हो। (आजकल एल.सी.डी. लैम्प लेकर जाते हैं।)

इसी प्रकार 'कांगेर घाटी राष्ट्रीय उद्यान' में स्थित 'कैलाश गुफा' की खोज 22 मार्च, 1993 में हुई थी। इस गुफ़ा की ज्ञात लंबाई लगभग 120 फ़ीट, जबकि गहराई 1000 फ़ीट बताई जाती है। यहां बनी 'स्टेक्टेलाइट' और 'स्टेलेग्माईट' की अद्भुत संरचनाओं में कैलाश पर्वत पर बैठे भगवान् शिव की प्रतिकृति दिखाई देती है, इसीलिये इसका नाम 'कैलाश गुफा' रखा गया। इस गुफा के अन्दर बड़े-बड़े कक्ष हैं, जिनमें एक-साथ सौ-दो सौ आदमी खड़े हो सकते हैं। गुफा के भीतर जगह-जगह सोलर लैम्प लगे हैं, इसलिये यहां प्रकाश की कोई समस्या नहीं थी; पर इसके भ्रमण के दौरान मैंने पाया कि उसके कई कक्ष अथवा रास्ते ऐसे हैं, जहां प्रकाश-व्यवस्था नहीं थी। पूछने पर बताया गया कि ये गुफा कितनी लम्बी है, अभी इसका अंदाज़ा नहीं लगा है, इसलिये इसके बंद पड़े रास्तों को खोलने का काम जारी है।

इनके अलावा बस्तर में कई राष्ट्रीय उद्यान, अभयारण्य एवं पुरातात्विक अवशेष हैं जो गहन-मिश्रित साल, बांस और सागौन के वनों से आच्छादित हैं। उद्यानों एवं अभयारण्यों में प्रमुख हैं कांगेर घाटी राष्ट्रीय उद्यान, इन्द्रावती राष्ट्रीय उद्यान, भैरमगढ़ वन-भैंसा अभयारण्य, पामेड़ बाघ अभयारण्य, भैंसादरहा मगर अभयारण्य, खुसेलवेली अभयारण्य। बस्तर के अनेक क्षेत्रों से प्राप्त पुरावशेषों के अध्ययन से ये ज्ञात होता है कि कभी यहां बौद्ध तथा जैन सभ्यतायें फली-फूली होंगी। गढ़धनोरा से प्राप्त भग्नावशेषों के शिल्प और गुप्त-काल की स्थापत्य-कला में काफ़ी-कुछ समानता है। इस क्षेत्र में कभी नल राजवंश का प्रभुत्व था, जो अपनी आध्यात्मिकता के लिये जाना जाता था। यहां प्राप्त मंदिरों में ईंटों का प्रयोग हुआ है। इसी प्रकार भोंगापाल में मंदिरों का निर्माण भी नल राजवंशीय शासकों ने ५वीं शताब्दी के आसपास कराया था। यहां के टीलों में बौद्धों के विशाल चैत्य मंदिर और त्रिरथ शैली में शैव तथा शाक्त मंदिरों का अस्तित्व दिखाई देता है।

नलवंशी शासकों के शिलालेखों और ताम्रपत्रों के अध्ययन से उस समय की अन्य परंपराओं का भी पता चलता है। उस समय के शासकों ने बस्तर और कोरापुट के अंचलों में हिन्दू कथाओं का विस्तृत प्रचार-प्रसार किया। शायद उसी के प्रभाव से बस्तर में 'जगार' की परंपरा शुरू हुई। 'जगार'- यानी 'जागरण'। ये जगार हल्बा और भतरा परिवेश का एक सामाजिक-सांस्कृतिक आयोजन है, जिसकी प्रकृति 'गीति-कथा' की है तो प्रवृत्ति बस्तर के जनजीवन में सीधी पैठ की है।

बस्तर में गाये जाने वाले जगार चार प्रकार के हैं- तीजा जगार, बाली जगार, लक्ष्मी जगार और अष्टमी जगार। ये जगार 'धनकुल वाद्य' की संगत के साथ गाये जाते हैं। ये वाद्य दैनंदिन जीवन के उपयोग में आने वाली वस्तुओं से बनाया

जाता है। इसमें बांस से बना धनुष, सूप, मिट्टी का घड़ा और कुछ बांस की ही खपच्चियों की आवश्यकता होती है। इन सामग्रियों से 'धनकुल वाद्य' तैयार होता है और रात्रि-जागरण के अवसर पर गुरुमाइयों द्वारा मुख्य रूप से जगार प्रस्तुत किया जाता है।

•••

पटना में जब मैं रविशंकर जी से मिलने गया था तो उन्होंने 'बस्तर के दशहरा' का ज़िक्र किया था। उन्होंने कहा था इसे देखने को। मैं 1996 के मार्च में जगदलपुर पहुंचा था और इसका लाभ ये हुआ कि बस्तर के जगारों और पर्व-त्यौहारों को नज़दीक से देखने का अवसर जल्दी ही मिल गया। इनमें से एक विश्वप्रसिद्ध दशहरा था, जिसके बारे में जानने और देखने को एक अरसे से प्रतीक्षारत था।

वर्षा ऋतु समाप्त होते ही जब धरती नया परिधान धारण करती है; धान के लहलहाते हुए खेत अपनी स्वर्णिम आभा से जब कृषक-मन को आंदोलित और मुग्ध करते हैं; ऐसे समय दशहरा का आगमन एक सुखद संतोष ले कर आता है। बस्तर की लोक-संस्कृति में दशहरा का संबंध मां दुर्गा की आदिशक्ति से है। यही कारण है कि बस्तर के गांव-गांव में शक्ति-उपासना के केन्द्र- 'मातागुड़ी' बहुतायत से मिलते हैं।

इस विशिष्ट और परंपरागत त्यौहार के लिये आकाशवाणी द्वारा भी विशेष तैयारियां की जाती हैं। हर दिन के आयोजन को कवर किया जाता है और उसे सुबह से रात तक, अलग-अलग श्रोता-समूहों के कार्यक्रमों में प्रसारित किया जाता है। आकाशवाणी, जगदलपुर के ऐसे कुछ कार्यक्रमों के नाम भी अत्यंत विशिष्ट थे- आमचो गांव, हुलहुली, बस्तर के स्वर आदि।

दरअसल 1947 में भारत की स्वतंत्रता के बाद जिन देशी रियासतों का भारत में विलय हुआ था, बस्तर रियासत उनमें से एक थी। बस्तर का क्षेत्रफल केरल राज्य से भी अधिक है, जिसे और अलग एवं विशिष्ट बनाती है यहां की लोक संस्कृति, परंपरायें, रीति-रिवाज़ और पर्व-त्यौहार।

इनमें दशहरा एक ऐसा त्यौहार है जिसका आरंभ पूरे देश में आश्विन-शुक्ल प्रतिपदा से होता है; लेकिन बस्तर में ये त्यौहार आश्विन-कृष्ण अमावस्या या पितृमोक्ष अमावस्या से शुरू होता है।

फेड इन... फेड आउट/222

असल में बस्तर-दशहरे का इतिहास सन् 1411 से प्रारंभ होता है और ये अत्यंत रोचक है कि इसका प्रथम अनुष्ठान बस्तर की तत्कालीन राजधानी, आज के ग्राम ‘मंधोता’ में संपन्न हुआ था। संवत् 1467 तक बस्तर की राजधानी ‘मंधोता’ रही। इसी समय मुग़लों का आक्रमण ‘मंधोता’ पर हुआ, पर वे इसे जीतने में कामयाब नहीं हो पाये। तब बस्तर के तत्कालीन शासक पुरुषोत्तम देव, सुरक्षा की दृष्टि से राजधानी ‘मंधोता’ से हटाकर ‘बस्तर’ ले गये। तब से ग्यारहवीं पीढ़ी के राजा दलपत देव के शासन-काल, सन् 1771 तक ये पर्व बस्तर में आयोजित होता रहा। इसी वर्ष बस्तर पर मराठों और मुग़लों का, एक के बाद एक आक्रमण हुआ; पर वे राजा दलपत देव से हार कर भाग खड़े हुए। फिर भी बस्तर पर आक्रमणकारियों का ख़तरा हमेशा बना रहेगा, ये सोच दलपत देव नई राजधानी की खोज में जुट गये और ये राजधानी उन्हें मिली इन्द्रावती नदी के मनोहारी तट के निकट के ग्राम ‘जगतूगुड़ा’ के रूप में। ये ‘जगतूगुड़ा’ ही कालांतर में शब्द-विपर्यय से बदलकर ‘जगदलपुर’ हो गया। तब से लेकर अब तक दशहरा जगदलपुर में 248 वर्षों से भी अधिक समय से संपन्न हो रहा है। यहां के दशहरे की सबसे बड़ी ख़ासियत ये है कि इसमें देश के अन्य भूभागों की तरह मां दुर्गा की प्रतिमा स्थापित नहीं की जाती, बल्कि राजा के ‘छत्र’ को इसमें विशिष्ट स्थान मिलता है।

बस्तर के दशहरे का आरंभ ‘काछनगादी’ से होता है। ‘काछनगादी’ का अर्थ होता है- काछिन देवी को गद्दी प्रदान करना। काछिन देवी बस्तर की अनुसूचित जाति ‘मिरगान’ की कुलदेवी मानी जाती हैं, जिनका मंदिर जगदलपुर में पथरागुड़ा जाने वाले रास्ते में स्थित है। इसी मंदिर में ‘सिरहा’ (पुजारी) देवी का आवाहन् करता है। इस आवाहन् के उपरांत मिरगान जाति की एक कुंवारी कन्या पर देवी आती है। देवी के प्रतीक के रूप में इस कन्या को बेल के कांटों से बने झूले और कांटों से बनी हुई गद्दी पर लिटा कर, उसे झुलाते हुए सिरहा देवी को प्रसन्न करना होता है। इसके बाद देवी की विधिवत् पूजा-अर्चना करने के पश्चात् देवी से दशहरा मनाने की अनुमति मांगी जाती है, जो माना जाता है कि देवी प्रसन्न हो अनुमति प्रदान करती हैं। ये रस्म ही ‘काछनगादी’ कहलाता है।

बस्तर दशहरे के दूसरे दिन आश्विन-शुक्ल प्रतिपदा को ‘जोगी बिठाई’ की जाती है। जगदलपुर के सीरासार भवन में जोगी बिठाने की रस्म पूरी होती है। भवन के बीचोबीच एक गड्ढा बना कर सुरक्षित रखा गया है, जिसके अन्दर ‘हल्बा’ जाति का एक आदिवासी संत लगातार नौ दिनों तक योगासन में बैठता है। जोगी बिठाये जाने के पीछे की मान्यता ये है कि वर्षों पूर्व एक आदिवासी संत, दशहरा निर्विघ्न समाप्त हो, इस उद्देश्य से अपने तरीके से योग-साधना कर रहा था। तब से ये प्रथा अब तक चली आ रही है।

इसके बाद आश्विन-शुक्ल द्वितीया से लेकर सप्तमी तक प्रतिदिन चार पहियों वाला विशालकाय लकड़ी का रथ खींचा जाता है। इस रथ पर पहले, बस्तर का जो भी राजा होता था, वो फूलों की पगड़ी पहनकर बैठता था, इसलिये इसे 'फूल-रथ' कहा जाता है। रथ की पूरी साज-सज्जा भी फूलों से की जाती है। इस रथ में दंतेश्वरी देवी का छत्र भी होता था। ये रथ मावली माता की परिक्रमा करता हुआ वापस अपने स्थान पर पहुंचता है। परिक्रमा सीरासार चौक से शुरू होकर गोल बाज़ार, गुरूनानक चौक होते हुए दंतेश्वरी मंदिर तक पूरी होती है। अब राजा तो रहे नहीं, इसलिये मात्र दंतेश्वरी देवी के छत्र के साथ परिक्रमा पूरी की जाती है। इस रथ को सैकड़ों की संख्या में आदिवासी भक्त खींचते हैं।

आश्विन-शुक्ल अष्टमी को रथ-यात्रा नहीं होती। इस दिन दुर्गाष्टमी होती है। 'निशा जात्रा' का कार्यक्रम मध्य रात्रि को दंतेश्वरी मंदिर से जुलूस के रूप में शुरू होकर इतवारी बाज़ार के निकट पूजा-स्थल तक पहुंचता है, जहां देवी का अनुष्ठान किया जाता है।

आश्विन-शुक्ल नवमी की संध्या को सीरासार में बैठे योगी को समारोहपूर्वक उठाया जाता है, उसे भेंट आदि देकर सम्मानित किया जाता है। इसी दिन रात नौ बजे 'मावली परघाव'- अर्थात् मावली देवी की अगवानी का कार्यक्रम होता है। इसमें दंतेवाड़ा से डोली में लाई गयी मावली मूर्ति का श्रद्धापूर्वक स्वागत् किया जाता है। मावली माता यहां के लोकमानस में दुर्गा जी के प्रतीक-रूप में हैं। निमंत्रण पाकर मावली माता ही दंतेवाड़ा की दंतेश्वरी देवी के बदले जगदलपुर आती हैं। इस डोली को कंधे पर उठाकर पुजारी और राजपरिवार के लोग दंतेश्वरी मंदिर तक पहुंचाते हैं।

आश्विन-शुक्ल दशमी, यानी विजयादशमी के दिन 'भीतर रैनी' और इसके दूसरे दिन 'बाहर रैनी' की प्रथा है। इन दोनों दिनों में आठ चक्के के रथ से परिक्रमा होती है। इसके लिये प्रत्येक वर्ष नया रथ बनाया जाता है। एक वर्ष चार चक्के का, उसके दूसरे वर्ष आठ चक्कों के रथ का निर्माण कर, कुल बारह चक्कों का चक्र दो साल में पूरा किया जाता है। जब परिक्रमा पूरी हो जाती है, तब किलेपाल के माड़िया आदिवासी इस रथ को प्रथानुसार चुराकर कुम्हड़ाकोट ले जाते हैं। वहां पथरागुड़ा के पीछे साल वृक्षों से आच्छादित वन में रथ को ले जाकर वे देवी को नये चावल का अन्न चढ़ाकर पूजा-विधान करने के उपरांत प्रसाद पाते हैं। इसके ठीक दूसरे दिन, इस रथ को वापस परिक्रमा कराते हुए दंतेश्वरी देवी के मंदिर तक पहुंचाया जाता है, जिसे 'बाहर रैनी' कहा जाता है। यहां आकर बस्तर के दशहरे का दूसरा चरण पूरा होता है।

आश्विन-शुक्ल द्वादशी को दशहरा के निर्विघ्न समाप्त होने की खुशी में काछिन देवी के मंदिर के पास पूजा-विधान कर 'काछिन जात्रा' संपन्न की जाती है। इसी दिन सीरासार भवन में परंपरानुसार मुरिया और माड़िया दरबार आयोजित होता

है। इसमें बस्तर के सुदूर क्षेत्रों से आये आदिवासी मांझी, मुखिया, चालकी आदि अपनी समस्यायें शासन के प्रतिनिधियों के सामने रखते हैं जहां उनकी समस्याओं के निराकरण का प्रयास किया जाता है।

बस्तर-दशहरा के अंतिम चरण में त्रयोदशी के दिन समस्त ग्रामीण क्षेत्रों से आये देवी-देवता को स्थानीय गंगामुंडा-स्थित मावली शिविर के पास पूजा-मंडप में विदाई दी जाती है। इसे 'देव-सम्मेलन' भी कहा जाता है।

बस्तर-दशहरा भारतवर्ष में आयोजित होने वाले अन्य दशहरों से इस मायने में भिन्न है कि इसका आयोजन लगभग पन्द्रह दिनों तक चलने वाली एक अलिखित प्रक्रिया एवं विधि-विधान के अन्तर्गत, सर्व-स्वीकृति से लगातार होता रहता है। ये अवश्य है कि आज उसके प्राचीन स्वरूप में समय के अनुसार कुछ-कुछ परिवर्तन भी दृष्टिगोचर हो रहा है।

मां दुर्गा का बस्तर के दशहरा से एकमात्र संबंध इस तरह से जुड़ता है कि मावली माता को यहां के लोकमानस में दुर्गा जी के प्रतीक-रूप में देखा जाता है जो निमंत्रण पाकर दंतेवाड़ा की दंतेश्वरी देवी के बदले जगदलपुर आती हैं। लेकिन देश के बाकी हिस्से के लिए 'दंतेवाड़ा' एक महत्वपूर्ण शक्तिपीठ के रूप में ख्यातू है।

दंतेवाड़ा का ये मंदिर अपनी शिल्प-कला और प्राचीन मूर्तियों के लिये भी प्रसिद्ध है। मंदिर के भव्य प्रांगण में खड़ा 'गरुड़-स्तंभ' अपने प्राचीन मूर्ति-शिल्प और कारीगरों के अनोखे कला-कौशल का खुला गवाह है।

महामंडप, भैरव मंडप, मुख्य मंडप, संग्रहालय और गर्भ-गृह से मिलकर बना, दंतेश्वरी मंदिर का मूर्ति-शिल्प बेजोड़ है। मंदिर के प्रत्येक खंड में गहरे, काले और चिकने पत्थरों पर उकेरी मूर्तियों को देखने से ही उनमें किसी दैवी प्रतिभा का आभास होता है। मंदिर में सर्वप्रथम महामंडप आता है। इस मंडप में तीन उपमंदिर हैं, जिनमें बीच में भैरम बाबा विराजमान हैं और पार्श्व में शिवलिंग स्थापित है। इस मंडप में गणेश, ब्रह्मा आदि की मूर्तियां स्थापित हैं।

महामंडप के आगे दूसरा मंडप है जिसमें देवनागरी सहित किसी अज्ञात लिपि का शिलालेख है। मुख्य मंडप में देवनागरी के शिलालेख में 'दंतेवली देवी जयति' का उद्बोधन मिलता है। इसके बाद अंदरालय दिखाई देता है जिसके दोनों ओर अनेक मूर्तियां हैं जो गर्भगृह तक रखी हुई हैं।

इसके बाद गर्भगृह में स्थित है बस्तर की अराध्य देवी मां दंतेश्वरी की भव्य प्रतिमा। छः भुजाओं वाली ये प्रतिमा गहरे काले और चमकदार पत्थरों से निर्मित है। मां के इसी भव्य और उदात्त स्वरूप का दर्शन करने देश-भर से लोग आते हैं और आशा-आस्था तथा उम्मीद ले कर लौटते हैं।

मां के इस मंदिर के ठीक पार्श्व में देवी भानेश्वरी का मंदिर है जिन्हें मां दंतेश्वरी की छोटी बहन माना जाता है। शंकिनी-डंकिनी नदियों के संगम के इस पार

मां दंतेश्वरी के दर्शन के साथ, इतिहास और पुरातत्व के संग्रहालय देखे जा सकते हैं; तो उस पार एक और अनूठी दुनिया नज़र आती है, जहां मंदिर के पीछे से शंकिनी नदी को पार कर जाने के बाद तुण्डाल भैरव का मंदिर और उसके आगे अनेक देव-गुड़ियों के दर्शन होते हैं।

मां दंतेश्वरी बस्तर के काकतीय शासकों की कुलदेवी थीं और चूंकि यहां के जनजातीय समाज में अपने राजा और देवी-देवताओं के प्रति गहरी आस्था थी, इस नाते देवी के प्रति अगाध श्रद्धा और भक्ति-भाव को इस समाज ने खुले दिल से अपना लिया। इन्हीं राजाओं की पीढ़ी में बस्तर के महाराजा प्रवीरचंद्र भंजदेव ने बड़ी डोंगर में मां दंतेश्वरी का मंदिर बनवाया।

वैसे दंतेवाड़ा की मान्यता मुख्य रूप से एक शक्तिपीठ के तौर पर ही है। कहते हैं कि दक्ष प्रजापति द्वारा अपने अपमान से क्रोधित हो जब भगवान् शंकर देवी सती के निर्जीव शरीर को लेकर विचरण करने लगे तो उन्हें शांत करने के उद्देश्य से भगवान् विष्णु ने अपने सुदर्शन चक्र से देवी सती के निर्जीव शरीर के कई टुकड़े कर दिये। देवी सती के अंग के टुकड़े जहां भी गिरे, वहीं एक शक्तिपीठ की स्थापना हो गई। कहते हैं, देवी सती के दांत बस्तर के दंतेवाड़ा में, शंकिनी-डंकिनी नदियों के पास गिरे, जिससे उस स्थल पर शक्तिपीठ की स्थापना हुई।

ये भी कहा जाता है कि मां दंतेश्वरी के साथ इसी स्थान पर महिषासुर संग्राम हुआ था। आज भी दंतेश्वरी माई के मंदिर के पीछे, पहाड़ी के एक पत्थर पर महिषासुर वध-स्थल, फिर शेर का पंजा और राक्षस का पंख बना हुआ देखा जा सकता है। थोड़ा आगे जाने पर मां के चरण की आकृति भी दीख जाती है।

•••

बस्तर में दशहरे के बाद का सबसे बड़ा पर्व आता है- दस दिनों तक चलने वाला 'गोंचा पर्व', जिसका प्रमुख आकर्षण भगवान् जगन्नाथ, बलभद्र एवं सुभद्रा देवी की रथयात्रा होता है।

पौराणिक कथाओं के अनुसार, भगवान् जगन्नाथ, बलभद्र एवं बहन सुभद्रा के साथ, द्वारिकापुरी से जनकपुरी विश्राम करने आषाढ़-शुक्ल द्वितीया को जाते हैं और दशमी को वहां से वापस लौटते हैं। उनके इसी प्रवास को, रथयात्रा के रूप में मनाया जाता है, जिसमें तीन रथ खींचे जाते हैं।

गोंचा पर्व में मुख्यतः जगदलपुर एवं कोंडागांव के हल्बा और भतरा आदिवासी शामिल होते हैं। वे अपने देवी-देवता, उनके छत्र, दंडध्वज, डोली आदि लेकर पूरी सजधज और श्रद्धा के साथ इसमें भाग लेते हैं।

इस पर्व के सर्वाधिक आकर्षण की वस्तु 'तुपकी' होती है, जिसका प्रयोग यहां का जनजातीय समाज करता है। इसे 'बांस-बंदूक' भी कहा जाता है। लगभग

आधे इंच के व्यास के पोले बांस में, चने के दाने के आकार के बराबर के एक जंगली फल- 'पेंगू' को भरकर एक हैंडिल से पिचकारी की तरह किसी पर भी निशाना लगाकर चलाया जाता है। चूंकि बांस पोला होता है, इसलिये उसमें अवरोध के कारण अधिक बल लगने से ज़ोरों की आवाज़ होती है और वो जंगली फल दूर तक जाकर मार करता है। इस मनोरंजक खेल में स्त्री-पुरुष, एक-दूसरे पर निशाना साधते हैं और आपस में ठिठोलियां करते चलते हैं। जब हज़ारों तुपकियों की 'फट-फटाफट' की आवाज़ फ़िज़ां में गूंजती है तो मौसम और भी मदमस्त मालूम पड़ने लगता है।

•••

बस्तर के बारे में, यहां की लोक-संस्कृति के बारे में, रीति-रिवाज़ और परंपराओं के बारे में, मेले और मंदिरों के बारे में, इतिहास और पुरातत्व के बारे में, ये सब वर्णन करते हुए मैं एक रोमांच का अनुभव कर रहा हूं; ये सब लिखते हुए सिहरन-सी होती है; लगता है, अपने यहां के तीन वर्षों के मेरे अनुभव-खंडों में जो कुछ भी समाया है; सारा-का-सारा लिख डालूं- कुछ भी छूटने न पाये; लेकिन क्या ये संभव है...? भले ही ये इलाक़ा आदिवासी-बहुल और पिछड़ा माना जाता है, पर लोकवार्ता के जितने प्रकार और तत्व यहां मिलते हैं, वो शायद ही कहीं और मिलें। यदि इसके एक-एक तत्व पर कोई लिखना चाहे तो उसके कई-कई ग्रंथ तैयार हो जायें। इसलिए मैंने बहुत विस्तार में न जाकर बस्तर की लोक-संस्कृति की एक झलक प्रस्तुत करने का प्रयास किया है और इस अनुभव के आधार पर इतना ज़रूर कहूंगा कि लोक-सांस्कृतिक-समृद्धि यदि किसी को देखनी हो तो उसे एक बार बस्तर अवश्य जाना चाहिए।

•••

चार

(कृष्ण बिहारी नूर)

आकाशवाणी, जगदलपुर के कार्यालय में समन्वित संस्कृति थी; यानि यहां भारत के सभी इलाकों के लोग मिलते थे। जैसे, कार्यक्रम में दक्षिण भारत (ज़्यादातर आंध्रप्रदेश के) से के. परेश और जी. श्याम उद्घोषक थे; एस. पद्मजा, कार्यक्रम अधिशासी थीं तो अभियांत्रिकी अनुभाग के ढेर-सारे सदस्य वहीं से थे; मसलन- के. एम. नायडू. एस. एस. प्रकाश, वी. विजय कुमार, टी. के. राजू, श्रीनिवास राव,

एस. एस. श्रीनिवास, जे. एल. गणेश और केन्द्र अभियंता के आशुलिपिक एम. के. जनार्दन आदि।

इसके बाद सर्वाधिक बंगाल के लोग थे, जिनमें मुख्य लिपिक-एम. बी. पाल; ग्रन्थपाल-ए. सी. देबनाथ; प्रसारण निष्पादक-बी. के. मल्लिक और मनोहर पोद्दार; प्रशासन में आर. एन. पाल, जी. सी. हालदार, कमला जयधर और अभियांत्रिकी में, बी. एम. प्रधान, गौतम कुंडू, प्रफुल्ल कुमार दास आदि स्टाफ़ के रूप में कार्यरत थे। वैसे इनमें से सबको पूरी तरह से बंगाल का कहना शायद ग़लत होगा; क्योंकि ये वे लोग थे जो बांग्लादेश के गठन से पहले, पूर्वी पाकिस्तान से विस्थापित होकर 'दंडकारण्य प्रोजेक्ट' में लगाये गये थे और वहां से इन्हें अन्य, दूसरी सेवाओं में भेजा गया था। इन्हीं में से ग्रन्थपाल-ए. सी. देबनाथ और प्रसारण निष्पादक-मनोहर पोद्दार और बी. के. मल्लिक-जैसे कुछ लोग आकाशवाणी, जगदलपुर में नियुक्त हुए थे।

शेष बचे लोगों में अधिकांश स्थानीय, कुछ रायपुर से आने-जाने वाले और कुछ जनजातीय समाज के लोग थे; और कुछ हम-जैसे सुदूर बिहार से आये लोग भी।

पर ये सारे लोग बड़े सहज, सीधे और मिलनसार थे। अपने काम से काम रखने वाले, किसी प्रकार की राजनीति से कोसों दूर। प्रशासनिक और लेखा अनुभाग में बवेजा, प्रताप और देवांगन की एक ऐसी तिकड़ी थी, जिनकी वजह से आकाशवाणी, जगदलपुर को कभी किसी कार्य में रुकावट नहीं आयी। इनके बारे में वहां के लोगों का आकलन था कि बवेजा प्रशासनिक नियमों एवं प्रारूपों को ख़ूब अच्छी तरह जानते हैं तो देवांगन लेखा से संबंधित कार्यों में माहिर; जबकि प्रताप का 'लॉजिस्टिक प्रबंधन' अपूर्व और बेमिसाल था। यही कारण था कि वहां जो भी अधिकारी आते, उन्हें केन्द्र को संचालित करने में कोई असुविधा नहीं होती थी- और यही कारण था कि ख़ान साहब के रायपुर स्थानान्तरित होने के बाद कार्यक्रम-प्रमुख के रूप में कार्य करते हुए मैं, 'कार्यक्रम समन्वय समिति' का दो दिवसीय आयोजन चित्रकोट और तीरथगढ़ में जाकर कर सका। उस अद्भुत आयोजन की स्मृति उसमें शामिल अधिकारियों को हमेशा रही, तभी तो उसके लगभग दस-बारह वर्षों बाद जब सुरेश पांडेय जी और मेरा साथ पटना में हुआ तो उन्होंने यही सवाल किया, ''अच्छा, ये बताओ, तुमने इतनी अच्छी व्यवस्था की कैसे...?'' मैं हंसकर टाल गया था, पर मुझे पता था कि बवेजा, प्रताप और देवांगन के बिना ऐसी व्यवस्था संभव नहीं थी।

ग्रंथपाल, ए. सी. देबनाथ और मेरा क्वार्टर एक-दूसरे से सटा हुआ था; गो कि उनका हमारे यहां आना-जाना कम होता था; हां, उनकी दोनों बेटियां ज़रूर आती थीं। उनकी बड़ी बेटी विकी को हर साल राखी बांधती थी।

मल्लिक जी का क्वार्टर हमसे दो-चार क्वार्टर छोड़कर था। वे और उनकी पत्नी अक्सर हमारे यहां आते थे और ख़ूब गपशप करते थे। उनकी चार संतानों में दो बेटियां और दो बेटे हैं। हमारे जगदलपुर से पटना आ जाने के बाद भी उनका हालचाल लेने वाला फ़ोन बहुत दिनों तक आता रहा।

शाहिद एक ऐसा शख़्स था, जिसने मेरे हर सुख-दुख में मेरा साथ दिया। कोई भी ड्यूटी दे दूं, उसने कभी 'ना' नहीं किया। यही कारण है कि आज भी उसके यहां से पारिवारिक संबंध बने हुए हैं और निभ रहे हैं। उसकी पत्नी बिहारशरीफ़ से हैं और बड़े सहज भाव से उन्होंने मुझे अपना 'जीजाजी' मान लिया है और उनकी चुहलबाज़ी की मीठी गोली का आनन्द फ़ोन पर मिलता रहता है।

इस बीच श्री जगदीश अधिकारी, प्रसारण निष्पादक आकाशवाणी, जेपुर (उड़ीसा) से स्थानान्तरित होकर आये। आम तौर से दूसरे उड़िया लोगों की ही तरह अधिकारी भी बड़े विनम्र, मधुरभाषी और सहृदय थे। वे कार्यक्रमों की प्रस्तुति और समझ के लिहाज़ से बड़े ही योग्य अधिकारी रहे हैं और जेपुर में उनकी ख्याति उड़िया के मंचीय नाटकों के लेखक और निर्देशक के रूप में निर्विवाद रही है।

बस्तर के गांवों में मैं काफ़ी गया और वहां की लोक-संस्कृति से जुड़कर काफ़ी काम भी किया, लेकिन रीवा के बाद, सागर-प्रवास के छिटपुट नाटकों को छोड़ दें तो रेडियो में नाटक किये हुए एक लंबा अंतराल हो गया था। जगदलपुर में भी नाटक अनुभाग मेरे पास नहीं था और जो पेक्स इस अनुभाग को देखते थे; उनकी कोई पैठ नाटकों में नहीं थी। फलस्वरूप नाटक में दख़ल रखने वाले कुछ उद्घोषकों को अनुभाग से जोड़ा गया था। आलेख मंगाने से लेकर नाटकों के प्रोडक्शन-तक का सारा काम वही करते थे और वे नहीं चाहते थे कि कोई अन्य उनके बीच आये; यहां कि वे ये भी नहीं चाहते रहे कि ये अनुभाग मुझे मिले। इसका मुख्य कारण ये था कि मुझे जो भी सेक्शन मिला, उसमें बिना किसी की मदद लिये सारा काम मैंने खुद ही किया। नाटक में भी, जगदलपुर ही नहीं, पटना में भी मैंने देखा कि कई ऐसे स्वनामधन्य लोग हुए जो एक टेप उठाने में भी शर्मिन्दगी का अनुभव करते थे और जब वे यदा-कदा किसी प्रोडक्शन के लिये स्टूडियो जाते भी तो उनके पीछे-पीछे प्रोडक्शन असिस्टेंट या कोई कैज़ुअल एनाउन्सर टेप उठा कर चलता था। वे स्टूडियो यूं तो कम ही जाते, पर जब भी जाते, पूरे ऑफ़िस में डंका पीटकर जाते।

मुझे इस प्रकार काम करने की आदत नहीं थी, क्योंकि मेरी रेडियो की 'स्कूलिंग' उसी आकाशवाणी, पटना में हुई, जहां मैंने विजयलक्ष्मी सिन्हा, अरुण कुमार सिन्हा, ब्रह्मदेव नारायण सिंह, पुष्पा आर्याणी, केदारनाथ पांडेय-जैसे लोगों को आठ-आठ, दस-दस टेप सीने से लगाकर स्टूडियो ले जाते देखा। ये लोग अपना

काम स्वयं करते थे; कभी किसी पर निर्भर नहीं हुए। यही आदत- आदत से अधिक संस्कार कहें- मेरे भीतर आया।

इसलिये मैंने कभी किसी के ऊपर निर्भरता स्वीकार नहीं की; और ये बात सबको पता थी। यही कारण है कि जिन्हें मेरे आने से अपने अस्तित्व पर ख़तरा महसूस हो, वे क्यों मुझे वहां आने देंगे। पर वे ये नहीं जानते थे कि मेरी आत्मनिर्भरता वाली सोच सिर्फ़ मुझ तक सीमित थी। मैं कभी काम करने के मामले में दूसरों के आड़े नहीं आया, उनकी स्वतंत्रता में बाधक नहीं बना; बल्कि मैंने ऐसे लोगों को सदैव प्रोत्साहित ही किया।

लेकिन जगदलपुर में कुछ मठाधीश लोगों की पहुंच मेरी इस सोच तक नहीं थी। वैसे भी मेरा मानना है कि आदमी को खुद अपना प्रतिस्पर्धी बनना चाहिये। हर व्यक्ति की अपनी ख़ूबी, सोच, समझ और दृष्टि होती है, उससे प्रतिस्पर्धा क्या करना। आकाश तो अनन्त है, उसी प्रकार संभावनायें भी।

लब्बोलुबाब ये कि मेरा मन कुछ नया करने के लिये कुलबुला रहा था, पर नया क्या...। मैं रेडियो के कुछ घिसे-पिटे कार्यक्रमों से अलग कुछ करना चाह रहा था। सोचा, अतीत के अपने अनुभवों के समुद्र मे डुबकी लगाकर देखूं, शायद कोई मोती हाथ लग जाये। मैंने अपने स्कूल-कॉलेज के दिनों को याद करने के साथ-साथ, रेडियो के ही कुछ पुराने कार्यक्रमों को खंगाला तो मोती मिला। मैं नहीं कहता कि जो मैंने किया वो मेरी कोई मौलिक सोच थी; पर इतना ज़रूर है कि आकाशवाणी के इतिहास में ये शायद ऐसा पहला कार्यक्रम था। इस कार्यक्रम का नाम था- **'इन्स्पेक्टर एक्स'** और ये 'मर्डर मिस्ट्री' पर आधारित था। इसकी प्रेरणा मैंने 'रेडियो सिलोन' से बहुत पहले प्रसारित होने वाले व्यावसायिक कार्यक्रम 'इन्स्पेक्टर विनोद' से ली थी। इसके प्रस्तोता थे उस समय रेडियो में अमीन सयानी के बाद सबसे चर्चित आवाज़ पं. विनोद शर्मा।

उस वक़्त भारत में रेडियो (आकाशवाणी) व्यावसायिक नहीं बना था और आकाशवाणी से जिन कार्यक्रमों का प्रसारण हुआ करता था, उनमें मनोरंजन का समावेश बहुत कम था। इसलिये मनोरंजन के ख़याल से प्रायः लोग 'रेडियो सिलोन' का रुख़ कर लेते थे, जहां अमीन सयानी हर हफ़्ते 'बिनाका गीत माला' लेकर आते, तो विनोद शर्मा 'इन्सपेक्टर विनोद' के साथ और तबस्सुम अपने नायाब चुटकुलों के साथ अपनी आवाज़ की जादूगरी लेकर आती थीं। वहां से सुप्रसिद्ध अभिनेता सुनील दत्त और मनोहर महाजन-जैसे प्रस्तुतकर्ता भी जुड़े रहे और अपनी प्रस्तुतियों से भारत के लोगों का दिल जीतते रहे।

जब देश को लगा कि यहां के लोग मनोरंजन के लिये आकाशवाणी के बजाय, 'रेडियो सिलोन' सुन रहे हैं; तो नीति-निर्धारकों ने शुद्ध मनोरंजन के उद्देश्य से आकाशवाणी का एक नया चैनल शुरू करने की सोची। इस प्रकार 2 अक्तूबर,

1957 में 'विविधभारती' का जन्म हुआ। उस समय इसके कार्यक्रमों को 'विविधभारती का पंचरंगी कार्यक्रम' कहा जाता था; पर 1 नवंबर, 1967 को इसे व्यावसायिक रूप देकर 'विविधभारती की विज्ञापन प्रसारण सेवा' कहा जाने लगा। निस्संदेह इस नीति का लाभ आकाशवाणी और भारत सरकार को हुआ कि जब विविधभारती पर 'छायागीत', 'हवा महल', 'चित्रध्वनि', 'जयमाला', 'संगीत सरिता', और इस तरह के मनोरंजन से भरपूर ढेरों कार्यक्रम आने लगे तो श्रोता 'रेडियो सिलोन' से विमुख हो 'विविधभारती' की ओर उन्मुख होने लगे। 'विविधभारती' की सबसे बड़ी सफलता यही है कि उसने उस चुनौतीपूर्ण दौर में एक विशाल श्रोता-वर्ग तैयार किया, जिसकी संख्या लगातार बढ़ती चली गई और आज दृश्य-माध्यमों और अन्य ग़ैर-सरकारी-निजी एफ़. एम. चैनलों की भारी भीड़ और प्रतिस्पर्धा के बावजूद इसके श्रोताओं की संख्या में कोई कमी नहीं आई है।

पर मूल बात थी, 'इन्स्पेक्टर एक्स' की, जिसकी पृष्ठभूमि में मुझे इतनी बातें कहनी पड़ीं। हालांकि ये बातें संदर्भरहित भी नहीं हैं, क्योंकि किसी भी नये सृजन के पीछे की पूरी कहानी जानना भी कई बार कम रोचक (और ज्ञानवर्द्धक भी) नहीं होता।

बहरहाल, नाटक मैं करना चाहता था, पर सेक्शन मेरे पास नहीं होने से कर नहीं सकता था। तब मैंने ये रास्ता निकाला और खुद ही 'इन्स्पेक्टर एक्स' की 'स्क्रिप्ट' लिखी। 'स्क्रिप्ट' में सिर्फ़ दो पात्र रखे- एक, इन्स्पेक्टर एक्स और दूसरा उसका सहयोगी। इसमें कुछ ज़्यादा मुश्किल नहीं थी, क्योंकि इसके लिये बाहर से किसी कलाकार की बुकिंग की आवश्यकता नहीं थी, न ही इसमें कोई बजट का प्रश्न था। इन्स्पेक्टर एक्स की भूमिका मैं स्वयं करने वाला था और सहायक के तौर पर जी. श्याम को इसलिये रखा, क्योंकि उनमें नाटकीय क्षमता का कोई अभाव नहीं था और मुझे मालूम था कि यदि हम रिहर्सल ना भी करें तो हम मिलकर बख़ूबी इस कार्य को कर सकते हैं।

और मेरी ये बात तब सिद्ध हुई जब इस कार्यक्रम की 'संकेत धुन' तैयार होने लगी। उन दिनों स्टूडियो में प्रायः कम सुविधायें हुआ करती थीं। सबसे पहले मैंने एक फ़िल्मी ट्रैक निकाला। उस एल. पी. रिकॉर्ड को 'टर्न टेबुल' पर प्ले कर, वहीं से माइक पर मैंने और श्याम ने अनेक अलग-अलग आवृत्तियों में 'इन्स्पेक्टर एक्स' कहा, जिसकी रिकॉर्डिंग 'कन्ट्रोल रूम' में हुई। इस प्रकार इसका 'सिग्नेचर ट्यून' तैयार हुआ।

ये कार्यक्रम चला, और ख़ूब चला। तकरीबन तीन महीने तक इसने ख़ूब लोकप्रियता बटोरी; पर जैसा कि ऐसे कार्यक्रमों के साथ होता है; वो भी जब पीर-बाबर्ची-भिश्ती-खर- सब आप स्वयं ही हों, तो अन्य दायित्वों के साथ हर हफ्ते एक नया एपीसोड लिखना बड़े जिगरे का काम होता है। अब इसमें रुक-रुक कर

बाधायें आने लगीं। बीच-बीच में कभी 'समन्वय समिति' की बैठकों में गया, तब 'रिपीट ब्रॉडकास्ट' से काम चलाया गया। एक बार विकी के हाथ में फ्रैक्चर हो गया तो एपीसोड नहीं लिखा गया, कभी श्याम अवकाश पर गये तो भी व्यवधान हुआ। पर, हां, इन दो-तीन महीनों में लगा कि मेरी भूख शांत हो गई है और मैं जी गया।

शायद ये 1998 का वर्ष था, जब सहायक केन्द्र अभियंता, रायपुर साहब का स्थानान्तरण नागपुर हो गया और उनके कुछ महीनों बाद हसन ख़ान साहब भी रायपुर चले गये। ख़ान साहब के जाने के बाद कार्यक्रम-प्रमुख का दायित्व मुझे मिला और केन्द्र अभियंता के तौर पर अगस्त-1998 में बी. जयप्रकाश बाबू ने कार्यभार संभाला।

जयप्रकाश बाबू आंध्रप्रदेश के मूल निवासी थे जिनके परिवार में उनकी पत्नी और तीनेक साल की बेटी, अग्निता थीं। जल्दी ही उनका परिवार हमारे और अनिल तिवारी जी के परिवार से घुलमिल गया। अग्निता, बच्चों में सबसे छोटी थी, इसलिये उसका दिन दीदी-भइया करते ही बीतता था।

जयप्रकाश बाबू आज भी उतने ही सहज और मिलनसार बने हुए हैं, जितना तब थे। हिन्दी के प्रति उनके दिल में अपार प्यार था, इसलिये वे सबसे हिन्दी में ही बातें किया करते। उनके मुंह से हिन्दी के शब्द, दक्षिण भारतीय लहज़े के साथ सुनना बड़ा अच्छा लगता। इसके अलावा उन्होंने कभी कार्यक्रम और इंजीनियरिंग के बीच भेदभाव नहीं किया। मेरे साथ वे हमेशा सखाभाव में रहे और जब कभी इंजीनियरिंग के कोई बड़े अधिकारी दिल्ली से आये तो उन्होंने हमेशा मुझे आगे रखा, स्वयं पृष्ठभूमि में रहे।

जब राजभाषा पत्रिका **'बस्तर जुहार'** निकालने की बात आयी तो उन्होंने मुख्य संपादक बनाकर सारा दायित्व मुझे सौंप दिया। ये पत्रिका 26 जनवरी, 1999 को प्रकाशित हुई, जिसके मुख्य पृष्ठ का डिजाइन जी. श्याम ने तैयार किया था। इसके बाद भी जब मानदेय के रूप में प्रोत्साहन-राशि के लिये नाम भेजने की बारी आई तो उन्होंने इस पत्रिका के प्रकाशन को अभूतपूर्व बताते हुए मेरे नाम की सिफ़ारिश की। उनके द्वारा महानिदेशालय भेजे पत्र को यहां हूबहू रखने से अपने को रोक नहीं पा रहा हूं। ये कोई आत्मश्लाघा नहीं है; बल्कि इसके पीछे उद्देश्य मात्र उस व्यक्ति की उदारता और सच्चाई दर्शाना है, जो तब भी दुर्लभ था, आज तो और भी है। आज जबकि लोगों में दूसरों के प्रति प्रशंसा का भाव समाप्त होता जा रहा है और दूसरे के किये गये कार्यों को नकारने का भाव प्रबल है; ऐसे समय में जयप्रकाश बाबू द्वारा लिखे गये इस पत्र का मोल समझ में आता है। पत्र इस प्रकार था :

"...... इनके द्वारा किये गये अथक परिश्रम एवं लगन के फलस्वरूप 'बस्तर जुहार' का प्रकाशन हो सका। इन्होंने व्यक्तिगत रुचि लेकर पत्रिका के लिये

कम्प्यूटर पर बैठकर निरंतर कार्य किया एवं पत्रिका को अत्यंत सुंदर स्वरूप प्रदान किया। उनके इस कार्य की और पत्रिका की तारीफ़ सभी जगह की गई।

इन्होंने अभियांत्रिकी अनुभाग के कर्मचारियों की हड़ताल के दौरान भी कार्यालयाध्यक्ष को सराहनीय सहयोग दिया जिससे कार्यालय को कार्य करने में सुविधा महसूस हुई....।"

•••

इधर ये सब सार्थक कार्य हो रहे थे, दूसरी ओर ख़ान साहब के जाने के बाद मेरे समकक्ष 'जी.एस.' ने एक अलग रुख़ अख़्तियार कर लिया। ख़ान साहब ने अपने समय में ये व्यवस्था कर रखी थी कि अनुबंध-पत्र जी.एस. के हस्ताक्षर से निर्गत होंगे; लेकिन ये व्यवस्था तब थी, जब प्रपोजल की स्वीकृति ख़ान साहब देते थे, उसके बाद ही कॉन्ट्रैक्ट निर्गत हो सकते थे। उनके जाने के बाद मैंने पाया कि जी.एस. स्वयं अपने प्रस्ताव पर खुद ही स्वीकृति भी दे ले रहे हैं और अनुबंध-पत्र भी जारी कर दे रहे हैं। इस संबंध में लेखा अनुभाग भी अपनी आपत्ति प्रकट कर रहा था। मैं कार्यक्रम-प्रमुख था, पर मुझे भी पता नहीं था कि उनके सेक्शन में क्या हो रहा है। आख़िर अंतिम ज़िम्मेदारी तो मेरी थी, कुछ भी होने से जवाब तो मुझे देना पड़ता।

यही सब सोचकर मैंने एक 'नोट' इश्यू किया जिसमें मैंने लिखा कि अब से जो भी अनुबंध-पत्र जारी होंगे, वे मेरे हस्ताक्षर से होंगे, इसलिये उन्हें हस्ताक्षर हेतु मेरे पास भेजा जाये। नोट जारी होने के दूसरे ही दिन जी.एस. द्वारा मेरे उस 'नोट' के हवाले से उनके द्वारा जारी 'नोट' मिला, जिसमें उन्होंने लिखा था, "....... इस नोट को मैं स्वीकार नहीं करता और पूर्व की व्यवस्था जो केन्द्र निदेशक महोदय द्वारा की गई थी, उसी के अनुसार कार्य संपादित करूंगा...।"

ठीक है, पद में हम समकक्ष थे, पर वरीयता-सूची में वे हमसे कहीं पीछे थे। इस लिहाज़ से प्रशासनिक मामलों में दिये गये किसी निर्णय को मानने से इन्कार करना- वो भी लिखित रूप से- ये तो संस्थान की अवमानना के साथ, सेवा-शर्तों का खुल्लमखुल्ला उल्लंघन था। पर सरकार के कुछ नियम उन्हें ये स्वतंत्रता देते थे, जिसके कारण उनके अंदर ऐसा करने का साहस आया। उनके स्थान पर यदि मैं ऐसा करता तो अब तक ना जाने कितने लांछन समूह बनकर मेरे ऊपर टूट पड़ते।

पर मैंने भी हिम्मत नहीं हारी। मैंने हसन ख़ान साहब को पत्र लिखा, जिसका सार-संक्षेप कुछ इस प्रकार है- "... अभी हाल में ही ये पाया गया है कि कुछ अनुभागों के अनुबंध-पत्र या तो भेजे नहीं जाते या अचानक निरस्त हो जाते हैं। इसका मुझे पता काफ़ी देर से चलता है। इस विसंगति को दूर करने के उद्देश्य से मेरे द्वारा संलग्न नोट निकाला गया; परन्तु मेरे सहयोगी जी.एस. द्वारा मेरे समानान्तर नोट निकालकर इस व्यवस्था को मानने से इन्कार किया गया, जिसकी

भाषा अवमाननापूर्ण और प्रशासनिक अव्यवस्था फैलाने वाली है। मेरा निवेदन है कि यदि मुझे 'कार्यक्रम-प्रमुख' का कार्यभार दिया गया है तो प्रशासनिक व्यवस्थाओं से संबंधित निर्णय लेने का अधिकार भी दिया जाये...।'' ख़ान साहब ने इसका कोई जवाब नहीं दिया, शायद वे ये माने बैठे थे कि जगदलपुर भी उन्हीं के नियंत्रण में है।

उनके ऐसा मानने का एक कारण महानिदेशालय के एक आदेश की ग़लत व्याख्या थी, जो उन्होंने शायद अनजाने में कर रखी थी। दरअसल केन्द्र निदेशक/सहायक केन्द्र निदेशक की कमी के चलते, बहुत-सारे केन्द्रों पर वरिष्ठ कार्यक्रम अधिशासी, कार्यक्रम-प्रमुख का कार्यभार संभाल रहे थे। उन्हें प्रशासनिक स्तर पर कोई समस्या ना आये, इसे ध्यान में रखते हुए महानिदेशालय द्वारा ये व्यवस्था दी गई थी कि यदि ऐसे केन्द्र पर कोई समस्या आये तो निकटवर्ती केन्द्र के केन्द्र निदेशक इसका समाधान करेंगे। इस लिहाज़ से जगदलपुर केन्द्र की ज़िम्मेदारी ख़ान साहब की थी। पर, उन्होंने इसे अपना अधिकार मान लिया और कई जगह ये बताते फिरे कि वो रायपुर और जगदलपुर- दोनों केन्द्रों के इंचार्ज हैं। इतना ही नहीं, उनका मेरे कार्यों में भी हस्तक्षेप होने लगा और प्रशासनिक स्तर पर केन्द्र के कार्यक्रमों के संचालन; विशेषकर कार्यक्रम-स्टाफ़ के नियंत्रण में मुझे दिक्कत होने लगी। कार्यक्रम के कुछ स्टाफ़ सीधे उन्हें फ़ोन करते और केन्द्र की गतिविधियों की बाक़ायदा जानकारी उन्हें नियमित रूप से उपलब्ध कराते। वे भी सीधे उन्हें फ़ोन से ही निर्देश देते। एकाध मामले में तो उन्होंने अवकाश तक की अनुमति दे दी; पूछने पर उन सज्जन ने कहा कि अवकाश के लिये उन्होंने रायपुर बात कर ली है।

जी.एस. के मामले में भी यही हुआ था, तभी उन्होंने मेरे नोट की इस प्रकार अवहेलना की थी। पर मेरे लिखने के बाद भी जब ख़ान साहब का कोई जवाब नहीं आया तो मैंने उपमहानिदेशक (पश्चिम क्षेत्र) के कार्यालय में कार्यक्रम निदेशक, बनर्जी साहब को पत्र लिखकर सारी वस्तुस्थिति से अवगत करा दिया। इसके बाद जल्दी ही बनर्जी साहब दौरे पर आये और उन्होंने सबको ये साफ़-साफ़ चेतावनी दी कि कार्यक्रम के लोगों का नियंत्रण अधिकारी मैं हूं और मेरे आदेश की किसी प्रकार अवहेलना नहीं होनी चाहिये।

•••

इधर मुन्नी की बीमारी भी विकराल रूप धारण करती जा रही थी; विकी को भी बार-बार खांसी की शिकायत रहने लगी थी। मुन्नी कि लिये किसी ने राय दी 'एक्यूपंक्चर' कराने के लिये, तो उसे कुछ दिनों तक इस इलाज में भी जाना पड़ा, पर उससे कोई फ़ायदा होता नहीं दिखा। विकी के लिये डॉक्टर ने 'ब्रोंकाइटिस' की समस्या बताई, जो उम्र बढ़ने के साथ धीरे-धीरे समाप्त होती। पटना में घर वाली

फ़ेड इन... फ़ेड आउट/234

ज़मीन की समस्या वैसी की वैसी थी। मैंने तो उसकी आस छोड़ ही दी थी, पर मेरे कुछ शुभेच्छुओं ने कहा कि ''ये आपका अधिकार है, आप क्यों छोड़ रहे हैं...।'' कुछ ने कहा, ''कल को विकी बड़ा होगा, उसकी पढ़ाई-लिखाई पर ख़र्चा होगा.... ज़मीन रहेगी तो काम ही आयेगी... कभी पटना जायेंगे तो रहने का अपना एक ठिकाना तो होगा....।''

मुझे भी लगने लगा कि बात सही है। पहले मैं कहता था कि मुझे ज़मीन नहीं चाहिये.... वो सब भी तो मेरे भाई हैं, कोई ग़ैर नहीं... उनके पास हो या मेरे पास, क्या फ़र्क पड़ता है....। लेकिन अब मेरा मन, मेरी सोच बदलने लगी थी। मुझे लगा, जब दूसरे लोग उस ज़मीन को लेकर इतना आगे-पीछे कर रहे हैं तो मेरे इस दरियादिली दिखाने का कोई मतलब नहीं। पर इस काम को इतनी दूर रहकर अंजाम नहीं दिया जा सकता; इसके लिये मुझे पटना जाना होगा।

पटना जाने की और भी वजहें बन रही थीं। प्रारंभिक वजह तो यही थी जिसके वास्ते मैं जगदलपुर आया था।

दूसरे, मुझे लग रहा था कि विकी अपने परिवार में किसी को नहीं जानता; न किसी ममेरे-चचेरे भाई-बहन को, न चाचा-मौसा-मौसी को; कल को यदि कभी ज़रूरत पड़ी तो वहीं के रिश्ते साथ में खड़े होंगे, यहां के बनाये हुए रिश्ते नहीं- चाह के भी नहीं। और इसका अंदाज़ा भी मुझे अबतक पूरे तौर पर हो गया था, बावजूद बहुत-सारे लोगों द्वारा निर्व्याज भाव से दिये गये प्यार, मान, सम्मान के; कि मैं इस प्रदेश में कहीं भी जाऊं, 'आउटसाइडर' ही माना जाऊंगा और जब कभी किसी सुविधा या व्यक्ति-विशेष की बात होगी, लोगों का वोट 'स्थानीयता' के साथ जायेगा।

यही सब सोचकर मैंने अपने स्थानान्तरण का आवेदन महानिदेशालय भेज दिया, क्योंकि मेरे दो साल पूरे हो रहे थे और तीन साल पूरे होते-न-होते, मई-1999 में मेरा स्थानान्तरण आकाशवाणी, पटना के लिये हो गया।

जगदलपुर छूटने का दुख भी हो रहा था, क्योंकि बहुत से प्यारे लोगों का साथ छूट रहा था; पर खुशी इस बात की थी कि अब अपने वतन, अपने लोगों, अपने परिवार के बीच जाकर रहूंगा।

इस बीच पटना जाकर मैं किराये का घर देख आया, सचिवालय कॉलोनी, कंकड़बाग़ में; केन्द्रीय विद्यालय के ठीक सामने। वहां घर इसीलिये देखा कि केन्द्रीय विद्यालय में होने के कारण विकी का ऐडमिशन आसानी से वहां हो जायेगा और घर स्कूल के निकट होने से उसके आने-जाने में कोई समस्या नहीं होगी।

पर सबसे बड़ी समस्या डॉलर को ले जाने की थी। सागर में तो वो बहुत छोटा था इसलिये बाई का लड़का ले आया था; पर अब वो बड़ा हो गया था और मेरे अलावा किसी और के संभाल में नहीं आ सकता था। तभी मुझे अपने से बड़े

वाले भाई– मुन्ना भइया का ख़्याल आया कि यदि वे यहां आकर कुछ दिन रहें तो डॉलर उन्हें पहचान जायेगा और तब वे उसे अपने साथ ले जा सकते हैं। उन्हें कुत्तों का शौक भी था। मेरे बचपन में, घर में हमेशा कुत्ता रहा। अम्मा कुत्ता लाने से बराबर मना करती थी, पर मुन्ना भइया कहीं-न-कहीं से उठाकर ले ही आते थे। अम्मा भी ऊपर से लाख कुत्ता लाने पर झींकती रहे, उसे वह खाना समय पर, और कई बार अपने खाने से पहले देती थी।

भइया के इस कुत्ता-प्रेम के कारण ही मैंने उन्हें बुलाया था, पर डॉलर उनके प्रेम-पाश में पूरी तरह बंधा नहीं। आख़िरकार, मैंने भइया को सामान के साथ ट्रक से आने के लिये कहा और मैंने डॉलर के चलते सड़क-मार्ग से पटना जाने का फैसला किया; गोकि ये फैसला मुन्नी के स्वास्थ्य को देखते हुए बहुत ज़ोख़िम भरा था। विकी भी तब छोटा ही था, ऊपर से डॉलर। पर इसके अलावा कोई और रास्ता भी नहीं था।

अंततः एक बड़ी गाड़ी, 'सूमो' ठीक की गई। उसमें आगे की सीट पर विकी और मुन्नी बैठे और पीछे की तंग सीट पर डॉलर की चेन पकड़े मैं। हमारे चलने के समय कॉलोनी में रहने वाले स्टाफ़ के लोग तो आये ही; बाहर के हमारे कुछ मित्र, 'फ़ैमिली फ्रेंड्स्' भी आये– रेशमा-रेहाना आयीं, मनीषा देबनाथ आयी– और भी बहुत-से लोग।

जब वहां से गाड़ी चलने लगी तो मनीषा ने बाड़ी में लगे एक फूल के पौधे की मांग की। मैंने उसे वो पौधा ये कहते हुए दिया कि वो उसकी देखभाल करेगी। मैंने हसरत-भरी, कातर आंखों से उस बाड़ी को भर-भर आंखों देखा, जैसे मैं फिर इसे देख नहीं पाउंगा; उस बाड़ी को जिसे अपने हाथों से सजाया था, उनमें नर्सरी से लाकर तरह-तरह के पौधे लगाये थे। उसमें दरवाज़े के ठीक सामने लगाये अशोक के पांच वृक्ष भी थे, जो अब थोड़े बड़े हो चले थे। ये सब मैं पाराशर जी की तरह उजाड़कर नहीं; बल्कि भरा-पूरा छोड़कर जा रहा था कि उसमें जो भी रहने आये, उसे अशोक-वृक्ष की सुखद छांह का अहसास होता रहे। गाड़ी कॉलोनी के मेन गेट से होकर उसकी बगल वाली सड़क से गुज़र रही थी, जहां से मेरे घर का दृश्य साफ़-साफ़ नज़र आ रहा था– घर, जिसमें दुख-सुख और आत्मीय रिश्तों से भरपूर तीन साल गुज़ारे थे।

लोग अब भी मेरे उस घर के सामने खड़े थे, अपना हाथ हिला रहे थे और मैं 'सूमो' में पीछे बैठा, डॉलर की चेन पकड़े तरुणाई की ओर बढ़ते अशोक के उन पौधों के बारे में सोच रहा था, "क्या उन्हें लम्बे, सघन वृक्ष बनने का सौभाग्य प्राप्त होगा, या वे भी किसी निर्मम हाथों द्वारा उखाड़ के फेंक दिये जायेंगे।"

•••

अनल खंड

एक

ढूंढ़ता फिरता हूं ऐ इक़बाल अपने आप को
आप ही गोया मुसाफ़िर आप ही मंज़िल हूं मैं...
(इक़बाल)

जगदलपुर से पटना की लगभग 2000 किलोमीटर की दूरी, एक बीमार, एक छोटे बच्चे और एक उग्र स्वभाव वाले कुत्ते के साथ, वो भी सड़क मार्ग से तय करना, आसान नहीं था। बीच में कई स्थानों पर प्राकृतिक ज़रूरतों के लिये, खाने के लिये रुकना पड़ा। हर जगह सर्वाधिक समस्या डॉलर को लेकर हुई। होटलों में प्रायः पालतू जीवों के लिये अलग से कोई जगह नहीं होती। मुझे उसे लेकर होटल के बाहर भीषण गर्मी में किसी पेड़ की छांव में खड़ा होना पडता। उसी बीच डॉलर का खाना भी मंगवाता। उसके खाने के बाद, जब विकी-लोग खाकर गाड़ी में बैठते तो बंद गाड़ी में डॉलर को बांध मैं जल्दी से पेट के हवाले कुछ कर वापस भागता।

जब हम रांची पहुंचे तो रात हो चुकी थी। गाड़ी के दोनों ड्राइवर भी बुरी तरह थक चुके थे। वैसे भी रांची से पटना तक का सफ़र रात में करना मुनासिब नहीं था; सो हम एक होटल में ठहर गये। वहां भी डॉलर को अपने कमरे में रखने के लिये एक आदमी का एक्सट्रा किराया होटल वाले ने लिया, पर उस समय उसकी चिन्ता नहीं थी। लंबे सफ़र में अकड़ी पीठ और हाथ-पांव को आराम देने की ज़रूरत महसूस हो रही थी, इसलिये खा-पीकर हम जल्दी ही सो गये।

दूसरे दिन का सफ़र अपेक्षाकृत आसान था; क्योंकि हम अपने बिहार में थे (तबतक बिहार का विभाजन नहीं हुआ था)। तब भी पटना पहुंचते-पहुंचते शाम हो गई थी। जगदलपुर से मुन्ना भइया भी ट्रक के साथ चल चुके थे और उन्होंने अच्छा काम ये किया कि बीच में रुक-रुककर किसी पीसीओ से फ़ोन कर अपने लोकेशन की जानकारी देते रहे। इस लिहाज़ से उनकी देर रात पटना पहुंचने की संभावना थी।

मैंने कंकड़बाग़ के सचिवालय कॉलोनी में किराये का मकान कई कारणों से लिया था। सबसे बड़ा और मज़बूत कारण विकी के स्कूल, केन्द्रीय विद्यालय का उस घर के बिल्कुल निकट होना था; क्योंकि 1999 के आसपास का समय पटना में बच्चों की सुरक्षा और सड़कों तथा यातायात की दृष्टि से कतई अच्छा और अनुकूल नहीं था। स्कूल दूर होने से आपात् स्थिति में कुछ भी कर पाना मेरे लिये बहुत मुश्किल होता और मेरी बीमार पत्नी के लिये तो एक तरह से नामुमकिन ही था।

दूसरे, आसपास मेडिकल की ढेरों सुविधायें थीं और यहां से मेरा आकाशवाणी, पटना का ऑफ़िस भी लगभग तीन किलोमीटर की दूरी पर था। इसलिये इन सब बातों को लेकर कोई तनाव होने की स्थिति नहीं थी। पटना सिटी के अपने पुश्तैनी घर में रहकर इस प्रकार तनावमुक्त रह पाना कतई संभव नहीं था। वैसे भी, उस घर में इतनी जगह नहीं बची थी कि एक अतिरिक्त परिवार की समाई हो सके। मेरे हिस्से में परती ज़मीन आई ज़रूर थी, पर उस समय वो भी तकनीकी तौर पर मेरी नहीं थी।

डॉलर के रहने को लेकर भी समस्या थी, पर मैंने मकानमालिक एच. एन. मिश्रा जी और उनकी पत्नी डॉ. मंजू मिश्रा से शुरू में ही इस बारे में बातचीत कर ली थी। वे बड़े भले लोग थे। उन्होंने कहा, "हमें उसे लेकर कोई समस्या नहीं है; पर जो अन्य किरायेदार हैं, उनके बारे में नहीं कह सकते।"

मैंने संतोष और आभार प्रकट करते हुए तब यही कहा था, "आपको कोई दिक्कत नहीं तो दूसरों को क्यों आपत्ति होगी...।"

उस समय उनके यहां मात्र एक किरायेदार श्रीवास्तव जी तीसरे तल्ले पर रहते थे और संयोग से उन्होंने भी एक 'पमेरियन' पाल रखा था; इसलिये उनकी आपत्ति का सवाल ही नहीं था।

एच. एन. मिश्रा के परिवार में उनकी पत्नी डॉ. मंजू मिश्रा के अलावा बेटी और बेटा थे, जिनकी शादी हो चुकी थी। उनके सुपुत्र दिल्ली में रहते थे और बेटी पटना में। बेटी तो बीच-बीच में आती रहती थीं, पर बेटा कभी पर्व-त्यौहार में ही आ पाते थे। मिश्रा जी शायद राज्य सरकार के किसी उपक्रम में इंजीनियर थे और डॉ. मंजू मिश्रा किसी प्राइमरी हेल्थ सेन्टर में कार्यरत थीं, पर अब दोनों सेवानिवृत्ति के बाद के जीवन का आनन्द उठा रहे थे।

ख़ैर, बात हो रही थी कि मुन्ना भइया सामान के ट्रक के साथ रात में कभी भी पहुंच सकते थे। अब रात में सामान उतारने और घर में व्यवस्थित करने के लिये आदमी तो मिलता नहीं, इसलिये मैंने अपने भतीजों- राजा, संजू, छोटे, गुड्डू- सबको यहीं बुला लिया, ताकि मदद हो सके। घर में सोने के लिये कुछ तो था नहीं, रास्ते के लिये हम जो चादर वगैरह लाये थे, वही बिछाकर सब सो गये। पर मेरी आंखों से नींद कोसों दूर थी।

मैंने भइया को इस घर का पता लिखकर दे तो दिया था, पर मेरी चिन्ता का सबसे बड़ा कारण ये था कि वे रात के अंधेरे में घर ढूंढ़ेंगे कैसे और इतनी रात में उन्हें पता बताने वाला मिलेगा कौन....! इसलिये हल्की-सी भी 'घर्र-घर्र' की आवाज़ होती तो मैं चौंककर बैठ जाता। यही सब सोचते-सोचते कब आंख लग गई, पता ही नहीं चला।

बहुत देर बाद कहीं अवचेतन मानस में किसी के बहुत दूर से मेरा नाम लेकर पुकारने का आभास हुआ, ऐसा लगा जैसे कोई स्वप्न में मुझे पुकार रहा हो... एक बार... दो बार... तीन बार....। जब चौथी बार भी ऐसा हुआ तो मैं हड़बड़ाकर उठ बैठा। भइया मेरा नाम लेकर पुकार रहे थे और पता नहीं कब से पुकार रहे थे। रात के सन्नाटे में उनकी आवाज़ में एक प्रकार की कातरता भी घुली हुई थी, जिसने मुझे झकझोर कर खड़ा कर दिया। जल्दी से गेट का ताला खोल मैं भागा बाहर की ओर.... सड़क पर। तबतक टार्च की रौशनी दिखाई दी और उसके झपाके में भइया को मेरा चेहरा दिख गया होगा, क्योंकि वे सीधे मेरे पास पहुंचे।

उस समय कुशल-क्षेम का समय नहीं था। जल्दी से जाकर भतीजों को जगाया और सबने मिलकर ट्रक से सामान उतारकर फिलहाल जहां जगह मिली, वहां डाल दिया।

तबतक सुबह के चार बज गये थे और सड़क पर टहलने वालों की आमद-रफ़्त शुरू हो गई थी।

“ठीक है, चलते हैं, सामान धीरे-धीरे ही जमेगा...” कहकर भाई निकल लिये। मुझे भी लगा कि अब उन्हें रोकना बड़ी ज़्यादती होगी, बेचारे ट्रक में बैठकर किस दशा में यहां पहुंचे होंगे, ठीक से खाया-पिया भी नहीं होगा।

भतीजे लोगों ने भी जितना करना था, कर दिया था। कम-से-कम सोने के लिये पलंग खोलकर लगा दिया था और बाकी व्यवस्थायें तो धीरे-धीरे रहकर हो ही जानी थीं। इसलिये मैंने उन्हें भी नहीं रोका।

इस बीच डॉलर महाशय का चीख़-चीख़ कर बुरा हाल था। उनके लिये तो सारे अजनबी थे, जब सब चले गये तभी वे चुप हुए और चैन की नींद सोये, और हम भी।

दो

वो बड़ा क्या हुआ सर पर ही चढ़ा जाता है
मैंने कांधे पे ‘कुंअर’ हंस के बिठाया था जिसे...

(कुंअर बेचैन)

पटना पहुंचकर भी पता नहीं क्यों, एक अजनबीयत का अहसास मुझे परेशान करता रहा। अपना घर होते हुए किराये के मकान में रहना संभवतः कारण हो, जो मुझे अकेला और अजनबी होने का बोध करा रहा हो। जो भी हो, अभी तो आफिस से लेकर घर तक बहुत से काम करने थे। सबसे अहम् काम था विकी का ऐडमिशन केन्द्रीय विद्यालय में कराना जो इसलिये मुश्किल नहीं था, क्योंकि वो पहले

से जगदलपुर में केन्द्रीय विद्यालय में ही पढ़ रहा था; पर सबसे अधिक मुश्किल इसी में आई।

सबसे पहले तो प्राचार्य ने कहा कि छठी क्लास में इस सेन्टर पर कोई सीट ख़ाली नहीं है, इसलिये दानापुर या बेली रोड में जायें। ऐसा कैसे हो सकता है। मुझे तो यही पता था कि केवीएस से केवीएस में जहां चाहें, वहां ऐडमिशन मिल सकता है, पर यहां तो...। अब तो यहां घर भी ले चुका था। मैंने प्रिंसिपल से बहुत कहा, पर वे नहीं माने। फिर जब सीधे-सीधे ये नहीं हुआ तो मैंने अपने एक परिचित विधायक जी को अपनी समस्या बताई। उन्होंने मेरी बड़ी मदद की; फिर भी ऐडमिशन काफ़ी मशक्कत के बाद कई दिनों बाद कहीं जाकर मिला। इस तरह इस फ्रंट से मैं थोड़ा निश्चिंत हुआ।

हालांकि ये निश्चिंतता अधिक दिनों तक रही नहीं, क्योंकि बीच-बीच में विकी को खांसी बेहद परेशान करती रही। एक-दो डॉक्टर को दिखाया, पर कोई लाभ न होता देखकर सोचा कि 'होम्योपैथी' में इसका इलाज करवा के देखूं। पास में एक अच्छे डॉक्टर मिल भी गये और उनकी दवा से फ़ायदा होता भी दिख रहा था। उनका कहना था कि दवा लगातार लेनी होगी, उसमें ब्रेक नहीं होना चाहिये। इस हिसाब से वो पन्द्रह दिन की दवा देते और हर पन्द्रह दिन पर उनके यहां से दवा लानी पड़ती थी।

एक बार जब दवा समाप्त होने को थी, उससे पहले डॉक्टर साहब के यहां गया तो वहां एक बोर्ड लटका मिला कि 'डॉक्टर साहब एक महीने बाद आयेंगे।' अब क्या करूं।

यों मुझे 'होम्योपैथी' पर अगाध विश्वास है, पर उसमें एक बात मुझे बहुत ख़राब लगती है कि इसके डॉक्टर पुर्ज़े पर कभी दवाइयों के नाम नहीं लिखते; पता नहीं क्या-क्या कोडिंग कर के लिखते हैं कि उनके और कंपाउन्डर के सिवा कोई समझ ही न पाये। पता नहीं, ऐसा क्यों करते हैं और लगभग सभी करते हैं।.... क्या अपने ऊपर, अपने ज्ञान के ऊपर उन्हें विश्वास नहीं होता; कि उन्हें लगता है कि अगर दवा का नाम मरीज़ जान लेगा तो बीमार पड़ने पर उनके पास नहीं आयेगा।... हालांकि 'होम्योपैथी' में एक ही दवा कई-कई रोगों में काम आती है और ये भी कहा जाता है कि 'होम्योपैथी' में रोग का नहीं, रोगी का इलाज किया जाता है; यानी एक ही प्रकार के लक्षण वाले अलग-अलग रोगी का इलाज, संभव है अलग-अलग दवाओं से हो। तो बिना अनुभव और पढ़ाई के कोई मरीज़ उनकी दवा का नाम जानभर लेने से अपना इलाज नहीं करना चाहेगा।

ये सब बातें मैं इस घटना के बाद ही जान पाया, वरना 'होम्योपैथी' में मेरा ज्ञान सिफ़र ही था। तो जब डॉक्टर साहब एक महीने के लिये बाहर चले गये तो विकी की दवा का क्या होगा.... मुझे गुस्सा भी आ रहा था कि अगर बाहर जाना ही था तो एक महीने की दवा देके जाते। ऐसे मरीज़ को बीच अधर में लटकाकर...

पर क्या करता...। मैंने सोचा कि डॉक्टर भी तो किताबें पढ़कर ही इलाज करते हैं। ऐसा मैंने अक्सर पाया भी था। फिर तमाम 'होम्योपैथी' की किताबें मिलती भी तो हैं। दवाओं के बक्से और शीशियां भी दुकानों में उपलब्ध हैं। इसके अलावा मेरे घर में मुन्ना भइया के पास मैंने 'मटेरिया मेडिका' और 'होम्योपैथी' की दवायें देखी थीं, जिनका इस्तेमाल छोटी-मोटी समस्या होने पर प्रायः वे किया करते थे।

फिर क्या था। दूसरे दिन सब्ज़ीबाग जाकर 'मटेरिया मेडिका' के साथ कुछ किताबें और दवाओं का बक्सा ले आया और 'मटेरिया मेडिका' पढ़ने में जुट गया।

लगभग पन्द्रह दिनों तक, दिन का ऑफ़िस का टाइम छोड़ दें, तो सुबह-शाम, लगातार, मैं 'मटेरिया मेडिका' पढ़ता रहा। उसके बाद विकी के लिये जो दवा मुझे ज़रूरी लगी, वो लाया और उसका इलाज़ खुद ही शुरू कर दिया। कहना न होगा कि इसका अपेक्षित परिणाम निकला कि विकी ठीक हो गया और उसे फिर वैसी कोई समस्या नहीं हुई।

इससे उत्साहित हो मैं घर में रहने वाले लोगों और अन्य किरायेदारों के साथ-साथ, ऑफ़िस में भी अपने प्रयोग करने लगा, जिससे लोगों को लाभ भी हुआ।

प्रयोग मैंने इन्सानों पर ही नहीं, बल्कि पशुओं और पेड़-पौधों पर भी किये। घर में ऊपर श्रीवास्तव जी रहते थे। उनके 'पमेरियन' को गहरा-सा ज़ख़्म हो गया था, जो किसी प्रकार ठीक नहीं हो रहा था। मैंने उसके ज़ख़्म को 'कैलेन्डुला' से साफ़ कर अपनी दवाई दी, जिससे वो धीरे-धीरे स्वस्थ हो गया।

अपने दरवाज़े के बाहर गमलों में लगे पौधों पर भी मैंने प्रयोग किया तो पाया कि उनमें अच्छी वृद्धि हुई और फूल भी खिले-खिले आये...।

जब इस काम में थोड़ा आगे बढ़ा और मेरे एक परिचित गोपाल शरण को इसका पता लगा तो उन्होंने कहा कि जब आप प्रैक्टिस कर ही रहे हैं तो इसका 'पार्ट-टाइम' कोर्स करके 'होम्योपैथिक बोर्ड' से सर्टिफ़िकेट ले लीजिये, जो आपके हमेशा काम आयेगा। मुझे उनकी बात जंची और उनके सुझावानुसार ऑफ़िस के बाद जा-जाकर ये कोर्स पूरा किया और फिर मुझे 'होम्योपैथिक बोर्ड' से प्रैक्टिस करने के लिये सर्टिफ़िकेट मिल गया।

हालांकि अन्यान्य कार्यों और दफ़्तर की ज़िम्मेदारियों के चलते मैं इस कार्य को आगे नहीं बढ़ा पाया, पर इतना ज़रूर है कि आज भी उस समय का पढ़ा हुआ 'मटेरिया मेडिका' और हेनिमैन की लिखी किताबें में से कम-से-कम सौ दवाओं के नाम, लक्षण-सहित याद हैं, और अब भी किसी के पूछने पर मैं दवा का नाम बता पाने की स्थिति में अपने को पाता हूं।

•••

मैंने आकाशवाणी, पटना में चौदह मई, उन्नीस सौ निन्यान्वे के दिन अपना योगदान दिया। ये वही परिसर था, जहां से मैंने अपने व्यक्तित्व के एक नये गढ़न की शुरुआत की थी। वर्ष 1975 में यहां मैंने अपना पहला कदम रखा था और यहीं से आवाज़ की दुनिया का मेरा सफ़र शुरु हुआ था। यही वो जगह थी जिसने मुझे तराशा था और मेरी ज़िंदगी की आगे आने वाली भूमिका के लिये मुझे पूरी तरह तैयार किया था। इसी जगह मुझे ढेरों हमसफ़र, साथी, अग्रज और आत्मीय भी मिले, जिन्होंने हर कदम मेरा हौसला बढ़ाया, अपार मान-सम्मान-प्यार दिया। (**ये सब आप मेरी आत्मकथा 'तीस साल लम्बी सड़क' में पढ़ सकते हैं।**)

परिसर में प्रवेश कर पहले मैंने जी भर के इसे निहारा; लगा जैसे मेरे भीतर पूरा परिवेश एकबारगी जाग उठा। वर्तमान से अतीत तक की न जाने कितनी स्मृतियां एक पल में किसी सिनेमा की रील की तरह पहले रिवाइंड हुईं और फिर प्ले होने लगीं। सामने से कामता जी आते दिखे। ये स्टूडियो-गार्ड थे। बड़े ज़ोरों से उन्होंने मेरा अभिवादन किया। पुराने लोग ठहरे, संस्कार तो रहेंगे ही।

''आ गेली अपने के...!'' वे अपने आत्मीय लोगों से मगही में ही बात करते थे। बाहर का कोई व्यक्ति या उनके मन नहीं भाने वाला हुआ तो उससे खरी-खरी, खड़ी बोली में बोलते थे।

''हां...! आ गये....। आप कैसे हैं कामता जी.... सब ठीक है...?''

''जी हज़ूर...। बहुत दिन लगा देली अपना एने आवे में...!'' कामता जी का ये मीठा उलाहना अच्छा लगा।

''हां... जब जिस चीज़ का वक़्त होता है...।'' मैंने दार्शनिक अंदाज़ में कहा। जब कुछ सार्थक कहने को नहीं रहता तो आदमी दार्शनिक बन ही जाता है।

कामता जी मुझे मेरे कैजुअल के दिनों से जानते हैं और उनका जो स्नेह उस समय था, वही अब तक क़ायम है, ये देख कर अच्छा लगा। उनसे अनुमति ले मैं पहली मंज़िल-स्थित केन्द्र निदेशक, श्रीमती ग्रेस कुजूर के कक्ष की ओर बढ़ गया।

ग्रेस कुजूर रांची की रहने वाली थीं। बतौर प्रसारण निष्पादक रेडियो में अपना कैरियर शुरू कर वे इस पद तक पहुंची थीं; बल्कि वे आगे 'उपमहानिदेशक' तक गईं। इसके अलावा वे कवितायें भी लिखा करती थीं और पत्र-पत्रिकाओं में प्रकाशित भी होती थीं।

जब मैं उनके कमरे में पहुंचा तो वहां कई लोग बैठे मिले, लेकिन मैं उनमें से किसी को नहीं पहचानता था। अपना परिचय दिया तो ग्रेस जी ने सामने पड़ी कुर्सी पर बैठने का इशारा किया।

"झा जी, ये आये हैं तो इनके बैठने की व्यवस्था जरा देखिये... सब कमरे तो भरे हुए हैं...। ग्रेस जी ने बगल के सोफ़े पर बैठे सज्जन से कहा। पता नहीं क्यों, उनके कहने का अंदाज़ मुझे कुछ अजीब-सा लगा।

"अच्छा... मैं परिचय कराऊं... आप हैं डॉ........ और आप मणिकांत झा जी, ए. एस. डी.।" ग्रेस जी ने स्वयं ही परिचय कराया।

पता नहीं क्यों, मुझे वहां के वातावरण में घुटन-सी महसूस होने लगी और एक अनचाहा होने का अहसास महसूस होने लगा। मैंने जल्दी से अपना योगदान-पत्र ग्रेस जी को सौंपा और कमरे से बाहर हो गया। कहां गये पुराने.. आत्मीय लोग...। क्या सब-के-सब दूसरी जगह स्थानान्तरित हो गये। पर अभी तो मैं केन्द्र निदेशक का कमरा छोड़ कहीं और गया ही नहीं, तो ये बात कैसे सोच सकता हूं।

नीचे उतर ड्यूटी रूम पहुंचा तो पेक्स, शानुर्रहमान मिल गये। वहीं वरिष्ठ उद्घोषिका सुषमा शुक्ल से भी मुलाक़ात हो गई। नहीं... सारे पुराने लोग तो हैं ही। फिर तो बातें.... बातें और सिर्फ़ बातें... पुराने, बीते दिन जैसे साकार हो गये।

मेरा पहला दिन नये-पुराने, कुछ परिचित, कुछ अपरिचित लोगों के कमरों में घूमते बीता। आत्मीयता का आमंत्रण भी मिला, चाय के लिये; पर चाय मैं कब की छोड़ चुका था। कभी सोचा भी नहीं था कि चाय-जैसी भयंकर लत को मैं कभी छोड़ पाऊंगा। हालांकि पुराने मित्रों से मिलने के बाद चाय नहीं पीने की इच्छाशक्ति पर बहुत दिनों तक क़ायम नहीं रह सका; पर इतना ज़रूर है कि आज भी इस लत का मैं गुलाम नहीं हूं।

इस प्रकार तीन-चार दिन निकल चुके थे पर तबतक मेरे बैठने की व्यवस्था नहीं हो पाई थी- सेक्शन वगैरा मिलने की बात तो दूर की कौड़ी थी। मुझे दिनभर इधर-उधर बैठना एकदम नापसंद था। मैं काम चाहता था कि यहां करने का कुछ सिलसिला शुरू हो। आख़िरकार मैं पहुंचा ग्रेस जी के पास। उनसे कहा कि अभी तक मेरे बैठने की व्यवस्था नहीं हुई है।

"अच्छा..." उन्होंने कुछ अचरज से कहा।

"जी... बैठने की व्यवस्था हो जाये तो काम करना शुरू करूं।" मेरे स्वर में शायद तल्ख़ी समा गई थी, क्योंकि मेरे ऐसा कहते ही वे चुप हो गईं।

"ठीक है, आप जाइये... मैं देखती हूं...।" क्षणभर की चुप्पी के बाद उन्होंने कहा।

उसके बाद उनकी पता नहीं किससे क्या बात हुई कि थोड़ी देर बाद ही मेरा बुलावा आ गया। मेरे उनके कमरे में पहुंचते ही उन्होंने कहा, "अभी कोई कमरा तो ख़ाली है नहीं... ऐसा करिये कि आप पुरानी बिल्डिंग में श्रीनिवास शर्मा जी के साथ बैठ जाइये। वहां आपका टेबल लग गया है।"

फ़ेड इन... फ़ेड आउट/245

श्रीनिवास शर्मा तबतक मेरे लिये नितान्त अपरिचित थे। उनके साथ मुझे बैठना होगा...! मन में ढेर-सारे सवाल लिये हुए जब मैं शर्मा जी के कमरे में पहुंचा तो वे वहां नहीं थे। बाहर जो भृत्य बैठा था, उसने बताया कि शर्मा जी कमरे में कम ही बैठते हैं, उनका अधिक समय लाइब्रेरी में बीतता है। मुझे भी लगा कि चलो अच्छा है, अकेले रहकर कुछ काम तो कर पाऊंगा; और ये भी कि कहने-भर को कमरे में दो लोग बैठते हैं, रहूंगा तो मैं अकेले ही।

बहुत जल्दी ही पता चल गया और मैंने स्वयं देखा कि शर्मा जी दिनभर टेप-लाइब्रेरी में कम्प्यूटर के सामने बैठे रहते हैं और इन्टरनेट पर न जाने क्या-क्या खंगालते रहते हैं। ख़ैर, मुझे क्या करना है। जल्दी ही मेरे नाम कार्य-आबंटन का आदेश भी निकल गया जिसमें मुझे केन्द्र के सबसे उपेक्षित विभाग- शैक्षिक कार्यक्रम और विश्वविद्यालय प्रसारण की ज़िम्मेदारी सौंपी गई।

आकाशवाणी का ये दस्तूर अबतक मुझे अच्छी तरह समझ में आ चुका था। यहां जो आदमी जो सेक्शन पकड़ के बैठ जाता है तो बस बैठ ही जाता है। यही नहीं, उसे पकड़ कर बैठे रहने के लिये वो तमाम हथकंडे भी अपनाता है। कुछ ही ऐसे लोग अपवाद के रूप में मुझे मिले जो इससे परे, निर्लिप्त रहे। यहां भी अपवाद नहीं था, जिसने नाटक पकड़ा हुआ था वो अपने को भरतमुनि से कम नहीं मानता था। जिसके पास साहित्य था वो तो जैसे साक्षात् प्रसाद और प्रेमचंद का वंशज था; और संगीत तो जैसे संगीतकारों की बपौती थी। संगीत का पेक्स तो ऐसे दर्शाता था मानो यदि उसने ये विभाग नहीं देखा तो संगीत का विनाश ही हो जायेगा। हालांकि संगीत की ज़्यादातर दुर्दशा हुई इन्हीं संगीत-गंधर्वों के चलते, क्योंकि इनके, इनके परिवार, इनके शिष्यों के अलावा और किसी को संगीत आता ही कहां है...!

हो सकता है, मेरी ये तल्ख़ टिप्पणी कुछ लोगों को बुरी लगे, पर सच्चाई यही थी। सब अपने लिये बढ़िया सेक्शन थाम के बैठे थे और जिसे कोई नहीं पूछता था, वे दो सेक्शन- शैक्षिक कार्यक्रम और विश्वविद्यालय प्रसारण- मुझे पकड़ा दिये गये थे।

मैंने पाया कि इन दोनों अनुभागों में शिक्षा से संबंधित, और कई बार असंबंधित भी- पन्द्रह-पन्द्रह मिनट की वार्ताओं का प्रसारण किया जाता है, वो भी बड़ी अनिच्छा और लापरवाही से (इसका मुझे पहले से निर्धारित कार्यक्रमों को सुनने से पता चला, क्योंकि वार्ता के बीच में कई बार पन्ने पलटने की 'फड़-फड़' और लंबे-लंबे पॉज़ सुनाई दिये)। मुझे इनसब की आदत नहीं थी। अबतक मैं जहां भी रहा, मैंने ख़ुद अपने कार्यक्रमों की रिकॉर्डिंग-डबिंग की; क्योंकि मध्यप्रदेश में लगभग सभी ऐसा ही करते थे। ये उचित भी था, क्योंकि जब आप स्वयं रिकॉर्डिंग करते हैं तो उस वक़्त पन्ने या गला साफ़ करने की आवाज़ के साथ-साथ, अवांछित शब्द या वाक्य भी 'फ़िल्टर' हो जाते हैं।

हालांकि ये परम्परा और जागरूकता पटना में भी रही थी। उस समय युववाणी में एक प्रोडक्शन असिस्टेंट, श्री जगन्नाथ प्रसाद सिन्हा (अब स्वर्गीय) हुआ करते थे। वे रिकॉर्डिंग के वक़्त बगल में टेप दबाये स्वयं स्टूडियो तक जाते थे और पूरे समय न सिर्फ़ रिकॉर्डिंग करते थे, बल्कि यदि कोई वार्ताकार अटकता था तो उसे बार-बार समझा कर सही करते थे। हमलोग कहते भी थे कि "लाइये, हम कर देते हैं.."; पर वे नहीं मानते थे। कहते, "ये हमारा काम है, हमारी ज़िम्मेदारी है.... हम ही करेंगे...।" हालांकि बाद में जब हमलोगों ने बहुत कहा कि "आप हमें नहीं करने देंगे तो हम सीखेंगे कैसे..." तो वे हमारे ऊपर रिकॉर्डिंग का काम छोड़ने लगे...।

उनसे भी पहले मैंने पुष्पा आर्यांणी जी और जनार्दन राय जी को अपने नाटकों की इसी प्रकार खुद रिकॉर्डिंग करते देखा था। कहने को उनके साथ प्रोडक्शन असिस्टेंट भी हुआ करते थे, पर उनकी भूमिका क्यूशीट बनाने अथवा कलाकारों की बुकिंग तक सीमित होती थी। पुराने लोगों में अपने कार्यक्रमों के प्रति वो जज़्बा, वो जुनून मैंने देखा था और ये यहीं से सीखा भी था; कहना चाहिये कि मेरी 'स्कूलिंग' यहीं से हुई थी।

इसलिये मैंने जब अपना अगला 'त्रैमासिक शेड्यूल' बनाया तो सबसे पहले 'वार्ता' बंद किया। ज़रा सोचिये, पन्द्रह मिनट तक लगातार एक विषय पर, एक ही आवाज़ को कोई कबतक सुनेगा। उसके स्थान पर विद्यालय-महाविद्यालय के शिक्षकों और उनके साथ दो छात्रों की बुकिंग प्रारम्भ की, जैसा मैं जगदलपुर में करता था। इससे दो बातें हुईं- एक तो शिक्षक के साथ छात्रों की भागीदारी हुई और दूसरे, ये भागीदार स्वयं और अपने जानने वालों को कार्यक्रम सुनने के लिये प्रेरित करते। ऐसा हुआ भी। इस कार्यक्रम के श्रोताओं की संख्या में अप्रत्याशित वृद्धि हुई और जिस कार्यक्रम को कोई पूछता तक नहीं था, चंद महीनों में ही उसकी चर्चायें होने लगीं और मज़ेदार बात ये हुई कि इस सेक्शन को हथियाने के लिये कई लोगों की आंखें लग गईं। इसका एक बड़ा कारण इसकी लोकप्रियता के साथ-साथ, इसका अचानक उछला हुआ बजट भी था। इसके पूर्व दोनों कार्यक्रमों को मिलाकर बमुश्किल चार हज़ार मासिक ख़र्च हो पाते थे; किन्तु अब छात्रों की भी बुकिंग होने से इसका मासिक बजट लगभग दस हज़ार- यानी साल का एक लाख बीस हज़ार- पहुंच गया था।

इस अंखलगी के चलते जिन्हें सेक्शन पाने में सफलता मिली, उन्हें चाहे जो खुशी मिली हो; इसके ब्याज से मुझे लगभग डेढ़ साल बाद एक अत्यंत महत्वपूर्ण कार्यक्रम करने का अवसर प्राप्त हो गया, जिसमें नाटक भी था, संगीत भी था, इन्टरव्यू भी था, कंपेयरिंग भी थी और अपनी भाषा, बोली और मिट्टी से जुड़ने का आत्मसंतोष भी था- यानी, इसमें वो सबकुछ था जिसके लिये लोग अलग-अलग सेक्शन पकड़ कर बैठे थे।

इधर प्रसार भारती बनने के बाद आर्थिक रूप से आकाशवाणी और दूरदर्शन को आत्मनिर्भर बनना था। इसलिये आवश्यक था कि कार्यक्रमों को बेचकर पैसे कमाये जायें, जबकि इसके लिये सरकार के कई मंत्रालय पैसे ख़र्चने को तैयार भी थे। हालांकि इस नीति का दुष्परिणाम ये हुआ कि कला, साहित्य और संस्कृति की रक्षिका ये संस्था ही मरने के कगार तक जा पहुंची; पर इसकी चर्चा आगे, यथासमय।

अभी तो पैसा कमाने की कड़ी में ग्रामीण विकास मंत्रालय द्वारा उनके विकासात्मक कार्यक्रमों को लेकर कुल तीन प्रायोजित कार्यक्रमों का प्रस्ताव आकाशवाणी, पटना को मिला, जिसमें एक कार्यक्रम भोजपुरी भाषा में धारावाहिक नाटक का था; जबकि दो अन्य क्रमशः कंपीयरिंग और साक्षात्कार-आधारित थे। ये तीनों कार्यक्रम एकसाथ और एक महीने के भीतर शुरू करने थे; क्योंकि मंत्रालय इसका भुगतान प्रसार भारती को कर चुका था।

आकाशवाणी में लंबे-लंबे धारावाहिक बनाने की परंपरा यों कोई नई नहीं थी। पटना में ही साठ के दशक में रामेश्वर सिंह काश्यप की लिखी धारावाहिक नाटिका **'लोहासिंह'** अपने विशिष्ट अंदाज़ और भाषा के कारण काफ़ी लोकप्रिय हुई थी। इसके बाद के दशकों में विजय अमरेश के धारावाहिक **'घर-परिवार'** ने भी काफ़ी लोकप्रियता बटोरी। लगभग उसी समय दिल्ली केन्द्र पर चिरंजीत के लिखे **'नया नगर'** और **'मास्टर सिलबिल'** जैसे धारावाहिकों ने भी प्रसारण के कई कीर्तिमान बनाए। उसके बाद के दशकों में जयपुर से **'म्यूज़िक मास्टर भोलाशंकर'** और लखनऊ स्टेशन से प्रसारित कई धारावाहिकों की भी काफ़ी धूम रही। तबतक धारावाहिकों का मुख्य मक़सद लोकरंजन और उसके माध्यम से अंधविश्वासों और रूढ़ियों पर प्रहार ही था; परन्तु अस्सी के दशक में **'रेडियो डेट'** और **'मानव का विकास'** जैसे धारावाहिकों के निर्माण के साथ शायद पहली बार इनके व्यावसायिक उपयोग की बात सोची गई और इन धारावाहिकों से पैसे भी जुटाए गए।

ये वर्ष था सन् 2001 का; संभवतः अप्रैल का महीना था जब आकाशवाणी, पटना को महानिदेशालय द्वारा ऐसे कार्यक्रमों को करने का निर्देश प्राप्त हुआ था। ग्रेस जी ने इस कार्यक्रम को करने की ज़िम्मेदारी पेक्स, स्नेहलता पारूथी जी को सौंपी क्योंकि वे उस समय भोजपुरी कार्यक्रम 'आरती' देखा करती थीं; हालांकि उनकी मातृभाषा भोजपुरी नहीं थी।

इतने लंबे, और तीन-तीन धारावाहिकों को भोजपुरी में करने, उसमें भी एक नाटक हो; इसके लिये सबसे पहले आवश्यकता थी भोजपुरी में नाटक कलाकारों

के 'ऑडिशन' की, क्योंकि इससे पूर्व इसकी कभी आवश्यकता नहीं पड़ी, और पूर्व में 'लोहासिंह' के समय में जो हुआ भी होगा वो संभवतः बड़े सीमित स्तर में ही हुआ होगा। कुल मिलाकर ये कि भोजपुरी में नाटक करने के लिये कलाकार नहीं थे, इसलिये 'ऑडिशन' करना लाज़िमी था।

पूरे केन्द्र पर हलचल मच गई इस प्रोजेक्ट को लेकर, पर काम की शुरुआत नहीं हो पा रही थी। उधर महानिदेशालय से नित नये-नये फ़रमान आ रहे थे- कभी वो इन कार्यक्रमों के ऊपर 'जिंगल' भेजने को कहते, तो कभी बजट का हिसाब मांगते। ऐसा होते-होते जून समाप्त हो गया।

जैसे-जैसे इस प्रोजेक्ट के शुरू होने में देर हो रही थी, वैसे-वैसे ग्रेस जी की नाखुशी कार्यक्रम-बैठक में दिखने लगी थी और उनका क्रोध बढ़ता ही जा रहा था। बीच में पता नहीं क्या हुआ कि एक दिन ग्रेस जी ने मुझे अपने कमरे में बुलाया और पूछा कि क्या मैं इस प्रोजेक्ट को देख सकता हूं। मैंने उनसे कहा कि ये तो पारूथी जी देख रही हैं। उनका कहना था कि इस काम में बहुत देर हो गई है और ये उनके बस का नहीं है, इसलिये इसे आप देखें।

मुझे इसमें क्या परेशानी थी। मैंने ग्रेस जी से ये कहते हुए हामी भरी कि वे मुझे शैक्षिक कार्यक्रमों से मुक्त कर दें। उन्होंने तत्काल आशुलिपिक को बुलाकर इस संबंध में आदेश जारी करने के लिये कह दिया और पारूथी जी को बुलाकर सारी आवश्यक फ़ाइलें मेरे हवाले करने के लिये कह दिया। उस समय पारूथी जी को निश्चित ही बहुत ख़राब लगा होगा और बहुत दिनों तक वे इसके लिये मुझे वजह मानती रहीं, ये उनके व्यवहार से मैंने महसूस किया। बहुत बाद में जाकर, जब कहीं से उन्हें पता चला कि इस प्रकरण में मेरा कोई हाथ नहीं था, तो वे मेरे साथ मित्रवत् हुईं और ताज़िंदगी स्नेहिल बनी रहीं।

पता नहीं ग्रेस जी ने अपनी अन्तःप्रेरणा से, या मेरे किसी अनजान हितैषी के कहने पर ये प्रोजेक्ट मुझे दिया था, वो भी किसी और से लेकर; मेरा दायित्व और बढ़ गया था, क्योंकि इसमें मुझसे ढेर-सारी अपेक्षायें और उम्मीदें भी शामिल हो गई थीं।

इस कड़ी में सबसे पहला काम कलाकारों के 'ऑडिशन' का था। मैं रेडियो में जिन लोगों को जानता था कि वे भोजपुरी में नाटक कर सकते हैं उनसे मैंने सादे कागज़ पर आवेदन लिया और उनके माध्यम से कुछ नये लोगों ने भी आवेदन दिया। फिर ऑडिशन की तिथि तय कर दो दिनों में सारे ऑडिशन निपटा दिये।

इसके बाद अगला सबसे अधिक समय लेने वाला और परिश्रमसाध्य काम था नाटक; क्योंकि लेखक को लिखने के लिये वक़्त भी तो देना पड़ता। इस कार्य के लिये एकमात्र नाम जो मेरे ज़ेहन में आया वो विशुद्धानन्द जी का था। उनसे मेरा परिचय युववाणी के दिनों से था, पर बीच में बातचीत के लिहाज़ से काफ़ी लंबा

अंतराल हो गया था। किसी तरह उनके यहां सूचना भिजवा के उन्हें बुलवाया। उनसे बातचीत की और मैंने उन्हें कहा कि वो एक कथानक चुन लें और तेरह कड़ी एकसाथ लिख कर देने के चक्कर में न पड़ें; बल्कि वे शुरू में तीन कड़ी एकसाथ दे दें तो उनकी 'बैंकिंग' मैं कर लूंगा; उसके बाद एक-एक कड़ी देते जायेंगे और यदि उसमें कुछ संशोधन-परिमार्जन करना हुआ तो हम मिल-बैठकर कर लेंगे। इस प्रकार जन्म हुआ भोजपुरी धारावाहिक **'सुरसतिया'** का, जिसके अन्य गीतों के साथ शीर्षक-गीत भी विशुद्धानन्द जी ने ही लिखा था और उसकी बड़ी मार्मिक संगीत-रचना तैयार की थी सीताराम सिंह ने।

'सुरसतिया' की प्रथम कड़ी का प्रसारण 21 अगस्त, 2001 को हुआ, जो 13 नवंबर, 2001 तक चला। उसके बाद तो उनके साथ ऐसा रिश्ता जुड़ा जो आकाशवाणी परिसर से चलकर घर की देहरी तक जा पहुंचा। वास्तव में वे आकाशवाणी के लिये संकटमोचक थे। किसी भी विधा में, किसी तरह का कार्यक्रम हो, बस विशुद्धा जी को याद कीजिये, वे हाज़िर हो जायेंगे और बहुत आकस्मिक परिस्थितियों में बुलाने पर भी प्रस्तुति के स्तर और आकाशवाणी के मानदंडों को लेकर वे कभी कोई समझौता नहीं करेंगे।

विशुद्धा भाई की जीवन में अगाध आस्था थी और जीवंतता उनकी आत्मा में शामिल, जो उनकी उन्मुक्त और विराट् हंसी में छलक-छलक जाती थी। यही कारण है कि वे अपने पात्रों को भी हंसी-ठिठोली और विनोदपूर्ण मुहावरों से परिपूर्ण रखते थे। उन्हें अपने पात्रों की मृत्यु भी पसंद नहीं थी। 'सुरसतिया' के दौरान जब वे उसका अंतिम एपीसोड लिखकर मेरे पास लाये तो मैंने उनसे कहा कि इस कड़ी में सुरसतिया (चरित्र) को मर जाना चाहिये, क्योंकि उसके जीवन का उद्देश्य पूरा हो गया है, पर वे मुझसे सहमत नहीं हुए। इस बात पर दो दिनों तक हमारा विमर्श चला। आख़िरकार मेरे अतिशय दवाब के कारण सुरसतिया का मरना उन्होंने वहां तो किसी तरह स्वीकार कर लिया; पर मूल पुस्तक जो बाद में **'माथे माटी चंदन'** के नाम से प्रकाशित हुई, उसमें उन्होंने इसका अंत अपनी मूल भावना के अनुरूप, सुरसतिया को ज़िन्दा ही रखा। जीवन के प्रति उत्कट लगाव और सम्मान का इससे बड़ा उदाहरण कोई हो नहीं सकता।

इसके बाद तो विशुद्धा भाई मेरी उन सारी गंभीर, कलात्मक और शोधपरक प्रस्तुतियों के गवाक्ष बनते चले गये, जिनके बारे में मैं मानता हूं कि यदि वे न होते तो ये प्रस्तुतियां उन ऊंचाइयों को नहीं छू पातीं। फिर तो विशुद्धा भाई मेरे प्रिय लेखक और रचनाकार बन गये; सर्वप्रिय तो वे थे ही।

विशुद्धा भाई ज़मीन से जुड़े व्यक्ति थे। गांव उनके अन्दर सांसें लेता था जिसे वे अपनी रचना और जीवन के धरातलों पर एकसाथ जीते थे। वे समर्थ लेखक थे, उपन्यासकार थे, संवेदनशील कवि थे, फ़िल्मों के पटकथा-लेखक थे, गीतकार, संगीतकार और गायक थे; फ़िल्मों के ड्रिस्टीब्यूटर थे; हिन्दी, अंग्रेज़ी, संस्कृत, उर्दू के

अलावा भोजपुरी, मगही, मैथिली, अंगिका, बज्जिका-जैसी अनेक बोलियों के ज्ञाता-अध्येता-विद्वान और रचनाकार-कवि थे। उन्होंने परंपरागत रूप से कभी कोई नौकरी नहीं की, पर लेखकीय पुरूषार्थ के बल पर अपने भरे-पूरे परिवार को न सिर्फ़ संभाला; बल्कि अपनी संतानों को उच्चतर शिक्षा की तरफ़ ले गये, उन्हें इस लायक बनाया कि वे जीवन के उच्चतम शिखर को छू सकें।

इन सारी चुनौतियों और संघर्षों के बीच विशुद्धा भाई ने अपनी रचना-साधना में कभी कोई व्यवधान नहीं आने दिया, अड़चनें आयीं भी तो किसी को बताया नहीं, अकेले उनसे जूझते रहे; क्योंकि वे कभी प्रचार के भूखे नहीं रहे। यही कारण है कि अबतक उनकी बहुत कम पुस्तकें प्रकाशित हो पायी हैं, जबकि उनकी पांडुलिपियों की संख्या कहीं अधिक है।

विशुद्धा भाई के जीवन-काल की अंतिम पुस्तक **'बदलती हवायें : सिहरती दूब'** प्राचीन पाटलिपुत्र से लेकर आजतक के पटना का, एक तरह से ऐतिहासिक-समाजशास्त्रीय व्याख्या प्रस्तुत करती है। अपने मूल रूप में ये **'संस्कृतिशीर्ष पाटलिपुत्र'** के नाम से 13 कड़ियों के धारावाहिक के तौर पर आकाशवाणी, पटना से 3 अक्तूबर, 2003 से 9 जनवरी, 2004 के बीच प्रसारित हुई थी। इस धारावाहिक की कड़ियों को सुनकर अथवा पुस्तक को पढ़कर ही ये ज्ञात हो पाता है कि इसकी रचना-प्रक्रिया में कितना गहन शोध, सामर्थ्य और सहभागिता रही होगी। विषयवस्तु और रेडियो की अपनी रूपकीय शिल्पगत संरचना में ये कृति अप्रतिम, अभिनव और अद्भुत है, जिसमें पाटलिपुत्र के लगभग दो सौ साल के इतिहास की धड़कनें सुनाई देती हैं।

इसलिये स्मृतियों की खिड़कियां जब भी खुलती हैं, विशुद्धा भाई के साथ के कई लमहे जीवंत हो उठते हैं। वे जब भी रेडियो आते, हमारी ख़ूब बातें होतीं- घर-परिवार से लेकर कविता, कहानी और संस्कृति तक पर। कई बार उन्हें छोड़ने के लिये मैं उनके साथ डाकबंगले तक चला जाता था। छोड़ना तो बहाना था, बस उनके साथ कुछ और पल बिताने का लोभ और गर्म गुलाबजामुन के साथ ठंडई का लुत्फ़ उठाना ख़ास मकसद हुआ करता था। उस मौक़े पर जब मैं उन्हें 'शुगर लेबल' की याद दिलाकर परहेज़ रखने को कहता तो वे कहते, "आज जो मिल रहा है, उसे ले लेना चाहिये, पता नहीं कल मिले या ना मिले....।"

सच तो यह है कि वे वर्तमान में जीते थे। आज जो है, उसपर ही भरोसा था उन्हें। शायद अतीत में उनके साथ किये गये लोगों के छल-प्रपंच से ही ये विचार पुख्ता हुए होंगे। मेरे साथ पुराने अनुभवों को बांटते हुए अक्सर वे भावुक हो जाते। कुछ करने की लालसा उन्हें मायानगरी मुम्बई खींच ले गयी थी। वहां उन्होंने कुछ फ़िल्मों के गीत और पटकथायें लिखीं, पर मायानगरी ने उन्हें पूरी तरह छला। शोहरत तो दूर, उन्हें उनके काम के पैसे भी नहीं मिले। हारकर पटना लौटे और

फ़िल्मों के ड्रिस्टीब्यूशन का काम संभाला। यहां तो अपने थे, पर उन्होंने भी उनके साथ धोखा किया।

अध्यात्म और दर्शन में उनकी स्वाभाविक रुचि थी, जो बाद के वर्षों में गहन से गहनतर होती गयी। सत्संग में उनका मन अधिक रमने लगा था। रेडियो से भी जैसे उन्हें एक विरक्ति-सी हो गयी थी। बीच के वर्षों में वे गंभीर रूप से बीमार भी रहे। चलने-फिरने की लाचारी भी संभवतः रेडियो से विमुख होने के कारणों में से एक रही होगी। उनके जीवन की अंतिम रिकॉर्डिंग आकाशवाणी महानिदेशालय, दिल्ली द्वारा पटना में आयोजित संस्कार-गीतों से संबंधित कार्यशाला में उनके वक्तव्य के रूप में सुरक्षित है, जिसमें विशुद्धा भाई ने लोकसंस्कारों और मानवीय संबंधों की अद्भुत व्याख्या प्रस्तुत की थी।

इसी प्रकार आकाशवाणी में जब कभी 'नॉन स्पोर्ट्स इवेंट्स' की कमेन्ट्री कराने की बात आती थी तो उसमें अनिवार्य रूप से विशुद्धा भाई की भागीदारी होती थी; विशेषकर छठ पर्व की कमेन्ट्री के वक़्त।

मुझे याद है, सन् 2017 की संभवतः 13 या 14 अक्तूबर की तिथि थी वो। छठ पर्व की कमेन्ट्री करने के बाबत मैंने विशुद्धा भाई को फ़ोन किया था कि वे रेडियो आकर अनुबंध-पत्र पर हस्ताक्षर कर जायें। वे अपने सुपुत्र, प्रवीर जी के साथ आये। अन्दर से वो बेचैन दिख रहे थे। मैंने उनके लिये बिना चीनी की चाय मंगवाई थी। प्रवीर जी ने मोबाइल से कुछ फ़ोटो भी लिये। तब क्या पता था कि वो तस्वीरें उनके साथ की अंतिम तस्वीरें होने वाली हैं और उनके साथ मैं आख़िरी बार चाय पी रहा हूं।

उनके जाने के बाद छठ की तैयारियों की व्यस्तता के बीच 20 अक्तूबर को अचानक ये मनहूस सूचना मोबाइल, व्हाट्स एप और फ़ेसबुक से होती हुई पूरे शहर में फैल गयी- विशुद्धानन्द नहीं रहे। इस सूचना ने सबको स्तब्ध कर दिया। सहसा विश्वास नहीं हुआ, पर होनी तो हो चुकी थी।

अगर विशुद्धानन्द जी के सम्पूर्ण जीवन पर दृष्टि डाली जाये तो पता चलता है कि उन्होंने एक नायक की तरह जीवन जिया। उनके जीवन में किसी कथा-नायक की तरह अनेक उतार-चढ़ाव आये, दुख और संघर्षों के तोड़ देने वाले पलों के बीच भी वे मज़बूती से जमे रहे; अभावों और संकटों से जूझते हुए भी अपने परिवार को कभी किसी कमी का अहसास नहीं होने दिया; कठिन परिस्थितियों में भी सबसे हंसकर मिलते रहे, कभी किसी के सामने हाथ नहीं फैलाया; रेडियो या दूरदर्शन में जहां कई लोग उम्मीदों की हथेली पसारे घूमते रहते हैं, विशुद्धा जी इन स्थानों पर भी बिन बुलाये कभी नहीं गये; वे सर्वगुणसम्पन्न थे, पर कभी घमंड नहीं किया। सच तो ये है कि वे महानायक की तरह जिये, संत की तरह निर्विकार रहकर अपने दायित्वों का पालन किया और एक विजेता की तरह सबके दिलों को जीतकर इस संसार से विदा हो गये। यही कारण है कि आज भी ये अहसास होता है कि वे यहीं

हैं, हमारे पास, हमसे बतियाते हुए, अपनी चिरपरिचित उसी मासूम मुस्कुराहट के साथ।

तीन

'सुरसतिया' के समानान्तर दो अन्य धारावाहिकों की योजना बन चुकी थी, जिसमें एक था- 'गउंआ भइल इंजोर' और दूसरा, 'सांच भइल सपना'। बल्कि 'गउंआ भइल इंजोर' का प्रसारण 'सुरसतिया' से पहले- 16 अगस्त, 2001 को ही शुरू हो गया था, क्योंकि इसमें दो स्टॉक कैरेक्टर के माध्यम से गांव के विकासात्मक कार्यक्रम को सामने लाना था। कंपेयरिंग-आधारित इस कार्यक्रम की पूरी स्क्रिप्ट कंपीयरों द्वारा तैयार की जाती थी, इसलिये उसमें बड़ी समस्या नहीं थी। 'सांच भइल सपना' के प्रोडक्शन की ज़िम्मेदारी मेरी व्यस्तता को देखते हुए ग्रेस जी ने पेक्स, सदानन्द मिश्रा जी को दे दी थी, जो उस समय सासाराम में पदस्थापित थे। वे सप्ताह में एक बार कार्यक्रम का टेप देने आते थे। निस्संदेह ऐसे कार्यक्रम प्रस्तुत करने के लिहाज़ से वे सबसे योग्य व्यक्ति थे, और उन्होंने इसे अनेक अवसरों पर सिद्ध भी किया।

इस प्रकार मैं इन कार्यक्रमों में ही लगभग छः महीने बुरी तरह व्यस्त रहा। इस बीच ग्रेस जी प्रोन्नत होकर उपमहानिदेशक बन गई थीं, पर उन्हें कुछ समय इसी पद पर यहीं रखने के उपरांत 28 सितम्बर, 2001 को महानिदेशालय, दिल्ली ने बुला लिया। उनके जाने के बाद श्री टी. के. शर्मा ने 'विज्ञापन प्रसारण सेवा', पटना से आकर यहां का कार्यभार संभाला। हालांकि वे यहां बहुत कम अरसे के लिये- 1 अक्तूबर, 2001 से 31 जनवरी, 2002 तक- मात्र चार महीनों के लिये ही रहे और इसी तिथि को सेवानिवृत्त हो गये।

टी. के. शर्मा साहब के कार्यकाल में उनके साथ बहुत उठना-बैठना नहीं हुआ। इसका एक कारण तो उनका अति व्यस्त रहना था; क्योंकि वे कभी ख़ाली नहीं बैठते थे और इधर-उधर बैठ कर गप-शप करने की आदत भी नहीं थी। दूसरी वजह थी कि मेरे पास प्रोडक्शन का इतना काम था कि मीटिंग के बाद मैं सीधे स्टूडियो की तरफ़ भागता था, क्योंकि देर से जाने पर अक्सर स्टूडियो ख़ाली नहीं मिलता था। शर्मा सर के पास नहीं बैठने एक तीसरा कारण भी था, वो ये कि वे मेरे गुरु-समान थे। कैजुअल के दिनों में उन्होंने मेरा बहुत ध्यान रखा था और उनके प्रति मेरे मन में अतिशय आदर-भाव था। तो गुरु के समक्ष मैं बैठ कर गप्पें कैसे लगा सकता था।

•••

पटना आने के बाद से बहुत दिनों तक इसका मौक़ा ही नहीं मिला कि पुराने दोस्तों की खोज-ख़बर लूं। तबतक मोबाइल का दौर शुरू हो चुका था और लोगों के घरों के लैंडलाइन नम्बर या तो बदल गए थे या ख़त्म हो गए थे। मेरे पास यूनिवर्सिटी के किसी भी दोस्त का नम्बर नहीं था। हां, कुछ के घर मालूम थे, जैसे अरुण गर्दनीबाग़ के क्वार्टर में रहता था; सुषमा एक्ज़ीविशन रोड में और चंदा गुलबी घाट लेन में।

सुविधा की दृष्टि से सुषमा का घर सबसे पास में था, इसलिए एक दिन मैं उस ओर निकल गया। सुषमा के पति की 'फ़्लैक्स' की डीलरशिप थी और उसी दुकान के पीछे के हिस्से में वे लोग रहते थे। लेकिन वहां जाने पर उस जगह पर बड़ी-सी अट्टालिका खड़ी मिली। अब...

वहां से निराश लौटा, पर निराश नहीं हुआ। सोचा, चलो, चंदा के यहां चलते हैं; हालांकि मुझे पता था कि उसकी शादी हो चुकी है और वो अपने पति के साथ ससुराल में होगी, पर वहां का पता उसके घर से ही मिल सकता है, ये सोचकर कुछ दिनों बाद मैंने गुलबी घाट लेन का रुख़ किया।

सड़क से अन्दर गली में प्रवेश करते ही वहां की सूरत मुझे बदली-बदली दिखी। पहले वो इलाक़ा खुला-खुला था, लेकिन अब उस गली में दोनों ओर बड़े-बड़े मकान बन गये थे और गली सिमट कर संकरी हो गई थी। मैं अंदाज़े से उस जगह पहुंचा, जहां चंदा का घर हुआ करता था और जहां पहले मैं कई बार जा चुका था। वो जगह पहचान में ही नहीं आ रही थी। वहां एक बड़ा-सा मेहराबदार गेट दिख रहा था जिसके भीतर की तरफ़ लाइन से कुछ कमरे बने हुए थे। गेट से अन्दर घुसते ही बाईं ओर एक चांपाकल था, जहां एक शख़्स स्नान करते दिखे। मैं सोच रहा था कि किसी से पूछूंगा भी तो क्या पूछूंगा... मैं तो चंदा के अलावा उसके परिवार में किसी का नाम भी नहीं जानता था। पर पूछना तो पड़ेगा ही, यही सोचते किंचित् हैरान-सा उन सज्जन के पास पहुंचा और बोला, "देखिए... यहां पहले कुछ

लोग रहते थे, लगभग पन्द्रह साल पहले... एक का नाम मुझे पता है, चंदा सिन्हा... बता सकते हैं कि वे कहां गए...?”

हालांकि ये मूर्खतापूर्ण सवाल था, पर इसके अलावा कोई रास्ता भी नहीं था। वो बोले, “हमको नहीं मालूम... रुकिए...” फिर उन्होंने किसी को पुकारा। अन्दर के कमरे से तब एक और सज्जन निकले तो उनसे मेरी ओर इशारा कर वे बोले कि ये किसी का घर ढूंढ़ रहे हैं...। मैंने अपना प्रश्न फिर दुहराया तो उन्होंने सीधे-सीधे इन्कार कर दिया। वे बोले, “हमलोग तो ज़माने से यहीं रह रहे हैं... आप कब की बात कर रहे हैं...?” मैंने उन्हें बताया कि पन्द्रह साल पहले की। तभी उन्होंने मुझे रुकने का इशारा किया और गली के बाहर से गुज़रते एक उम्रदराज़ व्यक्ति को ‘चाचा’ कहकर बुलाया और कहा कि उन्हें शायद पता हो...!

मैंने उन चाचा के सामने अपना प्रश्न दुहरा दिया। थोड़ी देर तक वे सोच में डूबे रहे, फिर अचानक जैसे कुछ याद आया हो, अचानक बोले, “हां... हां... रहते तो थे, लेकिन उस घर में एक औरत जल के मर गई थी... उसके बाद ही वे लोग घर बेचकर चले गए...।”

“क्या...” मैं चौंका। चौंकने से ज़्यादा एक दर्द के अहसास ने अचानक मुझे घेर लिया और उस दर्द की परिणति हुई क्रोध में... क्रोध उस व्यक्ति के लिए जिसे आज तक मैं भलामानुष समझता था। तो क्या जलने वाली स्त्री चंदा थी, और जलाने वाले... आगे मैं सोच नहीं पाया था।

वहां से लौटा तो भरा हुआ था। पता नहीं चंदा ने खुद आग लगा ली या उसे जलाया गया। आये दिन इस तरह के क़िस्से अख़बार की सुख़ियों में होते थे। पर ऐसा क्यों हुआ! प्रो. लाल तो पढ़े-लिखे भले आदमी थे। उनसे भला चंदा को क्या तकलीफ़ हुई। फिर उनका तो प्रेम-विवाह था। यूनिवर्सिटी में भी वे कभी-कभार हमारे डिपार्टमेंट आते तो भेंट होती थी, बातचीत होती थी। इस बीच में अचानक ऐसा क्या हो गया कि इस तरह का क़दम उठाया। ये सोच मेरे दिलो-दिमाग़ पर बुरी तरह हावी थी और किसी तरह निकल नहीं पा रही थी। ऑफ़िस में भी किसी काम में मन नहीं लग रहा था।

ऐसे ही एक दिन मैं अपने कमरे में बैठा कुछ काम कर रहा था कि कमरे का दरवाज़ा ‘धड़’ से खुला और जब मैंने आंख उठाकर देखा तो वहां सुषमा खड़ी थी जो मुझे अचरज से देखे जा रही थी। उसका पहला सवाल, “तुम यहां... कब आए...?”

मैंने कहा, “क्यों, तुम्हें मालूम नहीं था क्या.. तो फिर यहां आईं कैसे...”

“अरे, मुझे नहीं पता था कि यहां तुमसे भेंट होगी... मैं तो प्रोग्राम के सिलसिले में यूं ही आ गई थी...।”

"अच्छा, छोड़ो, पहले ये बताओ कि चंदा क्यों जलकर मरी या मार दी गई?" मेरे अन्दर इतने दिनों से यही सवाल खौल रहा था कि कोई तो बताए इस बारे में!

"क्या बोले... चंदा जलकर मरी...?" सुषमा बड़े ज़ोर से हंसी। फिर पूछा, "ये तुम्हें किसने कहा...?"

मैंने उसे पूरी घटना सुना दी। सुनकर वो देर तक हंसती रही और हंसते-हंसते ही बोली, "चंदा से बात करोगे.." और बिना मेरी ओर देखे उसने फ़ोन लगाया और मुझे पकड़ा दिया।

दूसरी तरफ़ से चंदा की आवाज़ में जब "हैलो..." सुनाई दिया तो मैंने उसे पूरी कहानी एक सांस में सुना दी। उसने कहा कि "अच्छा, मुझे जलाने वाले से भी बात कर लो...!" दूसरी ओर प्रोफ़ेसर विजय कुमार लाल थे, जो अभी तक शायद कुछ समझ नहीं पाये थे। मैंने उनसे कहा कि "आप घर का पता दीजिए, वहीं आकर पूरी कहानी सुनाऊंगा...।"

बाद में, लाल साहब के सामने और उनकी अनुपस्थिति में भी मैंने ये कहानी अपने मित्रों को न जाने कितनी बार सुनाई है, पर लाल साहब हमेशा मुस्कुरा कर रह जाते हैं। कभी-कभी ज़रूर मीठी शिकायत करते हैं कि मैं उन्हें अत्याचारी और क्रूर बना कर क्यों पेश करता हूं। मेरा उत्तर होता है कि आप तो अत्याचारी और क्रूर हैं नहीं, फिर क्यों डरते हैं... आप इसमें एक मित्र के प्रति मेरी चिन्ता और संवेदना देखिए।

•••

इस बीच सुनील (सुनील केशव देवधर) आया और चला गया। वह 3 सितंबर, 2002 को छतरपुर से 'जेपी' पर विशेष रूपक तैयार करने के लिए अपने केन्द्र निदेशक, गुलाबचंद जी के साथ पटना पहुंचा। उसे कुछ ख़ास इन्टरव्यू रिकॉर्ड करने थे और आकाशवाणी, पटना की 'आर्काइव्स' से कुछ रिकॉर्डिंग लेनी थी।

सबसे पहले हम 'जेपी' के आवास- 'चखां समिति' गए। वहां सहाय जी, नवल जी और जेपी के निजी परिचारक गुलाब को रिकॉर्ड किया। उसके बाद श्री सुशील मोदी के यहां भी हम गए। इसी बीच सुनील को गुरुद्वारा, गांधी सेतु, गोलघर घुमाया तथा पटनदेवी के दर्शन भी कराये। बस इसी भागते-दौड़ते पल-छिन में कुछ अंतरंग बातें करने का अवसर मिला। सुनील ने उन दो सौन्दर्य के अलग-अलग प्रतिमानों, मलयगंधी सुवसनाओं के बारे में जानना चाहा, जिनसे मैंने कुछ घंटों पहले उसका परिचय कराया था.... "कौन हैं... क्या हैं...?"

मैंने चुटकी ली, "लगता है प्यारे, फ़िदा हुसैन हो गए हो...!"

"नहीं... मक़बूल फ़िदा..." सुनील का जवाब था। मैं ज़ोर से हंसा था।

ये बातें गुरुद्वारा के पीछे मार्केट वाली गली में हो रही थीं।

"वो सुन्दर बहुत है, लेकिन चालाक और बदमाश भी लगी... 'हुस्न बेपरवाह'...'' सुनील ने एक और नाम दिया।

मैं फिर से हंसा, ''वाह... क्या नाम दिया है- एकदम सटीक और अभिव्यंजनापूर्ण... शत-प्रतिशत उनपर फ़िट होने वाला...।''

मैंने फिर चुटकी ली, ''क्या बात है... मक़बूल फ़िदा... मिलना चाहते हो क्या फिर से, इत्मिनान से...?'' ये कहते हुए मेरी एक आंख अपने-आप दब गई थी।

''क्या ऐसा हो सकता है...? बस, एक बार और देखना चाहता हूं, नज़दीक से...!''

''अरे देखने नहीं, मिलने चलते हैं... चलो फ़ोन लगाते हैं...।'' मैंने उसका उत्साह बढ़ाया।

वहां से ऑफ़िस लौटकर फ़ोन लगाया, हालांकि इस मिलने को लेकर हम पहले काफ़ी कुछ 'डिस्कस' कर चुके थे। सुनील का विचार था कि घर जाने के बजाय उन्हें रिकॉर्डिंग करने के लिए ऑफ़िस बुलाया जाए; पर मैं इस पक्ष में नहीं था। ऑफ़िस में ऐसे ही लोगों की आंखें और कान ज़रूरत से अधिक बड़े होते हैं; उसपर से छुट्टी का दिन। यदि उन्होंने 'ना' कर दिया तो...।

मेरा प्रस्ताव था कि कहीं हम 'वसंत विहार' या ऐसी ही किसी जगह मिलें कि कुछ खाते-पीते बातचीत हो। हमें कौन-सा उनके साथ संबंध जोड़ना था; बस कुछ पल गुज़ारना ही तो था।

अंततः सुनील मेरी बात से सहमत हुआ तब मैंने फ़ोन लगाया। 'वसंत विहार' के लिए तो वे सहमत नहीं हुईं, पर उन्होंने अपने घर पर 'लंच' के लिए हमें बड़े अनुग्रहपूर्वक आमंत्रित किया। हमें और क्या चाहिए था, बस पहुंच गए। वे 'लंच' भी तैयार करती रहीं, साथ-साथ बातें भी करती रहीं। सुनील ने, जितना हो सकता था अपने वाक्-सामर्थ्य का सोता खोल दिया था; उसकी बातें बीच-बीच में अर्थपूर्ण और व्यंजनात्मक भी हो रही थीं और मैं उसकी-उनकी चुटकियों का भरपूर आनन्द ले रहा था। लगभग दो घंटे बाद 'लंच' और बेबात की बात कर हम वहां से निकले तो बाहर आकर सुनील ने लंबी सांस खींची और उसके मुंह से दो ही शब्द निकले, ''बाप रे...''!

''क्या हुआ मक़बूल फ़िदा...?'' मैंने छेड़ा।

''ये तो बड़ी तेज़ है यार, क्या तुर्रा-दर-तुर्रा मेरे को जवाब दे रही थी..!'' सुनील ने कहा।

"वो तो है... अब बताओ... 'दुखी सौन्दर्य' से मिलने की हिम्मत बची है या नहीं...?" मैंने उसे फिर से छेड़ा। ये नाम 'दुखी सौन्दर्य' भी सुनील का ही दिया हुआ था। उसने एक नज़र, एक मुलाक़ात में ही उन्हें ये विशेषण दे दिया था।

"अरे क्या बात कर रहा है... चल उसे भी मिलते हैं... जो होगा देखा जायेगा..." उसने ये बात कुछ इस भाव से कही जैसे कोई 'एवरेस्ट' फ़तह करने जाना हो कि मुझे हंसी आ गई।

"अच्छा, चल, फ़ोन लगाता हूं...।" मैंने पहले 'लैंड लाइन' पर फ़ोन किया। घंटी बजती रही। फिर उनके मोबाइल पर किया तो पता चला कि वे रुकुनपुरा के आसपास हैं। उन्होंने कहा, "आप घर पहुंचिए, तबतक मैं भी आ जाऊंगी।"

उनका घर ढूंढ़ने में थोड़ा वक़्त लगा। पूछते-पाछते जब उनके यहां पहुंचे तो वे बाहर खड़ी इंतज़ार करती मिलीं। घर के अन्दर घुसते ही उनकी कलात्मक अभिरुचि का प्रमाण मिला। उन्होंने बैठक को बड़ा ही सुरुचिपूर्ण और व्यवस्थित बना रखा था। दीवार के एक ओर बड़ा-सा दीवान, जिसकी बगल में बायीं ओर सोफ़ा-सेट लगा था। दीवार तमाम तरह की कलात्मक चीज़ों से सजी थी- हाथ से बनी कठपुतलियां, टेराकोटा के हाथी और गणेश जी। दूसरी ओर उनकी खुद की श्वेत-श्याम खुले बालों वाली तस्वीर टंगी थी, जिसमें वे किसी पुरानी फ़िल्म की नायिका की भांति दिखाई दे रही थीं। दीवार की दूसरी साइड में कोने से सटाकर एक सेल्फ़ रखा था, जिसपर लगी किताबें उनकी साहित्य में अभिरुचि को प्रदर्शित कर रही थीं। उससे अलग हटकर सामने के बड़े हिस्से को रंगीन दुपट्टों से घेरकर मेहराबनुमा आकार देने की उनकी कोशिश उनकी मौलिक सूझ-बूझ दर्शा रही थी। उससे लगभग सटाकर डाइनिंग-टेबल रखा गया था और उससे दायें हाथ की तरफ़ महोगनी रंग की अलमारी और उसमें रखी क्रॉकरीज़ दूर से ही दिखती थी।

हमारे पास वक़्त बहुत कम था, क्योंकि दो घंटे बाद सुनील को वापस जाने के लिये निकलना था। फिर भी, कम समय में भी ढेर-सारी बातें हुईं। चाय पी गई और उनकी स्मृतियों और वाक्-प्रवीणता की छाप लिये हमने उनसे विदा चाही।

वहां से निकलने पर रस्ते-भर हम उनकी ही बातें करते रहे। दोनों बिल्कुल विरोधी ध्रुवों पर- एक सशंक, पर चालाक-चपल; किंचित उग्र पर सधी हुई; दूसरी ऋजु, शांत और बेबस-सी; एक अल्हड़- 'हुस्न बेपरवाह', दूसरी धीर, गंभीर- 'दुखी सौन्दर्य'; एक बाज़ार की चमक-दमक की शौकीन, साहित्य या कला से कोई अनुराग नहीं तो दूसरी इन विषयों पर विमर्श में अप्रतिम; एक के पास जाने में अनजाने डर का अहसास, दूसरी के साथ में निष्कपट-निर्वेद का अहसास; फिर भी, दोनों के निकट जाने में हृदय और मस्तिष्क के बीच द्वन्द्व, प्रतिरोध; दिमाग़ के रोकने पर भी मन बार-बार जाना चाहे...!

कभी-कभी गंभीरता और आभिजात्य के आवरण को उतारकर कॉलेज के दिनों जैसी आवारागर्दी भी कर लेनी चाहिए....!

•••

उसके बाद का एक लंबा कालखंड बिना केन्द्र निदेशक- 24 मार्च, 2003 को डॉ. एस. के. ग्रोवर के ज्चायन करने तक- रहा। बीच में कहने को श्री एम. पी. साह, जो भागलपुर में केन्द्र निदेशक थे, उन्हें भागलपुर के साथ-साथ, इस केन्द्र को देखने की ज़िम्मेदारी भी दी गई। श्री साह सप्ताह में दो दिनों पटना रहते और बाकी के दिनों में भागलपुर; ऐसे में क्या कोई ख़ाक कार्यक्रमों और प्रशासन में, दो-दो स्टेशनों पर तालमेल रख पायेगा। भागलपुर की तो मैं नहीं कह सकता, किन्तु पटना में उन्होंने कुछ बड़े परिवर्तन किये और ये परिवर्तन मेरे नज़रिये से पटना के हित में रहा और मेरे हित में तो रहा ही रहा।

एक तो उन्होंने सभी अधिकारियों का कार्य-आबंटन नये सिरे से किया, जिसमें जाने-अनजाने मुझे फ़ायदा हो गया। एक तो मुझे अलग से कमरा मिल गया, जिसका नम्बर था तेरह। प्रायः लोग इसे एक अशुभ संख्या मानते हैं, लेकिन मेरे लिये ये संख्या शुभ और फलदायक सिद्ध हुई; क्योंकि इसके साथ ही युववाणी और नाटक-रूपक अनुभागों की ज़िम्मेदारी भी मुझे मिल गई। ये परिवर्तन आकाशवाणी, पटना के लिये भी इस रूप में मंगलकारी सिद्ध हुआ कि इसी वर्ष २००२ में पटना को पहली बार, 'लोकसेवा प्रसारण पुरस्कार' के अन्तर्गत 'गांधी विचारधारा' श्रेणी में मेरे बनाये रूपक **'संकल्प-ज्योति : बापू'** को प्रथम पुरस्कार प्राप्त हुआ। इस रूपक के लेखक थे श्री विजय अमरेश जिनका आगे की प्रस्तुतियों में भी बराबर साथ बना रहा।

लेकिन ये साथ 4 जून, 2015 को अचानक छूट गया, जब रेडियो में ये मनहूस ख़बर फैली कि 'अमरेश जी नहीं रहे...'। मैं पटना में नहीं था, जब ये मनहूस और अनचाही ख़बर मुझ तक पहुंची। इस ख़बर के साथ विजय अमरेश जी की कई पंक्तियां आंखों में छलछला उठीं। वे स्टूडियो में अपने हर नाटक और रूपक की रिकॉर्डिंग में मौजूद रहते और अपनी लेखनी को अवतरित होते मुग्ध-भाव से देखते, सुनते और महसूस करते।

मुझे याद है, जब वे पर्यावरण पर केन्द्रित धारावाहिक **'कहानी कुदरत की'** लिख रहे थे। वे अपनी लिखी हर कड़ी के साथ विमर्श के लिए पूरा समय लेकर आते थे। धारावाहिक की हर कड़ी पर गहन विमर्श होता। वे कहते, ''इससे पहले तो हमेशा आलेख भिजवा दिया करता था, पर ये पहली बार हो रहा है कि प्रोड्यूसर लेखक को बुला कर आलेख पर चर्चा कर रहा है।''

पता नहीं, वे अप्रसन्नता ज़ाहिर करने के ख़याल से ये बात कहते थे या मेरी इस कार्यशैली को पसंद करने के कारण, उस समय नहीं जानता था; लेकिन

धीरे-धीरे मुझे विश्वास हो चला कि वे इस बात को प्रशंसा के अंदाज़ में ही कहते थे, क्योंकि बाद में वे कहने लगे, ''आपकी इस कार्यशैली से मुझे भी बहुत फ़ायदा हुआ कि मैं अपनी लेखनी को बार-बार मांज सका।''

यों अमरेश जी का सबसे सार्थक परिचय साठ के दशक के पारिवारिक धारावाहिक 'घर परिवार' से होता है। तब रेडियो जन-जन में लोकप्रिय था और इस कारण अपने नाम के अनुरूप ये धारावाहिक भी घर-परिवार में काफ़ी लोकप्रिय हुआ। बीच-बीच में रेडियो परिवर्तनों के दौर से भी गुज़रता रहा, पर हर दौर में अमरेश जी का लेखन सार्थक और प्रासंगिक बना रहा।

असल में अमरेश जी, रेडियो की तमाम विधाओं की गहरी समझ रखने वाले लेखक थे। रूपक, डॉक्यूमेन्ट्री, नाटक, संगीत रूपक, इन्टरव्यू- कोई भी विधा हो, उनकी लेखनी उसके साथ पूरा न्याय करती थी। प्रांजल और संप्रेषणीय भाषा इसमें सोने पे सुहागा के समान थी। सच्चाई तो ये थी कि दुनिया के किसी भी विषय पर, रेडियो की किसी भी विधा में, यदि कुछ लिखवाना होता तो हर प्रोड्यूसर को सबसे पहले विजय अमरेश जी ही याद आते थे।

इतनी लोकप्रियता प्राप्त करने के बाद भी उन्हें कभी अपनी लेखनी पर गुरूर नहीं हुआ। उनकी बातचीत से, व्यक्तित्व से सरलता जैसे बूंद-बूंद टपकती थी। उन्हें कभी किसी से ऊंची आवाज़ में बात करते नहीं सुना गया। वे अपने समवयस्कों से जितने आदर-सम्मान से मिलते, उतने ही छोटों से भी।

आज जब वे हमारे बीच नहीं हैं, उनकी कमी बहुत खलती है। आकाशवाणी, पटना के स्टूडियो या गलियारे में आज भी जाने पर लगता है वे अचानक सामने आ जायेंगे और कहेंगे, ''अरे... कुछ नया नहीं कर रहे हैं...!''

तो 2002 का साल ऐसा था, जिसमें गांधी दर्शन पर आधारित अमरेश जी के लिखे और मेरे द्वारा प्रस्तुत रूपक 'संकल्प-ज्योति : बापू' को 'लोकसेवा प्रसारण' का प्रथम पुरस्कार प्राप्त हुआ। आकाशवाणी, पटना के इतिहास में ये पहला अवसर था जब ये राष्ट्रीय पुरस्कार इसके हिस्से में आया।

बड़े समय से आया ये 'अवार्ड'। जिस प्रकार की 'टाइमिंग' मेरी नौकरी और स्थानान्तरण के बीच रही है, ठीक उसी 'टाइमिंग' के साथ- जैसे सब पूर्वनिर्धारित हो कि ऐसा तो होना ही था।

सहसा विश्वास नहीं होता- तीन महीने पहले नाटक सेक्शन मिला, फंड की स्थिति नाजुक, मशीनों का हाल ख़राब, कलाकारों की अपनी सीमायें, लोगों-सहकर्मियों में से कुछ की ईर्ष्याजनित निगाहें, केन्द्र निदेशक की दोमुंही नीति, सहायक निदेशक, कृपाशंकर जी की कार्यक्रमों के प्रति उदासीनता- इन सभी विरोधी स्थितियों के बीच मात्र पन्द्रह दिनों में इस फ़ीचर का प्रोडक्शन- उस समय मुझे असंभव ही लग रहा था।

हमेशा की तरह मेरे भीतर के ज़िद्दी मन ने ठान लिया- इसे हर क़ीमत पर करना है और अवार्ड के लिए भेजना है। पहली बार जब प्रोडक्शन को स्क्रीनिंग कमिटी को सुनवाया तो उसमें मौजूद सदस्यों, डॉ. चतुर्भुज, डॉ. श्रीनिवास, हृषीकेश सुलभ- सबने लगभग एक स्वर में, और कुछ ने तो बहुत ही निर्ममता से इसे ख़ारिज़ कर दिया। उनके कुछ सुझाव जो अमल करने योग्य थे उनको ध्यान में रखकर मैंने पूरी स्क्रिप्ट में आवश्यक संशोधन किए, कलाकारों को फिर से बुलाया और पूरा फ़ीचर दुबारा रिकॉर्ड किया। अवार्ड भेजने के लिये भी काफ़ी कागज़ी औपचारिकताएं पूरी करनी पड़ती हैं, उसी बीच पूरी डबिंग-मिक्सिंग करते-करते प्रविष्टि भेजने की अंतिम तिथि बिल्कुल निकट आ पहुंची। मैंने अपनी मेहनत और ईश्वर को ध्यान कर प्रोग्राम भेज दिया।

इसके काफ़ी दिनों बाद एक दिन अचानक कृपाशंकर जी ने मुझे अपने कमरे में बुलाया और बताया कि मुझे 'लोकसेवा प्रसारण' का प्रथम राष्ट्रीय पुरस्कार मिला है। मुझे सहसा विश्वास नहीं हुआ- भारत-भर में आकाशवाणी की कुल सत्ताइस प्रविष्टियों में प्रथम। मैं अपनी खुशी छिपा नहीं पा रहा था। आकाशवाणी के ऐसे किसी भी अवार्ड के लिए मैं अपनी नौकरी के शुरुआती दिनों से प्रयास कर रहा था, ख़ासकर रीवा को पुरस्कार मिलने के बाद से। जिस भी केन्द्र पर पदस्थापित रहा, लगभग हर वर्ष प्रविष्टियां भेजता रहा। देखा जाए तो ये मुझे बहुत पहले मिलना चाहिए था, लेकिन अधिकांश केन्द्रों पर कुछ लोगों की टुच्ची मानसिकता ने मुझे नाटक-रूपक अनुभाग से दूर रख ऐसे अवसरों को मुझ तक पहुंचने ही नहीं दिया।

अवार्ड मिलने पर भी कुछ लोगों की बधाइयों के पीछे दबी-ढंकी उनकी ईर्ष्या-भावना मैं पहचान सकता था। मेरे साहित्यकार मित्र भी इससे परे नहीं थे जो निरंतर मेरे चरित्र-हनन के प्रयासों में लगे रहते थे। पर इसके बावजूद इस प्रकार के सम्मान और पुरस्कार न सिर्फ़ काम करने का हौसला प्रदान करते हैं, बल्कि आपको नई ऊर्जा से भरने का काम भी करते हैं।

जब इस रूपक के लिये पुरस्कार ले कर मैं दिल्ली से पटना लौटा तो मेरे नाटक के कई साथियों ने मुझे फूल-मालाओं से लाद दिया। उनमें से एक रंगमंच के बड़े ही अनुभवी और जाने-माने अभिनेता और निर्देशक थे जिनके साथ धीरे-धीरे मेरा अपनापा गहराता गया और एक प्रकार से वे मेरे परिवार के सदस्य की तरह हो गये। ज़रूरत पड़ने पर हमदोनों एक-दूसरे के लिये तत्पर रहते। उनके कुछ नाटकों में मैंने अभिनय भी किया और संगीत भी दिया। पर लगभग सत्रह वर्षों के संबंध को 2019 में, ऐन मेरी सेवा-निवृत्ति के पहले, उन्होंने तार-तार कर दिया; सिर्फ़ इसलिये कि लोक संगीत के स्वर-परीक्षण में उनकी साली अयोग्य घोषित हो गई थीं और जिनके लिये वो मुझसे कई दिनों से पैरवी कर रहे थे। मैंने तभी उन्हें

कहा था कि यदि वे अच्छा गायेंगी तो पैरवी की ज़रूरत नहीं होगी। मैं मानता हूं कि निर्णायकों की अपनी समझ होती है, वे सब गुणीजन होते हैं, इसलिये उनके निर्णय का आदर होना चाहिये। फिर स्टूडियो में 'ऑडिशन' का 'आतंक' यों भी ज़्यादा होता है। मैंने अच्छे-अच्छे कलाकारों को माइक के सामने खड़ा होते ही कांपते देखा है। हो सकता है कोई कलाकार वाकई अच्छा गाने वाला हो, पर ऑडिशन के समय उसका जो प्रदर्शन होता है, निर्णय उसी आधार पर किया जाता है।

लेकिन वे सीधे मेरे कमरे में आकर बोलने लगे, ''आपने मेरी साली को फ़ेल कैसे कर दिया.... वो फ़ेल होने लायक नहीं थी... ऐसे-ऐसे घटिया लोग पास हो गये हैं और आपने मेरी साली को फ़ेल कर दिया....।'' वो तो वो, उनके साथ आयी उनकी पत्नी भी लगभग उन्हीं का वाक्य दुहराने लग गईं, जबकि इससे पूर्व मुझे 'भइया' कहते उनकी ज़बान नहीं थकती थी। मैं कुछ कहता उससे पहले उन्होंने और भी कहा कि ''जबतक आप इस केन्द्र में हैं हम तबतक यहां नहीं आयेंगे... और हम आर. टी. आई. भी करेंगे।''

उन्होंने हालांकि आर.टी.आई. नहीं किया, पर मेरी सेवा-निवृत्ति तक मुझे परिसर में वे नहीं दिखे। मैं इस घटना का वर्णन यहां इसलिये कर रहा हूं कि रेडियो की नौकरी में आपसे जुड़ते तो हज़ारों हैं, पर अपना और आपका हमदर्द कोई-कोई ही बन पाता है; ज़्यादातर लोग अपने स्वार्थों की वजह से आपसे जुड़ते हैं; हां किसी-किसी का स्वार्थ काफ़ी देर से पता चलता है, जैसा कि मेरे इन मित्र का पता चला।

और इससे नुकसान किसका हुआ, किसकी नज़रों में कौन गिरा..? उनके रेडियो परिसर में आने न आने से मुझे कोई अन्तर नहीं पड़ा, पर आगे किसी स्थान पर आमना-सामना होने पर क्या वे मुझसे आंखें मिला पायेंगे...! बस, एक छोटे-से स्वार्थ और लालच के कारण क्या हम एक बड़े रिश्तों का संसार नहीं ठुकरा देते हैं।

इसी स्वर-परीक्षण के मध्य एक स्वयंभू संगीतकार ने भी कुछ ऐसा ही किया। वे स्वयं कुछ साल पहले स्टाफ़-आर्टिस्ट के पद से सेवानिवृत्त हुए थे, जबकि उनकी पत्नी उसी पद पर वहां कार्यरत थीं। स्वर-परीक्षण में जैसा कि होता है, स्टूडियो के अन्दर अभ्यर्थी के अलावा सिर्फ़ संगत- कलाकारों को रहने की अनुमति होती है, परन्तु वहां एक तबलावादक के साथ इन स्वयंभू संगीतकार की पत्नी जी भी विराजमान थीं, जिनकी वहां कोई ज़रूरत नहीं थी। मैंने स्टूडियो से दोनों को बाहर जाने के लिये क्या कह दिया, पत्नी जी ने और उसके कुछ दिनों बाद उनके पति संगीतकार जी ने मनगढंत आरोप लगाते हुए मेरी लिखित शिकायत क्षेत्रीय कार्यालय, कोलकाता को भेज दी। उनमें से कई बिन्दु तो इतने हास्यास्पद थे जिन्हें पढ़कर किसी को विश्वास नहीं होगा कि ऐसी बात वो व्यक्ति कह रहा है, जिसने चालीस

वर्षों तक आकाशवाणी में काम किया। उनमें से एक ही बिंदु उनके संगीत और स्वर-परीक्षण के ज्ञान की पोल खोलने के लिये काफ़ी होगा।

उन्होने लिखा कि **''ये कैसा 'ऑडिशन' है जो अकेले बंद कमरे में किया जा रहा है....''**- क्या उन्हें अपनी चालीस साल की नौकरी में भी ये पता नहीं हुआ कि स्टूडियो और **'अकेले बन्द कमरे'** के बीच क्या अन्तर है; क्योंकि जिसे वे **'अकेला बंद कमरा'** कह रहे थे, उसे आकाशवाणी का 'स्टूडियो' कहते हैं। स्टूडियो में परीक्षार्थी कलाकार और संगत कलाकार के अलावा कोई नहीं होता और यह पूरी प्रक्रिया इतनी गोपनीय होती है कि परीक्षार्थी कलाकार को नाम से नहीं, रोल नम्बर से बुलाया जाता है ताकि उसकी पहचान ज़ाहिर न हो सके। उनकी ये बात अपने आप में कितनी हास्यास्पद थी कि इस पूरी गोपनीय प्रक्रिया को वे 'अकेले बन्द कमरे' का काम बता रहे थे।

इसके अलावा और भी अनर्गल बातें थीं जो उन्होंने मेरे विरुद्ध लिखीं थीं और जिनका ज़िक्र करने से कोई फ़ायदा नहीं है। वास्तव में, फ़ायदा और नुकसान- इन्हीं दो धरातलों पर एक साधारण मनुष्य सोचता है, अपनी इच्छित करने का प्रयास करता है और असमर्थ-असफल होने पर विचलित होता है। इस सबके मूल में उसका अहंकार प्रबल होता है, जिसके चलते वो अपने को महान् मानने की ग़लतफ़हमी पाल लेता है।

इन घटनाओं से कभी-कभी मैं सोचता हूं और अनुभव करता हूं कि इस दुनिया में दो तरह के मनुष्य होते हैं- एक, अपनी खुशी, शोहरत और इज़्ज़त के वास्ते जीने वाले; और दूसरे, दूसरों को दुख देने, उनसे ईर्ष्या-भाव रखने वाले और नुकसान पहुंचाने वाले। जिस तरह का मनुष्य होगा, वो उसी प्रकार का आचरण करेगा।

इसी से जुड़ी दूसरी बात है कि हम कोई काम करने से पहले यदि सकारात्मक सोच वाले हुए तो एक बार सोचते-विचारते ज़रूर हैं कि इससे हमें कितनी खुशी मिलेगी, हमारा कितना भला होगा; और अगर नकारात्मक विचारों को लेकर चलेंगे तो यही सोचेंगे कि हमारे इस काम से सामने वाले का कितना नुकसान होगा या उसे कितनी पीड़ा हम पहुंचा सकते हैं। पर इसके बीच यदि रत्ती-भर ये शक हो कि ऐसा नहीं हो पायेगा तो हम उस काम को करेंगे ही नहीं।

यहां भी इन स्वयंभू संगीतकार जी ने मेरी शिकायत भेज तो दी पर क्या एक बार भी सोचा कि इससे मेरा क्या अ-भला वे कर लेंगे। ना तो इससे मेरे वेतन पर कोई असर पड़ने वाला था, ना ही मेरा कोई 'डिमोशन' होने वाला था, यहां तक कि मेरा स्थानान्तरण भी संभव नहीं था। फिर ऐसा कर के क्या वे मेरी नज़रों में गिर नहीं गये। पहले कभी-कभी मेरा कार्यक्रम सुनकर फ़ोन पर मेरी, शायद झूठी ही सही- थोड़ी-बहुत प्रशंसा कर देते थे, अपनी इस हरकत से यदा-कंदा संवाद के इस

तार को क्या उन्होंने तोड़ नहीं डाला...! हां, थोड़ी-बहुत मुझे तकलीफ़ इनकी शिकायत का जबाव तैयार करने के दौरान ज़रूर हुई, क्योंकि सारा काम छोड़कर मुझे इस वाहियात प्रकरण के लिये जवाब तैयार करना पड़ा। हो सकता है, उनकी आत्मा इतने-भर से तृप्त हो गई होगी।

थोड़ा विषयांतर यहां अवश्य हो गया, पर संदर्भवश प्रवाह में जैसे जो आया, मैंने उसी रूप में सामने रख दिया। तो बात हो रही थी कमरा संख्या तेरह की, जिसे यों तो अशुभ माना जाता है, पर मेरे लिये वो भाग्यशाली सिद्ध हुआ।

हालांकि मुझे ऐसे शुभ-अशुभ वाले फलाफल पर जरा भी विश्वास नहीं है; पर देखा जाये तो तेरह की संख्या के साथ मेरे कई संयोग जुड़े रहे हैं। मेरे बेटे, अभिसार के जन्म की तारीख़ तेरह अप्रैल है; मैंने अपनी कार ली तेरह अप्रैल के दिन और अपने नये घर में प्रवेश भी किया तेरह तारीख़ को। इस तरह के और भी संयोग मेरे साथ ज़रूर हुए होंगे जो अब मुझे याद भी नहीं है।

इस तरह की मान्यताओं के प्रति संदेहात्मक दृष्टिकोण रखते हुए भी मैं इस बात को लेकर कोई राय क़ायम नहीं कर पा रहा था कि 'अवार्ड' मुझे मेरे उस कमरे में आने से मिला कि मेरी मेहनत से, इसका फ़ैसला आप पर छोड़ता हूं। पर इसके बाद से मैंने अनेक धारावाहिकों, रूपकों और नाटकों का निर्माण किया, जिनमें कुछ प्रमुख हैं- ऐतिहासिक स्थलों पर केन्द्रित रूपक (11 अक्तूबर, 2002 से 25 जुलाई, 2003); 'संस्कृतिशीर्ष पाटलिपुत्र' (3 अक्तूबर, 2003 से 16 जनवरी, 2004); 'पाटलिपुत्र की कहानी' (15 फ़रवरी, 2005 से 10 मई, 2005); 'भोर के पहरुआ- भोजपुरी (3 सितम्बर, 2002 से 26 नवंबर, 2002); 'अक्षर पुरुष' (11 अप्रैल, 2003 से 25 मार्च, 2005); 'नारी तुम केवल श्रद्धा हो' (3 फ़रवरी, 2004 से 25 मई, 2005); 'जातक कथा' (3 जनवरी, 2006 से 28 मार्च, 2006); 'तेजस्विनी' (3 जनवरी, 2006 से 12 मई, 2006)। ये सारे धारावाहिक थे और सभी तेरह कड़ियों में बने थे। इनके अलावा स्वतंत्र और छिटपुट रूप से अनेक नाटकों और रूपकों का निर्माण भी इसी दौरान हुआ।

इसे मेरी गर्वोक्ति या दंभ न समझा जाये तो मैं कहूंगा कि इतना काम मैं इसलिये कर सका कि महेश साह जी से लेकर, टी. के. शर्मा, एस. के. ग्रोवर और पी. के. मित्रा तक जितने केन्द्र निदेशक रहे, उन्होंने कभी मेरे कार्य में अनावश्यक हस्तक्षेप नहीं किया, सदैव मुझे प्रोत्साहित किया। बल्कि मित्रा साहब ने तो एक क़दम आगे बढ़कर, मेरी पत्नी की गंभीर बीमारी को देखते हुए, सन् 2007 में हुए मेरे भागलपुर ट्रांसफ़र को रोक कर, मुझे एक साल का विस्तार दिलवाया।

ऐसा नहीं कि अड़चनें नहीं आयीं, अड़चनें लाई गईं मेरे ही कुलिग और दोस्तों के द्वारा जो सदैव मेरा उपहास करते रहे कि जब प्रमोशन नहीं मिल रहा तो

काम क्यों कर रहे हो। वे न तो स्वयं कुछ करते थे, न दूसरों को करने देते थे। वे करते भी थे तो सिर्फ़ वही काम, जिसमें उनका कुछ फ़ायदा होता हो।

उन दिनों के कार्यक्रम-बैठक को देखकर कोई कह नहीं सकता था कि ये पढ़े-लिखे, सभ्य, समझदार लोगों का समूह है; सब एक-दूसरे पर टीका-टिप्पणियां करते रहते थे, ऊंची आवाज़ में बोलते थे और कई बार केन्द्र निदेशक को अपमानित करने से भी बाज़ नहीं आते थे। एक बार तो मेरे एक बंधु ने केन्द्र निदेशक पी. के. मित्रा साहब को भरी मीटिंग में बोल दिया कि ''आप जिस कुर्सी पर बैठे हैं, आज मुझे वहां होना चाहिये था.... और आप मुझसे काम करने के लिये कहेंगे.... मैं कोई काम नहीं करूंगा...'', और मित्रा साहब इतने भले और सज्जन व्यक्ति कि वे इस आक्रामक आक्षेप पर बिल्कुल मौन रह गये। मेरे जिन बंधु ने मित्रा साहब को भरी मीटिंग में अपमानित किया, उनकी गिनती शहर के प्रमुख साहित्यकारों में भी होती थी और कम-से-कम एक साहित्यकार से ऐसी संवेदनहीनता और बदमिजाज़ी की आशा नहीं की जाती थी। यही बंधु अभी हाल में ही रेडियो में मिले तो अपनी इस 'वीरता' का उन्होंने फिर से बखान शुरू कर दिया। वे गर्व से अपनी गर्दन अकड़ा कर वहां मौजूद लोगों को बता रहे थे कि पूरे सेवा-काल में उन्होंने एक प्रतिशत से ज़्यादा काम नहीं किया...। कितने आश्चर्य की बात है कि जो बात उन्हें शर्म से सिर झुकाकर कहनी चाहिए थी, उसे वे गर्दन अकड़ा कर दंभ से कह रहे थे।

रेडियो का बुरा हाल यों ही नहीं हुआ।....

दरअसल तीन लोगों का गुट बना हुआ था, जो प्रतिदिन योजना बनाकर किसी-न-किसी को टार्गेट कर अपमानित करता था। उनके निशाने पर ज़्यादातर वो लोग होते थे जो काम करते थे, या करना चाहते थे; भले ही उनकी ज़द में केन्द्र निदेशक ही क्यों न आ जायें। इस ग्रुप में इन साहित्यकार बंधु के अलावा, दूसरे सज्जन हमेशा लाइब्रेरी में बैठ कर कंप्यूटर से खेलते रहते थे और तीसरे वे थे जिन्हें अर्थशास्त्रीय सिद्धांतों का 'पंडित' कहा जाता था। वैसे प्रसारण और उसके विभिन्न पहलुओं की दृष्टि से इन तीनों में सर्वाधिक 'विजनरी' वही थे। काम-काज में अत्यंत दक्ष होने के साथ-साथ हिन्दी और अंग्रेज़ी भाषाओं पर उनका अच्छा नियंत्रण था; लेकिन ग्रुप में शामिल होने से उनकी छवि ख़राब ही हुई, जैसा कि मैं इस समय उनका वर्णन न चाहते हुए भी इस रूप में करने को विवश हुआ हूं।

दरअसल ये वो समय था जिसमें बार-बार लग रहा था कि बस, अब प्रोमोशन मिलने ही वाला है। एक बार तो ग्रोवर साहब ने बाक़ायदा प्रोमोशन लिस्ट आने की घोषणा ही कर दी और मिठाई खिलाने तक को कह दिया। वो तो हमसब इस तरह की घोषणाओं और अफ़वाहों के आदी हो चुके थे, इसलिये उतावलापन

दिखाने की ग़लती नहीं की, नहीं तो बड़ी हास्यास्पद स्थिति का सामना करना पड़ता; क्योंकि आज हमारे बैच के लगभग सारे लोग इस प्रोमोशन की बाट जोहते-जोहते रिटायर हो गये और बाद के जो बचे-खुचे लोग हैं, वो अब भी उम्मीद की हल्की, टिमटिमाती रौशनी में बेबस होकर चले जा रहे हैं– बेबस ही नहीं, अपमानित भी। केन्द्रों पर कार्यक्रम से इतर के अधिकारी पहले ही वर्चस्व प्राप्त कर चुके थे; अब बाहरी लोगों ने भी अपना आधिपत्य जमा लिया है– वैसे लोगों ने जिन्हें न तो आकाशवाणी की प्रसारण-परंपरा का ज्ञान है; न ही कला-संस्कृति की समझ। अब सारा ज़ोर पैसा कमाने पर है इसलिये आकाशवाणी की सारी समृद्ध परंपराओं को समाप्त कर दिया गया और आज ये गौरवशाली संस्था अपनी अंतिम सांसें गिन रही है।

इसलिये हमलोगों की विक्षुब्धता समझ में आती है। आकाशवाणी का प्रसारण सिर्फ़ फ़िल्मी गीतों से नहीं चलता, बल्कि समाज के सभी वर्गों के लिये, विभिन्न विधाओं में लोकहितकारी प्रसारण पर निर्भर करता है, जिसके लिये आजकल एक शब्द प्रयोग किया जाता है– ‘कन्टेन्ट जेनरेशन’। इस विक्षुब्धता और असंतोष का नतीजा ये हुआ कि हममें से बहुतों ने काम में उदासीनता दिखाना शुरू कर दिया, एक तरह से काम करना बंद कर दिया। और जब काम न हो तो क्या करें; तो वही किया जो एक ग्रुप बनाकर हमारे साथी कर रहे थे।

इस बीच में एक दूसरी बात भी हुई। अचानक ढेर-सारे केन्द्रों की प्रसारण-क्षमता में कमी आ गई। आकाशवाणी का प्रसारण सुनने में बाधा आने लगी और इसका थोड़ा-बहुत जो श्रोता-वर्ग बचा हुआ था, वो भी इससे विमुख हो गया। हां, इसका एक कारण निजी एफ़. एम. चैनलों का बहुतायत में, अस्तित्व में आना भी था; लेकिन हमारे नीति-नियंता बदलते समय की नब्ज़ को पहचानने में हमेशा की तरह इस बार भी असफल रहे।

होना तो ये चाहिये था कि उसी समय तत्काल आकाशवाणी के सारे केन्द्रों को एफ़. एम. पर ‘स्वीच ओवर’ कर देते; साथ ही, इन्टरनेट पर ‘लाइव स्ट्रीमिंग’ के माध्यम से प्रसारण की व्यवस्था हो जाती, जो प्रसार भारती ने इतने साल बाद अब जाकर किया है। लेकिन अबतक बहुत देर हो गई है और आकाशवाणी के सारे चैनल अब भी ‘लाइव स्ट्रीमिंग’ में नहीं आ पाये हैं।

इसी प्रकार जब बहुत सारे केन्द्रों पर ट्रांसमीटर ख़राब हो गये या पुराने पड़ गये तो उन्हें डी. आर. एम. (Digital Radio Mondiale) ट्रांसमीटर से बदला गया, जबकि कई देशों द्वारा इस तकनीक को अपना कर, इसे श्रोताओं के लिये अनुपयोगी जान, छोड़ दिया गया था। डी. आर. एम. तकनीक पहली बार ‘नार्वे ब्रॉडकॉस्टिंग कॉरपोरेशन’ द्वारा 1 जून, 1995 को अपनाया गया था, पर 2018 तक अनेक देशों ने डी. आर. एम. तकनीक में सिग्नल की ख़ामियों के चलते एफ़. एम.

पर 'स्विच ओवर' करने का मन बना लिया और 'नार्वे ब्रॉडकॉस्टिंग कॉरपोरेशन' वो पहली प्रसारण-संस्था है, जिसने 2017 में डी. आर. एम. को छोड़कर 'नेशनल एफ़. एम. रेडियो' की शुरुआत की।

डी. आर. एम. की एक सबसे बड़ी ख़ामी इसके 'रिसीविंग सेट को लेकर है, जो काफ़ी महंगे आते हैं (भारत में इसकी क़ीमत लगभग दस हज़ार रुपये है)। अब भारत जैसे विकासशील देश में जहां तीन सौ रुपये का ट्रांजिस्टर कोई नहीं ख़रीदना चाहता, वो दस हज़ार का डिज़िटल रेडियो कहां से ख़रीदेगा। इसलिये जिन केन्द्रों पर डी. आर. एम. ट्रांसमीटर लगे, उन केन्द्रों पर 'एनालॉग तकनीक' भी साथ-साथ चल रही है- यानी ख़र्च तो करोड़ों हो गये, पर हम जहां थे, वहीं रह गये।

यही हाल 'नेतिया सॉफ़्टवेयर' का हुआ। ये 'ऑडियो रिकॉर्डिंग' और 'स्टूडियो वर्क-स्टेशन' के लिये बनाया गया सॉफ़्टवेयर है। इस सॉफ़्टवेयर पर भी करोड़ों ख़र्च हुए; लगभग सारे स्टेशन के अभियांत्रिकी और कार्यक्रम के लोगों को प्रशिक्षित किया गया; पर लाख कोशिशों के बाद भी केन्द्रों पर काम, उसी पुराने 'एडॉब एडिशन' या उससे भी पुराने और आउटडेटेड सॉफ़्टवेयर 'साउंड फ़ोर्ज' पर किया जा रहा है। आज एक कमरे के छोटे-से निजी स्टूडियो भी 'नुएन्डो', 'सी-एस. फ़ोर' और 'सी-एस. सिक्स'- जैसे मल्टी चैनल रिकॉर्डिंग वाले अद्यतन सॉफ़्टवेयर इस्तेमाल कर रहे हैं, और हम अब 'नेतिया' शुरू कर रहे हैं, कितना विरोधाभास और विडंबना है इस संस्था की।

दरअसल 'नेतिया' रेडियो-प्रोडक्शन के लिहाज़ से- विशेषकर नाटक या संगीत के कार्यक्रमों की डबिंग-मिक्सिंग के लिये 'कॉम्पेटेबल' है ही नहीं और दुनिया के देशों में भी अब इसका इस्तेमाल कहीं नहीं हो रहा; पर हमारे कर्णधार इस पिटे-पिटाये तकनीक को अपनाने के लिये आज भी हर संभव कोशिश कर रहे हैं।

इन सारे कारणों से रेडियो आमजन से दूर होता चला गया और समय पर प्रोन्नति न देकर एक बड़े संवर्ग को उदासीनता और कर्महीनता के गह्वर में धकेल दिया। बावजूद इस असंतोष और क्षोभ के, काम करने वाले काम करते रहे, और अच्छा ही करते रहे। लोगों ने कहा, "क्यों इतनी मेहनत कर के कार्यक्रम बनाते हो, आजकल रेडियो सुनता कौन है...?"

मेरा जवाब होता, "मैं सुनता हूं... कार्यक्रम अच्छा बनने पर मुझे संतुष्टि होती है, उससे ज़्यादा आनन्द...।" और इसमें सच्चाई भी थी। कोई सुने, न सुने... मैं तो सुन रहा हूं...। फिर इतनी बड़ी संस्था मुझे अच्छा-ख़ासा वेतन दे रही है तो उसका मूल्य तो चुकाना ही चाहिये; वेतन से अधिक नाम-शोहरत-इज़्ज़त, जिसे मूल्यों में नहीं आंका जा सकता।

वाकई, ये भी सच है कि इस संस्था ने बहुत कुछ दिया है, सोच से ज़्यादा और सामर्थ्य से कहीं अधिक; और ऐसे-ऐसे लोगों को भी दिया है, जो अगर रेडियो

में न होते तो कहीं कोई पूछता भी नहीं। संभवतः दुनिया की यही एकमात्र संस्था है जिसके बारे में कहा जाता है कि यहां घोड़ों के साथ-साथ गधे भी चलते रहे हैं। लेकिन संस्था ने बिना किसी भेदभाव के उन्हें भी दिया। ये एकमात्र ऐसी संस्था है जिसके अधिकारी मंत्री से लेकर संतरी तक से आसानी से मिल सकते हैं। यहां तक कि देश के अतिविशिष्ट महानुभावों से भी समय लेकर आसानी से मिला जा सकता है।

हमारी पहुंच समाज के हर वर्ग तक होती है और हम सभाओं में, मंचों पर, सरकारी-ग़ैरसरकारी आयोजनों में सक्रिय भागीदारी करते हैं; फलस्वरूप समाज में हमारी एक अलग पहचान बनती है, हमें मान-सम्मान प्राप्त होता है।

इतना ही नहीं, अपनी नौकरी करने के साथ-साथ यदि हमारी कोई कलात्मक अभिरुचि है तो उसे भी हम जागृत रख सकते हैं- मसलन लिखने-पढ़ने का शौक पूरा कर सकते हैं, पेंटिंग कर सकते हैं, नाटक कर सकते हैं, अपनी संगीत-प्रतिभा को निखार सकते हैं। कहने का मतलब ये कि राजा से रंक तक में अपनी पहचान होती है।

तो जिस संस्था ने आपको इतना कुछ दिया, उसका कृतज्ञ होना चाहिये; न कि जो नहीं मिला उसे समस्या बनाकर काम न करने की प्रवृत्ति अपना लेना चाहिये। इस मुद्दे पर मैं इस संस्था का हमेशा कृतज्ञ रहा; परन्तु इसकी अनदेखी करने और इसे जिसे तरह से मटियामेट किया गया, उसे देखकर मन में पीड़ा भी होती है, और आक्रोश भी; क्योंकि मैंने इसे बहुत प्यार किया और प्यार पाया भी।

निस्संदेह ये सारे अनुभव कमरा संख्या तेरह के नहीं हैं, क्योंकि इस दरम्यान न जाने कितने कमरे बदल गये थे।

चार

बार-बार तुम खुद को
सिक्त करने झुकते हो
और रिक्त करके ही उठते हो...

(ज्ञानेन्द्रपति)

कुंवर नारायण की एक कविता है-
"वहीं कहीं ठहरी रह गई है एक कविता
जहां हमने वादा किया था कि फिर मिलेंगे...।"

कविता की तरह लगता है वक़्त वहीं ठहरा हुआ है, जब मैं जगदलपुर से लौट कर पटना आया था; बस कुछ ज़िद्दी घटनायें आगे बढ़ती चली गईं।

पटना आने के मेरे दो मक़सद थे- एक, अपने हिस्से की ज़मीन को अपने नाम कराना और दूसरा, विकी को अपने परिवार के बीच लाना। हालांकि सभी भाइयों के चूल्हे-चौके काफ़ी अरसे पहले अलग हो चुके थे और मैं तो पिछले ग्यारह सालों से बाहर ही था; फिर भी दूसरे मक़सद को पाने में कोई समस्या नहीं थी, क्योंकि अलग-अलग रहकर भी हमारे परिवार में, कुछ प्रसंगों को छोड़ दें तो आपसी प्यार बना हुआ था।

अपने हिस्से की ज़मीन के लिये मुझे आगे बढ़कर भइया से बात करना अच्छा नहीं लग रहा था; क्योंकि वे मेरे एक बुलावे पर न सिर्फ़ जगदलपुर दौड़े चले आये, बल्कि मेरे सामान के साथ वे ट्रक में बैठकर भी आये। इस लगभग चौबीस घंटों की दुरूह यात्रा में उन्होंने न जाने कितने कष्ट उठाये होंगे। इससे इतर भी उन्होंने मेरे लिए बहुत किया है। इतना ही नहीं, डॉलर को भी उन्होंने बहुत दिनों तक अपने घर में रखा। इसकी एक अलग कहानी है जो आगे आयेगी....।

सचिवालय कॉलोनी में जहां हम मंजू मिश्रा वाले घर में रहते थे, उसमें दो कमरे और एक बरामदा था। बरामदा से अधिक उसे कमरा ही कहना ठीक होगा, क्योंकि उसमें दो तरफ़ से लोहे की ग्रिल लगी थी और उसी में लोहे का गेट था जिससे हम आना-जाना करते थे। बाद में मकानमालिक ने सामने का ग्रिल निकलवा के उसमें खिड़कियां लगवा दी थीं, जिससे वो हिस्सा भी एक कमरे की तरह इस्तेमाल किया जा सकता था। उससे लगा कमरा हम बैठक के तौर पर इस्तेमाल करते थे और उससे सटा कमरा बेडरूम के काम आता था। उस बेडरूम के अंतिम सिरे को ही छोटा कर वहां किचेन के लिये जगह निकाली गई थी। बेडरूम की दूसरी तरफ़ बाथरूम था, जो बैठक की तरफ़ से भी खुलता था। कुल मिलाकर वो घर एक दड़बे की तरह था, हालांकि बाहर अहाता काफ़ी बड़ा था, जिसमें गुलाब, बेला, चमेली और रजनीगंधा क्यारियों में लगाये गये थे।

इस घर की पूरब वाली दीवार से सटा डॉ. शुभ्रा झा का 'मौर्या एक्सरे' था जहां सुबह आठ बजे से लेकर देर रात तक गहमागहमी बनी रहती थी।

उस समय उस घर में हमारे अलावा एक और किरायेदार थे श्रीवास्तव जी, जो तीसरी मंज़िल पर रहते थे। वे रेलवे में अधिकारी थे। उनकी पोस्टिंग हाजीपुर में थी पर वहां पढ़ाई की अच्छी व्यवस्था नहीं होने के कारण उन्होंने परिवार पटना में रखा हुआ था। जल्दी ही उनके परिवार के साथ हम घुलमिल गये थे। उनकी बेटी-जेनी तो हर साल विकी को राखी बांधती थी। उनका बेटा थोड़ा शर्मिला था, इसलिये कम आता था; पर उनकी पत्नी बराबर आया करती थीं, ये जानकर कि मेरी पत्नी

सीढ़ियां चढ़कर उनके यहां नहीं जा सकती। वे लोग उस घर में बहुत सालों तक रहे (आठ साल तक तो हमलोग ही रहे); पर बाद में श्रीवास्तव जी का स्थानान्तरण शायद मुज़फ़्फ़रपुर हो गया और बच्चे भी दूर-दूर के कॉलेजों में चले गये तो उनलोगों ने ये घर छोड़ दिया। शुरू-शुरू में उनसे फ़ोन पर यदा-कदा बातचीत होती थी, पर धीरे-धीरे ये सिलसिला समाप्त हो गया। लेकिन नियति का चक्र देखिये कि इसके लगभग ग्यारह सालों बाद बिल्कुल अप्रत्याशित तरीक़े से हमारी भेंट सुदूर बैंगलुरू में 2019 की मई में हुई।

हुआ यों कि विकी की शादी के बाद पहली बार मैं बैंगलुरू गया। वहां भी, जैसे पटना में मेरा रूटीन था; सुबह-सुबह 'मॉर्निंग-वॉक' के लिये निकल जाता और 'प्रेस्टिज़ ट्रैंक्यूलिटी' नाम की उस बड़ी सोसाइटी के तीन-चार चक्कर लगाकर लौटता। एक दिन टहलने निकला तो सामने से एक आदमी को अपनी ओर ग़ौर से देखते पाया। उन्हें अपनी ओर देखते पाकर मैं ठिठक गया। वे थोड़ी सम्भ्रम की दशा में मेरे पास आये और बोले, ''आप सिन्हा साहब हैं न...!''

मैं उन्हें पहचान नहीं पा रहा था। यहां कौन मेरा परिचित मिल गया!

वे फिर बोले, ''डॉ. मंजू मिश्रा का मकान.... सचिवालय कॉलोनी में... हम ऊपर रहते थे...!''

''अरे... श्रीवास्तव साहब...!'' मैं विस्मित था और प्रसन्न भी कि यहां, इस सोसाइटी में कोई अपना तो मिला।

पता चला कि वे इसी सोसाइटी में रहते हैं और ये भी क्या संयोग था कि पन्द्रह टॉवर वाली उस सोसाइटी में ठीक उसी नौ नम्बर टॉवर में विकी-मुग्धा के फ़्लैट के ठीक नीचे वाले फ़्लैट में वे अपने बेटे के साथ रहते हैं। उनकी बेटी, जेनी भी पास में ही कहीं अपने पति के साथ रहती थी।

बहरहाल बात हो रही थी कि मैं भइया से ज़मीन के बारे में कैसे कुछ कहूं, जबकि उन्होंने मेरे लिये कितना कष्ट उठाया था। डॉलर को भी ऐसे समय में अपने साथ रखा, जब मुझे समझ नहीं आ रहा था कि उसे कैसे मैनेज करूं।

असल में बीच में मंजू मिश्रा के यहां ठीक मेरे पीछे वाले हिस्से में एक नये किरायेदार आये। वे पटना कॉर्पोरेशन में बड़े अधिकारी थे। वैसे वे भले लोग थे, पर कुछ दिनों में डॉलर से उन्हें प्रॉब्लम होने लगी। मैं सुबह नौ बजे ऑफ़िस चला जाता था और शाम सात बजे तक लौटता था। उस बीच उनके बच्चे या जो कोई भी उधर से गुज़रता, डॉलर महाशय चीख़ना शुरू कर देते। इसके अलावा दिन में उसके द्वारा किया गया पेशाब-टट्टी भी मेरे आने तक पड़ा रहता, जो निश्चित तौर पर दुर्गंध भी करता। विकी या मुन्नी के वश में नहीं था कि वे कुछ कर पाते। मैं ऑफ़िस से लौटता तो सबसे पहले मुझे साफ़-सफ़ाई का ये काम करना पड़ता।

जबतक मैं सफ़ाई करता, उस बीच डॉलर मेरे ऊपर उछल-कूद मचा कर मुझे गंदा कर देता। फिर मुझे ठंड में भी नहाना पड़ता। ये लगभग मेरा रोज़ का रूटीन बन गया था।

कुछ दिन बाद पीछे के किरायेदार शिकायत करने लगे कि उनके कमरे तक दुर्गंध जाती है और उनके बच्चे उधर से गुज़रने से डरते हैं। तब मंजू मिश्रा जी ने एक दिन मुझसे कहा कि किरायेदार शिकायत कर रहे हैं, इसलिये आप डॉलर को कहीं और ले जाइए।

अब कहां ले जाऊं डॉलर को। एक पूरी तरह से युवा 'डोबरमैन' ब्रीड किसी और से संभलेगा क्या...! किसी ने सलाह दी कि उसे किसी कुत्ता-प्रेमी को दे दूं तो किसी ने कहा कि उसे सोनपुर के मेले में बेच आऊं। किसी-किसी ने यहां तक कहा कि उसे कहीं दूर ले जाकर छोड़ दूं।

मुझे कुछ समझ नहीं आ रहा था कि क्या करूं। सच तो ये था कि डॉलर मेरे बिना और मैं उसके बिना रह नहीं सकते थे। मैं तो किसी तरह शायद अपने को समझा भी लूं, पर वो बेज़ुबान जानवर जो मेरे प्यार के लिये अनेक बार दिन-दिनभर, बिना कुछ खाये-पीये मेरा इंतज़ार करता, वो मेरे बिना कैसे रहता। लेकिन उसे अलग तो करना ही था। तभी ये ख़्याल आया कि मुन्ना भइया को जानवरों- ख़ासकर कुत्तों से बहुत प्रेम है; क्योंकि मेरे बचपन की याद में घर में कुत्ते वही लाया करते थे। फिर पटना सिटी का घर- 'द्वारिका भवन' बड़ा भी है। और सबसे बड़ी बात कि जब भइया जगदलपुर गये थे तो डॉलर थोड़ा-बहुत उनसे हिल-मिल भी गया था।

मैंने जब उनसे अपनी समस्या बताई तो वे सहर्ष डॉलर को रखने के लिये राज़ी हो गये। मैंने दूसरे ही दिन उसे 'द्वारिका भवन' पहुंचा दिया। डॉलर को वहीं छोड़ मैं लौट तो आया, पर मेरा मन हमेशा वहीं लगा रहा। हालांकि मुझे पता था कि उसे वहां किसी तरह की तकलीफ़ नहीं होने वाली; कि वे लोग भी उसे बच्चे की तरह उसी प्रकार का प्यार देंगे जैसा मैं देता था। मैंने ऐसा पाया भी जब दूसरे ही दिन मैं वहां गया। डॉलर तो जैसे मुझे छोड़ने को तैयार ही नहीं था। मैंने देखा कि उसके सोने के लिये बढ़िया-से बिस्तरे का इंतज़ाम किया हुआ है और मेरे यहां एक कमरे में बंधे डॉलर को वहां जैसे मुक्त आसमान मिल गया था।

उसके बाद जब भी मुझे मौक़ा मिलता, मैं चला जाता। उस बीच उसका जन्मदिन पड़ा तो मैं उसके लिये केक लेकर गया। (ऐसा मैं जगदलपुर में भी उसके हर जन्मदिन पर करता था।) हालांकि आज उसके जन्म की तिथि मुझे याद नहीं।

संभवतः वो साल-छः महीने तक भइया के साथ रहा, पर इस बीच उनके बड़े बेटे- गुड्डू- यानी मेरे भतीजे की शादी तय हो गई। एक दिन उन्होंने मुझसे कहा कि अब शादी में मेहमान आयेंगे, उसके बाद घर में बहू आयेगी, तो ऐसे में

डॉलर को रखना संभव नहीं होगा; क्योंकि वो हमारी संभाल में आ जाता है, पर बहू के आने के बाद लोगों का आना-जाना लगा रहेगा, सो तुम उसे ले जाओ।

उनकी सोच वाज़िब थी और मुझे उनके कहने में कुछ भी बुरा महसूस नहीं हुआ, क्योंकि ऐसी परिस्थिति में मैं भी यही करता। पर प्रश्न था कि उस समय तो भइया मिल गये थे, अब दूसरा कौन भाई मिलेगा जो डॉलर को उतने ही प्यार से रखेगा।

मैंने उन्हें आश्वासन दिया कि मैं जल्दी ही डॉलर को ले जाऊंगा। घर उसे ला नहीं सकता था, फिर....। अब उसे ऐसी जगह पहुंचाने के अलावा कोई और रास्ता नहीं था, जहां से उसे कोई कुत्ता-प्रेमी ख़रीदार मिल सके; और वो जगह थी- 'चिड़ीमार टोला'। ये इलाक़ा पटना सिटी के रास्ते में, नन्मुहियां के दोराहे से अन्दर से होकर गायघाट निकलने वाली सड़क के रास्ते में पड़ता है। अब तो चिड़ियों की ख़रीद-फ़रोख़्त पर रोक लग गई है, पर उस समय वो इलाक़ा भांति-भांति के पक्षियों के कलरव से गुंजायमान रहता था; न सिर्फ़ पक्षी, बल्कि कुत्ते, बकरियां, बंदर, खरगोश-जैसे जानवर भी वहां बिक्री के लिये रखे जाते थे। वर्ष में एक बार लगने वाले सोनपुर मेला के समय ये टोला पूरी तरह से ख़ाली हो जाता था, क्योंकि यहां के सारे चिरई-चुनमुन और जानवर वहां बिक्री के लिये चले जाते थे।

उस समय बहुत सारे विचार मन के अंदर उमड़-घुमड़ रहे थे। डॉलर को वहां भेजना क्या ठीक होगा, वे उसका ख़्याल रखेंगे क्या, क्या उसे जो ख़रीदेगा, उसके पास क्या वो रह पायेगा आदि-आदि। पर इसके अलावा कोई और उपाय भी नहीं था, इसलिये एक दिन जाकर वहां बात कर आया।

एक जगह मैंने बात की और उसे बताया कि अगर कोई प्रेमी मिले तो उसे बेच दे तो वो चौंका। मैं कारण समझ गया। मैंने तुरंत कहा कि उसके लिये मुझे कोई पैसा नहीं चाहिये। मैं डॉलर को तुमसे बेच नहीं रहा हूं, उसे तुम्हें सौंप रहा हूं, अब ये तुमपर है कि उसे चाहो तो किसी को बेच कर पैसे कमा लो; क्योंकि डॉलर को मैं बेच नहीं सकता।

वो मान गया। दूसरे दिन मैंने एक ऑटो रिज़र्व किया और भतीजे गुड्डू को साथ लेकर डॉलर को चेन में पकड़े ऑटो पर बैठा तो मन जाने कैसा हो आया। डॉलर को भी शायद इस बात का आभास हो रहा था कि वो हमेशा के लिये हमसे अलग होने वाला है, इसलिये उसकी आंखों में एक क़िस्म की उदासी मैं देख रहा था और हमेशा की तरह चपल रहने वाला वो प्राणी पूरे रास्ते चुप, मेरे पैरों में बैठा रहा।

उस दिन आसमान में बादल छाये थे और रुक-रुक कर हल्की बारिश हो रही थी। हम डॉलर को ऑटो से उतारकर उस गली में बढ़ चले जहां उसे पहुंचाना था। वो घर क्या था, कच्ची दीवारें थीं और कहीं-कहीं 'ऐस्बेस्टस' की शीट डालकर छाजन डाला गया था जो जगह-जगह से टूट चुका था। वहां मुर्गियां और बत्तखें

बेरोक-टोक घूम रही थीं। एक कोने में कुछ बकरियां बंधी थीं। बारिश होने से उस पूरी जगह की मिट्टी गीली होकर फिसलन बन गई थी।

हमारे वहां पहुंचते ही उसने एक ओर इशारा कर डॉलर को वहां बांधने के लिये कहा। मैंने देखा, वो एक छोटी-सी खुली जगह थी। ऊपर का छाजन टूटा हुआ था, जिससे बारिश की बूंदें नीचे आकर वहां की मिट्टी को गीला कर चुकी थीं। वहीं दीवार में एक कुंडी लगी थी, जिसमें बांधने का इशारा किया गया था।

मैंने वहां डॉलर को बांधा तो वो इतना उग्र हो गया मानो ज़ंजीर तोड़ कर भाग निकलेगा। मेरे पांव बंध गये थे। मैं उसके पास गया, उसे पुचकारा और उसने मेरी छाती पर चढ़कर मेरे गले में अपने दोनों पांव इस प्रकार कस लिये मानो मुझे छोड़ेगा ही नहीं। वो मेरे पूरे बदन को चाटने लगा था। मैंने उसे जी-भर कर प्यार करने दिया। थोड़ा शांत हुआ तो मैं वहां से निकलने को हुआ। उस समय उसकी कातर आंखें एक अजीब-सी उदासी से भरी थीं, शायद उसने अपनी नियति को स्वीकार कर लिया था और मुझे अपने प्यार से मुक्त कर दिया था, तभी वो न चीख़ा, न चिल्लाया, बिल्कुल शांत पड़ा रहा; लेकिन लौटते हुए रास्ते-भर मुझे उसके कातर, रोने की आवाज़ सुनाई देती रही। कई बार तो लगा कि वो आवाज़ कहीं मेरे एकदम निकट से आ रही है, शायद मेरे भीतर से....।

तभी मैंने रेणु की 'तीसरी कसम' के हिरामन की तरह तीसरी कसम खाई कि अब कोई बेज़ुबान जानवर नहीं पालूंगा। पहली कसम बचपन में तब खाई थी, जब तोता मरा था; दूसरी कसम तो कुत्ते के मरने पर ही खाई थी, जो डॉलर को घर में लाने से टूट गई थी; **(इस प्रसंग को जानने के लिये पढ़िये आत्मानुभव का प्रथम खंड 'तीस साल लम्बी सड़क')** पर उस समय ये तीसरी और आख़िरी कसम खाई।

घर लौटा तो मन बहुत उदास था। विकी और मुन्नी भी ग़मगीन हो गये। मुन्नी बोली, ''इसीलिये हम मना करते थे कि जानवर मत पालिये; मोह हो जाता है और उसके टूटने पर बहुत दुख होता है।''

मैं भतीजे को रोज़ बोलता कि एक बार जाकर डॉलर को देख आये कि वो कैसा है। मेरी हिम्मत बिल्कुल नहीं थी उसे उस हाल में देखने की। एक-दो बार वो गया भी; पर पांचवें रोज़ उसने ख़बर दी कि डॉलर चेन तोड़कर वहां से भाग निकला।

उसके बाद मैं पागलों की तरह उस मुहल्ले से लेकर आसपास की सड़कों पर उसकी खोज में बाइक दौड़ाता रहा। 'डोबरमैन' की ख़ास पहचान ये होती है कि उसकी पूंछ कटी होती है, डॉलर की भी थी, सो उसे ढूंढ़ना उतना मुश्किल नहीं था। वैसे भी मैं उसे लाखों में पहचान सकता था, लेकिन वो नहीं मिला, तो नहीं ही मिला।

इन जानवरों के बारे में पता था कि ये अपने मालिक का घर सूंघ कर पहुंच जाते हैं; तो हल्की-सी भी आहट होती या किसी कुत्ते के भौंकने की आवाज़ आती, तो लगता डॉलर आया। कहीं जाता तो रास्ते में कुत्तों को देखता चलता था, शायद इनमें डॉलर मिल जाये।

ना जाने कितने महीने इसी प्रकार निकल गये, पर वो नहीं मिला। उस वक़्त मुझे लोगों ने जो बताया उसपर विश्वास करने का कोई कारण नहीं था, पर उनके कहे को नकारना भी आसान नहीं था... कि आजकल होटलों में..... बस्स... इसके आगे कुछ सोच नहीं सकता था मैं।

मैंने अपना मन दूसरे सार्थक कामों में लगाना शुरू कर दिया, पर वो आख़िरी समय डॉलर को छोड़कर आते समय की उसकी कातर आंखों ने मेरा पीछा आज तक नहीं छोड़ा है।

पांच

मुझे क्षमा करना
कि ज़िक्र अणु बम का
और मैं एक तितली के पक्ष में
बकवास कर रहा हूं...

(केदारनाथ सिंह)

इस बीच में मैंने अपना पूरा ध्यान 'रेकी' पर लगाया। मुझे शांति वहीं से मिली। असल में 'रेकी' के बारे में पटना आने से पूर्व मैं कुछ नहीं जानता था। जगदलपुर में मेरी एक साहित्यिक मित्र और प्राध्यापक गीता गुप्त ने एक बार इसका ज़िक्र ज़रूर किया था, पर या तो उस समय मैं उनकी व्याख्या समझ नहीं पाया या वे मुझे ठीक तरह से समझा नहीं पाईं, जिससे मुझे इसपर आगे कभी सोचने या बात करने का मौक़ा ही नहीं मिला।

पटना आने के बाद इसके बारे में दोबारा मुझे कल्पना सिन्हा से जानकारी मिली। कल्पना सिन्हा रेडियो में नाटक की काफ़ी वरिष्ठ कलाकार थीं और हम सब उन्हें 'भाभी' का संबोधन देते थे। वे एक विनम्र और खुशमिजाज़ महिला थीं और रेडियो में उनका नियमित आना-जाना था। वे ख़ूबसूरत थीं और उसे बनाये रखने के लिये बनाव-श्रृंगार में अच्छा-ख़ासा वक़्त लगाती थीं, फलस्वरूप वे हमेशा बिंदास-भाव से रहतीं। उनके पति भारतीय प्रशासनिक सेवा में थे और उनके बेटे ने आगे

चलकर मुम्बई में ख़ूब स्टारडम कमाया और 'बिग बॉस' जैसे बड़े शो का हिस्सा भी बना।

कल्पना भाभी बातूनी बहुत थीं, पर ऐसी नहीं कि आपको बोर कर दें। उनकी बातचीत बड़ी संयमित और सार्थक होती थी। ऐसे ही एक दिन मैंने पूछ लिया कि "भाभी, आप इतना काम कैसे कर लेती हैं, इतनी ऊर्जा लाती कहां से हैं?"

"रेकी से...।" तपाक से उन्होंने जवाब दिया।

'रेकी'– इस शब्द ने फौरन मेरे कान खड़े कर दिये। मुझे गीता गुप्त की याद हो आई जिन्होंने पहले-पहल मेरे सामने 'रेकी' का ज़िक्र किया था।

"ये क्या है भाभी, मैं इसको समझना चााहता हूं...।" मैंने जिज्ञासा-भाव में कहा।

इसके बाद उन्होंने 'रेकी' के बारे में जो कुछ बताया, उसने मेरी उसके बारे में जानने-समझने की इच्छा को और बढ़ा दिया। सबसे बढ़कर मुझे 'रेकी' के अन्दर वैज्ञानिक सत्य दिखा, जिसके चलते इसके बारे में मैं जिज्ञासु हुआ। मैं भले ही साहित्य का विद्यार्थी रहा, पर मेरी मनोसंरचना पूरी तरह से वैज्ञानिक तथ्यों और तर्कों से निर्मित है। मैं आंखें मूंद कर किसी बात पर भरोसा नहीं करता, चमत्कार-जैसी अवधारणा पर मेरी कोई आस्था नहीं है। हां, तर्क और विज्ञान की कसौटी पर जो खरा उतरता है, मैं उसपर विश्वास करता हूं। आगे चलकर आध्यात्मिक और प्राणिक् शक्तियों पर भी मेरा विश्वास जमा, जिसकी चर्चा आगे यथासमय करूंगा।

कल्पना भाभी ने आगे बताया कि उनको 'रेकी' में दीक्षित करने वाले उनके गुरु हैं श्री कृष्ण कुमार खत्री और यदि मेरी इच्छा हो तो वे उनसे मुझे मिलवा सकती हैं। उन्होंने कहा कि वे 'रेकी' की प्रथम डिग्री ले चुकी हैं और द्वितीय डिग्री लेने के लिये जाना चाहती हैं। मैं अगर चाहूं तो उनके साथ चल कर एक बार गुरुजी से भेंट कर लूं, आगे मेरी इच्छा...।

कृष्ण कुमार खत्री जी भारतीय प्रशासनिक सेवा से निवृत्त अधिकारी थे जो मूलतः पंजाब के किसी क़स्बे के रहने वाले थे; पर कई वर्षों से वे पटना के पाटलिपुत्र कॉलोनी में रह रहे थे जहां वे 'रेकी' में लोगों को दीक्षित किया करते थे।

जब हम उनके आवास पर पहुंचे तो मैंने देखा कि वहां लगभग बीस की संख्या में स्त्री-पुरुष इकट्ठे थे। कल्पना भाभी के संकेत पर मैं बैठ गया। थोड़ी देर में खत्रीजी प्रकट हुए, साधारण पैंट-शर्ट पहने हुए और हमारे बीच रखी कुर्सी पर विराजमान हो गये। मुझे तो लगा था कि माथे पर त्रिपुंड लगाये, गले में बड़े-बड़े मोतियों की माला धारण किये हुए कोई पीताम्बरधारी प्रकट होंगे, पर ये तो हम-जैसे ही हैं- कोई तड़क-भड़क नहीं, चेले-चाटी का दिखावा नहीं।

उनके आते ही पहले सबको चाय दी गई। चाय पीने के बाद उन्होंने 'रेकी' के बारे में बताना प्रारम्भ किया। जैसे-जैसे वो बताते गये, मेरे ज्ञान-चक्षु खुलते गये। जैसे-जैसे वे हर चीज़ की वैज्ञानिक ढंग से व्याख्या करते जा रहे थे, वैसे-वैसे उनके और 'रेकी' के प्रति मैं आश्वस्त होता जा रहा था।

उनके इस सारगर्भित व्याख्यान के बाद सबको 'रेकी' के ऊपर खत्रीजी की ही लिखी एक पुस्तिका दी गई, जिसमें उनके इसी व्याख्यान का पूरा विवरण था। उस पुस्तिका के साथ फ्रेम-मढ़ी एक छोटी-सी तस्वीर भी दी गई जिसके बारे में बताया गया कि ये 'रेकी' के जनक डॉ. मिकाओ उसुई की तस्वीर है। आगे उन्होंने उस पुस्तिका में वर्णित शरीर के चौबीस बिन्दुओं पर हाथ रखकर तीन-तीन मिनट रेकी देने का अभ्यास करने के लिये कहा। हमसब पुस्तिका में दिये चित्रानुसार अभ्यास करने में जुट गये।

इस बीच कल्पना भाभी ने खत्रीजी को मेरे बारे में बताया कि मैं इसमें दीक्षित होना चाहता हूं और वे स्वयं इसकी 'डिग्री-दो' लेना चाहती हैं। खत्रीजी उन्हें अपने साथ अन्दर के किसी कमरे में ले गये जहां से वे लगभग पैंतालिस मिनट बाद बाहर निकलीं।

उसके लगभग पन्द्रह मिनट बाद खत्रीजी ने मुझे अन्दर बुलाया। वो एक छोटा-सा कमरा था, जिसके बीचोबीच एक कुर्सी रखी थी। कमरे के अंदर अगरबत्ती की खुशबू तैर रही थी और वहां कोई मद्धिम संगीत बज रहा था। कुर्सी के सामने एक मेज़ पर 'रेकी' के जनक डॉ. मिकाओ उसुई की बड़ी-सी तस्वीर रखी थी, जो ताज़ा फूलों की माला से सज्जित थी। वहीं तस्वीर के ठीक बगल में एक छोटी-सी घंटी रखी थी। उस मेज़ के बगल में दीवार से जुड़ी लकड़ी की एक अलमारी थी, जिसपर ढेर-सारी पुस्तकें के बंडल रखे थे।

मेरे कमरे में पहुंचते ही उन्होंने दरवाज़ा अन्दर से बंद कर दिया, कुछ नई अगरबत्तियां जलाईं और फिर मुझसे मुख़ातिब हुए।

"क्या आप इस पद्धति को अपनाना चाहते हैं...?" उन्होंने सीधा सवाल किया।

"जी....।"

"आपको इक्कीस दिनों तक लगातार शरीर के चौबीस बिन्दुओं पर अभ्यास करना होगा...।"

"जी, करूंगा...।"

"आपको लगता है कि आप इसे ग्रहण कर सकते हैं....?"

"जी, बिल्कुल....।"

"आप अभी 'रेकी' लेना चाहते हैं या इक्कीस दिनों के अभ्यास के बाद?"

"नहीं, मैं अभी लेना चाहता हूं...।" मेरी आवाज़ में दृढ़ता थी।

"ठीक है...।"

इसके बाद उन्होंने मुझे अपनी आंखें बन्द करने को कहा। मैंने आंखें बंद कर लीं। मैंने संगीत तेज़ होता हुआ महसूस किया। उसी बीच में दो-तीन बार घंटी की मद्धम ध्वनि भी सुनाई दी। उन्होंने मेरे दोनों हाथ पकड़कर शायद अपने माथे से लगाया था और ये क्रिया कई बार दोहराई गई। कुछ देर बाद मैंने अपने माथे के ठीक ऊपर, सहस्त्रार चक्र के निकट उनकी उंगलियों के स्पर्श का अनुभव किया, जैसे वे मेरे बालों में उंगलियां फेर रहे हों। ये क्रिया भी कई बार दोहराई गई जिसके बीच-बीच में 'फूं... फूं' की आवाज़ के साथ फूंक मारने जैसा अहसास हुआ। ये अहसास उस समय का आख़िरी अहसास था जिसके बाद मैं सारे अहसासों से निरपेक्ष होता चला गया; यहां तक कि भूत, वर्तमान, भविष्य भी जैसे नज़रों से ओझल हो गया। बस, तन्द्रा की स्थिति में मैं एक असीम प्रसन्नता का अनुभव कर रहा था।

ये स्थिति पता नहीं कितनी देर रही, शायद आध घंटे। फिर उन्होंने कहा, "अपनी आंखें खोलिये..." तो मैंने आंखें खोल दीं।

"कैसा महसूस कर रहे हैं...।" उन्होंने पूछा।

मैं उस समय कुछ बोलने की स्थिति में नहीं था, इसलिये इशारे से बताया- "अच्छा....।"

"ठीक है, अब आप घर जाकर अभ्यास कीजिये...।" उन्होंने दरवाज़ा खोल दिया और मैं बाहर आ गया।

कल्पना भाभी वहीं बैठी थीं। उन्होंने भी पूछा, "कैसा लगा...?"

मैं तबतक बोलने की स्थिति में आ चुका था। एक ही शब्द मेरे मुंह से निकला- "अद्भुत...!"

"अब चलिये, 'शक्तिपात' हो गया, लेकिन अब 'रेकी' लेने का मूल्य चुकाइये...।" उन्होंने कहा।

"मतलब...?" मैंने आश्चर्य से उनकी ओर देखा।

"अरे, आप किसी से कुछ लेंगे तो उसका मूल्य नहीं चुकायेंगे...? देखिये, मूल्य देकर जो वस्तु ली जाती है तभी उसका मूल्य या उपयोगिता समझ में आती है। मुफ़्त में प्राप्त चीज़ का लोग मोल नहीं जानते...। धीरे-धीरे रेकी में आगे बढ़ेंगे तो इस बात को अच्छी तरह समझ पायेंगे। अभी तो इसका मूल्य चुकाइये...।"

"पर मुझे पता नहीं था इसलिये पैसे नहीं लाया...।" मैं थोड़ा असमंजस में बोला।

"कोई बात नहीं, मैं दे देती हूं; आप मुझे लौटा दीजियेगा...।" कहकर उन्होंने पांच सौ रुपये निकालकर मुझे दिये जो मैंने खत्री गुरुजी के कमरे में जाकर उनके सामने रख दिये।

"और ये 'शक्तिपात' क्या होता है..." मैंने थोड़ा-बहुत इस शब्द के बारे में सुन रखा था, पर जानता कुछ नहीं था।

''आपको कुछ विशेष अनुभव हुआ न... गुरुजी ने आपके सहस्त्रार चक्र के ऊपर 'शक्तिपात' किया है। अब आप 'रेकी' में दीक्षित हो गये हैं।''

बाद में जैसे-जैसे मैं रेकी में आगे बढ़ता गया, मुझे 'शक्तिपात' और 'मूल्य चुकाने' वाले सिद्धांत आदि के बारे में सूक्ष्म जानकारियां मिलती गईं।

'शक्तिपात' योग-दर्शन से आया हुआ शब्द है, जिसे एक आध्यात्मिक प्रक्रिया के तौर पर चिह्नित किया जाता रहा है। इस प्रक्रिया में गुरु अपनी आध्यात्मिक शक्ति, शिष्य में स्थानान्तरित करता है, प्रत्यारोपित करता है। ये प्रक्रिया किसी गुप्त मंत्र द्वारा भी की जाती है या आंखों द्वारा अथवा विचार या स्पर्श द्वारा। 'रेकी' में ये प्रक्रिया प्रतीकों अथवा 'सिम्बल' के माध्यम से स्पर्श द्वारा सम्पन्न की जाती है। योग में 'शक्तिपात' का सीधा संबंध 'कुंडलिनी जागरण' से है; परन्तु 'रेकी शक्तिपात' की क्रिया का संबंध 'स्पर्श चिकित्सा', 'दूरस्थ उपचार' एवं 'रेकी शिक्षा' से है।

दरअसल 'रेकी' का उत्स सहस्त्रों वर्षों पूर्व की गुरु-शिष्य-परंपरा में है। 'अथर्ववेद' में इसके प्रमाण उपलब्ध हैं। हालांकि लिखित में न होने से ये विद्या लुप्त होती चली गई, पर उसके वर्षों बाद महात्मा बुद्ध ने इस विद्या का उपयोग कर न सिर्फ़ पीड़ितों का उपचार किया; बल्कि इसे अपने शिष्यों में भी 'शक्तिपात' द्वारा स्थानान्तरित किया। बुद्ध के 'कमलसूत्र' में इसका वर्णन मिलता है।

बुद्ध के बाद ये विद्या भिक्षुओं के माध्यम से तिब्बत-चीन होते हुए जापान तक पहुंची। जापान में इसे पुनस्थापित करने का कार्य वहां के एक डॉक्टर, मिकाओ उसुई (1869-1926) ने किया।

'रेकी' जापानी भाषा का शब्द है, जिसमें 'रे' का अर्थ होता है 'सर्वव्यापी' और 'की' का अर्थ है 'प्राणवायु'। इस प्रकार 'रेकी' का अर्थ हुआ- 'सर्वव्यापी प्राणवायु'। हम सभी जानते हैं कि हमारे चारों ओर के वातावरण में अक्षय ऊर्जा-भंडार 'प्राणवायु' के रूप में संचित है, जिससे सभी प्राणियों का भरण-पोषण हो रहा है। सभी प्राणियों का जीवन इसी पर निर्भर है। पर जब कभी इस ऊर्जा-भंडार में असंतुलन होता है तो प्राकृतिक आपदाओं का प्रकोप देखने को मिलता है। ठीक उसी प्रकार प्राणी के भीतर मौजूद इस प्राण-ऊर्जा में जब कभी असंतुलन की स्थिति उत्पन्न होती है तो वो भी अनेक प्रकार के कष्ट-व्याधियों से ग्रस्त होने लगता है और जिस दिन प्राणी के भीतर की ये ऊर्जा समाप्त हो जाती है, उसकी मृत्यु हो जाती है।

'रेकी' ऐसी ही शुद्ध प्राण-ऊर्जा है जो व्यक्ति के शरीर में प्रवेश कर उसके सभी चक्रों और ग्रंथियों के बीच संतुलन स्थापित करती है। वायुमंडल से ये प्राण-ऊर्जा 'रेकी-सिद्ध व्यक्ति' की दोनों हथेलियों के माध्यम से व्यक्ति के अंगों तक

पहुंचती है और उसके भीतर के ऊर्जा-असंतुलन को समाप्त कर उसे स्वस्थ बनाती है। यह रेकी-ऊर्जा आध्यात्मिक प्रक्रियाओं द्वारा संपन्न होती हुई वैज्ञानिक निष्कर्ष पर समाप्त होती है। विज्ञान में 'ज़ीरो प्वाइन्ट' ऊर्जा का जो स्थान है, वही अध्यात्म में 'रेकी-ऊर्जा' है।

दरअसल पूरी सृष्टि की संरचना (जिसमें समस्त प्राणी आते हैं) दो विरोधी धाराओं के मेल से हुई है। रात है तो दिन है, उजाला है तो अंधेरा है, अच्छाई है तो बुराई है, काला है तो सफेद है, उत्तर है तो दक्षिण है। विज्ञान की दृष्टि से देखें तो घर में एक बल्ब जलाने के लिये भी 'नेगेटिव' और 'पॉजेटिव'- दो धाराओं के मेल की आवश्यकता पड़ती है। ये सारी धारायें एक-दूसरे की विरोधी, विपरीत होने के बावजूद एक दूसरे से मिली रहती हैं। इस मेल में जबतक संतुलन रहता है तभी तक सार्थक परिणाम मिलते हैं; यदि उनके बीच असंतुलन हो जाये तो कोई भी धारा, कभी भी उच्छृंखल होकर मनमानी कर सकती है, विनाश कर सकती है।

इसीलिए बिजली का बल्ब जलाने के लिये 'नेगेटिव' और 'पॉजेटिव' तारों के साथ एक 'न्यूट्रल' तार भी लगाया जाता है ताकि बिजली अचानक अधिक आ जाये (वोल्टेज़ बढ़ जाये) तो 'न्यूट्रल' उसपर अंकुश रखने का काम करता है। रात-दिन के बीच, सूरज यही काम करता है; अंधेरे-उजाले के बीच दीया यही भूमिका निभाती है। हमारी सृष्टि भी पंचतत्वों से निर्मित है जिसमें पृथ्वी, आकाश, अग्नि, जल और वायु तत्वों का समावेश है। इसमें पृथ्वी और आकाश एक-दूसरे के विपर्यय हैं तो अग्नि और जल भी विपरीत हैं। इन्हें नियंत्रित करने का कार्य वायु- यानी 'प्राण-वायु' करता है।

चूंकि हमारा शरीर भी इन्हीं पंचतत्वों से निर्मित है, इसलिये यही प्राणवायु अन्य विरोधी तत्वों की कमी या आधिक्य को नियंत्रित करता है, उनके बीच संतुलन स्थापित करता है। इन पंचतत्वों में से किसी भी तत्व की कमी या अधिकता से हम रोगग्रस्त हो जाते हैं। विज्ञान की भाषा में इसे 'हार्मोन असंतुलन' कहते हैं। 'रेकी' द्वारा इसी 'सर्वव्यापी प्राणवायु' या 'प्राण-ऊर्जा' को प्रभावित अंगों तक पहुंचाकर 'हार्मोनों' को संतुलित किया जाता है।

सच्चाई तो ये है कि इस 'रेकी' के बारे में यदि हम बातें करने लगें तो कई ग्रंथ कम पड़ जायेंगे। पर इतना ज़रूर कहूंगा कि मैंने रेकी को अपनाया तो उससे मुझे वांछित फल प्राप्त भी हुए। पहले मुझे रात-रात भर नींद नहीं आती थी, फलस्वरूप सुबह देर तक सोना एक प्रकार से मेरी मजबूरी बन गई थी। तो मेरी देर रात तक जागने और सुबह देर तक सोने की आदत समाप्त हो गई; बल्कि कहना

चाहिये कि नींद पर मेरा नियंत्रण हो गया- यानी मैं जिस परिस्थिति में भी हूं, सोना चाहूं तो सो सकता हूं।

दूसरी आदत मेरी चाय की थी। उसपर भी नियंत्रण हुआ कि वो अब मेरी ज़रूरत नहीं रही, मिल गई तो पी ली, नहीं मिली तो भी कोई फ़र्क नहीं पड़ा।

सबसे अधिक अन्तर मेरे मनोजगत् में हुआ। चीज़ों को देखने का मेरा पूरा नज़रिया ही बदल गया। मैं जिधर भी देखता, लोग अच्छे-भले और खुश नज़र आते। हर वस्तु और स्थिति मुझे सकारात्मक दिखने लगी। देखा जाये तो हर आदमी के भीतर अच्छाई और बुराई- दोनों होती हैं। यदि उसकी बुराई की मात्रा बहुत अधिक बढ़ गई तो वो अपराधी बन जाता है और यदि अच्छाई का प्रतिशत आवश्यकता से अधिक हुआ तो वो साधु-संत-महात्मा बन जाता है। इन दोनों को संतुलित करने का प्रयास 'रेकी' करती है।

पर मुझे इतने से संतोष नहीं होने वाला था। अगले साल मैंने गुरुदेव खत्रीजी से 'रेकी-दो' की डिग्री ली। अभ्यास मेरा चलता रहा। पर मुझे 'रेकी शिक्षक' बन कर दूसरों की सेवा करने की इच्छा थी जो बिना 'रेकी मास्टर' की डिग्री लिये संभव नहीं था। इसी बीच पता चला कि खत्रीजी पटना से पंजाब- अपने गृह-नगर चले गये। मेरा 'रेकी मास्टर' बनने का सपना ही जैसे टूट गया। पर कहते हैं न कि एक रास्ता बंद होता है तो ईश्वर दूसरा रास्ता ज़रूर खोल देता है, ये मेरे साथ हमेशा हुआ। खत्रीजी के जाने के बाद मुझे पता चला कि कोई प्रमोद कुमार सिन्हा जी 'रेकी मास्टर' हैं जो ये डिग्री प्रदान करते हैं। मैं तुरंत उनके आशीर्वाद के लिये भागा। उन्होंने भी कोई कोताही नहीं की। उन्होंने मुझे 'रेकी मास्टर' में दीक्षित करने के साथ-साथ, 'करुणा रेकी' की डिग्री भी दी।

सन् 2000 से 2001 के बीच मेरे जीवन में और भी सकारात्मक चीज़ें हुईं। इन दो वर्षों में लगातार मेरी दो पुस्तकें प्रकाशित हुईं। एक तो **'रेकी'**, जो मैंने लोगों को दीक्षित करने के ख़याल से लिखी। दूसरी, **'विरासत'**, जो मेरे रेडियो रूपकों का संग्रह है। इन्हीं दोनों वर्षों में मेरे दो नाटकों- 'स्वतंत्रता की पुकार' और 'क़ातिल की मां' का भव्य मंचन भी हुआ जो आने वाले वर्षों में भी जारी रहा।

'रेकी मास्टर' बनने के उपरांत मेरा नैतिक-सामाजिक दायित्व बनता था कि मैं इससे अधिक-से-अधिक लोगों को जोड़ूं। इसके लिये बाक़ायदा मैंने घर में 'रेकी क्लास' शुरू किया। लोग आने भी लगे। उस दौरान मैंने लगभग चालीस लोगों को 'रेकी-एक' डिग्री दिया और अनेक लोगों का उपचार भी किया।

मैं अपने एक बहुत पुराने मित्र, श्री प्रेमचंद झा का उदाहरण देना चाहूंगा। प्रेमचंद जी से परिचय 'युववाणी' के समय से था, जब वे आकाशवाणी में 'खेल' के

ऊपर कार्यक्रम प्रस्तुत करने आते थे। वे स्वयं खिलाड़ी रह चुके थे और अब कार्यक्रमों में खेल-विशेषज्ञ के रूप में आते थे। उन्होंने मुझे अपनी समस्या बताई कि उन्हें नींद नहीं आती और उसके चलते कई मानसिक जटिलतायें पैदा हो गई हैं, जिनके लिये उन्हें ढेर-सारी दवाइयां खानी पड़ती हैं। मैंने उनका उपचार करते हुए उनके ऊपर 'रेकी डिग्री- एक' का 'शक्तिपात' किया और उन्हें निरंतर 'रेकी' करते रहने को कहा। लगभग चार-पांच महीनों में ही उनकी सारी दवाइयां बंद हो गईं, उन्हें नींद आने लगी और वे मानसिक तथा शारीरिक- दोनों तरह से स्वस्थ हो गये। प्रेमचंद जी मिलने पर आज भी इसका ज़िक्र करते हुए कहते हैं, ''भाई जी, आपके कारण मेरी सारी दवाई बंद हो गई और अब मैं जब चाहूं तभी नींद आयेगी...।''

मैं उन्हें दो बातें समझाता हूं- एक, कि मैं सिर्फ़ माध्यम हूं, करने वाला कोई और है; और दूसरी, कि आपने मेरी विद्या का मूल्य समझा, उसमें विश्वास व्यक्त किया, इसलिये फ़ायदा हुआ। ये बात इसलिये भी सही है कि आसानी से और बिना कुछ दिये जो मिल जाता है अथवा आसानी से जो प्राप्त हो जाता है, लोग उसका मूल्य नहीं समझ पाते; इसलिये ये सुविधा आगे जाकर कभी-न-कभी कष्ट ज़रूर पहुंचाती है।

मैं आज के बच्चों को देखता हूं तो पाता हूं कि माता-पिता उनके एक इशारे पर सब तरह की सुविधा और आराम देने के लिये दौड़ पड़ते हैं, बिना जाने कि ऐसा कर के वे उस बच्चे का कितना बड़ा नुकसान कर रहे हैं; पर बच्चे उस सुविधा की कभी क़द्र नहीं करते। एक उदाहरण से इसे समझा जा सकता है। आजकल बच्चों में 'बाइक' का बहुत क्रेज़ है। उन्हें नई-से-नई, महंगी बाइक चाहिये जो उनके माता-पिता फ़ौरन हाज़िर कर देते हैं। वही बच्चे, मुफ़्त की उस बाइक को कैसे चलाते हैं और कैसा इस्तेमाल करते हैं, उनके अभिभावक देखने तक नहीं जाते। वहीं जब 'रैश ड्राइविंग' में किसी की जान चली जाती है तो ज़िंदगी-भर रोने के अलावा कुछ नहीं बचता।

दरअसल ये मानव-प्रवृत्ति है कि किसी भी चीज़ को हम तभी संभाल कर रखते हैं, जब वो हमारे अपने परिश्रम के पैसे से ख़रीदी गई हो, उसके पीछे हमारा ख़ून-पसीना बहा हो। 'रेकी' के साथ भी यही नियम लागू होता है, इसलिये 'रेकी' सीखने वालों से एक निश्चित शुल्क लिया जाता है। और 'रेकी' ही क्यों, हर ज्ञान के लिये शुल्क देना ही चाहिये। मेरे कई मित्र हैं जो डॉक्टर हैं। अमूमन तो आवश्यकता पड़ने पर भी मैं उनके यहां जाता नहीं, क्योंकि वे मुझसे फ़ीस नहीं लेंगे और यदि कभी गया भी तो उन्हें उनकी फ़ीस ज़रूर देता हूं।

हालांकि आगे चलकर मेरी अपनी व्यस्तताओं के चलते 'रेकी-क्लास' का ये क्रम टूट गया और जब सचिवालय कॉलोनी का मकान छोड़ा तो पूरी तरह बंद ही हो गया।

पर जैसी कि मान्यता है, एक बार 'रेकी' प्राप्त कर लेने के बाद वो हमेशा साथ रहती है; मेरे साथ भी हमेशा रही, हर पग पर, हर मोड़ पर...।

छ:

तुम करो मेरा तिरस्कार
मुझे कोई दुख नहीं
जिन रास्तों से पहुंचा हूं यहां
अपनी मूर्खताओं के साथ
प्यारी हैं मुझे
मैं कपड़ा बुनता जुलाहा सही
कैसे भूल जाऊं कपास का मूल्य
मेरी तरलता मूर्खताओं से बनी है...
(लीलाधर मंडलोई)

इधर ऑफ़िस में बावजूद परेशानियों के, लोगों की टांग-घसीटी और काम में अड़ंगे लगाने के, मैं हमेशा की तरह अपने काम को 'इन्ज्वाय' कर रहा था।

इस बीच, मुझे एक टेली-फ़िल्म करने का अवसर भी मिला, जिसमें मेरी पत्नी की भूमिका एक बहुत पुरानी, कैज़ुअल के दिनों की मित्र निभा रही थीं, जो उस समय तक मेरे समान, पर मेरे से दो साल बाद, पेक्स बनी थीं। दिन में ऑफ़िस के कारण शूटिंग संभव नहीं था, इसलिये रात में 'शूट' रखा गया था। शूटिंग-स्थल मेरी उन मित्र-साहिबा का फ़्लैट था, जहां फ़िल्म के निर्देशक और सारे कलाकार उपस्थित थे। उनके बगल में उन्हीं के मित्र का एक और फ़्लैट भी शूटिंग के लिये 'स्टैंड-बाई' में रखा गया था। कैमरे के सामने ऐक्टिंग करने का मेरा ये पहला मौक़ा था; हालांकि मैं नर्वस बिल्कुल नहीं था। मुझे विश्वास था कि मैं कर लूंगा।

शूटिंग शुरू हुई। पहला दृश्य मेरा ही था, जो एक टेक में निकल गया। उसके बाद दूसरे कलाकारों का 'शूट' चलने लगा। इस सारे तामझाम और शूटिंग के साज़ो-सामान के बीच इतनी भी जगह नहीं थी कि कहीं आराम से बैठा जाये।

दूसरे फ़्लैट के ड्राइंग-रूम में ही थोड़ी पांव फैलाने लायक जगह थी, पर वहां भी कोई-न-कोई अड्डा जमाए हुए था। एकाध बार मुझे वहां बैठने को जगह मिली और मैंने बैठना चाहा तो मेरी उन्हीं मित्र ने इतना बुरा व्यवहार कर मुझे वहां से उठा दिया कि मैंने वहां जाना ही छोड़ दिया। ये मेरे साथ उन्होंने एक बार नहीं, कई-कई बार किया; यहां तक कि मैं किसी दूसरी जगह जाकर बैठता तो वे वहां जाकर मुझे वहां से भी उठा देतीं। मुझे उठाने के लिये, कहूं कि भगाने के लिये, वे अपने श्रीमुख से ऐसे-ऐसे वचन निकालतीं जो मैं यहां लिख नहीं सकता। पता नहीं, उन्हें क्या हो गया था...। मैं उनमें अचानक आये इस बदलाव को समझ नहीं पा रहा था। क्या ये 'प्रोफ़ेशनल जेलसी' थी...? पर, मुझसे ऐसा करने का कोई कारण नहीं था, क्योंकि मैं रेडियो में था और वो दूरदर्शन में। फिर इससे पहले हमारे बीच कोई ऐसी बात भी नहीं हुई जो उन्हें रुष्ट कर सके।

मैंने तो हमेशा उनका भला ही किया था (उपकार नहीं कहूंगा)। इनकी मां जब गंभीर रूप से बीमार पड़ीं और उनको ख़ून की आवश्यकता थी तो मैंने और विकास शेखर ने उन्हें अपना ख़ून दिया था। यही नहीं, जब उनकी मां हॉस्पिटल में भर्ती थीं तो इनकी अनुपस्थिति में दिनभर और रात गये तक मैं वहां रहकर उनकी देखभाल करता था। इसके बाद भी जब कभी आवश्यकता पड़ी, उनकी मदद ही की। दूरदर्शन से एक बार वे ट्रेनिंग करने पुणे गईं तो वहां से उन्होंने फ़ोन कर किसी विषय पर डॉक्यूमेन्ट्री लिखकर मेल करने को कहा। उस समय मेरी पत्नी की तबीयत बहुत ख़राब थी। मैंने उन्हें बताया भी, पर वे नहीं मानीं। उस नाजुक परिस्थिति में भी मैंने एक डाक्यूमेन्ट्री लिखी और उन्हें मेल किया। क्या मेरे साथ गंदा व्यवहार करते वे ये सबकुछ भूल गईं.....?

इसके बावजूद मैं इनके साथ संबंधों का निर्वाह करता रहा। पर, धीरे-धीरे मुझे इनकी प्रकृति और प्रवृत्ति का ज्ञान होने लगा, कुछ औरों के अनुभवों से भी पता चला। ज्ञान ये हुआ, और मैंने अनुभव किया कि जब आप इनसे अकेले में मिलेंगे तो ये आपको अपना सबसे अच्छा दोस्त, हमदर्द बतायेंगी, खिलायेंगी-पिलायेंगी भी; पर वही जब दो-चार-दस की भीड़ में होंगी तो अपनी अहमियत जताने के लिये आपको पूरी तरह से ख़ारिज़ कर देंगी, पहचानेंगी भी नहीं। ठीक यही 'परपीड़क आदत' मेरे उन साहित्यकार-मित्र की भी रही, जो भीड़ में जाते ही खुद को आपके स्तर से ऊंचा समझने लगते हैं।

•••

यही वो समय था जब सुमन कुमार ने मुझे **'गोपा'** में अभिनय के लिये कहा। उस समय तक मेरा कार्य नाट्य-लेखन और निर्देशन तक सीमित था, लेकिन जब पहली बार 6 नवंबर, 2004 को सुमन कुमार ने 'गोपा' में मुझे अभिनय करने के लिये कहा तो मैं इसके लिये तैयार नहीं था; क्योंकि इससे पहले मैंने कभी मंच पर अभिनय नहीं किया था। मैं थोड़ा नर्वस भी हुआ, पता नहीं कर पाऊंगा या नहीं; पर सुमन कुमार हमेशा उत्साहित करते रहे- 'आप कर लेंगे... मैं आपसे करा लूंगा'- और सच में, उन्होंने मुझसे अभिनय करा लिया। नाट्य-लेखन से इतर अभिनय, और आगे चलकर नाटकों की पृष्ठभूमि-संगीत के लिये मुझे जोड़ने का एक प्रकार से सारा श्रेय सुमन कुमार को जाता है।

आगे चलकर सुमन कुमार के अनेक नाटकों ने राष्ट्रीय स्तर पर अपनी पहचान और गुणवत्ता सिद्ध की। इनमें 'गोपा' (2004), 'नरडंका' (2006), 'पीरअली' (2009), 'चारूलता' (2011), 'नीलकंठ निराला' (2013)- जैसे नाटकों की देश-भर में अनेक प्रस्तुतियां हुईं और इन नाटकों ने हर जगह सफलता के झंडे गाड़े। मेरा बहुत बड़ा सौभाग्य रहा कि मैं इन सभी नाटकों के साथ गहराई से जुड़ा रहा।

इधर ऑफ़िस की 'शैतान तिकड़ी' टूटने लगी थी। एक सज्जन अपना स्थानान्तरण करा के कोलकाता चले गये, हालांकि आगे चलकर बेचारे का लीवर ख़राब होने से देहान्त हो गया; जबकि उन्हें किसी भी प्रकार का व्यसन नहीं था, संभवतः वे लहसुन-प्याज़ भी नहीं खाते थे। दूसरे, अर्थशास्त्री शिलांग चले गये, हालांकि इससे पूर्व ही वास्तविकता समझ कर उन्होंने अपने को गुटबाज़ी से अलग कर लिया था। यहां से जाने से पहले तो उनके साथ मेरे काफ़ी अच्छे संबंध बन गये, जो आज तक क़ायम हैं। तीसरे हमारे साहित्यकार-मित्र नज़दीकी केन्द्रों पर स्थानान्तरण करा के आते-जाते रहे और अंततः इसी केन्द्र से रिटायर हुए।

कुछ लोग गये तो कुछ आये भी। इन्हीं में अजिता चौबे, ट्रांसमिशन एक्ज़ेक्यूटिव, जबलपुर से स्थानान्तरित होकर अक्तूबर-2003 में आईं। इन्हें मैं अजिता त्रिपाठी के नाम से जानता था, जो विवाह-पश्चात्, 'चौबे' हो गई थीं। इनके पति पटना में ही डॉक्टर हैं और इनकी दो बेहद चंचल और ख़ूबसूरत बेटियां हैं। मैंने अजिता को हमेशा अपनी बहन, अपने परिवार के सदस्य की तरह माना-रखा, और आज भी वो उसी रूप में है।

अजिता को मैं तब से जानता हूं जब वो रीवा में 'युववाणी' में मेरी कंपीयर हुआ करती थी। वो उन दिनों अवधेश प्रताप सिंह विश्वविद्यालय से 'इन्वायरन्मेंटल बॉयोलॉजी' में एम. फ़िल् कर रही थी। उसके पिता 'इंडियन फ़ॉरेस्ट सर्विस' में थे, इसलिये उनका स्थानान्तरण होता रहता था। वे लोग 1986 से 1994

तक रीवा में रहे। अजिता ने स्नातक-स्नातकोत्तर वहीं से किया। इसी बीच संभवतः उसकी इच्छा हुई होगी कि रेडियो में काम कर के देखा जाये तो 'ऑडिशन' पास कर वो 1991 के आसपास 'युववाणी' में आई; हालांकि उसने बहुत थोड़े समय ही वहां काम किया। तब से लेकर आज तक उसके साथ पारिवारिक-आत्मीय संबंध जुड़ा हुआ है।

उसी अजिता को यहां पटना में, उसके वैवाहिक जीवन में देखना बड़ा सुखद लगा। सुखद पहले लगा, बाद में बेहद गर्व हुआ उसपर कि रीवा के उन पांच महीनों में उसने जो कुछ सीखा, उसे तान कर उसने एक आकाश रच दिया है। अपने कार्य में, बुद्धि में ज़हीन और उससे बढ़कर व्यवहार में अत्यंत विनम्र और शालीन।

उसकी इसी शालीनता का यहां कई लोगों ने फ़ायदा ये उठाया कि उसे किसी-न-किसी प्रकार से दबाते रहे। उसके सीधेपन का यहां तक फ़ायदा उठाया कि 'पेक्स इन-सीटू' हो जाने के बावजूद उसे 'ड्यूटी रूम' में काम करने के लिये मजबूर किया।

•••

यहां एक नया शब्द- 'पेक्स इन-सीटू' आपके सामने आया। ये अपने आप में अत्यंत विचित्र है, और मुझे लगता है कि आज की 'प्रसार भारती' दुनिया की एकमात्र ऐसी संस्था है, जहां एक पद की कई-कई श्रेणियां हैं। 'कार्यक्रम अधिशासी' या 'प्रोग्राम एक्ज़ेक्यूटिव' (पेक्स), एक पद है। अब देखिये, इसके लिये कितनी श्रेणियां हैं- १. पेक्स रेग्यूलर २. पेक्स ऐडहॉक ३. पेक्स प्रोमोटी ४. पेक्स यू.पी. एस.सी. ५. पेक्स इन-सीटू (पर्सनल) ७. पेक्स आइ.सी.- और नवीनतम, जिसे हुए भी तीन साल से अधिक हो गये- पेक्स (प्रसार भारती)।

अब एक 'पेक्स इन-सीटू (पर्सनल)' का अजीब-सा हिन्दी अनुवाद आया- 'पेक्स स्वास्थाने (वैयक्तिक)। इसे पढ़कर या सुनकर आप उस पेक्स के कार्य या उसकी स्थिति का कोई अंदाज़ा नहीं लगा सकते।

'प्रसार भारती' इसके अलावा भी कई तरह के अनोखे काम करती रही। 'कैज़ुअल अनाउन्सर' को लेकर रोज़ एक नया आदेश आता रहा।

सबसे पुराना आदेश, जो हमारे ज़माने से चलता आ रहा था, वो था- माह में अधिकतम छः दिनों की बुकिंग। अचानक एक नया आदेश आया कि 'कैज़ुअल अनाउन्सर' को माह में छः से दस दिनों की बुकिंग दी जा सकती है। इसके कुछ साल बाद आया कि माह में उन्हें अधिकतम उन्त्तीस दिन तक के लिये भी अनुबंधित किया जा सकता है। उसके कुछ महीनों के बाद आया कि ये उन्त्तीस दिन की बुकिंग

उनके लिये है, जिनकी उम्र चालीस साल से अधिक की होगी। इसके साथ ही उन्हें ये 'अंडरटेकिंग' भी देना होगा कि उन्होंने सरकारी सेवा की अधिकतम आयु पार कर ली है और यहां वे नौकरी का कोई दावा नहीं करेंगे।

इसके कुछ ही महीने बाद आया कि उन्तीस दिनों की बुकिंग तब होगी, जब सूचीबद्ध सारे 'नैमित्तिक उद्घोषकों' ने छः दिनों की ड्यूटी पूरी कर ली हो। इसमें एक और बात जोड़ी गई कि ये छः दिनों की ड्यूटी उन्हें दी जायेगी जो समान रूप से सर्वथा योग्य होंगे (Distributed evenly among such eligible casual hand)। अब ये कौन तय करेगा कि बीस या तीस लोगों के पैनल में योग्य कौन-कौन है। योग्य हैं, तभी तो वे इस सूची में हैं। पर ऐसा भी नहीं कि सारे समान रूप से योग्य होंगे; लेकिन उनमें से कोई भी अपने को अयोग्य न मानने को तैयार होगा, न अपने बारे में ये उपाधि सुनना पसंद करेगा। जैसे ही आपने किसी के ऊपर अयोग्यता का लेबल लगाया, वो तुरंत आपके विरुद्ध लामबंद हो जायेगा; आर. टी. आई. करेगा, झूठे आरोप लगा कर आपके ऊपर केस-मुक़दमे करेगा, आपके ख़िलाफ़ महानिदेशालय से लेकर मंत्री तक शिकायत भेजेगा। इसके बाद आपका साथ न तो आपके केन्द्र के अधिकारी देंगे, उलटे वे इसका मज़ा लेंगे; न ही महानिदेशालय आपके साथ खड़ा होगा। बस ले दे के आपसे एक ही चीज़ के लिये दस अलग-अलग जगहों से स्पष्टीकरण मांगा जायेगा। बात कहीं और आगे बढ़ी तो मामला जांच और निलंबन तक जा सकता है।

मैं ये सब बातें यों ही नहीं लिख रहा हूं, ये सब मेरी आपबीती है और मेरी तरह मेरे अनेक मित्रों के ऊपर बीती है, उसी को सामने रखने का प्रयास कर रहा हूं। महानिदेशालय में बैठे लोगों से इन मसलों पर जब भी बात हुई, उनका कहना था, ''करने दीजिये आर. टी. आई., जाने दीजिये कोर्ट; जवाब दे दीजियेगा।'' वहां दिल्ली में बैठ कर ये कहना आसान है, लेकिन केन्द्र पर जो लोग इन समस्याओं को दिन-रात झेलते हैं, ज़रा उनसे उनका दर्द पूछिये। जवाब कोई चुटकी बजाते नहीं तैयार हो जाता; आपको अपना सारा रूटीन कार्य छोड़कर उसमें लगना पड़ता है। 'ऑफ़िशियल' कार्य तो फिर भी चलता रहता है, पर जब व्यक्तिगत हमलों पर लोग उतर आते हैं तो वहां अकेले ही लड़ना होता है। ख़ैर....!

उसी समय के आदेश में ये भी था कि केन्द्र पर स्थाई उद्घोषकों की जो संस्वीकृत संख्या (Sanctioned strength) है, उनकी बुकिंग उससे ज़्यादा न हो। ये कैसे संभव है। एक तो 'राजधानी केन्द्रों' को छोड़ दें तो प्रायः सभी केन्द्रों पर उद्घोषकों की जो संस्वीकृत संख्या है वो बहुत कम है। (अब तो 'राजधानी केन्द्रों' पर भी संख्या घट गई है; क्योंकि पिछले बीस-तीस सालों से इस पद पर कोई नई बहाली हुई ही नहीं)। मान लीजिये किसी केन्द्र पर उद्घोषकों की संस्वीकृत संख्या

चार है, तो इस आदेश के आलोक में मात्र चार उद्घोषकों की ही ड्यूटी लगाई जा सकती है; फिर शेष लोग क्या करेंगे। उसपर से तुर्रा ये कि हर वर्ष नया पैनल भी तैयार किया जाये।

चलिये, इससे आगे चलते हैं। अगला आदेश आया, पुराने 'नैमित्तिक उद्घोषकों' के कार्य-निष्पादन की समीक्षा करना। उसमें ये भी जोड़ा गया कि जबतक ये कार्य पूरा नहीं होता, नये 'ऑडिशन' नहीं किये जायेंगे। इस आदेश का पालन कुछ ही केन्द्रों ने किया, जबकि ज़्यादातर केन्द्रों ने इसे तवज्जो ही नहीं दिया। पर जिन केन्द्रों पर, जिस अधिकारी ने ईमानदारी से ये कार्य किया, ज़रा पूछिये, उनपर क्या बीती। दिल्ली में ही एक अधिकारी के ऊपर 'यौन उत्पीड़न' का आरोप लगा, जिसके परिणामस्वरूप उन्हें कई माह तक न सिर्फ़ निलंबन का दंश झेलना पड़ा; उन्हें समय से प्रोमोशन भी नहीं मिला। ये सब तो छोड़िये, व्यक्तिगत और सामाजिक जीवन में उन्हें क्या-क्या दुख और लोकापवाद सहने पड़े होंगे, ये उन्हीं का दिल जानता है। बरक्स इसके जिन्होंने इस आदेश की अवहेलना की उनसे इस बारे में न कभी पूछा गया; न उनके विरुद्ध कोई कार्यवाही की गई। कुछ ऐसा ही दंश शहडोल और कानपुर में भी अधिकारियों को झेलना पड़ा। जहां भी, जिन लोगों ने भी ये किया, बहुत ग़लत किया। उन्हें अपनी लड़ाई लड़नी ही थी तो क़ायदे-क़ानून से लड़ते। इस मामले में मैं पटना के 'कैज़ुअल एनाउन्सर' की तारीफ़ करूंगा कि भले ही उनके बर्ताव से मुझे बहुत कष्ट हुआ, लेकिन उन्होंने अपनी लड़ाई क़ानून से, क़ानून के दायरे में रहकर लड़ी। उन्होंने कभी ग़लीज़ और घिनौने आरोपों का सहारा नहीं लिया, पीछे से पीठ पर कभी वार नहीं किया।

ये कड़ी यहीं समाप्त नहीं होती। अगला आदेश आया जिसमें 'नैमित्तिक उद्घोषक' के स्वर-परीक्षण के लिये वांछित अधिकतम उम्र-सीमा 35 वर्ष से बढ़ाकर 50 वर्ष कर दी गई। इसके लिये तर्क दिया गया कि इससे 'ताज़ा आवाज़' मिलेगी। अब ये कौन समझाये कि 'ताज़ा आवाज़' 25 से लेकर 35 तक की उम्रवाले की होगी न कि 50 साल वालों की....! हां, हो भी सकती है। हमारे उद्घोषक 60 की आयु में सेवा-निवृत्त होते हैं। उस समय तक ही नहीं, बल्कि जीवन-पर्यन्त उनकी आवाज़ पर उम्र का कोई असर नहीं दिखता। इसका कारण ये है कि वे अपनी सेवा के आरंभिक दिनों से लगभग रोज़ ही कठिन परीक्षा से गुज़रते हैं, फिर उनकी बाक़ायदा ट्रेनिंग होती है, उन्हें तरह-तरह के कार्यक्रमों में आवाज़ देने और कार्यक्रम प्रस्तुत करने का अनुभव होता है। उनकी आवाज़ उनके कड़े परिश्रम की देन होती है, क्योंकि वे अपनी आवाज़ को लगातार 'कल्चर' करते रहते हैं।

लेकिन यहां इस नियम के लागू होने से अचानक ऐसे लोगों को लगा कि ये तो पैसे कमाने का एक ज़रिया पैदा हो गया है (काम करना नहीं); क्योंकि जिन्हें जो

बनना होता है, जीवन में कुछ करना होता है, वे पचास साल तक इंतज़ार नहीं करते; और जो पचास साल तक बिना कोई काम किये बैठे हैं, ये वे लोग होते हैं, जिनके अन्दर कोई क़ाबलियत नहीं होती। इस प्रकार ऐसे लोगों को यहां घुसने का मौक़ा मिल गया, फलतः योग्यता नहीं होने पर भी कई केन्द्रों पर ऐसे लोग आ गये; ऐसे लोग जो इस उम्र में न कुछ सीख सकते थे, न ही सीखने की इच्छा रखते थे। आज जब सारा काम कम्प्यूटर-आधारित हो गया है, वे इसमें कहीं नहीं टिकते। पर, आप उन्हें ज़रा हटाकर तो देखिये, वो आपके दुश्मन हो जायेंगे।

कितना कुछ लिखूं। ये सब लिखना अच्छा नहीं लगता, पर इसलिये लिख रहा हूं कि जो संस्था इतनी गौरवमयी रही है, उसे आईना दिखाना भी ज़रूरी है और आज जो ये अपनी अंतिम सांसें गिन रही है, उसके ज़िम्मेदार हम खुद हैं। आज तमाम केन्द्रों पर हज़ारों की संख्या में कोर्ट-केस चल रहे हैं, जिनमें एक विषय 'नैमित्तिक उद्घोषकों' के नियमितीकरण का भी है। इसपर भी जितनी गंभीरता से काम होना चाहिए था, वो हुआ नहीं। सभी जगहों पर इसे 'प्रशासनिक अधिकारियों/कर्मचारियों' के हवाले कर हम निश्चिंत हो गये। कार्यक्रम अनुभाग के किसी व्यक्ति ने केस की पैरवी कभी नहीं की; हां, जहां की, वहां सफलता मिली।

मेरा बहुत पहले से मानना था और इसकी अनौपचारिक चर्चा अपने कई अधिकारियों से कर चुका था कि सबसे पहले 'अनुबंध-पत्र' (पत्रों) की समीक्षा हो और उसे दुरूस्त किया जाना चाहिये; पर ये काम इतनी देर से हुआ कि इसको लेकर कई अन्य समस्यायें खड़ी हो गईं; क्योंकि इसमें 'नैमित्तिक उद्घोषक' को बदलकर 'समनुदेशिती' (Assignee) कर देने के साथ-साथ ड्यूटी से पूर्व एक 'अंडरटेकिंग' भी देना था, जिसका मज़मून वही पुराना था कि उनकी नौकरी का कोई दावा नहीं होगा। इस आदेश की भी जिन केन्द्रों ने अवहेलना की, उनसे कोई सवाल नहीं किया गया और जिसने इसे लागू कराने में कोई कोर-कसर नहीं छोड़ी, उससे स्पष्टीकरण मांगा गया कि इस कार्य में विलंब क्यों हुआ...! एक किसी दूसरे संस्थान से आये अधिकारी, जिन्हें न तो रेडियो का कोई ज्ञान था, न ही इसकी कार्य-प्रणाली का; उनसे जब कहा गया कि जो लोग 'कोर्ट-केस' में हैं, उनके ऊपर 'अंडरटेकिंग' वाला नियम लागू नहीं होता; तो उन्होंने कहा कि "किस कोर्ट ने मना किया है, आप पूरी फ़ाइल भेजिये।" अब इन्हें ये मोटी-सी बात कौन समझाता कि जब कोर्ट का आदेश है कि ऐसे लोगों की बुकिंग किसी हाल में बंद न की जाये तो 'अंडरटेकिंग' साइन नहीं करने की स्थिति में भी उनकी बुकिंग ज़ारी रखना मजबूरी है। अब रही बात केस से संबंधित फ़ाइल भेजने की, तो अव्वल तो ये मामला प्रशासनिक अनुभाग और 'कार्यालय-प्रमुख' के अधिकार-क्षेत्र में आता है, दूसरे वो कोई चार पन्नों की फ़ाइल तो है नहीं कि उन्हें भेज दी जाये और वे सब समझ जायें। शुक्र है कि उन्हें

वापस उनके मूल विभाग में भेज दिया गया, वरना वो यहां न जाने और क्या-क्या मूर्खतायें करते।

ये कड़वी सच्चाई है कि आज पूरे संस्थान में ऐसे ही लोगों का वर्चस्व हो गया है, जिन्हें प्रसारण और उसकी गुणवत्ता से कोई लेना-देना नहीं है। पहले के समय में नीचे से ऊपर आये पके-पकाये और तपे-तपाये लोग होते थे। वे आपको और आप उनको व्यक्तिगत तौर पर जानते थे। केन्द्रों की कई समस्यायें इस व्यक्तिगत परिचय और आपके काम करने के तौर-तरीक़े पर आपके वरिष्ठ अधिकारियों के विश्वास के चलते निपट जाती थीं। आप अपना दुख-सुख उनसे बतिया सकते थे। पर आज ढूंढ़िये तो केन्द्र निदेशक से ऊपर (ये भी गिने-चुने ही बचे होंगे) के पद पर आपको कोई अधिकारी ऐसा नहीं मिलेगा जो 'पेक्स' से प्रोन्नत होकर ऊपर पहुंचा हो और जिससे व्यक्तिगत तो छोड़िये, प्रसारण के बारे में भी आप सार्थक बातचीत कर सकें। उच्चस्थ पदों पर अपने संस्थान के जो हैं भी, वो अभियांत्रिकी सेवा के अधिकारी हैं अथवा अन्य संस्थानों; यथा- 'भारतीय प्रशासनिक सेवा', 'भारतीय राजस्व सेवा', 'वित्त निगम' यहां तक कि 'भारत संचार निगम लिमिटेड' से आये लोग। इनसे आप केन्द्र की किसी समस्या पर जब भी बात करेंगे, वो कहेंगे 'ये बताइये कि आपने कितना राजस्व अर्जित किया है...।'

मैं मानता हूं, राजस्व अर्जन भी ज़रूरी है, पर किस क़ीमत पर। हम जब अपने को 'लोक सेवा प्रसारक' कहते हैं तो उसका अर्थ क्या होता है! 'बहुजन हिताय : बहुजन सुखाय' की उक्ति हमने यों ही नहीं अपना ली थी। उसके पीछे बहुत बड़ा विजन था- कला और कलाकारों के, धरोहरों के संरक्षण का। पर आज हम कर क्या रहे हैं...?

'धरोहरों' के संरक्षण का भी यहां बीड़ा उठाया गया। भारी-भरकम नाम दिया गया- 'लोक-संपदा संरक्षण'। कार्य था, देश-भर में, सुदूर गांवों और अंचलों में जाकर, विश्रुत लोकगीतों को, वहीं के अनगढ़ गायक-गायिकाओं की आवाज़ में रिकॉर्ड कर उसका संरक्षण करना। इस योजना के कई चरण थे। सबसे पहले लोकगीतों को रिकॉर्ड करना, उसकी फ़ोटोग्राफ़ी और वीडियोग्राफ़ी कराना, फिर उसकी तसदीक उसी गांव के किसी विशेषज्ञ से कराना कि वे गीत प्रामाणिक हैं या नहीं। उसके बाद उन तमाम गीतों की स्वर-लिपियां तैयार करा कर, पूरी रिकॉर्डिंग को डीवीडी तथा 'हार्ड डिस्क' में ट्रांसफर कर, तस्वीरों की 'ब्यूटीफुल एल्बम' (महानिदेशालय के पत्र में यही लिखा गया था) में भेजना।

सबसे पहले तो ये काम कम-से-कम पांच लोगों की टीम का था, पर अधिकांश स्थानों पर 'पेक्स' को अकेले ही सारा काम करना पड़ा; जैसी कि उसे आदत होती है कई और ढेर-सारे काम एकसाथ करने की।

दूसरी जो सबसे बड़ी समस्या थी, वो थी सुदूर गांवों में जाकर ऐसे कलाकारों की तलाश, जो प्रामाणिक लोकगीत प्रस्तुत कर सकें। अब कल्पना कीजिये कि बिहार में या बस्तर में, जहां राज्य के अनेक ज़िले उग्रवाद-प्रभावित हैं, वहां जान ज़ोख़िम में डाल कर रिकॉर्डिंग करने कौन जाना चाहेगा। और ये सिर्फ़ बिहार या बस्तर की बात नहीं है; अनेक केन्द्र ऐसे क्षेत्र में आते हैं जहां ये काम करना संभव ही नहीं है। तो जब ऐसे अनेक क्षेत्रों की लोक-संपदा एकत्र ही नहीं होगी, तो ये योजना ही क्या अपूर्ण नहीं मानी जायेगी...?

चलिये, मान लीजिये कि आपने अन्य क्षेत्रों में जाकर वैसे कलाकारों की आवाज़ में लोकगीत रिकॉर्ड कर लिया जिन्हें गायन की कोई शिक्षा नहीं मिली और उन्होंने जैसा अनगढ़, बेसुरा गाया, वैसा ही रिकॉर्ड किया। पर आख़िर आप उस रिकॉर्डिंग का करेंगे क्या...? प्रसारित तो कर नहीं सकते; और जैसा कि इस प्रोजेक्ट की दूरगामी योजना ये थी (शायद है) कि इन लोकगीतों को संग्रह के रूप में प्रकाशित किया जायेगा; तो ये काम तो उन सैकड़ों पुस्तकों से भी हो सकता है, जिन्हें लिखने में उसके लेखकों ने उतनी ही मेहनत, या शायद उससे ज़्यादा ही की होगी और ये कम ख़र्च में, कम समय और श्रम में आसानी से हो जाता। ख़र्च ही करना था तो उन लेखकों को रॉयल्टी दे देते और 'क्रेडिट' में उनका नाम।

इतना ही नहीं, दूरस्थ गांवों में जहां साक्षरता का प्रतिशत बहुत न्यून है, वहां ऐसा विशेषज्ञ जो उन लोकगीतों की प्रामाणिकता सिद्ध करे, जो बड़े-बड़े अध्येता भी अनेक शोधों-संदर्भों के बाद कर पाते हैं– क्या संभव है कि आपको मिल जाये... .. और यदि मिल भी जाये तो उन 'विशेषज्ञों' की प्रामाणिकता कौन सिद्ध करेगा...?

समस्या तो फ़ोटोग्राफ़ी और वीडियोग्राफ़ी में भी आई। लेखा अनुभाग ने नियमों का हवाला देकर भुगतान करने से अपने हाथ खड़े कर दिये। सरकारी रेट पर कोई फ़ोटोग्राफ़र गांवों में जाने को तैयार नहीं था। उसमें भी अनेक बाधायें थीं कि एक ही फ़ोटोग्राफ़र को बार-बार न ले जाया जाये, क्योंकि भुगतान की एक तय सीमा थी। बड़े शहरों में तो आपको ढेरों विकल्प मिल जाते हैं, पर छोटे शहरों और क़स्बों में....? वैसे भी, उन सुदूर गांवों में कोई फ़ोटोग्राफ़र भी जल्दी जाने को तैयार नहीं होता; क्योंकि एक या दो दिन गांव में रुककर काम करने का उसे सरकारी रेट से जो मेहनताना मिलता, उससे कहीं अधिक वो अपने स्टूडियो में बैठकर दो घंटे में कमा लेता।

सबसे बड़ी समस्या थी उन गीतों की स्वर-लिपियां तैयार कराने की। पटना-जैसे बड़े शहर में ढूंढ़ने पर बड़ी मुश्किल से दो-तीन कलाकार ही मिल पाये, जो स्वर-लिपियां तैयार कर सकें। पर, इसमें एक प्रकार से पैसे की बर्बादी ही हुई। 'स्वर-लिपियां' जो होती हैं, वो धुन-आधारित होती हैं; यानी अलग-अलग शब्दों के

गीतों की संगीत-रचना यदि एक हो तो उसकी 'स्वर-लिपि' नहीं बदलेगी। लोकगीतों में तो प्रायः ये समानता देखने को मिलती है। चाहे सोहर हो, चैती हो, विवाह के रस्मों से जुड़े गीत हों; सोहर किसी भी बोली में गाई जाये, या चैती..... उनकी धुनों में प्रायः कोई बदलाव नहीं होता। इस प्रकार लोकगीत के एक प्रकार की 'स्वर-लिपि' तैयार कर लेने पर, उस तरह के सभी गीतों के लिये वही 'स्वर-लिपि' मान्य होगी, गीत भले ही किसी भी बोली में गाया गया हो।

यहां बोलियों का भी सवाल है। हमारे देश के हर क्षेत्र में कम-से-कम पांच बोलियां ज़रूर प्रचलित हैं- कहीं-कहीं तो उससे भी ज़्यादा। हमारे बिहार में ही मगही, भोजपुरी (आठवीं अनुसूची में आने के बाद 'मैथिली' भाषा के रूप में गिनी जाती है) के अलावा अंगिका, बज्जिका बोलियां प्रमुख रूप से बोली जाती हैं, परन्तु इन बोलियों ने भी अब एक प्रादेशिक स्वरूप अख़्तियार कर लिया है- यानी अब ये एक क्षेत्र-विशेष में न बोली जाकर, इसके बोलने वाले जहां-जहां गये, ये उनके साथ गईं और वहां थोड़े-बहुत अन्तर के साथ बोली जाने लगीं।

वैसे कहा भी गया है कि ''कोस-कोस पर बदले पानी, चार कोस पर बानी।'' ये जनश्रुति अकारण नहीं है, बल्कि इसमें गंभीर सच्चाई छुपी है। कई बार एक ही बोली, क्षेत्र-विशेष की सीमा का अतिक्रमण करती दिखाई देती है। जैसे, बिहार का बेगुसराय का क्षेत्र। यहां मैथिली और मगही- दोनों बोलियां प्रचलन में हैं। इसी प्रकार बहुत से ऐसे सीमावर्ती क्षेत्र हैं, जहां बोलियां एक-दूसरे का अतिक्रमण करती हैं और ये क्षेत्र-विशेष दो अलग-अलग आकाशवाणी केन्द्रों के अधीन हो सकते हैं। ऐसे में, क्या एक ही तरह का संग्रह और संकलन दो अलग-अलग केन्द्र नहीं कर रहे होंगे जो एक प्रकार से अनावश्यक एक ही काम का दुहराव होगा....?

पर ऐसे काम हुए और मैं प्रशंसा करता हूं उन कार्यक्रम अधिकारियों की जिन्होंने अपना कठिन श्रम और समय इसमें लगाया; पर देखने वाली बात ये भी होगी कि ये काम कितनी प्रामाणिकता कि साथ हो पाया है।

•••

सात

बीत गए दिन उन्मन
बतकहियों के
लौटे फिर पल
कोमल गलबहियों के
हो आया मन नदिया-ताल की तरह...
(ओम निश्चल)

ये सारी बातें आगे की हैं; मेरे पटना के दूसरे और तीसरे कार्यकाल के अनुभव की हैं, पर प्रसंगवश यहां उनका उल्लेख लाज़िमी था। फिलहाल तो समय मेरे लिये बड़ी सकारात्मक भूमिका लिखने में व्यस्त था।

वर्ष 2002 और 2005 में क्रमश: **'हिन्दी की आंचलिक कहानी : परंपरा और प्रयोग'** तथा **'नारी तुम केवल श्रद्धा हो'** पुस्तकों का प्रकाशन हुआ। इसमें 'हिन्दी की आंचलिक कहानी : परंपरा और प्रयोग' मेरे पी-एच. डी. के शोध-प्रबंध का ही संशोधित-परिमार्जित रूप है, लेकिन इसे छपवाने से पूर्व मुझे एक तरह से एक नया शोध-कार्य करना पड़ा था।

जैसा कि इसके शीर्षक से ही पता चलता है कि इसमें आंचलिक कहानियों से संबंधित विश्लेषण का संपूर्ण समाहार होगा। मुझे सन् 1985 में पी-एच. डी. मिली, इसलिये स्वाभाविक रूप से मेरे शोध-प्रबंध में वर्ष-1984 तक की कहानियां ही आधार-सामग्री के रूप में संचयित थीं। लेकिन 1985 से लेकर 2002 के 17 वर्षों में न जाने इस स्वभाव की कितनी कहानियां लिखी गई होंगी; कितने मूल्य-मान्यतायें बदली होंगी। तो 2002 में छपने वाली पुस्तक में पुराने संदर्भ, उद्धरण और मान्यतायें क्यों जायें....! इसलिये पुस्तक को प्रासंगिक बनाने के उद्देश्य से मैं फिर से नयी पुस्तकों-पत्रिकाओं की खोज में जुट गया और पांडुलिपि की तैयारी करने लगा, जिसमें लगभग चार महीने लग गये; पर जब पांडुलिपि तैयार हुई, तो मन को बड़ा संतोष मिला।

इसके तीन बरस बाद 'नारी तुम केवल श्रद्धा हो' का प्रकाशन हुआ। ये जयशंकर प्रसाद की 'कामायनी' का संगीत-नाट्य रूपांतर है, जिसे मैंने रेडियो के लिये तेरह कड़ियों के धारावाहिक के रूप में लिखा था। आकाशवाणी, पटना से इसका प्रसारण 13 फरवरी, 2004 से प्रारंभ हुआ, जो तीन महीने चला। 'नारी ! तुम केवल श्रद्धा हो' में प्रसाद का गीत-पक्ष अपने मूल स्वरूप में जितना सुदृढ़ है; इसकी प्रस्तुति में इसके सांगीतिक पक्ष को भी उतना ही मज़बूत और कालजयी बनाने का प्रयास करते हुए इसे एक नयी काव्य-संवेदना के साथ देखने-परखने की कोशिश की गई है।

इसे लिखते समय कुछ अलग अनुभूति हुई। विश्वविद्यालयीन शिक्षा के दौरान 'कामायनी' का अध्ययन मेरे लिए एक आवश्यकता थी, इसलिए यह बोझिल और जटिल लगती थी। बहुत ईमानदारी से कहूँ, तो 'कामायनी' को उस दौरान मैं पूरी तरह से शायद समझ भी नहीं पाया था। उसके बाद, बहुत बाद में जब 'कामायनी' को पुन: पढ़ा तो इसकी समसामयिक संवेदना ने मुझे बहुत झकझोरा; विशेषकर मानव-मूल्यों की प्रतिष्ठा लिए श्रद्धा के करुणा और वात्सल्यपूर्ण रूप ने मुझे एक नयी दृष्टि दी। इसने बताया कि 'कामायनी' के काल से लेकर आजतक

जितना कुछ घटित हुआ है, उसके मानवीय पक्ष का संपूर्ण सार इसमें निहित है। स्त्री के प्रति पुरुष का एकांगी और उपेक्षापूर्ण रवैया, प्राणी का अन्य प्राणियों के प्रति निरंकुश-भाव, अपने स्वार्थ के लिए निरीह और मासूमों पर अत्याचार-जैसे ना जाने कितने पक्ष हैं, जिन्हें इस काव्य में न सिर्फ़ पुरज़ोर तरीक़े से उठाया गया है; बल्कि नारी-हृदय का कोमलतम पक्ष भी इसमें अत्यंत करुणापूर्ण ढंग से अंकित है। यह सब-कुछ कितना सामयिक, सोद्देश्य और प्रासंगिक है, बिना इसे पढ़े नहीं जाना जा सकता। शायद तभी मन के किसी कोने में 'कामायनी' को संगीत-नाट्य-काव्य के रूप में लिखने का अंकुर फूटा था।

फिर भी, सालों-साल निकलते चले गये; काम-काज का बोझ और ज़िम्मेदारियां बढ़ती गयीं; लेकिन इनके बीच, मन के किसी कोने में 'कामायनी' की अनुगूंज निरन्तर जारी रही। अक्तूबर-2003 में एक समय ऐसा आया, जब मेरा यह सपना पूरा होने का मौक़ा दिखाई देने लगा। 'कामायनी' की जो सबसे पुरानी प्रति मिल सकती थी, वो मुझे मिली गुरुदेव आदरणीय रामबुझावन सिंह के यहां। वहां से उसे लेकर मैं लिखने में जुट गया।

सुबह टहलकर आने के बाद एक घंटा लिखता, फिर दफ़्तर से लौटकर। डायरी में बस मैं लिखता गया, लिखता गया और जो कुछ भी लिखता रहा, उसपर जैसे मेरा कोई नियंत्रण नहीं था। अजीब बात थी! मैं लिखने बैठता। शब्द, भावों के साथ अपने-आप दस्तक देने लगते और कई-कई बार मैं अपने स्वयं के लिखे पर ही मुग्ध हो जाता। मुक्त छन्द में अनेक बार, अनेक स्थानों पर जयशंकर प्रसाद के भावबोध की शब्दावली अपने-आप आयी, जैसे- ''मरण नहीं, जीवन है; जीवन में ही जीवन है''; या, ''जितना भागता है मन रूप-रस-गंध के पीछे, उतनी ही छिपती जाती है, आँखों में आँखों की दुनिया।''

वाग्देवी की कृपा का ऐसा साक्षात् अनुभव मैंने पहले कभी नहीं किया था और, एक महीने में पूरी तेरह कड़ियां लिखी जा चुकी थीं। शीर्षक, जो सबसे पहले मन में आया, वह था 'नारी ! तुम केवल श्रद्धा हो'.. प्रसाद के इसी काव्य के एक प्रसिद्ध गीत का मुखड़ा, जिसमें मुझे लगता है संपूर्ण काव्य की कथा-व्यंजना उपस्थित है। इस 'नाट्य-काव्य' में प्रसाद के मूल गीतांशों को ज्यों-का-त्यों रखा गया और कथा को संवादों के माध्यम से आगे बढ़ाने के लिए मुक्त छंद का प्रयोग किया गया; अतः काव्य-रस का आनन्द कहीं कम नहीं होने पाया है।

आकाशवाणी के नाटक और संगीत की पूरी टीम मेरे उस स्वप्न को साकार करने में जुटी थी, जो काफ़ी पहले मैंने देखा था। मैं कह सकता हूं कि इस टीम ने अपना सर्वोत्तम दिया। संगीत-रचनाकार श्री परमानन्द मिश्र ने एक महीने से भी कम समय में इस धारावाहिक के लगभग नब्बे गीतों की संगीत-रचना तैयार की तो नन्दिता चक्रवर्ती ने 'कामायनी' की श्रद्धा को अपनी सुमधुर वाणी प्रदान कर मेरे उस

फ़ेड इन... फ़ेड आउट/293

स्वप्न में तब मेरी ऐसी सहभागी बनीं कि आगे संगीताधारित किसी भी प्रोडक्शन की मैं उनके बगैर कल्पना ही नहीं कर सकता था। मैंने उन्हें संगीत के स्वरों में समझा तो उन्होंने भी मुझे स्वरों के संगीत में ज़रूर पाया होगा; जिसकी वजह से मुझ-जैसे संगीत की बारीकियों से प्रायः अपरिचित व्यक्ति के गले की हरकतों और इन्द्रियों के इशारों को वे भलीभांति समझती थीं और जैसा मैं चाहता था वही प्रभाव अपने गाने में ले आती थीं। दूसरे शब्दों में कहूं तो मेरे बनाये कार्यक्रम नन्दिता के बिना बिल्कुल अधूरे-अप्राण थे।

आगे चलकर ये नृत्य-नाटिका प्रथम बार 3 जनवरी, 2006 में अभय सिन्हा के निर्देशन में और उसके बाद यामिनी के निर्देशन में क्रमशः कालिदास रंगालय तथा दूरदर्शन के सभागार में साकार हुई।

•••

पुस्तकों के प्रकाशन के साथ-साथ, बीच-बीच में मैं कविताएं और कहानियां भी लिखता रहा, पर अपने आलस्य के चलते इन्हें कहीं छपने के लिए नहीं भेजा। मेरा अभिनय का शौक़ मुझे गोपा, नरडंका, समाधान और कादम्बिनी आदि नाटकों में ले गया। इसके अलावा 'आषाढ़ का एक दिन' में पृष्ठभूमि-संगीत भी दिया, जबकि 'समाधान' नाटक में अभिनय, मैंने मशहूर अभिनेता और निर्देशक श्री प्यारे मोहन सहाय के निर्देशन में किया था। प्यारे मोहन सहाय 'राष्ट्रीय नाट्य विद्यालय' (National School of Drama) के पहले 'बैच' के स्नातक थे। उन्होंने नाटकों के अलावा 'सइयां से भइले मिलनवा', 'कल हमारा है', 'दामुल', 'मृत्युदंड', 'भ्रष्टाचार' जैसी कुछ महत्वपूर्ण फ़िल्मों और 'मुंगेरी लाल के हसीन सपने' जैसे टीवी धारावाहिकों में भी काम किया था। वे आकाशवाणी के 'ए ग्रेड' कलाकार थे।

ये मेरा सौभाग्य रहा कि मुझे उनके निर्देशन में रामेश्वर सिंह 'काश्यप' लिखित 'समाधान' नाटक में अभिनय करने का अवसर मिला और इससे भी बड़ा सौभाग्य ये रहा कि मेरे कई रेडियो नाटकों में उन्होंने अपने अद्वितीय अभिनय से चार चांद लगाये। मैं उन्हें निर्देशित क्या करता, इतनी हैसियत मेरी नहीं थी; लेकिन उन्होंने कभी ये नहीं दर्शाया कि वो एक बड़े अभिनेता और निर्देशक हैं और ये लड़का उन्हें क्या समझायेगा। बल्कि वे हमेशा एक 'सीन' पूरा होने पर पूछते, "मैंने ठीक किया न सिन्हा साहब... अगर नहीं तो फिर से करता हूं।"

हमलोग उन्हें 'प्यारे भइया' कहते थे। मैं कहता, "नहीं, प्यारे भइया, बिल्कुल ठीक है...।"

लेकिन मेरे स्वर से ही वे मेरे संकोच को भांप लेते और कहते, "अच्छा, एक बार फिर से करते हैं..." और वे उस दृश्य को दुबारा करते।

फ़ेड इन... फ़ेड आउट/294

इतना ही नहीं, नाटक के दृश्य को समझाने के क्रम में, मैं औरों को तो समझा देता, पर उनसे कुछ कहने में संकोच होता था। उन्हें कैसे समझाऊं। वे मेरी इस उलझन को समझ जाते और खुद ही कहते, ''सिन्हा साहब, जरा इस दृश्य को कर के बताइये।''

इसके अलावा वे समय के बड़े पाबंद थे। अपने अंतिम दिनों में वे चलने-फिरने से लाचार हो गये थे, पर भारी-भरकम शरीर होने के बावजूद बुलाने से, उस स्थिति में भी, वे बिल्कुल समय से उपस्थित हो जाते; जबकि बाकी लोग ख़रामा-ख़रामा पहुंचते। ऐसे में रिहर्सल या रिकॉर्डिंग शुरू होने में घंटे-आध-घंटे की देर भी हो जाती। आमतौर से इसपर वे किसी को कुछ नहीं कहते थे, पर कभी-कभी मीठी झिड़की मुझे सुनने को ज़रूर मिल जाती थी, ''क्यों सिन्हा साहब, आपके कलाकार लोग कहां हैं... मैं बूढ़ा होकर समय से आ जाता हूं तो दूसरे क्यों नहीं आ सकते।''

प्यारे मोहन सहाय के अलावा, रेडियो में जो दो-चार गिने-चुने 'ए ग्रेड' नाटक-कलाकार बचे थे, उनमें गणेश प्रसाद सिन्हा, प्रमिला वर्मा, पी. सी. मिश्रा, सत्या सहगल और अखिलेश्वर प्रसाद सिन्हा थे। प्रमिला वर्मा की उम्र बहुत अधिक हो चुकी थी और वो अक्सर विदेश, अपनी बेटी के यहां चली जाती थीं, इसलिये उनका आना कम होता था; पी. सी. मिश्रा, आचार्य जानकीवल्लभ शास्त्री के जमाता थे और उनकी वय भी अधिक हो चुकी थी, सो वे भी नहीं आते थे। सत्या सहगल उम्रदराज़ भी थीं और एक प्रकार से कोलकाता में ही बस गई थीं; पर गणेश जी और अखिलेश्वर जी को जब भी बुलाया जाता, ज़रूर आते और बिल्कुल समय से उपस्थित हो जाते। वैसे तो इन्हें हम 'भइया' कहकर ही पुकारते और बड़े होने के कारण इनका पर्याप्त लिहाज़ भी करते- सम्मान और आदर तो था ही; पर इनकी भावना एकदम मित्रवत् और अनौपचारिक थी। गणेश भइया के साथ तो हम इतना खुले हुए थे कि उनसे हर तरह का मज़ाक निस्संकोच-भाव से कर लेते, जबकि आज जब मैं ये लिख रहा हूं, उनकी उम्र तकरीबन बानवे की हो चुकी है।

गणेश भइया ने सबसे पहले सन् 1953 ई. में बिहार सरकार के 'सूचना एवं जनसंपर्क निदेशालय' में असिस्टेंट के रूप में ज्वायन किया था। वहां वे दो वर्ष रहे। बाद में जब 'गीत एवं संगीत नाटक प्रभाग' की स्थापना हुई तो वे वहां 'चीफ़ इन्स्ट्रक्टर' के पद पर नियुक्त हुए। उस समय रेडियो में भी कान्ट्रैक्ट पर कलाकार-उद्घोषक रखे जाते थे। 1967 में पूर्णिया के एक कार्यक्रम के बीच से बुलाकर इन्हें आकाशवाणी, रांची के विविधभारती केन्द्र पर 'एक्सटेंशन अफ़सर' के पद पर एक वर्ष की प्रतिनियुक्ति पर भेजा गया जहां उन्हें पांच सालों का विस्तार भी मिला।

वहां से वे अपने मूल स्थान, यानी बिहार सरकार के 'सूचना एवं जनसम्पर्क विभाग' में लौटकर उप-निदेशक का पदभार संभाला और वहीं से सेवानिवृत्त हुए। इनकी पत्नी (अब दिवंगत) एक स्कूल में प्राचार्य थीं। आज वे तीन बेटियों, एक बेटा, बहू और पोते-पोतियों-नातियों से भरपूर सुखी जीवन का आनन्द उठा रहे हैं।

हम सब धीरे-धीरे उनके मुंहलगे हो गये थे और वे भी इसका बुरा नहीं मानते थे, बल्कि उन्हें ये अच्छा ही लगता था। जब उनसे मिले कुछ अधिक समय हो जाता तो हम उनको फ़ोन करते- "भइया, हम परसों आ रहे हैं। इंतज़ाम कर के रखियेगा...।" 'इंतज़ाम'- यानी सबका खाना-पीना।

पहले वो कृत्रिम गुस्सा करते, "हां... हां..... जैसे मेरा श्राद्ध हो रहा है न... जो खाने आओगे... लूट मची है जैसे...।"

हम उनकी इस बात पर तवज्जो दिये बिना कहते, "आप दो हज़ार रुपये निकाल कर रखिये, हमलोग पहुंच रहे हैं...।"

इस प्रकार हम छः लोग- अखिलेश्वर जी, सुमन जी, सुशील शर्मा, कन्हैया, नीलेश और मैं, अक्सर उनके घर पर इकट्ठे हुआ करते। गर्मियों में तो वो घर के बाहर हरी घास और विलायती फूलों से सजी छोटी-सी बगिया में हमारा स्वागत करते। हमारे वहां पहुंचने पर छः-सात कुर्सियां बिछी मिलतीं। उनके बीच एक छोटे-से टेबुल पर ट्रे में उतने ही गिलास और पानी-भरा जग रखा मिलता। उसके पास ही छोटे-छोटे बंद डिब्बों में काजू, अखरोट और बादाम रखे होते और हम इतने शैतान कि पहले उसी पर चोट करते। उसके बाद गणेश भइया घर के भीतर जाकर अलमारी खोलते और उसमें से दो हज़ार रुपये लाकर देते ज़रूर, पर इतना जोड़ देते, "लो, तुमलोग मेरे मरनी का खा लो....।"

उनका ये कहना, और हमसब का खुशी-खुशी इसे स्वीकार करना उनकी हयात को बढ़ा ही रहा है, ये हमसब अच्छी तरह जानते थे। इस तरह से मृत्यु को उपहास बना के रखना ही उनके स्वस्थ और आनन्दमय जीवन का राज़ था, क्योंकि वे ये सब खुशी से करते थे और कभी हमलोगों को मिले ज्यादा वक़्त हो जाता तो वे खुद फ़ोन कर बुलाते, "अरे भाई, जूठन गिराने कब आओगे...?"

गणेश भइया अपना जन्मदिन होली के दिन मनाते थे। उस दिन हमसब उनका आशीर्वाद लेने ज़रूर इकट्ठे होते। उस समय भी उनकी बगिया वैसी ही सजी मिलती थी, बल्कि उसमें अबीर-गुलाल से भरी तश्तरी भी शामिल हो जाती; पुए-पकवान आते सो अलग। चलते समय हम उनसे कहते, "चलिये, अब विदाई दीजिये और हमें विदा कीजिये....।"

पहले तो वो बनावटी तौर पर भुनभुनाते, "तुमलोगों का लगता है कर्ज़ा खाया है जो हमेशा मांगने आ जाते हो.... अच्छा रुको...।" फिर अन्दर से वो रुपये लेकर आते और सबको सौ-सौ रुपये पकड़ा देते।

ऐसा हम अक्सर करते थे। वे जब कभी नाटक की रिकॉर्डिंग के लिये रेडियो जाते तो भी दस-पन्द्रह कलाकारों को चाय पिलाने की ज़िम्मेदारी उन्हीं की होती थी। नाटक के तो वे वरिष्ठतम कलाकार थे ही, नाटक के अलावा साहित्य की अन्य विधाओं की समझ-परख ही नहीं, उनकी लेखन-क्षमता भी उनमें अद्भुत थी। उनसे मैंने एक बार मंटो की कहानी 'सुरमा' का रूपांतरण कराया था। उन दिनों मैं मंटो की तेरह कहानियों की शृंखला कर रहा था। उसके लिये मैंने अलग-अलग लेखकों को कहानियां देकर नाट्य-रूपांतरण का दायित्व सौंपा था ताकि रूपांतरण में वैविध्य आये। उसी क्रम में मैंने गणेश भइया को 'सुरमा' कहानी देकर उसका नाट्य-रूपांतर करने को कहा था। उन्होंने हर तरह से मना करने की कोशिश की, पर मैंने उनकी एक न सुनी और मूल कहानी उनके पास छोड़कर आ गया। उनसे रूपांतरण कराने के पीछे धारणा ये थी और मुझे लगता भी है कि कोई अभिनेता अगर लेखक बनता है तो वो अपने लेखन में नाटकीय युक्तियों के साथ-साथ, सटीक नाट्य-भाषा का भी प्रयोग करता चलता है, बशर्ते उसमें भाषा और विधा की सच्ची समझ हो। हालांकि ये कोई सार्वभौम अवधारणा नहीं हो सकती, क्योंकि मैंने ऐसे बहुतों अभिनेताओं को नाट्य-लेखक बनते देखा, लेकिन उनके अन्दर नाट्य-विधा की भी तमीज़ नहीं आई; भाषा तो बहुत दूर की चीज़ है।

पर गणेश भइया की सर्जनात्मक क्षमता पर मुझे कोई संदेह नहीं था और जिसे उन्होंने कई बार प्रमाणित भी किया। कोई दो दिन बाद ही उनका फ़ोन आया, बोले, "आकर ले जाओ, जैसा मुझे लगा, कर दिया। अच्छा हो तभी इसे करना।" कहना न होगा कि उन्होंने 'सुरमा' का जैसा रूपांतर किया वो अद्भुत था। कहानी में शुरुआती वर्णन सिर्फ़ इतना है कि "जब फ़हमीदा की शादी हुई तब उसकी उम्र तीस बरस से अधिक नहीं थी..."। इस एक पंक्ति को आधार बना कर उन्होंने फ़हमीदा की शादी का एक सजीव दृश्य खड़ा कर दिया था, जिसमें नोंक-झोंक और छेड़छाड़ थीं, शहनाइयों की गूंज थी, मेंहदी की रस्म थी, बन्ना-बन्नी के गाने थे, 'सेहरा' था और वो सबकुछ था, जो मुस्लिम शादियों में होता है। इससे आगे सुहागरात का चित्र भी उन्होंने बड़ी भाव-प्रवणता और तल्लीनता से खींचा था।

गणेश भइया ऐसे शख़्स थे जो खुद पर हंस सकते थे। दूसरों पर हंसने वाले तो बहुत मिल जाते हैं, पर खुद का मज़ाक बना कर अपने ऊपर हंसना आसान नहीं होता। उनके कई ऐसे प्रसंग हैं, जिसे वे बार-बार सुनाया करते। इन्हीं में से एक प्रसंग उन्होंने इस तरह सुनाया-

एक बार उनका बेटा-बहू दो-चार दिनों के लिये कहीं बाहर गये थे और वे घर में बिल्कुल अकेले थे। इन्होंने सोचा कि अभी मौक़ा है, क्यों न बाहर की दीवार को पेंट करा लें। वे बगल से जाकर एक मजदूर को बुला लाये, उसे काम समझाया और पेंट लाने को पैसे दे दिये...। मजदूर ने पूछा कि आपके पास सीढ़ी तो होगी न...। सीढ़ी नहीं थी। उन्होंने मजदूर को और दो सौ रुपये सीढ़ी लाने के लिये दिये और मुख्य दरवाज़ा बन्द कर नहाने चले गये। कुछ देर बाद मज़दूर सीढ़ी के साथ लौटा और दीवार के सहारे सीढ़ी खड़ा कर वो पेंट लाने चला गया।

इस बीच उधर से जो गुज़रता वो एक नज़र सीढ़ी को देखता और आगे बढ़ जाता। थोड़ी देर बाद गणेश भइया नहा-धो के दरवाज़े से बाहर निकले तो क्या देखते हैं कि वहां मुहल्ले के लोगों की भीड़ इकट्टी है। वे कुछ कहते कि एक बुज़ुर्ग सज्जन पास आये और मगही में बोले- "आएं गनेश बाबू... तू जिन्दा ह...?"

हक्का-बक्का गणेश बाबू थोड़ा चिढ़कर बोले, "त तू का समझलऽ कि हम मर गेली... आयं..."

"अरे गुस्सा मत करऽ, उ देखऽ.... रंथी..." उन बुज़ुर्ग ने थोड़ा सकपकाकर कहा।

जब गणेश भइया ने उधर नज़र दौड़ाई तो क्या देखते हैं कि मरने पर शवयात्रा के लिये बांस की जो 'टिकटी' बनाई जाती है, वही उनके एक साइड की दीवार से खड़ी कर के रखी हुई है। अब तो उनकी हंसी का ठिकाना नहीं। असल में वो आसपास से किसी मजदूर को ऐसे ही पकड़ कर ले आये थे। बाज़ार में उसे यही सीढ़ी नज़र आयी। उसे भी लगा होगा कि थोड़ा-सा तो काम है, इसी से हो जायेगा, इसलिये बिना सोचे-समझे उसने ये कारनामा कर दिया। मुहल्ले में सबको पता था कि गणेश भइया उम्रदराज़ हैं, इसलिये खड़ी सीढ़ी देखकर उनकी आशंका ग़ैर-वाज़िब भी नहीं थी।

ऐसे ही एक बार उनके पास दूरदर्शन से फ़ोन आया कि एक घंटे में आ जायें, एक पंडित की भूमिका करनी है। साथ ही, उन्हें भूमिका के हिसाब से एक चादर भी लाने को कहा गया। उनके पास चादर थी नहीं, सो उन्होंने सोचा कि निकलते समय ले लेंगे। वे तैयार होकर बाज़ार पहुंचे। उनके घर के पास ही पूजा-पाठ की सामग्री की कई दुकानें हैं। वे उनमें से एक में गये और बोले कि 'रामनामी' चादर चाहिये। दुकानदार ने दिखा दिया। वे बोले, "क्यों, इसमें हो जायेगा न...।"

दुकानदार विश्वास से बोला, "हां हुज़ूर...... साढ़े छौ फीट तक ढंक जतई...।" उन्होंने पैसे दिये और चादर लेकर पहुंच लिये दूरदर्शन। जब शूटिंग का वक़्त हुआ तो उन्होंने चादर अपने बदन पर डाल लिया। उन्हें देख लोग मुंह दबा

कर हंसने लगे। वे कुछ समझे नहीं, पूछा, "क्या हुआ?" उस नाटक में सुशील शर्मा भी थे। उन्होंने कहा, "भइया, ये तो आप मरनी वाली चादर उठा लाये हैं।"

तब उन्होंने ग़ौर से चादर को देखा पर क्या कर सकते थे, उसी को ओढ़कर शूटिंग की और इसका सबसे मज़ेदार पक्ष ये रहा कि शूटिंग के बाद वे उसे किसी तरह घर ले जाने को तैयार नहीं हुए, न ही कोई अन्य कलाकार; क्या जाने वो ऐतिहासिक चादर अभी भी दूरदर्शन की 'प्रॉपर्टी' में कहीं पड़ी हो...!

एक वाकया तो मेरे साथ का ही है। सितंबर-2018 की बात है। मैं अपना घर पेंट करा रहा था। उन्होंने पूछा कि "कैसा पेंट करा रहे हो..." तो मैंने उसकी कुछ तस्वीरें उन्हें दिखा दीं। उन्होंने कहा कि जब पूरा हो जाये तो मैं उन्हें अपने घर ले चलूं। मैंने हामी भर दी।

घर पेंट हो गया। मैं भी ऑफ़िस के कामकाज में व्यस्त हो गया और गणेश भइया के यहां भी इस बीच जाना नहीं हो पाया, सो उनके घर ले जाने वाली बात मैं भूल गया। लगभग दो महीने बाद मैं उनके यहां पहुंचा तो इधर-उधर की बातों के बाद अचानक वे बोले, "अरे, तुम्हारा घर पेंट हो गया...?"

अब मुझे काटो तो ख़ून नहीं। मुझे सबकुछ याद आ गया। लज्जित-सा बोला मैं, "जी, हो गया...।"

"हमने तुमसे कहा था न कि हमको ले चल के घर दिखा दो, तो तुम तो ले ही नहीं गये....।"

"सॉरी भइया, मैं भूल गया। ऐसा करते हैं, मैं इस शनिवार को आऊंगा और आपको ले चलूंगा।" मैं क्षमाप्रार्थी हुआ।

ये तय हो गया, पर हुआ ये कि उसके बाद कितने शनिवार आये और गये पर मैं ये बात पूरी तरह भूल चुका था।

कुछ दिनों बाद मैं उनके घर पहुंचा। अभी उनके पांव छूने के लिये झुका ही था कि वे थोड़े मज़ाकिया स्वर में बोले– "हमारा एक किलो रसगुल्ला का दाम निकालो पहले...।"

मैं समझा नहीं। उनकी ओर देखा तो वे बोले, "तुमने कुछ कहा था...?"

मैं फिर भी नहीं समझा तो उन्होंने आगे कहा, "तुम बोले थे अपने घर ले चलने को। तुमको मालूम है, मैं उस दिन तैयार होकर तुम्हारा बहुत देर तक इंतज़ार करता रहा। जब तुम नहीं आये तो मैंने सोचा कि मैं ही चलूं। तो मैंने रिक्शा किया, रसगुल्ले का डिब्बा मंगवा के रखा था; उसे लेकर रिक्शे पर बैठ कर चला तो सही, पर मलाही पकड़ी तक पहुंचने के बाद मैं रास्ता भूल गया।"

मैं क्या करता, अपराधी-भाव से उनका यात्रा-वृत्तांत सुन रहा था। मुझमें इतनी भी हिम्मत नहीं थी कि मैं उनसे पूछता, "फिर क्या हुआ...?"

उन्होंने कहना जारी रखा- " क्या करता, लौट कर घर पहुंचा अपनी बहू को रसगुल्ले का डिब्बा पकड़ाया तो वो बोली, "बाबूजी, आप तो ये डिब्बा लेकर कहीं गये थे, अब लौटकर वही डिब्बा मुझे पकड़ा रहे हैं, क्या हुआ...?" तब मैंने उसे सारा क़िस्सा बताया।"

अबतक इतनी देर से मैं अपनी जो हंसी रोके हुआ था वो बांध तोड़कर बह निकली। हंसते-हंसते मैं बोला, "तो आपने मुझे फ़ोन क्यों नहीं किया...? अच्छा, चलिये, मैं कल आफ़िस से लौटते हुए आपको इधर से ही लेता चलूंगा... आप तैयार रहियेगा...।"

वे थोड़ी देर मुझे घूरते रहे मानो इसकी तसदीक कर रहे हों कि मेरी बात में गंभीरता है या नहीं।... थोड़ी देर घूरने के बाद वे बोले, "ठीक है, पर भूलना मत... मैं इंतज़ार करूंगा...।"

"नहीं... नहीं मैं ज़रूर आऊंगा।"

कुछ संयोग ऐसा हुआ कि दूसरे दिन ऑफ़िस में मुझे काफ़ी देर हो गई इसलिये गणेश भइया से किया वादा भूलकर मैं सीधे घर चला गया। घर पहुंचकर मुझे याद आया कि बेचारे इंतज़ार करते रह गये होंगे। मैंने उन्हें बहुत फ़ोन किया, पर फ़ोन नहीं लगा। दूसरे दिन शाम को आफ़िस से लौटकर सीधे उनके घर गया। मैंने उन्हें प्रणाम् करते हुए कहा कि "सॉरी भइया, मैं फिर भूल गया। चलिये, अभी मेरे साथ चलिये...।"

"नहीं... हम नहीं जायेंगे...।" उनकी नाराज़गी जायज़ थी।

"चलिये न भइया, हम आपको अभी ले चलते हैं..." मैंने फिर कोशिश की।

"नहीं, हम नहीं जायेंगे..." उन्होंने स्पष्ट ऐलान कर दिया। मैंने भी उन्हें इतने गुस्से में पहले कभी नहीं देखा था।

"अब गुस्सा थूकिये और चलिये भइया..." मैंने एक आख़िरी कोशिश की।

"हम बोले कि नहीं जायेंगे तो नहीं जायेंगे...।" उनके गुस्से में अब खिन्नता भी दिखाई देने लगी थी।

मुझे लगा कि अब आगे कुछ नहीं कहना ही ठीक होगा, पर पता नहीं कैसे मेरे मुंह से निकल गया, "आप अभी मेरे घर नहीं जायेंगे कि कभी नहीं जायेंगे...?"

वे थोड़ी देर मेरी तरफ़ देखते रहे, फिर बोले, "जायेंगे क्यों नहीं, पर अभी नहीं जायेंगे...।"

मैंने भी राहत की सांस ली कि चलो ये गुस्सा ऊपरी ही है। तुरंत उन्होंने अन्दर आवाज़ देकर चाय मंगवाई और उस दिन का सारा क़िस्सा हंसते हुए यों पेश किया-

“मालूम है, जब तुम नहीं आये तो मैं फिर रिक्शा लेकर निकला। रास्ते से एक किलो रसगुल्ला लिया। मैं जब आगे चौराहे तक पहुंचा तो अंधेरा हो चुका था। वहां पर कोई ऐक्सीडेंट हो गया था तो उधर से किसी को जाने नहीं दे रहे थे। मुझे भी डर लगा तो मैं लौट आया....।”

अब उनकी कथा में मुझे भी आनन्द आने लगा था, इसलिये आगे मैंने जोड़ा, “... और आपने अपनी बहू को रसगुल्ले का डिब्बा पकड़ाया तो बहू बोली।”

“हां... बहू बोली कि क्या बाबूजी, आप हमेशा रसगुल्ला लेकर निकलते हैं और फिर लौटा के ले आते हैं.....” वे हंसकर बोले। फिर थोड़ा गंभीर होकर धीरे से बोले, “तुम कल आओगे न...।”

उसके बाद मैं रातभर रटता रहा कि... कल गणेश भइया को लेकर आना है.... लेकर आना है...। पत्नी को हिदायत दी कि मुझे याद दिला देगी कि गणेश भइया को लेकर आना है। दूसरे दिन आख़िर शाम को मैं उनके घर पहुंच गया। जब वे मेरी गाड़ी में बैठने लगे तो मैंने उन्हें छेड़ा, “भइया... रसगुल्ला ले लिया है न?”

“बदमाश...” बोलते हुए उन्होंने रसगुल्ले का डिब्बा मुझे दिखाया और गाड़ी में बैठ गये। घर आये, कुछ देर रुके और चलते समय पत्नी को बुलाकर, “बहू, ये लो...” कहते हुए उसके हाथ में पांच सौ रुपये और अनिल को सौ रुपये पकड़ा दिये। मैंने शरारत से कहा, “और मुझे भइया...”

बोले, “तुम्हारे लिये कुछ नहीं है... तुम पहले ही मेरा बहुत ख़र्चा करा चुके हो...।” उनका इशारा दो बार उनके असफल लौटने की ओर था।

ये सारे प्रकरण इतने प्रसिद्ध हुए कि इसपर अखिलेश्वर जी ने अलग-अलग नाटक ही लिख दिया और वे नाटक रेडियो से प्रसारित भी हुए, जिसमें वास्तविक चरित्र के तौर पर गणेश भइया और मैंने अभिनय भी किया।

गणेश भइया के पास वास्तविक घटनाओं और क़िस्सों की कोई कमी नहीं थी। जब वे शुरू होते तो 1938 से शुरू करते थे कि 1938 में फलां हुआ था। आप उनसे कोई भी बात करिये, उसमें से कोई घटना या क़िस्सा वे निकाल ही लेते थे। उनके पास उनके दीर्घ अनुभवों का विपुल भंडार था। मैंने उनसे कई बार कहा कि आप इन सब अनुभवों को लिखते क्यों नहीं, पर वे हर बार “अरे, छोड़ो..” कहकर टाल जाते। मैंने उनसे यहां तक कहा कि मैं लिख दूंगा, आप बस रिकार्डर या मोबाइल पर बोलते जाइये; पर वे इसके लिये भी तैयार नहीं हुए।

उनके पास उनके इतने अनुभवजन्य संस्मरण हैं कि मुझे लगता है, उनके सामने आने पर लोगों को उस समय के सांस्कृतिक-इतिहास का बहुत सारा अनजाना

पक्ष जानने का अवसर मिलेगा। गणेश भइया बानवे पार कर चुके हैं और मेरी कामना है कि वे शतायु हों; पर ये भी डर है कि उनकी बातें, कहीं उनके साथ ही न चली जायें।

(हालांकि नया कैमरा लेने के बाद उनकी यादों को काफ़ी-कुछ डाक्यूमेन्ट्री की तरह से शूट कर रख लिया है... इसके अलावा मैं जब भी जाता हूं और वे पुरानी कोई घटना सुनाने के मूड में होते हैं तो मैं मोबाइल का कैमरा या उसका ऑडियो ऑन कर रिकार्ड कर लेता हूं। शुरू-शुरू में वे ऐसा करते देख रुक जाते या मना कर देते थे, पर मेरी लगातार ज़िद देखकर अब वे मना नहीं करते। हां, उनके सुनने की शक्ति एक प्रकार से चली गई है, इसलिये वे जो कहते हैं, हम सुन लेते हैं, पर अपनी बात उन्हें इशारे से समझानी पड़ती है।)

•••

सन् 2008 तक मैं ज़्यादातर रेडियो नाटकों के प्रोडक्शन में लगा रहा। हर नाटक के प्रोडक्शन के समय मेरे ज़ेहन में मेरा रीवा में लिखा नाटक 'महुए का फूल' उछल-कूद मचाता। हर नाटक के बाद मैं सोचता कि अगली बार इसे करूंगा, पर न जाने क्यों उसे करने की हिम्मत नहीं जुटा पाता था। शायद इसलिए भी कि उस नाटक को लिखे तक़रीबन 16-17 साल हो रहे थे और उसका कंटेंट भी पुराना हो चुका था। फिर भी, ये तय था कि उसमें मुख्य भूमिका मैं करूंगा, लेकिन दो महिला पात्रों की भूमिका को लेकर संशय की स्थिति थी। नाटक में मुख्य कलाकार एक चित्रकार है, जिसकी कहानी फ़्लैशबैक में चलती है- यानी उसके युवा और बुज़ुर्ग, दोनों रूपों की भूमिका मुझे करनी थी। लेकिन उसकी प्रेमिका और बेटी के लिए अलग-अलग अभिनेत्रियों की तलाश थी।

इसी तलाश में मेरी नज़र दो ऐसी आवाज़ों पर पड़ी, जो बिल्कुल उन चरित्रों के माफ़िक पड़ती थीं। एक, शाइस्ता रशीद और दूसरी, लक्ष्मी मिश्रा। ये दोनों बहुत ही प्रतिभावान् अभिनेत्रियां थीं जो रेडियो के साथ-साथ रंगमंच पर भी ख़ूब सक्रिय थीं। लक्ष्मी तो मेरे साथ 'गोपा' में अभिनय भी कर चुकी थी। बस, कलाकार फ़ाइनल होते ही मैंने नाटक 'शिड्यूल' किया और स्टूडियो में हम तीन लोगों के बीच नाटक शुरू हुआ। ये नाटक कब शुरू हुआ और कब ख़त्म, भावना के उफान में कुछ पता ही नहीं चला; हां, ये ज़रूर याद है कि जब नाटक ख़त्म हुआ तो हम तीनों एक-दूसरे से लिपट कर बहुत देर तक ज़ार-ज़ार रोते रहे थे।

ऐसे नाटकों के अलावा बहुत दिनों से मैंने कोई बड़ा धारावाहिक नहीं बनाया था। सो, कुछ नया करने की जद्दोज़हद् मेरे अन्दर चल रही थी। पर, नया क्या...!

बीच-बीच में मेरी भेंट अपने गुरुजनों से भी होती रहती थी, जो मुझे सदा कुछ अच्छा करते रहने के लिये प्रेरित करते रहते और कुछ करता तो उसके बारे में जानकारी रखने के साथ-साथ उसपर अपना बहुमूल्य मंतव्य भी देते थे।

उन्हीं में से एक गुरु डॉ. नरेन्द्रनाथ पांडेय का नाम मैं पूरे आदर के साथ लेना चाहूंगा, जिनका सान्निध्य-सुख मुझे सदा प्राप्त होता रहा। मेरे और नरेन्द्र सर के बीच में एक विचित्र बात ये थी कि मैं किसी भी कॉलेज या यूनिवर्सिटी में किसी भी तरह, कभी उनका छात्र नहीं रहा। वे विज्ञान के प्रोफेसर थे, जबकि मैं साहित्य का विद्यार्थी। बावजूद इसके कुछ चीज़ें थीं जो हमारे बीच कॉमन थीं। वे बी. एन. कॉलेज में प्रोफ़ेसर थे और मैं वहां का एक छात्र। विज्ञान का प्रोफेसर होने के बावजूद साहित्य और रंगमंच में उनकी गहरी पैठ थी; यहां तक कि उनके डी. लिट्. के शोध का विषय भी रंगमंच और सिनेमा का तुलनात्मक अध्ययन था। दूसरा, वे रेडियो के बड़े अच्छे कंपीयर, लेखक और ड्रामा आर्टिस्ट थे, अतः स्वाभाविक तौर पर उनमें रेडियो की तमाम विधाओं की गहरी समझ और उनसे सहज संपृक्ति थी। सो मेरा भी वही लक्ष्य था इसलिये एकलव्य की तरह मैंने उनको अपना गुरु मान लिया और उन्होंने भी गुरु द्रोण की प्रचलित अवधारणा को झुठलाते हुए अपने स्नेह-आशीर्वाद से इस अकिंचन को सिंचित करने में कभी कृपणता नहीं की।

फिर मैं अपनी पहले की बात पर लौटता हूं। नया करने की इच्छा थी, पर नया क्या हो...? ऐसे ही ये सब सोचता हुआ एक दिन मैं नरेन्द्र सर के यहां जा पहुंचा। हमेशा की तरह मुस्कुरा कर स्वागत् करते हुए उन्होंने पूछा, ''और... आजकल क्या नया कर रहे हैं....? मैं जानता हूं, आप चुप बैठने वालों में से नहीं हैं।''

थोड़ा संकोच के साथ मैंने कहा, ''सर, इसीलिये तो आपके पास आया हूं। दरअसल कुछ दिनों से मैं सोच रहा था कि बिहार की वैसी विदूषियों पर कुछ करूं, जिन्होंने समाज में अपना एक अलग मकाम बनाया है। लेकिन मेरी समस्या ये है कि मैं उनके बारे में ज़्यादा जानता नहीं, और उनपर सामग्री भी न के बराबर है। सर, मैं चाहता हूं कि आप इसमें मेरी सहायता करें।''

''हां.... हां.... क्यों नहीं...'' वे उत्साहित हो उठे थे। ''दो-चार तो आपकी आकाशवाणी की ही लीजेंड लेडी हैं.... विंध्यवासिनी देवी, पुष्पा आर्याणी, शांति देवी यानी 'खदेरन की मदर' *(लोहासिंह नाटक की स्टॉक कैरेक्टर)*.. और भी हैं बिहार में।''

उनके उत्साह ने मुझे रोमांचित कर दिया था। "सर.... और भी नाम बतायें, बल्कि मैं नोट करता चलता हूं.... सर, आप कहें...।" मैं डायरी निकाल कर तैयार हो गया।

उसके बाद उन्होंने बैठे-बैठे लगभग पन्द्रह नाम गिना दिये। पर, हमें करना था तेरह, इसलिये उसी समय तेरह नाम फ़ाइनल किये गये।

मैंने नरेन्द्र सर से अनुरोध किया कि वे इन सभी कड़ियों का आलेख लिखें। पहले तो उन्होंने कहा कि मैं लिखूं और वे सहायता करेंगे। लेकिन मैंने उन्हें बताया कि इससे धारावाहिक के साथ न्याय नहीं हो पायेगा, मुझे प्रोडक्शन तक ही रहने दें, तब वे तैयार हुए।

तय होने के बाद अब कार्यालय स्तर पर इस योजना की फ़ाइनल स्वीकृति लेनी थी, सो मैं फ़ाइल पर पूरी योजना, बजट आदि के प्रावधानों के साथ तत्कालीन केन्द्र निदेशक श्री पी. के. मित्रा के पास पहुंचा। रेडियो की नौकरी में एक बात मेरे साथ हमेशा अच्छी हुई है और वो ये कि मेरे वरीय अधिकारियों ने मुझे पूरा सपोर्ट किया, मेरे किसी भी प्रस्ताव की अनदेखी नहीं की; बल्कि उसे सहर्ष अपनी मंजूरी देकर सदैव मुझे प्रोत्साहित किया।

मित्रा साहब यूं तो बंगाली थे, पर हिन्दी पूरी तरह समझते थे और कार्यक्रम-निर्माण में उनकी अत्यधिक रुचि थी। सो, मेरे प्रस्ताव पर उन्होंने फ़ौरन स्वीकृति की मुहर लगा दी और काम शुरू करने के लिये कहा।

इसके बाद तो जैसे मुझे पंख लग गये। नरेन्द्र सर ने स्क्रिप्ट लिखने के साथ-साथ कुछ ऐसे काम भी किये जो देखा जाये तो प्रोग्राम प्रोड्यूसर को करना चाहिए। वो काम था- मूल व्यक्तिव से जुड़े लोगों के संस्मरणों की रिकॉर्डिंग। नरेन्द्र सर को मूल व्यक्तित्वों और उनसे जुड़े लोगों की कितनी पहचान थी; पहचान ही नहीं, कहना चाहिये आत्मीय संबंध थे; ये ज्ञान मुझे उनके साथ रिकॉर्डर लेकर घूमने से हुआ। जहां भी हम गये, नरेन्द्र सर की वजह से लोगों ने पूरा सहयोग दिया, अपने 'बाइट्स' रिकॉर्ड कराये और स्वागत्-सत्कार भी किया। नरेन्द्र सर अपनी कार से, अपना पेट्रोल (और अपना बहुमूल्य समय भी) ख़र्च कर मुझे लेकर उन सभी स्थानों पर गये, जहां-जहां संस्मरण रिकॉर्ड करने की संभावना दिखी। ऐसी लगन, ऐसा समर्पण, ऐसी निष्ठा, ऐसा उत्साह मुझे आकाशवाणी के अपने इक्त्तीस साल के सेवा-काल में कभी देखने को नहीं मिला। और हां, इसमें आदरणीय भाभीश्री, सुषमा पांडेय जी का वात्सल्य और त्याग भी भूला नहीं जा सकता; क्योंकि दिनभर इण्टरव्यू के लिये मारे-मारे फिरने के बाद घर लौटने पर वे सहज मुस्कुराहट लिये चाय-नाश्ते के साथ स्वागत् को तैयार मिलतीं। हां, इतना ज़रूर पूछतीं, "सफलता मिली.....?"

ऐसा भी नहीं कि सबकुछ आसानी से हो गया, इसमें परेशानियां नहीं आयीं। सबसे बड़ी परेशानी ये थी कि कई मामलों में मूल व्यक्तियों से संबंधित

रिश्तेदारों-मित्रों के सम्पर्क-सूत्र का कोई अता-पता नहीं था। किसी-किसी के माध्यम से, अनेक कड़ियों को जोड़ते हुए यदि हम वहां पहुंच भी जाते, तो पता चलता कि वो व्यक्ति शहर के बाहर है। ये बेबस करने वाली स्थिति थी। वह सन् 2008 का मार्च महीना था और बजट के हिसाब से इस धारावाहिक का प्रोडक्शन हर हाल में 31 मार्च तक सम्पन्न कर लेना था, जबकि फ़रवरी में ही इस काम को हमलोगों ने हाथ में लिया था।

इस कार्यक्रम की अभिकल्पना मैंने एक ऐसे शिल्प-बंध के साथ की थी, जिसमें पर्याप्त गतिशीलता और चित्रात्मकता हो, क्योंकि मुझे पता था कि इसमें संस्मरण कभी तो कम मिलेंगे और कभी मिलेंगे तो बहुतायत में। दोनों ही स्थितियों में उन्हें समायोजित करने से रूपक बोझिल हो सकता था। इसलिये प्रायः सभी मूल व्यक्तित्वों को नाटकीय चरित्र का रूप देकर उन्हें जीवंत किया गया और उनके इर्द-गिर्द की घटनाओं और पात्रों का रचनात्मक चित्रण किया गया, क्योंकि वे सभी दिवंगत हो चुके थे। कहना न होगा कि नरेन्द्र सर ने अपनी लेखनी की गहराई, नाटकीय युक्तियों और कल्पना की यथार्थवादी सोच से उन व्यक्तित्वों को ऐसे गढ़ा कि वे सारे जीवन्त और प्राणवान् हो उठे।

इस धारावाहिक में एकमात्र जीवित व्यक्तित्व 93 वर्षीया वीणापाणि घोष को अंतिम क्षण में ये जानकर शामिल किया गया कि अब वे एकमात्र जीवित बची महिला स्वतंत्रता-सेनानी हैं, और क्या संयोग कहा जाये कि जब उनका ये प्रसारण हुआ, तब उसे सुनने के लिये वे जीवित नहीं बची थीं। तब मेरे प्रोड्यूसर-दिमाग़ ने प्रसारण के पूर्व सारंगी को पृष्ठभूमि में रखते हुए ये कैप्शन लगाया- **“जब इस कार्यक्रम की रिकॉर्डिंग हुई थी तब वीणापाणि घोष जीवित थीं। आकाशवाणी की रिकॉर्डिंग-टीम ने तब उनकी लंबी आयु की दुआ की थी। लेकिन ये दुआ अनसुनी हो गयी और 11 मई, 2008 को वीणापाणि घोष इस दुनिया से विदा हो गईं। लेकिन उनकी आवाज़ अब थाती बन चुकी है। इस कार्यक्रम के माध्यम से वीणापाणि घोष को हमारी हार्दिक श्रद्धांजलि....।”**
रेडियो के सृजनात्मक संसार में हर पल ऐसा कुछ-न-कुछ घटित होता रहता है, जिसे आप कितनी जल्दी और कितने सर्जनात्मक तरीक़े से पकड़ते हैं, ये आपपर निर्भर करता है। आपकी तत्परता, आपका उत्साह और आपकी सर्जनात्मक क्षमता आपको तात्कालिक और प्रासंगिक बनाती है। पर ज़्यादातर लोग इस तात्कालिकता की शक्ति को समझ ही नहीं पाते और अपनी सैलरी, अवकाश और दूसरों की टांगें खींचने में ही मुब्तिला रहते हैं और आकाशवाणी की अपनी पूरी विरासत को नकारना शुरू कर देते हैं, उन्हें अपमानित करते हैं और पुराने प्रसारकों को कभी याद करना तो दूर, उनके द्वारा संजो कर रखे गये सर्जनात्मक कार्यक्रमों को मिटाने में लग जाते हैं।

इस रूप में याद आता है पुष्पा अर्याणी पर केन्द्रित कार्यक्रम। ये नरेन्द्र सर की ही सोच थी कि आकाशवाणी के व्यक्तित्वों पर भी कार्यक्रम बनें। इसीलिये पुष्पा आर्याणी, विंध्यवासिनी देवी और शांति देवी पर कार्यक्रम बने भी। पुष्पा आर्याणी निस्संदेह एक अच्छी प्रसारिका तो थीं ही, उससे बढ़कर वे जागरूक कंपीयर, निपुण ड्रामा आर्टिस्ट और एक 'विजनरी' महिला थीं। रेडियो में न जाने कितने प्रोडयूसर और कलाकारों ने उनसे प्रसारण के गुर सीखे। स्वयं नरेन्द्र सर उनके ज़माने में बच्चों के लिये विज्ञान कथायें लेकर आते थे। ऐसी प्रसारिका पर कितना भी लिखो, कम ही लगता है। जब नरेन्द्र सर ने आलेख दिया तब मैंने उनसे कहा कि "सर, इसमें मैं आपके संस्मरण भी डालूंगा.... आप ना नहीं करेंगे...।" उनके संस्मरण रिकॉर्ड करने के बाद मुझे लगा कि इसमें घर-परिवार के लोगों के अलावा रेडियो के वैसे लोगों के संस्मरण भी डाले जायें, जिन्होंने उनके साथ काम किया हो। ऐसे लोगों में मेरी मित्र रत्ना पुरकायस्था (सहायक निदेशक, कार्यक्रम, दूरदर्शन केन्द्र, चेन्नई- अब सेवानिवृत्त) का नाम सबसे ऊपर था। रत्ना पुरकायस्था का रेडियो में पदार्पण बच्चों के कार्यक्रम से हुआ था। उसके बाद समय के साथ बड़े होते हुए रत्ना पुरकायस्था युववाणी, महिला कार्यक्रम और रेडियो नाटकों में शिद्दत से भाग लेती रहीं और इस पूरी यात्रा में उन्हें पुष्पा आर्याणी का साथ, आशीर्वाद और भरपूर प्रोत्साहन मिला था।

मैंने रत्ना पुरकायस्था से संस्मरण रिकॉर्ड कराने के लिये कहा तो वे फौरन तैयार हो गयीं। हम स्टूडियो में जाकर बैठे और रिकॉर्डिंग शुरू हुई। मेरा इण्टरव्यू करने का अपना तरीक़ा है। मैं न तो पहले से कोई तैयारी करता हूं, न ही इण्टरव्यू देने वाले व्यक्ति से कोई जानकारी लेने का प्रयास करता हूं; बल्कि मैं इधर-उधर की हल्की-फुल्की बातें करता हूं। हां, ये ज़रूर है कि उसके बारे में उस वक़्त शायद मैं उससे ज़्यादा जानता होता हूं। उसी रिकॉर्डिंग में एक स्थान पर बोलते-बोलते रत्ना पुरकायस्था भावुक हो गईं, बक़ायदा उनके आंसू निकलने लगे, हिचकियों और सुबकियों की हल्की-हल्की आवाज़ें भी रिकॉर्ड होने लगीं, पर मैंने उन्हें रोका नहीं; जो मैं चाहता था वो मुझे मिल चुका था। बाद में, मैंने वो इण्टरव्यू ज्यों-का-त्यों, पॉज़ेज़-हिचकियों-समेत इस फ़ीचर में रख लिया। इस रूप में इस फ़ीचर ने एक चलचित्र का-सा प्रभाव दिखाया। उस जीवंत संवेदना का अनुभव वही कर सकते हैं, जिन्होंने इस फ़ीचर को सुना है।

सच्चाई तो ये है कि जब भी इन विषयों पर बातें करने का अवसर मिलता है, रोमांचक अनुभवों के अनेक दरीचे अपने-आप खुल जाते हैं। एनी मुखोपाध्याय के फ़ीचर में भी मैंने एक 'गिमिक्स' (रचनात्मक चित्रण) का प्रयोग किया था। अंत में नैरेटर कहता है, **"ऐसा लगता है चलते-चलते अभी किसी मोड़ पर अपनी कार ड्राइव करती एनी मुखोपाध्याय अचानक मिल जायेंगी और कार रोककर मुस्कुराती**

हुई पूछेंगी *(कार के तेज़ ब्रेक के साथ रुकने की आवाज़)...... (इको साउंड में)...* *नरेन्द्र....! हाउ आर यू....?"* कार्यक्रम का ये अंत एक जीवंत, गतिशील चित्र के साथ, एक रिक्तता का अहसास भी अनजाने ही मानस-पटल पर छोड़ जाता है।

हां, ये भी कहना होगा कि इस धारावाहिक में संगीत ने भी बहुत महत्वपूर्ण भूमिका निभाई है, जिसने नरेन्द्र सर की दमदार लेखनी के अनुसार अपने को पूर्णतः ढालने का प्रयास किया। इसका शीर्षक-गीत श्री विशुद्धानन्द (अब दिवंगत) ने लिखा था जिसे परमानन्द मिश्र ने संगीतबद्ध किया था। वस्तुतः ये एक अभिनव प्रयास था, जो मैं मानता हूं कि मेरी बहुत बड़ी उपलब्धि है; पर ये भी सच है कि ये प्रयास उपलब्धि में परिणत नहीं हो पाता यदि नरेन्द्र सर ने इसको नहीं लिखा होता और उससे भी बढ़कर इसके निर्माण के हर पड़ाव पर मुझे वे प्रेरित नहीं करते, मेरा उत्साह नहीं बढ़ाते; जो वे आज भी कर रहे हैं। यही कारण है कि 16 दिनों के रिकॉर्ड-समय में ये धारावाहिक रिकॉर्ड (11-03-2008 से 27-03-2008) हुआ और 4 अप्रैल, 2008 से 27 जून, 2008 के बीच प्रसारित हुआ। बाद में नरेन्द्र सर ने इसे पुस्तक-रूप में भी प्रकाशित कराया, जो उनके साथ-साथ मेरे लिए भी गौरव की बात है।

मेरा मानना है कि **'देहरी से द्वार तक'** पुस्तक रेडियो-रूपक-संकलन से अधिक ध्वनि-चित्रों का संकलन है, क्योंकि रेडियो में ध्वनि के बिना कुछ भी संभव नहीं है। पर, ध्वनि से चित्र बनाने का काम वही कर सकता है, जिसकी लेखनी में शक्ति हो और जिसे रेडियो की विधाओं के प्रति अनुराग और समझ हो। इसमें कोई दो राय नहीं कि नरेन्द्र सर की लेखनी सशक्त भी है और रेडियो के अनुकूल भी, जिन्होंने इस पुस्तक के प्रकाशन का निर्णय कर रेडियो की एक मरती जा रही विधा को पुनरुज्जीवित करने का कार्य तो किया ही है, इसके माध्यम से मुझे भी उनका पुनः अनुगामी होने का अवसर मिल रहा है जिसके लिये मैं अत्यंत कृतज्ञ हूं।

इस संग्रह में नरेन्द्र सर ने बिहार की तेरह ऐसी विदूषियों-विभूतियों की जीवन-यात्रा को अभिनव नाटकीय युक्तियों और अन्तर्कथाओं/वक्तव्यों/साक्षात्कारों से समृद्ध किया है, जिन्होंने शिक्षा, समाज, क़ानून, चिकित्सा, प्रसारण आदि क्षेत्रों में, ऐसे समय में घर से बाहर निकलकर काम किया है, जब महिलाओं का घर से बाहर निकलना बहुत ही मुश्किल था। ये विभूतियां थीं- एनी मुखोपाध्याय (रेडक्रॉस), बिन्दु सिन्हा (साहित्य), धर्मशीला लाल (वकालत), डॉ. मेरी क्वाड्रस (चिकित्सा), कमलकामिनी प्रसाद (महिला सशक्तीकरण), प्रभावती देवी (समाजसेवा- जेपी की पत्नी), पुष्पा आर्याणी (रेडियो प्रसारिका), कमरुन्निसा बेगम (शिक्षा), शांति देवी (रेडियो ड्रामा आर्टिस्ट), शेफालिका सेन (शिक्षा), सीता देवी (मधुबनी पेंटिंग),

वीणापाणि घोष (स्वतंत्रता सेनानी) और विंध्यवासिनी देवी (लोकगायिका)– अपने तत्कालीन जीवन में ये महिलायें जितनी सशक्त रहीं; नरेन्द्र सर ने अपनी लेखनी से उन्हें कहीं उससे अधिक शक्तिरूपिणी, कालजयी और युगीन बना कर प्रस्तुत किया। फ़ीचर सुनने से बस यही लगता है जैसे ये नारियां अंधेरे से निकलकर अपनी दास्तां सुनाते-सुनाते इस निश्चिन्त-भाव से सो गयी हैं जैसे इस रात की कभी कोई सहर ना होगी।

•••

इस बीच 2007 के आसपास, डॉ. मंजू मिश्रा का मकान छोड़, हम 'पंचमंदिर' की ओर 'एम. आई. जी.-138' में रहने आ गये थे। ये दुमंज़िला मकान अवधेश बाबू का था जिसमें हम दुमंज़िले पर, सबसे ऊपर रहते थे। बीच के हिस्से में स्वयं अवधेश बाबू और नीचे और दो लोग रहते थे, जिनमें एक तो कोई किरायेदार थे और दूसरे अवधेश बाबू के साले साहब।

अवधेश बाबू राज्य सरकार में एक्ज़ेक्यूटिव इंजीनियर के पद से रिटायर हुए थे और ये यहां पत्नी के साथ रहते थे; जबकि बेटे-बेटी शादी-ब्याह करके दिल्ली-मुंबई में 'सेटल' हो चुके थे। हां, कामकाज के लिये इन्होंने घर में 'रामू' नाम का एक नौकर रखा हुआ था।

जगह के लिहाज़ से ये घर मंजू मिश्रा के घर से काफ़ी बड़ा और आरामदेह था। जाड़ों में तो वहां हम धूप के लिये तरस जाते थे, पर यहां दो तरफ़ खुली छत थी, जिसमें सर्दियों में खाट डालकर आराम से दिनभर लेटा जा सकता था और गर्मियों की शाम में तो देर तक बैठने का सुख मिलता ही।

दरअसल बीच का ये सारा फ़्लोर हमारे हिस्से में था। एक ओर दो बड़े-बड़े हॉल थे, जिसमें से एक को किचेन का रूप दे दिया गया था। घर में आने के लिये सीढ़ियों से चढ़कर दायीं तरफ़ किचेन से होकर आने का रास्ता था, जो बड़े हॉल में खुलता था, जबकि बायीं ओर एक छोटा कमरा था, जिसके आगे खुली छत थी। किचेन और हॉल– दोनों में से किसी भी दरवाज़े से दूसरी तरफ़ की खुली छत पर जाया जा सकता था। कहना चाहिये कि एक प्रकार से दो अलग-अलग छतें हमारे कब्ज़े में थीं।

हॉल कहने का ही बेडरूम था, क्योंकि हमारे जानने वाले परिचित-रिश्तेदार– सभी उसी हॉल में आते-बैठते थे। बाहर वाले छोटे कमरे का इस्तेमाल मैं अपने लिखने-पढ़ने के लिये करता था या कोई मित्र-बंधु के उपस्थित होने पर एकांत में उनसे गपियाने के लिये।

फ़ेड इन... फ़ेड आउट/308

ये घर अश्विनी मिश्रा जी के सौजन्य से प्राप्त हुआ था। वे बगल में ही 'रेंटल फ़्लैट' में रहते थे। मिश्रा जी का बेटा- नवीन, केन्द्रीय विद्यालय में मेरे बेटे का सहपाठी था और यही एक 'कॉमन फ़ैक्टर' था, जिसके चलते मिश्रा जी और उनके परिवार से निकटता हुई।

मिश्रा जी यों कुछ नहीं करते थे। स्नातक के आगे उन्होंने पढ़ाई छोड़ दी थी और कई तरह के 'बिजनेस' में उन्होंने हाथ डाला, पर सफलता किसी में भी नहीं मिली। उनके दो बेटे हैं- बड़ा प्रवीण और उसके बाद नवीन और पत्नी गृहिणी हैं। एम.आई.जी. में आने के बाद उनलोगों का हमारे यहां लगभग प्रतिदिन का आनाजाना और खानापीना हो गया।

उसी बीच मेरा स्थानान्तरण आकाशवाणी, भागलपुर हो गया, पर उस दौरान पत्नी की तबीयत इतनी ज़्यादा ख़राब थी कि उसे अस्पताल के आई.सी.यू. तक में रखना पड़ा। मैंने तत्कालीन केन्द्र निदेशक, श्री पी. के. मित्रा साहब से निवेदन किया कि मुझे कम-से-कम एक साल का 'एक्सटेन्शन' दिलवा दें ताकि मैं पत्नी की देखभाल कर सकूं। मित्रा साहब ने मेरी परिस्थिति जानकर न सिर्फ़ मेरा आवेदन अग्रसारित किया, बल्कि उच्चाधिकारियों से बात करके मुझे एक साल और पटना में रहने का अवसर भी दिलवाया।

पत्नी, अस्पताल से घर तो आ गई, पर उसकी स्थिति बहुत अच्छी नहीं थी। उसका स्वास्थ्य गिर गया था और दैनिक कार्य बड़ी मुश्किल से कर पाती थी। घर के कामकाज के लिये एक स्त्री मिल ज़रूर गई थी, पर वो बीच-बीच में खुद न आकर अपने बेटों को भेज देती थी। उसका एक बेटा तो फिर भी बड़ा था, पर उससे छोटा- अनिल, बहुत ही छोटा था- तकरीबन छः-सात बरस की उम्र रही होगी उसकी। उसकी मां अक्सर उसे ही भेजती थी, जबकि उसका हाथ 'गैस' तक ठीक से पहुंचता भी नहीं था। मैं उसकी मां को हमेशा कहता कि उसे मत भेजो, अभी बहुत छोटा है; पर दो-चार दिन इस बात पर अमल करने के बाद वो फिर अनिल को ही भेज देती। दरअसल वो उसे अगल-बगल के दूसरे घरों में भी काम करने भेजती थी, इसी क्रम में वो मेरे यहां भी आ जाता।

एक दिन अनिल रोता हुआ आया। मेरे पूछने पर उसने बताया कि वो सामने के जिस घर में काम करने जाता है, वहां उसे पीटा गया है। बहुत पूछने पर भी उसने नहीं बताया कि उसका कारण क्या था। इसके बाद मैंने उसकी मां को बुलवाया और उसको कहा कि तुम अब इसे कहीं नहीं भेजोगी। ये दिनभर यहीं रहेगा और हम इसे पढ़ायेंगे। इससे इधर-उधर काम कराने की कोई ज़रूरत नहीं है।

उसके बाद मैं उसके लिये किताब-कॉपी ले आया और पत्नी उसे पढ़ाने लगी। उसका भी मन लग गया और इस प्रकार अनिल पढ़ने लगा। फिर उसका

नामांकन वहीं पास के एक स्कूल में करा दिया और मेरी प्राथमिकता ये थी कि वो रोज़ाना स्कूल जाये।

मैं अक्सर लोगों से कहता हूं कि हम पूजा-पाठ करते हैं, अपने-अपने ढंग से ईश्वर की आराधना भी करते हैं और ईश्वर के दर्शन प्राप्त करने के लिये लालायित भी रहते हैं; पर ईश्वर हमारे सामने कोई तीन सिर और बारह हाथों के साथ उपस्थित नहीं होता; वो इन्सान के रूप में ही हमारे सामने आता है। इसलिये जिसकी जितनी संभव हो मदद करते रहना चाहिये, पता नहीं कौन-सा इन्सान ईश्वर का प्रतिरूप हो.... या ईश्वर इन्सान के रूप में हमारे सामने अवतरित हो...!

इसका प्रत्यक्ष दर्शन और अनुभव मुझे तब हुआ जब एक बार पत्नी की फिर तबीयत ख़राब हुई और इतनी ज़्यादा हो गई कि वो बिस्तर से उठ भी नहीं सकती थी। ऐसे समय में, मेरे कहने के बावजूद अनिल की मां सेवा-सुश्रूषा के लिये तैयार नहीं हुई तो इस नन्हें बालक ने कुछ दिनों तक जो सेवा की, वो शायद कोई अपना भी नहीं करता। उसने मल-मूत्र साफ़ करने से लेकर खाने-पीने तक का ध्यान रखा और जिस ढंग से उसने सेवा की, उसके आगे मैं नतमस्तक था। आज जब कोई ये कहता है कि आपने एक बच्चे की ज़िंदगी संवार दी तो मैं कहता हूं कि "नहीं, मैंने कुछ नहीं किया; बल्कि मेरे घर में उसके रूप में ईश्वर का वास है। उसके होने से मेरे घर में सुख-शांति-समृद्धि- सबकुछ है।"

और ये बात सच भी है। विकी 2011 में इंजीनियरिंग की कोचिंग के लिये कोटा चला गया। उसके बाद आई. आई. टी., 'काशी हिन्दू विश्वविद्यालय', वाराणसी से बी. टेक. करने के बाद वहीं से उसका 'कैम्पस' हो गया तो उसने सीधे बैंगलुरू में 'नेट ऐप' कंपनी ज्वायन कर लिया। इस प्रकार वो 2011 के बाद से हमारे पास कभी रहा ही नहीं। तो ये ईश्वर ने ही किया कि एक बेटा दूर चला गया तो उसने अनिल के रूप में 'दूसरा बेटा' हमें दे दिया। आज वो 'पटना कॉलेजियेट स्कूल' में ग्यारहवीं में पढ़ रहा है। मेरी इच्छा है कि वो भी अच्छी नौकरी में जाये और अपना भविष्य अपने हाथों लिखे; बाक़ी उसके परिश्रम और भाग्य पर निर्भर करता है। (**इस द्वितीय संस्करण के छपने तक अनिल कोलकाता के 'नेताजी सुभाष इन्जीनियरिंग कॉलेज' में बी.टेक. द्वितीय वर्ष का छात्र है।**)

मैं भाग्य या पूर्व-जन्म आदि पर विश्वास नहीं करता, हालांकि इधर के नये वैज्ञानिक शोधों ने इसपर मुहर लगाई है; इसलिये अनिल के मामले में लगता है कि उसका-हमारा कुछ-न-कुछ पूर्वजन्म का संबंध अवश्य रहा होगा, क्योंकि उसकी आदतें और बहुत-सारे गुण (अवगुण भी) मुझसे मिलते हैं। जैसे वो ज़्यादातर उसी तरह पेट के बल सोता है, जैसे मैं; 'गजेट्स' की ओर उसकी रूझान मेरी तरह ही है और उसमें संगीत के प्रति प्रेम, लगाव और 'पैशन' भी वैसा ही है; क्योंकि उसे

गिटार और 'की-बोर्ड' से काफ़ी लगाव है और इन्टरनेट से देख-देख कर उसी प्रकार सीखा है, जिस प्रकार कभी विकी ने सीखा था।

उसने कभी मेरी पत्नी और अपनी मां में फ़र्क नहीं किया; बल्कि शायद वो अपनी मां से भी उतना नहीं खुला है, जितना पत्नी से। वह आज भी उससे पढ़ता है, उसके बाल भी खींचता है; वो खाने के लिये पूछती है और उसका खाने का मन नहीं होता तो डांट भी देता है; और पत्नी भी उसका कभी बुरा नहीं मानती, उसके पढ़ने का, खाने का एकदम अपने बच्चे की तरह ख़्याल रखती है।

इतना ही नहीं, मेरे लंबे-चौड़े परिवार में उसने वही मान-सम्मान और प्यार अर्जित किया है, जैसा विकी को विरासत में मिला है। मेरी भतीजियों से वह ख़ूब नोकझोंक करता है, मेरे साले- मुरारी जी की दोनों बेटियों- सदी और तितली के साथ झगड़ता भी है, पर जब कोई ज़रूरत होती है तो उनके पास भाग के जाता भी है। विकी भी उसका पूरा ध्यान रखता है; यहां तक कि नई-नवेली बहू- मुग्धा ने भी आते ही उसे अपना लिया और उसके मायके से हमलोगों के लिए जब कभी कपड़ा या ऐसा कुछ भेजा जाता है तो अनिल के लिए भी कुछ-न-कुछ ज़रूर आता है।

वैसे ये कहा जाता है कि जन्म देने वाले से पालने वाले का महत्व अधिक होता है और ये सच्चाई है कि हम कह सकते हैं कि हां, हमने अनिल को पाला है; लेकिन ये बात दर्पोक्ति की भावना से नहीं, बल्कि विनत स्वीकार की भावना से मैं कहता हूं। पांच-छः साल की उम्र से वो हमारे पास है, हमारे साथ है; यानी लगभग चौदह साल हो गये उसे साथ रहते हुए। इन चौदह वर्षों में चाहे हमने उसके लिये कुछ भी किया हो, या न किया हो; पर इतना अवश्य कह सकता हूं कि उसमें एक अच्छा इन्सान बनने वाला संस्कार ज़रूर भरा है, उसे एक ज़िम्मेदार नागरिक बनाने की कोशिश ज़रूर की है।

•••

आठ

जिसके मन में पाप छाया हुआ है
जो आज अघाया हुआ है
और कल भी–
जिसकी रोटी सुरक्षित है
'वह' तुम्हें अकेला कर देने पर तुला है...
(धूमिल)

फेड इन... फ़ेड आउट/311

सन् 2007 में तो स्थानान्तरण से बच गया, पर 2008 में मुझे भागलपुर जाना पड़ा, पर उस समय तक अनिल के घर में होने से मैं भी कुछ निश्चिंत हो गया। इसके अलावा पास में मिश्रा जी लोग थे जो ज़रूरत पड़ने पर मदद कर सकते थे।

अप्रैल-2008 में मैंने भागलपुर ज्वायन किया। उस समय वहां केन्द्र निदेशक थे, श्री शिवमंगल सिंह 'मानव'। मानव जी इलाहाबाद के रहने वाले थे और उनसे मेरी भेंट काफ़ी पहले मध्यप्रदेश में सेवा के दौरान हो चुकी थी। शायद वे उस समय शहडोल में पदस्थापित थे। वे अक्सर 'क्षेत्रीय कार्यक्रम समन्वय समिति' की बैठकों में दिख जाते थे, इसलिये हम एक-दूसरे से अनजान बिल्कुल नहीं थे। हालांकि उस समय वो मेरी ही तरह पेक्स थे, पर मुझसे जल्दी प्रोन्नत हो वे केन्द्र निदेशक बन गये थे।

वो मुझे मेरे काम के ज़रिये समझते थे और मैं उन्हें उनके स्वभाव के। इसलिए हमदोनों को ही संभवतः एक-दूसरे की ज़रूरत थी। मैं भी उत्साह से भागलपुर पहुंचा और उन्होंने भी मित्रवत् उछाह से मेरा स्वागत् किया। मेरे काम करने के तरीक़े के बारे में उन्हें अच्छी तरह से पता था, इसलिये उन्होंने पहुंचते ही मुझे समन्वय, नाटक-रूपक, संगीत, स्वास्थ्य आदि विभाग पकड़ा दिये। मैंने उन्हें एक बात शुरू में ही साफ़ कर दी थी कि चूंकि पत्नी की तबीयत ठीक नहीं रहती, अतः बीच-बीच में मैं अवकाश लूंगा। हां, केन्द्र को या उन्हें जब कभी मेरी बहुत आवश्यकता होगी, मैं उनके साथ खड़ा रहूंगा। मैं इस बात के लिये उनका आज भी कृतज्ञ हूं कि उन्होंने न सिर्फ़ इसकी स्वीकृति दी, बल्कि इसे बहुत हद तक निभाया भी।

बहुत हद तक इसलिये कह रहा हूं कि अपने कार्यकाल के अंतिम दिनों में जब वे वापस अपनी गृहनगरी, इलाहाबाद जाने वाले थे; उन्होंने किसी और के कहने पर ऐसा काम किया, जिसने उनकी सारी अच्छाइयों को समाप्त नहीं तो धूमिल अवश्य किया।

चूंकि बात चल पड़ी है तो मुझे लगता है उस घटना का वर्णन यहीं पर कर डालूं। भागलपुर में उस समय एक वरिष्ठ उद्घोषक थे जो स्वास्थ्य-संबंधी कार्यक्रम भी देखते थे और शायद जबसे केन्द्र पर थे, तब से वही देखते आ रहे थे। चूंकि उन्हें हृदय, उच्च रक्तचाप और डायबिटिज-जैसी गंभीर बीमारियां भी थीं, इस हिसाब से उनका वो विभाग देखना बनता भी था। आफिस में ड्यूटी के दौरान भी उनकी तबीयत कभी-कभी ख़राब हो जाती थी, तब किसी-न-किसी को उन्हें घर पहुंचाना पड़ता था।

वे साहित्य-प्रेमी थे, विनम्र थे; लेकिन उन्हें गुस्सा जल्दी आता था। हुआ यूं कि एक बार मैंने उनके स्वास्थ्य-कार्यक्रम के बनाये 'शेड्यूल' में परिवर्तन करने को

कहा, क्योंकि उनका 'इन्चार्ज' होने के नाते ये मेरा अधिकार भी था और दायित्च भी कि मैं देखूं कि मेरे अनुभाग में कोई गड़बड़ी तो नहीं है। अमूमन मैंने हमेशा अपने अधीनस्थों पर भरोसा किया और उन्हें काम करने की पूरी स्वतंत्रता दी। पर जब उसका कोई अतिरिक्त लाभ उठाने लगे और उससे मेरी छवि पर असर पड़ने लगे तो उसपर लगाम लगाना ज़रूरी हो जाता है।

फिर भी उनकी उम्र को देखते हुए मैंने विनम्रता से ही उन्हें कुछ परिवर्तन करने को कहा। मुझे क्या पता था कि वे इसका इतना बुरा मान जायेंगे कि मेरे ख़िलाफ़ 'सूचना के अधिकार' के तहत् मेरी सारी छुट्टियों का हिसाब उसी आफ़िस से मांगेंगे, जहां वे स्वयं कार्यरत हैं...!

मुझे बड़ा आश्चर्य हुआ कि अबतक जिसके मनोनुसार सबकुछ चल रहा था, तबतक मैं उसका प्रियपात्र था, स्नेही-स्वजन की तरह था और जहां एक बात उसके मन के विरूद्ध हुई तो मैं उसका इतना बडा दुश्मन हो गया कि उसने सीधे मेरी अर्थ-संपदा पर चोट कर दी...? इससे भी ज्यादा आश्चर्य मुझे तब हुआ जब मेरे केन्द्र निदेशक ने पूरे २३५ दिनों का सही-ग़लत मेरी छुट्टियों का हिसाब निकालकर मेरे 'वेतन एवं लेखा अधिकारी', दिल्ली (इरला) को भेज दिया। उस सूची में कई स्थानों पर, बिना जांच किये, देखे-भाले मेरी एकसाथ पैंतीस-पैंतीस छुट्टियां दर्शाई गई थीं। अगर मैंने इतनी-इतनी छुट्टियां लीं तो उस दौरान काम किसने किया.....?

पर, उनकी मजबूरी समझ सकता था मैं। जब आदमी अपनी किसी कमज़ोरी के कारण, किसी प्रकार के दबाव में होता है तो उससे कोई भी सही-ग़लत काम कराया जा सकता है। यहां भी यही हुआ। लेकिन इस सबसे नुकसान किसका हुआ, ग़लत करने का फल किसे प्राप्त हुआ, ये सब जानते हैं। हालांकि ये कहानी आगे की और तब की है, जब मेरा स्थानान्तरण वापस पटना होने-होने को था।

अभी तो भागलपुर पहुंचने पर केन्द्र ने, वहां के लोगों ने गलबहियां डाल कर स्वागत् किया। मेरा मानना है और बहुत लोग मानते भी होंगे कि पटना के बाद भागलपुर ही ऐसा शहर है, जो साहित्य, कला और संस्कृति की दृष्टि से सर्वाधिक समृद्ध है। इसकी प्राचीनतम विरासत यहां के 'विक्रमशिला विश्वविद्यालय' के भग्नावशेष हैं, जो आज भी अपने गौरवशाली अतीत की कथा कहते प्रतीत होते हैं। इस विश्वविद्यालय की स्थापना पाल वंश के राजा धर्मपाल द्वारा 775 से 800 ई. के बीच की गई थी। इस शिक्षा-केन्द्र का तिब्बत के साथ विशेष संबंध रहा। तिब्बत से यहां आने वाले और यहां से तिब्बत जाने वाले विद्वानों की एक लंबी सूची है, जिन्होंने कई ग्रंथों का तिब्बती में अनुवाद किया था। इन विद्वानों में सर्वाधिक प्रसिद्धि मिली दीपंकर श्रीज्ञान को, जो उपाध्याय अतीश के नाम से सुविख्यात् थे। एक समय

में यहां विद्यार्थियों की संख्या तीन हज़ार के आसपास थी। सन् 1203 में बख़्तियार ख़िलज़ी ने 'नालंदा विश्वविद्यालय' की तरह इसे भी जला के नष्ट कर डाला।

लेकिन इसके बावजूद यहां की साहित्यिक परंपरायें और प्रतिबद्धतायें कभी नष्ट नहीं होने पायीं और इसमें कोई संदेह नहीं कि आज भी वहां से कई ऐसे साहित्यकार निकले, जिन्हें राष्ट्रीय स्तर पर ख्याति मिली और जिन्होंने साहित्य-जगत् में अपनी एक अलग छाप छोड़ी। आज भी वहां कविता, कहानी, नाटक, आलोचना आदि विषयों में पर्याप्त काम हो रहे हैं जिन्हें राष्ट्रीय स्तर पर रेखांकित भी किया जा रहा है।

इसके अलावा यहां की 'मंजूषा कला' और रेशम या तसर उद्योग भी बेमिसाल और विश्वप्रसिद्ध हैं। हालांकि विपणन और संरक्षण के कारण ये कलायें सूख रही हैं।

तो ऐसे शहर में आया जहां विषय के हिसाब से काम करने के काफ़ी अवसर थे, विविधतायें तो थीं ही; और एक बार नहीं, दो बार आया- पहली बार 2008 में कार्यक्रम अधिशासी के तौर पर, और दूसरी बार 2013 में, सहायक निदेशक (कार्यक्रम) की किंचित बदली हुई भूमिका में।

पहले दौर में मुझे काम करने की थोड़ी-बहुत स्वतंत्रता थी, पर निर्णय लेने और अपने ढंग से कार्यक्रम संचालित करने की नहीं, क्योंकि मेरे ऊपर केन्द्र निदेशक थे और उनकी अपनी प्रतिबद्धतायें थीं, अपने सरोकार थे, जिनमें मैं कहीं फ़िट नहीं होता था।

दूसरे दौर में, कुछ नीतिगत निर्णयों को छोड़, मुझे किसी काम के लिये, किसी से इजाज़त लेने की ज़रूरत नहीं थी। लेकिन इस दौर में और इस भूमिका में चुनौतियां काफ़ी आती हैं, और आईं भी। ऐसे में चुनौतियां अन्दर से भी आती हैं और बाहर से भी। अन्दर की चुनौतियों से तो कई तरह से निपटा भी जा सकता है, पर बाहर की चुनौतियां अधिक परेशान करती हैं, क्योंकि उनके आगे आपको न चाहते हुए भी सुरक्षात्मक होना पड़ता है।

अन्दर सबसे बड़ी चुनौती स्टाफ़ से काम लेने की होती है। कुछ लोग ही आपके समर्थक या मुरीद होते हैं, जो अवरोध पैदा नहीं करते, पर हमारे सिस्टम में ही कुछ ऐसा है कि ज़्यादातर ऐसे मिलते हैं जिन सबके अपने-अपने निहित स्वार्थ और इच्छायें होती हैं, जिनकी पूर्ति उनके मनोनुकूल जब तक होती है, तबतक आप बहुत अच्छे हैं; लेकिन एक बार भी उनके मन लायक़ नहीं हुआ तो वही आपकी प्रशंसा करने वाले आपके घोर विरोधी और दुश्मन बन जायेंगे। पर ऐसे लोग इतने कायर और पुंसत्वहीन होते हैं कि वो सामने से वार नहीं करेंगे, आपकी पीठ-पीछे, बाहर के स्थानीय लोगों को उकसाकर, आपके ख़िलाफ़ तरह-तरह की झूठी शिकायतें

उच्चाधिकारियों तक भिजवायेंगे, स्थानीय अख़बारों में अपने प्रभाव का इस्तेमाल कर आपके विरूद्ध ऊल-जलूल छपवायेंगे और इतने से भी मन नहीं भरा तो अदालत में केस तक करवा देंगे।

वहां एक 'बनारसी बाबू' प्रसारण निष्पादक थे। 'बनारसी बाबू' इसलिये कहा कि वे बनारस के रहने वाले थे, पर यहां एक लंबी अवधि तक रह गये थे और उन्होंने ऑफ़िस के बाहर अपना एक गुट बना लिया था- ख़ासकर अख़बार वालों के साथ। आरंभ में तो उन्होंने बड़ा अच्छा साथ निभाया। काम करते तो वे सलीके से थे और अच्छा भी; पर या तो अहसान जताकर कि उनके बिना ये काम कोई और नहीं कर सकता; या किसी दूसरे के काम को बिगाड़कर ताकि उसे ठीक करने के लिये उनकी चिरौरी की जाये।

उनके साथ समस्या ये थी कि वे नहीं चाहते थे कि मैं उनके सही या ग़लत; किसी भी काम पर उंगली उठाऊं। ज़ाहिर है, सही काम पर क्यों उंगली उठेगी, वो जब उठेगी, ग़लत कामों पर ही उठेगी। उन्होंने मुझे परेशान करने के लिये अपनी तरफ़ से पूरी कोशिश की, पर मुझे तो उखाड़ नहीं पाये, वे स्वयं वहां से उखड़ गये।

बाहर के लोग आपको दूसरे ढंग से परेशान करते हैं, पर जब परेशान करते हैं तो आपका विभाग भी आपका साथ नहीं देता; उल्टे आपसे स्पष्टीकरण पर स्पष्टीकरण मांगता रहता है। बाहर में भी निहित स्वार्थों के लोग होते हैं और काफ़ी तादाद में होते हैं। आप जबतक उनके अहं को तृप्त करते रहेंगे, तभी तक आप अच्छे रहेंगे।

घटनायें तो बहुत हैं, पर मैं दो घटनाओं का वर्णन ज़रूर करना चाहूंगा जिसमें मेरा बहुत बड़ा अहित करने का प्रयास किया गया था, पर मां भगवती की कृपा रही कि ऐसा करने वाले अपने मन्सूबे में कामयाब नहीं हो पाये। ये दोनों घटनायें मेरे दूसरे कार्यकाल की हैं; बल्कि दूसरी घटना तो मेरे पटना लौट आने के बाद की है।

महानिदेशालय के जिस आदेश की चर्चा मैं पूर्व में कर आया हूं जो 'कैजुअल एनाउन्सर' (समनुदेशिती) के स्वर-परीक्षण से संबंधित था; उसी आदेश के परिपालन में मुझे भागलपुर में भी 'ऑडिशन' कराना पड़ा। ये वही आदेश था जिसमें इनकी अधिकतम उम्र-सीमा 35 से बढ़ाकर 50 कर दी गई थी। ज़ाहिर है, इसके लिये आवेदन देने वालों में एक बड़ी संख्या वैसे लोगों की थी, जिनकी आयु 45 से 50 वर्ष के बीच थी; बल्कि दो-चार उनमें ऐसे भी थे जो बस दो महीने बाद 50 की आयु पार करने वाले थे।

ऐसे लोगों को लगा कि उनकी लॉटरी लग गई; क्योंकि अभी तक तो वे निठल्ले बैठे थे या छोटी-मोटी नौकरी या रोज़गार कर रहे थे। अब अचानक उन्हें एक गौरवशाली संस्था में 'एनाउन्सर बनने का अवसर' मिल रहा था, सो उसे कैसे छोड़ते, भले ही वैसी प्रतिभा उनके भीतर न हो। इसीलिये मेरा आज भी मानना है कि आयु-सीमा-संबंधी ये नीति सही नहीं थी, जिसके दुष्परिणाम अनेक केन्द्रों ने अपने-अपने तरीक़े से झेले।

भागलपुर में भी ऑडिशन हुआ और ऐसे तमाम लोग, ज़ाहिर है, फ़ेल हो गये। फिर क्या था, अब तो सारा सिस्टम उन्हें भ्रष्टाचारी और अत्याचारी नज़र आने लगा, ऑडिशन की प्रक्रिया पर उंगली उठाई जाने लगी और 'सूचना के अधिकार' के तहत् परेशान करने की नियत से ऊल-जलूल सूचनायें मांगी जाने लगीं। यहां तक कि ये कहा गया कि ऑडिशन में जो प्रश्न-पत्र दिया गया था, उसमें तालव्य 'श' की जगह मूर्धन्य 'ष' था। मुझे पता था कि जिस व्यक्ति ने ये सूचना मांगी है, वो इन दोनों वर्णों के बीच की समानता या फर्क के बारे में कुछ नहीं जानता होगा; ज़रूर हमारे कार्यालय के एक-दो तथाकथित विद्वान शूरवीरों ने ही उसे ये ज्ञान दिया होगा। अब अपने को विद्वान समझने वाले उन शूरवीरों को कौन समझाता कि उच्चारण की दृष्टि से अब इन दोनों वर्णों में कोई विशेष अन्तर नहीं रहा; बल्कि मुझे याद है, पटना के ऑडिशन में कई बार वर्ण ग़लत दे दिये जाते थे और उसे सुधार कर पढ़ना होता था। उर्दू के शब्दों में तो आज भी बहुत जगह नुक़्ता लगाये बिना आलेख पढ़ने को दिया जाता है ताकि आपके भाषा-ज्ञान की परख भी हो जाये।

बहरहाल, उन सज्जन को 'सूचना के अधिकार' के तहत् सूचनायें उपलब्ध कराई जाती रहीं, पर उन्हें भड़काने वालों की संख्या कम न थी। उस समय वहां के इंजीनियरिंग सेवा के एक अधिकारी, जो कार्यालयाध्यक्ष भी थे; उनकी भूमिका भी इस प्रकरण में संदेहास्पद थी, जिसके चलते जवाब दिये जाने के बावजूद, वही-वही सूचनायें घुमा-फिरा कर मांगी जाती थीं।

इस बीच 'चौपाल' अनुभाग में उन्हीं सज्जन की एक वार्ता की रिकार्डिंग निर्धारित थी। पता नहीं किन कारणों से वे नहीं आये तो उनके स्थान पर संबंधित पेक्स ने किसी और की वार्ता निर्धारित कर दी। इसके प्रसारण के बाद उन्होंने वहां के न्यायालय में परिवाद दायर कर दिया जिसमें मुझपर तरह-तरह के मनगढ़ंत और मिथ्या आरोप लगाये। इस संबंध में अधिक विवरण देना मैं उचित नहीं समझता, पर ये प्रकरण लंबा चला और मेरे पटना आने के बाद भी चलता रहा। कल्पना की जा सकती है कि इससे मुझे कितनी वेदना और मानसिक परेशानी हुई होगी। इसी बीच उन सज्जन के अचानक हृदयाघात से मृत्यु होने की ख़बर मिली। मैंने उनकी आत्मा की शांति के लिये प्रार्थना की और ये सोचने को एक बार फिर विवश हुआ कि हमें

अपनी ताक़त हमेशा अपनी उन्नति और प्रगति की दिशा में और दूसरों का भला चाहने में लगाना चाहिये; क्योंकि ऊपरवाला सब देखता है।

दूसरी घटना मेरे भागलपुर से स्थानान्तरित होकर 2015 में पटना पहुंचने के बाद की है। मुझे अचानक महानिदेशालय से एक पत्र मिला जिसमें भागलपुर की एक 'तथाकथित समिति' के सचिव का पत्र संलग्न था। उसके हवाले से मुझसे स्पष्टीकरण मांगा गया था। उस पत्र में उन सज्जन ने अपने भीतर की सारी गंदगी उगल दी थी, जबकि यही सज्जन जब मैं वहां था तो मेरे पास आकर बैठते थे, चाय पीते थे, थोड़ी-बहुत साहित्य-चर्चा की कोशिश भी करते थे और मुझसे अपने तथा अपनी पत्नी के लिये कार्यक्रम भी लेकर जाते थे। बीच-बीच में मेरे पूर्ववर्तियों की तमाम शिकायतें भी बतियाते जाते और मेरे पहले के उन तमाम अधिकारियों को भ्रष्ट सिद्ध करने में कोई कसर नहीं छोड़ते थे।

उनके आरोपों में सबसे बड़ा आरोप संगीत के स्वर-परीक्षण को लेकर था, जिसके बोर्ड में मुझे बतौर अध्यक्ष शामिल करने के लिये भागलपुर के तत्कालीन कार्यक्रम-प्रमुख ने उपमहानिदेशक कार्यालय को प्रस्ताव भेजा था। ये प्रस्ताव उनकी मजबूरी भी थी, क्योंकि नियमानुसार 'ऑडिशन-बोर्ड' में अध्यक्ष कोई क्लास-वन अधिकारी ही हो सकता है और उस समय मुझे छोड़कर बिहार में दूसरा कोई क्लास-वन अधिकारी नहीं था। मुझे ये भी पता था कि यदि कोई और होता तो वे लोग मेरे नाम का प्रस्ताव भी नहीं भेजते। इस संबंध में उन सचिव महोदय ने मेरे ऊपर आरोप लगाया कि मेरे अध्यक्ष होने से पक्षपात होगा और मैंने ऑडिशन में पास करने के लिये अपने आदमी लगा रखे हैं जो मेरे लिये पैसों की उगाही कर रहे हैं, इसलिये मुझे इस ऑडिशन में नहीं बुलाया जाये।

ज़रा सोचिये, अध्यक्ष बनाने के लिये मैंने तो किसी को कहा नहीं। अपने नाम का प्रस्ताव भी मैंने नहीं भेजा और जब पहली बार इस पत्र से मुझे पता चल रहा है कि इसकी अध्यक्षता मुझे करनी है तो मैंने किस आदमी को पैसे वसूलने के लिये कह दिया। आज तक न जाने कितने ऑडिशन मैंने करवाये, पर किसी ने आजतक मुझपर कभी उंगली नहीं उठाई, यहां तक कि इसी भागलपुर के पहले दौर के ऑडिशन में भी।... दरअसल, ये सारा षड्यंत्र मुझे इस ऑडिशन में आने से रोकने के लिये था, क्योंकि यदि मैं होता तो किसी प्रकार की अनियमितता और पैरवी होने नहीं देता; इसलिये मुझे रोकने का उन्हें ये उपाय सूझा।

यहां तक तो मैं उन्हें माफ़ भी कर देता, पर वे इससे भी अधिक ग़लाज़त पर उतर आये जब उन्होंने मुझपर व्यक्तिगत प्रहार करना शुरु कर दिया; और इसके लिये मैं उन्हें कभी माफ़ नहीं कर सकता।

अब इसपर महानिदेशालय की कारगुज़ारी भी बताऊं। मुझसे उपमहानिदेशक कार्यालय से स्पष्टीकरण मांगा गया, सो मैंने उसका जवाब दे दिया। इसके बाद उन्हीं बातों के लिये, उन तमाम जगहों से स्पष्टीकरण मांगा जाता रहा, जहां-जहां उन सचिव महोदय ने पत्र की प्रतिलिपियां भेजी थीं और जिनका जवाब मैं पहले एक बार दे चुका था। जब महानिदेशालय और केन्द्र के बीच में उपमहानिदेशक कार्यालय होता है, तो ऊपर के तथा अन्य विभागों को उसी कार्यालय से टिप्पणी मांगी जानी चाहिये; क्योंकि मैं कहीं भी स्पष्टीकरण दूं, वो एक ही होगा, बदलेगा नहीं।

इसलिए सब जगह एक ही पत्र की प्रतियां करा के मैं भेजता रहा। इसपर भी उन महोदय को संतोष नहीं हुआ तो वे महानिदेशालय को स्मरण-पत्र भेजने लगे। इसपर महानिदेशालय ने एक मैडम, कोई 'मिश्रा' थीं; उन्हें जांच के लिये भागलपुर भेजा। इन मैडम को हवाई जहाज़ से पटना आकर, यहां से सड़क-मार्ग से भागलपुर जाना था। अब विडंबना देखिये कि उन्हें एयरपोर्ट से रिसीव कर, उनके सर्किट हाउस में ठहरने की व्यवस्था करने से लेकर, उनके भागलपुर जाने तक का इंतज़ाम करने के लिये मुझे ही कहा गया।

फिर भी, मैंने ये कोशिश की कि मैं उनसे न मिलूं; अलबत्ता उनके लिये सारी व्यवस्थायें मैंने करा दीं। वे भागलपुर गईं, वहां उन्होंने क्या किया, मुझे नहीं मालूम; पर जब वे लौटीं तो ज़रूर मुझसे मिलने आईं। मैंने भी उनका स्वागत् किया, उन्हें एयरपोर्ट तक छोड़ने भी गया। दुर्भाग्यवश उनका ए. टी. एम. कार्ड काम नहीं कर रहा था तो उन्होंने ड्राइवर से कुछ पैसे लिये थे, जो उनके कहने पर मैंने ड्राइवर को दे दिये। वे यहां से कुछ और ख़रीद कर अपने साथ ले जाना चाहती थीं, पर ए. टी. एम. कार्ड के 'फ़ेल' (?) हो जाने के कारण हताश थीं। लेकिन जब उन्होंने मुझसे मुंह खोलकर अपनी परेशानी बताई तो उन्हें जितने रुपयों की ज़रूरत थी, मैंने दे दिये ताकि कल को वे ये न कहें कि बिहार में उनकी किसी ने मदद नहीं की, जैसा आमतौर से यहां के बारे में एक ग़लत छवि दूसरे राज्यों में बना दी गई है।

इन दोनों प्रकरणों में जिनको जितना करना था कर चुके थे, पर उससे हुआ क्या...? हां, एक तो बेचारे स्वर्ग सिधार गए, दूसरे मेरी नज़रों में हमेशा के लिये गिर गये.... और शायद अपनी नज़रों में भी; क्योंकि उन्होंने बेवजह किसी निर्दोष को सताया था, जबकि उसने उनका किसी भी प्रकार कोई अहित नहीं किया था- न सामाजिक, न व्यक्तिगत.... और इस ऑडिशन-प्रक्रिया और मेरे आचरण से उनका दूर-दूर तक कोई संबंध भी नहीं था।

पर क्या होता है अपने देश में कि जो जितना भ्रष्टाचारी, वो उतने ही ज़ोर से दूसरे को भ्रष्टाचारी कहना शुरू कर देता है; जो जितना चरित्रहीन, वो दूसरे को चरित्रहीन सिद्ध करने में जी-जान लगा देता है; जो जितना बड़ा चोर, वो दूसरे पर चोरी का आक्षेप लगाने लगता है। ऐसा इसलिये कि उसकी चोरी, चरित्रहीनता और

भ्रष्टाचार की कहानी उसकी अपनी ही आवाज़ में दबकर उसे सुनाई न दे। पर, वे उसका क्या करेंगे, जो सर्वशक्तिमान है; जो कहीं बैठा सब देख रहा है; जो कहीं-न-कहीं से सबके पाप-पुण्य का हिसाब करता जा रहा है...! आप उसके सामने कितना दूसरों के सही को ग़लत और अपने ग़लत को सही सिद्ध कर पायेंगे। वहां तो सही-सही हिसाब देना ही होगा।

लेकिन इन दोनों घटनाओं में मुझे सबसे अधिक दुख इस बात से हुआ कि एक मेरे अभिन्न साहित्यकार-मित्र ने इसमें मेरी कोई मदद नहीं की- कहने के बावजूद; जबकि वे कर सकते थे। पहले प्रकरण के जो सज्जन थे, वे उनकी स्वयंसेवी संस्था से जुड़े हुए थे और वे चाहते तो उन्हें रोक सकते थे। दूसरे जो सचिव या किसी मंच के संयोजक कहे जाते हैं, उसी मंच का झंडा हमारे इन साहित्यकार-बंधु ने भी उठा रखा है। तो वे उन्हें भी ये जुल्म करने से मना कर सकते थे, पर उन्होंने नहीं किया।

वे आज भी मेरे मित्र हैं और मेरे इस भाव में कहीं कोई कमी नहीं आई है; बल्कि मैं एक प्रकार से उनकी विविधताओं-भरी लेखनी का मुरीद रहा हूं। हमने कई अलसाई सुबहें और तन्द्रालस शामें एकसाथ जी हैं, और पी हैं। मैं ऐसा भी नहीं मानता कि उन्हें इस सब के बारे में पता नहीं होगा; पहले प्रकरण के बारे में तो मैंने खुद उन्हें बताया था। फिर भी, मेरे मन में उनके प्रति अपार श्रद्धा है, सम्मान है और अकपट स्नेह है। इन मुद्दों पर वे मेरी मदद नहीं कर पाये तो ज़रूर उनकी कुछ विवशतायें रही होंगी, "कुछ तो मजबूरियां रही होंगी, वरना कोई बेवफ़ा नहीं होता...!"

...

नौ

(भारतभूषण अग्रवाल)

इन सब अरचनात्मक परिदृश्यों के बावजूद मेरा भागलपुर का दोनों कार्यकाल मीडियाधर्मी और सर्जनात्मक रहा। पहले दौर में तो चूंकि मानव जी स्वयं अच्छे कवि और गीतकार थे, इसलिये साहित्यिक गतिविधियां बनी रहती थीं। स्वयं

आकाशवाणी में डॉ. मीरा झा एक सुधी साहित्यकार-कवयित्री थीं। उन्होंने अनेक पुस्तकों का प्रणयन किया था, जिनमें उल्लेखनीय हैं- 'शबरी' और 'मुक्ति के सोपान तक' (प्रबंध काव्य), 'बिहुला विषहरी' और 'हा...हा...पंचकुमारी' (लोककथात्मक उपन्यास), 'चरखा क्या बोले' (सामाजिक उपन्यास)। इन कृतियों के अलावा अनेक सहयोगी प्रकाशनों और पत्र-पत्रिकाओं में उनकी रचनायें बराबर छपा करती हैं। परन्तु इससे इतर मीरा झा से आकाशवाणी के लिये एक विशेष कार्य मैंने ये कराया कि उनसे तेरह कड़ियों का एक धारावाहिक, 'मुक्ति के सोपान तक' लिखवा लिया, जो मेरे द्वारा संपादित और प्रस्तुत किया गया। इसमें विभिन्न कालखंडों की दस ऐसी नारियों की जीवनगाथा और प्रेरक-प्रसंग हैं, जिन्होंने समाज को रचने में, गढ़ने में अपनी महत्वपूर्ण भूमिका निभाई। ये दस नारियां थीं- पांचाली, देवकी, सीता, उर्मिला, ध्रुवस्वामिनी, यशोधरा, अम्बपाली, मीरा, पद्मावती और दुर्गा भाभी। शेष तीन कड़ियां तब के सबसे हिला देने वाले केस- 'निर्भया' पर केन्द्रित थीं और निर्भया के ब्याज से समाज में नारियों की स्थिति और शक्ति को रेखांकित करने वाली भी।

मीरा जी अपने रचनाकर्म में जितनी संवेदनशील दिखाई देती हैं, सामाजिक जीवन में बावजूद अनेक आरोहों-अवरोहों के उनकी छवि अपने पथ से और सिद्धांतो से कभी न डिगने वाली महिला की रही है; वात्सल्य और अपनत्व तो है ही। बहुत से लोग उनके इस वात्सल्य-भाव का फ़ायदा- इसमें मैं भी शामिल हूं- उठाते रहे हैं; कि मीरा जी जब भी ड्यूटी में होती थीं, वहां आने वाले समोसा-जलेबी, भूंजा या मिठाई की ज़िम्मेदारी वही उठाती थीं और अपनी अवकाशप्राप्ति तक सहर्ष उठाती रहीं।

डॉ. अमरेन्द्र ऐसे पहले साहित्यकार थे, जिनका परिचय सबसे पहले मुझे समाचार-पत्र के माध्यम से मिला था, जब पहली बार 2008 में मैं वहां पटना से स्थानान्तरित होकर पहुंचा था। उस दिन वहां के एक अख़बार में आकाशवाणी, भागलपुर के कार्यक्रमों की समीक्षा छपी थी। उसे पढ़कर मैं लिखने वाले की भाषा-शैली, उसकी सलाहियत और बेबाकपन पर मोहित हो गया था। आमतौर से इस प्रकार की समीक्षायें लिखने वाले आलोचना और समालोचना तथा समीक्षा के बीच का फ़र्क भूल जाते हैं; परिणामतः या तो वे अनावश्यक ज़हर उगलते हैं या चाटुकारीयुक्त प्रशंसा करते दिखाई देते हैं। पर ये समीक्षा वस्तुनिष्ठ भी थी और तटस्थ भी। उस समय उसे पढ़कर लेखक की एक सौम्य-सी छवि जैसे मेरे सामने आकर खड़ी हो गई थी- और वो लेखक थे डॉ. अमरेन्द्र।

इसके बाद उनसे मिलने के लिये मैं उत्सुक हो उठा। अपने ऑफिस में लोगों से पूछा तो उन्होंने जो कुछ भी उनके बारे में बताया, उससे उनसे मिलने की इच्छा और उत्कट होने लगी; और ये अवसर जब आया तो मुझे आश्चर्य हुआ कि इतने विद्वान व्यक्ति में विनम्रता भी कूट-कूट कर भरी है और समीक्षा पढ़ने के बाद

मेरे मन ने उनकी जो सौम्य छवि गढ़ी थी, वास्तव में, ये कहीं उससे अधिक सौम्य हैं।

फिर तो उनसे अक्सर होती मुलाक़ातों ने उनकी कार्य-क्षमता ही नहीं, उनकी विविधतापूर्ण सर्जना के सारे बंद खोल दिये, जिससे ये पता चला कि वे संवेद्य गीतकार हैं, गंभीर कवि हैं, अप्रतिम ग़ज़लकार हैं; कुशल गद्यकार और नाट्य-सर्जक हैं, सुद्रष्ट चित्रकार हैं, सुमधुर गायक-संगीतकार हैं, सुचिंतक संपादक हैं; ये पूछिये कि क्या नहीं हैं; और इन सबसे ऊपर औघड़ अनुरागी हैं जो आज में, वर्तमान में विश्वास करते हैं, कल की चिन्ता नहीं करते।

तकरीबन पचास से भी अधिक पुस्तकों के प्रणेता डॉ. अमरेन्द्र आज के दौर के ऐसे साहित्यकार हैं, जिनके ऊपर न जाने कितने स्मृति-ग्रंथ लिखे जा चुके और विभिन्न विश्वविद्यालयों के न जाने कितने विद्यार्थियों ने इनकी रचनाओं पर शोधकार्य किये; फिर भी इनकी रचनाधर्मिता का प्रवाह आज भी पूर्व की भांति उद्दाम बना हुआ है। बल्कि आज के कम्प्यूटर-युग की आभासी दुनिया में 'सोशल मीडिया' पर भी वे अपनी अद्यतन रचनाओं के माध्यम से अपनी धमाकेदार उपस्थिति बनाये हुए हैं।

डॉ. अमरेन्द्र के रचना-संसार को यदि हमें देखना हो तो उसके दो अलग-अलग ध्रुव दिखाई देते हैं। एक तो उनका वह लेखन है जो हिन्दी में है और दूसरा उनकी मातृभाषा और अंग-प्रदेश की सशक्त बोली अंगिका में। पर ये अत्यंत आश्चर्यजनक है कि विधा, विषयवस्तु, शिल्प और विविधता की दृष्टि से आकलन करने पर हम ये नहीं कह सकते कि उनका लेखन किसमें श्रेष्ठ है- हिन्दी में या अंगिका में; क्योंकि दोनों भाषाओं में उन्होंने साहित्य की लगभग सभी विधाओं को लेकर समान अधिकार और उच्च कला-कौशल के साथ लिखा है। चाहे वो ग़ज़लें हों, कवितायें हों, गीत-नवगीत या प्रबन्ध काव्य हों; आलोचना या काव्यशास्त्र हो; कहानी, उपन्यास या नाटक, रेडियो नाटक या रेडियो रूपक हो- एकसाथ सारी विधाओं में इनकी एक-सी तल्लीनता, तन्मयता और रागात्मकता दिखाई देती है। इसके अलावा बच्चों के लिये इन्होंने बालगीत और बुझौव्वल लिखे, हिन्दी की श्रेष्ठ रचनाओं का अंगिका में अनुवाद किया और अनेक पत्र-पत्रिकाओं का सम्पादन भी किया। अगर कोई एक व्यक्ति इतना सारा कुछ करता है, वो भी दो-दो भाषाओं में, समान सौष्ठता, सौन्दर्य और सफलता और अधिकार के साथ, तो वो कोई महामानव ही हो सकता है। मेरी दृष्टि में डॉ. अमरेन्द्र ऐसे ही महामानव की हैसियत रखते हैं।

मैं खुद को सौभाग्यशाली मानता हूं कि इनके द्वारा लिखित रेडियो धारावाहिक **'अमृतदेश अंगप्रदेश'** का मैं प्रस्तोता रहा। तेरह कड़ियों का ये धारावाहिक 'अंगदेश का अमृतमंथन' शीर्षक से 1 फ़रवरी 2011 से 24 मई, 2011 के बीच आकाशवाणी, भागलपुर से प्रसारित हुआ तथा आगे चलकर इसके एक घंटे का

संपादित नाट्यान्तर का प्रसारण, आकाशवाणी के राष्ट्रीय प्रसारण– 'नाटकों के अखिल भारतीय कार्यक्रम' में, 27 अक्तूबर, 2012 को दिल्ली से हुआ। उस वक़्त मैं पटना आ चुका था और इसका निर्माण आकाशवाणी, पटना में, यहां के कलाकारों को लेकर हुआ।

आकाशवाणी, भागलपुर से धारावाहिक **'अंगदेश का अमृतमंथन'** के प्रसारित होने से पहले मेरे और डॉ. अमरेन्द्र के बीच इसे लेकर अनेक बार मंथन हुआ। तेरह कड़ियां तो निश्चित थीं कि होंगी ही, पर उन कड़ियों में कथा का समायोजन किस प्रकार होगा कि सप्ताह में एक बार प्रसारित होने पर भी सुनने वाले पिछली कड़ी से कड़ी मिला लें और उन्हें कोई कड़ी छूट जाने के बाद भी ये न लगे कि वे पीछे कुछ छोड़ आये हैं। अमरेन्द्र जी ने इसके लिये वाचन-शैली का प्रयोग किया। प्रत्येक कड़ी में पहले वाचक द्वारा पिछली कड़ी की थोड़ी भूमिका दी जाती थी ताकि श्रोता वर्तमान कथा के साथ उसकी संगति जोड़ सकें। मेरा आग्रह सिर्फ़ इतना था कि इसमें आये संदर्भों का नाट्यकरण हो; क्योंकि नाट्यशैली में चित्रबिम्ब बनता है जो सीधे-सीधे बात को कहने की अपेक्षा अधिक प्रभावशाली और अभिव्यंजक होता है। अमरेन्द्र जी ने वैसा ही किया और इसके बाद इसका जो रूप निखर कर आया, वो एक इतिहास है। हां, इसका शीर्षक-गीत और बीच-बीच में संदर्भ से जुड़े कुछ गीत भी उन्होंने लिखे जो अंग की माटी और संस्कृति से पूरी तरह जुड़े हुए थे; बल्कि मुझे याद है कि कुछेक गीतों में लेखिका-कवयित्री और आकाशवाणी, भागलपुर में उद्घोषक-पद पर कार्यरत, डॉ. मीरा झा और सांत्वना साह ने अपना स्वर दिया था।

दुर्भाग्य की बात है कि सांत्वना साह का वर्ष– 2018 में, उनके सेवाकाल के बीच ही, असमय निधन हो गया। मैं समझता हूं, उनका असमय जाना, आकाशवाणी, भागलपुर की ही नहीं; पूरे प्रदेश की, वहां की संस्कृति की, संगीत की और समाज की अपूरणीय क्षति थी। स्वभाव से मृदुल-मिलनसार सांत्वना साह, 'चम्पा बहन' के नाम से चौपाल कार्यक्रम में बैठकर अपनी चुटीली और धाराप्रवाह शैली में– ''सभै स्रोता बन्धु कै चम्पा के नमस्कार... हो बिरजू भाई.... आउरो कहौ, केनो हाल-समाचार छै.... मॅन- मिजाज सब ठीक छौ नै...''– से शुरू कर, न सिर्फ़ अपने साथी कम्पीयरों को हतप्रभ कर देती थीं, बल्कि श्रोताओं के मन-मस्तिष्क पर भी उनकी वाणी जादू का-सा प्रभाव डालती थी। अंगिका पर उनकी ग़ज़ब की पकड़ थी। लोकगीतों के सहस्रों प्रकार उन्हें कंठस्थ थे और उतना ही ज्ञान उन्हें लोकगाथाओं और रीतियों, लोक-संस्कार गीतों का था। उनका कंठ-स्वर मधुर और लोकगायन के बिल्कुल अनुकूल था। लोक-सम्पदाओं के संरक्षण के लिये वो बराबर सचेत थीं और अपने कार्यक्रमों में भी वे बराबर शिक्षा, स्वास्थ्य, बालिका-शिक्षा, परिवार कल्याण को लेकर श्रोताओं को जागरूक रखती थीं। रेडियो में इस तरह के

जागरूकता कार्यक्रम हमेशा चलाये जाते रहे हैं, पर सांत्वना साह को इसके लिये कभी निर्देश देने की ज़रूरत नहीं पड़ी। वे स्वतः रुचि लेकर इसे करती थीं।

उनके साथ मैंने एक शृंखला, 'वृक्ष महिमा' की थी जो वे स्वयं लिखती थीं, जिसकी वाचक भी वे स्वयं ही थीं और कार्यक्रम की प्रस्तोता भी। 'वृक्ष महिमा' अंग-क्षेत्र में पाये जाने वाले विभिन्न वृक्षों पर आधारित था, जिसमें उनकी उत्पत्ति से लेकर, उनके रख-रखाव, उपयोगिता और महत्व का वर्णन किया जाता था। इसकी कुछेक कड़ियों में मैंने उनके साथ स्वर दिया था। उसमें इतने नाम एक साथ होते थे और 'जिह्वामथनी' (Tongue-twistter) भी– जो कई बार मुझे एक सांस में पढ़ना होता था।

सचमुच, सांत्वना साह का जाना हृदय को कचोट गया। वो हमेशा कुछ नया करने को आतुर रहती थीं; अक्सर जिसका प्रस्ताव मेरे सामने लेकर आती थीं। शायद व्यक्तिगत जीवन के झंझावातों से जूझते उनके मन को, उससे उबरने का यही तरीक़ा ठीक लगा हो! लेकिन वो प्रेरणा ख़त्म हो गई जो अक्सर मेरे पास आकर कहती थी, ''सिन्हा साहब, एक नया प्रोग्राम शुरू करना है, देखिये तो, ठीक है न!'' आज वो आवाज़ जुदा हो गई है, चुप हो गई है, जो अब कभी नहीं कहेगी, ''हो बिरजू भाई...!''

तो बात हो रही थी धारावाहिक **'अंगदेश का अमृतमंथन'** की। इस धारावाहिक का सबसे मज़बूत पक्ष था, इसके सूत्रधार के रूप में अणिमा सिन्हा का सशक्त, उम्दा और प्रांजल स्वर के साथ वाचन। अणिमा इस केन्द्र पर आकस्मिक उद्घोषक के रूप में 1998 से जुड़ी हैं। मुझे याद है, जब 2008 में मैंने भागलपुर के ड्यूटी रूम में पहली बार अपने क़दम रखे तो रेडियो-सेट पर इन्हीं की आवाज़ गूंज रही थी। मुझे हैरत हुई कि रेडियो के स्टाफ़ में इतनी अच्छी आवाज़ें अभी भी मौजूद हैं! ऐसा सोचने के पीछे एक कारण था।

इससे पूर्व मध्यप्रदेश के केन्द्रों पर रहते हुए; और उससे भी पहले पटना में ही अपने 'कैज़ुअल' के दिनों में, मैंने एक-से-एक अच्छी आवाज़ें सुनीं– पटना में अरुण कुमार सिन्हा, सुषमा शुक्ला, धर्मेन्द्र गौड़, डॉ. शंकर प्रसाद, विजय कुमार सिन्हा 'मंटू', सुमन कुमार; रायपुर में मिर्ज़ा मसूद; जगदलपुर में एम. ए. रहीम, के. परेश और जी. श्याम– ये कुछ ऐसे नाम हैं जो सिर्फ़ एनाउन्सर नहीं थे, बल्कि रेडियो नाटक के अच्छे अभिनेता, निर्देशक और प्रस्तोता भी रहे। रेडियो का ये सबसे बड़ा दुर्भाग्य रहा कि ऐसे लोगों की संख्या उंगलियों पर गिने जाने योग्य है; क्योंकि बाक़ी बचे अधिकांश ने इस भूमिका को, अपनी नौकरी और रोटी-दाल चल जाये– बस इसी लायक़ समझा; कार्यक्रमों की प्रस्तुति तो दूर, 'ये आकाशवाणी का 'फलां' केन्द्र है', बोलने में भी लगता नहीं जैसे वो कोई बड़ा दुर्गम रास्ता तय कर के आये हों और हांफ़ रहे हों। जबकि कई केन्द्रों पर कुछ 'कैज़ुअल एनाउन्सर' बहुत ही अच्छे

और प्रतिभासम्पन्न हैं, जिनकी आवाज़ मधुर और सुसंस्कृत– जिसे 'कल्चर्ड व्आयस' कहते हैं– वो है।

मुझे अणिमा की आवाज़ में वे सारे गुण दिखाई दिये जो प्रायः आजकल नहीं मिलते। इस बीच वो अपना एनाउन्समेन्ट समाप्त कर 'ड्यूटी रूम' में आईं तो परिचय हुआ। मुझे दुबारा हैरत हुई जब उन्होंने बताया कि वे यहां 'कैज़ुअल एनाउन्सर' हैं। मैंने उन्हें उनकी अच्छी-सधी आवाज़ और प्रस्तुति की बधाई दी; पर तब क्या पता था कि कहीं से मज़बूत संबंधों की एक डोर भी उनके पूरे परिवार के साथ पहले से जुड़ी हुई है, जिसका न मुझे पता था, न उन्हें अहसास। आज इस अहसास के साथ बशीर बद्र का ये शेर याद आता है–

"इसी शहर में कई साल से मेरे कुछ क़रीबी अज़ीज़ हैं,
उन्हें मेरी कोई ख़बर नहीं, मुझे उनका कोई पता नहीं।"

पर ये बातें बहुत बाद की हैं। अभी तो जो मैं कहना चाह रहा था वो ये कि अणिमा के शुद्ध, प्रांजल और निर्दोष वाचन ने इस धारावाहिक 'अंगदेश का अमृतमंथन' को एक नई ऊर्जा से भरकर उसे श्रवणीय बनाया। इसका उल्लेख डॉ. अमरेन्द्र ने 'अमृतदेश : अंगप्रदेश' पुस्तक की भूमिका में कुछ इस प्रकार किया है– "मैं आभारी तो इस रेडियो रूपक में अभिनय करने वाले सभी कलाकारों के साथ डॉ. विजय कुमार मिश्र और अणिमा कुमारी का विशेष रूप से हूं, जिन्होंने सूत्रधार और वाचिका की भूमिका में अपने स्वर से जैसे अमृत-सागर ही मथ दिया हो।"

ऐसा उद्गार वही व्यक्त कर सकता है, जिसके पास लेने के लिये शायद कुछ न हो, पर देने के लिये बहुत-कुछ हो; जो सबल हो, समर्थ हो, सम्पूज्य हो, वही इस प्रकार की करुणा बरसा सकता है; वरना आजकल तो ज़्यादातर लोगों के मुंह से झूठी तारीफ़ भी नहीं निकलती, उनके मुंह से दूसरों की प्रशंसा के बोल तक नहीं फूटते; अपनी लेखनी में स्थान देकर उसे प्रशंसा के शीर्ष पर बिठाना, विरले ही कोई करता है; जो दिल से अमीर होता है वो करता है, जो विचारों और संस्कारों से बड़ा होता है, वो करता है, जो अपने को बड़ा नहीं समझता वो करता है। ये डॉ. अमरेन्द्र ने किया, "बड़े बड़ाई ना करैं, बड़ो न बोले बोल; रहिमन हीरा कब कहै, लाख टका मम मोल"। इतना ही नहीं, उन्होंने अपनी इस कृति को मुझे समर्पित कर जैसे उन्होंने मेरी देन मुझे ही लौटा दी–

"तुमने ही तो यही किया है, अमरेन्दर; हो भावक
कहीं किसी पर बर्फ़ बने हो, कहीं किसी पर पावक
यह भी तुमसे नहीं हुआ कि किसी वाद से बंध लूं
चर्चा में रह यश को पाऊं; जहां सधे न, सध लूं
तुमने सोचा, अलग-थलग ही रहूं, भीड़ से बचकर
दिखलाऊंगा फिर कबीर और दादू का पथ सच कर...।"

(आलाप संलाप)

या कि कर्ण की तरह उन्होंने अपने मन का दान दे दिया- ''लौटूं मैं किसलिए भला फिर, व्यर्थ मुकुट और मान, मां, मैंने दे दिया तुम्हें है अपने मन का दान।'' यही कारण था कि हमारे मन एक थे, जीवन-संघर्ष एक थे, सोच की धरातल एक थी, जो आज भी उतनी ही मज़बूत है।

यों तो डॉ. अमरेन्द्र के विपुल और वैविध्यपूर्ण साहित्य-भंडार में रत्नों की कोई कमी नहीं; और ये भी सच है कि उनकी रचनाओं का मूल्यांकन दस-बीस क्या, हज़ार पृष्ठों में भी संभव नहीं है; उनकी कुछ मौलिक प्रवृत्तियों और उद्दाम रचना-धारा का थोड़ा-बहुत जल अंजुरि में उठाया-भर जा सकता है- अंजुली भरी नहीं जा सकती; उसके भीतर से मोती-माणिक्य लाना उन शोधार्थियों के लिये ही संभव है, जो डॉ. अमरेन्द्र के रचना-सागर में डुबकी लगा सकते हैं; ये मुझ-जैसे अकिंचन के वश की बात नहीं।

अमरेन्द्र जी दोस्तों का ख़्याल रखने वाले हैं और उनके लिये वे कुछ भी करने को तैयार रहते हैं। वे औरों के बीच कभी विषय बनने की चेष्टा नहीं करते। अव्वल तो वे किसी को छेड़ते नहीं, पर कोई उन्हें छेड़े तो उसे छोड़ते भी नहीं; भले ही वो उनका कितना भी अभिन्न क्यों न हो। फिर तो बुद्धि और तर्क के सारे तीर एक-एक कर उनके तूणीर से निकलने लगते हैं, जिससे वो अपने आलोचकों को धराशाई करने में सफल होते हैं। इस संबंध में एक प्रसंग का ज़िक्र यहां अवश्य करना चाहूंगा, जिसका संबंध आकाशवाणी, भागलपुर से है। ये प्रसंग डॉ. अमरेन्द्र के ऊपर डॉ. श्वेता रानी द्वारा, उनकी पी-एच. डी. उपाधि हेतु लिखित और सन् 2010 ई. में प्रकाशित शोध-प्रबंध में, पूरा-का-पूरा संकलित है।

18 नवम्बर, 1990 को डॉ. अमरेन्द्र द्वारा किये गये 'कामायनी' के रेडियो नाट्य-रूपांतरण का प्रसारण आकाशवाणी, भागलपुर से हुआ; जिसके बाद उनके एक अभिन्न मित्र ने केन्द्र निदेशक के नाम पांच पृष्ठों का एक पत्र भेजा, जिसमें उक्त रूपांतरण पर उन्होंने अनेक आरोप लगाये। इन आरोपों में उन्होंने पूछा था कि डॉ. अमरेन्द्र ने मनु का वासनामय रूप और कामायनी की विकृत प्रस्तुति क्यों की। इसके अलावा विस्तार से अन्य प्रश्न भी उसमें उठाये गये थे; मसलन नौ शास्त्रों में 'कामायनी' भी एक है, जिसकी विकृत प्रस्तुति नहीं की जानी चाहिये; रूपांतरण में अनेक सर्गों को चलताउ ढंग से समेटा गया है; मनु के संवादों में प्रभावात्मकता नहीं है; आदि-आदि। इतना ही नहीं, उन महोदय ने केन्द्र निदेशक को भेजे पत्र की ढेर सारी प्रतिलिपियां करा के पूरे शहर में कुछ-कुछ ख़ास जगहों पर वितरित भी कराई थीं।

फ़ेड इन... फ़ेड आउट/325

इस पूरे पांच पृष्ठों के आलोचनात्मक पत्र का जवाब जिस विवेक और विद्वता से डॉ. अमरेन्द्र ने दिया, वो अद्भुत और प्रशंसायोग्य है। यहां पूरा प्रकरण शामिल करना संभव नहीं, पर उसकी एक बानगी अवश्य देना चाहूंगा।

डॉ. अमरेन्द्र ने पत्र का जवाब कुछ इस प्रकार दिया-

''प्रतिक्रिया-लेखक ने पत्र के प्रारम्भ में ही यह जानना चाहा है कि मनु का वासनामय रूप, उसके द्वारा यज्ञ में पशु बलि देना, श्रद्धा को अकारण त्यागना, इड़ा पर आकर्षित होना, मदिरा-पान करना, अंत में पश्चाताप करना, क्या यही 'कामायनी' है...! मैं कहूंगा, हां। कामायनी की यही मूल कथावस्तु है। 'कामायनी' पढ़ कर समझ में नहीं आये तो बाज़ार से कोई नोट ही ख़रीद कर पढ़ लें। प्रतिक्रिया-लेखन के लिये यही रास्ता उपयुक्त होगा।......

''यहां यह जानकारी भी प्रतिक्रियाकार को दे देना आवश्यक होगा कि जहां विषय दृश्यांकन द्वारा संभव नहीं, वहां कथन-समावेश ही उपयुक्त होता है। पंक्तियों के स्थान-परिवर्तन से रूपांतर का उद्देश्य और शीर्षक दोनों ही अपने चरम को छू सके हैं। ऐसा अनुभव पूर्वाग्रह से मुक्त होकर ही समझा जा सकता है। आलोचक महोदय, नासमझी के कारण जिस परिवर्तन को 'लेखकीय अपराध' कहते हैं, वह वास्तव में रूपांतर का स्थापत्य-कौशल है।''

डॉ. अमरेन्द्र की भाषिक व्यंजना-शक्ति की ये तीक्ष्णता ही है, जो बड़े-से-बड़े आलोचक को न केवल करारा जवाब देने में सक्षम है; बल्कि उसे धराशाई करने में भी पूर्णतया सफल है। मुझे लगता है कि उनके और मेरे स्वभाव के बीच की ये एक समान भूमि थी, जिसपर हमारी मित्रता का वटवृक्ष खड़ा हुआ। मुझे याद है, उन्होंने एक बार मेरे बारे में कहा था, ''आप बहुत साहसी हैं...।'' हां, मैं हूं.... और अभी उनकी कृति 'कर्ण' के बारे में लिखते हुए डॉ. अमरेन्द्र में भी यही बात पाता हूं....

•••

विचित्र बात है, अभी जब मैं डॉ. अमरेन्द्र के खंड-काव्य 'कर्ण' से जुड़े प्रसंगों को लिख चुका हूं तो जैसे मुझे मुक्ति का अहसास हो रहा है; वरना तो सोते-जागते जैसे कर्ण प्रत्यंचा ताने खड़ा रहता था- थोड़ा भी कहीं रुका, तो लगा, कर्ण के बाण की नोक मेरी ओर है। उसके धनुष की टंकार हर समय मुझे अपने भीतर गूंजती महसूस होती रही है। मेरे चारों ओर से एक ही आवाज़ आती सुनाई दी है- कर्ण... कर्ण.... कर्ण...।

डॉ. अमरेन्द्र की इस कृति ने मुझे बहुत उद्वेलित किया है। ये पुस्तक उन्होंने मुझे 16 जून, 2018 को दी थी। सच्चाई ये है कि उस समय मैंने सरसरी

फ़ेड इन... फ़ेड आउट/326

तौर पर देख कर इसे रख दिया था कि इसपर इत्मिनान से लिखूंगा। वो इत्मिनान आते-आते डेढ़ साल लग जायेगा, ये मैंने कभी नहीं सोचा था।

मैं आकाशवाणी के अपने संस्मरण लिखने के क्रम में एक लंबा काल-खंड तय कर जब अपने भागलपुर-प्रवास की कथा लिखने बैठा, तो वहां के कुछ साहित्यकारों की चर्चा भी करने की सोची। तब यही सोचा था कि संक्षेप में उनके लेखन पर बात कर मैं आगे बढ़ जाऊंगा। जब बात डॉ. अमरेन्द्र के लेखन पर आई तो जैसे किसी ने रास्ता रोक लिया। मुझे लगा कि मैं इस शख़्स के लेखन के बारे में क्या लिखूं। इनके लेखन का फलक इतना विशाल, विहंगम है जिसमें मेरी समाई नहीं। बहुत प्रयास किया कि कुछ ज़रूरी बातों का उल्लेख कर मैं आगे निकल लूं, पर मेरे पांव जैसे किसी ने बांध रखे थे। मैं जितना छूटने का प्रयास करता, बंधन और मज़बूत होते जाते- कभी 'आलाप संलाप' और 'गेना' मेरा रास्ता रोकते तो कभी 'दीपक मेघ हिण्डोल'। उनकी पकड़ से छूटता तो 'अमृतदेश : अंगप्रदेश' और 'साधो सुर का देश' सामने आ खड़े होते।

सबसे अधिक परेशान किया 'कर्ण' ने। वो टस-से-मस नहीं हो रहा था। वो प्रत्यंचा-खिंची चेतना की तरह मेरे ऊपर सवार था। अंततः मुक्ति का कोई रास्ता न देख मैंने अपने पांव बांध लिये और 'कर्ण' को पढ़ने में जुट गया- एक बार, दो बार, तीन बार... और लिखने, दृष्टांत रखने के क्रम में बार-बार...। मेरे पास 'रश्मिरथी' पुस्तक थी, पर जो मांग कर ले गया, उसने लौटाया नहीं। इसलिये मैंने पुस्तक 'ऑन लाइन' मंगवाई। इसके अलावा केदारनाथ मिश्र 'प्रभात' की पुस्तक 'कर्ण' की याद आई, जो कहते हैं कि 'रश्मिरथी' से पहले लिखी गई थी, पर छपी उसके बाद। कर्ण के ऊपर लिखने के लिये मुझे इस पुस्तक की ज़रूरत थी, पर ये कहीं उपलब्ध नहीं थी। तभी मुझे उनकी पुत्रवधू, डॉ. नम्रता की याद आई जिन्होंने, और पूरे परिवार ने अभी-अभी बहुत परिश्रम से, 'प्रभात' जी के तीन खंड-काव्यों की एक 'ज़िल्द' प्रकाशित कराई है।

मैंने जब उन्हें मंशा बताई तो वे बड़े संकोच से बोलीं कि "प्रति तो है, पर एक ही है; और चूंकि आगे 'दूसरी ज़िल्द' प्रकाशित करानी है तो उसमें इसकी ज़रूरत पड़ेगी।" मैंने कहा, "कोई बात नहीं, आप जहां कहें, मैं आ जाता हूं और आवश्यक अंश के फ़ोटो खींच लूंगा... मेरा काम उतने-भर से हो जायेगा।" उन्होंने कहा, "नहीं, मैं ही आपके घर आ जाती हूं.... आप आराम से पुस्तक को देख लीजिये।"

फिर वो अपनी अस्वस्थता के बावजूद अपने बेटे, वंश प्रभात के साथ मेरे यहां आईं और मैंने उस पुस्तक को जल्दी-जल्दी पढ़कर उसके आवश्यक अंशों की तस्वीरें खींच कर रख लीं। मैंने इस प्रसंग का उल्लेख यहां इसलिये किया कि दुनिया में साहित्य लिखने वाले तो हज़ारों-लाखों मिल जायेंगे, पर साहित्य जीने वाले कम ही मिलते हैं। हमेशा जो रचा जाता है, वही साहित्य नहीं होता, न ही लेखक एकमात्र

उसका निमित्त; उसे प्राणपण से संजो कर रखने और उसके दीर्घजीवी होने की कामना करने वाला भी रचना के उतना ही निमित्त होता है- और डॉ. नम्रता उनमें से एक हैं, इसलिये उनके प्रति आभार।

अब मुझे ये भी ध्यान आ रहा है कि मैं पिछले पांच-छ: दिनों से घर से बाहर नहीं निकला हूं; इन दिनों न खाने की सुध रही है, न किसी और चीज़ की; कई बार तो सोते-सोते कुछ पंक्तियां दिमाग़ में घूमने लगी हैं तो रातों में उठ-उठ कर भी लिखा है। ऐसा मेरे साथ अक्सर होता है; अगर तुरत लिख नहीं लिया तो पक्का है कि सुबह कुछ याद नहीं आयेगा। इसलिये आजकल एक छोटा डिजिटल रिकॉर्डर रखा हुआ है। रात में जो भी मन में आता है, उसे आंख बंद किये-किये बोल के रिकॉर्ड कर लेता हूं। ये आधुनिक तकनीक की देन है। मैंने इसे 'एक्सप्लोर' से ज़्यादा 'एक्सप्लॉयट' किया है। कागज़ और कलम से यदा-कदा का नाता रह गया है। उसका स्थान 'लैपटॉप' ने ले लिया है। सीधे उसी पर लिखता हूं। इसमें काफ़ी सुविधा है। पांडुलिपि को लिख कर 'टाइप' कराने की ज़रूरत नहीं होती। एक बार में ही मूल पांडुलिपि तैयार हो जाती है; श्रम और साधन की बचत अलग से। इसमें सबसे बड़ा लाभ ये है कि आप किसी भी 'पैराग्राफ़' को अपनी सुविधा से आगे-पीछे, ऊपर-नीचे कर सकते हैं; साथ-साथ कभी भी संशोधन; और अगर आपकी टाइपिंग अच्छी है तो आपको पांडुलिपि में झांकने की भी ज़रूरत नहीं होगी।

•••

वसुधा खंड

एक

सारी ज़िंदगी
मैं सिर छुपाने की जगह ढूंढ़ता रहा
और अंत में
अपनी हथेलियों से
बेहतर जगह दूसरी नहीं मिली...

(सर्वेश्वरदयाल सक्सेना)

भागलपुर का इस बार का सेवा-काल मेरा बेहद संक्षिप्त- दो वर्षों का रहा। मेरे, भागलपुर से पटना वापस आने की तारीख़ लगभग मुक़र्रर हो चुकी थी। डॉ. सरिता शर्मा के रिटायर होने के बाद उनकी जगह मुझे ज्वायन करना था। उससे पहले मेरी बहुत दिनों की एक दबी इच्छा थी कि भास के नाटकों को रेडियो पर करूं। उनका रूपांतर पहले मैं खुद करना चाह रहा था, पर समयाभाव के कारण सफल नहीं हो सका। मैंने डॉ. अमरेन्द्र से निवेदन किया कि यदि वे इस काम को करें तो एक बहुत बड़ा अध्याय आकाशवाणी, भागलपुर के इतिहास में जुड़ेगा। उन्होंने सहर्ष इस चुनौती को स्वीकार किया, प्रकाशक का नाम-पता ढूंढ़कर, पत्र लिखकर भास के नाटकों का पूरा सेट मंगवाया और रूपांतर तैयार भी कर लिया; पर तबतक मेरे पटना जाने का समय निकट आ गया और मेरी भास के नाटकों का प्रोडक्शन करने की इच्छा धरी-की-धरी रह गई। हालांकि मेरे पटना आने के बाद उन नाटकों का निर्माण भागलपुर में हुआ, पर मैं उसे पटना में अपने तरीक़े से करना चाह रहा था। इसके लिये मैंने अमरेन्द्र जी से उन नाटकों के आलेख भी मंगवाये, लेकिन जबतक मैं उनकी सुध लेता, तबतक तलवार की भांति लटकी दुश्चिंताओं के बीच मेरी सेवानिवृत्ति की घड़ी आ गई।

दुश्चिंतायें बड़ी थीं, दुर्निवार भी... पर जैसा कि मैं पूर्व में कह चुका हूं; ऐसे कठिन मौकों पर हमेशा मां भगवती मेरे लिये किसी-न-किसी को भेज ही देती हैं; और इस बार मेरे लिये देवदूत बन कर विनोद जी आ खड़े हुए। लेकिन विनोद जी की बात यथास्थान होगी- सेवानिवृत्ति की भी- अभी तो डॉ. अमरेन्द्र और भागलपुर के दूसरे साहित्यकारों के संग-साथ से मैं खुद को समृद्ध कर रहा था।

•••

भागलपुर में रहते हुए 2008 से 2011 तथा 2013 से 2015 के मेरे दो कार्यकाल में लगातार कई बड़े अवसर मुझे मिले; जिसके चलते भागलपुर का नाम मेरी नवीन उपलब्धियों के नाम के साथ हमेशा के लिये जुड़ गया।

2010 का 'कॉमनवेल्थ गेम्स', यानी 'राष्ट्रमंडल खेल', दिल्ली के नाम था। ये सब जानते हैं कि ये एक बड़ी अन्तर्राष्ट्रीय प्रतियोगिता है, जिसमें ब्रिटेन के उपनिवेश रहे देशों के खिलाड़ी विभिन्न खेल-प्रतियोगिताओं में हिस्सा लेते हैं। अब जब इस तरह की अन्तर्राष्ट्रीय स्तर की प्रतियोगिता हमारे देश में हो रही हो, तो तमाम मीडिया- ख़ासकर आकाशवाणी और दूरदर्शन के लिये इसका प्रसारण और कवरेज कर्तव्य ही नहीं, राष्ट्रीय अस्मिता की बात हो जाती है। पता नहीं, इस बार क्या हुआ कि 'राष्ट्रमंडल खेल' की कवरेज़-टीम में मेरा भी नाम शामिल किया गया था। मेरे लिये ये आश्चर्य की बात थी। अमूमन इस तरह के 'इवेंट्स' में- चाहे वो किसी राज्य में हो, देश में हो या विदेश में; इसपर हमेशा से 'दिल्लीआइट' या एक राज्य-विशेष से आये अधिकारियों का क़ब्ज़ा रहा है। देश के बाहर होने वाली अन्तर्राष्ट्रीय प्रतियोगिताओं में तो और भी 'गलाकाट-स्थिति' रही है, जिसमें प्रायः कृपापात्रों को अवसर मिलते रहे हैं। इसमें दिल्ली से बाहर के लोगों को तो घुसने ही नहीं दिया जाता था। यही हाल देश के अन्दर होने वाली राष्ट्रीय स्तर की प्रतियोगिताओं का रहा है जहां भक्त लोगों पर कृपा ख़ूब बरसती रही है। इतना ही नहीं, केन्द्रों पर भी 'खेल अनुभाग' की ख़ूब बंदरबांट होती रही है, जो जितना समर्थ या प्रियपात्र, ये अनुभाग उसी का होता था, भले ही उस अधिकारी का 'स्पोर्ट्स' से कोई नाता न रहा हो। कई केन्द्रों पर तो गली-मुहल्लों में शतरंज खेलने वाले, फुटबॉल खेलने वाले, क्रिकेट खेलने वाले, खो-खो और कबड्डी खेलने वाले ये सेक्शन देखते रहे हैं। मैं स्वयं पटना ज़िला क्रिकेट लीग का खिलाड़ी रहा और कुछ सालों तक कैजुअल होते हुए भी 'मीडिया कप' में आकाशवाणी, पटना की ओर से खेलता रहा। इसके अलावा शतरंज और कैरम में 'नवशक्ति निकेतन' की ओर से खेलते हुए कई सालों तक 'चैम्पियन' रहा; वॉलीवॉल और बैडमिंटन भी लंबे अरसे तक खेला। लेकिन लोगों की खींचतान देख मैंने दावा पेश करने के ख़याल से ही अपने को विरक्त कर लिया।

ऐसे में 'राष्ट्रमंडल खेल'-जैसी अन्तर्राष्ट्रीय और गौरवपूर्ण प्रतिस्पर्धा के लिये मेरा नाम आना, मेरे लिये खुशी से ज़्यादा, चौंकाने वाला था। ये प्रतिस्पर्धा 3 से 14 अक्तूबर, 2010 के बीच संपन्न होनी थी, लेकिन इसकी तैयारियां 2009 की शुरुआत से ही आरम्भ हो गई थीं। इसका पता मुझे तब चला जब इसके प्रशिक्षण के लिये मेरा बुलावा आया। इस प्रतिस्पर्धा के लिये प्रशिक्षण कई चरणों में हुए। पहले प्रशिक्षण के लिये मुझे 4 से 8 दिसम्बर, 2009 के बीच बुलाया गया, जो आकाशवाणी

और दूरदर्शन का संयुक्त कार्यक्रम था। इसमें इस प्रकार की प्रतिस्पर्धाओं के मूलभूत सिद्धांतों पर ज़्यादा बातचीत हुई और सबको इससे संबंधित 'बुकलेट' और 'हैंडबुक' दिये गये। तभी पहली बार मेरा साबका़ 'एम. पी. सी'., 'आई. बी. सी'., 'होस्ट ब्रॉडकास्टर', 'ऐक्रीडिशन', 'डोमेस्टिक ब्रॉडकास्टर', 'मिक्स्ड ज़ोन', 'आर. एच. बी.' 'इन्टरनेशनल साउंड' आदि पारिभाषिक शब्दों से पड़ा, जो मैं पहली बार सुन रहा था। पर 'हैंडबुक' पढ़ने के बाद इनका अर्थ और अभिप्राय अच्छी तरह समझ में आ गया, जिससे आगे आने वाले अगले लेबल के प्रशिक्षण-कार्यक्रमों में सबकुछ समझना मेरे लिये आसान हो गया।

उससे ऊपर के लेबल का प्रशिक्षण दिसम्बर-2009 से प्रारम्भ होकर मई-2010 तक चला। ये एक प्रकार से 'टेस्ट परीक्षण' था जिसमें अलग-अलग चार लोगों की टीम बना कर उन प्रतिस्पर्धाओं के लिये बुलाया गया, जिन खेलों का वास्तविक तौर पर कवरेज करना था। मेरे टीम के प्रशिक्षण की तिथि 25 से 28 जनवरी, 2010 थी और मुझे 'भारोत्तोलन' प्रतिस्पर्धा के वर्ग में रखा गया था।

इसके बाद एक और प्रशिक्षण 7 जून से 11 जून, 2010 के बीच हुआ, जिसमें लगभग तीस अधिकारियों ने हिस्सा लिया। ये प्रतिस्पर्धा से संबंधित अंतिम और आवश्यक तैयारियों के लिये था।

ये 19वां 'राष्ट्रमंडल खेल' था, जिसमें उद्घाटन और समापन समारोह को छोड़कर, कुल सत्रह खेल-प्रतिस्पर्धाएं थीं, जिसके लिये बारह प्रतियोगिता-स्थल तथा स्टेडियम रखे गये थे। उसी में पांच स्थल ऐसे भी थे, जहां कोई खेल-प्रतियोगिता नहीं रखी गई थी। 2010 के राष्ट्रमंडल खेलों में कुल इकहत्तर राष्ट्रमंडलीय सदस्य देशों के खिलाड़ियों ने हिस्सा लिया।

आकाशवाणी द्वारा राष्ट्रमंडल खेलों के कवरेज और प्रसारण की अभूतपूर्व व्यवस्था की गई थी। उद्घाटन और समापन समारोह के सीधे प्रसारण के अलावा, सभी प्रतियोगिताओं को कवर करते हुए विभिन्न स्टेडियमों से, दिन के बारह बजे से रात्रि दस बजे तक सीधा प्रसारण; प्रतिदिन दो बार दोपहर और शाम में दिनभर की सुख़ियां; प्रतिदिन रात्रि दस बजे से आधे घंटे की उस दिन की प्रतियोगिताओं से संबंधित रेडियो रिपोर्ट; हिन्दीतर-भाषी मुख्य केन्द्रों द्वारा अगली सुबह क्षेत्रीय भाषा में झलकियों का प्रसारण तथा इनके अलावा एफ़. एम., ओवरसीज़ तथा समाचारों में भी इसका व्यापक कवरेज किया जाना था।

इस विहंगम प्रसारण के लिये 'आई. बी. सी.'– यानी 'इन्टरनेशनल ब्रॉडकास्ट सेन्टर' दिल्ली के प्रगति मैदान में बनाया गया था। हमें होटलों में ठहराया गया, जहां से हमें गाड़ियों में बैठाकर 'आई. बी. सी.' तक पहुंचाया जाता। ये भाड़े की गाड़ियां पहुंचाने के लिये तो ठीक थीं, पर लौटते समय प्रायः वे कहीं और होती

थीं और हमें देर तक उनका इंतज़ार करना पड़ता था। उस समय देह पर काम के बाद की थकान और आंखों में नींद तारी होती थी; लगता था, जल्दी जा के बस किसी तरह सो जायें।

वैसे जाने के लिये वहां से हम सब साढ़े दस की रेडियो रिपोर्ट सुन कर ही निकलते थे, पर गाड़ियों के चक्कर में और देर रुकना पड़ता था। तभी हमने नया रास्ता 'मेट्रो' का ढूंढ़ा। 'आई. बी. सी.' से चंद क़दमों की दूरी पर 'मेट्रो स्टेशन' था। वहां से, ठीक-ठीक याद नहीं है, पर शायद हम 'टैगोर गार्डेन' या 'सुभाष नगर' उतरते थे। पन्द्रह से बीस मिनट लगते थे होटल पहुंचने में। उसके बाद मेट्रो का सफ़र ही हमारे लिये सबसे आसान सफ़र बना रहा। फिर भी होटल पहुंचकर, खाना-वाना खाकर बिस्तर पर जाते-जाते साढ़े बारह-एक बज ही जाते थे। कई बार तो देर से आने के बाद खाना भी नहीं मिला, तब बिस्किट-वग़ैरा खा के ही सोना पड़ा। पर काम की संवेदनशीलता और उससे भी बढ़कर राष्ट्रीय अस्मिता के लिये जूझने के जज़्बे में ऊब-डूब होता मन, इन छोटी-मोटी परेशानियों की परवाह ही कब करता है!

होटलों के एक-एक कमरे में दो-दो लोगों को ठहराया गया था। मेरे कमरे में मेरे साथी थे श्री विजय दीपक छिब्बर। छिब्बर जी उन दिनों मुम्बई, विविधभारती में पेक्स थे, जिन्हें राष्ट्रमंडल खेलों के लिये समर्पित एफ़. एम. चैनल के संचालन के लिये बुलाया गया था। उनकी ड्यूटी हमसे अलग थी। वे रोज़ाना कभी 7 बजे तो कभी 8 बजे निकल जाते और शाम 7 बजे तक वापिस आते। मैं जब रात गये लौटता तो वे प्रायः सोये मिलते। वे कमरे का दरवाज़ा भीतर से बंद नहीं करते थे। मैं भी धीरे से दरवाज़ा खोलता, अंधेरे में ही कपड़े बदलता और चुपचाप अपने बिस्तर पर जाकर सो जाता। देर रात सोने से प्रायः सुबह देर से ही उठता, तबतक छिब्बर जी जा चुके होते थे। इन पन्द्रहेक दिनों में बमुश्किल एक या दो बार ही ऐसा हुआ, जब हम साथ-साथ बैठे हों और खुल कर गप्पें लड़ाई हों...।

लगभग दस-पन्द्रह दिन हम एक कमरे में, एक साथ रहे, पर कभी ऐसा नहीं हुआ कि चाहे सुबह एफ़. एम. जाने के लिये तैयार होते समय, या रात में वॉश रूम जाने के लिये उन्होंने कभी कमरे की लाइट जलाई हो। वे चुपचाप बिना आवाज़ किये बिस्तर छोड़ते, उतने ही आहिस्ते से 'वाश रूम' का दरवाज़ा खोलते, वहीं हल्की रौशनी में शेव करते और दरवाज़े की झिरी से आती उसी महीन लाइट में वे कमरे में आकर कपड़े पहनकर तैयार भी होते। वे ये सब सिर्फ़ इसलिये करते ताकि मेरी नींद में ख़लल न पड़े। क्या कोई इतना स्नेह और संवेदना से युक्त भी हो सकता है- इतना ही परात्पर... इतना स्नेही और वत्सल...! इतना तो कोई स्वजन भी नहीं सोचता।

एकाध बार नींद खुली तो मैंने उन्हें कहा भी, "आप आराम से लाइट जला के अपना काम कीजिये, मुझे कोई परेशानी नहीं होगी...।" पर वे नहीं माने। बोले, "नहीं, मुझे कोई समस्या नहीं है... लाइट जलने से नींद में बाधा तो पड़ती ही है, ये मुझे पता है...।" दुनिया में ऐसे शानदार लोग कम ही हैं...!

राष्ट्रमंडल खेलों के इस कवरेज के बाद मैं एक बिल्कुल नये अनुभव से समृद्ध होकर भागलपुर लौटा था। बीच-बीच में पटना आना होता तो कहीं आने-जाने के लिए मैं अपने स्कूटर के भरोसे रहता था, जो पुराना होने के कारण अब तकलीफ़ देने लगा था। मेरी बड़ी इच्छा थी एक कार लेने की, सिर्फ़ सुविधा के लिए नहीं, बल्कि इसलिए कि मुझे ड्राइविंग का बेहद शौक़ है। मैंने अलग-अलग कंपनियों की कारें देखनी शुरू कीं और अंत में जो कार हर तरह से मुझे मेरे उपयुक्त लगी, वो 'शेवरले' कंपनी की 'स्पार्क' थी। बस, बैंक में लोन के लिए एप्लाई किया और अगले ही हफ़्ते 13 अप्रैल, 2010 को- विकी के जन्मदिन पर- कार घर आ गई।

हालांकि तब मुझे ड्राइविंग की 'डी' भी नहीं आती थी। मेरी गाड़ी लाने मेरे ऑफ़िस के साथी, हिन्दी अधिकारी अनूप कुमार सिन्हा जी गए थे। मैंने उनसे अनुरोध किया कि अब मुझे गाड़ी चलाना भी सिखा दें तो वे सहर्ष तैयार हो गए और मात्र तीन दिनों में उन्होंने मुझे ऐसी ड्राइविंग सिखाई कि चौथे दिन से मैं अकेले सड़कों पर फ़र्राटे भरने लगा।

इन सब उपलब्धियों से निश्चित तौर पर मैं एक आत्मस्फूर्त चेतनता का अनुभव कर रहा था, पर ये नहीं जानता था कि आगे ईश्वर इससे भी बड़े कई अनुभवों और उपलब्धियों का कोष लेकर मुझे सौंपने को तैयार था।

•••

'34वें राष्ट्रीय खेल' का आयोजन रांची (झारखंड) में पूर्व-निर्धारित था। आरम्भ में इसकी तिथि 20 नवम्बर से 5 दिसम्बर, 2009 घोषित हुई थी और इसके कवरेज़ के 'एक्रीडिशन' के लिये महानिदेशालय से मेरे नाम का पत्र भी आ चुका था; पर संभवतः 2010 के 'कॉमनवेल्थ गेम्स' से संबंधित तैयारियों के मद्देनज़र इसे स्थगित कर दिया गया। इसलिये नयी तिथि फिर से 10 से 26 फ़रवरी, 2011 निर्धारित की गई।

इसके पूर्व 'कॉमनवेल्थ गेम्स' के दौरान मेरी अच्छी-ख़ासी ट्रेनिंग हो चुकी थी- कहूं कि ट्रेनिंग से ज़्यादा अनुभव मिला था; इसलिये रांची में सबकुछ सामान्य रूप से होता चला गया। दिल्ली के 'कॉमनवेल्थ गेम्स' में मैं बिल्कुल नया था,

इसलिये सीखने के साथ-साथ, उन लोगों के साथ खुद को प्रतियोगिता में बनाये रखने की चुनौती भी सामने थी, जो वर्षों से देश-विदेश के ऐसे अन्तर्राष्ट्रीय आयोजनों की कवरेज़ कर चुके थे।

रांची में ऐसी बात नहीं थी, यहां तक आकर पिछले अनुभवों के आधार पर मैं काफ़ी परिपक्व हो चुका था, इसलिये यहां मैं अपने काम को इन्ज्याय कर पाया। होटल से हमलोग नौ बजे के आसपास निकलते थे और काम ख़त्म कर ग्यारह बजे के आसपास लौटते थे। बीच-बीच में मौक़ा मिलने पर हम दूसरे प्रतियोगिता-स्थलों पर भी चले जाते थे। बीच में मेरे इग्नू के पढ़ाये छात्र-पत्रकार विष्णु गिरी और रीना मुझसे मिलने आये तो हमलोगों ने ख़ूब मस्ती भी की और फ़ोटो भी खिंचवायी।

रांची में इन सब कामों के लिये अवकाश था, जो दिल्ली के 'कॉमनवेल्थ गेम्स' में बिल्कुल नहीं था। यहां प्रतिस्पर्धियें भी कम थीं और किसी-किसी 'इवेंट' में एक दिन का गैप भी था। संयोग से मुझे ऐसे 'इवेंट' मिल गये थे- कबड्डी और खो-खो, जिसमें एक दिन का गैप था।

रांची, मुझे लगता है, लगभग छत्तीस सालों बाद गया था। पिछली बार 1983 में तब गया था, जब मैं पतरातू के कॉलेज में पढ़ाता था... और उसके पहले 1974 में... **(उन वर्षों के बारे में जानने के लिये पढ़ें आत्मकथा 'तीस साल लम्बी सड़क')**

रांची जाने पर पता नहीं क्यों एक 'नॉस्टैल्जिक' अहसास होता है मुझे। क्या इसलिये कि वहां दीदी के यहां कुछ दिन रहा था या इसलिये कि पतरातू के डिग्री कॉलेज में मैंने पढ़ाया था; या इसलिये कि उस दौरान के अपने सहकर्मी-मित्रों के साथ भावनात्मक सबंधों के स्तर पर मैं आज भी जुड़ा महसूस करता हूं ? शायद अंतिम बात ही सच हो! वैसे भी वहां के मेरे मित्रों- सेन, विनय, संगीत, छंदा धर आदि की याद हमेशा आती ही है, पर वहां से एक बार लौटने के बाद उनसे कभी भेंट नहीं हुई, पर एक बार उनसे मिलने की इच्छा अक्सर नदी की हिलोर की तरह मन में उठती थी और शांत पड़ जाती थी।

सो उन सबसे मिलने की भावना ने फिर ज़ोर मारा और मेरी पतरातू जाने की बेचैनी बढ़ गई। बीच में मेरे 'इवेंट' में एक दिन का गैप था, सो मैंने सहायक केन्द्र निदेशक श्री गौतम सेनगुप्ता, जो हमारी टीम के इन्चार्ज थे- उनसे पतरातू जाने की आज्ञा ली और निकल पड़ा।

इसके लिये मैंने विष्णु गिरी की मदद ली, उन्होंने ही गाड़ी की व्यवस्था की और हम निकल पड़े। विष्णु गिरी एक तरह से मेरे छात्र-मित्र थे जो एक समय 'इग्नू' का एक सर्टिफ़िकेट कोर्स करने आकाशवाणी आये थे। मैं उस कोर्स का कोऑर्डिनेटर था और उसी बीच ये मेरे अभिन्न बन गए थे।

दरअसल पढ़ाने और सुयोग्य शिष्य तैयार करने की; शायद उससे ज़्यादा अपने को गुरु कहलाने की एक अभिलाषा हमेशा मेरे भीतर रही। यही कारण है कि मैं लेक्चरशिप में जाना चाह रहा था, पर नियति मुझे ले आई रेडियो की नौकरी में। यहां यूं पढ़ाने का कोई स्कोप नहीं था, लेकिन 'इग्नू' के 'रेडियो प्रसारण और प्रोडक्शन' से संबंधित एक कोर्स ने ये द्वार खोला, जिससे मैं 'कोर्स कोऑर्डिनेटर' के तौर पर जुड़ा और इस बहाने मेरे पढ़ाने की इच्छा भी तृप्त होती रही। कहना न होगा कि विष्णु गिरि और उनकी तरह अनेक छात्र-छात्राओं ने इस कोर्स के दौरान अपनी प्रतिभा और व्यवहार से मेरे दिल में अपने लिए ख़ास जगह बना ली। ऐसे विद्यार्थियों में कविता राज, विनीता शांडिल्य, श्वेता, जनक किशोरी आदि आज भी मेरे अत्यंत निकट हैं, संपर्क में हैं। बल्कि कविता राज ने अपने बैच में 'टॉप' किया था और आगे चलकर 'इग्नू' में ही कुछ समय तक 'सहायक स्टेशन मैनेजर' के पद पर कार्यरत भी रहीं। इसके अलावा उन्होंने रेडियो के लिए ढेर-सारे रूपक लिखे और आगे चलकर नाटकों और रूपकों के अपने दो संकलन भी छपवाए। सही अर्थों में मैंने कविता में उनके शिष्यत्व को सार्थक होते देखा।

विनीता और श्वेता जल्दी ही अपना घर बसाकर गृहस्थी में रम गईं, जबकि जनक किशोरी ने घर-गृहस्थी और अपने व्यवसाय में अद्भुत संतुलन बनाए रखा। ये सब अपनी सकारात्मक सोच और संवादों में हमेशा मेरी आत्मीय बनी रहीं।

विष्णु गिरि ने कुछ दूसरी तरह से मुझे प्रभावित किया। उन्होंने वैसे तो पत्रकारिता का क्षेत्र चुना; लेकिन उससे आगे बढ़कर डॉक्यूमेन्ट्री और फ़िल्म-निर्माण का एक महत्वपूर्ण काम भी अपने हाथ में ले लिया। इसके अन्तर्गत झारखंड के इतिहास में स्वतंत्रता आंदोलन की शुरुआत करने वाले, चुआड़ आंदोलन के महानायक अमर शहीद रघुनाथ महतो के ऊपर 'टेलीफ़िल्म'- **'चुआड़ आन्दोलन के महानायक : रघुनाथ महतो'**- लिखने की ज़िम्मेदारी उन्होंने मुझे सौंपी। कहना न होगा कि उन्होंने इस फ़िल्म को काफ़ी परिश्रम और मनोयोग से बनाया, इसलिए इसे तारीफ़ भी ख़ूब मिली। निस्संदेह, ऐसे शिष्यों को पाकर मैं खुद को हमेशा गौरवान्वित महसूस करता रहा हूं।

मुझे पता था कि रांची से पतरातू का रास्ता तकरीबन एक घंटा का है; बीच में ख़तरनाक घाटियां और पहाड़ हैं, सो किसी अपने और ऐसे का साथ होना ज़रूरी है जो वहां के रास्तों से वाकिफ़ हो। पर विष्णु ने बताया कि "अब कहां सर, अब पतरातु जाने में मात्र तीस-पैंतीस मिनट लगते हैं... क्योंकि पहाड़ों को काटकर फ़ोर-लेन बना दिया गया है, इसलिये रास्ता छोटा हो गया है।"

मुझे जैसे करंट लगा हो। मेरे मुंह से हैरानी में निकला, "क्या...?"

"हां, सर... अब वो पुराने वाले पहाड़ और जंगल कहां... सब कट गये.. आप चल तो रहे हैं... देख लीजियेगा..." विष्णु ने सामान्य-भाव से कहा।

उनके लिये हो सकता है इस बात का बहुत ज़्यादा महत्व न हो और उनकी दृष्टि में ये विकास के क्रम में हुए परिवर्तन की एक कड़ी-मात्र हो, जो कि अस्वाभाविक भी नहीं है; क्योंकि 1983 में उनकी उम्र क्या रही होगी- ग्यारह या बारह साल... उस उम्र में तो वे पतरातू गये भी नहीं होंगे, फिर काटे जाने से पेड़ और पहाड़ों के घायल होने और उनके ज़ख़्मों का दर्द वो क्या जानें...!

ये दर्द अगर कथित विकास के नाम पर प्रकृति और पर्यावरण को रौंदने वाले पहचान पाते और अनुभव कर पाते तो आज वो ये अत्याचार ही नहीं करते। पर कितने दुख की बात है कि जो प्रकृति हमारे लिये जीवन का अमृत परोसती है, उसे ही हम अपनी सुख-सुविधा के नाम पर विषाक्त करने पर तुले हैं। इसलिये हमसे अब प्रकृति भी प्रतिशोध ले रही है। वैश्विक उष्णता (Global Warming) बढ़ रही है और उसके चलते अतिवृष्टि-अनावृष्टि, बाढ़, भूकम्प-जैसी आपदाओं में बेतहाशा वृद्धि हुई है।

विष्णु की बात की सच्चाई जल्दी ही सामने आने लगी जब कांके से होकर हमने घाटी में प्रवेश किया। अब तो उसे 'घाटी' कहा भी नहीं जा सकता, क्योंकि दूर-दूर तक सरपट-सपाट सड़क थी, जिसमें मैं जबतक पहाड़ और जंगल खोजता, हम लगभग आधी दूरी तय कर चुके थे। मुझे न तो वे पुराने, सीधे खड़े ऊंचे पहाड़ दिखे, न ही मनोहारी हरे-भरे जंगल। हां, जगह-जगह बुलडोजर, सड़क समतल करने वाली मशीनें, डामर के ख़ाली तथा भरे हुए बड़े-बड़े टब और सड़क किनारे पहाड़ों के ज़ख़्मों से बहे मलबों के ढेर ज़रूर दिखाई दिये। कुछ स्थानों पर इंजीनियर और मज़दूर काम भी करते दिखे; यानी अभी इनका दिल नहीं भरा, ये प्रकृति को और ज़ख़्म देंगे।

मन जाने कैसा हो आया। विष्णु ने मेरे मन की भावना को समझ अपनी तरफ़ से इस कार्य-संस्कृति का बचाव ये कहते हुए किया कि ''असल में ये रास्ता सुरक्षित नहीं था। आये दिन गाड़ियों को रोक कर लूटपाट की जाती थी और लुटेरे जंगलों में छुप जाते थे और उन्हें पकड़ना मुश्किल हो रहा था...।''

''तो इसका हल ये निकाला...?''

विष्णु के पास आगे इसका कोई जवाब नहीं था, इसलिये वो चुप हो आये; पर मैं इस सिद्धांत के बारे में सोचने लगा। क्या बेवकूफ़ी-भरी दलील है, जो कि निश्चय ही विष्णु की नहीं है, उन्होंने जो सुना होगा, वही कहा होगा। इस दलील को यदि मानें तो क्या शहरों में अपराध बढ़ जाये तो अपराधी को पकड़ने के लिये घरों को मटियामेट कर देना चाहिए ? अपनी असफलता पर पर्दा डालने के लिये कैसा सुनहरा झूठ गढ़ा है हमारे राजाओं ने!

बीच में बमुश्किल दस से पन्द्रह किलोमीटर की घाटी होगी, जिसे पार कर हम पतरातू में प्रवेश कर रहे थे। दूर से ही 'थर्मल पावर स्टेशन' की चिमनी नज़र

आ गई थी। हमने एक-दो जगह कॉलेज का पता पूछा और वहां पहुंचे तो ध्यान आया कि आज तो रविवार है, कॉलेज तो बंद होगा; पर शायद मेरे अन्दर की उस कॉलेज को देखने की इच्छा, मेरे अनजाने में मुझे खींच कर वहां ले आई थी- उस कॉलेज तक, जहां आठ महीने ही सही, मैंने अपने भविष्य की नींव रखने की कोशिश की थी।

उस समय का खुला-खुला कॉलेज अब चारों ओर से ऊंची दीवारों से घिरा था। बाहर से अंदर का कुछ पता नहीं लग सकता था। एक ओर की दीवार में एक बड़ा-सा फ़ाटक दिखा तो मैंने उसे खटखटाया। अब तो वहां के चतुर्थवर्गीय कर्मचारियों के नाम भी मैं भूल गया हूं, पहचानना तो दूर की बात है। थोड़ी देर में गेट खुला तो वहां गमछा लपेटे एक चेहरा प्रकट हुआ। हमारे कुछ कहने के पहले ही वो बोला, ''आज कॉलेज तो बंद है...।''

''हां.... हां... हमें पता है, पर हम सिर्फ़ कॉलेज देखने आये हैं।''

फिर जबतक मैं उन्हें अपने बारे में बताता रहा वो सिर्फ़ मेरा मुंह ताकते रहे। मुझे लगा कि शायद ये उस समय नहीं रहे होंगे, इसलिये मेरी बात समझने में इन्हें मुश्किल हो रही है। अब तो मुझे उन रास्तों की भी याद नहीं है, जिनसे होकर मैं 'मार्केटिंग सेन्टर' के अपने डेरे से कॉलेज और संगीत-लोगों के घर आया-जाया करता था। वैसे भी तब से अब तक वहां काफ़ी परिवर्तन आ चुका था; मार्केटिंग कॉम्प्लेक्स और बड़ी-बड़ी अट्टालिकाओं से शहर पट चुका था, नई-नई सड़कें और गलियां निकल चुकी थीं।

मैंने उसी स्टाफ़ से संगीत-लोगों के यहां ले चलने को कहा। वैसे आने से पहले मैं उन सभी को फ़ोन कर चुका था, क्योंकि उनलोगों से फ़ोन पर हमारी बातचीत होती रहती थी।

सबसे पहले मैंने उसे विनय के यहां ले चलने के लिये कहा। विनय उसी 'मार्केटिंग सेन्टर' में रहता था, जहां पहुंचकर मैंने देखा कि उसका आकार-प्रकार, रंग-रूप काफ़ी बदल गया है। विनय ने उसी कॉलेज की एक छात्रा से प्रेम-विवाह किया था, जिसे लेकर उस समय भी विनय को हमलोग छेड़ते थे।

उम्र के हिसाब से विनय थोड़ा ज़्यादा कमज़ोर दिख रहा था। मेरे पूछने पर उसने बताया कि पुरानी आदतों से उसने तौबा कर ली है और ज़िंदगी बस ऐसे ही और अच्छे से ही कट रही है। तबतक उसकी पत्नी चाय लेकर आ गई थी और चाय के साथ हम पुराने दिनों और अब तक हुए परिवर्तनों पर बातें करते रहे।

मैंने विनय को कहा कि वो भी संगीत-लोगों के यहां चले तो उसने कहा कि हमलोग चलें, वो पीछे से आयेगा; हालांकि वो बाद में आया या नहीं, ये मुझे याद नहीं है।

संगीत जी मेरे अभिन्न, बचपन के दोस्त, उदय लाल के बहनोई थे- उसकी कज़िन संगीता के पति, जिनके बारे में मैं 'तीस साल लम्बी सड़क' में विस्तार से लिख चुका हूं। इस लिहाज़ से संगीता दी मुझे भी लाल की तरह भाई मानती थीं। उन्होंने मेरे लिये भोजन की शानदार व्यवस्था कर रखी थी- चिकेन, पूड़ी-सब्ज़ी और न जाने क्या-क्या...। वहीं सेन से भी भेंट हो गई, पर छंदा धर उस दिन नहीं थी, इसलिये उससे भेंट नहीं हो पाई; हां, उन लोगों ने उससे मेरी फ़ोन पर बात करा दी।

उनलोगों से मिलकर निकला तो अजीब-अजीब अनुभूतियों से घिरा था। एक ओर जहां उनसे मिलने की खुशी थी तो दूसरी ओर उन्हें और उनके रहन-सहन को देखकर एक उदासी-सी महसूस होने लगी। संगीत-लोग तो फिर भी ठीक-ठाक थे, पर विनय को देख मन को कुछ अच्छा नहीं लगा। इन सोचों के बीच ये भी ख़याल आ रहा था कि "अच्छा हुआ, मैं यहां नौकरी करने के चक्कर में नहीं पड़ा, वरना मुझे भी इनकी तरह एकाकी जीवन व्यतीत करना पड़ता...।" इनके यहां बाहर से तो कोई आता भी नहीं होगा; इतनी दूर आयेगा भी कौन... यही लोग या तो बीच-बीच में रांची जाते होंगे या कभी-कभार सालों में पटना या कहीं और। इस तरह का एकाकी जीवन मैं तो कभी जी ही नहीं सकता था, इसलिए इतना सुंदर जीवन देने के लिये मैंने मां भगवती का मन-ही-मन आभार प्रकट किया और रांची वापस लौट कर अपने काम में फिर से लग गया।

मैं जिस प्रतिस्पर्धा का कवरेज कर रहा था, उसकी प्रतियोगितायें देर से शुरू होती थीं, इसलिए मैंने गौतम साहब से इस बात की आज्ञा ले ली कि मैं सबके साथ न जाकर देर से जाऊंगा। इसी के चलते मेरी भेंट अनु से हो भी पाई, वरना मेरा मिलना मुश्किल ही था। पर दो-तीन दिन ही हुए थे कि टीम के कुछ लोगों को मेरी ये सुविधा अखरने लगी और उन्होंने इसे बंद करा के ही दम लिया।

पर मैं जानता था कि मैं अपना काम दोहरी ज़िम्मेदारी और ईमानदारी से कर रहा हूं। दोहरी ज़िम्मेदारी, यानी मैंने पहले ही से आकाशवाणी, भागलपुर में एक पांच मिनट का 'चंक' ख़ाली रखने को बोल दिया था, जिसमें राष्ट्रीय खेलों की प्रतिदिन की रिपोर्ट मैं 'लाइव' दिया करता था। ऐसा मैं पहले दिन से ही कर रहा था और इस प्रकार राष्ट्रीय कार्यक्रमों के साथ-साथ, मेरे केन्द्र पर ये 'एक्सक्लूसिव फ़ीड' भी जा रहा था।

जब राष्ट्रीय खेलों को कवर कर भागलपुर वापस लौटा तो खेलों के कवरेज़ के क्षेत्र में एक और अनुभव जुड़ चुका था, जिन्हें वहां के खेल-कार्यक्रमों में बहुत दिनों तक साझा करता रहा। इस बीच कुछ छिटपुट प्रोडक्शन किये होंगे कि जून-2011 में मेरा ट्रांसफर वापस अपने गृहनगर- पटना हो गया।

•••

दो

इस बीच 2005-06 में विकी केन्द्रीय विद्यालय से 'प्लस-टू' कर चुका था और मैं उसे 'इंजीनियरिंग-जेईई' की तैयारी के लिये कोटा भेजना चाह रहा था; क्योंकि पहले दसवीं और उसके बाद बारहवीं की परीक्षा उसने नब्बे के आसपास प्रतिशत अंकों से पास की थी। इस बारे में मैं निश्चित था, पर उसकी मम्मी उसे बाहर नहीं भेजना चाह रही थी। स्वयं विकी भी इसके लिये कोई ख़ास उत्साहित नहीं दिख रहा था। इस बीच मैंने अपनी दीवान मुहल्ले वाली पुश्तैनी ज़मीन बेच दी थी; एक तो इस कारण से कि मुझे वहां रहना नहीं था; और दूसरी उससे ज़्यादा बड़ी वजह ये थी कि मुझे विकी को इंजीनियरिंग कराना था, जिसका भारी-भरकम ख़र्च उठाने के लिये उस समय मेरे पास मेरे वेतन के अलावा कुछ भी नहीं था। सो हाथ में कुछ अतिरिक्त पैसा रहे, इस कारण मैंने अपनी ज़मीन बहुत सस्ते में (लगभग साढ़े तीन लाख रुपये में) बेच दी और उस रक़म को बैंक में 'फ़िक्स्ड' कर दिया। हां, कभी-कभी उस बात का अफ़सोस ज़रूर होता है कि मैंने इतने सस्ते में ज़मीन क्यों बेच दी, आज जिसकी क़ीमत नहीं भी तो 30-35 लाख से कम नहीं होती।

पर कहते हैं न कि ज़र, जोरू और ज़मीन आपके अधिकार में नहीं होता, ये आपकी क़िस्मत और समय से ही मिलता है। ज़र- यानी धन-दौलत; जोरू- यानी स्त्री.... पत्नी और ज़मीन- यानी आपके रहने का ठिकाना; ये सब भाग्य से ही प्राप्त होता है और जरूरी नहीं कि वो भी आपके मनोनुकूल हो।

मैं भाग्यवादी नहीं हूं। मुझे कर्म पर विश्वास है, पर जो मेरे साथ घटित हुआ, उसे देखकर किसी ऐसी शक्ति पर विश्वास भी जमा, जो हमारी डोर थामे कहीं और बैठी है और उसके नचाये हम नाच रहे हैं।

एक दिन कथाकार और चिंतक तथा हमारे मित्र शिवदयाल जी ने कहा कि अभी वे रुकनपुरा के जिस अपार्टमेंट में रह रहे हैं, उसमें एक फ़्लैट ख़ाली है, मैं चाहूं तो उसे देख लूं और पसंद आये तो उसे ख़रीदा जा सकता है। उस समय तक

मुझे भी लगने लगा था कि अब जब पटना में ही रहना है तो अपना एक घर होना ही चाहिए। हालांकि फ़्लैट की संस्कृति मुझे बिल्कुल पसंद नहीं थी- आज भी नहीं है; पर पटना में उस समय ज़मीन की कीमत काफ़ी हो चली थी और ज़मीन लेकर मकान बनवाने लायक धन मेरे पास था नहीं, सो शिवदयाल जी के कहने पर मैंने जाकर फ़्लैट देखा। पहली मंज़िल-स्थित तीन बेडरूम वाले उस फ़्लैट की कीमत तब सात लाख थी, फ़्लैट भी ठीक ही था, बस उसमें एक कमी थी जिसके कारण मैं उसे लेने से हिचक रहा था- कि उसमें गाड़ी के लिये 'पार्किंग स्पेस' नहीं थी। हालांकि उस समय मेरे पास गाड़ी नहीं थी, पर गाड़ी मुझे ख़रीदनी है, ये मैंने मन में तय कर रखा था।

शिवदयाल जी ने समझाया कि जब गाड़ी होगी तब देखी जायेगी, अभी तो इस फ़्लैट को हाथ से जाने मत दीजिए, क्योंकि ये सड़क से बिल्कुल निकट और सुरक्षित जगह पर है। मुझे भी लगा कि तब की तब देखी जायेगी, फ़िलहाल फ़्लैट ख़रीदने का काम आगे बढ़ाया जाये। ऐडवांस देने के इरादे से मैंने बैंक से पचास हज़ार रुपये निकाले और शिवदयाल जी को स्कूटर पर बिठाकर फ़्लैट-मालिक के यहां जाने को निकला। इस बीच पता नहीं क्या हुआ कि मेरे मन में बार-बार ये ख़याल आने लगा कि उसमें 'पार्किंग एरिया' नहीं है; गाड़ी लूंगा तो उसे खड़ी कहां करूंगा, बिना पार्किंग के फ़्लैट मेरे किस काम का...!

अचानक मैं स्कूटर रोक कर खड़ा हो गया। मैंने शिवदयाल जी को अपने मन में चल रहे इस अन्तर्द्वन्द्व के बारे में बताया तो उन्होंने कहा, ''यदि आपका दिल नहीं मानता तो मत लीजिये... चलिये वापस...।'' और हम वापस हो लिये।

इसके बाद फ़्लैट लेने का एक और मौक़ा आया, जब नाटक की एक कलाकार ने मुझे बताया कि उनकी बहन का एक फ़्लैट 'मौर्या पथ' में है, मैं चाहूं तो देख लूं। उनकी बहन वैसे दिल्ली में रहती थीं और बीच-बीच में वे लोग पटना आते रहते थे। संयोग था कि वे उस वक़्त पटना में थे। वे मुझे अपनी गाड़ी से फ़्लैट दिखाने ले गये, पर उसमें ताला बंद था। उन्होंने बताया कि चाबी बिल्डर के पास है, पर वो भी यहां नहीं है। यदि मैं चाहूं तो उसके ठीक नीचे वाला फ़्लैट देख लूं, जो हू-ब-हू वैसा ही है।

फ़्लैट काफ़ी अच्छा था, जो एक नज़र में मुझे पसंद आ गया। कीमत भी ठीक-ठाक थी- आठ लाख। फ़्लैट का कागज़ मांगने पर उन्होंने बताया कि दिल्ली में है जो वे वहां जाते ही भेज देंगे। इसके बाद कई हफ़्ते निकल गये पर उनका कोई फ़ोन नहीं आया। कुछ दिन और इंतज़ार करने के बाद आखिर मैंने ही उन्हें फ़ोन किया। जब मैंने उन्हें फ़्लैट के कागज़ भेजने को कहा तो उन्होंने कहा कि मैं उनके खाते में पहले पचास हज़ार रुपये जमा कराऊं, तब वे कागज़ भेजेंगे। ये विचित्र बात थी। अब बिना कागज़ की तसदीक कराये मैं कैसे किसी के खाते में रुपये डाल दूं।

वैसे भी उन्हें उसकी फ़ोटोकॉपी ही तो देनी थी। मैंने बहुत समझाने की कोशिश की पर वे रुपये जमा कराने पर अड़े रहे। जब किसी तरह वे नहीं माने तो मैंने उनका फ़ोन काटा और भविष्य में फ़्लैट ख़रीदने के अपने सारे इरादे वहीं दफ़्न कर मैं मोटरसाइकिल ख़रीद लाया, क्योंकि स्कूटर अब काफ़ी तकलीफ़ देने लगा था।

पर कार मुझे ख़रीदनी थी क्योंकि मुझे ड्राइविंग का बड़ा शौक था। मैं हमेशा सोचता था कि कभी मेरे पास गाड़ी हुई तो मैं उससे भारत-भ्रमण करूंगा; हालांकि 2010 में कार ख़रीदने के बाद, भ्रमण के नाम पर मैं भागलपुर, बनारस और इलाहाबाद से आगे कभी नहीं गया। पर फ़्लैट को लेकर मैं अभी भी असमंजस में था। मुझे लग रहा था कि 'अपना घर' का सपना एक आम मध्यवर्गीय परिवार के सपने की तरह, 'लोन' लिये बिना पूरा होना कतई संभव नहीं और वो 'लोन' भी अच्छा-ख़ासा होगा, जिसका ब्याज चुकाते-चुकाते पूरी ज़िंदगी बीत जानी थी। उसकी जगह यदि मैं ज़िंदगी-भर किराये के मकान में रहूं तो इससे बहुत कम ख़र्च में ज़िंदगी कट जायेगी।

देखा जाये तो ये गणित और समीकरण कुछ बहुत ग़लत भी नहीं था; पर बात यहीं पर भाग्य या क़िस्मत पर आ जाती है, जिसका हमें बिल्कुल पता नहीं होता कि वो हमें कहां ले जायेगी। अवधेश बाबू के घर में रहते हमें कोई पांच साल हो चुके थे, तभी उन्होंने बताया कि अब वे अपने बेटे के साथ- दिल्ली में रहेंगे और उन्हें ये घर बेचना है, इसलिए हम कहीं और घर ढूंढ़ लें। उस बीच मैं गंभीर रूप से 'जॉण्डिस' और 'हेपेटाइटिस 'ई' से जूझ रहा था और लगभग मरते-मरते बचा था। मुझमें इतनी हिम्मत नहीं थी कि दौड़-भाग कर किराये का घर ढूंढ़ता। कुछ लोगों को कह रखा था, पर कहीं से कोई संवाद नहीं आ रहा था।

इस बीच अखिलेश्वर प्रसाद सिन्हा (नाटक कलाकार) ने आकर बताया कि उनकी पहचान का एक बिल्डर है, जिसका एक फ़्लैट ख़ाली है। वो उसे बेचना चाहता है, यदि मैं चाहूं तो उसे देख लूं। मैंने उनसे फ़्लैट की क़ीमत पूछी और उन्होंने जो क़ीमत बताई उसे सुन मैं कांप उठा। उसकी लागत क़रीब तीस लाख बैठ रही थी।

"पर उसके लिये इतना सारा लोन...?" मैंने उनसे प्रश्न किया तो वे बोले, "चिंता न करें, बिल्डर सब करा देगा...।"

मैंने घर में, विशेषकर विकी से बात की तो उसने भी अपनी सहमति जताई और मैंने भी हिसाब लगाया कि अभी मेरे 'रिटायरमेंट' में लगभग छः साल बचे हैं, जितना बाक़ी बचेगा वो उस समय मिलने वाले पैसे से चुका देंगे। इससे एक फ़्लैट तो अपना हो जायेगा।

इसके बाद जा के सबसे पहले फ़्लैट देखा। उसमें धूप और हवा ख़ूब आती थी, और वो मुख्य बाईपास सड़क के बिल्कुल निकट था, जो हर तरह से हमारे मन

लायक़ था, सिवाय एक चीज़ के कि वो पांचवीं मंज़िल पर सबसे ऊपर का फ़्लैट था। पर सबकुछ मन-मुताबिक़ कहां हो पाता है! ये सोच कर आगे बढ़ा और मई-2013 में हम अवधेश बाबू के मकान से सीधे 'तेजनारायण कॉम्पलेक्स' के इस फ़्लैट- '5 डी' में शिफ़्ट हुए।

तो आख़िर हुआ वही, जो सात-आठ साल पहले होना था; पर उस समय के हिसाब से ये फ़्लैट मुझे पांचगुनी क़ीमत देकर पैंतीस लाख में ख़रीदना पड़ा। मैंने मान लिया कि यदि ये कारस्तानी भाग्य की है तो ज़रूर इसमें भी मेरा कोई लाभ ही होगा।

...

मुझे लगता है कि सिर्फ़ मां-बाप ही अपनी संतान का भाग्य नहीं लिखते, बल्कि संतान भी अपने कर्मों से माता-पिता की क़िस्मत लिखने का काम करती है। उस समय मुझे भी नहीं पता था कि अपनी जिस संतान के लिये मैं इतने जोग से पैसे जोड़ रहा हूं, वो उसके बहुत काम का होने वाला नहीं है।

उस समय तक विकी के साथ पढ़ने वाले कुछ लड़के कोटा जा चुके थे। मैं उसे पटना-स्थित कुछ कोचिंग संस्थाओं के लिये 'इन्ट्रेंस टेस्ट' देने के लिये प्रेरित कर रहा था, ताकि उसे अपने स्तर का पता चल सके और पटना में ही कोचिंग की व्यवस्था हो जाये। एक दो जगह वो आधे-अधूरे मन से टेस्ट देने गया भी; पर गंभीरता से उसने पहली बार टेस्ट दिया 'नारायणा इन्स्टीच्यूट' के लिए। टेस्ट के बाद सेन्टर से बाहर निकला तो वो निश्चिन्त था कि इसमें हो जायेगा। शाम को जब परिणाम आया तो सूची में इसका कहीं नाम नहीं था; जबकि विकी को पता था कि उसने अच्छा किया है, पर....।

ये समय उसके लिये सर्वाधिक हताशा और निराशा का था- और मेरे लिये भी। वो पढ़ाई में कोई ख़राब नहीं था कि इंजीनियरिंग का एक साधारण-सा टेस्ट भी न पास कर सके, पर उस समय मेरा आत्मविश्वास भी हिल गया था कि अब क्या?

अपने को भुलाकर मैं लगातार उसका उत्साह बढ़ाता रहा, समझाता रहा कि इससे क्या होता है... तुम्हें हिम्मत नहीं हारनी है... आगे और मौक़े आयेंगे... अभी सब ख़त्म नहीं हुआ है... तुम्हें इंजीनियरिंग में जाना है...। उस समय मुझे सबसे बड़ा डर ये था कि कहीं वो अवसाद में न चला जाए।

मैं दिन-रात 'इन्टरनेट' पर बैठा तमाम इन्स्टीच्यूट्स की ख़ाक छान रहा था। समय निकलता जा रहा था और लग रहा था कि ये साल बर्बाद जायेगा, तभी विकी ने ख़ुद आकर बताया कि उसका एक दोस्त कोटा जा रहा है जहां 'रेज़ोनेन्स' में अंतिम 'इन्ट्रेंस टेस्ट' होने जा रहा है।

फ़ेड इन... फ़ेड आउट/344

बस, जल्दी से जो भी ट्रेन मिली, उसे पकड़कर हम कोटा पहुंच गये। निर्धारित दिन विकी जब टेस्ट देने हॉल के भीतर गया तो मेरा हृदय ज़ोर-ज़ोर से धड़क रहा था जो शाम को सूची प्रकाशित होने तक लगातार धड़कता ही रहा।

लिस्ट देखने विकी ही अन्दर गया और थोड़ी ही देर बाद आकर जब उसने ये बताया कि उसका नाम ऊपर में ही था तो सारा तनाव जैसे मेरी आंखों की कोर में आकर घनीभूत हो गया; मेरे उस विश्वास की तरह कि मेरा बेटा इतना ख़राब छात्र नहीं हो सकता कि एक साधारण 'इन्ट्रेस टेस्ट' भी न पास कर सके।

इसके बाद मुझे कभी पीछे मुड़ कर देखने की ज़रूरत नहीं पड़ी कि वो क्या और कैसे पढ़ रहा है। 'रेज़ोनेन्स' के एक साल में मैं बमुश्किल दो से तीन बार कोटा गया। वो विकी की कठिन साधना के दिन थे। सुबह से लेकर दोपहर दो बजे तक लगातार क्लास, उसके बाद लौटकर खाना खाने के बाद दो घंटे की नींद लेता; फिर शाम पांच बजे से 'होम वर्क' निपटाते-निपटाते कभी रात का एक बजता, तो कभी दो। नींद भी पूरी नहीं होती कि सुबह कोचिंग भागता।

क्लास में उसकी प्रगति से मैं संतुष्ट था, जिसकी रिपोर्ट मुझे मेरे मोबाइल पर एस. एम. एस. के ज़रिये या इन्टरनेट पर 'रेज़ोनेन्स' के साइट से प्राप्त होती थी।

आख़िरकार एक साल की कड़ी मेहनत के बाद वो समय आ गया जब 'इंजीनियरिंग-जेईई' की परीक्षा हुई। उसके अलावा कई अन्य- 'बिट्स पिलानी'-जैसी परीक्षाएं भी उसने दीं और दोनों ही परीक्षाओं में उसे अच्छी रैंकिंग मिली। 'जेईई' में रैंकिंग दो हज़ार के आसपास थी। काउंसिलिंग में आई. आई. टी., गुवाहाटी में 'सिविल' मिल रहा था, पर विकी को 'कम्प्यूटर' पसंद था, पर उसमें बड़ी तगड़ी प्रतिस्पर्धा थी। आख़िरकार विकी को बी. एच. यू.- यानी 'बनारस हिन्दू विश्वविद्यालय' में 'कम्प्यूटर' मिल गया और वो इस विश्वप्रसिद्ध विश्वविद्यालय का हिस्सा बन गया, जिसे आज आई. आई. टी. में एक ऊंचा स्थान प्राप्त है।

इसके बाद के चार साल कैसे बीते, पता ही नहीं चला। विकी के आई. आई. टी. के आख़िरी सेमेस्टर में वो 'इन्टर्नशिप' के लिये बैंगलुरू-स्थित अमेरिकन कंपनी 'नेट ऐप' में गया तो कंपनी ने उसे वहीं न्यौता दे दिया कि वो कोर्स पूरा होते ही 'नेट ऐप' ज्वायन कर सकता है। 'पैकेज़' अच्छा था, सो उसने वही किया- 2011 में 'नेट ऐप' ज्वायन कर लिया।

हालांकि मेरी इच्छा विकी के तुरत नौकरी करने के पक्ष में नहीं थी। मैं चाहता था कि वो लगे हाथ एम. टेक. कर ले। मैंने उससे कहा भी, पर वो तैयार नहीं हुआ। उसने कहा कि अभी वो दो-तीन साल नौकरी करने के बाद आगे पढ़ाई करेगा। पर मुझे पता था कि ये बहुत मुश्किल काम है। एक बार पढ़ाई से मन उचाट हो जाये तो फिर से उसमें रमना आसान नहीं होता। इसके अनेक उदाहरण मेरे सामने थे; और दूसरे क्यों, मैं स्वयं इसका उदाहरण था। बिहार आदोलन के

समय एक साल पढ़ाई से दूर होने के बाद मैंने तो परीक्षा छोड़ने का मन बना लिया था। किताबें सामने खुली रहती थीं, पर उनमें झांकने का मन तक नहीं करता था। पहले का लिखा-पढ़ा भी लगभग भूल चुका था। उस समय बाबूजी ने मेरा उत्साह बढ़ाया था कि "तुम कर सकते हो... परीक्षा मत छोड़ो...। जो भी रिजल्ट आये, हमें स्वीकार होगा...।"

दरअसल हमारे जीवन का प्रत्येक क्षण, निर्णय का क्षण होता है। हम अपने निर्णयों से नियति या प्रारब्ध- कुछ भी कहें- उसके लेख को बदलते रहते हैं- **"नियति नहीं है पूर्व निर्धारित- उसको हर क्षण मानव-निर्णय बनाता-मिटाता है...।" (अंधायुग)** जो अकर्मण्य होते हैं वे निर्णय-विमुख हो अपनी अकर्मण्यता को प्रारब्ध मान बैठ जाते हैं; पर जो कर्मवीर होते हैं वे अपने निर्णयों से अपनी नियति संचालित करते हैं। आवश्यक नहीं कि आपका हर निर्णय आपके पक्ष में गिरे, कुछ निर्णय विपक्ष में बैठकर मुंह भी चिढ़ाते प्रतीत होते हैं, जैसा कि विकी की 'काउंसिलिंग' के वक़्त लिया गया मेरा निर्णय...।

वास्तव में, ये मेरी अनिर्णय की स्थिति थी। उस वक़्त यदि विकी 'डुएल कोर्स' ले लेता तो पांच सालों में एम. टेक. कर के ही निकलता। उस वक़्त पता नहीं क्यों मैंने इस कोर्स के लिए उसपर ज़ोर नहीं डाला...! मेरा ये निर्णय नहीं कर पाने का दंश बीच-बीच में कभी भी उभर जाता है और डंक मारने लगता है...!

लेकिन इस डंक और दंश को मैं जल्दी ही भूल जाता हूं; क्योंकि मेरे बेटे ने जीवन में मुझे कभी तकलीफ़ नहीं दी, चोट नहीं पहुंचाई, मुझे कभी किसी बात के लिये विवश-बाध्य नहीं किया; यहां तक कि उसकी कोचिंग और इंजीनियरिंग की पढ़ाई में भी बहुत कम ख़र्च हुआ। कोचिंग और इंजीनियरिंग में होने वाले भारी ख़र्च की जिस आशंका से मैंने अपनी ज़मीन औने-पौने बेच कर रुपये जुटाये थे, विकी ने 'जेईई' में अच्छी रैंक प्राप्त कर और बी. एच. यू. जैसे अच्छे इन्स्टीच्यूट से पढ़ाई कर, कहना चाहिये कि मेरे सारे ख़र्चे बचा दिए।

मेरी नौकरी की शुरुआत में वेतन बहुत ही कम था जिसमें घर-ख़र्च ही बड़ी मुश्किल से चल पाता था। ऐसे में मार्केट-वगैरा घूमना या कहीं जाना संभव ही नहीं था। फिर भी, कभी हम बाहर निकलते तो दुकानों में सजे खिलौनों और दूसरी चीज़ों को देख विकी उन्हें लेने के लिये काफ़ी मचलता, पर हम उसे समझाते कि ये अच्छा खिलौना नहीं है... गंदा है... हम इससे बड़ा और अच्छा तुम्हारे लिये ला देंगे... तो वो मान जाता; हालांकि हम अपना ये वादा कभी पूरा नहीं कर पाते और विकी भी कभी दुबारा हमें उनकी याद नहीं दिलाता था।

उसकी ये आदत आज भी वैसी ही है; कहना चाहिए कि आदत अब स्वभाव बन चुकी है कि उसने होश संभालने के बाद कभी किसी चीज़ के लिये

अनावश्यक ज़िद नहीं की। जो दिया, उसे स्वीकार कर लिया। लेने से अधिक उसकी देने की प्रवृत्ति रही। अपने बचपन में भी घर आये बच्चों को खेलने के लिए वो अपने सभी खिलौने खुशी-खुशी दे दिया करता था। यही कारण है कि चीज़ों के प्रति उसकी संलग्नता बहुत कम है।

विकी को हो सकता है, इस बात का थोड़ा-बहुत इल्म हो, याद हो कि उसे बचपन में कौन-से खिलौने नहीं मिले या उसकी कौन-सी चाहत पूरी नहीं हुई; पर शायद उसे इस बात का कोई ज्ञान नहीं होगा कि उसकी परवरिश करते-करते हमारी कौन-सी और कितनी इच्छाएं अधूरी रह गईं। पर हर माता-पिता अपनी संतान के लिए ऐसा ही करता है- अपने शौक, अपनी चाहत, अपनी इच्छा- सबका होम करता है, ताकि उसकी संतान को भविष्य में कोई कष्ट न हो और वो किसी लायक बन सके। पत्नी को शिकायत आज भी है कि पूरे सेवाकाल में मैंने उसे एक सोने का आभूषण लाकर नहीं दिया। पर इस शिकायत के बावजूद उसे इस बात का संतोष कहीं-न-कहीं तो होगा ही कि अब हमें अपने बेटे की फ़िक्र करने की कोई ज़रूरत नहीं और हम पैसे कम होने के कारण जिन सुखों को त्यागते आये थे, वे झोली फैलाए खड़े हैं, किन्तु अब हमें उन सुखों की कोई चाहत नहीं रही।

तब से अबतक का समय और समाज काफ़ी बदल चुका है। आज के समय में दो साल के बच्चे के हाथ में माता-पिता मोबाईल पकड़ा कर बहुत गर्व का अनुभव करते हैं; थोड़ा और बड़े होने पर उसके मुंह से निकली हर फ़रमाइश पूरी करने दौड़ पड़ते हैं; बच्चा जो मांगता है, उसकी हर जायज़ और नाजायज़ मांग पूरी करने के लिये किसी प्रकार का समझौता करने के लिये तैयार रहते हैं; बिना ये जाने कि इससे वे उसका कितना बड़ा अहित कर रहे हैं। पर बच्चा जब कुसंगति में पड़कर अपना अहित कर लेता है तब सिवाय अफ़सोस के कुछ हासिल नहीं होता।

निस्संदेह आज बच्चों और उनके माता-पिता के बीच दोस्ताना ताल्लुकात बढ़े हैं और ये बुरा भी नहीं है। कम-से-कम आज के बच्चे सबकुछ अपने अभिभावकों के साथ 'शेयर' तो करते हैं। हमारे समय में ऐसा नहीं था। पहले हर घर के बाहर एक बैठक या दालान हुआ करता था, जिसमें घर का कोई-न-कोई बुज़ुर्ग संतरी की तरह बैठा होता था। यदि किसी काम से घर से बाहर निकलना हो तो हमारी भरसक कोशिश होती थी कि 'संतरी' की नज़रों से बचकर निकला जाये। बाबूजी के सामने जाने या कुछ मांगने की कभी हिम्मत न पड़ती, जो कुछ भी उनसे कहना-मांगना होता वाया माताजी ही कहलाया जाता। बाहर की चीज़ें खाने की अनुमति नहीं थी और सिनेमा देखना या चार सालों से घसीटते जूता के होते, दूसरा नया जूता ख़रीदना भी विलासिता समझी जाती।

उसपर से बाबूजी-लोगों की गंभीरता ऐसी कि कभी कुछ कहने-पूछने की हिम्मत न पड़ती। पर आज के माता-पिता में उस गंभीरता का प्रायः अभाव दिखता

है। इसलिये उनकी बातों का प्रभाव भी उनके बच्चों पर नहीं होता। बच्चे भी पापा को हर बात को हल्के ढंग से लेते देखते हैं तो वे भी लापरवाह हो जाते हैं।

कहते हैं न कि आदमी जिस माहौल में रहता है, उसपर उसका प्रभाव ख़ूब पड़ता है। मैंने देखा है कि जिस घर में पढ़ने-पढ़ाने का माहौल रहता है, वहां के बच्चे प्रायः संस्कारी और पढ़ाई में अच्छे होते हैं। हमारे घर में खुद विकी ने मुझे हमेशा कुछ-न-कुछ करते, पढ़ते-लिखते देखा। उसकी मम्मी तो खुद उसे पढ़ाती थी; साथ-साथ मेरी लाई गई साहित्यिक किताबों को भी पढ़ती थी। इसलिये विकी आज भी आफ़िस के कामों के अलावा क़िताबों के लिये वक़्त निकाल ही लेता है। यहां तक कि अनिल भी, हमें पढ़ते-लिखते देख अपनी पढ़ाई में प्राणपण से लगा रहता है और वो भी हमारी तरह लेने से ज़्यादा देने में भरोसा करता है।

कितनी विचित्र बात है कि मैं अपने रिटायरमेंट के समय जो वेतन पा रहा था, विकी ने अपनी नौकरी की शुरुआत ही उस वेतनमान से की थी। इसलिये अभाव जैसी चीज़ अब न उसके जीवन में रही, न ही मेरे। बल्कि विकी आज इस स्थिति में है कि हम जो चाहें वो लाकर हाज़िर कर दे... उसने किया भी है। मेरा सबसे बड़ा कर्ज़- फ़्लैट का- उसका आधे से अधिक हिस्सा उसी के बचाये धन से चुकाया गया।

यही कारण है आज सेवानिवृत्ति के पश्चात् मैं वास्तविक तौर पर स्वतंत्र हूं, निर्द्वन्द्व हूं, निर्मुक्त हूं और यही दुआ करता हूं कि ईश्वर ऐसा पुत्र सबको दे।

•••

तीन

सन् 2011 की अप्रैल में विकी ने 'नेट ऐप' ज्वायन किया। मेरे जीवन में थोड़ा और इत्मिनान आया। इस बीच 2010 के अंत में मेरी छठी पुस्तक **'रेडियो प्रसारण की नयी तकनीक'** प्रकाशन संस्थान से छपकर आयी जो सन् 2005 में प्रकाशित 'नारी तुम केवल श्रद्धा हो' के पांच साल के लम्बे अंतराल के बाद आई थी। असल में लिखने के मामले में मैं बहुत सुस्त हूं। अन्दर में ढेर-सारा कुछ चलता

रहता तो है; मैं उसे लिखने बैठता भी हूं, पर अपना लिखा खुद को ही जंचता नहीं, इसलिये लिखने की ये प्रक्रिया रूपांतरित होने से रह जाती है। यही कारण है कि मेरे साथ के कई लिखने वाले- और मेरे बहुत बाद के भी- आज प्रचुरता के मामले में मुझसे कहीं आगे निकल चुके हैं।

वो 2012 की जनवरी की शुरुआत थी, जब मुझे एक आदेश प्राप्त हुआ, जिसके अनुसार मुझे 2 फ़रवरी से 9 मार्च, 2012 के बीच आस्ट्रेलिया में, भारत और आस्ट्रेलिया के साथ होने वाली टी-20 और कॉमनवेल्थ त्रिकोणीय एकदिवसीय अन्तर्राष्ट्रीय क्रिकेट शृंखला की कमेन्ट्री टीम के साथ मैनेजर बन आस्ट्रेलिया जाना था। इसमें तीसरी टीम श्रीलंका थी। मेरी तो जैसे लॉटरी लग गई थी। 'कॉमनवेल्थ गेम्स', उसके बाद 'राष्ट्रीय खेल' और अब सीधे आस्ट्रेलिया! मुझे तो सहसा विश्वास ही नहीं हुआ, पर ये सच था।

मुझसे पूछा गया कि पासपोर्ट है या नहीं। मेरे पास नहीं था, सो कहा गया कि सबसे पहले मैं पासपोर्ट बनवाऊं, तभी आगे कार्यवाही होगी। लोगों ने सलाह दी कि मैं 'व्हाइट पासपोर्ट', जो कि 'राजनयिक पासपोर्ट' होता है, वो बनवाऊं; क्योंकि वो जल्दी बन जाता है। मैं सबसे पहले ज़रूरी कागज़ों के साथ पासपोर्ट ऑफ़िस गया, पर लगा कि बिना जान-पहचान के जल्दी काम होना संभव नहीं है। मैंने अपने इष्ट-मित्रों के याद किया तो कुछ ऐसे लोग निकल आये, जिनकी जान-पहचान पासपोर्ट आफ़िस में कुछ लोगों से थी। उनके कहने-सुनने से आख़िरकार एक हफ़्ते में मुझे पासपोर्ट मिल गया। ऐसे करते-करते वो दिन आ गया जब मुझे दिल्ली में रिपोर्ट करना था।

वो दिन था 26 जनवरी, 2012 का जब मैं पूरी तैयारी के साथ दिल्ली पहुंचा। एक महीने के 'टूअर' के हिसाब से काफ़ी बड़ी अटैची लेनी पड़ी थी और आस्ट्रेलिया के मौसम के अनुकूल गर्म कपड़े भी। मेरी 'कमेन्ट्री टीम' में चार सदस्य थे। मेरे अतिरिक्त हिन्दी कमेन्टेटर श्री संजय बनर्जी, और अंग्रेज़ी में कमेन्ट्री के लिये श्री नोवी कपाड़िया और एक कोई इंजीनियर थे, जिनका नाम मैं भूल गया हूं। हम सबकी भेंट आकाशवाणी के 'स्पोर्ट्स सेल' में हुई। संजय बनर्जी मेरे पूर्व परिचित थे। जब मैं पटना में युववाणी में था तब वे वहां समाचार वाचक के पद पर थे। हम आकाशवाणी की ओर से 'मीडिया कप' के ढेरों मैच साथ-साथ खेले थे। इस तरह हमारी आपस में अच्छी दोस्ती थी और एक तरह से हम आज भी पारिवारिक मित्र हैं। इसलिये संजय के साथ मेरे संबंध अनौपचारिक से भी अधिक अनौपचारिक थे। हालांकि संजय ने बहुत पहले आकाशवाणी छोड़कर, 'सहारा' ज्वायन कर लिया था, जहां पद, पैसा और प्रतिष्ठा- तीनों थे।

नोवी कपाड़िया जी से मैं पहली बार नहीं मिल रहा था। उनसे मेरी मुलाक़ात हाल में ही दिल्ली के राष्ट्रमंडल खेलों के दौरान हो चुकी थी। वे काफ़ी

सीनियर थे और रेडियो पर मैचों के दौरान उनकी बेबाक टिप्पणी अक्सर सुनने को मिल जाती थी। लेकिन क्या शानदार शख़्सियत है उनकी। अंग्रेज़ी और हिन्दी पर तो अधिकार है ही; उन्हें खेलों का 'इन्साइक्लोपीडिया' कहा जाये तो अत्युक्ति नहीं होगी। आंकड़े तो उनकी ज़बान से झर-झर झरते हैं। किसी भी खेल या खिलाड़ी के बारे में पूछ लीजिये, नोवी जी का जवाब हाज़िर। इसके अलावा उनकी विनोद-वृत्ति भी बड़ी प्रबल है, जो रोते हुए को हंसा दे। वे कोई स्वयंसेवी संस्था चलाते हैं, जिसके वे सी. ई. ओ. हैं।

मैं दिल्ली बहुत उत्साह-उमंग लेकर पहुंचा था। लगा, बस पहुंचते ही मेरा वीज़ा-ईज़ा ऑफ़िस करा देगा और आर्डर लेकर हम उड़ जायेंगे। पर ये ख़्वाबो-ख़याल ऐसे चकनाचूर होंगे, ये कभी सपने में भी नहीं सोचा था। सबसे पहले तो मैं अपर महानिदेशक, एच. के. पाणि साहब से मिला। वे मेरे पूर्व परिचित थे। मेरा स्वागत् करने के साथ उन्होंने बताया कि इस दौरे से संबंधित फ़ाइल स्वीकृति के लिये प्रसार भारती गई हुई है और उम्मीद है कि आज-कल में आ जायेगी। उन दिनों 'स्पोर्ट्स सेल' में सदानन्द मिश्र जी थे जिन्होंने आकाशवाणी, पटना से 'लाब्रेरियन' के तौर पर सेवा की शुरुआत की थी और अब दिल्ली के स्पोर्ट्स सेल में पेक्स के रूप में कार्यरत थे। भारी-भरकम और वज़नदार शरीर के मालिक थे वे। उन्हें देख कर कोई यही कहता कि वे दो क़दम भी नहीं दौड़ पायेंगे; लेकिन देखने में भारी-भरकम मिश्रा जी जब खेल के मैदान में होते तो उनकी फ़ुर्ती और चपलता देखते ही बनती थी। उनके साथ मीडिया कप क्रिकेट में खेले गये अनेक मैच, मेरे यादगार मैचों में शामिल हैं।

मिश्रा जी क्रिकेट के अलावा बैडमिंटन और वॉलीवॉल के भी बड़े अच्छे खिलाड़ी थे। आकाशवाणी क्लब द्वारा संचालित कई मैचों के वे चैम्पियन भी रहे। लेकिन उनकी सबसे बड़ी ख़ूबी ये रही है कि उन्होंने सबको यथोचित आदर, मान-सम्मान और प्यार दिया। वे हर किसी की मदद करने के लिये हमेशा तत्पर रहे। आप कभी भी और किसी भी तरह की अपनी समस्या लेकर उनके पास जाइये, चाहे वो व्यक्तिगत क्यों न हो; वे आपके साथ चल देंगे और अगर समाधान नहीं भी निकाल पाये तो आपको रास्ता ज़रूर बता देंगे।

पटना में युववाणी के दिनों से हम संपर्क में रहे थे। उस समय वे लाइब्रेरी में हुआ करते थे और हज़ारों रिकॉर्ड्स के सीरियल नम्बर, फ़िल्म के नाम और गाने के साथ उन्हें ज़बानी याद थे। हमें जब कार्यक्रम के लिये लाइब्रेरी से रिकॉर्ड्स लेने होते तो हम उन्हें सिर्फ़ फ़िल्म का नाम बताते; वे फ़ौरन कहते, "आठ नम्बर की अलमारी से तेरह सौ पचपन नम्बर का रिकॉर्ड निकालो..." और सच में उस फ़िल्म का रिकॉर्ड हमें मिल जाता। ऐसी अद्भुत थी उनकी स्मृति।

मिश्रा जी में एक और विशेषता थी; उन्हें नाटकों की गहरी समझ थी। वे एक ज़माने में प्रख्यात् अभिनेता और निर्देशक, सतीश आनन्द के नाटकों में प्रकाश-संचालन करते थे। उस ज़माने से मेरा-उनका आत्मीय संबंध बना हुआ है, इसलिये दिल्ली में उनसे मिलकर बहुत खुशी हुई और निश्चय ही उन्हें भी हुई होगी।

जब मैंने पाणि साहब की बात उन्हें बताई तो उन्होंने स्वीकार किया कि अब यहां पहले वाली बात नहीं है, सारा काम खुद करना पड़ता है। मैंने पूछा, "लेकिन जो दूसरे केन्द्र से आ रहा है उसे क्या मालूम... और वो यहां आकर नोटिंग-ड्राफ़्टिंग तो नहीं करेगा... फ़ाइल लेकर आदेश कराने तो नहीं जायेगा...।"

"अब जाना पड़ेगा... समय बहुत बदल गया है। सबकुछ स्वयं करना होगा।" उन्होंने कुछ अफ़सोस के साथ लंबी सांस छोड़ते हुए कहा।

"अच्छा छोड़िये, ये बताइये आप कर क्या रहे हैं?" वे मुझसे बातचीत करने के साथ-साथ कम्प्यूटर पर कुछ काम भी करते जा रहे थे, इसलिये मैंने पूछा।

वे मुस्कुराये, बोले, "आप ही का काम कर रहा हूं....।"

"मैं समझा नहीं...।"

"देखिये, ये मैं सबको, आस्ट्रेलिया में, यहां से जो टीम जाने वाली है उसके रहने-सहने, खाने-पीने की व्यवस्था के बारे में मेल कर रहा हूं। अभी वहां भी पिक्चर साफ़ नहीं है... कमेन्ट्री-बूथ तो है, पर वहां 'इन्टरनेशनल सिग्नल' नहीं है, उसी सब की व्यवस्था में लगा हूं...।"

"तो आप क्या कहते हैं, हम आस्ट्रेलिया जा पायेंगे या नहीं। पाणि साहब ने तो कहा कि फ़ाइल प्रसार भारती से लौटी नहीं है।" मैंने आशंका व्यक्त की।

"ऐसा होता है, सिद्धांत के तौर पर मंज़ूरी मिल जाने के बाद फ़ाइलों पर देर-सबेर फ़ैसला हो ही जाता है। हम अपनी तैयारी पूरी रखते हैं ताकि उधर फ़ाइल पर हस्ताक्षर हो और इधर हम मिशन पर चलें।" उन्होंने मुझे आश्वस्त किया।

"विचित्र है..." मैंने अपने मन में सोचा, पर मेरी चिन्ता कम नहीं हुई थी, क्योंकि दूसरा दिन था और फ़ाइल का कोई अता-पता नहीं था।

"लेकिन, इस मिशन का कोई इन्चार्ज तो होगा, क्या उसकी ज़िम्मेदारी नहीं बनती कि फ़ाइल से संबंधित कामों को पूरा कराये...?" अब मेरे भीतर खीझ और झल्लाहट बढ़ने लगी थी।

शायद मिश्रा जी ने ये अनुभव कर लिया था, इसलिये वे कम्प्यूटर से अलग हो मेरी तरफ़ घूमे, फिर बोले, "देखिये, आस्ट्रेलिया जाने वाली टीम का आकाशवाणी द्वारा अधिकृत व्यक्ति कौन है ?" फिर खुद ही जवाब दिया, "आप..."। अब आप इस तरह से सोचिये कि मान लीजिये मुझे लग रहा था कि मुझे आस्ट्रेलिया जाने का अवसर मिलेगा, पर वो अवसर मिल गया आपको। तो अब आप आस्ट्रेलिया जायें, ना जायें; आपकी फ़ाइल पर ऑर्डर हो या न हो, मुझे क्या फ़र्क पड़ेगा। आप

आस्ट्रेलिया जायें इसके लिये फ़ाइल के पीछे मैं दौड़-भाग क्यों करूंगा; बल्कि मैं तो इस बात की भरपूर कोशिश करूंगा कि आप आस्ट्रेलिया न जा पायें... इसलिये अगर आपको आस्ट्रेलिया जाना है तो आपको ही भागदौड़ कर फ़ाइल का पता लगाना होगा...... समझे....।''

मैं सब समझ गया था।

''लेकिन अभी यहां समस्या दूसरी है। जो सज्जन इन्चार्ज हैं, उनका ट्रांसफ़र हो गया है, इसलिये उनका इसमें कोई इन्टरेस्ट नहीं है। एक मैं हूं जो आपलोगों के लिये 'लॉजिस्टिक' जुटाने से लेकर टिकट ब्लॉक कराना और दूसरी चीज़ों के लिये मेल करने में लगा हूं... ये नहीं करूंगा तो सारा काम ही रुक जायेगा।'' उन्होंने आगे कहा।

''हां, वो तो देख रहा हूं..''

वे थोड़े चिंतित दिखे। फिर बोले, ''वैसे एक और पेक्स हैं यादव जी, यहीं कहीं होंगे... उनसे कहूंगा कि वो आपके साथ जाकर फ़ाइल ट्रेस करें।''

थोड़ी देर में यादव जी आ गये। मिश्रा जी ने उनसे समस्या बताई तो वे मेरे साथ जाने को तैयार हो गये, बोले कि कल सुबह हमलोग इस काम के लिये निकलेंगे। तबतक मैं पता लगा लेता हूं कि अभी फ़ाइल किस स्थिति में है।

दूसरे दिन मेरे पहुंचते ही वहां पहले से उपस्थित यादव जी ने शुभ सूचना दी कि फ़ाइल प्रसार भारती से निकल चुकी है।

''तो अब...?'' मैंने पूछा।

''अब तो ऐसा है कि हो सकता है वो फ़ाइल 'सूचना और प्रसारण मंत्रालय' गई हो...।'' यादव जी ने संभावना व्यक्त की।

अभी भी 'हो सकता है', यानी इन्हें भी नहीं पता कि आगे क्या होता है, या पता होने पर भी बताना नहीं चाहते।

मेरी खीझ को शायद मिश्रा जी भांप गये थे, इसलिये बोले, ''हां, फ़ाइल का रूट ऐसा ही होता है। प्रसार भारती के अनुमोदन के बाद फ़ाइल 'सूचना और प्रसारण मंत्रालय' जाती है और उसके बाद 'वित्त मंत्रालय' को...।''

''हांय.... एक और मंत्रालय...। तो क्या सभी मंत्रालयों के चक्कर लगाने होंगे...!''

''हां... करना तो पड़ेगा...।'' उनके स्वर में निश्चिंतता थी मानो ये भी एक रूटीन-वर्क हो।

उनके लिये रूटीन-वर्क होगा, पर एक आदमी जो कहीं और से दिल्ली आया है, वो अब मंत्रालयों के चक्कर सिर्फ़ इसलिये काटे कि उसे सरकारी दौरे पर विदेश जाना है! वो भी विदेश कोई घूमने, तफ़रीह करने नहीं जा रहा। कितना हाड़-तोड़ काम करना पड़ता है, न खाने की सुध, न सोने का समय; ये सब मैं

'कॉमनवेल्थ गेम्स' और 'राष्ट्रीय खेलों' के दौरान भुगत चुका था। पर, ऑफ़िस का ये सब काम दिल्ली में जिसे करना चाहिए वो बाहर से आये व्यक्ति पर फेंक कर निश्चिंतता से सो रहा है। एक अकेले बेचारे मिश्रा जी थे, जो दिन-दिनभर कम्प्यूटर पर बैठ कर मेल भेजने और फ़ोन करने में लगे थे।

ख़ैर, काम मेरा है तो मैं ही करता हूं। मैंने यादव जी से पूछा कि वो चलेंगे या नहीं। वे तैयार थे। तभी मुझे याद आई शिवेन्द्र चतुर्वेदी की। फ़ोन पर यदा-कदा उनसे बात होती रहती थी। मेरे रीवा के कार्यकाल में वे प्रसारण अधिशासी के तौर पर चुन कर आये थे, पर वे अधिक दिन वहां और उस पद पर टिके नहीं; उनका चयन किसी बड़े ओहदे पर हो गया और जहां तक मुझे याद है शायद छ: महीने बाद ही उन्होंने नयी नौकरी ज्वायन कर ली थी। शिवेन्द्र जी जब रीवा आये थे तभी लगा था कि इनकी प्रतिभा इस पद और यहां के लिये नहीं बनी है। 'पूत के पांव पालने' में तो नज़र आ ही जाते हैं। खेलों और उसकी कमेन्ट्री करने में उसी समय से उनकी दिलचस्पी थी। आगे चलकर उन्होंने अपनी इस ख़ूबी को और परखा, सींचा, मांजा तथा निखारा। यही कारण है कि आज क्रिकेट की कमेन्ट्री के लिये चयनित कंमेंटेटरों की अन्तर्राष्ट्रीय सूची में उनका नाम है और देश-विदेश के होने वाले क्रिकेट मैचों की कमेन्ट्री में उनकी आवाज़ अक्सर सुनने को मिल जाती है।

मुझे मालूम था कि वे दिल्ली में हैं, पर अभी किस विभाग में हैं, ये नहीं पता था। मैंने उन्हें फ़ोन लगाया, बात हुई तो पता चला कि वे हमारे वाले मंत्रालय, यानी 'सूचना और प्रसारण मंत्रालय' में 'अंडर सेक्रेटरी' हैं। क्या सुखद संयोग था।
मैंने जल्दी-जल्दी उन्हें समस्या बताई और उनकी राय जाननी चाही तो वे बोले, ''सर, ऐसा है कि पहले मुझे पता लगाने दीजिये कि मंत्रालय में फ़ाइल आई है या नहीं, और यदि आई है तो कहां है। बस, मुझे आधा घंटा दीजिये...।''
अंधेरे में रौशनी की एक किरण...! मैं बैठकर शिवेन्द्र जी के फ़ोन का इंतज़ार करने लगा। ठीक आधा घंटा बाद मेरे मोबाइल की घंटी बजी। उधर शिवेन्द्र जी ही थे। उन्होंने कहा, ''सर, आप आ जाइये... फ़ाइल ज्वायंट सेक्रेटरी साहब के यहां है। अभी वो हैं नहीं, पर आ जायेंगे तो आप सीधे उनसे बात कर लीजियेगा।''
मैं और यादव जी निकले, ऑटो किया और शिवेन्द्र जी के कमरे में हम हाज़िर हो गये। उन्होंने मेरा हालचाल पूछा, कुछ रीवा की भी बातें हुईं, तबतक उन्होंने चाय मंगवा ली थी।
जल्दी में चाय भी नहीं पी जा रही थी; मैं फ़ाइल की स्थिति जानने को बेचैन हो रहा था।
चाय समाप्त हुई तो शिवेन्द्र जी हमलोगों को नीचे ज्वायंट सेक्रेटरी साहब के चेम्बर तक लेकर आये। साहब अबतक नहीं आये थे। उन्होंने उनके पी. ए. से बात

कर हमारे बारे में बताया और बोले कि जैसा होता है, उन्हें बता दूं, वे अपने कमरे में ही रहेंगे।

हम वहां शाम के पांच बजे तक बैठे रहे पर साहब नहीं आये। उनके पी. ए. से पूछा तो वे दिल्ली वाले लहज़े में बोले, ''साहब अब शायद ही आएगा... आपलोग कल जल्दी आ जाओ... मैं उन्हें आपकी फ़ाइल के बारे में बता दूंगा... वो ये तो रखी है फ़ाइल...।'' उन्होंने मेज पर रखी एक फ़ाइल की ओर इशारा किया।

क्या करते। शिवेन्द्र जी को जाकर बताया तो वे भी यही बोले कि कल हम जल्दी आ जायें।

वहां से लौटकर पाणि साहब को पूरी रिपोर्ट दी। एक तरह से रोज़ की 'प्रगति-रिपोर्ट' उन्हें देनी पड़ती थी। प्रगति तो ख़ास कुछ हो नहीं रही थी, पर रिपोर्ट देनी थी, सो दे दिया। उसके बाद राजीव जी का भी बताना मैं अपना फ़र्ज़ समझता था; वैसे भी उनके साथ बैठकर एक प्याली चाय पीना और उसके बीच-बीच में उनके अद्भुत संस्मरणों को सुनना हमेशा सुखद अहसास देता था।

तीन दिन निकल गये और परिणाम था सिफर। अगले दिन आफ़िस पहुंचा तो मिश्रा जी से पता चला कि आज यादव जी ने आवश्यक काम से छुट्टी ले ली है, इसलिये मुझे ही आगे का काम करना होगा। मैंने सोचा कि चलो, यादव जी ने कल इतना साथ दिया तो मेरा भी आत्मविश्वास बढ़ा ही, अब मैं खुद ही कर लूंगा।

मैं अबकी सीधे सेक्रेटरी साहब के कमरे में गया। अपना नाम भेजा तो जल्दी ही बुलावा आ गया। साहब ने बैठने को कहा, फिर बोले, ''असल में सेक्रेटरी साहब को बाहर जाना है, सो वे उसमें व्यस्त हैं। मैंने तो फ़ाइल पर कर दिया है, पर फ़ाइनल स्वीकृति वे ही देंगे।''

''पर, सर, इसमें तो बहुत देर हो जायेगी... और... ये विदेश का मामला है.... तो, थोड़ा जल्दी हो जाता तो...''

''आने दीजिये सेक्रेटरी साहब को... वही करेंगे... मैंने यहां से फ़ाइल उनके पास भेज दी है।''

शायद अब मेरे मुखमंडल पर दीनता बरसने लगी थी जिसे लक्ष्य कर ही शायद उन्होंने कहा, ''चिन्ता मत कीजिये... कई बार ये सब काम लोगों के जाने-जाने के दिन तक भी होता है, आप अपनी तैयारी रखिये।''

मैं खीझ कर उठ गया था। क्या तैयारी रखूं.... जाने-जाने के दिन तक ऑर्डर होगा... मुझे हंसी भी आई और मेरी आंखों में एक दृश्य रच गया.... 'फैंटेसी'... मैं एयरपोर्ट पर हवाई जहाज़ की सीढ़ियों पर चढ़ रहा हूं और एक आदमी मेरी ओर दौड़ता हुआ आ रहा है, उसके हाथ में कुछ कागज़ हैं और वो चिल्ला-चिल्ला कर कह रहा है, ''सर, अपना टूर-ऑर्डर ले लीजिये... अपना टूर-ऑर्डर ले लीजिये।''....

हमारे डिपार्टमेंट में सबकुछ संभव है।

आकर सबसे पहले मिश्रा जी को हाल सुनाया तो वे बड़ी गंभीरता से बोले, "हां... ऐसा हुआ है। इतना ही नहीं, सबकुछ हो जाने पर भी अगर फ़ाइनल ऑर्डर नहीं आता तो विमान में बैठे लोगों को उतारा भी गया है।"

मिश्रा जी अब जो तस्वीर मेरे सामने पेश कर रहे थे, वो बड़ी भयानक और डराने वाली थी- भयानक से ज़्यादा अपमानजनक, बेआबरू करने वाली। मैं सोचने लगा, क्या ऐसा भी होता है...? उस समय मुझे बिल्कुल नहीं पता था कि एकाध साल बाद ही, 'एशियाई खेलों' के कवरेज़ के लिये इन्चियोन, दक्षिण कोरिया जाने के समय, मुझे ऐसे ही किसी भयानक दृश्य का साक्षी बनना पड़ेगा।... पर उसकी बात बाद में.... अभी तो सोते-जागते सामने में बस फ़ाइल ही घूम रही थी।

दूसरे दिन मुझे पहुंचने में थोड़ी देर हो गई थी। सेक्रेटरी साहब के कक्ष में पहुंचा तो साहब नहीं मिले, पर उनके पी. ए. ने बताया कि फ़ाइल 'वित्त मंत्रालय' चली गई है, अब जो होगा वहीं से होगा। मैं पुनः शिवेन्द्र जी के पास गया।

सारा मामला समझ वे बोले, "हां, चूंकि इसमें अच्छा-ख़ासा फ़ंड इन्वॉल्व है, इसलिये 'वित्त मंत्रालय' की स्वीकृति ज़रूरी है।"

"तो अब क्या करना चाहिए..." मैं अब हताश हो चुका था।

"बस, अब 'वित्त मंत्रालय' जाकर पता करना होगा...।"

"पर मैं तो वहां किसी को जानता नहीं...।"

"वहां मेरे एक परिचित हैं, मैं उन्हें फ़ोन कर देता हूं। आप उनके पास चले जाइये... वे आपकी मदद करेंगे..." शिवेन्द्र जी ने कुछ सोचते हुए कहा।

मेरे लिये इतना ही काफ़ी था। शिवेन्द्र जी से उनके परिचित सज्जन का नम्बर लिया और वित्त मंत्रालय के लिये निकल पड़ा। ये मंत्रालय वगैरा का चक्कर मुझे आज से पहले कभी नहीं लगाना पड़ा था, आज ये दिन भी देख लिया। ख़ैरकृ।

'वित्त मंत्रालय' में घुसना आसान नहीं था। कई सुरक्षा-चक्रों को पार करने के बाद अंततः उस जगह पहुंचने में क़ामयाब हुआ, जहां फ़ाइल होने की उम्मीद थी। वहां की सचिव कोई महिला थीं। उनकी पी. ए. ने बताया कि फ़ाइल वहीं है, लेकिन उसपर मैडम का हस्ताक्षर नहीं हुआ है।

मेरे पूछने पर कि मैडम कब आयेंगी, उनका जवाब था कि वो शाम को किसी समय आती हैं और देर रात तक काम निपटाती हैं। उन्होंने मुझे सलाह दी कि मैं कल आऊं और फ़ाइल ले जाऊं।

जैसे-जैसे आस्ट्रेलिया जाने का दिन नज़दीक आ रहा था और फ़ाइल का काम जिस कछुआ-गति से चल रहा था; वैसे-वैसे मेरी नाउम्मीदी बढ़ती जा रही थी;

हालांकि तबतक बीच के ज़रूरी सारे काम हम करते जा रहे थे- मसलन, वीज़ा के लिये अप्लाई करना, फ़्लाइट के टिकट ब्लॉक कराना आदि-आदि। वीज़ा के लिये नोवी कपाड़िया जी ने काफ़ी मेहनत की। वहां उनके कोई परिचित निकल आये, सो काम जल्दी हो गया। लेकिन जो काम बहुत पहले हो जाना चाहिए था, उसी में देर हो रही थी। फिर भी मुझे लगा कि चलो एक दिन की ही तो बात है, कल फ़ाइल मिल जायेगी तो झंझट समाप्त हो जायेगा।

उसके दूसरे दिन मैं समय से 'वित्त मंत्रालय' पहुंच गया। पी. ए. ने मुझे बैठने को कहा। लगभग पन्द्रह मिनट बाद आकर उन्होंने बताया कि फ़ाइल को तो पी. एम. ओ. भेजने के लिये कहा गया है।

"क्यों..." मेरा सवाल स्वाभाविक था।

"क्योंकि इसमें फ़ाइनेंस इन्वॉल्व है... वहां से स्वीकृति मिलने के बाद ही आप दौरे पर जा पायेंगे।" उन्होंने ऐसे कहा, जैसे कोई गहरे राज़ की बात बता रही हों।

ये तो मैं भी समझ रहा था। मैं थोड़ी देर असमंजस में खड़ा रहा। दो दिन बाद ही फ़्लाइट थी और उससे पहले फ़ाइल पी. एम. ओ. से लौट आये, इसकी संभावना ना के बराबर थी। मैंने पाणि साहब को फ़ोन कर सारी जानकारी दी।

"अब क्या करूं सर, फ़ाइल ले आऊं..." मैंने पूछा।

"क्या करेंगे... ले आइये..." निर्देश मिला।

मैंने सचिव की पी. ए. से कहा कि मैं फ़ाइल ले जाऊंगा तो पहले वे इसके लिए तैयार नहीं हुईं, पर बहुत समझाने के बाद मेरे परिचय-पत्र की फ़ोटोकॉपी लेने और एक नोटशीट पर इस आशय का नोट लिखवाने के बाद उन्होंने फ़ाइल मुझे पकड़ा दी।

वहां से लौटकर सीधे मैं पाणि साहब के पास गया और फ़ाइल उनके हवाले कर दिया। लाल, हरे, पीले रंग के ढेर-सारे फ़्लैग से बिंधी उस फ़ाइल को पाणि साहब ने खोला और उसकी आख़िरी नोटिंग वाला पेज़ पढ़ने लगे।

"ऐसा होना तो नहीं चाहिये था। पहले कभी फ़ाइल पी. एम. ओ. तक नहीं गई..." उन्होंने आश्चर्य व्यक्त करते हुए कहा।

"कोई बात नहीं सर... अब मेरे लिये क्या आदेश है..." मैंने जानना चाहा कि इस सूरत में अब मैं क्या करूं।

"सॉरी..." उनके मुंह से इतना ही निकला।

"आप क्यों सॉरी कह रहे हैं सर... कभी-कभी ऐसा हो जाता है।" मुझे अब वहां एक पल भी ठहरना अच्छा नहीं लग रहा था।

"ठीक है, आप कल 'रिलिविंग ऑर्डर' ले लीजिएगा..." अपनी कुर्सी से उठ कर उन्होंने हाथ मिलाया। ये उनका संस्कार था कि वे अपने से छोटों को भी उतना ही सम्मान देते थे। पर मैंने अनुभव किया, वे वाकई भीतर से व्यथित थे।

इसके बाद मेरे लिये दिल्ली में बचा ही क्या था। पर अब सोच ये रहा था कि पटना जाकर सबसे कहूंगा क्या... पूरी कहानी सुनेगा कौन... और कहानी सुनाकर भी क्या होगा... पर सोचा जा सकता है कि इस पूरे प्रकरण में मेरे हिस्से सिवाय ज़िल्लत के क्या आया– ...!

•••

चार

तुम तो हमारी आग पर
अपनी ठंडी हथेली सेंक कर चले गए
और हम जलकर
धीरे-धीरे
ठंडी राख बनते जा रहे हैं...

(रामदरश मिश्र)

पटना में मेरे दो साल ही पूरे हुए थे कि 26 जून, 2013 को मुझे और मुझ-जैसे वर्षों से प्रतीक्षारत मेरे अनेक साथियों को विगत तीस सालों की सेवा की पहली प्रोन्नति मिली, वो भी 'तदर्थ', यानी ऐसा शहद, जिसे जब तक चाहें, चटाते रहें। और वही हुआ भी। उसके बाद हर छः महीने पर उसकी वैधता अगले छः महीने तक बढ़ाती जाती रही और उसी 'स्टेटस' में हम-जैसे लोगों की सेवानिवृत्ति हो गई। इस प्रोन्नति के इंतज़ार में हमारे कई साथी, जिनमें एक अजित कुमार शर्मा भी थे– पेक्स के ही पद से रिटायर हो चुके थे।

फिर भी, अपने नाम के साथ लिखने के लिये निदेशक-जैसा कुछ तो था– 'सहायक निदेशक'– सुनने में अच्छा तो लगता ही है और 'क्लास वन' का स्टेटस! सीमित ही सही, पर कुछ अतिरिक्त अधिकार भी मिला ही।

मुझे पता था कि पटना के दावेदार इस समय सिर्फ़ दो होंगे (मैं अपने को दावेदार नहीं मान रहा था।), एक तो सुलभ और दूसरी सरिता शर्मा। मुझे ये भी पता था कि इसमें मेरी दाल इसलिये नहीं गलेगी, क्योंकि ये दोनों अपने-अपने ढंग से मामले का रुख अपने पक्ष में मोड़ने में पर्याप्त सक्षम थे; और दूसरे कि इनकी सेवा-निवृत्ति को दो-तीन साल ही बच रहे थे। इसलिए इस 'कैट फ़ाइट' से मैंने खुद को अलग कर लिया और मैंने महानिदेशालय को अपनी इच्छा जता दी कि मैं कहां जाना चाहता हूं।

फ़ेड इन... फ़ेड आउट/357

ठीक वैसा ही हुआ, जिसकी आशंका मुझे पहले से थी। सुलभ की पोस्टिंग पटना हो गई, जबकि सरिता शर्मा का दरभंगा; हालांकि वे दरभंगा गईं नहीं और पटना आने का प्रयास करती रहीं। इस प्रयास में उन्हें जल्दी ही सफलता भी मिल गई, जब उनका प्राइमरी चैनल, पटना में और सुलभ का पटना के ही 'विज्ञापन प्रसारण सेवा', विविधभारती, में ट्रांसफ़र हो गया। मैं बड़े ही निश्चिन्त-भाव से ये सारा तमाशा देखते हुए भागलपुर का कोना पकड़े रहा, क्योंकि मेरी नज़र 2015 के अप्रैल महीने पर थी, जब सरिता जी रिटायर होतीं और उनके स्थान पर मेरी दावेदारी पक्की होती। ऐसा हुआ भी। फ़रवरी से ही मेरे पटना में आने के कयास लगाये जाने लगे थे और 31 अप्रैल, 2015 को सरिता शर्मा रिटायर हुईं, मैंने 1 मई को आकाशवाणी, पटना में एक बार फिर योगदान दिया। शायद आख़िरी बार- इस बार बदली हुई भूमिका में, कैपिटल स्टेशन के कार्यक्रम-प्रमुख की हैसियत से एक नई पारी खेलने के लिये; और इस सुखद-संतोषपूर्ण अहसास के साथ भी कि यही वो जगह है जहां कभी मैं डरते-डरते युववाणी में एक प्रोग्राम करने आया था; यही वो मंदिर है, जहां मेरी प्रतिभा को पंख मिले; यही वो खिड़की है, जहां से पूरी दुनिया को मैंने देखा; यही वो भूमि है, जहां से भाव और भाषा का संस्कार मैंने पाया; और यही वो प्रांगण है, जहां आख़िरी बार मैं अपनी सेवा देने उपस्थित हुआ हूं। ऐसा इतिहास और भविष्य बहुत कम लोग लिख पाते हैं और मैं उनमें से एक हूं; ये अहसास मेरे अन्दर पुलक भर गया।

पर इस स्वप्निल अहसास का तिलिस्म मेरे वहां ज्वायन करने के कुछ ही दिनों के अन्दर अचानक टूट गया, जब मेरी इस पारी की शुरुआत कड़वाहटों से हुई, वो भी बिल्कुल मेरे अनचाहे। पर इसकी बात थोड़ा आगे चलकर....

•••

वर्ष 2013 का साल ऐसा साल था जो कई मायनों में मेरे लिए महत्वपूर्ण साबित हुआ। सबसे पहले तो लंबे इंतज़ार के बाद ये प्रमोशन लेकर आया; दूसरे, इसी साल किराए का मकान छोड़ मैं अपने फ़्लैट में शिफ़्ट हुआ और तीसरे कि एक के बाद एक, 'नीलकंठ निराला', 'बहुरूपिया' और 'अंकल वान्या' जैसे नाटकों में मैंने अभिनय किया। अभिनय तो इससे पहले भी कई नाटकों में कर चुका था, पर सच कहूं तो अभिनय हमेशा मेरा शौक़ रहा, उसे पैशन नहीं बनाया मैंने। इसीलिए मैंने जिन नाटकों में भी अभिनय किया, उसमें अपने चरित्र के हिसाब से ही किया- यानी जिस चरित्र में मैं फ़िट बैठा, सिर्फ़ उन्हीं नाटकों में अभिनय किया।

रामेश्वर सिंह काश्यप लिखित **'नीलकंठ निराला'** और चेख़व का **'अंकल वान्या'**- दोनों महत्वपूर्ण नाटक हैं और दोनों में मेरी भूमिका काफ़ी चुनौतीपूर्ण थी।

सच कहूं तो 'अंकल वान्या', मेरे अबतक के किए सारे नाटकों में, कई कारणों से, दिल के सबसे क़रीब है। सबसे पहला कारण तो यही है कि इसे 'राष्ट्रीय नाट्य विद्यालय' की सुमन पटेल ने निर्देशित किया था। एक महिला निर्देशक के साथ काम करने की अनुभूति ही बहुत पुलक का अहसास कराती थी और सुमन पटेल को लेकर ये अनुभूति इसलिए भी और गहरी थी, क्योंकि वो हमारे बीच की थी, हमारे शहर की थी, एक तरह से हमारे घर की थी।

सुमन उस समय एन. एस. डी. के आख़िरी वर्ष में थी। दिल्ली से आने के बाद सबसे पहले उसने मुझे फ़ोन किया, "सर, आप फ्री हो तो आ जाऊं... एक नाटक करना है...।"

मेरी सहमति मिलते ही वो दूसरे दिन दोपहर घर आई। आते ही अपने बैग से एक भारी-भरकम स्क्रिप्ट निकाली और बोली, "सर, अंकल वान्या करना है... और इसमें डॉक्टर का रोल मैंने आपके लिए ही सोच रखा है...।"

मैंने एक नज़र स्क्रिप्ट की साइज़ पर डाली, "पर ये तो काफ़ी बड़ी है...!"

"हां, इसे एडिट करना है... सर.. बस, फटाफट 'लैपी' निकालो और हो जायेगा...।"

"अरे, पर, इसमें टाइम लगेगा... इतनी जल्दी कैसे...?"

"अरे सर, मैं काम ख़त्म कर के ही जाऊंगी.. खाना तो खिलाओगे न...!"

उसकी इस बात पर मुझे हंसी आ गई। मैंने भी शरारत से कहा 'ना' और फिर हम लग गए काम में। उसके बाद सुमन बोलती गई, धाराप्रवाह और मैं लैपटॉप पर उसी अंदाज़ में टाइप करता गया... लगातार, छः घंटों से भी ज़्यादा...।

'अंकल वान्या' एक कविता है, एक स्वप्न है- सच होता हुआ... एक छोटी-सी, मासूम लड़की की हथेलियों की तरह। जब इस सपने को लेकर सुमन पटेल मेरे पास आई तो मैं अचानक तकरीबन 20-25 साल पीछे चला गया... 'अंकल वान्या' को पहली बार पढ़ते हुए, उसके तमाम चरित्रों से एकाकार होते हुए। एक धुंध-सी भी छाई- कैसे होगा इतना कुछ...! उस समय एक नाटक पहले से फ़्लोर पर था- 'नीलकंठ निराला'; और अगले ही हफ़्ते 'वान्या...' और ये लड़की तो कैरेक्टर भी दिल्ली से ही सोच के आई थी... उत्साह से भरपूर... कुछ नया करने के रोमांच से सराबोर... अपने लोगों, अपने शहर में नाटक करने की अद्भुत ललक...संशय के कुछ स्वर भी उठे। आठ दिनों के भीतर दो-दो बड़े नाटक कैसे होंगे... और दोनों नाटकों का ख़र्च कहां से आयेगा...? संशय वाज़िब था लेकिन सुमन कुमार ने अगले ही पल इस संशय को दूर ये कहकर कर दिया कि 'सब हो जायेगा...।' इस 'सब हो जायेगा'- से सचमुच बहुत बल मिला।

हम चाहे अपने को आज कितना भी उदार और ज़हीन समझ लें, हमारी बुनियादी सोच आज भी वैसी ही दकियानूसी है। रंग-जगत् में कानाफुसियां शुरू हो

गई थीं- 'एन. एस. डी. से आईं हैं मैडम'... 'नाटक डायरेक्ट कर रही हैं'... 'अरे... टिकट भी लगाया है'... 'अब ये टिकट बेच कर नाटक दिखायेंगी'...! बाहर तो बाहर, हमारे अन्दर के भी कुछ लोग सुमन पटेल के निर्देशन में काम करने को लेकर असहज थे। लेकिन कहते हैं न कि इरादे अगर मज़बूत हों तो बड़े-से-बड़ा तूफ़ान भी कुछ नहीं बिगाड़ सकता। यही हुआ भी।

जहां तक मेरी बात है, मुझे इस लड़की के निर्देशन में काम करके बहुत मज़ा आया। मैं मुग्ध था उसके काम पर। विश्वास करना मुश्किल था कि ये तीन साल पहले वाली सुमन पटेल है। जब वो 'अंकल वान्या' की स्क्रिप्ट को संशोधित करा रही थी तभी मुझे अनुभव हुआ कि इसे स्क्रिप्ट की अद्भुत समझ है, और कितना उत्साहित है ये इस नाटक को लेकर। फिर जैसे-जैसे रिहर्सल शुरू हुए, वैसे-वैसे इसकी मेहनत और होमवर्क का मैं कायल होता गया। सच कहूं तो मुझे इस लड़की से बहुत-कुछ सीखने का मौक़ा मिला। क्या छोटे-से-छोटे डिटेल्स पर नज़र रहती है उसकी... संवाद-अदायगी से लेकर 'प्रॉप्स' और 'प्रोपर्टी' तक... और संगीत पर भी, जिसे करने की ज़िम्मेदारी उसने मुझे सौंपी।

'वान्या..' के साथ मेरी भावनाएं जुड़ी हुई थीं, इसलिए इसके पार्श्वसंगीत के बारे में मैंने गहराई से सोचा। चेखव और उसके नाटकों को जितना मैं समझ पाया था, वो यही था कि उसके पात्रों में एक प्रकार का ख़ालीपन, अकेलापन दिखाई देता है, पर वो अकेले होते नहीं... अपने एकाकीपन को वे अपने जीने के नये अंदाज़ से तोड़ते रहते हैं।

इस नाटक में मेरी भूमिका डॉक्टर की थी। ये एक ऐसा चरित्र था, जिसके इर्द-गिर्द नाटक की सारी कहानी घूमती है। इस चरित्र के डॉयलॉग, उसके पंचेज़, उसकी प्रेमी वाली छवि- सबकुछ बड़ा ही सम्मोहक था। चेख़व को तो वेसे भी 'मानव मन का चितेरा' माना जाता है जो इस नाटक में अपने पूरे उरूज पर है। नाटक के बाद मुझे भी लगा कि सुमन ने ठीक ही कहा था, ''सर, ये रोल आपके लिए ही बना है...।''

•••

पिछले कुछ समय से नाटकों की ही भांति, खेलों के साथ भी मेरा जैसे चोली-दामन का-सा साथ होता जा रहा था। जहां जाता, वहां एक नई भूमिका मेरे लिये तैयार मिलती थी। ईश्वर कितना मेहरबान था मुझपर...! हालांकि आस्ट्रेलिया का प्रोग्राम विफल रहा था, पर संभव है, इसमें भी मेरी कोई भलाई निहित होगी; पर इसके लिये मेरा चयन होना भी कुछ मायने तो रखता ही है।

ये 2014 की बात है। उस समय मैं भागलपुर में था। मेरे पास महानिदेशालय से एक पत्र आया जिसके अनुसार इन्चियोन, दक्षिण कोरिया में 18 सितम्बर से 4 अक्तूबर, 2014 के बीच आयोजित होने वाले '17वें एशियाई खेल' की कवरेज़ के लिये मुझे इन्चियोन जाना था। मैं थोड़ा इस चमत्कार से स्तंभित भी हुआ; क्योंकि मुझे बिल्कुल आशा नहीं थी कि विदेश जाने के लिये कभी मेरा बुलावा भी आयेगा। हां, दो-तीन बार के लगातार मिलते अवसरों से मुझे कभी-कभी इसका अनुमान अवश्य होता था कि शायद पाणि साहब, या शायद राजीव जी के आत्मीय संबंधों की वजह से मुझे ये अवसर मिल रहे हों; पर मेरे इस अनुमान को फ़ौरन मेरे ही तर्क झूठे सिद्ध कर देते जब वे कहते कि इससे पहले इस प्रकार के कितने ही 'इवेंट' हुए; ओलिंपिक तक कवर करने टीम गई, पर राजीव जी ने, या पाणि साहब ने, तब तो मेरा नाम नहीं भेजा...? बल्कि इस उपेक्षा को लेकर मेरे अन्दर, ख़ास तौर पर राजीव जी के प्रति, एक प्रकार की उदासीनता भी व्याप रही थी, जो शायद असहिष्णुता की हद तक भी इसलिये चली गई होगी, जब मैं सामने से मध्यप्रदेश या वहां उनके साथ काम किये लोगों के प्रति उनमें थोड़ी अतिरिक्त उदारता देखता। बहरहाल, ये जिनकी कृपा का भी प्रतिफल हो, मैं उन्हें सादर नमन करता हूं, उनका कृतज्ञ तो हूं ही.....

        तो पत्र आया, जिसमें पूर्व की भांति सारे दस्तावेज़ मांगे गये। उसमें सबसे महत्वपूर्ण दस्तावेज़ था 'पासपोर्ट', जिसके बिना विदेश जाना संभव नहीं था। मेरा 'आस्ट्रेलिया' के समय का बनवाया 'राजनयिक पासपोर्ट' (व्हाइट पासपोर्ट) कब का समाप्त हो चुका था, इसलिये मैं तुरत पटना भागा और इस बार 'रेगुलर पासपोर्ट' बनवाया ताकि आगे भी काम आ सके। इसमें पिछली बार के अनुभव बड़े काम आये और कुछ मित्रों की मदद से जल्दी ही पासपोर्ट मिल गया।

        दक्षिण कोरिया जाने के हिसाब से हमें दिल्ली एक हफ़्ता पहले बुलाया गया था, पर पिछले अनुभवों के आधार पर इस यात्रा को लेकर कोई बहुत उत्साह और रोमांच नहीं था, बल्कि आशंका ज़्यादा थी कि कहीं इसका परिणाम भी आस्ट्रेलिया जैसा न हो। इसलिये इस बार घर-परिवार और कुछ गिने-चुने लोगों के अलावा मैंने इस यात्रा के बारे में किसी को नहीं बताया। 'आस्ट्रेलिया' के समय तो बाक़ायदा भागलपुर और पटना दोनों जगह के अख़बारों में तस्वीर के साथ पूरी न्यूज़ छपी थी। पर इस बार मैं बिल्कुल ख़ामोशी के साथ दिल्ली चला आया।

        दिल्ली पहुंचकर जब ये पता चला कि कोरिया जाने वाली टीम में 26 लोग हैं, तो दिल को ये सोच के सुकून मिला कि चलो, इस बार फ़ाइल के पीछे मुझे अकेले नहीं दौड़ना पड़ेगा। वहां की स्थिति में तब भी कोई परिवर्तन नहीं आया था। फ़ाइल उसी प्रकार प्रसार भारती में अटकी पड़ी थी; अधिकारी उसी प्रकार उस

फ़ाइल को लेकर उदासीन थे; टीम के सारे सदस्य उसी प्रकार आशंकाओं के भंवर में फंसे थे; और मैं ये सारा तमाशा देख बिल्कुल भी हैरान नहीं था।

इस बार 'स्पोर्ट्स सेल' में सदानन्द मिश्रा जी नहीं थे, उनके स्थान पर पेक्स, वी. शिवकुमार थे; जिन्हें हम 'शिवा' कहते हैं... बड़े ही सज्जन और मृदुभाषी-मिलनसार; और उससे भी अधिक 'सपोर्टिव'...। उनसे मेरी मुलाक़ातें दिल्ली में अनेक अवसरों पर हुईं, और इस प्रवास में तो काफ़ी लम्बा वक़्त हमने साथ गुज़ारा; मैंने उन्हें कभी भी, किसी की निन्दा करते नहीं सुना।

मैंने शिवा से पूछा, "क्या स्थिति है शिवकुमार जी...?"

"ठीक है सर, आपको तो सब पता ही है.." उन्होंने मुस्कुराते हुए जवाब दिया।

"फिर भी, क्या इस बार भी फ़ाइल के पीछे दौड़ना होगा...?" मैंने थोड़ा व्यंग्य के लहज़े में ही कहा।

"नहीं सर, उसके लिए लोग लगे हुए हैं... हमारे ए. डी. पी. साहब को भी पता है..." शिवा के कहने पर थोड़ा भरोसा जगा।

"आपको क्या लगता है शिव कुमार जी, हम कोरिया जा पायेंगे...?" मैंने अपने व्यंग्य की धार को और पैना किया, पर लगा कि इस 'जेन्टिलमैन' के ऊपर धार आज़माने से क्या फ़ायदा...!

"क्यों नहीं जायेंगे सर, मैं सारा इंतज़ाम कर के रखता हूं, जैसे ही ऑर्डर आयेगा...." उनके उत्साह से भरपूर आगे के शब्द मैंने सुने ही नहीं; मुझे वहां मिश्रा जी के कहे शब्द याद आने लगे, "हम अपनी तैयारी पूरी रखते हैं ताकि उधर फ़ाइल पर हस्ताक्षर हो और इधर हम मिशन पर चलें।"

उस समय मुझे यही लग रहा था जैसे मेरी पिछली दुखभरी यात्रा का 'रिपीट ब्रॉडकास्ट' चल रहा है, जिसमें थोड़े-बहुत सिर्फ़ चेहरे ही बदले थे; परिस्थितियां वही थीं, समस्यायें वैसी ही थीं और आशंकाओं का भी पूर्व की भांति कोई अन्त नहीं था।

उस समय मुझे मिश्रा जी की दूसरी बातें भी याद आ रही थीं, इसलिए मैंने शिवा से पूछा, "टीम तो काफ़ी बड़ी है और इसमें कुछ 'नामचीन' लोगों के नाम भी नहीं हैं...?"

शिवा ने बड़ी मासूमियत से कहा, "हां, इस बार खुद डी. जी. ने नाम 'अप्रूव' कर के भेजा है... इसलिये..." आगे का वाक्य उन्होंने अधूरा छोड़ दिया।

मैं शिवा की कही बातों का मर्म समझ रहा था और जल्दी ही उस समय वहां चल रहे दूसरे खेल का स्कोर भी सामने आ गया। जो सज्जन असिस्टेंट डायरेक्टर की हैसियत से 'स्पोर्ट्स सेल' देख रहे थे, मैं उन्हें नाम से जानता था। उन्हें जैसे इस 'प्रोजेक्ट' से कोई मतलब नहीं था, उल्टे कोरिया जाने के बारे में कोई पूछता तो वे एक कुटिल, विद्रूप-भरी मुस्कान से कहते, "देखिये... शायद वहां की

लकीर छूने को मिल जाये...।'' उस समय बड़ी ही वितृष्णा होती थी इस आदमी से और ख़ुद पर अफ़सोस होता था कि क्यों गये पूछने!

वैसे इन सज्जन का चरित्र कुछ ऐसा था कि कहीं, कोई भी खेल हो, ये वहां कमेन्ट्री करते मिल जाते थे। रेडियो का नेटवर्क है बहुत बड़ा, लेकिन जो कार्यक्रमों के प्रति जागरूक और संवेदनशील होते हैं, उन्हें ही रेडियो के चर्चित नामों के बारे में पता होता है। कमेन्ट्री वे निस्संदेह उत्कृष्ट करते थे और उनकी इस प्रतिभा पर सवालिया निशान नहीं लगाया जा सकता; लेकिन वे हर जगह ख़ुद ठंसने की फ़िराक़ में लगे रहते थे। वे कभी नहीं चाहते थे कि कोई नया आदमी स्पोर्ट्स की फ़ील्ड में आये। बाद में मुझे ये भी सुनने को मिला कि वे स्वयं इस दौरे के लिये लालायित थे, पर अन्यान्य कारणों से उन्हें मौक़ा नहीं मिला, इसलिये इसका बदला वो इस तरह उदासीनता दिखा कर ले रहे थे। लोग तो ये भी कहते थे कि ये ऑफ़िस से 'प्रसार भारती' में फ़ाइल पता लगाने के बहाने निकलते हैं, पर वहां जाते नहीं। यही कारण है कि हमारे पहुंचने के बाद भी फ़ाइल कई दिनों तक प्रसार भारती में ही अटकी पड़ी रही। उनकी उदासीनता तक तो हम सहन कर भी लेते, पर उनका व्यंग्यात्मक कथन अन्दर तक छील जाता जब वे उसी विद्रूपता से कहते, ''आपलोग हाला छू लें, यही बहुत है...।''

और आख़िरकार वही हुआ जिसकी आशंका थी, डर था। ये डर सबसे पहले एक सूचना के रूप में उन पांच-छः लोगों पर क़हर बन कर टूटा, जिन्हें ये कहा गया कि प्रसार भारती ने सूची में संशोधन करने के लिये फ़ाइल लौटाई थी, जिसके तहत उनके नाम काट दिये गये हैं और उन्हें वापस लौटने का आदेश जारी कर दिया गया- कितना विडंबनापूर्ण, कितना अपमानजनक... और ऐसा होते-होते हमारे जाने की तिथि भी आ गई।

ऐन उसी वक़्त बताया गया कि अबतक कुछ फ़ाइनल हो नहीं पाया है, इसलिये आकाशवाणी, दिल्ली के स्टूडियो से 'ऑफ़ ट्यूब' कवरेज होगा- 'ऑफ़ ट्यूब' यानी टेलीविज़न-स्क्रीन के सामने बैठ कर इस प्रकार कमेन्ट्री करना कि वो 'लाइव' लगे। हमसब समझ गये कि इसका मतलब कोरिया जाना नहीं हो पायेगा। फिर इस 'ऑफ़ ट्यूब' का क्या मतलब... ये तो यहां दिल्ली में बैठे लोग भी कर लेंगे! पर कुछ लोगों ने कहा कि हो सकता है, बीच में कभी कोरिया जाने का ऑर्डर आ जाये।

इस प्रकार 18 सितम्बर को प्रस्तुत 'कर्टेन रेज़र' से लेकर, 19 सितम्बर के उद्घाटन-समारोह और उसके बाद से 26 सितम्बर- 9 दिनों तक- हमने एशियाई खेलों की कमेन्ट्री इस प्रकार सुनाई मानो हम कोरिया में बैठ कर कमेन्ट्री कर रहे हों। लेकिन इस बीच कुछ और लोगों को ज़िल्लत और अपमान की उसी आग की दरिया से गुज़रना पड़ा, जिसकी चर्चा मैं ऊपर कर चुका हूं। एक बार फिर सूची

छोटी की गई; एक बार फिर कुछ लोग अपमानित हुए, एक बार फिर कुछ लोगों को वापस उनके घर भेजा गया। सौभाग्य से मैं उनमें नहीं था, पर उनके दर्द का मुझे पूरा अहसास था।

पता नहीं क्यों, मुझे बार-बार इस बात पर गुस्सा आता है कि दूसरी जगहों पर, ख़ास कर विदेशों में, हम अपने को इतना बेबस, बेचारा, निस्सहाय बना कर क्यों प्रस्तुत करते हैं; हम क्यों बार-बार देश की अस्मिता से खेलते हैं, उसकी हंसी उड़वाते हैं? अगर इसी 'कवरेज़' को लें तो क्या नौ दिन बाद, जबकि कई प्रतिस्पर्धाएं आधे दौर में पहुंच चुकी होंगी, उसके बाद 'कवरेज़ टीम' का पहुंचना देश की खिल्ली उड़वाने-जैसा नहीं है...?

बिल्कुल ऐसा ही अनुभव वहां पहुंचने पर हुआ, जब इन्चियोन (दक्षिण कोरिया) के 'सॉन्नदो कन्वेन्सिया' स्थित 'आई. बी. सी.' के हमारे 'मीडिया सेन्टर' में बैठने को कुर्सी तक नहीं थी; यहां तक कि 'इन्टरनेशनल सिग्नल्स' के लिंक भी नहीं थे या हमारे नहीं पहुंचने के कारण हटा लिये गये थे। आनन-फानन में आशीष चरणगू ने, जिन्हें इन सब कामों का विशेषज्ञ माना जाता था; दौड़-धूप कर सारी व्यववस्थाएं दुरूस्त करवाईं। ये उनकी मेहनत, राजीव जी की प्रशासनिक दक्षता और इन सबसे बढ़कर हमारे साथियों के शानदार जज़्बे का परिणाम था कि हम उसी दिन- 28 सितम्बर के खेलों की 'लाइव रिपोर्ट' दे पाये।

एक समय राजीव जी निराश भी दिखे, जब उन्होंने पूछा, "क्यों आज हो जायेगा न...!"

"जी सर..." हम सब ने एक स्वर में उत्तर दिया था। पर इस काम में हमारे अभियांत्रिकी के साथियों ने भी कमाल किया, हालांकि वे सिर्फ़ दो थे, पर उन्होंने बहुत कम वक़्त लेते हुए न सिर्फ़ कोरिया से दिल्ली 'फ़ीड' सुनिश्चित की, बल्कि उसी तत्परता से हमारे लिये 'रिकॉर्डिंग बूथ' को भी व्यवस्थित किया। इस अफ़रा-तफ़री में भी हमने कभी अपना उत्साह नहीं छोड़ा, तमाम कठिनाइयों के बीच भी हम मुस्कुराना नहीं भूले और इसके लिये स्मृतियों के टेप को थोड़ा 'रिवाइंड' करना चाहूंगा।....

• • •

हम सबों के लिये सबसे ख़राब और दुखदाई क्षण वो था जब हमारे बीच के उन कुछ साथियों को कहा गया कि आपके नाम कट गये हैं और अब आप कोरिया नहीं जा सकेंगे। हमारे ये साथी विगत पंद्रह दिनों से दिल्ली में ठहरे हुए थे और पिछले दस दिनों से चल रहे 'ऑफ़ ट्यूब' कमेन्ट्री को बड़ी शिद्दत और लगन से, जी-जान लगाकर प्रस्तुत कर रहे थे।

सच्चाई ये है कि हम व्यवस्था की इस या इस जैसी ढेरों क्रूरताओं का शिकार दिन-रात और न जाने कितनी बार होते हैं और फिर सब भुलाकर आगे बढ़ जाते हैं। इसलिए जो थोड़े, हमारे जैसे सौभाग्यशाली इस क्रूरता का शिकार होने से बच गये, वो आगे की यात्रा के लिये तैयार होने लगे जब ये सूचना मिली कि हम कोरिया जा रहे हैं।

हमारे भारत से दक्षिण कोरिया की घड़ी साढ़े तीन घंटा आगे है, यानी अगर दिल्ली में रात के बारह बजे होंगे तो वहां अगले दिन की सुबह के साढ़े तीन। दिल्ली से हमारी फ़्लाइट 27 सितम्बर को रात 11-15 की थी, जो कुल नौ घंटे पैंतालिस मिनट का सफ़र तय कर 28 सितम्बर को दोपहर साढ़े बारह बजे 'इन्चियोन इंटरनेशनल एयरपोर्ट' पर पहुंचने वाली थी। हां, इसके बीच में 'हांगकांग एयरपोर्ट' पर एक घंटे का हॉल्ट भी शामिल था।

अब इस दृष्टि से सफ़र के पूरे घंटे की गणना करें तो पता चलेगा कि घड़ी के हिसाब से हमने यात्रा की लगभग साढ़े तेरह घंटे की, पर हमारी यात्रा की कुल अवधि नौ घंटे पैंतालिस मिनट ही रही। ऐसा दोनों देशों के समय में अंतर के कारण हुआ। लौटते वक़्त भी हम वहां से 5 अक्तूबर को दोपहर सवा दो बजे चले और 5 तारीख़ को ही दस घंटे पच्चीस मिनट का सफ़र तय कर रात्रि नौ बजकर दस मिनट पर दिल्ली पहुंच गये, क्योंकि हम उनसे साढ़े तीन घंटे पीछे थे।

ख़ैर हम में से कई ऐसे थे जिनका विदेश का पहला सफ़र था, इसलिए उमंग के अलावे एक पुलक का अहसास भी साथ-साथ चल रहा था। हमारे कई साथी- और मैं स्वयं भी- इस उछाह में भी थे कि 'इन्टरनेशनल फ़्लाइट' में कई ऐसी 'सहूलियतें' मिलती हैं जो हमारी घरेलू उड़ानों में नहीं मिलतीं। हम उन सुविधाओं का भरपूर लाभ उठाना चाहते थे, और हमने उठाया भी। इस वजह से लगभग दस घंटे की वो यात्रा, ऐसा लगा जैसे कुछ जल्दी ही ख़त्म हो गई।

हवाई जहाज़ से, कुछ दूर ऊपर से ही कोरिया की धरती दिखने लगी थी- साफ़-हरीतिमा से भरी हुई; मोहक-समंदर से घिरी हुई। थोड़ा और नीचे आने पर 'इन्चियोन' शहर का विहंगम दृश्य ऊंची-ऊंची अट्टालिकाओं के रूप में सामने आया। कुछ ही देर बाद जब विमान ने 'इन्चियोन इंटरनेशनल एयरपोर्ट' की धरती को छुआ तो बाहर सूर्य प्रखर हो कर चमक रहा था और हम अपने भीतर एक अलग तरह के ताप का अनुभव कर रहे थे; हालांकि बाहर हल्की ठंडक थी।

दक्षिण कोरिया की उस धरती का एक-एक पल जैसे हम जी लेना चाहते थे, इसलिये एयरपोर्ट से बाहर होते ही कैमरे और मोबाइल सक्रिय हो उठे और हम सब फ़ोटो और 'सेल्फ़ी' के ज़रिये वहां की ख़ूबसूरती को क़ैद करने में लग गये।

'इन्चियोन इंटरनेशनल एयरपोर्ट' दक्षिण कोरिया का सबसे बड़ा और व्यस्ततम एयरपोर्ट है। 2005 से इसकी गिनती लगातार दुनिया के सर्वोत्कृष्ट और स्वच्छ एयरपोर्ट के रूप में होती रही है।

एयरपोर्ट से 'इन्टरनेशनल ब्रॉडकास्ट सेन्टर' तक हमें शटल बस ले गई जो मशहूर इन्चियोन ब्रिज से होकर गुज़री। ये ब्रिज दो द्वीपों- योंगजोंगदो और सॉन्गदो के बीच के उथले समुद्र के ऊपर स्थित है, जिसकी लंबाई लगभग 22 किलोमीटर है। विश्व के सबसे लंबे सेतुओं में दक्षिण कोरिया के इस सेतु को सातवां स्थान प्राप्त है।

दक्षिण कोरिया का 'इन्चियोन' शहर लंबे समय तक औद्योगिक परिवहन का एक महत्वपूर्ण केन्द्र रहा है। कोरिया के लिये इन्चियोन शहर का महत्व इस दृष्टि से है कि इसके ज़रिए इसने आधुनिक औद्योगीकरण की आवश्यकताओं को पहचान कर न सिर्फ़ बाहरी दुनिया के लिये अपने बंदरगाहों के द्वार खोले, बल्कि वैश्विक कंपनियों को अपने यहां निवेश करने की छूट भी दी।

इन्चियोन की लगभग 36 प्रतिशत आबादी क्रिश्चियन है, जबकि 14 प्रतिशत बौद्ध और 50 प्रतिशत के आसपास या तो किसी धर्म के अनुयायी नहीं हैं अथवा मुस्लिम हैं।

यहां खेलों में पहले नम्बर पर फुटबॉल है, जबकि बेसबॉल, बास्केटबॉल, वॉलीबॉल और आइस हॉकी भी यहां काफ़ी लोकप्रिय हैं।

यहां का मौसम समशीतोष्ण है, ठीक वैसा ही, जैसा हमारे भारत में; और शहर की बात करें तो बैंगलुरू जैसा- दिनभर गर्मी और देर रात या सुबह में हल्की ठंड...।

तो दक्षिण कोरिया का तीसरा सबसे बड़ा शहर इन्चियोन, दस दिन पूर्व ही 2014 के 17वें एशियाई खेलों का गवाह बन चुका था, हम ही देर से पहुंचे। पर जैसा पहले कहा कि हम आते ही काम में लग गये और उस दिन की आख़िरी फ़ीड, जो रेडियो-रिपोर्ट के रूप में दिल्ली तथा देश के साठ से भी अधिक केन्द्रों और एफ़. एम. चैनलों से प्रसारित होती थी, उसे करके ही दम लिया।

पर जैसा कि दोनों देशों के समय में साढ़े तीन घंटों का फ़र्क था, इसलिये जब हम ये फ़ीड भारत के समय के हिसाब से रात 9 बजे देते थे तो कोरिया में उस वक़्त रात के साढ़े बारह बज रहे होते थे। फ़ीड देने में अक्सर देर हो जाती, क्योंकि कुछ लोगों को छोड़, सारे लोग फ़ील्ड में होते थे। वे लौटकर आते, अपने कवरेज़ के हिसाब से 'इन्ट्रो' तैयार करने के बाद उसे रिकॉर्ड करते और फिर खेलों के बाइट्स और कमेन्ट्री को एडिट कर वो सामग्री उस दिन के प्रोड्यूसर को 'फ़ाइनल मिक्सिंग' के लिये देते थे। इन सब कामों में वक़्त लगता था, क्योंकि सबके आने का टाइम एक नहीं था। कभी-कभी कोई इवेंट देर तक भी चलता था, जिससे आख़िरी बाइट मिलने में देर हो जाती थी। सारा काम समाप्त कर, दिल्ली से फ़ोन

पर बात कर, ये सुनिश्चित करने के बाद कि फ़ीड की क्वालिटी वगैरा ठीक है; हम आई. बी. सी. छोड़ते थे। इसके बाद भी हमें अपने ठहरने के स्थान 'खेल गांव' तक, शटल बस से पहुंचने में बीस-पच्चीस मिनट लग ही जाते थे; यानी यदि समय का हिसाब करें तो वहां के समय से हम कभी रात के एक या डेढ़ बजे से पहले नहीं पहुंच पाते थे और सोते-सोते दो तो बजते ही थे।

फिर दूसरे दिन सुबह आठ बजे नाश्ते के समय के हिसाब से अगर सात बजे तक नहीं उठे तो डाइनिंग स्पेस में बहुत भीड़ हो जाती थी और ठीक से नाश्ता करना भी मुश्किल हो जाता था। इस तरह बमुश्किल पांच-छः घंटों की नींद हो पाती थी।

हालांकि नाश्ते में काफ़ी विविधता थी और अन्तर्महाद्विपीय स्वाद और व्यंजनों को परोसने का प्रयास किया गया था, पर इनमें अधिकता कोरियाई व्यंजनों की ही दिखती थी। उसके बाद फल, अंडे, दूध, ब्रेड आदि का नम्बर आता था।

उस बड़े से हॉल में घुसते ही नासिका-रंध्रों में सबसे पहले मांसाहारी व्यंजनों की सुगंध पड़ती थी। वो सुगंध क्या थी, बस उससे बचते-बचाते हम फल और दूध-ब्रेड के काउंटर की ओर बढ़ जाते और कोशिश करते कि जल्दी किसी प्रकार नाश्ता निपटा कर वहां से निकल लें। इस जल्दीबाज़ी में कई बार नाश्ता आधे पेट ही हो पाता था।

रात में हमलोगों का डिनर एक होटल से आता था। शुरू में एक-दो दिन डिनर में जो खाना आया, वो किसी से खाया नहीं गया- न कोई स्वाद, न मसाले; बस जैसे उबाल कर कुछ रख दिया गया हो। उसके बाद हम में से कोई एक नेपाली होटल की जानकारी ले कर आया, जो बगल में कवरेज़ कर रही 'इण्डिया टुडे' की टीम ने दी थी। वे लोग वहीं से खाना मंगवाते थे। ये खाना अपेक्षाकृत ठीक था- नान, सब्ज़ी और अचार; हालांकि सब्ज़ी लगता था, मात्र नमक डालकर बनाई गई है और नान इतना चिमड़ा रहता था कि उसे चबा-चबा कर थक जाते। फिर भी ये पहले वाले खाने से बेहतर था।

सबसे बड़ी समस्या दिन के खाने की होती थी। दिन में हम अलग-अलग स्थलों पर होते थे, लिहाज़ा जिस जगह हम होते, वहीं खाने का भी इंतज़ाम देखना पड़ता। 'खेल गांव' के अतिरिक्त बाक़ी सब जगह प्रायः कोरियाई स्वाद और सुगंधों वाला खाना मिलता जो किसी तरह हमारे गले के नीचे नहीं उतरता। कुछ जगहों पर केला और बिस्किट के आकार का जो ब्रेड मिलता, उसकी क़ीमत कोरियाई मुद्रा 'वॉन' में पांच हज़ार 'वॉन' के आसपास होती- 60 पैसे का एक वॉन; यानी हमारे यहां के लगभग साढ़े तीऩ सौ रुपये में वहां का एक केला और एक ब्रेड आता। मैं इस प्रकार विदेशी मुद्रा क़तई ख़र्च करना नहीं चाहता था, इसलिए प्रायः दोपहर पानी पी के कट जाया करती थी। वैसे अधिकतर उतना-भर खाने के लिए भी समय निकालना मुश्किल होता।

इन्चियोन में 17वें एशियाई खेल कुल सोलह दिन चले, पर देर से आने के कारण हम सिर्फ़ सात दिन ही कवर कर पाये। इन खेलों के लिये इन्चियोन और इसके भागीदार शहरों के 49 स्टेडियमों में खेल-स्पर्धाओं का आयोजन किया गया था, जिसमें पैंतालीस देशों से आये लगभग चौदह हज़ार पांच सौ खिलाड़ियों और अधिकारियों ने खेल की छत्तीस स्पर्धाओं में पदक के लिये ज़ोर-आज़माइश की। इस एशियाई खेल का सूत्र-वाक्य था- 'डाइवर्सिटी शाइन्स हियर...'।

'मीडिया विलेज', जहां हमलोगों को ठहराया गया था उसके लिये 'गुवॉल एशियाड एथलेटिक्स विलेज अपार्टमेंट' के दो ब्लॉक लिये गये थे, जिसमें ग्यारह सौ चौबीस अपार्टमेंट थे और हर अपार्टमेंट में कम-से-कम पच्चीस मंज़िलें तो ज़रूर थीं। उसी में से एक अपार्टमेंट के ब्लॉक 106 की 16वीं मंज़िल का एक 'सुईट' मेरे और निदेशक, अभियांत्रिकी के लिये आरक्षित था।

चूंकि टीम में हम सात-आठ लोग ही थे, इसलिये इन सात दिनों में एक-एक आदमी को एक दिन में कई-कई काम करने पड़े। अब मैंने ही एक दिन में 'फ़ील्ड' में जाकर कभी 'नौकायन', कभी 'ताइक्वांडो' और कभी 'हॉकी' (महिला) का कवरेज़ किया तो वापस आई. बी. सी. लौटकर एफ़. एम. का 'लाइव' अपडेट भी दिया और रात की रेडियो रिपोर्ट के लिये स्क्रिप्ट लिखने से लेकर प्रोडक्शन भी किया। लगभग सबका यही हाल था। यहां तक कि ४ अक्तूबर को समापन-समारोह के दिन, जब सारे लोग 'पास' ले-लेकर समारोह देखने चले गये थे, मैं 'नौकायन' का कवरेज़ कर के आने के बाद, समापन-समारोह को टीवी पर देख-देख रेडियो-रिपोर्ट तैयार कर रहा था।

हां, बीच में अपने काम से समय निकालकर, अलग-अलग समूहों में हम 'इन्चियोन भ्रमण' पर भी निकले। भ्रमण तो क्या होता, एक दिन में किसी एक ही गंतव्य तक जाना संभव था; सो टूरिस्ट बस हमें जहां ले गई, हम वहां चले गये।

बस में दो-तीन की संख्या में ख़ूबसूरती भी सवार हुईं, जो हमारी गाइड थीं, बड़ी ही शिष्ट और विनम्र। ये उनके पेशे की मांग थी। हमारे बगल में बैठ फ़ोटो खिंचवाने से उन्हें कोई परहेज़ नहीं था, सो हम सब तस्वीरें उतारने और 'सेल्फ़ी' में मग्न हो गये। बीच-बीच में वे ख़ूबसूरत परियां हमें शहर के बारे में भी बताती जा रही थीं।

इस प्रकार लगभग एक घंटे की यात्रा कर हम पहुंचे 'वॉल्मी पार्क', जो 'वॉल्मी' की पहाड़ियों पर स्थित, 23-75 मीटर ऊंचा एक 'ऑबज़र्वेटरी प्लेटफ़ॉर्म' है। यहां से इन्चियोन शहर का पूरा नज़ारा देखा जा सकता है। इसके अलावा इस जगह से हमने इन्चियोन बंदरगाह का अद्भुत दृश्य देखा- चारों ओर फैला नीला सागर और उसमें जगह-जगह लगे असंख्य क्रेन, बड़े-बड़े पोत और छोटी-बड़ी नावें...।

यहां से 'इन्चियोन इन्टरनेशनल एयरपोर्ट', 'इन्चियोन ब्रिज' और 'सॉन्गदो-च्योंग्ला-योंगजॉन्ग अन्तर्राष्ट्रीय शहर का नज़ारा भी साफ़-साफ़ दिखाई दिया। इस प्लेटफ़ॉर्म की रेलिंग में भारी दूरबीनें लगी हैं, जिनसे रात में भी देखना संभव है।

दृश्यावलोकन के पश्चात् हमने यहां के कैफ़ेटेरिया में कॉफ़ी के मज़े भी लिये और पर्यटकों के लिये ख़ास तौर से बनाये 'संदेश पट्टिकाओं' (Message Blocks) पर कोरियावासियों के लिये संदेश भी लिखा– "हम आपके आतिथ्य से अभिभूत हैं.. आपसब अद्भुत हैं और आपका प्रेम हमें बार-बार यहां खींच लायेगा..।"

उसके बाद हम उसी परिसर में स्थित 'वॉल्मी सांस्कृतिक केन्द्र' के 'कोरियाई आप्रवासी संग्रहालय' में गये, जहां कोरियाई आप्रवासियों का पूरा इतिहास दर्शाया गया है– तरह-तरह के परिधान, आभूषण, रोज़मर्रा के इस्तेमाल की चीज़ें, विभिन्न प्रकार की मुद्राएं, वाद्य-यंत्र आदि सारी कहानी खुद कहते प्रतीत होते हैं।

इसी के मध्य एक पूरा सेक्शन कोरियाई पारंपरिक परिधानों का था, जिसने एक नये तरह का अनुभव दिया। हमारे साथ आई लड़कियां वहां टंगे परिधानों को पहनने में व्यस्त हो गईं और हमें भी उन्होंने धारण करने का इशारा किया। फिर क्या था, हम सब अपने-अपने ढंग से इसमें जुट गये– लंबा-सा रंग-बिरंगा, साटन की तरह कपड़े का चोगा, जो घुटनों के नीचे तक आता था... उसमें बीच में अटकाने के लिये डोरी लगी थी... और सिर ढंकने के लिये उसी से मिलती-जुलती टोपी, जिसमें ऊपर की तरफ़ दो कानों की तरह फुंदने निकले हुए थे...। इस काम में हमारी मदद लड़कियों ने भी की और जब उन परिधानों को धारण करने के बाद हमने शीशे में अपनी छवि देखी तो हमें कोरिया के शासक से कुछ कम का बोध नहीं हुआ।

उसी स्थान पर ठीक बीचोबीच, छोटी-छोटी कटोरियों में कोरिया के पारंपरिक व्यंजनों की अनुकृतियां रखी थीं, जिनके एक ओर अलग-अलग मुद्राओं में स्त्री-पुरुष की दो-तीन प्रतिमाएं स्थापित थीं। साथ आई पारंपरिक परिधानों में सजी एक लड़की ने मेरा हाथ पकड़ मुझे वहां बिठाया और खुद भी मेरे साथ बैठकर खाने का अभिनय करने लगी। साथ-साथ वो कोरियाई भाषा में कुछ बोलती भी जा रही थी, जिसका मतलब था– "आप खाइये...।"

इसके बाद हम वहां के एक छोटे-से प्रेक्षागृह में गए, जहां कोरिया का पारंपरिक संगीत कॉन्सर्ट चल रहा था। ऐसी पारंपरिक शैलियों में दाएजियम और गाएजियम ख़ास महत्व रखते हैं। जब हम वहां पहुंचे तो संभवतः वही शैली वहां मंचित हो रही थी।

मंच के बीचोबीच रखे एक स्टाल पर कुछ फल रखे थे, जिसे फूलों और रंगीन कपड़ों से सजाया गया था। उसके पार्श्व में तीन 'वादक-कलाकार' बैठे थे, जिनमें एक के पास झांझ-जैसा बड़े आकार का थालीनुमा वाद्ययंत्र था, जबकि उसके

बगल के दोनों कलाकारों के पास डफली-जैसे वाद्य थे, जिससे वो निरंतर एक लय में स्टेज पर उपस्थित अभिनेता के साथ संगत कर रहे थे।

मंच के ठीक मध्य में लंबा चोगा पहने एक अभिनेता गोल-गोल घूम रहा था। चोगे से उसकी उंगलियां तक ढकी हुई थीं और वो वाद्य की लय पर घूमते हुए कभी फलों के स्टॉल तक पहुंचता था, फल उठाता था, रखता था, फिर तेज़ी से चक्कर काटता था। झांझ की लय और तीव्र हो जाती है- तीव्र से तीव्रतर; कलाकार के क़दम भी उसी लय पर थिरकने लगे। फिर अचानक एक स्ट्रोक के साथ झांझ का स्वर ठहर गया और लम्बी ख़ामोशी छा गई।

इसके बाद अभिनेता संगत-कलाकारों के साथ संवाद करने लगता है; वो प्रश्न करता है और वे जवाब देते हैं; कुछ-कुछ वैसा ही जैसे हमारे यहां 'पंडवानी' में होता है। पर 'पंडवानी' की प्रस्तुति में ओज होता है, चरित्राधारित अभिनय होता है, पर इसमें ऐसा नहीं था। भाषा चाहे समझ में नहीं आ रही थी, पर भाव से ये पता चल रहा था कि ये नाटिका प्रकृति और पर्यावरण को बचाने को लेकर है। सच में, थियेटर अथवा कला-रूपों को किसी भाषा की दरकार नहीं होती।

पूरा कोरिया देखने के लिये तो महीना भी कम पड़ता, पर इतना अनुभव भी मेरे लिये काफ़ी था; हालांकि बीच में हमारे मित्र मौक़ा निकालकर दक्षिण कोरिया की राजधानी, 'सिओल' घूम आये थे।

अब हमारे लौटने का वक़्त नज़दीक आ गया था और हम सामान समेटने लग गये थे और जब 5 अक्तूबर, 2014 की दोपहर हम 'इन्चियोन इन्टरनेशनल एयरपोर्ट' पहुंचे तो सूर्य उतना ही प्रखर था, जैसा कि हमारे आने के समय था; बाहर धूप वैसी ही थी, नमी भी... पर इस समय एक दूसरी नमी हमलोगों की आंखों में भी साफ़ देखी जा सकती थी।

•••

पांच

"बांहों में झील भरे ताज भरे हम
फूलों से लदी-लदी डाल भरे हम
केवड़े कदंब
बार-बार छू गये..."

(कैलाश गौतम)

भागलपुर के अपने इस कार्यकाल और इसके पूर्व 2008 के कार्यकाल-दोनों को यदि मिला दूं तो कहूंगा कि मुझे दोनों बार कुछ ऐसे लोग भी मिले, जिन्होंने न सिर्फ़ मेरा ध्यान रखा, मेरा हौसला बढ़ाया और कहें तो एक प्रकार से अपने परिवार में शामिल कर लिया। इनमें एक नाम प्रणव कुमार सिन्हा का है। लेकिन उनके किये के बारे में बताने से पहले मुझे फिर से आरम्भ में, यानी 'फ़्लैश बैक' में जाना होगा....

जब मैं भागलपुर पहली बार पहुंचा तो मैंने क्वार्टर छोड़ बाहर रहना पसंद किया था। वहां घर ढूंढ़ने में मेरी मदद की, आकाशवाणी में कैज़ुअल टाइपिस्ट के तौर पर काम कर रहे अभय सिंह ने। वहीं पास में डॉ. बी. पी. सिंह का मकान था जिनके तीसरे तल्ले पर कमरा मिला, जिसमें एक कमरे के अलावा, किचेन और उसके सामने पूरी खुली हुई छत थी। मुझे लगा कि जब रहना ही है तो अच्छे से रहा जाये, इसलिये पटना से बर्तन, गैस वगैरा- सब ले आया। सुबह में चाय के अलावा नाश्ते में कभी पराठा-सब्ज़ी और कभी रोटी बनाया करता और कभी उठने में देर हो जाये तो ब्रेड से काम चला लिया करता। पर दोपहर का खाना ज़रूर बनाता था- ज्यादातर चावल और रस वाली सब्ज़ी; कभी-कभार दाल भी। वो समय मेरे लिये इत्मिनान का होता था।

मैं कोई दो साल रहा उस मकान में, पर चूंकि डॉक्टर साहब को ऊपर में और कमरे बनवाने थे, इसलिये उन्होंने बड़े संकोच से अपनी विवशता जताई। वो ये भी बोले कि जब बन जायेगा तो आप फिर आ जाइयेगा; पर उस वक़्त तो मुझे मकान ख़ाली करना ही था।

फिर लोगों ने मेरे लिये डेरा ढूंढ़ना शुरू किया। बहुत खोजने पर हनुमान नगर में एक कमरे का मकान मुझे मिला, पर उसका किचेन ठीक नहीं था; ठीक तो क्या, वो खाना बनाने के लायक कतई नहीं था। पर उस समय एक अदद कमरे की सख़्त ज़रूरत थी और घर कहीं मिल नहीं रहा था, इसलिये मजबूरी में वहां शिफ्ट होना पड़ा। मैंने गृहस्थी (किचेन) का सारा सामान उस किचेन कहे जाने वाले छोटे से स्थान में ठूंसा और कमरे में चौकी पर अपना बिस्तर लगा लिया। अब खाना मैं बाहर खाता, सुबह का नाश्ता भी बाहर ही होता। इसमें असुविधा तो थी ही, उससे बड़ा डर था। डर ये था कि बाहर का खाना कहीं स्वास्थ्य न ख़राब कर दे और जल्दी ही ये आशंका तब सही साबित हुई जब मैं बीमार पड़ गया। तेज़ बुखार और कंपकंपी... पता नहीं मलेरिया या क्या था। ऐसी स्थिति में खाने के लिये बाहर जाना मेरे लिए संभव नहीं था, सुरक्षित तो बिल्कुल ही नहीं था। मुझे ठीक से याद नहीं, पर शायद एक-दो बार बलवीर या अभय के साथ मोटर साइकिल से गया भी, लेकिन बदन ऐसा टूटता कि लगता रास्ते में ही गिर पड़ूंगा।

इस बारे में मैंने यहां घर में, पटना, कुछ नहीं बताया था। जब प्रणव जी को पता लगा तो वे दौड़े-दौड़े आये। कहा, "मेरे घर चलिये, वहीं रहिए..." पर मैंने मना कर दिया। वे चिंतित दिखे। मेरे खाने-पाने के बारे में पूछा तो मैंने सब सच-सच बता दिया। उसके बाद वे नियम से सुबह ड्यूटी जाते वक़्त मेरे लिये डिब्बे में खाना लेकर आते, फिर ड्यूटी से लौटते हुए डिब्बा वापस ले जाते और दुबारा रात का खाना लेकर आते। मैं बड़े संकोच में था। सबसे बड़ा संकोच इस बात को लेकर था कि उनकी पत्नी आकाशवाणी में 'कैजुअल एनाउन्सर' थीं और उनलोगों की इस भलमनसाहत और सहज ढंग से उदारता दिखाने को लोग पता नहीं किस प्रकार से लें। यहां तो सीधी बात को बतंगड़ बनाते देर नहीं लगती। ये सब सोच कर मैंने उन्हें मना भी किया, पर वे नहीं माने, "बोले, अच्छा, जब पूरी तरह ठीक हो जाइयेगा, तो नहीं लायेंगे...।"

पूरी तरह ठीक होने में हफ़्ता-भर लगा, तब भी वो खाना लाते रहे। जब मैंने उन्हें बार-बार कहा कि अब तो मैं ठीक हूं, अब खाना मत लाइए, तब जाकर वे माने। पर बीच-बीच में वे अपने घर खाने पर अक्सर बुलाते रहते। मैं नहीं जानता कि उस परिवार ने मेरे लिये जितना किया, उसका कर्ज़ मैं अपना जीवन देकर भी चुका पाऊंगा या नहीं।

दरअसल जो कुछ हमारे दृष्टि-पथ में आता है, उससे परे अदृश्य में बहुत कुछ लिखा जा रहा होता है, जो धीरे-धीरे घटित होता रहता है, पर वो हम तक तभी पहुंचता है, जब वो अदृश्य हम तक पहुंचाना चाहे। कई रिश्ते ऐसे होते हैं, जो किसी अदृश्य स्याही से लिखे होते हैं; वे फ़सल के बीज की तरह कहीं धरती की तह में दबे पड़े होते हैं; हमें उनके बारे में कुछ पता नहीं होता; पर जब वे अंकुर फूटकर ज़मीन से बाहर आते हैं और अपने पास, अपने ही समान अंखुआये अंकुर को देखते हैं तो आश्चर्य से पूछते हैं, 'अरे, तुम तो हम में से ही एक हो... हमारे घर के, परिवार के....! इसीलिये डॉ. बशीर बद्र का वही शेर एक बार फिर से दुहराना चाहूंगा-

"इसी शहर में कई साल से मेरे कुछ क़रीबी अज़ीज़ हैं,
उन्हें मेरी कोई ख़बर नहीं, मुझे उनका कोई पता नहीं।"

दूसरा शख़्स बलवीर था, जिसने मुझे आदर-सम्मान और बड़े भाई, अभिभावक की पदवी और दायित्व- सबकुछ दिया। वो एक प्रकार से मेरा अंधभक्त बन गया। हालांकि मैंने बहुत से अवसरों पर उसका पक्ष लेने के बजाय, उसकी ग़लती जानने पर उसे समझाया तो उसने भी कभी मेरा बेज़ा लाभ उठाने की कोशिश नहीं की। वो एक ऐसा इन्सान है जो आज भी मेरे द्वारा बताये किसी काम को 'ना' नहीं करता और कई अवसरों पर उसने जी-जान लगाकर मेरा काम सबसे पहले

किया है। उसका दिल साफ़ है, क्योंकि उसके दिल में जो आता है, वो सबके सामने कह डालता है, अपने मन में कुछ नहीं रखता। उसके इस बड़बोलेपन के कारण ही लोग प्रायः उसे पसंद नहीं करते। पर मुझे मालूम है कि रेडियो से मिलने वाले छः-सात हज़ार रुपयों का उसके जीवन में क्या महत्व है, जिसे पाने के लिये वो वहां जाकर अथक मेहनत करता है। इसके अलावा दशहरा-दीवाली और त्यौहारों पर इधर-उधर संगीत के जो कार्यक्रम होते हैं, वही उसका सहारा हैं। वैसे भी भागलपुर-जैसे शहर में किराये का मकान लेकर रहना, दो बच्चों को पढ़ाने का ख़र्चा, ऊपर से अचानक आ गए अतिथि और पत्नी की बीमारी-शिमारी- सब मिलाकर अच्छा-ख़ासा ख़र्चा बैठता है। सैलरी वाले लोगों के लिये मुश्किल पड़ती है, फिर बिना किसी नौकरी और नियमित आमदनी के बलवीर अगर अच्छे से घर-गृहस्थी संभाल रहा है तो हमें उसके जज़्बे को सलाम करना चाहिए।

प्रवीण मिश्रा एक ऐसे ही शख़्स मिले मुझे, जिन्होंने मुझे बड़े भाई का दर्ज़ा दिया, सम्मान दिया। प्रवीण 'आकस्मिक उद्घोषक' के रूप में आज भी काम कर रहे हैं। वे पेशे से वकील हैं। वकालत से समय निकालकर वे यदा-कदा ड्यूटी करने आ जाते हैं, क्योंकि इसे वे अपना 'शौक़' मानते हैं। बड़े ही अल्प, किन्तु मृदुभाषी। प्रवीण ने आकाशवाणी को, यहां के लोगों को, जब भी किसी प्रकार की क़ानूनी सहायता की ज़रूरत पडी, भरपूर मदद की, वो भी बिना किसी अपेक्षा के। पर कई लोगों ने प्रवीण का फ़ायदा उठाया और चलते बने। प्रवीण ने मेरे केस में भी बहुत मदद की थी, यदि वे नहीं होते तो मेरे लिये बहुत मुश्किल की घड़ी होती।

ये सारे मेरे अभिन्न, मेरी स्मृतियों से इस प्रकार आबद्ध हैं कि ये सचेतन में भी साथ होते हैं, अचेतन में भी; स्वप्न में भी, जागरण में भी....

इनके अलावा अलग-अलग अनुभागों में नैमित्तिक आधार पर कार्यरत ढेरों कंपीयर-एनाउन्सर- यहां तक कि 'बालमंडली' के छोटे-छोटे बाल-कंपीयर- मेरे जाने के दिन, मेरे लिये हाथों में गुलाब का फूल लेकर खड़े थे और मेरे साथ की स्मृति संजो रखने के लिये उत्साह से तस्वीरें खिंचवा रहे थे; ये मेरे प्रति उनका अपरिमित प्यार और सम्मान का प्रतिदान था।

उस समय मुझे सबसे अधिक दुख हो रहा था, बिल्कुल नये-नये 'प्रसार भारती' से चयनित होकर आये पेक्स- मनीष, सचिन और अमित को लेकर। उनका मेरा साथ दो-तीन महीनों का ही रहा, पर इसी अल्पावधि में वे मुझसे पूरी तरह घुलमिल गये थे। मुझे उनमें मेरी विरासत का अक्स दिखने लगा था।

आफ़िस के बाहर से आये तब जो एकमात्र शख़्स वहां उपस्थित रहे, वो प्रसिद्ध कथाकार डॉ. पी. एन. जायसवाल थे। सबसे मिल-मिलाकर और विदा लेकर

जब मैं जाने के लिये गाड़ी में बैठा तो भागलपुर में सूरज ढल रहा था; डॉ. जायसवाल ने अपने हाथ जोड़ रखे थे; मुझे लगा कि शायद वो कुछ कहना चाहते हैं; तबतक गाड़ी स्टार्ट हो चुकी थी और मेरे पीछे छूटे डॉ. जायसवाल के दोनों जुड़े हाथ मेरी आत्मा को आज तक झकझोरते रहे हैं कि मैंने रुककर उनकी बात क्यों नहीं सुनी... क्या कहना चाहते थे वे... और जब उनसे ये पूछने का समय आया, तब वो अनन्त में विलीन हो चुके थे।....

•••

छ:

मर्यादा मत तोड़ो
तोड़ी हुई मर्यादा
कुचले हुए अजगर-सी
गुजलिका में कौरव-वंश को लपेट कर
सूखी लकड़ी-सा तोड़ डालेगी...

(धर्मवीर भारती)

तो अपनी अंतिम पारी खेलने मैं पटना आ गया था। मैंने 1 मई, 2015 को आकाशवाणी, पटना में एक बार फिर योगदान दिया; आख़िरी बार, 'कैपिटल स्टेशन' के कार्यक्रम-प्रमुख के मुख़्तलिफ़ किरदार में; और इस सुखद-संतोषपूर्ण अहसास के साथ भी कि कभी इसी जगह मैं डरते-डरते युववाणी में प्रोग्राम देने आया था; यही वो मंदिर है, जहां मेरी प्रतिभा को पंख मिले; यही वो दरीचा है, जहां से पूरी दुनिया को मैंने नई नज़रों से देखा; यही वो भूमि है, जहां से भाव और भाषा का संस्कार मैंने पाया; और यही वो प्रांगण है, जहां अंतिम बार मैं अपनी सेवा देने उपस्थित हुआ हूं। ऐसा इतिहास और भविष्य बहुत कम लोगों के भाग्य में लिखा आता है और मैं उनमें से एक हूं; ये अहसास मुझे पुलकित कर गया था।

इसी पुलक को लेकर मैं पहुंचा था तब के पटना के इंजीनियरिंग-प्रमुख और कार्यालयाध्यक्ष के पास, जो भागलपुर के मेरे कार्यकाल में मेरे साथ रह चुके थे। मुझे उनके बारे में अच्छे से पता था कि वे हद दर्ज़े के बदतमीज़, बददिमाग़ और वाचाल हैं; पर मेरे और उनके अधिकार-क्षेत्र चूंकि अलग-अलग थे और इस बदली

फ़ेड इन... फ़ेड आउट/374

हुई भूमिका में मैं भी उनकी तरह अपने कार्यक्रम-अनुभाग का प्रमुख था; मैं उनके पास शांत और आत्मीय माहौल बनाये रखने का प्रस्ताव लेकर गया था।

इसका एक बड़ा कारण था। यहां आने से पहले मुझे जो जानकारी मिली थी और आने के एक-दो दिनों के भीतर ही जो मैंने देखा, अनुभव किया, कि कार्यक्रम के लोगों की स्थिति बेचारगी की बनी हुई है; उन्हें मूल सुविधाएं भी नहीं मिल रहीं; उनकी ज़रूरत की स्टेशनरी तक नहीं प्राप्त हो रही; कि कमरों के ए. सी. ख़राब पड़े हैं और कार्यक्रम के सारे अधिकारियों की गर्दनें झुकी हुई हैं।

मैंने उन्हें यही कहा कि ''सर, मैं चाहता हूं कि हम मिलजुल कर काम करें और इस केन्द्र को ऐसा बनायें कि ये शीर्ष पर हो। अगर किसी बात को लेकर कभी कोई मतभेद हो भी तो हम आपस में बैठ कर सुलझा लें, अनावश्यक की लिखापढ़ी से वक़्त बहुत बर्बाद होता है और नतीजा कुछ निकलता नहीं....।''

इसे पता नहीं उन्होंने किस रूप में लिया। शायद उन्हें लगा कि मैं उनसे विनती कर रहा हूं या कि चापलूसी या पता नहीं क्या कि बोलने लगे, ''आप कार्यक्रम के लोग काम करने के लिये दवाब डालते हैं... हम अपने हिसाब से काम करेंगे कि आपके अनुसार चलेंगे...। जो नियम होगा, उसी के हिसाब से सुविधा मिलेगी...'' आदि-आदि। सारी बातें तो याद नहीं, पर उनकी वाचालता इस हद तक बढ़ी हुई थी कि मैं उनके पास से उठकर चला आया। उन्होंने समझा कि मैं पद में उनसे छोटा हूं तो जो चाहो भाषण दे दो, पर वो ये भूल गये कि अगर समय पर प्रमोशन मिलता तो आज वे मुझसे कहीं बहुत नीचे होते। वैसे भी उम्र में तो मुझसे छोटे ही हैं, और अनुभव में भी। जितना भाषण और कुतर्क वे जबतब करते रहते थे, मैं अगर बोलने लगता तो उनके पास कोई जवाब नहीं होता। पर मैं अपना ये चार वर्षों का कार्यकाल शांति से, बिना किसी संघर्ष के सम्पन्न करना चाहता था, इसलिये उनके साथ बिना विवाद किये मैं चला आया और प्रण किया कि अब उनके कमरे में कभी नहीं जाऊंगा–

''सहज ही चाहता है कोई नहीं लड़ना किसी से,
किसी को मारना अथवा स्वयं मरना किसी से;
नहीं दुःशांति को भी तोड़ना नर चाहता है,
जहां तक हो सके, निज शांति-प्रेम निबाहता है।'' (कुरुक्षेत्र)

अभी जब मैं ये सब लिख रहा हूं तो सोच रहा हूं कि ऐसा व्यक्ति किसी रचना या लेखनी का हिस्सा बनने के क़ाबिल भी है क्या...! जो आदमी इतना बदमिज़ाज और दिल-दिमाग़ से इतना बदसूरत है, उसके ऊपर अपनी मेधा, अपनी शक्ति क्यों लगाऊं और अपनी कृति में क्यों स्थान दूं...! लेकिन इस तरह के असत् और निकृष्ट पात्र न हों तो कहानी में व्यतिरेक कैसे पैदा होगा...? इसलिये इस कहानी को आगे बढ़ाने और प्रामाणिकता के लिये उस चरित्र को कोई नाम तो देना

पड़ेगा ही। तो सुविधा के लिए एक छद्म नाम रख लेते हैं... जैसे, मि. कुमार। अब हम इस चरित्र को इसी नाम से पुकारेंगे।

तो मैं प्रण करके कुमार के कमरे से चला आया और अभी मुझे अपने पटना ज्वायनिंग का 'कन्फ़र्मेशन लेटर' भी नहीं मिला था कि मेरी ज्वायनिंग के छठे दिन मुझे एक आदेश प्राप्त हुआ जिसके अनुसार मुझे आकाशवाणी कॉलोनी का एक 'कर्णांकित' (Earmarked) आवास अनेक शर्तों के साथ आबंटित कर दिया गया।

मुझे घोर आश्चर्य हुआ कि पटना में मेरा अपना घर है, ये सभी जानते हैं; फिर उसके होते हुए मैं सरकारी आवास में रहने क्यों जाऊंगा; और मैंने तो आवास की मांग भी नहीं की है, तो मुझे ये आबंटन कैसे किया जा सकता है-

"मगर, वह शांतिप्रियता रोकती केवल मनुज को,
नहीं   वह रोक पाती है दुराचारी दनुज को;
दनुज क्या शिष्ट मानव को कभी पहचानता है ?
विनय को नीति कायर की सदा वह मानता है।"(कुरुक्षेत्र)

मैंने इसपर अपनी लिखित आपत्ति प्रकट की कि जिन नियमों का हवाला देकर ये आदेश निर्गत किया गया है, वो उसके बाद के एक आदेश से अतिक्रमित (supercession) हो चुका है और वैसे भी वह आदेश नियमित कार्यक्रम-प्रमुख के लिये है। यदि मान भी लिया जाये कि ये आबंटन सही है तो इसी नियम से मुझसे पूर्व के अधिकारियों को ये आवास क्यों नहीं आबंटित किया गया ?

मेरी इन आपत्तियों को नज़रअंदाज़ कर कुमार ने एक लंबा नोट भेजा, जिसका मज़मून और भाषा निहायत बेहूदा और निकृष्ट थी। उसका तत्वसार ये है कि मैंने ए. डी. पी. की पोस्ट पर ज्वायन किया है तो डी. डी. जी. (पी) के कक्ष में क्यों बैठ रहा हूं; कि मैंने अजिता चौबे, पेक्स को कार्यक्रम-प्रमुख के प्रशासनिक कार्यों से क्यों संबद्ध किया; कि मैंने बिना उनकी सहमति लिये कार्यक्रम अधिशासियों को बैठने के कमरे का बंटवारा कैसे कर दिया; आगे से कार्यक्रम अधिशासियों की बैठक-व्यवस्था संबंधी प्रस्ताव प्रशासनिक अनुभाग के माध्यम से भेजी जाये और इसका सबसे निकृष्ट पैरा था कि "यदि आप अपने को 'रेगुलर प्रोग्राम हेड' नहीं मानते तो आप तत्काल डी. डी. जी. (पी) का कक्ष ख़ाली कर दें।"

इतने पर ही बस नहीं हुआ। यदि कभी कोई पेक्स कोई समस्या ले के जाता तो वे कहते, "मैं कोई भी सुविधा सिर्फ़ रेगुलर पेक्स को दूंगा। यहां पेक्स के स्वीकृत पोस्ट सिर्फ़ आठ हैं, इसीलिये सुविधा सिर्फ़ आठ को ही मिलेगी।" अब ये बात उन्हें कौन समझाता कि जब ये ऑफिस उन्हें वेतन दे रहा है तो उन्हें बाकी सुविधायें क्यों नहीं मिलनी चाहिए?

इसके अलावा भी मुझे परेशान करने के लिए वे बहुत कुछ करते रहे- जैसे, मुझे वित्तीय अधिकार न देना, स्टूडियो की पावर-सप्लाई ठीक छ: बजे काट देना आदि-आदि।

मुझे अब लगने लगा कि पानी सिर के ऊपर जा रहा है इसलिये मैंने सारे विवरणों के साथ विस्तार से महानिदेशालय को पूरी रिपोर्ट भेज दी।

इस बीच मि. कुमार ने एक और बड़ी मूर्खता की; हालांकि मूर्खता से ज़्यादा ये उनका अमानवीय क़दम था, जो अंततः उनके ही लिये आत्मघाती सिद्ध हुआ।

हुआ यूं कि उस तिमाही की 'क्षेत्रीय कार्यक्रम समन्वय बैठक' पटना में निर्धारित थी, जिसमें भाग लेने वाले अधिकारियों और उससे जुड़े अन्य कार्यों को करने के लिए नियुक्त कर्मचारियों के लिये 'वर्किंग लंच' की मांग की गई थी। जब नोट मि. कुमार के पास पहुंचा तो पहले उन्होंने बैठक में भाग लेने वालों की सूची उपलब्ध कराने को कहा। जब दुबारा लिखा गया कि ये संभव नहीं और मान्य परंपराओं के भी विरुद्ध है, तब भी वो बार-बार सूची मांगते रहे। ऐन बैठक के एक दिन पहले उन्होंने फिर अपनी निकृष्टता का परिचय देते हुए लिखा कि ''मैं अपना निर्णय पहले ही दे चुका हूं.... लंच सिर्फ़ बाहर से आये अधिकारियों, रेगुलर कार्यक्रम अधिशासियों और उच्चाधिकारियों को ही उपलब्ध कराया जायेगा, यदि ये स्वीकार हो तो लंच की व्यवस्था की जायेगी, अन्यथा इस संबंध में कुछ नहीं किया जायेगा...।''

क्या कोई इतना अमानवीय, इतना संवेदनहीन भी हो सकता है...? अरे, हमारे यहां तो खाने के वक़्त कोई भूखा आ जाए तो अपने हिस्से का भोजन भी उसे प्रेमपूर्वक खिला देते हैं। ऑफ़िस के टिफ़िन में आई दो रोटी भी कई बार हम पांच लोग मिलकर खाते हैं और उसमें भी तृप्त हो जाते हैं; और ये कुमार कह रहे हैं कि वो जिसे चाहेंगे खाना मिलेगा और जिसे नहीं चाहेंगे उसे नहीं...!

तो क्या मीटिंग में बैठे पेक्स (इनसीटू) और बाहर एक हफ़्ते से बैठक की तैयारी में लगे कार्यक्रम-सचिव और मीटिंग में पानी-चाय परोसते चतुर्थवर्गीय कर्मचारियों को भूख नहीं लगती; और उन्हें भूखा छोड़ एक भी निवाला हम अपने गले से नीचे उतार पायेंगे क्या? कोई इस हद तक क्रूर और नृशंस हो सकता है, मैं सोच भी नहीं सकता था! और विडंबना देखिये कि दूसरों के निवाले का फैसला करने वाला इन्सान खुद अपने निवाले के लिए तरसता है। दस तरह के रोगों से घिरा वो इन्सान सामान्य लोगों के बीच में बैठकर, सामान्य ढंग का भोजन भी नहीं कर सकता।

ऐसे इन्सान के, इस अमानवीय निर्णय से मैं इतना क्षुब्ध हुआ कि मैंने लिखा, ''ये आपका कार्यक्रम अनुभाग में अनावश्यक हस्तक्षेप है...। इससे पूर्व की

बैठकों में लंच देने को लेकर कभी कोई भेदभाव नहीं किया गया। आपका ये निर्णय पूर्वग्रह-प्रेरित, क्रूर, अमानवीय और तानाशाही-भरा है; इसलिये इस सारे प्रकरण को मैं महानिदेशालय तक ले जा रहा हूं।'' और मेरे पत्र भेजने के दूसरे ही दिन, यानी इस बैठक के प्रथम दिन, मि. कुमार के नाम एक कड़ी चेतावनी की चिट्ठी आ गई, जिसमें कार्यक्रम अनुभाग में किसी भी प्रकार के हस्तक्षेप से उन्हें रोकते हुए, मुझे पूरा सहयोग देने के लिए आदेशित किया गया था।

मेरे पूरे सेवाकाल में ये पहली बार हुआ था कि कार्यक्रम के किसी अधिकारी की बात ऊपर सुनी गई और उसके प्रति न्याय करते हुए समुचित कार्रवाई की गई। इसके साथ ही, मेरा विश्वास फिर इस बात में पुख्ता हुआ कि अन्याय का अंत कभी-न-कभी होता ही है और सच्चाई की जीत अवश्य होती है। पर मां भगवती ने तो शायद इससे भी अधिक सोच रखा था; क्योंकि इस बैठक के चंद दिनों के बाद ही मि. कुमार का दूसरे केन्द्र के लिये स्थानान्तरण-आदेश दनदनाता हुआ पहुंच गया और वे यहां से जो गए तो मेरी सेवानिवृत्ति तक, और आज तक, मां ने उन्हें यहां फिर आने नहीं दिया।

हालांकि सब जगह उनके द्वारा ये भ्रम फैलाया गया कि मैंने अपने राजनीतिक संबंधों का इस्तेमाल कर उनका ट्रांसफर कराया, जिसे लोगों ने सच भी मान लिया और मैंने भी इस भ्रम को मिटाने की कोशिश इसलिए नहीं की कि....

''सहनशीलता, क्षमा दया को, तभी पूजता जग है,
बल का दर्प चमकता उसके, पीछे जब जगमग है।''(कुरुक्षेत्र)

मैं कोई अंधविश्वासी या रूढ़िवादी नहीं हूं। मैं आस्तिक हूं भी, तो एक बुरा आस्तिक हूं; क्योंकि मंदिरों में कम जाता हूं, रोज़ पूजा के नाम पर मां के चरणों में प्रणाम्-भर करता हूं...। हां, धर्म का पालन मैं कैसे करता हूं, ये मेरा निजी है और इसे मैं किसी को दिखाता नहीं, जताता नहीं।

हां, मैं कोशिश करता हूं कि किसी पर अन्याय न करूं, कोई ग़लत काम न करूं, किसी को धोखा न दूं। ग़लतियां मैंने ना की हों, ऐसा भी नहीं है; मैंने की हैं.. खूब की हैं; पर हमेशा मैंने मां भगवती से यही कहा है कि यदि मां तुम्हें लगता है कि मेरे हाथों कोई अन्याय या अपराध हुआ है, या मैं दोषी हूं, तो मुझे भी सज़ा दो; पर यदि कोई किसी निर्दोष को बेवजह सताये या उसपर अत्याचार करे तो उसे छोड़ना भी मत...।

इस दुनिया का शायद अंतिम सत्य यही है कि हम अगले पल के बारे में कुछ नहीं जानते कि क्या होने वाला है, फिर भी हम चालाकियां करते हैं, दूसरों के लिये दुश्वारियां पैदा करते हैं, उनके जीवन में ज़हर घोलते हैं; पर अगले ही पल जब खुदा का कहर टूटता है तो कुछ भी बाकी नहीं बचता।

हम ये भी देखते हैं कि भ्रष्टाचारी, बेईमान, स्वार्थी, शोषक लोग ख़ूब फल-फूल रहे हैं... वहां ईश्वर कहां छुप जाता है, ऐसे लोगों को सज़ा क्यों नहीं देता...?

महाभारत का एक प्रसंग है। जरासंध के वध के बाद पांडवों ने राजसूय यज्ञ करने का निश्चय किया। यज्ञ में भारत-भर से राजा आये हुए थे। जब इन राजनरेशों के स्वागत्-सत्कार की बारी आयी तो प्रश्न उठा कि अग्रपूजा किसकी हो। युधिष्ठिर ने इस बारे में पितामह भीष्म से सलाह की तो उन्होंने द्वारिकाधीश श्रीकृष्ण का नाम सुझाया कि उनकी पूजा पहले की जाये। ये सुनकर शिशुपाल क्रोधित हो उठा और निरंतर श्रीकृष्ण के लिये अपशब्द कहने लगा। इधर वो अपशब्दों की बौछार किये जा रहा था और श्रीकृष्ण लगातार मुस्कुराये जा रहे थे। इसपर अर्जुन ने कहा कि ''माधव, ये नीच शिशुपाल आपको निरंतर अपशब्द कहे जा रहा है और आप इसका वध करने के स्थान पर मुस्कुरा रहे हैं....!'' श्रीकृष्ण ने उत्तर दिया, ''पार्थ, अभी इसके पाप का घड़ा नहीं भरा है... उससे पहले इसका वध कैसे करूं।.... जैसे ही इसके सौ अपशब्द पूरे हो जायेंगे, इसके पाप का घड़ा भर जायेगा।''

और ये सबको पता है कि जैसे ही शिशुपाल के पाप का घड़ा भरा, वो श्रीकृष्ण के हाथों मारा गया। इस पुराकथा के सच या कल्पित होने की तह में गये बिना, इसके गूढ़ार्थ में जाने-मात्र से हमें जीवन की वास्तविकता का अनुभव हो जाता है। .... इस वास्तविकता का ज्ञान मुझे अपने इसी जीवन में हुआ।

...

आज इस लिखने के बीच टीवी और सोशल मीडिया पर ख़बर आग की तरह फैली कि महान् गणितज्ञ वशिष्ठ नारायण सिंह नहीं रहे। अचानक मेरी आत्मचेतना तेरह साल पीछे जा पहुंची जब 2006 में मैं वशिष्ठ जी का इन्टरव्यू रिकॉर्ड करने उनके गांव वसंतपुर पहुंचा था। इस प्रयास में मैं आरा के अपने कुछ मित्रों से सम्पर्क में था कि उनके माध्यम से वशिष्ठ बाबू से बात हो जाए। वशिष्ठ जी के बारे में सुना था कि उन्हें किसी से मिलने नहीं दिया जाता, कि वे कड़े पहरे में रहते हैं आदि-आदि। इस काम में मेरी सहायता की प्राध्यापक और साहित्यकार मित्र जवाहर पांडेय जी ने, जिन्होंने वशिष्ठ बाबू के गांव पहुंचने में अपने किसी और दोस्त की मदद ली और हम वसंतपुर पहुंच गए।

आरा से कोई बीस किलोमीटर दूर वसंतपुर गांव एक आम गांव की तरह ही था, पर वहां रास्ता बताने के लिये वशिष्ठ बाबू का नाम ही काफ़ी था। जब हम उनके घर पहुंचे तो उनके भाई अयोध्या सिंह जी मिले। जब उन्हें बताया गया कि हम रेडियो से आये हैं तो उन्होंने आदरपूर्वक अपने दालान में बिठाया। उन्होंने

बताया कि "भइया, पता नहीं बोलेंगे या नहीं, कोशिश करते हैं, सबकुछ उनके मूड पर है।"

हमने कहा कि हम ज़्यादा कुछ नहीं पूछेंगे, वे अपने मन से जो बोलेंगे, वो रिकॉर्ड कर लेंगे।

लगभग आधे घंटे बाद अयोध्या जी हमें एक कमरे में ले गए जहां वशिष्ठ बाबू कनटोपा चढ़ाए बैठे थे। मैंने माइक्रोफ़ोन ऑन किया और प्रतीक्षा करने लगा कि वे कुछ बोलें। जब कुछ मिनट बीत गए और वे कुछ नहीं बोले तो मैंने उनसे भोजपुरी में पूछा, "का हाल बा...?"

लोकभाषा और बोलियों में ये असीम शक्ति होती है कि किसी अजनबी के साथ भी इसके माध्यम से बड़ा ही निकट का और सहज आत्मीय संबंध क्षणभर में स्थापित हो जाता है। मन की बात कहने-बताने के लिये बोलियों से बढ़कर कोई बेहतर साधन नहीं। इसे ही ध्यान में रखकर मैंने भोजपुरी में बातचीत शुरू की।

मेरे प्रश्न पर उन्होंने बड़ा ही संक्षिप्त जवाब दिया, "ठीक बा...।"

अब... क्या पूछूं... "कइसन तबीयत बा रउर...?"

"तबीयत हमार अच्छा बा...।" इतना बोलकर वे फिर चुप हो गए।

"आजकल का करत बानीं..?" मैंने सोचा कि इस सवाल से वे थोड़ा खुलेंगे।

"आजकल पढ़त बानीं आउर पढ़ावत बानीं...।" फिर चुप।

मुझे लगा कि ऐसे नहीं होगा। कुछ अलग करना होगा कि वे कुछ बोलें... 'प्रोवोक्'-जैसा कुछ...।

"आप अमेरिका गए थे.... उसके बारे में कुछ बता सकते हैं...?" इस बार मैंने हिन्दी में पूछा।

"उस समय घूमने-फिरने गए थे.... वहां डिज़्नीलैंड गए थे....।"

"स्पेस में काफ़ी काम है आपका..." मैंने उन्हें उकसाने की कोशिश की।

"हां... स्पेस में काम है.... (स्वर टूटा हुआ)... इक्वल टु... (अस्पष्ट)

"अभी आप कुछ पढ़ रहे थे..." मैंने उनके बिस्तर पर किताबें देख कर पूछा।

"हां... रामायण..." (चुप्पी)...

"उसमें क्या मिला आपको....?"

"उसमें अयोध्या कांड मिला..."

"आप कुछ लिखने का काम भी कर रहे हैं...?" मैंने पूछा।

"हां, लिखने का काम भी कर रहे हैं...।"

"क्या लिख रहे हैं....?" मेरा इतना पूछना था कि वे भड़क गए। ज़ोर से बोले, "आप क्यों इतना बकबक कर रहे हैं....?"

मैं डर गया... पता नहीं अब कुछ बोलें ही न...। कुछ देर चुप्पी छाई रही। तब मोर्चा हमारे दूसरे साथियों ने संभाला, लेकिन जिसे सार्थक बातचीत कहते हैं, वो नहीं हो पाई। वशिष्ठ बाबू के स्वर संभाल में नहीं थे। वे कुछ ऐसा बोलने लगते थे, जो हमारी समझ के बाहर था। उनका स्वर भी इतना अस्पष्ट था कि शब्द समझ में नहीं आते थे। कुछ पूछने में डर भी लगता था कि कहीं फिर से डांट न दें। ऐसे करते-करते बमुश्किल दस मिनट की रिकॉर्डिंग हो पाई, पर अंत में उन्होंने जो कहा, वो शायद उनके अन्तसु में जमी पीड़ा थी, जो बावजूद उनके अव्यवस्थित और विभक्त चेतन मन के अवचेतन से छन कर उनकी जिह्वा पर आ बैठी थी।

उनसे ये पूछने पर कि आपकी नागरिकता कहां की है, उन्होंने कहा कि 'अमेरिका की।'

उनसे जब ये पूछा कि 'आप भारत आना चाहेंगे...' उन्होंने स्पष्ट शब्दों में कहा कि "नहीं, हम भारत नहीं आना चाहेंगे...।"

"इफ़ गवर्नमेंट ऑफ़ इंडिया विल प्रोवाइड यू बेटर एकॉमोडेशन...." इस सवाल को काटते हुए उन्होंने ज़ोर से कहा, "नो... नो... नो... इन नो केस.... भारत... नो भारत... आइ वान्ट टु स्टे इन यू. एस. ए...।"

इस जवाब के बाद सारे सवाल समाप्त हो गए थे। वे थोड़े उत्तेजित लग रहे थे। उनके भाई ने हमें अब और बातें न करने का इशारा किया तो हम धीरे से उनके कमरे से बाहर हो गए।

आज जब वे हमारे हमारे बीच नहीं हैं, उनकी यही यादें शेष रह गई हैं। वे बिहार के 'आइंस्टीन' कहे जाते थे। वशिष्ठ बाबू के लिये कभी पटना विश्वविद्यालय ने अपने नियमों को शिथिल किया था। अपने इस होनहार गणितज्ञ छात्र को विश्वविद्यालय ने स्नातक प्रथम वर्ष से सीधे गणित, ऑनर्स के अंतिम वर्ष की परीक्षा में शामिल होने की अनुमति दी थी जहां उन्होंने 600 में से 574 अंक प्राप्त किये थे।

वशिष्ठ बाबू की विलक्षण मेधा-शक्ति की इतनी कहानियां हैं कि उन्हें लिखने में कई किताबें बन जाएं। पर एक दुखद सच्चाई ये भी है कि जीते-जी उनकी सुध किसी ने नहीं ली। यदि ठीक ढंग से उनका इलाज चलता, देखभाल होती तो शायद उनके जीवन का अंत इतना पीड़ादायक नहीं होता। कभी आइंस्टीन के $E=mc2$ फ़ार्मूले को चुनौती देने वाले अप्रतिम गणितज्ञ, वशिष्ठ नारायण सिंह की विलक्षण प्रतिभा इतिहास के पन्नों में दर्ज है, पर इस बात की कसक सभी दिलों में ज़रूर रहेगी कि हमने अपने इस गौरव-रत्न का मोल नहीं समझा....।

•••

सात

शक्ति रहे तेरे हाथों में,
छूट न जाय यह चाह सृजन की
शक्ति रहे तेरे हाथों में,
रुक न जाय यह गति जीवन की...

(अज्ञेय)

मैं अपने सेवाकाल की इस अंतिम पारी को खुशी-खुशी जीना चाहता था। इसे इसकी परिणति तक पहुंचने के बीच कुछ ऐसा करना चाहता था जिसे मैं जीवन-भर याद रखूं और लोग मुझे। सृजन की यह अदम्य चाह ही मुझे खींच ले गई ऐसे विषयों की ओर जो शायद रेडियो में तबतक अछूता था। सबसे पहले मेरी सोच में 'चैती' लोकगीतों को लेकर एक घंटे की संगीतात्मक प्रस्तुति की योजना आई।

आप कहेंगे 'चैती' में नया क्या होगा। सारी चैती तो एक ही प्रकार से गाई जाती है जो प्रायः विरह-विदग्ध नायिका के प्रियमिलन की आतुरता दर्शाती है। हालांकि चैती के प्रकारों में विविधता भी कम नहीं है, जैसे- चैती, चैता, घाटो चैती, झटकुलिया चैती, खड़ी चैती, निर्गुण चैती, झूमर चैती, खंजरिया चैती जैसी न जाने कितनी शैलियां समवेत कंठों से फूटीं और लोकमानस में रच-बस गईं। आगे चलकर चैती की लोचपूर्ण धुनों में पूर्व अंग की ठुमरी के गायकों के कल्पना-भरे बोल-बनाव भी जुड़े, जिससे उसका रूप- श्रृंगार और लावण्य से भर उठा। चैती को मैं बहुरूपिया ही कहूंगा क्योंकि इसकी अनेक धुनें बनीं, समूहगान की अलग तो एकल की अलग; इसमें भी पुरुषों का चैता अलग जो प्रायः विलावल थाट के शुद्ध स्वरों तक सीमित रहता है। चैती का एकल गायन ज़्यादातर खमाज थाट के कुछ रागों- तिलक कामोद तथा देस आदि रागों में होता है। वह चैती दीपचंदी या रूपक तालों में विलंबित लय के मध्य झूमती, इतराती चलती हुई कहरवा ताल की तीव्रतर होती लय में बहती चली जाती है।

तो हमारी ये चैती अलग कैसे है? अलग ऐसे है कि इस चैती के बहुरूपियेपन की अनेक झांकिया प्रस्तुत करने के सिलसिले में अभिनव प्रयोगों की श्रृंखला नियोजित की गई; जैसे, तालों में परंपरागत 'दीपचन्दी' को न लेकर, झूमरा ताल में, और कहीं-कहीं तीन ताल में झूमरा पर चैती की गायकी की गई; मध्य के हिस्से में बोल-बनाव, आलाप और तानों का सधा प्रयोग आकाशवाणी, पटना के

संगीत-रचनाकार और शास्त्रीय गायन में 'ए' ग्रेड कलाकार श्री संगीत कुमार नाहर ने किया। यहां तक कि इसमें पाश्चात्य संगीत के साथ फ़्यूजन भी किया गया और अनुवर्ती हिस्सों में गायक कलाकारों द्वारा हार्मेनी, हमिंग और आकार आदि के प्रयोगों ने इन चैतियों को परंपरागत चैती से बिल्कुल अलग कर दिया। इस प्रकार जो कार्यक्रम तैयार हुआ, उसका शीर्षक था- **'चईत उतपतिया हो रामा...'।** कहना न होगा कि कार्यक्रम में चैत के उत्पाती उन्माद के असर से इसके कलाकार भी अछूते नहीं रहे। तभी तो जब इसकी शुरुआत में मैंने संगीत कुमार नाहर जी से कहा कि इस प्रकार के कार्यक्रम करने की योजना है और आपको झूमरा ताल में चैती के अनुरूप आलाप और तानें करनी हैं तो वे दूसरे लोगों से मेरे बारे में ये कहते हुए पाए गए कि "लगता है, ये पगला गए हैं; झूमरा ताल में चैती कैसे होगी...?" पर वही नाहर जी रिकॉर्डिंग के बाद भी जैसे सम्मोहित थे और उसी सम्मोहन-स्वर में कहने लगे, "भाई जी, आपने करा लिया... पर मुझे अब भी नहीं पता कि मैंने किया कैसे...।"

मैं हंसकर रह गया था, पर ये पूरा का पूरा टीम-वर्क था और इस पूरी टीम को संभाला था मेरे प्रिय, अनुजसम संगीत रचनाकार, चन्द्रकांत पाठक ने, जिन्होंने कलाकारों की रिहर्सल से लेकर वाद्य-यंत्रों के इस्तेमाल को भी बखूबी नियंत्रित किया और उतनी ही दक्षता से पूरे कार्यक्रम की रिकॉर्डिंग विजय ठाकुर, तबला वादक ने की। इनके अलावा ढोलकवादक जीवानन्द झा भी पूरे समय अपनी नैतिक ज़िम्मेदारी और निष्ठा का परिचय देते हुए हमारे साथ बने रहे; मैं अपने इन भाइयों का मेरे प्रति दिखाये गए सच्चे स्नेह, निष्ठा और समर्पण को कभी भूल नहीं सकता जिनके बल पर मैं थोड़ा-बहुत अच्छा काम कर सका और जो मेरे जीवन में मेरी सेवानिवृत्ति और उसके बाद से अबतक अक्षुण्ण-भाव से बने हुए हैं।

दूसरा कार्यक्रम, एक प्रकार से पूरी मानवता द्वारा उपेक्षित उस तबके पर केन्द्रित था, जिनके दर्द का कोई पैमाना नहीं, जिनकी सुबह जद्दोजहद से शुरु होती है और रात तनहाई की आवाज़ से ख़त्म होती है। फिर भी, समाज के फिकरों, तानों और उपेक्षा के दंश को झेलती हुई भी ये ज़िंदगियां मुस्कुराती हैं, रस बरसाती हैं, दुआओं के लिये हाथ खड़े करती हैं, नाचती हैं, गाती हैं, इठलाती हैं, दूसरों की खुशियों में अपनी खुशियां ढूंढ़ती हैं...... एक ऐसे किन्नर समाज की कहानी, जो देश के हर कोने में कहीं-न-कहीं दिखाई ज़रूर देती है। इस कार्यक्रम का शीर्षक था- **'मुझमें... मैं ज़िन्दा हूं...'।** ये मुझसे अधिक आकाशवाणी, पटना के लिए गौरव की बात थी कि भारत-भर से आई प्रविष्टियों में से 'अभिनव कार्यक्रम' श्रेणी में चयनित होकर, 'मुझमें... मैं ज़िन्दा हूं...', **'अबू (Asian-Pecific Broadcast Union) अन्तर्राष्ट्रीय पुरस्कार- 2017'** के लिए हमारे देश, भारत की प्रतिनिधि बनी और

अंतिम चार में, इरान, चीन और हांगकांग के साथ अपनी मज़बूत दावेदारी पेश की। इस कार्यक्रम को पहला स्थान तो नहीं मिला, पर अंतिम चार में इसका होना भी एक बहुत बड़ी उपलब्धि थी और आकाशवाणी, पटना के इतिहास में यह पहली बार था कि यहां का कोई कार्यक्रम अन्तर्राष्ट्रीय मानकों पर खरा उतरते हुए किसी अन्तर्राष्ट्रीय प्रतियोगिता में अंतिम चार में पहुंचा हो।

हां, यहां पर किन्नर समाज की अमृता, डिम्पल और रेशमा का उल्लेख ज़रूर करना चाहूंगा, जिनके जीवंत और बेबाक साक्षात्कारों ने इस कार्यक्रम को यहां तक पहुंचाया। इनके अलावा किन्नर अनुप्रिया सिंह और मोनिका दास का भी मैं कृतज्ञ हूं, जिन्होंने उन्मुक्त होकर अपने जीवन और समाज के अनुभव मुझसे साझा किए, जिससे ये कार्यक्रम सम्पूर्णता तक पहुंचा और मुझे भी इनके बारे में गहराई से जानने-समझने का अवसर मिला। समाज में इनके बारे में ढेरों भ्रांतियां हैं, पर इनसे जुड़कर मुझे लगा कि ये काफ़ी पढ़ी-लिखी हैं और जीवन की तिक्तताओं को भुलाकर समाज-सेवा और अपने समाज को प्रतिष्ठा दिलाने में संलग्न हैं, इसलिए ये भी सम्मान और प्यार की हकदार हैं। ये हमसे अलग नहीं हैं। इनमें रेशमा प्रसाद अपनी स्वयंसेवी और किन्नरों के हक़ के लिए काम करने वाली संस्था 'दोस्ताना सफ़र' के ज़रिए समाज में जागरूकता फैलाने का बहुत महत्वपूर्ण काम कर रही हैं तो अमृता, डिम्पल, अनुप्रिया और मोनिका दास आदि कैंसर तथा एच. आई. वी. पीड़ितों के लिए अपने-अपने ढंग से कार्य कर रही हैं।

इस कड़ी में एक और कार्यक्रम जुड़ा, जो विषय और प्रस्तुति के स्तर पर इन सबसे थोड़ा अलग था। इसके बारे में कुछ कहने से पहले मैं थोड़ा इसकी पृष्ठभूमि के बारे में बताना चाहूंगा। हालांकि मैं कॉलेज-जीवन से साहित्य का विद्यार्थी रहा और कला की तरफ़ मेरा ख़ास झुकाव था, पर मैट्रिक तक मैंने विज्ञान लेकर पढ़ाई की थी और वैज्ञानिक खोजों और कथाओं में मेरी अच्छी-ख़ासी दिलचस्पी बनी रही थी। उसी दौरान मैंने जयंत नारलीकर की अनेक विज्ञान और फंतासी कथाएं भी पढ़ ली थीं और निस्संदेह उन कथाओं ने मुझपर गहरा प्रभाव छोड़ा था। वैसे भी मैंने हमेशा अनुभव किया कि विद्यार्थी भले ही मैं साहित्य का रहा, पर मेरी सोच और दृष्टि हमेशा वैज्ञानिक रही- कार्य-कारण शृंखला में भरोसा जताने वाली। इसलिए ऐसी सोच वाली- 'प्रीडेटर', 'स्टार वार्स', 'वॉर आफ़ द वर्ल्ड्स', 'जुरासिक वर्ल्ड', 'अपग्रेड' जैसी 'हॉलीवुड' की फ़िल्में- आज भी मुझे आकर्षित करती हैं। अफ़सोस की बात है कि हमारे यहां ऐसी फ़िल्में नहीं बनतीं। यहां 'एलान', 'मि. इंडिया', 'कोई मिल गया' और 'क्रिस' से लेकर, साल 2019 की 'मिशन मंगल' तक जो भी फ़िल्में बनीं, उनमें कौतूहल, चमत्कार और बेवजह के ऐक्शन और अर्थहीन कॉमेडी की भरमार रही, जिसके कारण मूल विज्ञान-कथा कहीं खो गई। इसके अलावा तकनीकी तौर पर भी ये फ़िल्में 'हॉलीवुड' के सामने कहीं नहीं ठहरतीं।

पर रेडियो में आने के बाद मैं हमेशा सोचता था कि अगर कोई लिखने वाला मिल जाए तो एक विज्ञान नाटक ज़रूर करूंगा। मैंने इसके लिए रीवा में भी कोशिश की, जगदलपुर में भी की- और पटना आने के बाद भी की। पटना में तो एक सज्जन मिले भी जो अपने को विज्ञान में निष्णात् बताते थे और आकाशवाणी में अपने लेखन की ख़ूबियां बताते नहीं थकते थे। मैंने उनसे अपने 'विजन' के बारे में चर्चा की, उन्हें बताया कि मैं क्या चाहता हूं। उन्होंने तब कुछ इस भाव से मुझे आश्वस्त किया कि ''बस, इतनी-सी बात... ये तो मेरे लिए चुटकियों का खेल है..। मैं एक हफ़्ता बाद आपसे स्क्रिप्ट के साथ मिलता हूं...!'' पर वो हफ़्ता कभी नहीं आया, न ही वे सज्जन ही दुबारा दिखे। तब भी इस विषय पर कुछ करने का मेरा इरादा टूटा नहीं, बल्कि मज़बूत ही हुआ।

2016 ई. की शुरुआत में एक छोटी-सी घटना से मेरे इस इरादे को अचानक पंख लग गए- घटना से ज़्यादा उसे मुलाक़ात कहना ठीक होगा- और मैं उड़ चला। हुआ यूं कि विशुद्धानन्द जी की पुस्तक 'माथे माटी चंदन' का लोकार्पण स्थानीय अभियंता भवन में था। ये पुस्तक उसी रेडियो धारावाहिक 'सुरसतिया' का बदला हुआ नाम था। वहां मेरी भेंट श्री रमेश पाठक से हुई जो वैसे तो प्राणिविज्ञान (Zoology) के प्रोफ़ेसर हैं, पर वे एक सिद्धहस्त कवि और वक्ता भी हैं, ये मुझे वहीं पता चला। विज्ञान का प्रोफ़ेसर, ऊपर से कवि-हृदय और साहित्य की समझ रखने वाला; मेरा बरसों पुराना विज्ञान नाटक करने का सपना फिर से हिरण की तरह कुलांचे भरने लगा। मुझे लगा कि ये वो शख़्स हो सकते हैं, जिनकी बरसों से मुझे तलाश थी। औपचारिक परिचय के बाद मैंने उनसे उनका मोबाइल नम्बर लिया और उन्हें आकाशवाणी, अपने ऑफ़िस में आने के लिए कहा।

दूसरे ही दिन पाठक जी मेरे सामने थे। मैंने उनसे एक सांस में वो सारा कुछ कह डाला जो बरसों से मेरे मन के भीतर उमड़-घुमड़ रहा था और इसपर उन्हें अच्छी तरह सोच के चर्चा करने के लिए कहा। उसके लगभग एक हफ़्ते बाद हमारी फिर बैठक हुई जिसमें दृष्टि कुछ और साफ़ हुई और इस प्रकार 13 कड़ियों के विज्ञान धारावाहिक **'वेव एलियन्स'** का जन्म हुआ।

धारावाहिक लिखने का वादा कर पाठक जी आयरलैंड चले गए और वहां से लौटने के बाद ही वे इस काम में लगे। तब भी लगभग डेढ़ साल लग गए इस सपने को साकार होने में और जब इसकी पहली कड़ी का प्रसारण 10 अक्तूबर, 2017 को हुआ तो न सिर्फ़ मानसिक संतुष्टि का अहसास हुआ, बल्कि लगा, जैसे मन पर बरसों से पड़ा बोझ भी उतर गया हो।

'वेव एलियन्स' वैज्ञानिक कल्पना पर आधारित एक ऐसा नाटक है जो ऐसे अनुसंधानों की ओर इंगित करता है जो भविष्य में विज्ञान को एक नई दिशा दे सकते हैं। अंतरिक्ष में जीवन की तलाश में अंतरिक्ष यान एस० एस० एल० वन० उड़ान भरता है। इसमें वैज्ञानिक एस्ट्रोनॉट्स सवार हैं। यान को अंतरिक्ष में प्रवेश करते ही, उसका सम्पर्क पृथ्वी से टूट जाता है और वह एक अनजान ग्रह पर उतर जाता है। यान से बाहर कुछ विचित्र प्राणी दिखाई पड़ते हैं जिनके पास आंख, नाक, कान जैसे संवेदी अंग नहीं हैं। यान में लगे वेव एनालाईजर से पता चलता है कि उनका सारा क्रिया-कलाप वेव आधारित है और उनकी ऊर्जा का श्रोत भी वेव ही हैं। वे बिना आवाज के वेव के द्वारा ही संवाद स्थापित करते हैं।

इस विज्ञान नाटक में कई ऐसी कल्पनाएँ हैं जो भविष्य की धरती के जीवन से लेकर, अंतरिक्ष तक से जुड़े अनुसंधान के कई नये द्वार खोल सकती हैं। जीवन एक रासायनिक संघटन है। धरती पर जीवन, धरती के तत्त्वों से ही बना है और वही तत्त्व वायु और पानी का निर्माण कर जीवन को सुरक्षित रखते हैं। दूसरे ग्रहों पर हो सकता है वहाँ अलग जीवन-अवयव हों और उन्होंने अपना एक अलग संघटन बना कर जीवन का निर्माण किया हो, जो अपने पूरे आयाम में धरती पर पाये जाने वाले जीवन से भिन्न हो। आज विज्ञान 'वेव्स' का उपयोग कर रहा है पर हमारे शरीर के वेव्स- जैसे 'ब्रेन वेव्स' पर अनुसंधान ना के बराबर है। 'वेव एलियन्स' जिस तरह शारीरिक वेव्स का उपयोग संवाद के साथ-साथ सभी क्रिया-कलापों के लिए करते हैं, उसी तरह आदमी भी करे तो उपकरणों और यंत्रों की शायद ज़रूरत ही न रहे। ऋषि-मुनियों का भविष्य-द्रष्टा होना या फिर कहीं की घटना को देख लेना या सुन लेना या फिर हमें एक-दूसरे के मन की बात जान लेना, मस्तिष्क से या शरीर से निकलने वाली तरंगों, यानि वेव्स के कारण भी संभव होता होगा या होता है। यह नाटक अध्यात्म के दर्शन से विज्ञान का परिचय करा कर अनुसंधान को एक नई दिशा देता है, जिससे विज्ञान, शरीर-जनित वेव्स पर अनुसंधान कर उन्हें संचार-माध्यम के रूप में स्थापित करने का प्रयास करे; और यंत्रों तथा उपकरणों पर मानव की निर्भरता समाप्त हो जाये।

इस प्रकार मेरी एक छोटी-सी और कहूं कि नादान सोच को रमेश पाठक जी ने वास्तविकता का धरातल दिया और इस सोच को उठाकर आसमान में पहुंचा दिया। भले ही यह 'हाइपोथीसिस' थी, पर भूलना नहीं चाहिए कि विज्ञान के बड़े-बड़े आविष्कारों का जन्म 'हाइपोथीसिस' की कोख से ही हुआ है।

इस 'वेव एलियन्स' को आकाशवाणी वार्षिक पुरस्कार प्रतियोगिता-2017 के लिए 'सर्टिफ़िकेट ऑफ़ मेरिट' पुरस्कार प्राप्त हुआ, जो आकाशवाणी के मेरे सेवाकाल का अंतिम पुरस्कार था।

...

2018 का वर्ष मेरे लिए वैसा ही था, जैसा टी-20 का 19वां ओवर होता है- यानी मुझे सारा जौहर इसी एक ओवर में दिखाना था। अगले साल जनवरी में सेवानिवृत्ति होने वाली थी, इसलिये इस साल सबकुछ समेट कर चलना था और फूंक-फूंक कर क़दम रखना था। पर मेरे भीतर का महत्वाकांक्षी पंछी बार-बार आकाश में गोते लगाने लगता था, पकड़ में ही नहीं आता था। मुझे लगता था, जाने के पहले कुछ और नया काम कर लूं, कुछ और कुलांचे भर लूं। रेडियो के प्रोडक्शन तो हो रहे थे, पर 2013 के बाद मैंने कोई मंचीय नाटक नहीं किया था। मेरे पास लगभग पांच वर्षों से मेरी रूपांतरित मंटो के नाटक 'जेबकतरा' की स्क्रिप्ट पड़ी हुई थी, पर मैं उसे कर नहीं पा रहा था।

आख़िरकार एक डायरेक्टर ने उसे करने का बीड़ा उठाया और इस प्रकार नाटक 'जेबकतरा' का मंचन 'ब्लेड' नाम से हुआ जिसमें मैंने केन्द्रीय भूमिका निभाई। इस नाटक में मेरे साथ अर्चना सोनी थीं, जो पटना रंगमंच की जानी-मानी अभिनेत्री हैं।

इसी प्रकार इसी साल नाटकों पर मेरी पहली, पर क्रमावार आठवीं पुस्तक आई- **"अपनी कथा कहो..."**, जिसमें मेरे दो मौलिक तथा चार रूपांतरित नाटक संकलित हैं।

जहां तक आकाशवाणी की बात है, मेरे सेवाकाल के इस अंतिम पड़ाव में दो महत्वपूर्ण ज़िम्मेदारियां मुझे पूरी करनी थीं, और वो ज़िम्मेदारियां थीं- संगीत और नाटक कलाकारों का स्वर-परीक्षण। मुझपर ये ज़िम्मेदारी कोई थोपी हुई नहीं थी, बल्कि मैंने आगे बढ़कर इन्हें कलाकारों के हित में उठा लिया था। मैं चाहता तो इसे टाल देता और अपनी सेवा-निवृत्ति को सुखद बनाता, जैसा कि कई केन्द्रों पर लोगों ने किया। वैसे भी संगीत स्वर-परीक्षण के पुराने सारे नियम बदल गए थे और आवेदन भी 'ऑन लाइन' हो गया था। मुझे ये दायित्व चुनौतीपूर्ण लगा, सो मैंने इसे स्वीकार किया और मुझे इसके सफल होने और समय से होने का भरोसा इसलिए भी था कि मैंने संगीत अनुभाग की एक अच्छी टीम बना दी थी। हालांकि इसकी ज़िम्मेदारी मैंने जिस पेक्स, अनिल तिवारी को सौंपी थी, उन्हें पूर्णिया से स्थानान्तरित होकर पटना आये कुछ ही समय हुआ था और लोकल रेडियो में होने के कारण उन्हें 'ऑडिशन' का कोई ख़ास अनुभव भी नहीं था; पर मुझे उनकी प्रतिभा और क्षमता पर पूरा भरोसा था, इसीलिए उन्हें संगीत अनुभाग सौंपा। कहना न होगा कि उन्होंने मेरे भरोसे को सही साबित किया और मेरे रिटारमेंट तक सारा काम बख़ूबी संभाला।

उनके साथ सहयोग के तौर पर आशीष कुमार सिंह, प्रसारण निष्पादक को लगाया था, जो 'प्रसार भारती' से चयनित होकर आये थे और ऐसे सभी आये नये लड़कों की तरह आशीष भी कम्प्यूटर में निष्णात् थे। लेकिन इसके अलावा उनकी एक ख़ूबी सबके साथ तालमेल बिठा कर चलने की थी, व्यावहारिक तो वे थे ही।

सो, अनिल तिवारी और आशीष ने मिलकर इस पूरी ऑडिशन-प्रक्रिया को सहजता से संपन्न किया। इन्हें स्टाफ़ आर्टिस्ट, चन्द्रकांत पाठक, विजय ठाकुर, जीवानन्द झा और चरणजीत सिंह का भरपूर सहयोग मिला और इस अच्छी टीम से मुझे कभी भी तनाव का सामना नहीं करना पड़ा।

'ड्रामा ऑडिशन' के लिए किसी बड़ी टीम की ज़रूरत नहीं होती, इसलिए इसमें नाटक की पेक्स, अलका प्रियदर्शिनी थीं जिन्होंने नाटक में अनुभवहीन होने के बावजूद अपने काम को ज़िम्मेदारी से सम्पन्न किया। इसके लिए आकाशवाणी, दरभंगा से मैंने सुधांशु को विशेषज्ञ के तौर पर बुलाया था। सुधांशु पटना में शुरू से ड्रामा सेक्शन से संबद्ध रहे और मेरे साथ तो सन् २०००-२००१ से मेरे भागलपुर जाने तक, लगातार रहे। उनकी और मेरी सोच काफ़ी हद तक मिलती थी, हम एक-दूसरे के अनुकूल थे और मेरी तरह वो भी 'पूर्णता-पसंद' थे। काम करने में कुशल होने के साथ-साथ, उनके अंदर एक संवेदनशील कलाकार भी बसता था, यही कारण है कि 'सुरसतिया' धारावाहिक में वे 'गोबर' का अविस्मरणीय किरदार निभाने में क़ामयाब हो सके थे। इसके अलावा उनकी रुचि 'विजुअल मीडिया' में भी थी और उन्होंने कुछ लघु फ़िल्मों का निर्माण भी किया था। इस ऑडिशन के सफलतापूर्वक सम्पन्न होने के पीछे एक कारण, सुधांशु के साथ का होना भी था।

(दुर्भाग्य से पिछले कोरोना-काल- 2021 में हमने इस प्यारे इन्सान को खो दिया।)

आठ

मेरी ग़लती है यही मुझको यह मालूम न था
आपको मेरा तरन्नुम भी अखर जायेगा
नहीं जाना ख़ुशी की भीड़ के इक कोने में
किसी को मेरा तबस्सुम भी अखर जायेगा...

(वीरेन्द्र मिश्र)

आकाशवाणी, पटना में जैसे-जैसे मेरी सेवानिवृत्ति की तिथि निकट आ रही थी, वैसे-वैसे मेरे उत्तरदायित्व बड़े और गंभीर होते जा रहे थे। मुझे ये अच्छा भी लगता था। जीवन में हमेशा नई-नई चुनौतियों का सामना करने की एक प्रकार से आदत पड़ चुकी थी, इसलिये ज़िम्मेदारियां मुझे विचलित नहीं करती थीं, वरन मैं उन्हें एक सौगात की तरह अपनाता था। उनसे मुझे अपने जीवन और क्षमता को परखने का अवसर प्राप्त होता था। मैं कभी उत्तरदायित्वों से नहीं भागा, उनसे डर

कर कभी किसी कोने में नहीं छुपा; बल्कि हमेशा आगे बढ़कर उन्हें तत्परता से अपनाने की, उनका निर्वहन करने की कोशिश की।

शायद इसी तत्परता और उत्साह के अतिरेक में कुछ ऐसा हो गया जो मेरे सेवाकाल का सबसे अप्रिय प्रसंग बन कर रह गया; जिसे कभी कोई याद भी न करना चाहे। तबतक की मेरी सारी सोच, आदर्श और समानता के सिद्धांत की कुछ झूठे आरोपों से धज्जियां उड़ा दी गईं और ये उन्हीं लोगों ने किया जो एक दिन पहले तक झुक कर प्रणाम् किया करते थे और वे तबतक मेरी नज़रों में सच्चे, सरल इन्सान थे।

हुआ यूं कि कुछ महीनों से महानिदेशालय द्वारा मुझे, 'विज्ञापन प्रसारण सेवा', पटना को, 'कैपिटल स्टेशन', पटना का कार्यक्रम-प्रमुख होने के नाते 'हेड ऑफ़ ऑफ़िस' के रूप में संभालने के लिए कहा जा रहा था, क्योंकि वे चाहते थे कि वहां किसी 'क्लास वन' अफ़सर की पोस्टिंग हो। अचानक एक दिन महानिदेशालय से फ़ोन आया कि 'विज्ञापन प्रसारण सेवा', पटना का चार्ज 'हेड ऑफ़ ऑफ़िस' के रूप में संभालने का आदेश 'मेल' पर उपलब्ध है और मैं वहां जाकर ज्वायन करूं। मैंने 'मेल' की कॉपी निकाली और इसी परिसर की पुरानी बिल्डिंग में पहली मंज़िल-स्थित, 'विज्ञापन प्रसारण सेवा' के ऑफ़िस पहुंचकर हेडक्लर्क को अपनी ज्वायनिंग-रिपोर्ट सौंप दी। उसी समय, पीछे से मेरे ज्वायनिंग की सूचना पाकर मेरे कुछ अधीनस्थ मुझे ढूंढ़ते हुए आ गए। मैं उसके बाद नीचे आया और वहां के लोगों से कुछ औपचारिक बात कर अपने कमरे में लौट आया।

दूसरे दिन ऑफ़िस पहुंचते ही पता चला कि 'विज्ञापन प्रसारण सेवा' के एक पेक्स- ने मेरे बारे में शिकायती-पत्र महानिदेशालय भेजा है। इसी दिन पूर्व के पत्र को निरस्त करते हुए नया आदेश प्राप्त हुआ कि अब मैं 1 फ़रवरी को वहां के पेक्स/'हेड ऑफ़ ऑफ़िस' के 'रिटायरमेंट' के बाद 'विज्ञापन प्रसारण सेवा' ज्वायन करूं।

तब समाचार विभाग के एक पूर्व अधिकारी, जो सोशल मीडिया पर अक्सर अपना पक्षी-प्रेम और संवेदनशीलता प्रदर्शित करते रहते हैं, उन्होंने बिना वस्तुस्थिति जाने-समझे एक ऐसी अभद्र और विवेकहीन टिप्पणी कर डाली, जो उनकी अंधेरी सोच के सिमटे दायरे को प्रमाणित करती थी और उनकी इन्सानी संवेदनहीनता दिखाने वाली थी।

जिन अधिकारी ने ये शिकायत भेजी थी मेरे सामने उनका चरित्र बड़ा ही मृदुभाषी और सज्जन व्यक्ति के रूप में था। मेरे साथ उनके संबंध भी बहुत अच्छे थे; पर उन्हें पता नहीं क्या हुआ कि सारे संबंधों को भुलाकर उन्होंने मुझपर ऐसा

इल्ज़ाम लगा दिया, जो आज के सभ्य और पढ़े-लिखे समाज के लिए अत्यंत गर्हित है। ये साफ़ था कि उनके-जैसे सरल-हृदय व्यक्ति को किसी ने मेरे विरूद्ध भड़काया है और उनका बेज़ा इस्तेमाल किया है। इसलिए शायद मैं आज भी उनके प्रति संवेदनहीन नहीं हो सका हूं। हां, इतना ज़रूर है कि भड़कानेवाले लोग जल्दी ही चिह्नित हो गए और उनका असली चेहरा सामने आ गया।

हां, इस तेज़, बेधने वाली पीड़ा में प्रमुख रूप से शंकर राम (शंकर कैमूरी) और सियाशरण चौघरी का नाम ज़रूर लेना चाहूंगा जो मेरे साथ लगातार खड़े रहे, मेरी हिम्मत बढ़ाते रहे; यहां तक कि मुझे ग़लत दिखाने वाले लोगों का विरोध करते रहे; परिणामतः स्वयं भी विरोध झेलते रहे। इन्हें देखकर यही अहसास हुआ कि अच्छे लोग हर जगह हैं और मुझे लगा कि उनका रूप लेकर ईश्वर ही मेरी मदद को उतरा है।

दूसरे थे, कैजुअल एनाउन्सर प्रिया और उनके पति श्री अनिरूद्ध कुमार गौतम। प्रिया ने जब मेरी समस्या गौतम जी को बताई तो वे फौरन ऑफ़िस आए और उन्होंने मेरा हौसला बढ़ाते हुए मुझे पूरी तरह आश्वस्त किया कि वे मेरी हर मुसीबत में मेरे साथ हैं।

मैं ये नहीं कहता कि मैंने सबकुछ अच्छा ही किया है या ग़लतियां मुझसे नहीं हुई हैं। मैं कोई गांधी या राम नहीं, एक साधारण इन्सान हूं। इसलिए इन्सानी कमज़ोरियां मेरे अन्दर भी हैं। मैंने ग़लतियां न की हों, ऐसा भी नहीं है और हर आदमी को अपनी कमज़ोरी और ग़लती का पूरा-पूरा अहसास होता ही है। उस अहसास से पीड़ा भी होती है। मुझे भी हुई- व्यक्तिगत जीवन में भी, और सामाजिक में भी। मैंने उन ग़लतियों से सबक़ और शिक्षा भी ली है, कभी-कभी पश्चाताप भी किया है... कभी ग़लतियों को न दुहराने के क्रम में उससे बड़ी ग़लती भी कर बैठा हूं। आज जब मैं ये सब लिख रहा हूं मैं इस सच से भाग नहीं सकता कि मैंने भी शायद बहुतों को दुख पहुंचाया होगा- अपने व्यवहार से, अपने आचरण से, अपने स्वभाव से। मेरा ये लिखना ऐसी मेरी सारी ग़लतियों का प्रायश्चित है या नहीं, नहीं जानता; पर ये ज़रूर है कि उम्र के जिस पड़ाव पर आज मैं खड़ा हूं, जीवन की सांध्य-बेला मुझे डरा नहीं रही, बल्कि आकर्षित कर रही है। मुझे अब मृत्यु का भी कोई भय नहीं। जीवन का जो लक्ष्य था, कर्तव्य था उसे मैं पूरा कर चुका। आज अगर मुझसे कोई पूछे कि जीवन में क्या चाहिए तो मेरा जवाब होगा- कुछ नहीं, सबकुछ तो पा चुका मैं। मेरे जीवन का लक्ष्य पूरा हो चुका है, मेरे अंतस की साधना सम्पन्न हो चुकी और यही मेरे जीवन की सिद्धि है। इच्छाएं तो अनन्त होती हैं। एक इच्छा से दूसरी इच्छा का जन्म होता है। मैंने अपने जिस जीवन की कल्पना की थी,

शायद वैसा जीवन मैंने नहीं जिया; लेकिन जो जिया, उससे भी कोई शिकायत नहीं; क्योंकि जो जीवन मुझे मिला उसमें नियंता की ही कोई मर्ज़ी रही होगी।

देखा जाए तो मेरी कोई ज़िम्मेदारी अब शेष नहीं है। मुझे अपनी भी फ़िक्र नहीं है, क्योंकि मुझे पता है, यदि कोई कठिन परिस्थिति आई भी तो विकी-मुग्धा संभाल लेंगे। हां, अनिल को पढ़ाने और उसे समाज में अच्छी पहचान दिलाने के लिए मैं कटिबद्ध हूं; मेरे जीवित रहते उसके लिये साधनों या धन की कमी नहीं होगी... और यदि मैं नहीं भी रहा, तो विकी उसे संभाल लेगा, इसका मुझे पूरा विश्वास है।

मैं ये स्पष्ट कर दूं कि ये पूरी तरह से मेरी आत्मकथा नहीं है, पर यदि कोई मानना चाहे तो ये उसका अधिकार है। लोग कहते हैं कि आत्मकथा लिखने वाले अपने बारे में सब अच्छा-अच्छा लिखते हैं, बुरा नहीं लिखते। एक आदमी के जीवन में बुरा क्या होता है- उसका आचरण, उसका व्यवहार, उसका चरित्र। ये तीनों सापेक्ष शब्द हैं, क्योंकि ये सब सामने वाले से भी यही अपेक्षा लेकर चलते हैं। वास्तव में, अपने बारे में, अपने किए, अपने सत्य की ईमानदार स्वीकृति ही सबकुछ है। अपने जीवन-संघर्षों से जितना भी सत्य छन कर बाहर आता है वही तय करता है कि व्यक्ति के अन्दर अच्छा क्या था और बुरा क्या। हां, ये मैं मानता हूं कि इस तरह के अनुभव साझा करने में एक प्रकार की आत्मश्लाघा अनायास आ जाती है। ना चाहते हुए भी इससे पूरी तरह मुक्त होना मुश्किल है। लेकिन एक आदमी के जीवन की दुश्वारियां, उसका संघर्ष, उसकी उपलब्धियां, उसका अन्तर्द्वन्द्व, उसकी पीड़ा, जीवन और मृत्यु के प्रति उसकी सोच, अंधेरे और उजाले के बीच फ़र्क कर पाने की उसकी मेधा; विश्वास और अविश्वास के बीच झूलती उसकी मानसिक अवस्था- ये सब, इनका क्या अपना कोई मोल नहीं...?

मेरा ये दावा कतई नहीं है कि मैंने जीवन में कुछ बहुत ख़ास किया है, विशेष किया है या कुछ ऐसा किया है जो पहले किसी ने नहीं किया। बिल्कुल नहीं। अपनी प्रकृति, अपनी रुचि, अपनी योग्यता के अनुसार हर व्यक्ति काम करता है- कोई कम तो कोई अधिक। मेरे योगदान का आकलन मैं स्वयं नहीं कर सकता, वो आने वाला समय करेगा-

> "कौन जाने, लौटकर कल हम यहां आयें न आयें
> कौन जाने, कल हमारा नाम भी सब भूल जायें
> मिट सकेंगी पर हमारे प्राण की ये सर्जनायें,
> दीप्ति जिनकी काल के भी गाल में अम्लान होगी..."
> (गुलाब खंडेलवाल)

जहां तक मेरे व्यक्तिगत जीवन का प्रश्न है, ना तो मैं बहुत अच्छा प्रेमी रहा, न पति; न अच्छा पिता बन सका, न अच्छा पुत्र ही । मुझसे सभी को शिकायतें रहीं; पर, यही मैं था... हूं, यही मैं रहा; क्योंकि अपनी शर्तों और अपने हिसाबों से मैंने अपना जीवन जिया, इसलिए मेरी एक कविता की तरह, मुझमें... मैं ज़िन्दा रहा... मुझमें, मैं ज़िन्दा हूं...

"पल दो पल का साथ लिखा
कुछ कहा हुआ, कुछ अनकहा...
जीवन की लहरों पर जीवन
कुछ बहा हुआ, कुछ अनबहा...
समर्पित उन्हें सब कहा हुआ
दिया तुम्हें सब बहा हुआ,
मेरे हिस्से   में रखता हूं
कुछ अनकहा, कुछ अनबहा...।"

...

समीक्षा-खंड

व्यष्टि से समष्टि की यात्रा

योगेश त्रिपाठी

नाटककार और रंग निर्देशक, रीवा

न यह किसी फिल्म स्टार की आत्मकथा है, न ही किसी पॉलिटीशियन की। न यह कोई बड़े स्कैम की कथा है और न ही खुशवंत सिंह की महिला मित्रों की कथा। भला क्या रोचकता हो सकती है एक सरकारी कर्मचारी के कार्यालयीन अनुभवों पर आधारित साढ़े तीन सौ पेज के आत्मकथात्मक उपन्यास में ?

कोरोना काल में जब यह मोटी पुस्तक डाक से मिली तो सैनिटाइजर स्प्रे करके दो दिन तक रखा रहने दिया। फिर पढ़ने की हिम्मत जुटाई। यूं ही बीच में कहीं पन्ने पलटे तो अपना और अपने नाटकों का ज़िक्र देखा। रुचि जगी और उन पृष्ठों को पढ़ डाला। तुरंत लेखक मित्र को फोन किया और आठ-दस मिनट तक हंसता-बतियाता रहा। फिर एक छोटे अंतराल के बाद पुस्तक को पढ़ना शुरू किया तो अपने ऊपर अविश्वास हो आया। क्या मैं अब भी मोटी किताबें पढ़ सकता हूं ? लिखने में व्यस्त होने के कारण, कई सालों से रेफरेंस की ज़रूरत पड़ने पर ही मैं कोई किताब पढ़ता आया हूं।

एक सरकारी अधिकारी के नौकरी के अनुभवों पर आधारित पुस्तक, जिसे 'उपन्यास' कहा जा सकता है, इतनी रोचक हो सकती है, पहली बार महसूस हुआ। फ़ेसबुक में शेयर इसलिए कर रहा हूं ताकि मैं अपने मित्रों को बता सकूं कि इस पुस्तक में मात्र लेखक के निजी अनुभव नहीं हैं, बल्कि कहूं तो यह पुस्तक हाल में गुज़रे तीस-बत्तीस सालों में कई जद्दोज़हदों को उजागर करने वाला दस्तावेज है। रूटीन के अभ्यस्तों और नवाचार के इच्छुकों के बीच की जद्दोज़हद, कला के क्षेत्र में एक प्रशासनिक अधिकारी का कलाप्रेमी बने रहने की जद्दोज़हद, विषम से विषम परिस्थिति में भी अपनी संवेदनाओं को बचाए रखने की जद्दोज़हद, कौटुंबिक उलझनों के धक्कों को सहते हुए अपने परिवार को बचाने की जद्दोज़हद, इस प्रकार कई स्तरों पर लेखक ने अपने संघर्ष को बयां किया है, जो बहुत ही रोचक और बिना किसी रोमांच के भी रोमांचक है।

एक बार पुनः कहना चाहता हूं कि इस पुस्तक की सबसे बड़ी सफलता यह है कि इसे पढ़कर यह नहीं लगता कि यह केवल लेखक का संघर्ष है। यह, इस गुज़रे कालखंड में एक-एक आदमी का संघर्ष है। लेखक स्वयं सरकारी राजपत्रित अधिकारी रहा है, परंतु उसकी व्यथा, एक ठेले वाले की भी व्यथा लगती है। मेरी समझ में नितांत व्यक्तिगत अनुभवों से समष्टि का बोध कराना लेखक की सर्वोच्च सफलता है।

❖❖❖

गुरु ज्ञान-ऋण से उऋण होने का प्रमाण

डॉ. प्रतिभा जैन

वरिष्ठ नाटककार एवं कवयित्री, नोएडा

गुरु ज्ञान ऋण से उऋण होने का प्रमाण है डॉ. किशोर सिन्हा द्वारा रचित पुस्तक 'फ़ेड इन... फ़ेड आउट...'

विशाल कलेवर वाली पुस्तक का आकार-प्रकार और छपाई बहुत सुंदर है, साथ ही मुख्य-पृष्ठ अपने भीतर का प्रतिबिंब लिए है। पुस्तक जब हाथ में आई तो हम व्यग्रता से ढूंढने लगे अपना नाम (ये पता था कि इसमें मेरा नाम है) किंतु उलझ गई पन्नों में, फिर यूं बीच-बीच में पढ़ना रास न आया। अंततः संकल्प के साथ शब्दों के समुद्र में अध्ययन की नौका डाल ही दी और फिर जो सुदूर यात्रा पर निकली तो ज्वार-भाटे को चीरते... अनदेखे द्वीपों पर ठहरते... जीवन सूत्रों के मोती समेटते... आतंकी जलचरों से भेंटते हुये... अनजानों से मिलते... पढ़ते ही गए..... विभिन्न रसों में पगे दृश्य-बिंबों से दृष्टि हटाना सरल न था।

अभिधा-लक्षणा-व्यंजना की दूर जाती ध्वनि-अर्थ में मन रम रहा था, धीरे-धीरे कथा स्वयं की, कभी अपने आस-पास की रची-बसी लगने लगी। जीवन में सबके अपने-अपने चक्रव्यूह होते हैं, कुछ निकल पाते हैं, कुछ नहीं। किशोर जी उसमें से निकले वीर योद्धा हैं, स्वयं अपना जीवन निर्माण करने, अपनी ज़िद में अपना संसार बुनने वाले योद्धा। उनकी लगन, नव-नवीन कल्पनायें, साहस और दुष्कर कार्य की जिज्ञासा किसी से छिपी नहीं है. जीवन को पहचानने में उन्होंने बाह्य जगत् के साथ-साथ अंतर जगत् की भी यात्रा की है, ऐसा हम सब के साथ होता है पर उसे कलम से कागज़ पर शब्द-चित्र बनाना विरले ही जानते हैं। जीवन के इस कोलाज में वे सफल हुए हैं।

जीवन यात्रा की न जाने कितनी सीख, कितनी सावधानियां अवशोषित हो गईं मेरे अंतर में, गूंगे के गुड़-सा स्वाद अभी भी मन को बांध रहा है।

फ़ेड इन... फ़ेड आउट/396

पढ़ते-पढ़ते कभी यह पुस्तक आत्मकथा लगती है कभी ज्ञान-कथा-कोश। डायरी के विशुद्ध पन्नों के साथ इसमें हास्य-विनोद, पाक-कला, रेकी-विद्या, और विद्यार्थी जीवन जीने की उन्मुक्त चाह है। इसमें यात्रा-संस्मरण है, जिसमें विंध्य की घाटियां और सागर का तालाब है; जगदलपुर की वन्य-संस्कृति, बस्तर के पारंपरिक रीति-रिवाज़, घोटुल, दशहरा, मेले-मंदिर का चित्रण है; साथ में भागलपुर का इतिहास और पटना की कालजयी गरिमा का यथेष्ट वर्णन है। किशोर जी ने इन सब को आकाशवाणी के माध्यम से चिरजीवी बनाने का श्रम-साध्य कार्य किया है, जो आगे की पीढ़ियों के लिए मील का पत्थर होगा।

उन्होंने शासकीय जीवन को अपनी दृष्टि से परिभाषित किया है कि बहुत कुछ किया जा सकता है, यदि हम संकल्पित हो तो कंटक रास्ते भी सुपथ बन जाते हैं। इस पुस्तक में बहुत कुछ है–

यथा सुभाषित सूत्र – ''छोटे से स्वार्थ और लालच के कारण क्या हम बड़े रिश्तो का संसार नहीं ठुकरा देते....जिस तरह का मनुष्य होगा उसी तरह का आचरण करेगा....घोड़े से पूछो कि वो चने खाएगा तो क्या वह इंकार करेगा?... कला-रूपों को किसी भाषा की दरकार नहीं होती...''

अनेक स्थानों पर भाव बहुत चुटीले बन पड़े हैं, यथा– ''भूख ने अतड़ियों में तांडव मचाना शुरू कर दिया...'' भाषा का कसाव भी पठनीय है, कुछ शब्दों पर मन ठहरा यथा– भंभोरते, अंतरालय, सिरढंकना....

पुस्तक के अंत में किशोर जी एक दार्शनिक की तरह जीवन को परिभाषित करते हैं। हर क्रिया का फल निश्चित है सो उनके बुद्धत्व-भाव को, हमने भी अपनी हृद-माटी में रोपने की कोशिश की है।

पुस्तक-पाठ अभी भी मन को बांध रहा है, पन्ने पलट-पलट कर पढ़ने का मन हो रहा है, आप भी पढ़ें, शपथ से आप निराश न होंगे।

◆◆◆

आत्म में व्याप्त होती किताब

डॉ. सुनील केशव देवधर

वरिष्ठ साहित्यकार, अनुवादक और मीडियाकर्मी, पुणे

अमृता प्रीतम ने लिखा है, ''आत्मकथा में लेखक और पाठक सम्मुख होते हैं। यह लेखक का, पाठक को अपने घर में निजी बुलावा होता है, संकोच की ड्योढ़ी के भीतर की ओर... और यह तभी संभव होता है, जब लेखक का साहस, उसके

किसी सच की अपेक्षा कम ना हो। इसमें कोई झूठ मेहमान का नहीं, मेजबान का, अपना होता है...।"

अमृता प्रीतम के इस कथन के आलोक में डॉ. किशोर सिन्हा की पुस्तक 'फ़ेड इन... फ़ेड आउट' का पढ़ा जाना एक सुखद अनुभव तो है ही, साथ ही, आत्मकथा कितने और संदर्भों से हमें जोड़ सकती है इसका श्रेष्ठ उदाहरण भी हमारे सामने आता है।

इस पुस्तक के शीर्षक के विषय में डॉ. सिन्हा लिखते हैं- इस 'फ़ेड इन... फ़ेड आउट...' को रेडियो या ध्वनि-रिकॉर्डिंग की भाषा और संदर्भ में समझना हो तो 'फ़ेड इन' का मतलब होता है, ध्वनि को उसकी न्यूनता से उठाकर उसके अनुकूलतम स्तर (Optimum lable) तक पहुंचाना; और ठीक इसका विपर्यय 'फ़ेड आउट' है। दूसरे शब्दों में, रेडियो प्रसारण के दौरान हम जो कुछ भी अपने श्रोताओं को सुनवाना चाहते हैं, उसे एक 'फ़ेडर' की सहायता से इस प्रकार 'प्ले' करते हैं कि ध्वनि उसके कानों तक अपनी मधुरता और अनुकूलता के साथ पहुंचे, न कि अचानक खटका लगे। ये कुछ इसी प्रकार है कि कोई अचानक आकर कानों में चिल्ला दे और कोई मंद्र-संतुलित स्वर में धीरे-धीरे अपनी बात रखे। यानी 'फ़ेडर' वह उपकरण है जो स्वर और संगीत को नियंत्रित कर आपके कानों तक पहुंचाता है और नियंत्रित करने की इस प्रक्रिया को 'फ़ेड इन... फ़ेड आउट' कहते हैं। हमारा जीवन भी कुछ ऐसा ही नहीं है क्या...? हमारी ज़िंदगी में भी तो कोई घटना धीरे से 'फ़ेड इन' हो जाती है और अपने उच्चतम (अनुकूलतम) स्तर पर हमें पहुंचाकर धीरे से 'फ़ेड आउट' हो जाती है- जिसे कहें कि 'चरम पर पहुंचकर रीत जाना...'; और उसकी अनुगूंज क्या देर तक तीर-छूटी प्रत्यंचा-सी कांपती नहीं रहती किसी दूसरी घटना की प्रतीक्षा में...! इसीलिए इस शीर्षक- 'फ़ेड इन... फ़ेड आउट...' से बढ़कर मुझे कोई और शीर्षक मौजूं नहीं लगा।"

लेखक की बात से सहमत होते हुए इस पुस्तक के भीतर का सफ़र इस बात की गवाही देता है कि पुस्तक में जीवन की घटनाएं, अनुभव आदि को स्मृति के माध्यम से, अंकित तो किया ही गया है; साथ ही लेखक ने अपने अतीत को भी पुनः जिया है। और इतना ही नहीं, यह पुस्तक यात्रा वर्णन, पर्यावरण, पुरातत्त्व, मानवीय व्यापार, अध्यात्म आदि विषयों का यथार्थ स्पर्श कराती है। कहा जाता है कि आत्मकथा में लेखक को अपने आप से ईमानदार रहना होता है। यदि ऐसा नहीं होता या हुआ है तो जीवन की अनकही घटनाओं को उजागर करने का साहस मात्र दिखावा ही कहा जाएगा। इस संदर्भ में डॉ. सिन्हा स्वयं ही प्रश्न करते हैं- "इस तरह की वास्तविकता के चित्रण से एक दूसरी समस्या उत्पन्न होती है कि क्या हम अपने संपर्क में आये यथार्थ चरित्रों को उनकी सारी ख़ूबियों या कमियों के

साथ वैसा-का-वैसा रख दें, या जो कुछ गोपन है, उसपर पर्दा डालें रहें। वैसे देखा जाए तो गोपन कुछ होता नहीं; हमारे व्यवहार, व्यक्तित्व और आचरण से पूरी दुनिया को हमारे बारे में कई बार वो सब भी पता होता है, जो हम खुद अपने बारे में नहीं जानते, या जानकर अनजान बने रहते हैं।''

इस तरह लेखक का जीवन के प्रति दृष्टिकोण और उसके मन पर पड़े संस्कारों और प्रभावों का भी खुलासा होता है। पुस्तक की एक विशेषता और भी है कि इसमें मात्र अनुभूत सत्य नहीं है, बल्कि यह स्थान, प्रदेश का भौगोलिक आलेख भी है। यहां प्रकृति की अनुपम छटाओं का वर्णन भी है, साथ ही पुरातत्त्चीय और धार्मिक दृष्टि से महत्त्वपूर्ण स्थानों का रोचक इतिहास भी। यह सही है कि आत्मकथा का विषय और कार्य, कथा, काव्य आदि साहित्य के कार्य-व्यापार की अपेक्षा स्वरूपतः अलग है, तथापि कुछ ऐसे रोचक और साहित्योपयोगी संदर्भ भी इसमें हैं, जो हमें साहित्यिक दृष्टि से अधिक संपन्न करते हैं।

''उसी दौरान मुझे 'हंस' के एक पुराने अंक में प्रेमचंद की कहानी मिली, 'क़ातिल की मां'। कहानी जब पढ़ने लगा तो उसकी विषयवस्तु में एक अकल्पनीय जीवंतता का अनुभव हुआ। मैं आश्चर्यचकित था, इतना जीवंत चित्रण और संप्रेषण मैंने बहुत कम कहानियों में पाया है। यह कहानी प्रेमचंद के उर्दू कहानी-संग्रह 'वारदात' में छपी थी, जिसका प्रकाशन प्रेमचंद की मृत्यु के बाद सन् १६३८ में हुआ था। आज से इतने वर्षों पूर्व रची ये कहानी निःसंदेह आज भी प्रासंगिक है। इस कहानी को मैं कई-कई बार पढ़ गया।...''

एक और स्थान पर दफ़्तरी दुनिया में कार्यक्रमों को लेकर उठाई गई आपत्तियों और उन पर दिए गए स्पष्टीकरण से साहित्य की गहरी समझ और ज्ञान का पृष्ठ खुलता है, जिसका पढ़ा जाना साहित्य के पाठकों के लिए सुखद अनुभूति कराता है। कार्यालय द्वारा मांगे गए स्पष्टीकरण का उत्तर लेखक ने इस प्रकार दिया है- ''.... मैंने इसका जवाब थोड़ा और विस्तार से दिया- प्रकृति का मानवीकरण हिन्दी साहित्य-परम्परा का एक अंग है। इस मानवीकरण में लौकिक प्रतिमानों को आधार बनाया जाना भी स्वयंसिद्ध है। इसी मानवीकरण के अन्तर्गत 'धूप' के तीखेपन का अहसास उपर्युक्त वाक्यांशों में कराया गया है। मध्य युग के पूरे काव्य-साहित्य में, जिसमें बिहारी, मतिराम, केशवदास, पद्माकर आदि कवि आते हैं तथा आधुनिक युग में भी दिनकर, बच्चन, धर्मवीर भारती आदि के काव्य में लौकिक प्रतिमानों की अभिव्यक्ति पर्याप्त हुई है। कुछ उदाहरण द्रष्टव्य हैं-
क. ''कटिक गौरव पाओल नितम्ब, एकक खीन अओक अवलम्ब।'' (विद्यापति)

ख. "सोई हुति पिय की छतियां लगी बाल प्रवीण महामुद मानैं, केस खुले छहरैं, बहरैं, फहरैं छबि देखत नैन अमाने।" (रसखान)

ग. "अंग अंग जग नगमगत दीपसिखा सी देह, दिया बढ़ाये हूं रहे, बड़ों उजारौ गेह।" (बिहारी)

घ. "अधखुली कंचुकी उरोज अध आधे खुले, आधे खुले वेश नख देखन के झलकै।" (पद्माकर)

ड. "प्रिय कर कठिन उरोज परस कस, कसक-मसक गई चोली; एक वसन रह गई मंद हंस, अधर दशन अनबोली" (निराला)

इन सभी उदाहरणों से स्पष्ट होता है कि कायिक सौन्दर्य को आधार बनाना हिन्दी साहित्य-परम्परा का एक बड़ा पक्ष रहा है। इस रिपोर्ट के आधार पर तो इन महान् कवियों और उनके काव्य को ख़ारिज़ कर दिया जाना चाहिये। ..."

इसके बाद लेखक ऑफ़िस की खींचातानी, द्वेष-भावना का बहुत संक्षिप्त वर्णन करता है। आकाशवाणी एक ऐसी संस्था है, जहां साहित्य, संगीत, कला, संस्कृति, समाज, राजनीति आदि सभी विषय कार्यक्रमों का हिस्सा होते हैं और उसकी अपनी दफ़्तरी राजनीति भी बाह्य जगत् को ना दिखने वाली, किंतु जुड़ने पर साफ समझ में आने वाली होती है और इस अंदरूनी राजनीति ने संस्था का कई स्तरों पर नुकसान भी किया है। डॉ. सिन्हा कार्यक्रमों के प्रति गहरी संवेदना रखने वाले ऐसे अधिकारी रहे हैं जो अपने लेखन में भी समर्थ हैं और प्रस्तुतीकरण के लिए आवश्यक तकनीकी ज्ञान से भी संपन्न हैं। यही कारण था कि इन्हें कई अप्रिय प्रसंगों से भी गुज़रना पड़ा। इस पुस्तक में डॉ. सिन्हा अपनी डायरी का भी समावेश करते हैं। डायरी स्मृति को समृद्ध और चिरजीवी बनाती है। एक स्थान पर वे लिखते हैं–

"5 अक्तूबर, 1988, प्रशिक्षण का तीसरा दिन.... आज की शाम/रात्रि अच्छी गुज़री है। खाना खाने के बाद हम हॉस्टल के लॉन में नर्म घास और ठंडी पछिया हवा के झोंकों पर सवार देर तक बातें करते रहे, कार्यक्रम-निर्माण पर बहस करते रहे। शुरू में तीन जुटे, फिर तीन से चार, चार से नौ और नौ से तेईस हो गये। पूरी मंडली वृत्ताकार होकर बैठी और एक छोटा-सा मिला-जुला आयोजन अपने-आप हो गया। जम्मू-कश्मीर से आये जे. एन. शेख़ ने फ़ैज़ की ग़ज़ल सुनाकर आयोजन का आग़ाज़ किया। उसकी सुमधुर स्वर-लहरी और स्वरों की उठान ने एक अद्भुत समा बांध दिया।"

आत्मकथा की बुनावट में महत्वपूर्ण 'स्व' है अवश्य, लेकिन इस 'स्व' से बाहर 'इतर' का सामीप्य और परिचय आत्मकथ्य को समाज और पाठक के अधिक निकट ले आता है, क्योंकि 'स्व' से हटकर लिखे गये प्रसंग और वर्णन उसे एकांगी होने से बचा ले जाते हैं और आत्मकथा 'स्व' की न होकर, जग की हो जाती है। पुस्तक में ऐसे अनेक प्रसंग है जहां लेखक 'स्व' से दूर जा बैठा है और

आपको (पाठक को) अपने साथ की यात्रा का आनंद बांटता है- ''वो गांव सेजहरी वाकई अत्यंत मनोरम और मनमोहक था। एक ओर पहाड़, उसके नीचे काले पत्थरों की चट्टानों के बीच से बहती हुई कल-कल करती नदी, उसके परली ओर घना जंगल.... और इनके बीच बांस, लकड़ी और पत्थरों से अनगढ़ हाथों का बना सुधीर सिंह का घर... पर उस अनगढ़ता में भी एक सौन्दर्य और एक कुशल कलाकार के हाथों की छाप स्पष्ट दिखाई दे रही थी।...''

इसी तरह के और भी कई वर्णन हैं, जो आपको लेखक के साथ की जा रही यात्रा का आनन्द देंगे- जैसे, ''... मैकाल की पहाड़ियों में स्थित अमरकंटक समुद्र-तल से लगभग 1065 मीटर ऊंचा है, जहां पर विंध्य और सतपुड़ा की पहाड़ियों का मेल होता है। ये घने वन से आच्छादित क्षेत्र है, जहां महुआ और सागवान के पेड़ बहुतायत में मिलते हैं। अमरकंटक अपने सुंदर झरनों और धार्मिक, पवित्र स्थलों को लेकर अत्यधिक प्रसिद्ध है। इस क्षेत्र में वर्षा भी खूब होती है।...''

इस पुस्तक के माध्यम से पाठक ना केवल अनेक स्थलों की यात्रा करते हैं, बल्कि इस यात्रा के साथ-साथ इतिहास, पुराण, गाथा-कथा, धार्मिक आस्था और विश्वासों से भी आपका परिचय होता है।

कोई आत्मकथा हमें व्यक्ति के जीवन के विकास के महत्वपूर्ण और विश्वसनीय मोड़ों पर भी ले चलती है, तब हम व्यक्ति के अंदर के विविध आयामों को जान पाते हैं। डॉ. सिन्हा एक स्थान पर रेकी चिकित्सा पद्धति की बात विस्तार से करते हुए लिखते हैं- ''... दरअसल 'रेकी' का उत्स सहस्त्रों वर्षों पूर्व की गुरु-शिष्य-परंपरा में है। 'अथर्ववेद' में इसके प्रमाण उपलब्ध हैं। हालांकि लिखित में न होने से ये विद्या लुप्त होती चली गई, पर उसके वर्षों बाद महात्मा बुद्ध ने इस विद्या का उपयोग कर न सिर्फ पीड़ितों का उपचार किया; बल्कि इसे अपने शिष्यों में भी 'शक्तिपात' द्वारा स्थानान्तरित किया। बुद्ध के 'कमलसूत्र' में इसका वर्णन मिलता है। बुद्ध के बाद ये विद्या भिक्षुओं के माध्यम से तिब्बत-चीन होते हुए जापान तक पहुंची। जापान में इसे पुनर्स्थापित करने का कार्य वहां के एक डॉक्टर, मिकाओ उसुई (1869-1926) ने किया।...''

इस पुस्तक में घर-परिवार, आस-पड़ोस और मित्रों के साथ के कुछ आत्मीय प्रसंग भी वर्णित हैं, उनमें मैं भी हूं।

आत्मकथा की सगोत्रीय विधायें हैं, जीवनी, संस्मरण, डायरी, पत्र, यात्रा-वर्णन- और इन सभी का युक्तियुक्त सहज समावेश 'फ़ेड इन... फ़ेड आउट' शैली में बड़ी कुशलता से किया जान पड़ता है, नहीं लगता कि यह सप्रयास है।

एक विशेषता और कि पुस्तक को पांच खंडों में उपशीर्षक के साथ संजोया गया है। ये शीर्षक हैं– व्योम खंड, प्राण, सलिल, अनल और वसुधा खंड, यानी जिन पांच तत्त्वों से (पंचमहाभूत) हमारा शरीर बना है, "क्षिति जल पावक गगन समीरा, पंच तत्व से बना सरीरा", पुस्तक स्वयं एक व्यक्ति के रूप में हमसे साहित्य, संस्कृति, कला, संगीत, लोकजीवन, इतिहास आदि विषयों पर लेखक के माध्यम से न केवल संवाद करती है, बल्कि विचार के द्वार पर भी दस्तक देती है, पृष्ठ-दर-पृष्ठ हमारी रुचि जगाती है और उत्सुकता बढ़ाती है।

कितना भी कहा जाए कुछ अनकहा रह ही जाता है, इसलिए कई स्थानों पर डॉ. सिन्हा इस पुस्तक के प्रथम खंड 'तीस साल लंबी सड़क' का संदर्भ देते हैं। हमारे इस लिखे में भी बहुत-सा अनकहा शेष है, उस शेष की पूर्ति पाठक पढ़कर करेंगे, इसी विश्वास के साथ 'फ़ेड आउट...' की अनुमति चाहते हैं।

◆◆◆

संताप से उपजी कृति

मुकेश प्रत्यूष
कवि एवं समीक्षक

भारत में रेडियो प्रसारण की शुरुआत 1927 में मुम्बई और कोलकाता में दो निजी ट्रांसमीटरों से हुई थी। 1930 में इसका राष्ट्रीयकरण हुआ और नाम रखा गया 'इण्डियन ब्राडकास्टिंग कॉरपोरेशन', जिसे बदल कर 1957 में 'आकाशवाणी' कर दिया गया। धीरे-धीरे रेडियो हर घर की ज़रूरत बनता गया और बाद के दिनों में अधिकांश घरों में दिन की शुरुआत आकाशवाणी के सिग्नेचर-ट्यून से होने लगी। फिर दूरदर्शन या कहें टेलीविजन का दौर आया और रेडियो कहीं पीछे छूट गया। आज स्थिति यह है कि लोग रेडियो से प्रसारित होने वाले 'मन की बात' को टेलीविजन पर सुनते हैं। समाचार के साथ-साथ कला, साहित्य, संस्कृति और लोकसेवा को समर्पित आकाशवाणी-जैसी संस्था के इस स्थिति में पहुंचने का कारण क्या है। आकाशवाणी से लगभग तीन दशकों से अधिक समय तक जुड़े रहे कवि-नाटककार डॉ. किशोर सिन्हा ने अपनी आत्मकथा 'फ़ेड इन... फ़ेड आउट' में इस पर विस्तार से चर्चा की है।

लिखते हैं– "एक अत्यंत सुदृढ़, साहित्यिक-सांस्कृतिक कला केंद्र की मृत्यु यदि देखनी हो तो आज के रेडियो यानी आकाशवाणी को देखने की ज़रूरत है। कैसे कोई विशाल, गौरवशाली संस्था धीरे-धीरे मृत्यु के आगोश में चली जाती है।

फ़ेड इन... फ़ेड आउट/402

यह किसी को समझना हो तो उसे आकाशवाणी का अतीत और वर्तमान देखना चाहिए, भविष्य अपने आप दिख जाएगा...।''

पांच खंडों- व्योम खंड, प्राण खंड, सलिल खंड, अनल खंड और वसुधा खंड में बंटी इस आत्मकथा को लिखते समय किशोर सिन्हा ने जब भी अपने किसी प्रिय के संबंध में किसी अप्रिय प्रसंग की चर्चा की तो उनके संताप और उन्हें हुई मानसिक पीड़ा को साफ-साफ महसूस किया जा सकता है। लिखते भी हैं- ''हम अपने संपर्क में आए यथार्थ चरित्रों को उनकी सारी ख़ूबियों या ख़ामियों के साथ रख दें या जो कुछ गोपन है उसे वैसे ही रहने दें। वैसे तो गोपन कुछ होता नहीं, हमारे व्यवहार, व्यक्तित्व और आचरण से पूरी दुनिया को हमारे बारे में वह सब भी पता होता है, जो खुद अपने बारे में नहीं जानते या जान कर अनजान बने रहते हैं। हम लाख खुद को अच्छा बना कर प्रस्तुत करें, अगर बुराई है तो वह भी सच्चाई बनकर सामने आए बिना नहीं रहती।...''

लिखते हैं- ''ऐसा करने में मुझे भी कम घाव नहीं लगे। ऐसा भी नहीं है कि मेरी आत्मा लहूलुहान नहीं हुई...''। महाभारत को उद्धृत करते हुए लिखते हैं- ''इस भीषण संग्राम में कोई नहीं, केवल मैं ही मरा हूं करोड़ों बार, जितनी बार जो भी सैनिक भूमि पर धराशाई हुआ, कोई नहीं था, यह मैं ही था।...''

इसी का परिणाम है कि किशोर सिन्हा बड़ी ईमानदारी से यह लिख पाए कि ''मैं न बहुत अच्छा प्रेमी रहा, न पति, न अच्छा पिता बन सका, न अच्छा पुत्र ही। मुझसे सभी को शिकायतें रहीं। पर यही मैं था, हूं और यही रहूंगा, क्योंकि अपनी शर्तों पर, अपने हिसाब से मैंने अपना जीवन जिया...''। वे बड़े साफ़ शब्दों में कहते हैं कि ''मेरा ऐसा कोई दावा नहीं कि मैंने कुछ बहुत ख़ास किया है, विशेष किया है, कुछ ऐसा किया है जो इससे पहले किसी ने नहीं किया हो। अपनी प्रकृति, अपनी रुचि, अपनी योग्यता के अनुसार हर व्यक्ति काम करता है।...''

आत्मकथाएं इनदिनों खूब लिखी जा रही हैं, क्या केवल इसलिए कि उसके जीवन की दुश्वारियां, उसका संघर्ष, उसकी उपलब्धियां, उसका अंतर्द्वंद्व, उसकी पीड़ा, जीवन और मृत्यु के प्रति उसकी सोच, अंधेरे और उजाले के बीच फ़र्क कर पाने की उसकी मेधा, विश्वास और अविश्वास के बीच झूलती उसकी मानसिक अवस्था, यह सब बताने के लिए या इनका अपना कोई मोल है।

इस पूरी किताब में बस्तर और उसका शहर जगदलपुर बार-बार आता है। 'सलिल खंड' में उन्होंने वहां की जनजातियों के बीच बोली जाने वाली लोक भाषाओं, उनके वाचिक साहित्य, उनकी प्रथाओं और परंपराओं की चर्चा की है।

पहला और अंतिम खंड अपने नाम को सार्थक करते हैं। पहला व्योम खंड में उन्होंने अपने माध्यम से हर उस नवयुवक के प्रयासों की चर्चा की है जो

सेवा के आरंभिक दिनों में व्यवस्था में कई सार्थक परिवर्तन कर कुछ नया करना चाहता है, अपने परिश्रम से संस्थान को एक नई ऊंचाई पर ले जाना चाहता है; लेकिन कई बार वह खुद को उसी व्यवस्था का अंग बनता हुआ देखता है। वसुधा खंड में दफ़्तर में निजी स्वार्थ-सिद्धि के लिए सहकर्मियों द्वारा की जाने वाली आंतरिक और घृणित राजनीति और उनके चक्रव्यूह में फंसे कर्मठ और ईमानदार लोगों की परेशानियों की चर्चा की है।

◆ ◆ ◆

खुद को कसौटी पर कसने की कला

अशोक प्रियदर्शी
वरिष्ठ साहित्यकार-नाटककार, पटना

यहां जितने लोग उपस्थित हैं, सभी का संबंध किसी-न-किसी रूप में आकाशवाणी से रहा है। आकाशवाणी एक ऐसा संस्थान है, जो हमें सबक़ सिखाता है 'पंक्च्युलिटी' का। किशोर जी ने यहां रह कर के 'पंक्च्युलिटी' तो सीखा ही है; जिन्होंने भी इनके साथ काम किया है, सभी को उसी कसौटी पर कसते हुए ही अपना जीवन और उनका जीवन लेके आगे बढ़े हैं। उनकी दोनों पुस्तकों में 'फ़ेड इन...' को इन्होंने दिया था भाग दो और 'तीस साल...' जो भाग एक है, वह बाद में प्रकाशित हुआ था। मैंने दोनों पुस्तकें पढ़ीं, 'फ़ेड इन...' जो पुस्तक है, किशोर जी के जीवन की जो महत्वपूर्ण अवधि रही है, वो आकाशवाणी की अवधि रही है। और किस तरह आकाशवाणी में 'कैजुअल एनाउन्सर' होकर वे आये। इनके एकाध मित्र ऐसे भी थे जो आकाशवाणी जाने से इनको मना करते थे, हतोत्साहित करते थे। लेकिन कुछ परेशानियां थीं। उस समय तो दूरदर्शन था नहीं, आकाशवाणी ही लोगों का आकर्षण होता था और जब यह आए तो फिर यहीं के होकर रह गए। इन्हें ट्रांसमिशन ऐक्ज़ेक्यूटिव में सेलेक्ट नहीं किया गया तो उस समय कुसुम जुश्री कार्यक्रम अधिशासी थीं। उन्होंने इनके अंतर्मन को जाना था, पहचाना था, इनकी प्रतिभा को जानती थीं और उन्होंने सजेस्ट किया कि यूपीएससी से निकले पेक्स के लिये अप्लाई करो। इन्होंने एप्लाई किया, उसमें सिलेक्ट हुए और उनकी पहली पोस्टिंग रीवा हुई। वो व्यक्ति जो कभी बाहर नहीं गया, वो रीवा गया है, अपरिचित जगह.... और आकाशवाणी ही ऐसा संस्थान है, जहां बहुत-सारे लोग अपने भी हैं और बहुत-सारे लोग आपकी प्रतिभा को दबाने की कोशिश भी करते रहते हैं। ये वैसे हर जगह है, लेकिन आकाशवाणी में कुछ अधिक है। वहां रहकर इन्होंने कैसे

अपनी प्रतिभा को सवंर्धित किया, इसका एकदम सच्चाई से इन्होंने वर्णन किया है, 'फ़ेड इन... फ़ेड आउट' में। एक अंश मैं पढ़ रहा था, सुरेन्द्र कुमार उपाध्याय का। वे एक ऐसे व्यक्तित्व थे जिन्होंने सबसे पहले हमें ट्रेनिंग दी थी कि उद्घोषक के रूप में आप जो आगे क़दम बढ़ा रहे हैं, ये तलवार की धार पर चलने के बराबर है; ज़रा-सा चूक गये और आपका पैर कट गया। वहीं रीवा में किशोर जी की उपाध्याय जी से भेंट हुई। वहां वे ए. एस. डी. होकर गये थे... बड़े कड़क, जो कह दिया, वो कह दिया... नाटक के अच्छे जानकार... उनका सान्निध्य मिला। वहीं आकाशवाणी में स्टेशन डायरेक्टर के रूप में शास्त्रीय संगीत के ज्ञाता आसकरण जी से सान्निध्य हुआ और इन लोगों से बहुत कुछ सीखने का मौक़ा मिला।

किशोर, किशोर रहे, और हमेशा खुद को कसौटी पर कसते गये। और सोना तभी सोना कहलाता है जब वो आग में तपकर बाहर निकलता है। किशोर ने रीवा, सागर, जगदलपुर, पटना और भागलपुर- सभी जगह काम किया। रीवा में 'पेक्स' रहते हुए एक ए. एस. डी. की भूमिका में भी काम किया। तो कठिन-से-कठिन स्थितियों को भी इन्होंने देखा और नज़दीक से लोगों को पहचाना... कौन मेरी मदद कर रहे हैं, कौन लाइन कट-ऑफ़ कर रहे हैं, कौन रिकॉर्डिंग में बाधा दे रहे हैं; सब पहचान रहे हैं। लेकिन किशोर जी हमेशा उन सभी लोगों से, चाहे वो अपने हों, चाहे विरोधी हों, सभी को गले से लगाते रहे।

और उसी संदर्भ में मैं पढ़ रहा था रामनारायण बाबू से भी इनकी भेंट हुई। वे तब के व्यक्ति रहे कि वे 2001 में रिटायर हुए, आकाशवाणी, पटना में थे, रीवा में भी थे। उनका भी सान्निध्य इनको मिला। लेकिन कैसे किशोर को सम्हालते हुए आगे ले चलना है, ये उनलोगों ने हमेशा ध्यान में रखा।

किताब के बारे में मैं कहूं तो ये आत्मकथा तो है ही। आज भी ये लिख रहे हैं, कुछ कर रहे हैं। हमेशा व्यक्ति कुछ सीखता है। आकाशवाणी एक ऐसा संस्थान है, जहां बहुत-सारे लोग वेतन लेने के लिए ही नौकरी करते रहे। लेकिन जिन लोगों में हलकी-सी भी प्रतिभा है, वो अपनी प्रतिभा को वहां उजागर करते हैं, अपने को बनाते हैं और किशोर जी ने अपना पूरा जीवन अपनी प्रतिभा को मांजा; साथ-साथ दूसरों को भी आगे बढ़ाने की कोशिश की। एक जानकारी और दूं। आकाशवाणी, पटना में ही एक अधिकारी थे। मैंने उनसे हंसते हुए कहा कि एक मगही नाटक नहीं कर लेंगे... तो उस अधिकारी का जवाब था, "ये बताओ कि अगर मैं नाटक कर लूंगा तो मेरे वेतन में दस रुपये की बढ़ोत्तरी हो जायेगी... और अगर मैं नाटक नहीं करूंगा तो क्या दस रुपये मेरे वेतन से काट लिये जायेंगे...?" ऐसी मानसिकता लोगों के बीच रही है और रहती है।

इसलिये जिस तरह किशोर जी ने एक प्लेटफ़ॉर्म बनाकर अपने को गौरवान्वित बनाया है, हम चाहेंगे कि जिस क्षेत्र में भी आप जायें, आप अपनी प्रतिभा को उजागर करें और आप लिखते रहें, लिखते रहें, लिखते रहें।

◆◆◆

तितली के पंखों पर सपनों के उड़ान की गाथा

सुषमा शुक्ला
सेवा-निवृत्त उद्घोषिका एवं वरिष्ठ कवयित्री

'फ़ेड इन... फ़ेड आउट' आकाशवाणी की कार्य-विधा की गाथा है। प्रसारण की प्रणाली बिल्कुल ही अलग है। शब्द कलम के माध्यम से कागज़ पर सीधे बिंब रूपायित करते हैं, लेकिन यही बिंब जब मशीनी पंजो के माध्यम से व्यक्त करने होते हैं तो कभी बिजली कट जाती है, कभी काट दी जाती है और कभी मशीन धोखा दे जाती है। आप लिख सकते हैं, मधुर मुस्कान आ गयी; पर ध्वनि के माध्यम से इसे कैसे पहुँचा पाएंगे?

इफ़ेक्ट के लिए आपकी रातों की नींद हराम रहती है, आप पागलपन के जुनून तक पहुँचे होते हैं, और आपका सामना होता है फ़ाईलों की इजलास से। कभी-कभी तो ऐसे अपराध के लिए भी, जो आपने किया ही नहीं। जीवन के सारे ऊहापोह और षड्यंत्रों के बीच जीने की यह कर्म-यात्रा 'फ़ेड इन... फ़ेड आउट', दरअसल तितली के पंखों पर सपनों के उड़ान की गाथा है। सारी अड़चनों के बीच अच्छे प्रोडक्शन कर लेना, जुनून को जी लेना है। साधुवाद है, किशोर जी इसे जिंदा रखें। इस पुस्तक में आपको पर्यटन की यायावरी भी मिलेगी, जीवन और कर्म की संस्मरण-यात्रा पूरी सच्चाई और बेबाकी से लिखी गयी है। इसमें जीवन का हिसाब भी है और जीवन-यापन के पैसों का भी पाई-पाई हिसाब है। कुछ लोगों का प्यार, कुछ नितांत यादें, एक संस्था को दिए गए तीस वर्ष, यह व्यक्तिगत पूंजी है, लेकिन लेखक ने यह पूंजी भी निर्व्याज लुटाई है। पांचों खंड अपने शीर्षक के प्रति न्याय करते हैं।

◆◆◆

लोग तो खुदा से भी शिकायतें रखते हैं

रेहाना अंजुम

शिक्षिका एवं अभिनेत्री, जगदलपुर

कुमार साहब.... आपकी किताब 'फ़ेड इन... फ़ेड आउट' मैंने पूरी पढ़ी। पहले तो मुझे ऐसा लगा कि इतनी भारी-भरकम किताब, मैं इसे कैसे पढ़ पाऊंगी, लेकिन जब पढ़ने लगी तो इतना आनंद आया कि पता ही नहीं लगा मैंने कब पूरी किताब पढ़ ली और तब यूं लगा कि काश.... इसमें कुछ और पेज होते तो अच्छा होता। आपने इसे इतना क्रमबद्ध तरीक़े से लिखा है कि जितना पढ़ते जा रहे थे, उत्सुकता उतनी ही बढ़ती जा रही थी।

इसे किताब कहूं, उपन्यास कहूं या फिर जीवन-सफ़र, शायद जीवन-सफ़र कहना ज़्यादा सही रहेगा, क्यूंकि इसमें आपकी ज़िन्दगी के 30-32 वर्षों के वो लम्हे हैं, जिन्हें आपने इस किताब के ज़रिए लोगों तक पहुंचाने की कोशिश की है। जिंदगी के हर पहलू को आपने बख़ूबी कलमबद्ध किया है। जीवन की हर घटना को आपने इसमें शामिल किया है, चाहे खुशी के पल हों या ग़मों के बादल; खुशियां आपने खूब बटोरीं और ग़मों को चुटकियों में भगाने की कोशिश की, जिसमें आपको कामयाबी भी मिली।

जिंदगी के कटु सत्य को भी आपने बड़ी सहजता और सरलता से इस जीवन-सफ़र में जगह दिया है। बहुत बार परिस्थितियां ऐसी भी आईं जिसने आपको विचलित कर दिया; लेकिन ऐसा कहीं लगा ही नहीं कि आपने कभी निराशा का साथ पकड़ा, हार गए या थक गए; हर क़दम पर एक नई ऊर्जा, एक नई सोच के साथ बस आगे ही बढ़ते गए और ये बता दिया कि जीवन संघर्ष का दूसरा नाम है और इसे भेदकर ही खुशियां मिलती हैं। आपने जिस स्टेशन में भी अपनी सेवाएं दीं, वहां अपनी एक अलग ही छवि छोड़ आए, लोगों से एक रिश्ता क़ायम किया और आज तक उन रिश्तों को निभा भी रहे हैं।

आपने हमेशा लोगों के साथ मिलकर एक टीमवर्क की तरह काम किया, लोगों को काम सिखाया और जहां भी मौक़ा मिला, खुद भी कुछ नया सीखने की कोशिश की। इस जीवन-सफ़र को पढ़कर मैंने यही अनुभव किया कि आप कभी ख़ाली नहीं बैठे और यही सिलसिला आज तक आपके रिटायरमेण्ट के बाद भी जारी है; आज भी आपने खुद को कई तरह के कामों में मसरूफ़ रखा है।

आपने अपनी किताब के अंतिम पन्ने पर लिखा है कि लोगों को मुझसे हमेशा शिकायतें रहीं; तो....साहब शिकायतें भी तो अपनों से ही की जाती हैं। इसका मतलब ये हुआ कि आपने अपनी ज़िन्दगी में बहुत से लोगों को अपना

बनाया।.... और आपकी अंतिम बात कि आप कभी अच्छे पति और पिता नहीं बन सके, आपकी इस बात से मैं कतई सहमत नहीं हूं। जगदलपुर में आपका जीवन मेरा देखा हुआ है, इसलिए मैं ये बात कह रही हूं। आप एक अच्छे ही नहीं, बल्कि बहुत अच्छे पिता हैं.... अपने बेटे विक्की को आपने जिस मुकाम पर पहुंचाया है, इसमें मेहनत और लगन ज़रूर आपके बेटे की थी, लेकिन उसका हौसला बनकर आप हमेशा उसके साथ रहे, तभी उसने ये मुकाम हासिल किया है।

शिकायतें करने दीजिए साहब... लोग तो खुदा से भी शिकायतें रखते हैं; फिर हम और आप तो एक अदना-से इंसान हैं..। मैं अपनी बात कहूं तो ज़िंदगी की भागदौड़ और कई दूसरी बातों से मेरे अन्दर एक उदासी भर गई थी, मेरे जज़्बात जैसे मर-से गए थे; पर आपकी किताब ने मुझे एक नई प्रेरणा दी है, मुझमें फिर से कुछ नया करने का जज़्बा पैदा हुआ है और मैं जैसे फिर से उठ खड़ी हुई हूं। शुक्रिया आपका, और आपकी किताब का, जिसके लफ़्ज़ों ने मेरे भीतर ऐसे जज़्बात पैदा किए।

• • •